AF821402

Terrorismus und Rechtsstaatlichkeit

Interdisziplinäre Arbeitsgruppen
Forschungsberichte

Herausgegeben von der
Berlin-Brandenburgischen Akademie der Wissenschaften

Band 17

Terrorismus und Rechtsstaatlichkeit

Analysen, Handlungsoptionen, Perspektiven

Herausgegeben von
Kurt Graulich und Dieter Simon

Akademie Verlag

Herausgegeben von der Berlin-Brandenburgischen Akademie der Wissenschaften
Redaktion: Freia Hartung
Redaktionsschluss: 9. Januar 2007

Einbandabbildung: Justizia, Frankfurt am Main (PHOTOSTOCK/mm-images)

Die Deutsche Nationalbibliothek verzeichnet diese Publikation in der Deutschen Nationalbibliografie; detaillierte bibliografische Daten sind im Internet über http://dnb.d-nb.de abrufbar.

ISSN 0949-7285

ISBN 978-3-05-004306-7

© Akademie Verlag GmbH, Berlin 2007

Das eingesetzte Papier ist alterungsbeständig nach DIN/ISO 9706.

Alle Rechte, insbesondere die der Übersetzung in andere Sprachen, vorbehalten. Kein Teil des Buches darf ohne schriftliche Genehmigung des Verlages in irgendeiner Form – durch Photokopie, Mikroverfilmung oder irgendein anderes Verfahren – reproduziert oder in eine von Maschinen, insbesondere von Datenverarbeitungsmaschinen, verwendbare Sprache übertragen oder übersetzt werden.

Satz: Sabine Taube, Berlin
Druck und Bindung: Druckhaus „Thomas Müntzer" GmbH, Bad Langensalza

Printed in the Federal Republic of Germany

Inhalt

VII. Zivilgesellschaft und Friedensstaatlichkeit

VIII. Staatsräson in der Bundesrepublik Deutschland

Schlusswort

Anhang

Kurt Graulich/Dieter Simon

Vorwort

Die Initiative der Berlin-Brandenburgischen Akademie der Wissenschaften mit dem Titel „Justizgewährung, Staatsräson und Geheimdienste" wurde durch die folgende Sachlage angestoßen und animiert:

Die Ereignisse des 11. September 2001 und in deren Folge der Kampf gegen den Terrorismus haben zu einer heftigen Diskussion über das Thema innere und äußere Sicherheit sowie das Verhältnis der drei Staatsgewalten, Legislative, Exekutive und Judikative in der Bundesrepublik Deutschland geführt.

Auch international veranschaulichen die inzwischen unternommenen Maßnahmen die Schwierigkeit, auf solche Angriffe angemessen zu reagieren. Neben den nicht befriedigend gelösten Fragen nach einer Erfolg versprechenden Präventionsstrategie zeigten besonders die Hamburger Prozesse um Mounir El Motassadeq und Abdelghani Mzoudi einen kaum beachteten Konflikt zwischen Judikative und Exekutive.

Das in den europäischen Ländern sowie Nordamerika zwar im Detail variierende, aber doch fest etablierte System der Gewaltenteilung ruht auf einer Serie von Grundsätzen.

Zwei dieser Grundsätze lauten, dass Bürger gegen Akte der hoheitlichen Gewalt ein Gericht anrufen können und dass das angerufene Gericht befugt ist, das Handeln der entsprechenden hoheitlichen Stelle auf Rechtmäßigkeit zu überprüfen. Den Gerichten sind für ihre Tätigkeit die notwendigen Erkenntnismittel zugänglich zu machen, d. h. auch Träger hoheitlicher Gewalt sind verpflichtet, Auskünfte zu erteilen, Urkunden vorzulegen und Vernehmungen zuzulassen. Nach dem Grundgesetz der Bundesrepublik Deutschland ist die vollziehende Gewalt an Gesetz und Recht gebunden (Art. 20 Abs. 3 GG); wird jemand durch die öffentliche Gewalt in seinen Rechten verletzt, so steht ihm der Rechtsweg offen (Art. 19 Abs. 4 GG). Damit ist Handeln der staatlichen Exekutive an Gesetze gebunden und unterliegt der Kontrolle durch die Justiz.

Dieses System wird zum Nachteil von Justizgewährung beeinträchtigt, wenn ein Träger hoheitlicher Gewalt seine Mitwirkungspflichten im Gerichtsverfahren unter Hinweis besonderer Interessen des Staates verweigert (Staatsräson).

Das nationale Recht sieht für diesen Fall unterschiedliche Folgen vor. So kann unter bestimmten Voraussetzungen die Mitwirkung rechtlich erzwungen werden oder das Gericht kann bei scheiternder Erzwingung der Mitwirkung nach objektiven Beweislastgrundsätzen entscheiden. Dies befriedigt allerdings in jenen Fällen nicht, wo es um Verfahren mit hochwertigen Rechtsgütern geht, wie z. B. bei Tötungsdelikten im Strafprozess. Hier können entweder die Interessen eines Angeklagten oder aber der staatliche Strafanspruch und der damit verknüpfte Rechtsgüterschutz verletzt werden.

Ein besonderes Problem hat sich in diesem Zusammenhang gezeigt, wenn Geheimdienste grenzüberschreitend Informationen austauschen, deren Weitergabe an Gerichte der Partnerländer jedoch ausdrücklich untersagt ist. In diesen Fällen versetzen die kooperierenden Dienste sich in den Stand eines gegenüber ihren nationalen Gerichten abgeschotteten Reservatwissens. Sie entziehen sich durch ihr geheimdienstliches Zusammenwirken der justiziellen Kontrolle auf eine Weise, wie es im jeweiligen nationalen Recht aus Gründen der Rechtsstaatlichkeit nicht hingenommen würde.

Vor diesem Hintergrund ergaben sich mehrere Themen, die im Rahmen von Experten-Hearings erörtert wurden.

Im Einzelnen ging es um folgende Bereiche:

I. Islam und Staatlichkeit

Aufgrund der Verlautbarungen des für den Anschlag vom 11. September 2001 verantwortlichen „Netzwerkes al-Qa'ida" und von Erklärungen weiterer terroristischer Gruppierungen desselben oder ähnlichen Kontextes ist von einem islamischen Hintergrund der dabei handelnden Personen ausgegangen worden. Das nötigt dazu, den Zusammenhang zwischen der terroristischen Bezugnahme auf eine Religion einerseits und deren Verhältnis zu einigen von Gewalttätern benutzten religiös besetzten Begriffen andererseits zu beleuchten. Besonders interessant sind das theoretische und praktische Verhältnis des Islams beziehungsweise die Vorstellungen terroristischer islamistischer Gruppen zur Staatlichkeit. Die ursprünglich in der europäischen Rechtstradition entwickelte Kategorie „Staat" ist zum international verwendeten Einteilungs- und Ordnungsbegriff geworden, wird aber von islamistischen Gruppen mitunter in einen anderen Bedeutungszusammenhang gestellt – „Gottesstaat" oder „Kalifatsstaat" – und damit im Sinne seiner säkularen Herkunft verkehrt zu einer sakralen Bedeutung. Es ist durchaus eine Frage wert, ob der islamisch argumentierende Terrorismus selbst eine „neue Ordnung in Gründung" darstellt oder darstellen will.

II. Weltweiter Terrorismus – Neue Bedrohungsszenarien?

Die Anschläge vom 11. September 2001 und ihre Folgen schufen für die westlich geprägten Demokratien den Zwang zu einer völligen Neuorientierung aufgrund bislang nicht für möglich gehaltener Bedrohungen.

Dass es sich bei den terroristischen Anschlägen auch für Europa um einen völlig neuen Typus von Anschlägen handelt, der nicht mehr allein auf die Träger staatlicher Gewalt zielt, lässt sich vor dem Hintergrund der Anschläge in Madrid, bei dem in der spanischen Hauptstadt am 11. März 2004 191 Menschen getötet und mehr als 1.500 verletzt worden sind, nicht mehr leugnen. Die hohe Zahl der Opfer, die allein durch die Verwendung konventioneller Sprengstoffe zu beklagen sind, macht neue umfassende Bedrohungen durch die Verwendung von chemischen, biologischen und atomaren Waffen möglich, die vor nicht allzu langer Zeit als utopisch verworfen wurden. Umfang und Art der Bedrohung sind allerdings bislang kaum realistisch einzuschätzen und werden von Fachleuten äußerst kontrovers diskutiert.

III. Terrorismus – Eine neue Form der Kriegsführung?

Wie Terrorismus definiert werden kann, ist aus sachlichen Gründen und machtpolitischen Interessen umstritten. Die Zuschreibung des Begriffes erfolgt weitgehend auf der Grundlage des Fehlens einer wie auch immer gearteten „politischen Legitimität" und der Zielrichtung der als terroristisch apostrophierten Gewalthandlungen, die im Sinne einer Kommunikationsstrategie eingesetzt werden, bei der durch die spektakuläre Art und Weise der Handlungen Botschaften verbreitet werden.

In den letzten Jahren hat sich neben den Formen des auf einzelne Staaten begrenzten Terrorismus eine neue, überwiegend radikal religiös-antiwestlich orientierte Form des globalen Terrorismus etabliert, die erstmals eine grenzüberschreitende und transnationale Prägung trägt.

Diese neue Form des Terrorismus zeigt immer deutlicher, dass die Notwendigkeit zur Entwicklung neuer Kooperations-, Reaktions- und Präventionsmaßnahmen für die von Gewalttaten betroffenen Staaten, aber auch für die „Herkunftsländer" besteht. Sämtliche Teilnehmer an der Auseinandersetzung, sei es als Terroristen oder als deren Bekämpfer, müssen ihr Verhältnis zur internationalen Ordnung des Kriegsvölkerrechts und der Konventionen zum Schutz der Zivilbevölkerung finden.

IV. Justizgewährung

Justizgewährung als staatliche Pflicht und subjektives Recht ist die Kehrseite des staatlichen Gewaltmonopols, der bürgerlichen Friedenspflicht und des Selbsthilfeverbots. Durch den Artikel 19 Absatz 4 des Grundgesetzes der Bundesrepublik Deutschland ist der Rechtsanspruch als subjektives Recht mit Verfassungsrang verbürgt. Im Zusammenhang mit den Hamburger Terroristenprozessen wurde ein umfassender, kaum problematisierter Themenkomplex deutlich, der unter anderem mit folgenden Fragen verknüpft ist:

- Welche Rolle spielen Strafverfahren als nachträglicher Grundrechtsschutz bei der Verletzung hochwertiger Rechtsgüter?
- Hat die Justiz Exklusivbereiche staatlichen Handelns zu beachten?
- Gebietet der neue Terrorismus die Schaffung eines bereichsspezifischen Ausnahmezustandes vom Recht?

– Welche Formen des internationalen Rechtsverkehrs gibt es zwischen den Justizeinrichtungen?

V. Präventionsstaat zwischen Rechtsgüterschutz und Abbau von Freiheitsrechten

Angesichts der beschriebenen Gefährdungslage erweist sich die Kompetenz des Staates, Sicherheit zu gewährleisten, nicht nur durch die Fähigkeit angemessen zu reagieren, sondern auch im steigenden Maße daran, ob es ihm gelingt, erfolgreich präventiv tätig zu werden. Dies führt erneut zu der Frage, wie weit der Staat bei der Gewährung von Sicherheit gehen kann und welcher Mittel sich staatliche Behörden und Einrichtungen bedienen dürfen, um dieses Ziel zu erreichen. Methoden wie die Rasterfahndung und die Diskussion über die Notwendigkeit zur Einrichtung eines „europäischen Echelon", die Freigabe weitergehender Überwachungsmöglichkeiten durch moderne Informations- und Abhörtechnologien im Rahmen so genannter „proaktiver Informationsbeschaffung und Auswertung" können dabei ein präventives Netz über die ganze Gesellschaft spannen, ohne dass es eines konkreten Verdachts bedarf. Die Grenzen zwischen Polizei und Justiz, Gefahrenabwehr und Strafverfolgung drohen zu verschwimmen und verdeutlichen die Schwierigkeit, sich geeigneter Maßnahmen zu bedienen, damit die Verteidigung nicht das zerstört, was vor dem Angreifer geschützt werden soll.

VI. Wie weit reicht das Sicherheitsversprechen des Staates an seine Bürger?

Sicherheit ist ein Grundbedürfnis der Menschen und ein klassisches Kollektivgut. In der modernen Welt nimmt die staatliche Ordnung in erster Linie die Aufgabe wahr, diese Sicherheit der Bürger zu gewährleisten. Dabei befinden sich Sicherheit und Freiheit der Bürger auch in demokratischen Verfassungsstaaten in einem kontinuierlichen Spannungsverhältnis. Vor dem Hintergrund der Ereignisse um den 11. September 2001 und der weltweiten Entwicklung der letzten Jahre wird immer deutlicher, dass ein „weitgehend uneingeschränktes Sicherheitsversprechen" nicht mehr aufrecht zu erhalten ist. Diese sich ergebenden Veränderungen aus dem Wandel der „Garantie von Sicherheit" in eine „Reduktion von Unsicherheit" erfordern eine intensive Diskussion um eine Neudefinition der protektiven Rolle des Staates.

VII. Zivilgesellschaft und Friedensstaatlichkeit

Der Präsident der USA hat nach dem „11. September 2001" einen lang andauernden Kampf gegen den Terrorismus angekündigt und unternommen. In lange währenden Auseinandersetzungen führen Revanchedenken und Effektivitätsprinzip zu einer Angleichung der Kampfformen. Die Zivilgesellschaft als Normalfall menschlichen Zusammenlebens droht – nach dem Vorbild des totalen Krieges – den Anforderungen der Kriegsführung unterworfen zu werden. Wo der Ausnahmezustand zur Regel wird, verändert sich der zivile Charakter der Gesellschaft in Richtung auf autoritäre Mechanismen.

VIII. Staatsräson in der Bundesrepublik

Die Gründung der Bundesrepublik Deutschland und die folgenden Jahre des kalten Krieges führten zwar zu einer Erörterung des zentralen Begriffs der „Westintegration" und zum Bekenntnis zu den Grundsätzen der am 23. Mai 1949 in Kraft getretenen Verfassung der Bundesrepublik Deutschland; eine Auseinandersetzung mit dem Begriff der „Staatsräson" schien aber vor einer Konsolidierung des völkerrechtlichen Status der Bundesrepublik nicht sinnvoll. Erst die – mehr oder weniger – vollständige Souveränität durch den „Zwei-plus-Vier-Vertrag" 1990 führte in den letzten Jahren zu einer diffusen, aber keinesfalls erschöpfenden Diskussion über eine Neudefinition dieses zentralen Begriffes im Rahmen der „inneren" und „äußeren" Sicherheit vor dem Hintergrund sich verändernder globaler Macht- und Bedrohungsszenarien.

Nicht alle Bereiche konnten so ausführlich und intensiv bearbeitet werden, wie es sich Herausgeber und Sprecher gewünscht haben. Gleichwohl ist das angehäufte Material geeignet, die vielen Facetten des Generalthemas weiter zu differenzieren.

I. Islam und Staatlichkeit

Kurt Graulich

Islam, Terrorismus und Staatlichkeit

Einleitung

Im Rahmen der Hearings wurde bei diesem Thema den Experten ein differenzierter Fragenkatalog vorgelegt, der die Anhörung einleitete, die Befragung strukturierte und die Auswertung und Folgerungen bestimmte. Darüber wird im Folgenden berichtet:

A. Die Fragen an die Experten

Die Experten wurden zum Teil um mündliche und zum Teil um schriftliche Äußerung gebeten. Der mündlichen Anhörung lag der nachfolgende Fragenkatalog zu Grunde:

1. Gibt es im Islam eine Unterscheidung von
   - Völkern?
   - Nationen?
2. a) Gibt es in islamisch geprägten Gebieten traditionell eine Tendenz zur Ausprägung von Staatlichkeit?
   b) Lassen sich entsprechende Erscheinungen auf die Lehre des Islam zurückführen oder auf – vorislamische – Traditionen der entsprechenden Völker?
3. a) Besitzen die islamischen Religionsgemeinschaften ein System von Verfassung und Verwaltung, das mit demjenigen des kanonischen Rechts verglichen werden kann?
   b) Gibt es Schemata von Organisation und Regeln, nach denen islamische Gemeinschaften bestehen? Personalkörperschaften? Gebietskörperschaften? Gemeindevorstände ?
   c) Gibt es Funktionsteilungen nach Gesetzgebung, Verwaltung und Rechtsprechung?
4. a) Nach welchen Regeln werden die islamischen Führungspersonen gefunden? Wahl? Dynastie? Charisma? Selbsternennung? Anerkennung durch Gelehrte? Kooptation ?
   b) Gibt es im islamischen Kulturkreis Investiturbefugnisse im Verhältnis der politisch-säkularen zur religiös-sakralen Ebene?
5. a) Gibt es eine islamische Staatslehre?
   b) Was sagt sie über
   - Gewaltenteilung?

- Demokratie?
- Parlamentarismus?
- Rechtsstaatlichkeit?
- Gesetzesgebundenheit staatlichen Handelns?
- Sozialstaatlichkeit?
- Trennung von Staat und Religion?

6. Durch welche Ereignisformen sind die islamisch geprägten Länder entstanden
   a) Autonom?
   b) Unabhängigkeitskampf?
   c) Fremdbestimmung?
   d) Separation?

B. Protokoll zur Expertenbefragung

Gudrun Krämer: Es gibt keinen einheitlichen Islam. Allenfalls lässt sich fragen, ob bestimmte sich islamisch definierende Gruppen bestimmte Vorstellungen zum Staat haben. Dementsprechend gibt es verschiedene Haltungen zu islamischer Staatlichkeit. Sie ist bei der Muslimbruderschaft anders ausgeprägt als bei der Islamischen Heilsfront und bei der islamistischen Opposition in Saudi-Arabien wieder anders als bei der herrschenden Gruppe im Iran. Besonders schwierig ist es, bei einer handelnden oder sich äußernden Gruppe deren soziale Basis zu bestimmen, da es meistens an belastbarem empirischem Material fehlt. Die Gruppen selbst bewerten ihre Anhängerschaft in der Regel anders als geheimdienstliche Organisationen, die sie beobachten.

Dieter Simon: Nach welchen Gruppen sollen wir also fragen ? Sind „Islamisten" oder „Fundamentalisten" eine solche Gruppe?

Gudrun Krämer: Es geht um politisch organisierte Gruppen. „Islamisten" sind von ihren Wert- und Zielvorstellungen her nicht ohne weiteres von normalen muslimischen Gläubigen zu unterscheiden. Die meisten Gläubigen haben ein positives Verhältnis zur Scharia als Werteordnung, wollen sie aber nicht als Rechtsordnung für alle privaten, politischen und gesellschaftlichen Bereiche angewandt sehen. Das Verhältnis einzelner Gruppen zur Gewalt ist unterschiedlich. Die Muslimbruderschaft würde Gewalt eher als ultima ratio ansehen, und ausschließlich zum defensiven Gebrauch. Andere Gruppen sehen Gewaltanwendung auf innerstaatlicher wie auf globaler Ebene als legitim, ggf. sogar notwendig an.

Rudolf Adam: Wer hat die Definitions-Kompetenz für „Islam"?

Gudrun Krämer: Es gibt im Islam keine zentrale religiöse Autorität. Das hängt mit der geschichtlichen Herausbildung der unterschiedlichen muslimischen Strömungen zusammen. Für die iranischen Schiiten hat Chomeini als umstrittene Neuerung die Führerschaft durch einen Rechtsgelehrten als religiöse Autorität eingeführt. Das sunnitische Kalifat wurde 1924 in der Türkei abgeschafft und seither nirgends wieder eingeführt.

Gunter Mulack: Der Islam hat unterschiedliche Ausprägungen. In Europa sehen wir ihn meistens zu sehr als vorwiegend arabische Angelegenheit. Die meisten Muslime leben aber in Asien. Die islamischen Staaten haben vielfach ihre Rechtsordnungen von anderen Nationen übernommen (wie z. B. von Deutschland, Frankreich etc.). Der Islam hat seine politische Theorie oft im Abwehrkampf gegen Eindringlinge von Außen entwickelt (z. B. gegen Mongolen oder Engländer [Indien]). Manche Äußerungen sind nicht an aktuellen Zuständen und Möglichkeiten orientiert, sondern idealistische Rückbesinnung. Islamisten sind manchmal auch pragmatische Menschen, die die Religion als Mittel zum politischen Zweck benutzen. Die von islamischen Ländern importierten politischen Systeme haben nicht zu sozialer Gerechtigkeit geführt. Das beeinträchtigt ihre Glaubwürdigkeit. „Gerechtigkeit" spielt im Islam eine wichtige Rolle.

Nigeria hatte unter den Briten eine abgeschwächte Form der Scharia als Rechtsordnung, man schaffte sie mit der Unabhängigkeit ab und führte sie dann in Teilen des Landes wieder ein als Reaktion auf das Empfinden von sozialer Ungerechtigkeit. Weltliche Erbherrschaften wie in Syrien und voraussichtlich Ägypten werden von gläubigen Moslems abgelehnt. Usama bin Ladin ist auch ein Symbol für den Kampf gegen Ungerechtigkeit, weil er „der Einzige" ist, der gegen politische Ungerechtigkeit auf den Grundlagen der heiligen Schriften des Islam den Kampf führt.

Friedhelm Neidhardt: In welchem Maße braucht der Islam Feinde, um sich seine Einheit zu fingieren? Ist dieser Bedarf an Feinden von internen Vorgängen abhängig? Gibt es regionale Kontexte solcher Vorgänge?

Gudrun Krämer: Der Mangel an Einheit muss kein Nachteil sein. Es gibt aber Themen, die Muslime weltweit ansprechen, z. B. Israel, Kosovo, Bosnien. Ein indonesischer Muslim kämpft nicht für Palästina, fühlt sich von dem Thema aber als Muslim angesprochen. Kann gefragt werden, ob Europa im kalten Krieg einen Feind brauchte ? Für Araber ist Israel ein Feind, Amerika ist für viele ein nicht erreichbares Ideal. Ich würde nicht antworten, dass ein äußerer Feind *gebraucht* wird. Ich würde fragen: Wer *ist* Gegner oder Feind?

Gunter Mulack: Die Muslime sehen sich als Umma, d. h. Gemeinschaft der Gläubigen, und es geht nicht um die Schaffung eines einheitlichen äußeren Feindbildes. Einzelne Gruppen stellen den „Feind" heraus, was durch moderne Medien begünstigt wird. Der „Jihad" ist nicht nur Kriegslehre, sondern als Alltagslehre auch Ausdruck für eine besondere Anstrengung, er kann auch als betriebliches Ziel ausgerufen werden und bedeutet dann ein ganz ziviles Ziel (z. B.: Wir wollen eine besonders gute Zeitung machen).

Regina Ogorek: Zur Erreichung von Konkordanz zwischen grundsätzlich verschiedenen Standpunkten oder Systemen haben Juristen z. B. das Internationale Privatrecht ersonnen. Gibt es eine Verständigungschance zwischen „unseren" Interessen einerseits und „von uns" empfundenen Bedrohungen andererseits? Wäre eine Weltwirtschaft dafür geeignet, als lingua franca zu fungieren? Oder wo müsste man mit der Entwicklung von Fragen ansetzen?

Gudrun Krämer: Es gibt auf diese Frage keine Antwort. „Der Islam" als Religion bedroht uns nicht; bedroht werden wir von bestimmten Gruppen. Daher ist zu fragen, ob die Gruppe um al-Zarqawi eine Bedrohung darstellt oder die Islamischen Gemeinschaften in Ägypten. Verständigungsmöglichkeiten gibt es mit diesen Gruppen genauso wenig wie mit RAF, Brigate Rosse etc. Die Frage ist, was wir tun können, um den Nährboden für diese

Gruppen zu entziehen. Dabei ist die „westliche Position" nicht glaubwürdig, weil sie in wichtigen Fragen nach letztlich nicht nachvollziehbaren Gesichtspunkten Bewertungen vornimmt, z. B. Atomwaffen für Israel „ja", für Irak und für Iran „nein". Auch die Landwirtschaftspolitik der EU gegenüber den arabischen Staaten ist nicht konsistent. Und auch global betrachtet wird die Weltwirtschaftsordnung aus der Sicht vieler Muslime, gerade der Islamisten unter ihnen, „vom Feind" organisiert. Vorstellen lässt sich aber – nach der Idee von IPR – eine Einführung von Standards im zwischenstaatlichen Verkehr.

Gunter Mulack: Terrorismus lässt sich nur von der Wurzel her bekämpfen. Die terroristischen Gruppen sehen sich in Bezug auf Palästina oder Irak in einer Verteidigungspflicht. Viele Gruppen haben ein Zwittergesicht wie Hisbollah. Sie sind soziale und politische Vereinigungen, haben aber oft auch einen militärischen Arm. Mit Gruppen, die politische Vorstellungen haben, kann man reden, aber nicht mit nihilistisch-utopistischen Organisation wie z. B. Hizb al-Tahrir. Man kann sogar rechtliche Fachgespräche über die Scharia führen. Im Dialog wäre bei der schulischen Erziehung und Bildung anzusetzen, z. B. um das rein repetitive Lernen abzulösen und Mitdenken und Toleranz anzuregen; die Aga Khan Stiftung führt solche Projekte durch. Fremdenfeindlichkeit im Islam ist übrigens weniger ausgeprägt als man dies umgekehrt bei uns antrifft. Wir sollten deshalb nicht zu schnell in die Haltung der Belehrung verfallen. Schul- und Universitätspartnerschaften sind sinnvoll. Und allgemein gilt: Auf das Empfinden, ungerecht behandelt zu werden und Opfer zu sein, muss der Westen im Dialog eingehen.

Wir müssen die Defizite in den entsprechenden Ländern sehen, z. B. Korruption, Nepotismus etc., aber auch Gemeinsamkeiten fördern. Wir tun inhaltliche Äußerungen von „Terroristen" als unbeachtlich ab, man muss sich aber mit ihren Aussagen auseinandersetzen und zwar vor allem mit ihrem Umfeld reden. Ein Land wie Usbekistan z. B. schafft erst das Umfeld für islamischen Terrorismus durch eigene Repression.

Christian Tomuschat: a) Wonach entscheidet sich, wer anerkannter Interpret des Islam ist? Ist Modernisierung nur durch Neu-Interpretation der heiligen Schriften möglich? Nach welchen Regeln kann dies geschehen?

b) Hat es etwas mit dem Islam zu tun, dass Demokratien sich in der islamischen Welt nicht entwickelt haben? Haben die betreffenden Länder zu lange unter europäischer Vorherrschaft gestanden?

Gudrun Krämer (zu Tomuschat a)): Es gibt nicht „den" Interpreten. Wenn heute der ägyptische Staat Maßnahmen von Bedeutung unternimmt, wird ihm die Azhar mit Gutachten zur Seite stehen. Es gibt aber auch Prediger innerhalb wie außerhalb der Azhar, die sich zu der jeweiligen Frage schriftlich oder mündlich äußern werden. Diese Personen besitzen bisweilen zum Teil faktische Autorität, ohne eine Institution hinter sich zu haben. Sie bewegen sich in der modernen Mediengesellschaft und ziehen ihren Nutzen aus deren Verbreitungsmöglichkeiten. Es gibt kein klares Schema, nach dem sich religiöse Autorität aufbaut. – **(zu Tomuschat b)):** Es lässt sich nicht feststellen, dass ein bestimmter oder gar notwendiger Zusammenhang zwischen politischem System und Islam in den unterschiedlichen islamischen Ländern besteht. Allerdings wird in vielen Ländern in der einen oder anderen Weise die Scharia angewandt, vor allem im Familienrecht. Die Islamizität eines Landes bemisst sich nicht nach seiner Staatsordnung, sondern nach seiner Rechtsordnung.

In der Regel haben auf diesem Feld die Religions- und Rechtsgelehrten erheblichen Einfluss. Es gibt aber auch Staaten wie z. B. Tunesien unter Bourghiba, wo der „weltliche Herrscher“ (d. h. das Staatsoberhaupt) selbst die Befugnis zur Rechtssetzung beansprucht. Bourghiba war dazu islamisch gar nicht legitimiert, in seinem Volk jedoch als Politiker anerkannt.

Gunter Mulack (zu Tomuschat a)): Die Gruppen arbeiten z. B. aktiv im Internet. Dort werden auf Fragen Ratschläge zum alltäglichen Leben gegeben. Es gibt eine Vielfalt an Meinungen und keine zentrale Autorität. Die Personifizierung eines Vorbildes ist in der arabischen Welt sehr ausgeprägt. Charisma spielt eine große Rolle.

Gudrun Krämer: Einzelpersonen spielen in der Politik eine große Rolle, sie haben aber Institutionen und Gruppen hinter sich (z. B. die Armee eines Landes).

Gunter Mulack (zu Tomuschat b)): Die arabischen Staaten sind in der Regel entstanden als Nachfolger von Kolonien. Bei der Systementwicklung hat man sich meistens an säkularen Vorbildern orientiert (z. B. der Idee des Sozialismus). Im Einzelfall hat man auch dynastische Anleihen genommen (z. B. Abkunft von der Familie des Propheten). In vielen Ländern sind die Regime nur aufgrund eines Einflusses von außen an die Macht gekommen (Ausnahme: Algerien). Die politische Entwicklung in den Ländern hängt nicht zwangsläufig mit dem Islam zusammen. Es gibt aber eine traditionelle Neigung zu starken Einzelpersönlichkeiten. Und einzelne Herrscher haben den Islamismus benutzt, um andere politische Ideen zu desavouieren. Es gibt keine Gewaltenteilung. Man hat „Fassaden-Staatsformen“ übernommen, hinter denen sich Einzelinteressen verbergen. Für lange Zeit hatten diese Systeme keine Veranlassung zur Änderung, weil sie mit ihrem Vorgehen auch gegenüber dem Westen Erfolg hatten. Im Übrigen sind nicht alle islamischen Länder undemokratisch, z. B. zeigt Indonesien viele Ansätze einer Demokratie.

Gudrun Krämer (Tomuschat b)): Wenn man fragt, was „modern“ ist, nehmen wir immer unseren jetzigen Zustand als Maßstab. Für einen Betrachter von außen ist es nicht selbstverständlich, dass unsere demokratischen Staatsformen sämtlich „modern“ sind. Viele Kolonialländer haben Demokratie als politisches Vorbild gepredigt, aber Kolonialismus praktiziert. Der Westen hat z. B. in Algerien zum Militärputsch gegen den mit demokratischen Mitteln errungenen islamischen Wahlsieg wohlwollend geschwiegen. Der Westen achtet in erster Linie auf Stabilität und übersieht daher leicht die innere Entwicklung in den betroffenen Ländern. Die Türkei z. B. ist weit fortgeschritten auf dem Weg zu einer demokratischen Ordnung. Auch unter den dortigen Islamisten gibt es rechtsstaatlich gesonnene Menschen.

Hasso Hofmann: Es gibt im Islam keinen Text-Fundus von Rang, der nicht islamisch ist (im Unterschied etwa zum Römischen Recht in den christianisierten Ländern). Der bürgerliche Rechtsstaat ist Produkt einer sozialgeschichtlichen Entwicklung, die nicht nur religiös geprägt war. Gibt es im Islam eine dem Christentum vergleichbare Jenseitsorientierung sowie eine Ausprägung asketischer Lebensweise? (Im Christentum ist vor diesem Hintergrund die Erwartung an irdische Gerechtigkeit relativer.) Welche Bedeutung hat die unterschiedliche Jenseitsvorstellung für das weltliche Leben?

Gudrun Krämer: Es gibt in der Tat keinen bedeutenden weltlichen Text-Fundus, der in Konkurrenz zum islamischen treten könnte. Es gibt aber vormoderne Gerechtigkeitsvorstellungen alt-orientalischen und antiken Ursprungs, die von einer organischen, auf Ungleichheit beruhenden Gesellschaftsordnung ausgehen. Demgegenüber wird im Koran an verschiedenen Stellen das Gleichheitsprinzip vertreten. Die Umma ist eine „Gruppe der Mitte“, in der es kein Mönchtum und keine Libertinage geben soll. Asketische Weltentsagung ist verpönt. Dem Menschen soll nichts Unmögliches aufgebürdet werden. Mit dieser Grundanschauung kommt man zu einer entspannten Haltung in der Welt. Im Übrigen: Der, dem gegeben ist, muss – freiwillig – den anderen abgeben. Der karitative Gedanke ist stark ausgeprägt.

Eine Jenseitsorientierung ist im Islam vorhanden. Sie ist ebenfalls als ein mittlerer Weg zu sehen. Die Idee der Erbsünde gibt es nicht. Der Mensch „kann es“ mit einer normalen Lebensführung „schaffen“, d. h. er kann Gottes Gebote erfüllen und das Heil erlangen. Das Problem der Theodizee ist allerdings auch bekannt. Zu Selbstmordattentätern sind die Meinungen gespalten. Grundsätzlich ist Selbstmord Sünde. Deshalb wird der politisch motivierte Selbstmord (das Selbstmordattentat) meist als Selbst*opferung* apostrophiert. Die Aussagen der Rechtsgelehrten dazu sind aber gespalten.

Gunter Mulack: Als Beitrag des Islam zur Askese lässt sich auf die Sufi-Bewegung verweisen („Gott mit dem Herzen suchen“.). Bei der Bewertung von Selbstmordaktionen im islamischen Umfeld müssen unterschiedliche Motivationen in Betracht gezogen werden; neben religiösen Beweggründen gibt es im Einzelfall auch politische Sendung oder persönliche Rachegedanken.

Ernst Uhrlau: Gibt es bei der Einstellung zur Selbstaufopferung Unterschiede zwischen Sunniten und Schiiten? (Aus der Operationsweise der Hisbollah ist bekannt, dass Selbstmordanschläge mit schiitischem Hintergrund angeordnet werden müssen.) Wie erklären Sie sich die Selbstaufopferung bei Hamas oder dem Islamischen Jihad? Welchen Stellenwert hat der Selbstmord im Islam von Indonesien bis Nordafrika? Inwieweit gibt es Autoritäten, die Selbstmordattentate praktizierende Gruppen erreichen?

Gudrun Krämer: Wir haben es in der Tat mit unterschiedlichen Gruppen und Umfeldern zu tun. Die meisten islamischen Gelehrten – und zwar Sunniten wie Schiiten – lehnen Selbstmordattentate mit Ausnahme solcher gegen Israel ab. Viele islamische Autoritäten sehen die Gruppe von al-Zarqawi als Mörderbande an. Usama bin Ladin dagegen wird von vielen bewundert, weil er sich etwas „getraut“ hat, ohne dass damit das Attentat von New York selbst gebilligt oder gerechtfertigt würde.

Gunter Mulack: Am Beispiel des Attentäters Mohammed Atta zeigt sich, wie schwer es einzuschätzen ist, ob jemand aufgrund eines Einzelereignisses oder einer gesellschaftlichen Gruppenzugehörigkeit zu einer terroristischen Handlungsweise kommt. Bei den Schiiten hat es Märtyrer gegeben, bei den Sunniten hingegen nie. Es gibt auch Fälle, in denen Personen erpresst worden sind, ein Selbstmordattentat zu begehen. Die Drahtzieher solcher Attentate haben häufig überhaupt kein religiöses Motiv für ihre Vorgehensweise. Die Ereignisse von Beslan sind aus den Verhältnissen im Kaukasus zu erklären.

Regina Ogorek: Der Verlauf der Diskussion wirft die Frage auf: Hat der Islam mit unserem Thema überhaupt nichts zu tun?

C. Auswertung der Befragung

1. Die bei der mündlichen Anhörung erhaltenen Antworten haben gezeigt, dass der Islam zwar einen einheitlichen historischen Ausgangspunkt und eine einheitliche textliche Grundlage hat, dass seine aktuelle Erscheinung aber religiös, politisch, soziologisch und rechtlich verschiedenartig ist. Für die religiöse Begründbarkeit terroristischer Gewalthandlungen haben sich – außer mit Bezug auf das besondere israelisch-arabische Verhältnis – keine tragfähigen Hinweise gefunden. Deshalb ist über den religionswissenschaftlichen Ansatz kein Zugang zum Verständnis terroristischer Gewalthandlungen mit islamischer Begründungsrhetorik gelungen. Mehr Aufschluss versprach daher ein stärker sozial- und politikwissenschaftlicher Ansatz zur Erklärung desjenigen Terrorismus, der seine Handlungen unter Bezugnahme auf islamische Motive begründet.

2. Eine der Grundannahmen der Arbeitsgruppe war diejenige, der Islam habe etwas kausal mit dem „Terrorismus des 11. September" zu tun. Die religionswissenschaftliche Anhörung endete aber gerade mit der eher irritierten Frage „Der Verlauf der Diskussion wirft die Frage auf: Hat der Islam mit unserem Thema überhaupt nichts zu tun?" (Ogorek). Die Frage hat eine hermeneutische Ebene, welche die Sinnhaftigkeit des religionswissenschaftlichen Teils im Frageansatz selbst betrifft (siehe 3.), aber auch die andere nach der stattdessen zweckmäßigen Methode bei der Antwortsuche (siehe 4. bis 6.), denen jeweils thesenhaft nahegetreten werden soll.

3. Nach den Ausführungen von Gudrun Krämer und Gunter Mulack ist – mit Ausnahme der mit dem Konflikt Israel/Palästina zusammenhängenden Ereignisse und Vorgehensweisen – eine kausale Verknüpfung von Islam und religiös argumentierendem Terrorismus nicht darzustellen. Als Hinweis auf die fehlende Kausalität zwischen Islam und Gewalt mag im Übrigen das Beispiel Algerien sowie der nordafrikanischen Einwanderer in französischen Vorstädten dienen, wo es jeweils um Menschen mit vergleichbarem religiösen und kulturellen Hintergrund geht. Die Situation dieser Menschen in Armut und anti-kolonialem Unabhängigkeitskrieg hat in den sechziger Jahren des 20. Jahrhunderts zu einer kraftvollen Befreiungsliteratur geführt. Einer ihrer Protagonisten im Dienst der algerischen FLN war Frantz Fanon mit seinem Hauptwerk „Die Verdammten dieser Erde",[1] der sich als Mittel des – 1962 zum Erfolg führenden – Befreiungskampfes für die Ausbildung afrikanischer Nationalkulturen aussprach. Der Islam wurde dabei mit keiner Silbe als Bestandteil erwähnt. Etwas später hat Jean-Paul Sartre sich mit der Situation afrikanischer Arbeitsemigranten in Frankreich beschäftigt und dabei keine hoffnungsvolleren Zustände als 40 Jahre später beschrieben,[2] ohne dass dabei Religion zur Beschreibung ihrer Verhältnisse auf irgendeine Weise vorkommt. Haben beide etwas übersehen? Als Reaktion auf innenpolitische Entwicklungen in Algerien hat sich dort aber seit der Verhängung des Ausnahmezustandes im Jahr 1992 die islamistische Terrorgruppe GPSC (Groupe Salafiste pour la Prédication et le Combat) entwickelt, der Verbindung zu al-Qa'ida nachgesagt wird. Zeitlich parallel hat sich die

1 Fanon (1967), S. 158ff. und 18ff.

2 Sartre (1974), S. 117.

nordafrikanische Bevölkerung in Frankreich unter muslimischen Vorzeichen politisiert, was u. a. zur Ausweisung von vier islamischen Geistlichen Anfang 2004 geführt hat. Es lässt sich also in unterschiedlichen zeitgeschichtlichen Situationen unter sozial und kulturell sehr ähnlich zu beschreibenden Verhältnissen die Ausbildung von Opposition beobachten, die einmal politisch handelt und agitiert und ein anderes Mal politisch-religiös. Dies kann als Argument gegen die Zwangsläufigkeit einer religiösen Verursachung angeführt werden.

4. Die in der Anhörung am 25. Oktober 2004 gestellte Frage „Wer hat die Definitions-Kompetenz für ‚Islam'?" (Adam) ist lediglich religionsimmanent erörtert worden. Sie enthält aber auch eine darüber hinaus führende Dimension, nämlich die Frage, wer außerhalb der religiös legitimierten Kreise noch über „Islam" als Markenzeichen verfügt und mit welcher Legitimation dies geschieht. Äußerstenfalls könnte es um die Aufdeckung einer emblematischen Usurpation durch terroristische Gruppen zu dem Zweck gehen, sich mit der Behauptung eines religiösen Bezuges eine Rechtfertigungsgrundlage oder Bündnisfähigkeit für ihre eigenen Zwecke zu verschaffen. Politische Motive im Gewand von religiösem Fanatismus sind nicht zu übersehen. Manche derjenigen Terroristen, die heute in den „Heiligen Krieg" ziehen, waren noch vor wenigen Jahren säkulare Nationalisten.[3] Information und Desinformation sind besonders in diesem Feld, aber auch aus anderen Gründen schwer zu unterscheiden: Wer Terror verübt oder bekämpft, verfolgt zwar unterschiedliche operative Ergebnisse, kann sich in der ideologischen Zurechnung eines Sachverhaltes aber dennoch zu Lasten Dritter – i. e. Religion – einigen. Dies löst die Bedeutung des religiösen Bezugs nicht völlig auf, stellt seine Verantwortlichkeit aber unter Vorbehalt.

Die These von der Usurpation enthält freilich seitens der „nur-religiösen" Muslime eine Unterstellung, die von gewaltbereiten Gruppen gerade bestritten würde, nämlich die von einer Unterscheidbarkeit des religiösen und des nicht-religiösen Raumes. Gewaltbereite Gruppen speisen ihre Überzeugungen nämlich gerade aus einer spezifisch islamischen Form von „Politischer Theologie",[4] welche die Trennung von sakral und säkular nicht mitgeht. In den christlich und jüdisch geprägten Ländern sind die in der frühen Neuzeit begonnenen Entwicklungen von Staatlichkeit, Souveränität, weltlicher Gesetzgebung, Gewaltenteilung und Säkularisierung miteinander verbunden und werden dort als Grundlage des westlichen Fortschrittes angesehen und dementsprechend positiv bewertet[5]. Religiöse Fundamentalisten im Islam verweisen auf den institutionellen Zwiespalt von weltlich-politischer und religiöser Lebensform und verlangen, im Islam eine Einheit von Religion und Herrschaft.[6] Ihre Kritik richtet sich gegen das sog. Apostatentum weltlicher Regierungen in der muslimischen Welt nicht weniger als gegen westliche Staaten und Gesellschaften. Diese Gruppierungen – soweit sie Gewalt als Mittel anwenden – würden die Anwendung von Gewalt als a priori politisch und somit un-religiös gerade nicht akzeptieren und somit in

3 Habermas (2004), S. 58.
4 Diner (2005), S. 63ff.
5 Ebd., S. 100.
6 Ebd., S. 98.

ihrer Vorgehensweise auch keine Usurpation von „Islam" sehen, sondern eher als eine Ausübung und seine Beschützung betrachten.

5. Möglicherweise lässt sich ein methodischer Ansatz aber auch aus einer anderen „Verknüpfungslehre" gewinnen, nämlich aus den religionssoziologischen Spekulationen von Max Weber und Werner Sombart über den „Geist des Kapitalismus" und seinem sinnhaften Zusammenhang vor allem mit dem Protestantismus – bei Weber[7]–, aber auch mit Katholizismus und Judaismus – bei Sombart.[8]

Beide behaupten keine Zwangsläufigkeit einer bestimmten religiösen Lehre oder Ethik für die von ihnen untersuchte Entwicklung der kapitalistischen Wirtschaft und Gesellschaft. Nach Max Weber soll es in seiner Untersuchung lediglich unternommen werden, „den Einschlag, welchen religiöse Motive in das Gewebe der Entwicklung unserer aus zahllosen historischen Einzelmotiven erwachsenen modernen materiellen Kultur geliefert haben, etwas deutlicher zu machen".[9] Er spricht thesenhaft von „Wahlverwandtschaften" zwischen gewissen Formen des religiösen Glaubens und der (protestantischen) Berufsethik.[10] Werner Sombart hält die These von Weber für zu monokausal und letztlich unzulänglich,[11] sieht aber in der Einwirkung von Philosophie und Religion auf die Psyche der Wirtschaftssubjekte eine Mitursache bei der Herausbildung des kapitalistischen Geistes.[12] Die unterstellte Wirksamkeit der Religion auf den „Geist des Kapitalismus" hängt allerdings auch bei Max Weber nicht von ihrer katechetisch genauen Ausübung ab. Der religionssoziologischer Ansatz entbindet somit vom Zwang, religiös eingefärbtes Handeln in säkularen Bereichen nach einem engen Kausalitätszusammenhang erklären zu müssen.

6. Im Einstieg unterschiedlich, in der Verwendung der – psychoanalytischen – Methode zur Erklärung religiös motivierter Gewalt ähnlich sind die Ansätze von Werner Bohleber und Jürgen Habermas.

Die Psychoanalyse verfolgt über die geistesgeschichtliche Genese hinaus den Einfluss der religiösen Idee auf die individuelle Ebene der Psychodynamik menschlichen Verhaltens. In einer Untersuchung zum „11. September 2001" vertritt Werner Bohleber die Ansicht, dass es zwischen Religiosität und terroristischer Gewalt kein Ausschlussverhältnis gebe. Idealität und Terror seien oft verschwistert. Mit dem Terrorismus zu Beginn des neuen Jahrhunderts werde die Welt nur mit einer neuen Form dieses Paares konfrontiert.[13] Den Erklärungsansatz hat er im nachfolgend abgedruckten Beitrag – „Idealität und Destruktivität – Zur Psychodynamik terroristischer Gewalt" – nachgezogen. Er hält „die fanatisch religiöse Überzeugung als Motiv und Inhalt einer destruktiv phantasmischen Handlungswelt (für) unterbewertet", was freilich etwas über die Täter, nicht aber über die Religion aussagt. Interessanterweise hebt Bohleber in seiner Untersuchung auf den von bin

7 Weber (1904).
8 Sombart (1920).
9 Weber (1904), S. 50.
10 Ebd., S. 51.
11 Sombart (1920), S. 457.
12 Ebd., S. 282.
13 Bohleber (2002) S. 699.

Ladin verwendeten Begriff der „islamischen Nation" ab und sieht dies als Beleg für den Versuch bestimmter terroristischer Gruppen an, Religion und Politik wieder zusammenzuführen und „an die Stelle der vielen islamischen modernen Nationalstaaten ... die eine islamische Nation, die Umma, treten" zu lassen. In der islamisch fundamentalistischen Tiefenstruktur entdeckt er, dass die Zugehörigkeit zu einer idealisierten reinen Gemeinschaft und verfolgende Gewalt sich gegenseitig aufschaukeln. Gegen die Realität wird eine imaginäre Gemeinschaft idealisiert, und Idealität und Terror sind verschwistert. Dies traf auf historisch früher belegte Fälle von Terrorismus ebenso zu wie auf den aktuellen, der sich auf religiöse Motive beruft.

7. An einer anderen Stelle des Feldes, aber ebenfalls unter Verwendung der psychoanalytischen Methode, setzt Jürgen Habermas an, indem er den „islamischen Terrorismus" als Folge eines durch die Modernisierung hervorgerufenen Traumas ansieht.[14] Die westliche Welt, insbesondere die USA seien mit ihrem uneinholbaren Entwicklungsvorsprung, ihrer erdrückenden technologischen, wirtschaftlichen und politisch-militärischen Überlegenheit gleichzeitig eine Kränkung für das eigene Selbstbewusstsein und ein heimlich bewundertes Vorbild. Es sei psychologisch nachvollziehbar, dass zur Abwehr der weltweit säkularisierenden Macht des Westens ausgerechnet auf spirituelle Quellen zurückgegriffen werde, weil damit auf ein dort verloren gegangenes Potential gesetzt werde. Der wütende fundamentalistische Rückgriff auf eine Glaubenseinstellung, der die Moderne noch keinen selbstreflexiven Lernprozess, keine Ausdifferenzierung einer von der Politik getrennten Weltdeutung abgenötigt habe, ziehe seine Plausibilität eben aus dem Umstand, dass er von einer Substanz zehre, die dem Westen zu fehlen scheine.[15]

D. Schlussfolgerungen

Es gibt hunderte von Millionen von Muslimen, die in Staaten und friedlich untereinander und mit anderen zusammen leben. Und es gibt wirkungsvoll operierende Gruppierungen, die mit diesen Verhältnissen weder in muslimischen Mehrheits- noch in Minderheitengesellschaften einverstanden sind und sie unter Anwendung von Gewalt ändern wollen. Eine einheitliche Bewertung dessen, wie „Islam" an verschiedenen Punkten der Erde auftritt, verbietet sich daher. Die voranstehend angeführten Thesen unternehmen eine Annäherung an diese unterschiedlichen Befunde, indem sie verschiedenartige Aspekte auf theoriefähige Begriffe bringen. Die Vorrangigkeit eines der Erklärungsansätze verbietet sich, weil sie unter demselben religiösen Oberbegriff auf unterschiedliche Gruppen von Menschen und ihre Handlungsstrategien abstellen: Religiosität, Politik, Politische Theologie, Terrorismus, religiöser Anti-Modernismus usw. Dementsprechend ist auch das Verhältnis islamischer Gruppen zu Staatlichkeit, Gewalt als legitimes Mittel zur Ereichung von Zielen, Toleranz, Pluralität usw. unterschiedlich und nicht zwingend auf ihre Religion zurückzuführen.

14 In dieser Weise zusammenfassend Borradori (2004), S. 44ff.

15 Habermas (2004), S. 57.

Literatur

Bohleber, Werner (2002), Kollektive Phantasmen, Destruktivität und Terrorismus, in: Psyche – Zeitschrift für Psychoanalyse 56, S. 600–720.

Borradori, Giovanna (2004) in: Habermas, Jürgen/Derrida, Jacques, Philosophie in Zeiten des Terrors. Zwei Gespräche, geführt, eingeleitet und kommentiert von Giovanna Borradori. Berlin und Wien.

Diner, Dan (2005), Versiegelte Zeit. Berlin.

Fanon, Frantz (1967), Die Verdammten dieser Erde. Frankfurt a.M. 1967.

Habermas, Jürgen (2004), in: Habermas, Jürgen/Derrida, Jacques, Philosophie in Zeiten des Terrors. Zwei Gespräche, geführt, eingeleitet und kommentiert von Giovanna Borradori. Berlin und Wien.

Sartre, Jean-Paul (1974), Die Dritte Welt beginnt am Stadtrand, in: ders., Mai '68 und die Folgen, Bd. 1. Reinbek bei Hamburg.

Sombart, Werner (1920), Der Bourgeois. Zur Geistesgeschichte des modernen Wirtschaftsmenschen. München und Leipzig.

Weber, Max (1904), Die Protestantische Ethik und der „Geist" des Kapitalismus. Bodenheim 1993.

Werner Bohleber

Idealität und Destruktivität – Zur Psychodynamik terroristischer Gewalt

I. Der 11. September, religiöser Terrorismus und kollektive Abwehrtendenzen

Der Terroranschlag vom 11. September hat sich tief ins kollektive Bewusstsein eingeprägt. Die massenmörderische Tat, Flugzeuge mit ihren Passagieren als lebende Bomben in Wolkenkratzer zu stürzen, mit ungeheurer Zerstörung und schrecklich tödlichen und traumatischen Folgen für die Opfer, war für viele bis dahin unvorstellbar gewesen. Medial vermittelt nahm die ganze Welt als Zuschauer daran teil. Die nachfolgenden Terroranschläge haben die globale Dimension eines Terrorismus unabweisbar demonstriert, der bestes technisches Know-how mit der vormodernen religiösen Ideologie eines fundamentalistischen Islamismus verbindet.

Trotz der ständigen Präsenz im Bewusstsein können wir gleichzeitig eine eigentümliche Form der Verleugnung und einer partiellen Blindheit gegenüber diesen Akten massiver Destruktivität beobachten. Erinnert sei hier daran, wie frühere terroristische Anschläge wieder dem Vergessen anheim gefallen sind, z. B. der erste Anschlag auf das World Trade Center 1993, der, wäre er geglückt, noch mehr Zerstörung mit sich gebracht hätte als die Flugzeugattacke 2001. Er war aber aus dem allgemeinen Bewusstsein weitgehend verschwunden. Die Fingerzeige und bedrohlichen Entwicklungen wurden übersehen oder wieder ausgeblendet. Heute gehen Untersuchungen der Frage nach, ob die Regierungen die vorhandenen Informationen im Vorfeld richtig eingeschätzt, sie bagatellisiert oder nicht zur Kenntnis genommen haben. So war bekannt, dass al-Qa'ida sich seit Mitte der neunziger Jahre in spanischen Städten festgesetzt hatte. Der international renommierte Terrorismusforscher Fernando Reinares warnte ein Jahr vor den Anschlägen von Madrid am 11. März 2004 aufgrund einer eingehenden Datenanalyse, dass al-Qa'ida das spanische Staatsgebiet als eine der Hauptbasisstationen in Europa genutzt hat und es wahrscheinlich sei, „dass Spaniens Bevölkerung und seine Regierung zum Ziel des globalen Terrorismus werden".[1] Dennoch war die Gruppe der Sicherheitsstrategen in Spanien unvorbereitet und

1 Reinares (2005), S. 74.

produzierte am 11. März ein Informations- und Ermittlungschaos, dessen Einzelheiten erst nach und nach durchleuchtet wurden.

Wie ist dieses *blind eye* zu verstehen? Solche Akte massiver vernichtender terrorisierender Destruktivität lösen in uns selbst heftige Affekte und Phantasien aus. Sie aktivieren unbewusste Schichten. Einerseits werden Hilflosigkeit, Ohnmacht und Wut, sowie eine mitfühlende leidende Identifizierung mit den plötzlich zu Opfern gemachten Menschen ausgelöst, andererseits steigen aber auch eigene destruktiv-sadistische Impulse und Phantasien aus dem Unbewussten auf. Diesen beiden Dimensionen können wir uns psychisch nicht ständig aussetzen. Aus der Untersuchung seelischer Abwehrprozesse ist uns bekannt, dass wir dazu neigen, der Wahrnehmung massiver, grauenhafter und als sinnlos empfundener Destruktivität geradezu ungläubig gegenüberzustehen, uns von dem Schrecken wieder zu distanzieren, ihn zu verkleinern, mit rationalen Gründen zu versehen oder gar Zusammenhänge zu konstruieren, die uns als selbst verantwortlich damit in Verbindung bringen. So war zu lesen, dass die Anschläge von al-Qa'ida die Rache der unterdrückten Dritten Welt auf deren Ausbeutung durch die USA sei. Oder in Diskussionen über den 11. September und den Terrorismus landen manche rasch bei einer Art von westlich-nationaler Selbstkritik oder Selbstanklage mit entsprechenden Schuldvorwürfen. So wichtig Selbstkritik hier ist, so kann sie im Zusammenhang des Terrorismus auch die Funktion haben, Gründe zu finden um etwas, das plötzlich einbricht und als überwältigend und sinnlos erlebt wird, in das eigene Sinnsystem einbauen zu können. Psychoanalytisch gesehen untergräbt terroristische Gewalt dieses Ausmaßes unser basales Sicherheitsgefühl und Vertrauen in die Verlässlichkeit und Berechenbarkeit des menschlichen Lebens. Unsere Kriterien, mit denen wir zwischen Sicherheit und Gefahr unterscheiden, werden durchlöchert oder außer Kraft gesetzt. Um weiterzuleben, können wir solch potentiell unberechenbarer Gefahren nicht ständig bewusst sein, sondern tendieren dazu, sie wieder zu verleugnen. Die Reaktion ähnelt der auf ein psychisches Trauma, das die Schutzmechanismen unserer Innenwelt durchbricht und nicht in unser Sinnsystem integriert werden kann. Eine andere Form der Abwehr ist die Mystifizierung der terroristischen Gewalt als das radikal Böse. Hier besteht die Gefahr, die Tat als so monströs und unmenschlich einzuordnen, dass wir es aufgeben, genau hinzuschauen, Motive und tiefere Ursachen und kulturelle Wurzeln zu eruieren und zu verstehen suchen, welche inneren und äußeren Prozesse zu solchen massiven destruktiven Taten geführt haben.

In den letzten 30 Jahren hat sich die Zahl der religiösen Terror-Gruppen stark erhöht. Die gravierendsten Terrorakte der neunziger Jahre waren fast alle religiös motiviert. Wobei die aus dem islamischen Fundamentalismus stammenden Gruppen die größte Rolle spielen.[2] Der 11. September tauchte diesen Tatbestand noch einmal in besonders grelles Licht. Die Religion kehrte damit schlagartig auf die politische und gesellschaftliche Bühne zurück und zwar mit ihrer destruktiv düsteren Seite. Die Brisanz dieser Konfrontation mit religiösen Phänomenen erzwingt auch darüber nachzudenken, was die westlich aufgeklärten Gesellschaften auf ihrem Weg in die Modernität ausgeblendet und verleugnet haben. Die

2 Hoffmann (1999).

Religion wurde weitgehend als ein Überbleibsel vormodernen Denkens und als ein Randphänomen angesehen, um das wir uns nicht weiter zu kümmern brauchten. Auch die seit längerem stattfindende Ausbreitung des religiösen Fundamentalismus und sein Erstarken in allen Weltreligionen erregte lange Zeit zumindest in Europa kein größeres Interesse. Erst nach dem 11. September sind wir eher bereit, uns mit der politischen Aktivität und Gewalttätigkeit des Fundamentalismus zu befassen. Vor allem der Märtyrerkult um die Selbstmordattentäter beleuchtet, wie hier auf der einen Seite die massenmörderische Tat und das eigene suizidale Ende stehen und auf der anderen Seite die Phantasie eines darauf folgenden narzisstisch harmonischen Zustandes, in den der Terrorist im Paradies übergeht. Erneut sind wir mit der Frage konfrontiert, wie Glaubensgewissheit und Hass sowie die Phantasie eines narzisstischen Idealzustandes und mörderische Gewalt zusammenwirken und psychologisch zusammengehören. Um so erstaunlicher mag es erscheinen, dass in den Analysen mancher Terrorismusforscher die fanatisch religiöse Überzeugung als Motiv und Inhalt einer destruktiv phantasmatischen Handlungswelt unterbewertet wird. So schreibt etwa Wolfgang Sofsky über die Täter des 11. September: „Um ein Terrorist zu werden, gehört mehr dazu als der Glaube an ein paar heilige Verse oder Parolen ... Vermutlich halfen rituelle Gebete den Attentätern zur Überwindung der Todesangst, zur Selbstbetäubung in letzter Minute. Doch für Hass und Mordlust ist Fanatismus weder notwendig noch hinreichend ... Stärker als alle Heilsversprechen wirken erfahrungsgemäß profane Tatsachen: der soziale Loyalitätsdruck unter den Kampfgenossen im Untergrund ... das konspirative Klima der Gesinnungskontrolle in der abgeschotteten Kleinwelt der Verschwörer; ferner die Fixierung auf die Autorität einer charismatischen Leitfigur“[3]. So zutreffend die Faktoren sind, die Sofsky anführt, so dürr und ihres Inhalts beraubt wirken sie. Auch gelten sie für alle Attentate gleich welchen Ursprungs und lassen das Spezifische des fundamentalistisch-religiösen Terrors im Dunkeln.

II. Die geistige Welt des fundamentalistischen Islam

Die Forscher des großen Fundamentalismus-Projektes der American Academy of Art and Sciences verstehen die fundamentalistischen Strömungen des 20. Jahrhunderts, die sich in allen großen Weltreligionen ausgebildet haben, als den dritten großen geschichtlichen Versuch, die Folgen der durch die Aufklärung in Gang gesetzten Modernisierung, Säkularisierung und Liberalisierung abzuwehren.[4] In ihrem Widerstand gegen diese Entwicklungen ähnelten die fundamentalistischen Bewegungen dem Faschismus und dem Bolschewismus als den anderen beiden totalitären Bewegungen des 20. Jahrhunderts. Auf diese Verwandtschaft mit den totalitären Bewegungen hat in jüngster Zeit vor allem Paul Berman[5] hingewiesen. Für sie alle sei der 1. Weltkrieg und der Zusammenbruch des europäischen idealis-

3 Sofsky (2002), S. 177.
4 Marty/Appleby (1991); Almond/Appleby/Sivan (2004).
5 Berman (2004).

tisch liberalen Fortschrittsdenkens die Geburtsstunde gewesen. Berman macht auf eine Stelle in einem von bin Ladin nach den Anschlägen vom 11. September aufgenommenen Video aufmerksam, die gemeinhin übersehen worden ist. Bin Ladin spricht darüber, dass Amerika nach den Anschlägen von Entsetzen erfüllt sei und fügt dann hinzu: „Unsere islamische Nation bekommt seit mehr als achtzig Jahren das Gleiche zu spüren – Demütigung und Schande –, hat erleben müssen, dass ihre Söhne getötet werden und ihr Blut vergossen wird, dass ihre Heiligtümer entweiht werden". Mit dem Rückgriff auf die Zeit um 1920 bezieht sich bin Ladin auf die Reformen Kemal Atatürks, die einen Sprung in die weltliche Modernität darstellten und 1924 mit der Aufhebung des Kalifats ihren Höhepunkt erreichten. Diese Entwicklung hat für bin Ladin keine innerislamischen Gründe, sondern er schreibt sie einer einzigen äußeren Ursache zu, nämlich einer „zionistisch-amerikanischen" Verschwörung der „Juden und Kreuzfahrer" zur Ausrottung des Islam und der großen islamischen Nation.

Das tief sitzende antiwestliche Ressentiment, das im islamischen Fundamentalismus zum Ausdruck kommt, findet Meddeb[6] auch in einem Hass auf die Sinnlichkeit, auf Lust und Vergnügen begründet. Die islamische Gesellschaft habe sich von einer lebensfrohen Tradition abgewandt und diese verdrängt. In früheren Jahrhunderten faszinierte die sinnenfrohe Kultur des Islam Angehörige des christlichen Abendlandes und führte zur Ausbildung eines Phantasmas des „Orients". Heute aber, so Meddeb, erleben wir „eine seltsame Umkehrung in der Betrachtung und im Umgang mit dem Körper. Der Islam bildet ein Zentrum der Schamhaftigkeit, dessen Bewohner unter Nihilismus und Ressentiment leiden. Derweil hat sich der Körper im Westen von den ererbten Zwängen befreit. Diese ins Auge springende Umkehrung ist dem islamischen Subjekt jedoch nicht bewusst, da es stolz ist auf einen Zustand, der seine Gesellschaft der Tugend als Beispiel gegen die westliche setzt, die als Hort des Lasters gilt ... Nie kommt ihnen zu Bewusstsein, dass sie ihren Stolz gerade aus den Anzeichen ihrer Krankheit ziehen".[7]

So geißeln die Strömungen des islamischen Fundamentalismus die Übernahme westlicher Lebens- und Denkformen als tief greifende Krise des Islam, als neue Barbarei und Rückfall in die vorislamische Zeit. Ihr Ziel ist, Religion und Politik wieder zusammenzuführen, die weltlichen Regime abzuschaffen und zu einer ganzheitlich religiös-politischen Weltanschauung zurückzukehren. Sie propagieren eine Rückbesinnung auf das eigene Modell und verherrlichen eine Rückkehr zu den Anfängen der als ideal und noch nicht verdorben gedachten Zeit der muslimischen Gemeinschaft im Medina des 7. Jahrhunderts. An die Stelle der vielen islamischen modernen Nationalstaaten soll die eine islamische Nation, die Umma, treten mit einer strikten Anwendung des islamischen Rechts, der Scharia.

Solche rigoros-puristischen und totalitären Vorstellungen tragen eine Tendenz zur Radikalisierung in sich. Es verwundert deshalb nicht, dass bin Ladin und die Anführer der al-Qa'ida die gesellschaftlich-politische Umwälzung, die sie anstreben, nicht bei der Schaffung einer islamischen Nation stehen lassen wollen. Für sie ist der Terrorismus global

6 Meddeb (2002).
7 Meddeb (2002), S. 158.

angelegt, sie befinden sich in einer weltweiten Umwälzung, „einem Weltenbrand, zwischen Gläubigen und Ungläubigen, Anhängern des Islam und feindseligen Gottlosen".[8] Der Kampf habe solange weiter zu gehen, bis es auf der Welt keine Juden und Christen mehr gebe und alle Menschen unter der Herrschaft des Islam vereint seien.[9]

III. Tiefenstruktur der islamisch fundamentalistischen Mentalität

Ein solches radikales religiöses Denken hat apokalyptischen Zuschnitt, indem es den terroristischen Kampf als Einleitung eines umfassenden Reinigungsprozesses der Menschheit zu deren Heil proklamiert, so dass Harmonie und Einheit auf der Welt unter der Herrschaft des Islam einkehren sollen. Psychologisch zu erklären gilt es hier die enge Verschwisterung von idealen Vorstellungen von Harmonie und Einheit mit einer vernichtenden, sich radikalisierenden Gewalt. Weiter stellt sich die Frage, wodurch psychologisch die Ideenwelt des religiös-politischen Fundamentalismus für Menschen oder für eine Gruppe zu bestimmten Zeiten und in bestimmten gesellschaftlichen Konstellationen so attraktiv werden kann. Bei einer Untersuchung sozialer Phänomene und gesellschaftlicher Ideologien muss die Psychoanalyse einerseits die Eigenständigkeit des Sozialen sowie die Abstraktheit gesellschaftlicher Steuerungsmechanismen und systemisch stabilisierter Handlungszusammenhänge beachten, was aber andererseits nicht ihr Vermögen schmälert, die Anziehungskraft, die Ideologien und kollektive Phantasmen ausüben sowie die starken Affekte, die sie auslösen, auf unbewusste Faktoren zurückzuführen und psychologisch zu erklären. Methodisch und inhaltlich stütze ich mich auf das Konzept der ubiquitären unbewussten Phantasien.[10] Es sind Phantasien, die von allen Menschen mehr oder weniger geteilt werden. Sie sind deshalb ubiquitär, weil sie mit den Grundtatsachen des Lebens, der Verknüpfung von Körperbedürfnissen mit seelischer Entwicklung und Phantasiebildung zu tun haben, insbesondere mit der psychosexuellen Reifung, der Abhängigkeit von und der Versorgung durch die Mutter, der Rivalität mit den Geschwistern, der Urszene und dem Ödipus-Komplex. Als Abkömmlinge des Unbewussten drängen diese infantilen Phantasien ins Bewusstsein und tauchen damit in der Realität und im sozialen Leben auf. Sie besitzen eine Tendenz zur Externalisierung und heften sich einerseits an die Wahrnehmung und Formung von gesellschaftlichen Ereignissen, Institutionen und kulturellen Wertungsmustern und prägen diese. Andererseits werden sie von außen, also von gesellschaftlichen Agenturen, in Dienst genommen und durch objektive Strukturen, durch Institutionen, Verkehrsformen und Sprachtraditionen geformt und damit kanalisiert.

In einer früheren Arbeit habe ich am Beispiel des radikalen deutschen Nationalismus und Antisemitismus nach 1918 die Emotionen und Affekte sowie die damit verbundenen unbewussten Phantasien untersucht, die bei einer totalitären Vorstellung der Nation in den

8 Reinares (2005), S. 55.
9 Scheffler (2004), S. 87–105.
10 Vgl. Bendkower (1991).

Menschen aktiviert werden.[11] Ein Vergleich mit den Vorstellungswelten des islamistischen Fundamentalismus fördert erstaunliche Ähnlichkeiten zutage.[12] Bei aller Vorsicht wegen der Unterschiede, erscheint es mir dennoch sinnvoll, auf der Ebene der psychischen Tiefenstrukturen die Vorstellungswelten des radikalen Nationalismus und des fundamentalistischen Islamismus zu vergleichen, der die Umma als eine Gemeinschaft aller Muslime, als die eine islamische Nation versteht. Unterstützt fühle ich mich dabei von Benedict Anderson,[13] der ebenfalls von untergründigen Verbindungen ausgeht, wenn er bei seiner Definition der Nation als einer „imagined community" die kulturellen Systeme der „Verwandtschaft" und der „Religion" zugrunde legt.

Folgende unbewusste Vorstellungskomplexe haben sich bei der Analyse des radikalen Nationalismus als bedeutsam erwiesen und dienen mir heuristisch als Grundlage, um die Tiefendimension der politischen Vorstellungen im islamistischen Fundamentalismus zu untersuchen:

- Versorgungsphantasien und Geschwisterrivalität
- Reinheit und die Vorstellung vom Anderen
- Einheitsvorstellungen in der Gruppe und Verschmelzungsphantasien

Im ersten Phantasiesystem, das um unbewusste Versorgungsphantasien und Geschwisterrivalität kreist, wird der Fremde als Eindringling erlebt, der in eine als rechtmäßiges Eigentum empfundene Sphäre eindringt, den Einheimischen verdrängt, seines Besitzes (unbewusst des Primärobjektes) beraubt und dort als Parasit und Schmarotzer haust. Unbewusst ist dieser Fremde der geschwisterliche Rivale, der die narzisstisch idealisierte Union mit der kollektiven Mutterimago zerstört. Diese Vorstellungswelt scheint im Islamismus die am wenigsten ausgeprägte Phantasie zu sein. Die gefundenen Belege zeigen, dass sie nicht die phantasmatische Kraft wie im deutschen Antisemitismus erlangt, in dem die Juden als alles verzehrendes Ungeziefer imaginiert wurden.

1. Reinheit und die Vorstellung vom Anderen

Verglichen mit der Projektion von verbotenen Triebstrebungen auf den Fremden, der dann als schmutzig erlebt wird, ist der Zusammenhang der Identität einer Gruppe mit Reinheitsvorstellungen komplexer. Wie Freud[14] gezeigt hat, blenden Angehörige der Großgruppe in einer narzisstischen Identifizierung miteinander die individuellen Unterschiede aus. Ihrer Bindung und Identität versichern sie sich dadurch, dass sie so sind wie die anderen Gruppenmitglieder. Andersartiges und Fremdes taucht dann als das Verunreinigende auf. Dem entspricht auch eine kulturgeschichtlich alte Definition des Schmutzes als etwas, das

11 Bohleber, (1997), S. 570–605.
12 Diese Verwandtschaft haben auch Buruma/Margalit (2004) herausgearbeitet.
13 Anderson (1988).
14 Freud (1921), S. 72–161.

fehl am Platze ist.[15] Das Verunreinigende wird dann als etwas bewertet, das nicht dazu gehören darf, wenn ein Muster oder ein symbolisches System Bestand haben soll. Daraus folgt weiter, dass Ungewissheit, Unsicherheit und Ambivalenz nicht toleriert, sondern als unrein beseitigt werden müssen, um ein homogenes, symbolisch konsistentes Universum zu erschaffen.

Rituelle Reinheit spielt im Islam eine große Rolle, und es verwundert nicht, dass Reinheitsphantasien im Islamismus eine außerordentliche Bedeutung für die eigene kollektive Identität haben. In einer großen islamistischen politischen Zeitschrift kann man über das Eindringen westlicher Ideen und Lebensformen folgendes lesen: „Der Islam und die Ungläubigen sind wie frisches klares Wasser und wie Wasser vom Boden der vorstädtischen Abwasserkanäle. Wenn nur ein Tropfen des schmutzigen Wassers in das klare Wasser fällt, so verringert sich die Klarheit. In ähnlicher Weise bedarf es nur eines Tropfens vom Schmutz des Unglaubens, um den Islam im Westen zu kontaminieren".[16] Sayyid Qutb schreibt dieses Zerstörungswerk an der Reinheit den Juden zu: „Die Juden befreien die sinnlichen Begierden von ihren Beschränkungen, und sie zerstören die moralische Grundlage auf der der reine Glaube basiert. Sie tun dies, damit der Glaube in jenen Dreck gezogen werden soll, den sie reichlich auf dieser Welt verbreiten".[17] Ähnliche Beispiele dieses Denkens gibt es viele. Neben der Verunreinigung spielen auch Bilder der Vergiftung eine große Rolle. Besonders dem weiblichen Körper wird eine außerordentliche Macht von Verunreinigung, Verführung und Zerstörung zugeschrieben. Er dient auch als Metapher für den Zustand der Gesellschaft, die sich durch verführerische böse Mächte bedroht sieht.[18]

Ich möchte hier noch etwas ausholen. Psychologisch ist die Wahrnehmung des Anderen bzw. des Fremden und des Eigenen reziprok miteinander verknüpft. Wie schon von René Spitz beschrieben,[19] ist die Fremdenangst des Kindes nicht eine Folge der Fremdheit dieser Person, sondern Reaktion auf die Wahrnehmung, dass das Gesicht des Fremden nicht mit den Gedächtnisspuren des Gesichts der Mutter übereinstimmt. Somit verweist die Wahrnehmung des Fremden das Kind zurück auf die Mutter und verstärkt die Bindung an sie, vorausgesetzt das Kind fühlt sich in der Beziehung sicher. Dann kann es angstfrei Kontakt aufnehmen und den Fremden erkunden. Die pathologische Form dieser Beziehung sucht dagegen den Fremden auszuschalten und sich seiner selbst in einer narzisstischen Spiegelung in der Mutter zu versichern. Herrscht auf der Gruppenebene eine Homogenitätsphantasie vor, so kommt es zu einer Spiegelung und Selbstvergewisserung in denen, die so sind wie man selbst. Die dennoch vorhandene unvermeidliche Ambivalenz führt zu aggressiver Aufladung von Unterschieden innerhalb der Gruppe, die aber ausgeblendet und nach außen projiziert werden müssen. Eine solche Welt von narzisstischer Spiegelung und Rein-

15 Douglas (1966).
16 Zit. bei Raban (2002), S. 32.
17 Ich verdanke diesen Fund Matthias Küntzel, der mir die englische Teildokumentation des Essays von Qutb in der Arbeit von Nettler (1986), hier S. 104, zugänglich gemacht hat.
18 Riesebrodt (2000), S. 121.
19 Spitz (1965).

heit führt eine massive verfolgende Aggressivität mit sich gegen den Andersartigen, der den inneren Zusammenhalt bedroht. Dieser Narzissmus kann nichts Anderes, Abweichendes neben sich dulden und hat die Tendenz, sich fortschreitend zu radikalisieren. Reinheit ist nur durch Aussonderung zu erlangen und soll zur Heilung der Gemeinschaft führen. Zugehörigkeit zu einer idealisierten reinen Gemeinschaft und verfolgende Gewalt schaukeln sich auf diese Weise gegenseitig auf. Ostow spricht in dem Zusammenhang von „Pogrom-Mentalität",[20] und Adorno nannte es einen „psychischen Totalitarismus".[21]

2. *Einheitsvorstellungen und Verschmelzungsphantasien*

Die neuere psychoanalytische Gruppenforschung hat aufgedeckt, dass die Regression in einer Gruppe oder Masse weit hinter das von Freud beschriebene ödipale Niveau zurückgeht und damit noch andere, tiefer reichende narzisstische Identifizierungen wirksam sind. Indem die Mitglieder regressiv zur Gruppe verschmelzen, wird diese zum illusionären Ersatz für das erste verlorene Objekt, die Mutter der Frühzeit. Die Gruppenphantasie ersetzt das individuelle Ich-Ideal durch ein gemeinsames und erzeugt ein manisches Hochgefühl. Kommt es zur Herrschaft und verbindet sich mit Phantasien eigener Überlegenheit, werden die Realitätsprüfung der Individuen und die Forderungen des eigenen Gewissens außer Kraft gesetzt, während das Selbstgefühl durch die Verschmelzung mit dem nationalen oder dem Gruppenselbst enorm stimuliert wird. Die Frage „wer bin ich?" ist ersetzt durch „zu wem gehöre ich?". Für diese Menschen befindet sich auf der einen Seite die Welt der großen symbiotischen Einheit und, davon abgespalten, auf der anderen Seite die Welt der Rivalität, Konkurrenz und Pluralität.

Die fundamentalistische Vorstellung von der Umma als der einen islamischen Nation und der Gemeinschaft aller Muslime ist ein Paradebeispiel dieses fusionären Einheitsdenkens. Hier besteht die Menschheit aus Kollektiven. Der Muslim gehört zur Umma als der Gemeinschaft aller Muslime, eine Zugehörigkeit, die ihn definiert und aus der er sich nicht verabschieden kann, vergleichbar mit einer niemals aufkündbaren Stammeszugehörigkeit.[22] Phantasmatisch ist die fundamentalistische Umma eine homogene Gemeinschaft ohne Teilung und ohne soziale Differenzierung. „Es ist eine Masse, ein Ozean, der in Angst vor der Vermischung lebt, aber auch vor der Unterscheidung".[23] Nun ist die reale Gemeinschaft der Umma aber keineswegs homogen, sondern von Uneinigkeit, Streit und Zwietracht erfüllt. Die Einheit ist eine Phantasievorstellung, die um so mehr Macht über die Köpfe erlangt, je mehr die zersetzenden Tendenzen und feindseligen Impulse auf die religiösen und ethnischen Minderheiten im Gebiet des Islam oder auf „das Haus der Ungläubigen" als Feinde projiziert werden können, die sich gegen sie verschworen haben. Durch dieses Denken in Kollektiven wird der bedrohliche fremde Andere auch nicht als

20 Ostow (1996).
21 Adorno (1950).
22 Tibi (1993).
23 Levy (1994), S. 102.

unabhängiges Individuum gesehen, sondern er ist ein Agent des Feindes, der die eigene Homogenität zerstören möchte. Die Beziehungen zur Außenwelt werden manichäisch wahrgenommen. Auf der einen Seite befindet sich die imaginäre Umma, auf der anderen Seite die Welt der Feinde, die geradezu dämonisiert werden. Uneinigkeit, Missstände und Fehler liegen dann nicht in der eigenen Verantwortung, sondern sind Ergebnis von bösen satanischen Machenschaften des Westens und der Juden, als deren Opfer man sich begreift. Ein Muslim, der anders denkt, gerät leicht in die Rolle des Verräters.

Dieses Verschwörungsdenken ist in der arabischen Welt weit verbreitet. Die Verschwörung des Westens gegen den Islam gilt als ein lange bestehender Plan, der mit den Kreuzzügen begonnen hat, die Auflösung des Kalifats sowie die Trennung von Religion und Staat bewirkte und die Zerstörung der islamischen Religion und Kultur zum Ziel hat. Wie Bassam Tibi gezeigt hat, integriert dieses Verschwörungsdenken eine radikale Rhetorik, die „keinen Erkenntnis- oder Mitteilungswert mehr (hat); sie hat lediglich die Funktion, die eigene weltfremde Wahrnehmung gegenüber der ihr widersprechenden äußeren Welt psychologisch und rhetorisch zu festigen".[24] Der islamische Fundamentalismus wird so zu einem in sich geschlossenen religiös totalitären System, beherrscht von imaginären Vorstellungen, die aus unbewussten Phantasmen gespeist werden. Gegen jede Realität wird eine imaginäre Gemeinschaft idealisiert. Harmonie und Frieden als ersehnter Endzustand erfordern die Auslöschung und Vernichtung der alten verdorbenen westlichen Zivilisation. Idealität und Terror sind bekanntlich miteinander verschwistert.

IV. Die terroristische Transformation der Persönlichkeit

Mit meiner bisherigen Darstellung versuchte ich zu zeigen, wie die inhärente Verbindung von narzisstischer Reinheits-, Einheits- und Gleichheitsvorstellung mit massiver Gewalt auf der Phantasie eines vorambivalenten narzisstischen Idealzustandes beruht. Der Andere und der Fremde wird dabei zum Ungläubigen, zum Eindringling und Störenfried, den man gleichzeitig zur Projektion und Verfolgung benötigt, um den idealen Zustand phantasmatisch aufrecht erhalten zu können. Solche ideologischen Vorstellungen und Phantasien aktivieren eine Aggressionsbereitschaft von erheblicher destruktiver Potenz. Dennoch reicht eine solche radikale Ideologie noch nicht aus, um real zum Terroristen zu werden. Allerdings bildet deren Übernahme eine erste Stufe einer Transformation der Persönlichkeit, die bei sehr vielen islamistischen terroristischen Tätern in der Zeit ihrer spätadoleszenten Entwicklung stattfand.

Ich will kurz einige ihrer biographischen Daten aufführen: Mohammed Atta, geb. 1968, wurde von seinem Vater religiös erzogen. Er war ein gehorsamer Sohn mit glänzenden Schulleistungen. Als 24-jähriger ging er mit einem Stipendium nach Hamburg zum Studium. Auffallend war seine Frömmigkeit und sein Versuch, eine streng muslimische Lebensführung durchzuhalten, um den Verlockungen der westlichen Zivilisation zu entgehen. So

24 Tibi (1993), S. 43.

berichtete seine Vermieterfamilie, dass er sich bei bestimmten Szenen im Fernsehen die Augen zuhielt. Atta fühlte sich in gemischter Gesellschaft von Frauen und Männern unwohl, auch hielt er Distanz zu Frauen, denen er anscheinend nie die Hand geben konnte. Atta pendelte zu Studienaufenthalten mehrfach zwischen seiner arabischen Heimat und Deutschland hin und her. In Aleppo hatte er sich in eine Stadtplanerin verliebt, brach aber die Beziehung ab, weil sie kein Kopftuch tragen wollte und sich nach seiner Meinung zu aufreizend kleidete. Attas fundamentalistische Weltanschauung scheint sich im Zuge einer Abwehrhaltung gegen die westliche Kultur und Zivilisation mehr und mehr radikalisiert zu haben. So attackierte er die Amerikanisierung der ägyptischen Kultur. Auch deckten Zeugenaussagen während des ersten Prozesses gegen al-Qa'ida-Mitglieder in Hamburg seine antisemitische Weltanschauung auf. Er war überzeugt, dass die Juden die Weltherrschaft anstrebten, sie „die reichen Strippenzieher der Medien, der Finanzwelt, der Politik" wären und New York das Zentrum des Weltjudentums sei.[25] Andere Mitglieder wie Ziad al Jarrah, der das Flugzeug steuerte, das in den zweiten Turm raste, waren zunächst relativ lebenslustig, bevor es zu einem Bruch in ihren Überzeugungen und ihrer Weltanschauung kam. Jarrah wird als Playboy beschrieben, der dann plötzlich im Alter von 21 Jahren fromm und fundamentalistisch wurde und von seiner türkischen Freundin verlangte, ein Kopftuch zu tragen und ihre Hände zu bedecken. Ähnliches wird von Said Bahaij berichtet,[26] der in Deutschland geboren, mit seinen Eltern als 9-jähriger nach Marokko auswanderte, dann aber zum Studium als 20-jähriger wieder zurück nach Deutschland kam. Nach einer schweren Liebesenttäuschung im Alter von 21 Jahren wurde er religiös und änderte vor allen gegenüber Frauen radikal seine Einstellungen. Er wurde glaubensstreng, vertrat fortan islamistische Ideale und redete davon, dass der Islam die Weltherrschaft übernehmen und die Juden vernichten müsse.

Die Radikalisierung während ihrer spätadoleszenten Identitätsbildung, insbesondere in ihren weltanschaulichen und religiösen Einstellungen, scheint bei diesen jungen Erwachsenen unmittelbar den Boden für die Hinwendung zum Terrorismus bereitet zu haben. Wir können über die seelischen Konflikte dieser Menschen nicht spekulieren, dennoch ist anzunehmen, dass die fundamentalistische politische Ideologie Denk- und Handlungswege eröffnet hat, die als Ausweg aus interkulturell entstandenen schweren Konflikten und unlösbar erscheinenden Problemen imponierten, aber einen Abbruch ihres adoleszenten Entwicklungsprozesses bedeutete. Mit seiner persönlichen Geschichte taucht der zukünftige Terrorist in ein heilsgeschichtliches Drama ein, geprägt von Zerstörung und Errettung sowie einer Reinigung der Erde vom Schmutz der Ungläubigen. Dieses religiöse Denken wird zum Vehikel für die eigene Destruktivität, gepaart mit einem sehnsüchtig erwarteten idealen harmonischen Endzustand im Paradies, in das der Terrorist nach seinem Tod als Märtyrer eingehen wird. Die fundamentalistische Religion ist radikal und hart und kann zur Abwehr passiver und libidinöser Bedürfnisse dienen. Sie stellt äußere Objekte bereit, auf die Ängste und Affekte ebenso wie schwache verachtete Selbstanteile projiziert, dort

25 *Der Spiegel* 36/2002.
26 *Der Spiegel* 3/2002.

verfolgt und vernichtet werden können. Auf diese Weise entsteht ein megalomanes und militantes Selbst. Atta und andere fühlten sich als Avantgarde in einem globalen Heiligen Krieg, der dereinst zum Sieg des Islam führen wird. Gleichzeitig gilt die Furchtlosigkeit vor dem Tod und dessen Idealisierung als Wunderwaffe gegen die verweichlichten Westler. In einem Manifest der al-Qa'ida heißt es entsprechend: „Wir sind die Nation, die den Tod mehr liebt als das Leben".[27] Dazu gehört die Verachtung für diejenigen, die ihr Leben behalten wollen und es höher schätzen als den Tod.[28]

Auf dem Weg zur terroristischen Transformation der Persönlichkeit sind außer einer radikal fundamentalistischen Konversion noch weitere Schritte notwendig. Neben Gemeinsamkeiten finden wir aber auch Unterschiede auf dem Weg zum künftigen Terroristen. Jerrold Post[29] konnte in israelischen Gefängnissen Gespräche mit 35 arabischen Terroristen führen. Deren Politisierung habe im Jugendalter häufig in den Moscheen und durch Predigten stattgefunden, die sich mit den terroristischen Anschlägen befassten und diese glorifizierten. Post führt auch die hohe soziale Anerkennung an, die Terrororganisationen in der arabischen Community genießen. Terroristischen Rekruten begegnete man mit großem Respekt, und die Zugehörigkeit verschaffte dem Jugendlichen ein Gefühl der Bedeutung angesichts allgemeiner politischer und sozialer Ohnmacht. Post weist auch darauf hin, dass diese palästinensischen Freiwilligen viel jünger waren als die Attentäter des 11. September.

Von nicht zu unterschätzendem Einfluss erweist sich auch die neue Zugehörigkeit zu einer Gruppe Gleichgesinnter, die geheim zu halten ist und angesichts der geplanten Taten ein Gefühl der Bedeutung und Macht verschafft. Neben militärischem Training findet eine Indoktrination und Umerziehung statt, die zumeist in Ausbildungslagern oder in isolierten totalitären Gruppenmilieus stattfindet. Die Verbindung zur bisherigen Beziehungsumwelt wird dabei unterbrochen. Das Ergebnis ist das Eintauchen in eine „Parallelwelt", vorbereitet durch eine Reihe von Initiationsriten.[30]

Robert Lifton[31] hat die Prozesse mentaler gewaltsamer Konditionierung in totalitären Gruppenmilieus untersucht und beschrieben. Diese Gruppen unterliegen einer absoluten Kontrolle, jede Kommunikation wird gesteuert, die Psyche der Mitglieder wird durch ein

27 Fielding/Fouda (2003), S. 238.

28 Bin Ladin machte 1998 in einem Interview folgende vielsagende Bemerkung über die Schwäche der amerikanischen Soldaten: „Das wurde in Beirut bewiesen, als die Marines nach zwei Explosionen flüchteten. Der Vorfall beweist auch, dass sie in weniger als 24 Stunden rennen können, und dasselbe wiederholte sich in Somalia ... (Unsere) Jugend war überrascht über die armselige Moral der amerikanischen Soldaten ... Nach ein paar Schlägen rannten sie besiegt davon ... Sie vergaßen ganz, dass sie die führende Weltmacht und der Führer der neuen Weltordnung waren. (Sie) zogen ab, mit ihren Leichnamen und ihrer schmählichen Niederlage im Schlepptau" (zit. bei Lewis [2003], S. 172f.).

29 Bei Hough (2004).

30 Der algerische Autor Mohammed Moulessehoul hat unter dem Pseudonym Yasima Khadra (2002) in einem Roman eindrucksvoll beschrieben, wie ein junger Mann zum religiösen Fanatiker und zum Killer der GIA, der bewaffneten Islamischen Gruppen, wird.

31 Lifton (1961, 1999).

obsessives Ethos der Selbstoffenbarung und der Selbstanklage kontrolliert. Die persönlichen Bekenntnisse sind der Weg, Reinheit zu erreichen und mit der Gemeinschaft zu verschmelzen. Die Realität und ihre Wahrnehmung wird in den Besitz und die Verfügung der Gruppe genommen und im Sinne der Gruppenideale manipuliert und legitimiert. Die absolute Reinheit ist das Ideal und kontrastiert mit einer Außenwelt des reinen Bösen. Um diese Trennung von rein und unrein herzustellen, wird in solchen Gruppen massiv Gewalt ausgeübt, die als Reinigungsvorgang gerechtfertigt wird. Veränderung bedürfe der Katharsis durch Zerstörung des alten Menschen. Die Unterscheidung zwischen Ausbildung und Bestrafung ist dabei oft verwischt, besonders bei Prozeduren, in denen das Gruppenmitglied etwa in extrem kaltes oder heißes Wasser getaucht oder an den Füßen aufgehängt oder tagelang in einer Zelle allein gelassen wird.

Auch bei den palästinensischen Selbstmordattentätern finden wir neben der mentalen religiösen Indoktrination solche gewaltsamen Härtetests. Joseph Croitoru[32] berichtet, dass Aspiranten für die Todesoperationen auf Friedhöfen eine Zeit lang lebendig begraben wurden. Außerdem wurden ihnen die furchtbarsten Stellen aus dem Koran über die islamischen Grabesengel vorgelesen, um ihnen zu demonstrieren, was ihnen erspart bleiben wird, weil sie direkt ins Paradies kommen würden. Aus iranischen Trainingslagern für Märtyrer des Jihad wird eine andere Spielart solcher Härtetests berichtet.[33] Hier wählte man zum Tode verurteilte Häftlinge aus, unterzog sie einer Gehirnwäsche und ließ sie vor den Augen der Rekruten in Autos, die mit Sprengstoff beladen waren, gegen eine Mauer fahren oder ineinander rasen.

Wie können wir solche Praktiken und deren Auswirkungen psychoanalytisch erklären? Bei einer solchen traumatisierenden Behandlung brechen die inneren guten Objekte, die uns normalerweise ein Gefühl der Sicherheit und Geborgenheit vermitteln, zusammen. An ihre Stelle tritt als einzig verfügbares Objekt der Führer, der Guru oder die Gruppe als ganze und eine Identifizierung mit den Gruppenidealen. Um nicht selbst völlig zusammenzubrechen oder gar getötet zu werden, muss der terroristische Novize sich um so mehr mit den Intentionen der Führer identifizieren als dem einzigen Objekt, das ihm in der Situation der Todesangst noch zur Verfügung steht und Sicherheit geben kann. Dem dient dann auch die Vorstellung eines ewigen Lebens im Paradies, das ihm gepredigt wird.

Über die terroristische Ausbildung der Attentäter des 11. September wissen wir nicht viel. Aber aus dem in Attas Gepäck gefundenen Text[34] kennen wir die Anweisungen für ihre letzten Vorbereitungen und für die Ausführung der Gewalttat. Sie befanden sich dabei mental in einem religiösen Drama. Schon einige Zeit vorher waren ihnen Kampfnamen aus der Frühzeit des Islam verliehen worden, die den Gefährten des Propheten Mohammed gehörten. Die Attentäter rezitierten für sich selbst alle die gleichen Suren aus dem Koran, die vom Kämpfen handeln, damals im 7. Jahrhundert, als Mohammed mit einer kleinen

32 Croitoru (2003).

33 Croitoru (2003).

34 Abgedruckt in Aust/Schnibben (2002), S. 275–279; ebenfalls in Kippenberg/Seidensticker (2004), dort wird der Text auch analysiert. Zur Analyse vgl. auch Makiya/Mneimneh (2002).

Schar von Gläubigen gegen die Ungläubigen zog und sie besiegte. Das Töten der Passagiere war mit dem Verb aus dem Koran für das „Abschlachten" eines Tieropfers bezeichnet. Sie rezitierten aber auch Suren, die vom Paradies handelten, in dem sie sich bald wähnten, was ihnen gegen die Todesangst half. Ich nehme an, dass durch diese ideologisch religiöse und psychologische Manipulation ein synchrones Handeln in vier unabhängig voneinander zur gleichen Zeit agierenden Gruppen abgesichert wurde, so dass niemand etwa aus Todesangst einen Fehler beging.

Durch alle diese Praktiken wird ein „gemeinsamer Zustand aggressiver Betäubung" erzeugt,[35] eine Ausrichtung auf die bevorstehende Gewalttat, ein Wegfegen aller Skrupel, die in der Vergangenheit da waren, und ein Ausrotten jeglichen Zweifels und jeder Empathie für die zukünftigen Opfer. Es ist ein Eintauchen in eine Parallelwelt, bei der es keinen ‚point of return' gibt, insbesondere wenn der erste Mord begangen worden ist, entweder an einem Gruppenmitglied selbst, das für seinen Defätismus oder seine Schwäche bestraft wurde, oder an einem außen stehenden Opfer. Immer werden damit auch die eigene Schwäche, das eigene Zweifeln und das eigene Gewissen, das man in den anderen hinein projiziert hat, umgebracht.

V. Schlussbemerkung

Idealität und Terror sind, wie uns das vergangene Jahrhundert gezeigt hat, nur allzu oft verschwistert. Der Terrorismus zu Beginn des neuen Jahrhunderts hat uns mit einer neuen Form dieses Paares konfrontiert. Ich habe versucht, einige Bereiche dieser psychoanalytisch noch kaum erkundeten Welt des islamistischen Fundamentalismus und dessen Verbindung mit dem Terrorismus zu erhellen. Vieles davon muss vorläufig bleiben, aber wir werden diese Phänomene weiter untersuchen müssen.

Literatur

Adorno, Theodor W. (1950), Studien zum autoritären Charakter (gekürzt). Frankfurt a. M. 1973.

Almond, Gabriel A./Appleby, R. Scott/Sivan, Emmanuel (2004), Strong religion. The rise of fundamentalism around the world. Chicago.

Anderson, Benedict (1988), Die Erfindung der Nation. Zur Karriere eines folgenreichen Konzepts. Frankfurt a. M.

Aust, Stefan/Schnibben, Cordt (2002), 11. September. Geschichte eines Terrorangriffs. Stuttgart.

Bendkower, Jaron (1991), Psychoanalyse zwischen Politik und Religion. Frankfurt a. M.

Berman, Paul (2004), Terror und Liberalismus. Hamburg.

Bohleber, Werner (1997), Die Konstruktion imaginärer Gemeinschaften und das Bild von den Juden: Unbewußte Determinanten des Antisemitismus in Deutschland. In: Psyche – Zeitschrift für Psychoanalyse 51, S. 570–605.

35 Lifton (1999).

Bohleber, Werner (2002), Kollektive Phantasmen, Destruktivität und Terrorismus. In: Psyche – Zeitschrift für Psychoanalyse 56, S. 600–720.
Breuer, Stefan (1993), Anatomie der konservativen Revolution. Darmstadt.
Buruma, Ian/Margalit, Avishai (2004), Okzidentalismus. Der Westen in den Augen seiner Feinde. München.
Croitoru, Joseph (2003), Der Märtyrer als Waffe. Die historischen Wurzeln des Selbstmordattentats. München.
Douglas, Mary (1966), Reinheit und Gefährdung. Eine Studie zu Vorstellungen von Verunreinigung und Tabu. Berlin 1985.
Fielding, Nick/Fouda, Yosri (2003), Masterminds of terror. Die Drahtzieher des 11. September berichten. Hamburg.
Freud, Sigmund (1921), Massenpsychologie und Ich-Analyse. Gesammelte Werke XIII. Frankfurt, S. 72–161.
Hoffmann, Bruce (1999), Terrorismus : der unerklärte Krieg. Neue Gefahren politischer Gewalt. Frankfurt a. M.
Hough, George (2004), Panel Report „Does Psychoanalysis Have Anything to Offer an Understanding of Terrorism?". In: Journal of the American Psychoanalytical Association 42, S. 813–828.
Khadra, Yasima (2002), Wovon die Wölfe träumen. Berlin.
Kippenberg, Hans G./Seidensticker, Tilman (Hrsg.) (2004), Terror im Dienste Gottes. Die „Geistliche Anleitung" der Attentäter des 11. Septembers 2001. Frankfurt a. M.
Levy, Bernard-Henri (1994), Gefährliche Reinheit. Wien: Passagen Verlag 1995.
Lewis, Bernard (2003), Die Wut der arabischen Welt. Warum der jahrhundertelange Konflikt zwischen dem Islam und dem Westen weiter eskaliert. Frankfurt a. M.
Lifton, Robert J. (1961), Thought Reform and the Psychology of Totalism. New York.
Lifton, Robert J. (1999), Destroying the World to Save It: Aum Shirinkyo, Apocalyptic Violence, and the New Global Terrorism. New York.
Makiya, Kana/Mneimneh, Hassan (2002), Manual for a ‚Raid'. In: New York Review of Books vom 17. 01. 2002.
Marty, Martin E./Appleby, R. Scott (Hrsg.) (1991), Fundamentalisms observed. Chicago.
Meddeb, Abdelwahab (2002), Die Krankheit des Islam. Heidelberg.
Nettler, Ronald L. (1986), Past trials and present tribulations: a Muslim fundamentalist speaks on the Jews. In: Curtis, Michael (Hrsg.): Antisemitism in the contemporary world. London, S. 102ff.
Ostow, Mortimer (1996), Myth and Madness: A Report of a Psychoanalytic Study of Antisemitism. In: International Journal of Psychoanalysis 77, S. 15–31.
Qutb, Muhammad (1964), Islam. The Misunderstood Religion. Kuwait.
Raban, Jonathan (2002), My Holy War. In: The New Yorker vom 04. 02. 2002, S. 28–36.
Reinares, Fernando (2005), Terrorismus global. Aktionsfeld Europa. Mit einem Kommentar von Hans Leyendecker. Hamburg.
Riesebrodt, Martin (1990), Fundamentalismus als patriarchalische Protestbewegung. Amerikanische Protestanten (1910–28) und iranische Schiiten im Vergleich. Tübingen.
Riesebrodt, Martin (2000), Die Rückkehr der Religionen. Fundamentalismus und der „Kampf der Kulturen". München.
Scheffler, Thomas (2004), Zeitenwende und Befreiungskampf: Zur Gegenwartsdiagnose Bin Ladin. In: Kippenberg, Hans G./Seidensticker, Tilman (Hrsg.), Terror im Dienste Gottes. Die „Geistliche Anleitung" der Attentäter des 11. September 2001. Frankfurt a. M., S. 87–105.
Sofsky, Wolfgang (2002), Zeiten des Schreckens. Amok, Terror, Krieg. Frankfurt a. M.
Spitz, René (1965), Vom Säugling zum Kleinkind. Stuttgart 1972.
Tibi, Bassam (1993), Die Verschwörung. Das Trauma arabischer Politik. Hamburg 1994.

Wilfried Röhrich

Die Politisierung des Islam
Islamismus und islamistischer Terrorismus

Die Terroranschläge auf das World Trade Center mitten in Manhattan und auf das Pentagon in Washington am 11. September 2001 haben eine Weltöffentlichkeit erschreckt, die sich noch immer weigerte, den Islam und den Islamismus im globalen Machtgefüge der politisierten Religionen adäquat zu verstehen. Zwar hatte zuvor die Islam-Diaspora im eigenen Land dazu beigetragen, mannigfache Emotionen zu wecken, nicht jedoch das Bestreben, sich mit der Religion der Muslime und der Intention der Islamisten auseinander zu setzen. In welch hohem Maße die September-Anschläge sowie die von Madrid und Beslan auf den Islamismus und den islamistischen Terrorismus zurückzuführen sind, wird sich nachfolgend zeigen.[1] Hier sei bereits darauf hingewiesen, dass bei diesen und ähnlichen Terroranschlägen der Islam nicht als Religion, sondern als politische Ideologie von Bedeutung war, wenngleich der Islamismus religiös begründet ist. Dem Islamismus liegt eine Politisierung des Islam zu Grunde, und der islamistische Terrorismus zielt – darüber hinaus – auf einen Jihad-Krieg gegen die westliche Welt.

Der Islam und der Islamismus

Bei der Betrachtung des Islamismus muss zunächst hervorgehoben werden, dass er mehrere Ausprägungen kennt und dass sich diese Islamismen in unterschiedlichsten Formen dokumentieren. Es gibt Islamisten in Gestalt von Pragmatikern wie einst Erbakan in der Türkei, in Gestalt der „Rechtsgelehrten" wie im Iran, es gibt aber auch Islamisten, denen es um die eindeutige Herrschaft der Scharia geht, und solche, die den Kampf gegen den Westen zu führen bereit sind. Zudem müssen die Unterschiede zwischen den Islamisten und den extremistischen Terroristen mit islamischem Hintergrund beachtet werden. Denn in seiner verblendeten Form mündet der Islamismus in den Terrorismus.[2] Und dies geschieht immer dann, wenn seine Anhänger glauben, die Errichtung oder die Verteidigung der „göttlichen Ordnung" erfordere einen internen Umbruch oder einen externen Jihad-Krieg, in dem die

1 Vgl. Röhrich (2006), S. 9–14 und 91–95.
2 Vgl. Metzger (2002).

Ungläubigen und die Feinde des Islam zu bekämpfen seien. Die drei großen Terroranschläge zeugen von dieser verblendeten Gestalt des Islamismus.

Um den Unterschied zwischen dem Islamismus als politischer Ideologie und dem Islam als Religion zu verstehen, muss man auf die islamische Geschichte zurückblicken.[3] Hier wurde die Intention verfolgt, den Islam zu verbreiten und Reiche zu gründen. Diese Expansion vollzog sich mit den kriegerischen Mitteln des Jihad, den die Muslime als angeblich von Gott verordneten „Heiligen Krieg" führten und der als eine Herausforderung an die Christen gedeutet werden kann. Diese reagierten mit den Kreuzzügen, die bis heute das islamische Kollektivgedächtnis mitbestimmen. Im 19. Jahrhundert wurde das islamische Jihad-Projekt vom westlichen Globalisierungsprojekt verdrängt. Die ursprünglich bedrohten Europäer wurden durch die beginnende Kolonisierung zur Bedrohung des Islam. In der zweiten Hälfte des 20. Jahrhunderts breitete sich eine Re-Politisierung des Islam und damit ein Islamismus aus, der darauf abzielt, die westliche Globalisierung zurückzudrängen und die Welt neu zu ordnen.

Der Jihad als Kriegstyp der Eroberungen in der islamischen Geschichte unterscheidet sich von der genuinen Bedeutung des Jihad-Begriffs, der im Koran „Anstrengung zur Verbreitung des Islam gegen die Ungläubigen" meint, was allerdings in concreto die Gewaltanwendung nicht ausschließt und die kriegerischen Auseinandersetzungen in der islamischen Geschichte nicht ausschloss. Um dies nachvollziehen zu können, muss zwischen den Mekka- und den Medina-Texten im Koran unterschieden werden. Die zu Mekka offenbarte Sura Al-Kāfirūn 6 fordert die Gläubigen auf, ihren Widersachern den Glaubenssatz entgegenzurichten: „Ihr habt eure Religion, und ich habe meine Religion." Der Jihad ist hier eine Waffe der Überzeugung. Erst in den zu Medina offenbarten Suren verdichten sich die zur Gewaltanwendung aufrufenden Koranstellen zu einer Jihad-Doktrin.[4] Mohammed, der Prophet, war in Medina, der Keimzelle des islamischen Staates, zugleich Staatsmann und Feldherr, der den Jihad zur Verbreitung des Islam führte. Unter diesem Aspekt ist die Sura Al-An'ām 151 zu sehen, wo es heißt: „... und ihr sollt niemanden töten, dessen Leben Allah unverletzlich gemacht hat, außer wenn dies gemäß dem Recht geschieht." Dieser Koran-Vers bezieht sich in seiner normativen Ausrichtung auf die Jihad-Kriege der islamischen Geschichte, in denen die Gewalt das kennzeichnende Merkmal war. Diese Kriege fanden seit der gescheiterten Belagerung Wiens (1683) nicht mehr statt. Mit dem Aufstieg des Westens verlagerte sich die Intention; der islamische Jihad des 19. und 20. Jahrhunderts verband sich mit dem Antikolonialismus. Erst die Islamisten bedienen

3 Vgl. Tibi (2002), S. 9ff.

4 Im Koran ist an mehreren Stellen vom Jihad die Rede. So heißt es in der zu Medina offenbarten Sura At-Tauba 5: „Und wenn die heiligen Monate abgelaufen sind, dann tötet die Götzendiener, wo immer ihr sie findet, und ergreift sie und belagert sie und lauert ihnen aus jedem Hinterhalt auf. Wenn sie aber bereuen und das Gebet verrichten und die Zakâh entrichten, dann gebt ihnen den Weg frei." In derselben Sure (Vers 111) wird festgestellt: „Allah hat von den Gläubigen ihr Leben und ihr Gut für das Paradies erkauft: Sie kämpfen für Allahs Sache, sie töten und werden getötet ..." – Der Koran wird hier wie im Haupttext zitiert nach der 7. verbesserten und im Anhang erweiterten Auflage Al-Muharram 1416 (Mai/Juni 1995) im IB Verlag Islamische Bibliothek, Köln. – Vgl. Tibi (2001), S. 80ff.

sich als Terroristen erneut des Jihad als Gewaltmittel, um die von ihnen proklamierte islamische Weltordnung zu etablieren.

Im Zuge der Wandlung des Begriffs Jihad wurde dieser sukzessive als kollektive Pflicht der islamischen Gemeinschaft angesehen und dem einzelnen nur noch insofern auferlegt, als er seinen Beitrag leisten musste, um einen Krieg durchzuführen. Das islamische Recht unterstreicht zudem, dass nur der politische Führer einen Jihad auszurufen berechtigt ist – und auch nur dann, wenn die Ausrufung auf einem Konsens der islamischen Rechtsgelehrten basiert.[5] Dem Anspruch Usama bin Ladins, einen Jihad-Krieg gegen die Vereinigten Staaten zu führen, liegt mithin eine Verkennung der Voraussetzungen für einen Jihad zugrunde. Gleichwohl muss in Gegenwart und Zukunft mit den Jihad-Islamisten und -Terroristen gerechnet werden. Diese deuten die Verbreitung westlicher, vor allem amerikanischer Wertvorstellungen als eine moderne Form des Kreuzzugs, dem sie den Jihad entgegenrichten. Namentlich die Vereinigten Staaten haben drei normative Prinzipien: den Kapitalismus und den freien Markt, die Menschenrechte und die liberale Demokratie, in der islamischen Welt implantiert. Die problematische Realität besteht darin, dass diese Prinzipien des Westens auf die politischen Systeme des Islam destabilisierend wirken.

Die heutige Politisierung des Islam datiert seit den 1970er Jahren. Damals prägte sich eine De-Säkularisierung und eine Entwestlichung aus. Der Islamismus entfachte erneut die Konfrontation zwischen dem Islam und der christlichen Welt. Seine anti-westliche Grundorientierung entstand – historisch-ökonomisch – aus der kolonialen Praxis und aus der strukturellen Abhängigkeit der islamischen Länder von den westlichen Industrienationen sowie nicht zuletzt aus der amerikanischen Intervention im Nahen Osten. Der Islamismus zeichnet sich durch eine neue, zeitgenössische Synthese zwischen Religion und Politik aus, die aus der Konfrontation des Islam mit der westlichen Moderne entstanden ist.

Das Kalifat: Wiedererrichtung einer Staatsform?

Islamisten und islamistische Terroristen erstreben die Wiedererrichtung des Kalifats – einer politischen Ordnung, die der Islam als eine historische Staatsform kennt. Dieses Zurück zur Geschichte, vor allem zur großen Zeit der ersten Kalifen und der frühen muslimischen Gemeinschaft, der Umma, ist alles andere als eine Flucht. Vielmehr zielt die islamistische Vision auf eine politische Aufrüstung: intern gegen die westlich orientierten Nationalstaaten und extern gegen die Dominanz der westlichen Welt.[6]

Die ein Kalifat fordernden Islamisten sehen im Ur-Islam die Leitbilder für alle Zeiten gesetzt. Für sie sind die Ereignisse in Mekka und Medina während der kurzen Ära der prophetischen Führung keine unwiederholbaren Vorbilder, sondern ein politisches Programm für die Gegenwart. Damals bildete sich mit der Gemeinde von Medina ein islamischer Staat heraus, in dem Religion und Politik im Einklang standen. Durch Moham-

5 Vgl. Amirpur (2002), S. 3f.
6 Vgl. Röhrich (2005), S. 24ff.

meds Kriege wurde der Kampf mit dem Schwert in den Islam einbezogen.[7] Bereits im Jahre 630 n. Chr. erstreckte sich die islamische Ordnung über den größten Teil der Arabischen Halbinsel. Zwei Jahre darauf, nach dem Tod des Propheten, wurde das Kalifat zur Ordnungsvorstellung des Islam.

In der Periode der ersten vier rechtgeleiteten Kalifen, die mit dem Propheten verwandt waren, erfuhr das Kalifat eine streng religiöse Deutung: Die Autorität des Kalifen gründete auf der uneingeschränkten Souveränität Gottes. Der Kalif war nicht nur Leiter der Umma, sondern auch Stellvertreter des Propheten. In dessen Namen kam es zu einer weitreichenden Expansion. Der Jihad-Krieg diente dem islamischen Welteroberungsprojekt, das zweifellos die heutigen Islamisten und islamistischen Terroristen in ihrem irrealen Anspruch auf eine universale Herrschaft nachhaltig inspiriert.

Übersehen wird dagegen, dass bereits die Periode der ersten vier Kalifen – das idealisierte Modell islamistischer Staatsvision – nicht nur zahlreiche innere Konflikte aufwies, sondern auch allmählich von einem Kalifat geprägt wurde, dem primär die Funktion zukam, die Existenz der Umma zu wahren. Die Organisation der durch Expansion geschaffenen Großreiche, die ursprünglich der Leitung der Prophetengefährten anvertraut war, ging sukzessive auf unterschiedlich legitimierte Führungsgruppen über. In den Omaiyaden-Dynastien wurde für die Leitung der Umma die militärische Funktion immer wichtiger. Während der Abbasiden-Herrschaft schwächte sich die Macht der zentral regierenden Kalifen erheblich ab – de facto herrschten lokale Dynastien. Zudem waren fest umrissene Institutionen entstanden, die entgegen der ursprünglichen Einheit die Sphären von Politik und Religion trennten: den Herrschaftsapparat vom Bereich der Rechtsgelehrten.

Das Kalifat entwickelte sich – wie das hier ausgeblendete schiitische Imamat – zu einem Kontrastbild zur heutigen islamistischen Ideologie, die im Kalifen noch immer den Stellvertreter des Propheten sieht. Im Osmanischen Reich schließlich, einem auf den Krieg gegen die Ungläubigen zielenden Militärstaat, war der Titel des Kalifen weitgehend eine Ehrenbezeichnung. Zwar ist das Osmanische Reich 1517 in ein Kalifat umgestaltet worden, als der letzte Abbasiden-Kalif seinen Titel auf den damaligen Sultan übertrug. Damit endete jedoch das Kalifat in seiner arabischen Ausprägung. Schließlich löste sich die Umma nach der von Kemal Atatürk und der türkischen Nationalversammlung 1924 verfügten Abschaffung des Kalifats in zahlreiche islamische Nationalstaaten auf. Es vollzog sich ideologisch und politisch der Wandel vom Kalifat zum Nationalstaat.

Der arabische Nahe Osten übernahm damals jene Institution des Nationalstaates, die im Kolonisationsprozess auf die islamische Zivilisation übertragen wurde. Damit entstand ein Transplantat ohne Wurzeln,[8] ein für den Islam künstliches Gebilde, da dem islamischen – nominellen – Nationalstaat die Substanz fehlt, die die demokratische und zivilgesellschaftlich ausgerichtete Einheit auszeichnet. Der säkulare, auf interner und externer Souveränität gründende Nationalstaat ist von seinem Ursprung her eine europäische Institution,

7 Vgl. Busse (1996), S. 19–53.

8 Vgl. Tibi (2000), S. 319–353, und Tibi (1987), insbes. Kap. II.

heute aber zugleich die einzige weltweit gültige Staatsform im System internationaler Beziehungen.

Mit der Übernahme des Nationalstaates entstand eine politisch-gesellschaftliche Rahmenorientierung. Innerhalb derer empfingen die islamischen Länder konstitutionelle Prinzipien wie die gesetzgebende Gewalt der Parlamente, die sie jedoch nach islamischen Grundsätzen, analog dem Prinzip der Schura, der Konsultation[9], umgestalteten: In den konstitutionellen Monarchien wie Jordanien und vor allem Marokko besteht zwar ein Repräsentantenhaus, oberster Gesetzgeber ist jedoch der König. In den nichtmonarchischen Staaten wie in Ägypten, Syrien und Tunesien existieren ebenfalls legislativ begrenzte Parlamente, teils ergänzt durch beratende Organe, wie sie in den Vereinigten Arabischen Emiraten konstitutionell verankert sind. Aber auch hier bestimmt der jeweilige Präsident relativ autonom die substantiellen Richtlinien der Politik. Nicht von ungefähr: Die Machtfülle der Herrschenden ist ein Relikt der frühen islamischen Vergangenheit.

Die Islamisten sehen in diesen islamischen Nationalstaaten die Dominanz westlich orientierter Führungsschichten, gegen die sie ankämpfen und denen sie die Staatsform des Kalifats entgegenrichten. Dass zur Zeit der rechtgeleiteten Kalifen bereits große Reiche entstanden waren, forciert ihre Forderung. Vor allem die al-Qa'ida-Terroristen verfolgen die Errichtung eines Kalifats in Gestalt eines islamischen Imperiums. Hierbei übersehen sie in ihrem Fanatismus, dass sich die Welt seit der Herrschaft der Kalifate grundlegend verändert hat. Diejenigen, die die Wiedererrichtung des Kalifats fordern, verkennen zudem, dass diese politische Ordnung vor allem in der Omaiyaden- und der Abbasidenzeit weniger aus religiösen als aus funktionalen Gründen beibehalten wurde. Es ging darum, das Überleben der Umma zu sichern. Das Kalifat, das in keiner Sure des Korans genannt wird, galt bereits in der islamischen Vergangenheit nicht als heilsnotwendig. Dass es sich als bestimmende Norm nicht halten konnte und seine Macht immer schwächer wurde, hängt damit zusammen. Das Kalifat bildet eine historisch erprobte, aber nicht für alle Zeiten verbindliche Staatsform. Zur heutigen Weltpolitik steht das Kalifat in einem tiefgreifenden Antagonismus.

Exkurs: Demokratisierung im Islam

Es ist nur konsequent, wenn die Herrschenden in der islamischen Welt den Begriff „politische Partizipation" demjenigen der Demokratie vorziehen. Denn das demokratische Prinzip der Volkssouveränität ist, streng genommen, mit dem Islam nicht vereinbar. Nach

9 Der Begriff der Schura geht auf zwei Textstellen im Koran zurück: Die erste, zu Mekka offenbarte Sura Aš-Šûrâ weist in Vers 38 primär auf den von Mohammed geübten Brauch hin, sich mit seinen nächsten Gefolgsleuten zu beraten. Diesem Brauch kamen auch die ersten vier rechtgeleiteten Kalifen nach, ehe er im Laufe der islamischen Geschichte in Vergessenheit geriet. Erst nachdem die Muslime mit der westlichen Demokratie konfrontiert wurden, entdeckten sie erneut das Prinzip der Schura. Sie beriefen sich auf die zweite Textstelle im Koran, auf die Sura Al-Imrân (Vers 159), die zu Medina offenbart wurde.

islamischem Glauben kommt weder dem einzelnen Menschen noch einer politischen Gruppe Souveränität zu. Der einzige Souverän ist Gott. Das von den Islamisten erneut angestrebte Kalifat gründete auf dieser Souveränität.

Ist damit jedwede Demokratisierung im Islam von vornherein ausgeschlossen? Muss die Forderung nach Demokratie zurückgezogen werden – eine Forderung, mit der Präsident Bush die islamischen Regime im Nahen Osten überzieht? Ja und Nein. Die Vision des amerikanischen Präsidenten, die Region zu Freiheit und Demokratie zu führen, wird daran scheitern, dass sie den Islam und den Islamismus als Machtfaktoren ebenso wenig beachtet wie die ethnisch-religiösen Kollektive. Als Beispiel steht der Urnengang im Irak vom 30. Januar 2005: Die Minderheit der arabischen Sunniten folgte zum größten Teil den Aufrufen, die Wahl zu boykottieren. Dem gegenüber stand die hohe Wahlbeteiligung der Kurden und vor allem der Schiiten, für die der Urnengang sogar eine religiöse Pflicht bedeutete. Ethnien und Konfessionen waren die bestimmenden Faktoren der Orientierung. Die Iraker nahmen sich nicht als Individuen, sondern als Mitglieder eines Kollektivs wahr. Und diese Identifizierung würde sich ganz ähnlich in den Ländern mit einer schiitischen Minderheit wie in Bahrein und in Saudi-Arabien sowie in Staaten mit einer koptischen und einer hinduistischen Minderheit wie in Ägypten und in Oman zeigen.

Von einer Demokratisierung lässt sich in der islamischen Welt nur dann sprechen, wenn darunter kein Systemwechsel zur liberalen Demokratie wie in den postkommunistischen Regimen verstanden wird.[10] In islamischen Staaten muss eine Demokratisierung mit der eigenen politisch-religiösen Tradition verbunden bleiben – schon deshalb, weil eine zunehmende Herausforderung der Islamisten vermieden werden soll. Es geht im islamischen Nahen Osten um eine sukzessive politische Partizipation: beispielsweise um ein begrenztes Wahlrecht wie in Ägypten und in Saudi-Arabien. Hilfreich ist hier, dass die beiden Staaten bereits das Prinzip der Schura in ihren Verfassungen verankert haben. Sie berufen sich dabei auf den Koran, auf die Sura Al-Imrān 159,[11] die zu Medina offenbart wurde, wo ein islamischer Staat bestand. Nach sunnitischer Interpretation bildet die Konsultation eine Leitidee der Staatsgestaltung. So kennt Ägypten neben dem Parlament einen Schura-Rat. Und in Saudi-Arabien besteht statt eines Parlaments ein Nationaler Konsultativrat. Das neue Wahlrecht gliedert sich in diese Struktur ein. Der ägyptische Präsident Hosni Mubarak entschied sich für eine Volkswahl des Präsidenten mit mehreren Kandidaten. Diese können jedoch nur dann kandidieren, wenn sie eine Partei vertreten. Da aber das politische Regime über die Zulassung der Parteien entscheidet und die meisten Oppositionellen wie die radikal-islamischen Muslimbrüder parteilos sind, beinhaltet die Neuordnung eine vorerst folgenlose Demokratisierung in einem im Ausnahmezustand regierten Land. Gleicher-

10 Gemeint sind die postkommunistischen Systeme Mittel- und Osteuropas sowie der Nachfolgestaaten der vormaligen Sowjetunion. Nach dem Zusammenbruch des Kommunismus hatten diese Staaten vor allem zwei Umgestaltungsaufgaben zu bewältigen: die Einführung von Demokratie und Marktwirtschaft. Die Transformationsforschung unterscheidet hierbei zwischen der Liberalisierungs-, der Demokratisierungs- und der Konsolidierungsphase. – Vgl. Röhrich (2003), S. 8f.

11 Siehe hierzu auch Fn. 9.

maßen bescheiden nehmen sich in Saudi-Arabien erste Schritte in Richtung einer politischen Partizipation aus. Im saudischen Königreich, in dem bisher Wahlen als unvereinbar mit dem Islam galten, fanden im März 2005 erstmals Gemeinderatswahlen statt. Die männlichen Bürger über 21 Jahren wählten die Hälfte der Mitglieder ihrer Kommunalparlamente. Die andere Hälfte ernennt weiterhin das königliche Herrscherhaus.

Es ist bei weitem zu früh, eine wirksame Demokratisierung in der islamischen Welt einfordern zu wollen. Wenn nicht nur eine demokratische Wahlprozedur erreicht werden soll, bedarf es eines lange währenden Transformationsprozesses. Bedeutsam wäre ein Brückenschlag zwischen dem Islam und dem Wertepluralismus sowie ein Brückenschlag zwischen dem Islam und seiner Säkularisierung. Dieser zweifache Brückenschlag ist dogmatisch als undenkbar einzustufen, er ist jedoch historisch möglich.[12] Im geschichtlichen Verlauf konnte sich der Islam unterschiedlicher Interpretationen nicht erwehren. Sunna, Schia und andere Zugangsweisen zu den Dokumenten zeigen dies deutlich. Und in bezug auf die Säkularisierung wird sichtbar, dass sich in vielen islamischen Gesellschaften durch ihr politisches System, ihr Rechtswesen etc. eine schleichende Säkularisierung vollzogen hat.

Die historische Entwicklung trägt mithin dazu bei, dass sich über das Prinzip der Schura hinaus Tendenzen zu einer liberalen Demokratie ausbreiten. Nicht die überstiegene Forderung nach Demokratie und Freiheit à la Bush und schon gar nicht die Übertragung ganzer Modelle der westlichen Demokratie sind gefragt. Als wichtig erweist sich die Akzeptanz demokratischer Leitbegriffe wie Herrschaftsbegrenzung, Toleranz und Rechtsstaatlichkeit – im autochthonen Gefüge islamischer Werte.

Der al-Qa'ida-Terrorismus

Al-Qa'ida hat einen Wandel vollzogen – vom zentralisierten zum dezentralisierten Terrorismus. War al-Qa'ida bei den jahrelang vorbereiteten Anschlägen vom 11. September 2001 noch eine planmäßig geleitete Organisation, so begann sie sich nach dem Krieg in Afghanistan und der Zerstörung ihrer dortigen Trainingslager aufzuspalten und zu regionalisieren. Aus der von Usama bin Ladin gelenkten Kern-al-Qa'ida bildeten sich lokale Gruppen in über sechzig Ländern heraus. Ihnen gemeinsam sind die Jihad-Ideologie und die Märtyrer-Waffe des Selbstmordattentats. Diese getrennt agierenden Gruppen zielen darauf ab, Terrorakte von weltweiter Breitenwirkung zu verüben – gemeinsam mit den örtlichen Terroristen oder auch unabhängig von ihnen. Aus al-Qa'ida erwuchs der al-Qa'idaismus.

Ein Land, in dem al-Qa'ida unabhängig von den weiteren Terrorgruppen agiert, ist der Irak. Der Krieg im Zweistromland, den die Bush-Administration ohne völkerrechtliches Mandat und ohne wahren Grund führte, und die „Nachkriegszeit" forcierten den al-Qa'idaismus. Mit ihrem Sieg über Saddam Hussein zerstörten die Vereinigten Staaten das neben Syrien einzige laizistische Regime im islamischen Nahen Osten, das mit eiserner

12 Vgl. Al-Azm (1996), S. 15ff.; und Röhrich (2004), S. 260f.

Hand die religiösen Kollektive zusammenhielt. Sie öffneten damit die Büchse der Pandora und setzten den Sunna-Schia-Konflikt frei. So traten alsbald sunnitische und schiitische Islamisten auf den Plan; die Terrorfronten weiteten sich aus. Die Gewalt im Wahlkampf vor dem 30. Januar 2005 und danach markiert die tiefgreifende Problematik, die von der Bush-Administration verheißene irakische Demokratie zu erlangen.

Die heftigsten Terroranschläge gehen im Irak von Extremistengruppen aus, die über Jahre von dem jordanischen Terroristen Abu Mus'ab al-Zarqawi geführt wurden. Der „Emir von al-Qa'ida im Zweistromland" (bin Ladin) verkörperte jenen Terroristen, der unabhängig von den örtlichen Kampfgruppen in extremer Weise seine Schreckenstaten ausführte. Für ihn bedeutete der Jihad eine absolute Notwendigkeit, die Blut fordert. Die von Zarqawi betriebenen serienmäßigen Terrorakte und die Hinrichtungen ausländischer Geiseln waren für ihn durch das islamische Recht der Scharia gerechtfertigt.

Im Unterschied zum Terrorismus im Irak bestehen in den russischen Kaukasusrepubliken gemeinsame Aktionen zwischen al-Qa'ida und den örtlichen Freiheitskämpfern und Terroristen. Dort wurde die al-Qa'ida-Ideologie nicht erst durch das Geiseldrama von Beslan sichtbar – dem schlimmsten Terrorakt seit dem 11. September 2001. Bereits im Juni 1995 machte dort der Rebellenführer Schamil Bassajew von sich reden, der sich schon früh in afghanischen al-Qa'ida-Trainingslagern ausbilden ließ. Damals stürmte er mit mehreren Kämpfern das Krankenhaus im südrussischen Budjonnowsk und nahm zahlreiche Menschen als Geiseln. Zudem sind die russischen Kaukasusrepubliken durch eine al-Qa'idaisierung gekennzeichnet: Die Rebellen- und Terrorgruppen zwischen Dagestan und Nordossetien werden von Kämpfern aus verschiedenen islamischen Staaten und von al-Qa'ida-Terroristen unterstützt. Außerdem erhalten sie Gelder von saudischen Wahhabiyya.

Der Blick auf den Irak und die russischen Kaukasusrepubliken hat deutlich werden lassen, dass die al-Qa'ida-Gruppen teils unabhängig von den örtlichen Terroristen, teils aber auch gemeinsam mit ihnen agieren. Beide Varianten zählen zu jenem lockeren Verbund von Terrorgruppen, der auf die alte al-Qa'ida zurückgeht, wie sie in Afghanistan bestand. An die Stelle dieser Organisation sind inzwischen Bewegungen und eine ihnen eigene Ideologie getreten. Diese zielt auf den Jihad als Weltprojekt der Islamisierung und vereint die Terrorgruppen mit ihren verschiedenen Autonomiegraden. Einige dieser Gruppen orientieren sich an konkreten Vorgaben der al-Qa'ida-Führung, andere lassen sich nur von ihrer Vision anregen. Ihre gemeinsame Strategie des Jihadismus richtet sich in den hier betrachteten Regionen gegen die amerikanische Präsenz im Nahen Osten und die der russischen Truppen im Nordkaukasus.

Der Antiterrorkampf gegen al-Qa'ida erweist sich als ein Problem, das durch den dezentralisierten Terrorismus komplizierter, aber nicht unlösbar geworden ist. Durch die weltweit agierenden Terrorgruppen wird zwar jede Gegenstrategie erheblich erschwert. Das Ziel jedoch, al-Qa'ida zu schwächen und zu zerschlagen, muss beharrlich verfolgt werden. Der Vorteil von al-Qa'ida zeigt sich in der Omnipräsenz der lokalen Gruppen. Wird eine von ihnen enttarnt, dann ist das für den Terror-Verbund von geringer Bedeutung. Denn Usama bin Ladin hat eine terroristische Hydra geschaffen, der stets neue Terror-Köpfe nachwachsen. Kurz, die Bedrohung ist durch die zahlreichen lokalen Terrorgruppen heute weit verbreiteter als zur Zeit der Kern-al-Qa'ida. Deshalb muss der Antiterrorkampf in vielen Weltregionen geführt werden. Es geht nicht mehr nur um New York, Washington, Madrid und Beslan, sondern um all die Orte, in denen lokale Terrorgruppen agieren.

Literatur

Al-Azam, Sadik J. (1996), Is Islam Secularizable? In: Jahrbuch für Philosophie des Forschungsinstituts für Philosophie Hannover, Bd. 7. Wien, S. 15ff.

Amirput, Katajun (2002), Kleiner, großer Djihad. In: Das Parlament vom 18./25.01.2002, S. 3f.

Busse, Heribert (1996), Grundzüge der islamischen Theologie und der Geschichte des islamischen Raumes. In: Ende, Werner/Steinbach, Udo (Hrsg.), Der Islam in der Gegenwart, München, S. 19–53.

Metzger, Albrecht (2002), Die vielen Gesichter des Islamismus. In: Aus Politik und Zeitgeschichte 3–4, S. 7–15.

Röhrich, Wilfried (2004), Die politischen Systeme der Welt, 4. aktualisierte und überarbeitete Auflage. München.

Röhrich, Wilfried (2004), Die Macht der Religionen. Glaubenskonflikte in der Weltpolitik. München.

Röhrich, Wilfried (2005), Der Islam in der Weltpolitik. In: Aus Politik und Zeitgeschichte 7, S. 24ff.

Röhrich, Wilfried (2006), Die Macht der Religionen. Im Spannungsfeld der Weltpolitik, 2., überarbeitete Auflage. München.

Tibi, Bassam (1987), Vom Gottesreich zum Nationalstaat. Islam und panarabischer Nationalismus. Frankfurt a. M.

Tibi, Bassam (2000), Transplantat ohne Wurzeln. Die Legitimitätskrise des Nationalstaates in Ländern der islamischen Zivilisation. In: Lutz, Dieter S. (Hrsg.), Globalisierung und nationale Souveränität. Festschrift für Wilfried Röhrich. Baden-Baden, S. 319–353.

Tibi, Bassam (2001), Kreuzzug und Djihad. Der Islam und die christliche Welt. München.

Tibi, Bassam (2002), Die fundamentalistische Herausforderung. Der Islam und die Weltpolitik. München.

II. Weltweiter Terrorismus – Neue Bedrohungsszenarien

Friedhelm Neidhardt

Weltweiter Terrorismus – Neue Bedrohungen?

Einleitung

Auf einer Sitzung der Akademie-Arbeitsgruppe „Justizgewährung, Staatsräson und Geheimdienste" haben Peter Waldmann, Alexander Eisvogel und Sebastian Scheerer am 31. Januar 2005 Referate zu der Frage vorgetragen, ob und in welcher Weise von den gegenwärtig dominierenden terroristischen Bewegungen neue Bedrohungen ausgehen und wie ihnen zu begegnen sei. Die folgenden Texte sind nach den Diskussionen in der Arbeitsgruppe leicht überarbeitet und dabei auf bestimmte Aspekte hin fokussiert worden.

Einleitend sollen einige dieser Aspekte herausgehoben und mit Bezug auf die dann folgenden drei Texte kommentiert werden. Der Verweis auf diese Texte erfolgt mit Autorenangabe ohne Jahreszahl, aber dem Hinweis (s. u.).

Internationalisierung des Terrorismus

Versteht man mit Peter Waldmann unter Terrorismus „planmäßig vorbereitete, schockierende Anschläge gegen eine politische Ordnung aus dem Untergrund" (s. u.),[1] entsteht die Folgefrage, mit welchen Merkmalen sich die verschiedenen Bewegungen, die unter diesen Begriff fallen, bedeutsam unterscheiden. Die Forschung hat im Hinblick darauf unter anderem ideologische Ausrichtungen und programmatische Zielsetzungen als Unterscheidungskriterium wichtig gefunden und zum Beispiel zwischen linksradikalen, ethno-separatistischen, religiös-fundamentalistischen und rechtextremistischen Varianten des Terrorismus differenziert.[2] Deren Ausprägungen sind in der Geschichte seit langem und immer wieder vorgekommen, und sie haben ein breites Anschauungsmaterial für unterschiedliche terroristische Taktiken und Strategien hinterlassen – auch Hinweise darauf, welche Bedingungen sowohl bei ihren Niederlagen als auch bei ihren Erfolgen eine Rolle spielten.

Mustert man die gegenwärtig operierenden Spielarten des Terrorismus, so fällt auf, dass in den neunziger Jahren des 20. Jahrhunderts die Anzahl religiös motivierter Gruppierungen stark gestiegen ist. Sie dominieren gegenwärtig die militante Szene mit spektaku-

1 Siehe auch Waldmann (2003), S. 38.

2 Hoffman (2002), S. 209ff.; ähnlich Waldmann (2003), S. 57ff.

lären Anschlägen und erschrecken mit hohen Opferzahlen. Die Besonderheiten dieses Terrorismus ergeben sich aus der Transzendierung von Motiven und Zwecken über rein politische Dimensionen hinaus. Sie führt einerseits zu einer fanatischen Unerschrockenheit der Täter, die bis hin zur Bereitschaft zu Selbstmordattentaten reicht. Sie führt andererseits zu einer grausamen Unempfindlichkeit im Hinblick auf Art und Ausmaß der Opfer: Die Feindkategorie der „Ungläubigen" kann der besessen Gläubige über alle politisch-rationalen Kalküle hinaus fast beliebig ausdehnen.

Religiös-fundamentalistischer Terrorismus kommt allerdings nicht erst in der Moderne auf, und er äußert sich keineswegs allein im militanten Islamismus.[3] Er ist seit mindestens zwei Jahrtausenden nachweisbar. Nicht nur muslimisch-schiitische Assassine im 11. bis 13. Jahrhundert, sondern früher noch die jüdischen Zeloten und die hinduistischen Thugs liefern historische Beispiele für „heiligen Terror", und die christlichen Kreuzzügler des Mittelalters entfesselten ihn gleichermaßen. Sucht man nach einem wirklich neuen Merkmal des Terrorismus, dann fällt weniger seine religiöse Fundierung als seine zunehmende Internationalität auf. Die Globalisierung von Wirtschaft, Kultur und Politik bringt auch die Internationalisierung des Terrorismus voran. Bruce Hoffman sieht am Anfang dieser Entwicklung die diversen Terrorgruppen der Palästinensischen Befreiungsfront PLO, die seit 1968 aktiv waren.[4] Aber es ist richtig, wenn Waldmann (s. u.) feststellt, daß mit al-Qa'ida „erstmals eine transnationale Organisation auf den Plan getreten" ist. Diese entwickelt sich zwar entlang religiöser Strukturen, nämlich im weltweit ausgreifenden Glaubensbereich eines teilweise radikalisierbaren Islam, erhält aber seine wohl entscheidende ideologische Kraft aus dem diffus politisierten Feindbezug auf den Imperialismus westlicher Staaten, speziell der USA sowie Israels (Eisvogel s. u.).

Aus der Internationalität des Jihadterrorismus ergeben sich besondere Merkmale sowohl seiner Organisation als auch seiner Aktionen, auch die besonderen Probleme seiner Bekämpfung. Dazu mit Bezug auf die folgenden drei Texte einige Anmerkungen.[5]

Netzwerke von Kleingruppen

Terrorismus ist ein Operationsmodus militärisch schwacher Akteure, die nicht im klassischen Sinne kriegsfähig sind. Sie operieren im Untergrund und bevorzugen Klandestinität. Ihre Frontkämpfer sind Kleingruppen, die am ehesten die Chance besitzen, sich vorzeitiger Entdeckung und späterer Verfolgung zu entziehen. Solche Kleingruppen sind aber in der Regel nur die Vorposten umfassenderer Organisationen. Ausmaß und Art ihrer Strukturen variieren dabei in Abhängigkeit von diversen Umweltbedingungen. Es hängt einerseits mit der interkontinentalen Reichweite ihres Operationsfeldes, andererseits aber auch mit dem zunehmend international organisierten Verfolgungsdruck zusammen, dass

3 RAPOPORT (1984).
4 HOFFMAN (2002), S. 86ff.
5 Vgl. dazu NEIDHARDT (2006).

die Organisation der zahlreichen Netzwerke islamistischer Terrorbewegungen sich erheblich vom relativ hierarchisch organisierten Terrorismus etwa der ETA und IRA, ebenso der RAF, unterscheidet. Auch der unter dem Namen al-Qa'ida zusammengefasste heterogene Komplex erscheint eher dem locker gefügten „Modell eines durch Netzwerkmerkmale gekennzeichneten multinationalen Unternehmens"[6] nachgebildet. Die Verknüpfung mit und zwischen den diversen Kampfgruppen wird vor allem durch ideologische Bindungen an die Ziele der Bewegung hergestellt, wobei radikalisierte Moscheengemeinschaften einer Reihe von Ländern eine Rolle spielen (Eisvogel s. u.), darüber hinaus auch durch gelegentlich aktivierte Kapitalströme, nicht zuletzt aber durch das global funktionierende Internet.

Die Operationsfähigkeit dieser Struktur ist ambivalent einzuschätzen. Einerseits gilt, was Eisvogel (s. u.) feststellt: „Dieses Netzwerkgeflecht hat sich trotz oder gerade wegen seines amorphen Charakters als flexibel und widerstandsfähig erwiesen." Andererseits sieht aber auch er die „strukturellen und operativen Schwächen der ‚Mujahidin'- Strukturen", und er zurechnet diesen zu, daß „die Handlungsmöglichkeiten islamistischer Terrorgruppen bislang begrenzt" blieben. Hier gilt die durch vergleichende Studien erhärtete Regel, dass je stärker und hierarchischer der Organisationsgrad terroristischer Bewegungen ausgeprägt erscheint, um so langfristiger und sorgfältiger die Planung von Aktionen auch hohen Schwierigkeitsgrades und darunter auch Attentate gegen gut geschützte Kernfiguren des Feindes betrieben werden können.[7] Da der internationale Jihad-Terrorismus weder stark noch hierarchisch organisiert ist, ist es nicht überraschend, dass die ihm zurechenbaren Anschläge seit dem Überraschungsangriff am 11. September 2001 nicht mehr in der Nähe der Machtzentren des Feindes stattfanden.

Enthemmungen

Es erscheint allerdings nicht gerechtfertigt, daraus abzuleiten, dass man die von diesem Terrorismus „ausgehende Gefahr in der näheren und ferneren Zukunft nicht dramatisieren sollte" (Waldmann s. u.). Denn die von ihm nun bevorzugten „weichen Ziele", d. h. Angriffe auf nicht zuverlässig zu sichernde Einrichtungen und Milieus, zum Beispiel auf städtische Einkaufszentren, öffentliche Verkehrsmittel sowie Bus- und Bahnstationen, erhöhen die Wahrscheinlichkeit hoher Opferzahlen. Es ist auch aus diesem Grunde nicht überraschend, daß mit dem Aufkommen des islamistischen Jihad-Terrors der sogenannte „Lethalitätsindex", errechnet mit der durchschnittlichen Zahl von Todesopfern bei terroristischen Anschlägen, deutlich gestiegen ist.[8]

Auf diesen Sachverhalt wirken allerdings auch andere Umstände ein. Terroristische Strömungen unterscheiden sich in der Beliebigkeit des Tötens. Bei einigen von ihnen waren Handlungshemmungen im Hinblick sowohl auf die Zahl der potentiellen Opfer als auch

6 Mayntz (2004).
7 Neidhardt (1982a).
8 Tucker (2001), S. 5.

auf die Auswahl der betroffenen Personenkategorien feststellbar, die sich aus ihren Zielsetzungen und Programmen ergaben. Der linksradikale Terrorismus zum Beispiel suchte sich mit Blick auf seine Identifizierung von Schuldigen, nämlich das Kapital und seine Büttel, relativ selektiv seine Anschlagsziele im Unterschied zu den „am wenigsten auf Unterscheidungen achtenden“ rechtsextremistischen Akteuren – im Unterschied auch zu den religiös-fundamentalistischen Strömungen des Terrorismus mit ihren unspezifischen Feindkategorien.[9]

Waldmann (s. u.) bringt mit einer bezugsgruppentheoretischen These einen weiteren Faktor ins Spiel, nämlich die relative politische Isolierung jener „muslimischen Diasporagemeinschaften in den westlichen Industriegesellschaften“, aus denen heraus sich neuerdings viele der Jihadterroristen rekrutierten. Hier gäbe es keine Nähe zu moderierenden nationalen Bezugsgruppen, deren Radikalität durch eine ihnen verfügbare Political Opportunity Structure gedämpft würde. Gesellschaftlich wenig integriert und ohne politische Verantwortung für die Milieus, in denen sie mit ihrer Migrantengeschichte lebten, könnte es leichter zu einer terroristischen Enthemmung ihrer Militanz kommen. Es wäre interessant, diesen Annahmen in Studien nachzugehen, die die soziale Einbettung gegenwärtig operierender terroristischer Akteure genauer untersuchen, z. B. jener, die die Anschläge in Madrid und London durchführten. Wahrscheinlich würde sich bei ihnen bestätigen, was früher schon bei Untersuchungen über die terroristische Karriere der RAF beobachtet wurde, dass sie nämlich einen Prozess „doppelter Marginalisierung“[10] hinter sich haben. Sie stellen die Minderheit einer Minderheit dar. Für die soziologische Erklärung dieses Terrorismus wären dann nicht nur die Bedingungen der gesellschaftlichen Randstellung ihres ethnischen und religiösen Kollektivs, sondern gleichermaßen – und vielleicht noch wichtiger – die Gründe ihrer Isolierung in diesem Kollektiv zu untersuchen. Dabei wäre auch die Rolle jener virtuellen Bezugsgruppen ernst zu nehmen, die sich über das Internet über alle Grenzen hinweg konstituieren. Hier wird dann auch der Nimbus von al-Qa'ida wirksam sein.

Doppelstrategien der Terrorismusbekämpfung

Fruchtbar erscheint die analytische Perspektive des Bezugsgruppenansatzes schon dadurch, daß sie die Beobachtung systematisch über die Tätergruppen des Terrorismus hinausführt und deren soziale Kontexte differenziert ins Spiel bringt. Auch bei der praktischen Terrorismusbekämpfung kommt alles auf Differenzierungen an. Die elementarsten Verfolgungsfehler ergeben sich im Blick auf die Gegenseite immer wieder aus der „kontrafaktischen Unterstellung interner Homogenität“ (Scheerer s. u.). Wichtig ist, die Differenzen innerhalb und zwischen den Tätergruppen und deren Unterstützern und Sympathisanten wahrzunehmen und nach den Bruchstellen zwischen ihnen zu suchen. Aktionen, die zu

9 HOFFMAN (2002), S. 209ff.

10 NEIDHARDT (1982), S. 340f. – Mit weiteren Beispielen instruktiv SCHEERER, (2002), S. 50 und 54.

Lagerbildungen führen, verstärken die Tendenz zu Eskalationsdynamiken, die in Auseinandersetzungen mit dem Terrorismus sowieso angelegt sind (Scheerer s. u.). Beispiele dafür lassen sich gegenwärtig an den Reiz/Reaktion-Mechanismen des Irakkrieges (Eisvogel s. u.) studieren, auch an den Wirkungen israelischer Pauschalreaktionen auf die Selbstmordanschläge von Hamas- sowie auf die Raketenangriffe von Hisbollahterroristen. Sie schwächen auf der Gegenseite die internen Kontrollmechanismen, die der von außen geführte Kampf gegen den Terrorismus braucht, um langfristig erfolgreich zu sein.

Als die politisch zentrale und am ehesten bewegliche Größe im weit gefassten Terrorismuskomplex erscheinen deren potentielle oder tatsächliche Sympathisanten. Neben einer resoluten Bekämpfungsstrategie, die sich auf die Terroristen und ihre Unterstützer bezieht, ist bei der gebotenen „Doppelstrategie" (Eisvogel s. u.) präventiv auf jene einzuwirken, deren Beifall die Akteure brauchen, um an ihren Kampf und an sich selber glauben zu können. „Das Entscheidende an der Wirksamkeit des Terrorismus sind immer Sympathisanten" – so der ehemalige Generalbundesanwalt Kay Nehm: „Wenn keine Menschen mehr erreichbar sind, wird die sogenannte Propaganda der Tat sinnlos."[11] Man kann den Terrorismus nicht loswerden, ohne es den mehr oder weniger großen Bewegungen und Milieus, von denen er abhängt, schwer zu machen, ihn gut zu finden. Das geht nicht mehr mit den Mitteln von Polizei und Militär allein. Es geht nicht ohne Einwirkungen auf die politischen, ökonomischen und sozialen Lebensbedingungen derer, die dem Terrorismus Beifall zollen.

Restrisiken

Auch dort, wo die Taktiken und Strategien des Kampfes gegen den Terrorismus bedachtsam differenziert erscheinen, kann deren Erfolg nicht zuverlässig erwartet werden. Für den Terrorismus gilt noch mehr das, was Clausewitz über den Krieg allgemein feststellte: „Der Krieg ist das Gebiet der Ungewißheit: drei Viertel derjenigen Dinge, worauf das Handeln im Kriege gebaut ist, liegen im Nebel einer mehr oder weniger großen Ungewißheit."[12] Im Falle von Terrorismus ergibt sich eine besonderes hohe Unwägbarkeit der Handlungsfolgen aus den starken Kontingenzen seines Interaktionsfeldes, da dessen Konflikte völlig uninstitutionalisiert sind und da die Kombattanten, Terroristen wie deren Verfolger, überwiegend im Untergrund operieren. Unter diesen Bedingungen sind terroristische Konfliktverläufe für alle Beteiligten höchst fehleranfällige Spekulationsprojekte. Aus ihren zirkulären Interaktionen ergeben sich immer wieder auch solche Folgen, die keiner gewollt hat – zum Beispiel Eskalationen, die alle Akteure in Richtung einer wachsenden Ausdehnung und Brutalisierung des Konflikts stimulieren (vgl. Scheerer s. u.).

Solche Konfliktverläufe sind im Kampf gegen den Terrorismus strukturell so naheliegend, dass sich fragen lässt, warum Terroristen mit ihren Anschlägen nicht noch mehr

11 Interview in der *Süddeutschen Zeitung* vom 27./28.05.2006, S. 8.

12 Clausewitz (2004), S. 34.

Schaden anrichten, als sie es tun. Alexander Eisvogel gibt am Ende seines Beitrags (s. u.) einige Antworten auf diese Frage, zu denen auch der Hinweis auf die zunehmende Professionalisierung eines international aufgespannten „Netzwerks gegen den Terrorismus" gehört. Aber, auch wenn die sicherheitspolitischen Maßnahmen, die in diesem Zusammenhang schon verfügt wurden, durch Aufrüstung der Sicherheitskräfte sowie durch Erweiterung ihrer Kontrollbefugnisse noch gesteigert würden, wäre es illusorisch anzunehmen, dass die terroristische Gefahr vollends erstickt werden könnte. Diese Gefahr ist auf der Agenda der unangenehmen Restrisiken moderner Gesellschaften fest eingeschrieben. Insofern mag man Herfried Münkler emphatisch beipflichten, wenn er für den Umgang mit dem Terrorismus „heroische Gelassenheit" als „Grunddisposition einer Bevölkerung" empfiehlt und ihr zumutet, dass sie „wiederkehrende Terrorattacken auf ihre Infrastruktur erträgt, ohne sich dadurch in Panik versetzen zu lassen".[13] Dass dabei die Tugend der Gelassenheit allerdings als „heroisch" vorgestellt werden muss, weist darauf hin, dass mit ihr kaum zu rechnen sein wird. Terrorismus wird bis auf Weiteres – und wahrscheinlich auf lange Zeit – ein heißes Thema in unseren Gesellschaften bleiben.

Literatur

Clausewitz, Carl von (2004), Vom Kriege. 13. Aufl., Reinbek bei Hamburg.

Hoffman, Bruce (2002), Terrorismus. Der unerklärte Krieg. 3. Aufl., Frankfurt a. M.

Mayntz, Renate (2004), Hierarchie oder Netzwerk? Zu den Organisationsformen des Terrorismus. In: Berliner Journal für Soziologie, Jg. 14, Heft 2, S. 251–262.

Münkler, Herfried (2004), Terrorismus als neue Ermattungsstrategie. In: Reiher, Erich (Hrsg.), Jahrbuch für internationale Sicherheitspolitik, S. 183–210.

Neidhardt, Friedhelm (1982), Soziale Bedingungen terroristischen Handelns. Das Beispiel der ‚Baader-Meinhof-Gruppe' (RAF). In: Baeyer-Katte, Wanda von u. a., Gruppenprozesse. Analysen zum Terrorismus, Bd. 3. Opladen, S. 318–393.

Neidhardt, Friedhelm (1982a), Linker und rechter Terrorismus. Erscheinungsformen und Handlungspotentiale im Gruppenvergleich. In: Baeyer-Katte, Wanda von u. a., Gruppenprozesse. Analysen zum Terrorismus, Bd. 3. Opladen 1982, S. 434–476.

Neidhardt, Friedhelm (2006), Handlungsfeld Terrorismus – Täter, Opfer, Publikum. In: Berlin-Brandenburgische Akademie der Wissenschaften (Hrsg.), Berichte und Abhandlungen, Bd. 12, Berlin, S. 131–143.

Rapoport, David C. (1984), Fear and Trembling: Terrorism in Three Religious Traditions. In: American Political Science Review 78, Nr. 3, September, S. 658–677.

Scheerer, Sebastian (2002), Die Zukunft des Terrorismus. Drei Szenarien. Lüneburg.

Tucker, David (2001), What is New about the New Terrorism and How Dangerous is it? In: Terrorism and Political Violence, Bd. 13, S. 1–14.

Waldmann, Peter (2003), Terrorismus und Bürgerkrieg. München: Gerling Akademie.

13 MÜNKLER (2004), S. 198f.

PETER WALDMANN

Neuer Terrorismus?

I. Zum Konzept „Terrorismus"

Bekanntlich ist es bislang weder Wissenschaftlern noch Politikern gelungen, sich darüber zu verständigen, wie Terrorismus definiert werden soll. Dies liegt vor allem an den starken negativen Assoziationen, die mit dem Begriff verbunden sind. Während die Anarchisten des 19. Jahrhunderts nicht zögerten, sich selbst als Terroristen zu bezeichnen, ist der Begriff inzwischen eindeutig in den Bereich nicht legitimer, moralisch verwerflicher Gewalt abgerutscht. Diese Negativkonnotation wird zusätzlich verstärkt durch das in vielen angelsächsischen Definitionen enthaltene Begriffselement, dass es sich um eine vornehmlich gegen Zivilisten gerichtete Form der Gewaltanwendung handeln soll. Von Seiten der Entwicklungsländer, neuerdings insbesondere der islamischen Staaten, befürchtet man, bei der legitimen Gegenwehr gegen neoimperialistische Invasionsversuche als terroristisch abgestempelt zu werden.[1]

Es ist nicht erkennbar, wie in absehbarer Zeit diese Missbrauchsgefahren ausgeräumt und generell die dem Terminus innewohnende tiefe Ambivalenz („one man's terrorist is another man's freedom fighter") beseitigt werden sollen. Deshalb wird hier, gewissermaßen als provisorische Verständigungsgrundlage, eine operationale Definition vorgeschlagen, die primär auf die strategischen bzw. taktischen Merkmale dieser Gewaltform abstellt. Terrorismus soll heißen: planmäßig vorbereitete, schockierende Anschläge gegen eine politische Ordnung aus dem Untergrund. Die Anschläge werden verübt, um allgemeine Unsicherheit und Schrecken, daneben aber auch Sympathie und Unterstützungsbereitschaft zu erzeugen.[2]

Wichtiger als die Merkmale einzeln zu erläutern, erscheint es, die Konzeption von Terrorismus herauszupräparieren, die der Definition zugrunde liegt. Wir gehen davon aus, dass Terrorismus eine Extremform dessen bildet, was heute „asymmetrische Gewaltkonflikte" genannt wird. Terroristische Gruppen sind, militärisch betrachtet, ausgesprochen schwache Formationen. Es fehlt ihnen an der notwendigen Personalstärke, um eine terri-

1 Vgl. allgemein zu dieser Problematik das 1. Kapitel von GUELKE (1995).

2 Hierzu und zum Folgenden WALDMANN (2005), Kap. 1.

toriale Eroberungsstrategie verfolgen, etwa einen Guerillakrieg führen zu können. Dies hat die doppelte Konsequenz, dass sie im Untergrund operieren, ihre Anschläge im Verborgenen vorbereiten (terroristische Gruppen, welche diese Vorsichtsregel missachteten, sich an die „Oberfläche“ wagten, wurden wiederholt vernichtend geschlagen) und dass sie, anstatt ihre Kräfte mit denen des Militärs bzw. der Polizei zu messen, es vorziehen, Gewalt in symbolisch-kommunikativer Weise einzusetzen.

Um diesen symbolisch-kommunikativen Aspekt terroristischer Anschläge besser zu verstehen, muss man sich vergegenwärtigen, dass in das terroristische Kalkül nicht nur zwei, sondern drei Gruppen involviert sind: Die Terroristen selbst, jene, die ihren Anschlägen zum Opfer fallen, und die eigentliche Zielgruppe, das breite Publikum, das durch die spektakulären Gewalttaten beeindruckt und beeinflusst werden soll.[3] Bei der breiten Öffentlichkeit, dem eigentlichen Adressat der Anschläge, ist wiederum zwischen den anvisierten Feinden sowie der Bevölkerungsmehrheit, die in Furcht und Schrecken versetzt, zumindest tief verunsichert werden sollen, einerseits, und einer Minderheitsgruppe, von der sich die Terroristen Reaktionen des Verständnisses und der Sympathie erhoffen, andererseits zu unterscheiden. Die sozialpsychologischen Reaktionen, sowohl bei den „Feinden“ als auch bei den angeblichen Unterstützern, stellen wiederum aus der Sicht der Terroristen nur ein Zwischenglied im Rahmen ihrer Gesamtstrategie dar. Sie sollen Handlungssequenzen auslösen, die zu einer inneren Zerrüttung und Spaltung der betreffenden Gesellschaft führen und einen umfassenden Machtwechsel vorbereiten helfen. Dabei ist den Massenmedien, vor allem dem Fernsehen, eine Schlüsselrolle zugedacht; ihnen kommt gewissermaßen die Funktion eines Transmissionsriemens und massenwirksamen Verstärkers der terroristischen Botschaft zu.

Neben diesem, vor allem in den entwickelten Industrieländern verbreiteten strategischen Einsatz kann Terrorismus auch als taktisches Kampfmittel, ohne weiterreichende politisch-militärische Ziele benützt werden: Etwa flankierend zu einem Bürger- oder Guerillakrieg, als Mittel, um die Feinde zu belästigen oder zu „bestrafen“, unter Umständen auch nur um die Existenz und Zerstörungskraft einer Gewaltorganisation unter Beweis zu stellen.

Um die besonderen Züge dieser Gewaltform schärfer herauszuarbeiten, bietet es sich an, Terrorismus mit affinen Typen politischer Gewalt zu vergleichen. Beispielsweise sollte ein deutlicher Trennstrich zwischen gegen eine staatliche Ordnung gerichtetem Terrorismus einerseits, und von Staaten praktiziertem „Terror“ andererseits gezogen werden.[4] Nicht nur, dass letzterer in Vergangenheit und Gegenwart ein Vielfaches der Opfer gefordert hat (die Relation 10 : 1 dürfte nicht ausreichen), die auf das Konto aufständischer Terroristen gehen. Staatlicher Terror als willkürliche Gewaltausübung eines institutionellen Machtapparates ist auch nicht auf die Massenmedien als „Hilfsorgane“ angewiesen und kann es sich sparen, bei angeblichen oder wirklichen Sympathisanten um Verständnis und Unterstützung zu werben. Letztlich macht es einen qualitativen Sprung, nicht nur eine quantitative Verschiebung aus, ob die Verbreitung von Furcht und Schrecken durch Gewalttaten dem

3 Diese Dreierkonstellation wurde schon von Victor Walter herausgearbeitet. Vgl. Walter (1969).
4 Waldmann (2005), S. 17ff.

Zweck dient, ein Herrschaftssystem zu befestigen oder es aus den Angeln zu heben. Entsprechend sind auch ganz unterschiedliche Persönlichkeitstypen bereit, sich für die eine oder andere Form der Gewalt zu engagieren.

Ebenfalls klar voneinander trennen sollte man Terrorismus und Guerillakrieg.[5] Gewiss, in beiden Fällen handelt es sich um Formen irregulärer Kriegführung, die zudem faktisch häufig ineinander übergehen. So bilden terroristische Anschläge nicht selten den Auftakt zu einer breiteren Guerillakampagne oder markieren deren Ende. Dennoch ist an der analytischen Unterscheidung zwischen den zwei Gewaltformen festzuhalten. Guerillakampf ist eine militärische Strategie. Selbst wenn der Guerillero nicht als Kombattant erkennbar ist, greift er doch im Prinzip nur Kombattanten an. Sein Ziel dabei ist, den Feind zu belästigen und zu zermürben, so dass er schließlich den Rückzug antritt; es handelt sich also im Kern um eine räumliche Strategie. Terroristen stellen dagegen mehr auf sozialpsychologische Effekte ab; mit Franz Wördemann könnte man sagen, es gehe ihnen weniger darum, ein Stück Territorium als vielmehr „das Denken" ihrer Zielgruppen zu besetzen.[6] Um dies zu erreichen, ist ihnen jedes Mittel recht, auch das schockierendste. Während Guerillakämpfer noch gewisse Grundregeln der militärischen Auseinandersetzung respektieren, setzen terroristische Gruppen auf systematischen Tabu- und Regelbruch.

Schließlich sollte man auch nicht übersehen, dass Terrorismus, wenn man ihn denn überhaupt als eine Form der Kriminalität einstufen will, eine sehr spezielle Art derselben darstellt. Zwar verwischt sich faktisch auch die Grenze zwischen „gewöhnlicher" Kriminalität und Terrorismus als Straftatbestand, weil Terroristen zur Bestreitung ihres Lebensunterhaltes häufig Einbruchdiebstähle und Raubüberfälle begehen und ganze terroristische Gruppen zeitweise zu Räuberbanden, ohne weiterreichende politische Ziele, mutieren können. Dennoch sollte man den Unterschied aus einer idealtypischen Sicht nicht aus den Augen verlieren: Der „normale" Gewalttäter handelt um des eigenen Vorteils willen, der Terrorist verfolgt mit den Anschlägen angeblich übergeordnete Zwecke des Gemeinwohls. Auch ihr Procedere ist grundverschieden. Der gewöhnliche Kriminelle bestätigt, indem er seine Tat nach Möglichkeit verschleiert, damit indirekt die Gültigkeit der bestehenden Strafnormen. Dagegen legt es der Terrorist mit seinen spektakulären Gewalttaten, insbesondere dann, wenn sie von einem Bekennerschreiben begleitet sind, sichtlich darauf an, die bestehende Ordnung in Frage zu stellen und zu unterminieren.

Bei sämtlichen begrifflichen Unterscheidungen ist zu bedenken, dass sie nicht nur der wissenschaftlichen Analyse dienen, sondern auch für politische Zwecke instrumentalisiert werden. Dabei kommt erneut der Umstand zum Tragen, dass Terrorismus und Terror im allgemeinen Bewusstsein negativ besetzte Begriffe sind. Daraus erklärt sich das Bemühen aller Konfliktparteien, diese Etikette nach Möglichkeit von der eigenen Gruppe fernzuhalten und dem Gegner anzuheften. Beispielsweise fällt auf, dass die meisten terroristischen Organisationen sich hüten, sich selbst als solche zu bezeichnen, sondern in der Selbstwahrnehmung regelmäßig als Guerillabewegungen figurieren. Damit soll den Mitgliedern nicht

5 Münkler (1980).
6 Wördemann (1977).

nur ein Negativimage der eigenen Tätigkeit und Gruppe erspart, sondern eine Verankerung in einer breiteren Bevölkerungsschicht vorgetäuscht werden, die in der überwiegenden Zahl der Fälle fingiert ist. Umgekehrt neigen Staatsführungen (etwa die US-Regierung gegenüber den kolumbianischen FARC) dazu, Guerillabewegungen zu terroristischen Vereinigungen herabzustufen, um ihnen ihre Legitimation zu entziehen. Von „Krieg" ist im Allgemeinen dann die Rede, wenn der grundlegende Charakter einer bewaffneten Auseinandersetzung sowie die Notwendigkeit unterstrichen werden soll, sämtliche verfügbaren Ressourcen dafür zu mobilisieren. Von terroristischer Seite eingesetzt, kommt die Kriegsformel einer Selbstaufwertung gleich, welche die Mitglieder zusätzlich binden und von der Schicksalhaftigkeit des jeweiligen Konfliktes überzeugen soll.[7] Sie deutet meist auf ein fortgeschrittenes Stadium der Auseinandersetzung hin. Dagegen gehen Regierungen selektiver mit dem Kriegsbegriff um. Viele ziehen es vor, die Terroristen schlicht als kriminelle Bande zu titulieren (so die Regierung Thatcher in Bezug auf die IRA), um der breiteren Öffentlichkeit zu signalisieren, sie glaubten das „Problem" im Griff zu haben, und vor allem, um den Terroristen nicht den Gefallen einer Aufwertung zur Kriegspartei zu erweisen. Manche Regierungen gebrauchen aber früh und bewusst die Kriegsformel (etwa G. W. Bush nach dem 11. 09. 2001), um das Publikum auf die schwere Herausforderung und die voraussichtlich von ihm erwarteten Opfer einzustimmen. Es gibt auch Regierungen (etwa die letzte argentinische Militärregierung, 1976–1983), die mehrmals das Vokabular und damit den Bezugsrahmen für das eigene Vorgehen wechseln.

II. Gibt es einen „neuen" Terrorismus?

„Alt" und „neu" sind relative Begriffe; im Folgenden soll nicht nachgeprüft werden, inwieweit die einzelnen Merkmale, die in den letzten Jahren als Beleg für die These vom „neuen" Terrorismus angeführt wurden, wirklich als neu zu bezeichnen sind.[8] Vielmehr wenden wir uns unmittelbar der Frage zu, welche Veränderungen hinsichtlich der terroristischen Motivation und Vorgehensweise in den vergangenen zwei Jahrzehnten tatsächlich zu beobachten waren, wie sie sich auswirken, wie nachhaltig sie sind. Dabei fallen vier Züge ins Auge.

1. Der erste ist ein statistischer Befund, der sich auf den internationalen Terrorismus, d.h. auf jene Anschläge bezieht, die den nationalen Rahmen überschreiten und/oder in welche Menschen mehrerer Nationen involviert sind. Während die Zahl der in diese Kategorie fallenden Anschläge von 1985 bis 2000 rückläufig war, ist die durchschnitt-

7 Waldmann (2005), S. 214f.

8 Als typische Merkmale des „neuen" Terrorismus gelten etwa, dass es sich um flache, netzwerkartige Strukturen handelt, die dank der neuen Informationstechnologien keines hierarchisch übergeordneten Koordinationszentrums mehr bedürfen; dass Amateurterroristen an die Stelle des „professionellen" Terroristen von früher getreten seien und die Bereitschaft, viele Menschen zu töten (einschließlich des eventuellen Einsatzes von ABC-Waffen) zugenommen habe. Zur Auseinandersetzung mit der These vom „neuen" Terrorismus vgl. Tucker (2001).

liche Schadenshöhe je Anschlag, insbesondere die Zahl der Todesopfer, ebenso deutlich angestiegen.[9]

2. Nach wie vor existieren terroristische Verbände aller drei Hauptorientierungen (wobei der Rechtsterrorismus als Phänomen sui generis hier ausgeklammert bleibt), d. h. Gruppen mit sozialrevolutionären, mit ethnisch-nationalistischen und mit religiösen Zielsetzungen. Es fällt jedoch auf, dass unter den Neugründungen ab den 90er Jahren bei weitem jene mit einem religiösen Anliegen überwiegen, wobei innerhalb derselben wiederum die islamistischen Neugründungen eine vorrangige Position einnehmen. Es findet also eine allmähliche Verschiebung des Spektrums terroristischer Organisationen zum religiös-fundamentalistischen Pol, vor allem zum Islamismus hin statt.[10]
3. Mit al-Qa'ida ist erstmals eine transnationale Organisation auf den Plan getreten. Dass terroristische Verbände sich Fluchtwege ins Ausland sichern, dort eigene Schulungsstätten und bisweilen sogar ihre Kommandozentrale haben und generell internationale Verbindungen pflegen, ist im Prinzip nichts Neues. Ihre Verfolgung auf dem eigenen Territorium und der Zwang, im Untergrund zu operieren, legen diese Ausweichmanöver nahe. Al-Qa'ida hebt sich jedoch von diesen traditionellen Formen internationaler Vernetzung insofern ab, als es sich hier um eine Organisation handelt, die von vornherein panislamisch, d. h. transnational angelegt war, eine transnationale Strategie verfolgte und auch ihre Mitglieder aus sämtlichen Ländern des arabischen Raumes rekrutierte.
4. Ebenfalls etwas Neues ist die Ausbreitung eines Rumpf- und Racheterrorismus. Damit sind terroristische Anschläge gemeint, hinter denen sich nur schwer ein bestimmtes strategisches oder auch nur taktisches Kalkül erkennen lässt, deren Zweck sich vielmehr in der Zufügung eines spektakulären Schadens erschöpft, sei es als Vergeltungsschlag, um eigene Verluste zu rächen, sei es auch nur als Beweis für die Stör- und Zerstörungskapazität einer Gruppe. Bezeichnenderweise folgt vielen dieser Anschläge kein Bekennerschreiben, wie sie früher üblich waren, sondern man lässt sie für sich selbst sprechen, in all ihrer Mehrdeutigkeit.

Gibt es zwischen den vier genannten Zügen, der zunehmenden Lethalität der terroristischen Anschläge, der beherrschenden Rolle des religiösen Terrorismus, dem Erscheinen von al-Qa'ida und neuen Formen des Rumpf- und Racheterrorismus, einen inhaltlichen Zusammenhang? Mit der Antwort auf diese Frage muss man vorsichtig sein und sich vor reduktionistischen kausalen Schlussfolgerungen hüten. Greifen wir etwa eine Teilrelation, jene zwischen der derzeit dominierenden religiösen Orientierung der Gewaltakteure und den steigenden Opferzahlen, heraus. Gewiss lässt sich nicht ausschließen, dass das religiöse Engagement der Terroristen, vor allem der Selbstmordterroristen, eine Tendenz zu gesteigerter Radikalität in sich birgt, dass ihre Jenseitsorientierung die Überzeugung einschließt, aufs rücksichtsloseste gegen die vermeintlichen Übel dieser Welt vorgehen zu müssen und

9 Siehe die statistischen Tabellen in Waldmann (2005), S. 24.
10 Weinberg (2002).

sie keinerlei Hemmungen verspüren, möglichst viele ihrer „Feinde" mit in den Tod zu reißen. Es ist jedoch auch denkbar, dass durch den Globalisierungsprozess als solchen die Schadenshöhe und die Verlustzahlen bei einzelnen terroristischen Anschlägen in die Höhe getrieben werden. Bedeutet er doch, dass weltweit die Konkurrenz zwischen terroristischen Organisationen um die Erregung internationaler Aufmerksamkeit zugenommen hat. Und auf welch andere Weise sollte es in diesem Wettbewerb einer terroristischen Gruppe gelingen, das Augenmerk der Weltöffentlichkeit auf sich zu lenken, als mittels möglichst spektakulärer, d. h. brutaler und schadensträchtiger Anschläge?[11]

Eine wichtige Unterscheidung in diesem Zusammenhang ist die zwischen der terroristischen Gruppe oder Organisation und dem einzelnen Terroristen. Organisationen, auch terroristische, so wird man unterstellen können, verfolgen regelmäßig Ziele in dieser Welt. Zwar mag bei einer religiös ausgerichteten Gewaltorganisation, etwa der Hamas in Israel, die Strategie und die Wahl der Mittel etwas anders aussehen als bei marxistischen oder ethnisch-nationalistischen terroristischen Gruppen. Doch letztlich steht auch im Mittelpunkt ihrer Agenda der Schutz und die Entfaltungsmöglichkeit der von ihr vertretenen Glaubensgemeinschaft im Diesseits. Beim religiös motivierten Einzelterroristen ist das Handlungsziel, nach allem, was wir wissen, komplizierter. Hier lässt sich ein extremistischer Akt, etwa ein Selbstmordattentat, auch als ein verzweifelter Versuch deuten, einem in dieser Welt aussichtslosen Kampf durch ein heroisches Opfer und den darin enthaltenen Appell an eine höhere Instanz eine günstige Wende für die eigene Sache zu geben. Das heißt, dass die Frage von Sieg und Niederlage auf diese Weise, zumindest partiell, in eine andere Sphäre transponiert, die Entscheidung darüber auf ein höheres Wesen delegiert wird.[12] Dies könnte zugleich erklären, warum wir im Rahmen des religiösen Terrorismus nicht selten einem Rumpfkalkül begegnen, d. h. aufwendigen, mit einem hohen Maß an Selbstaufopferung verbundenen Einzelanschlägen, bei denen jedoch nicht recht ersichtlich ist, wie sie die Bewegung dem angestrebten Fernziel, etwa der Befreiung des nahöstlichen Raumes vom Einfluss der USA, näher bringen sollen – so als läge die Erreichung dieses Endziels in Allahs Hand.

Indes wäre es auch beim religiös inspirierten Einzelterroristen verfehlt, zu glauben, er würde sich, sobald er sich zu einem Selbstmordanschlag entschlossen hat, gänzlich von dieser Welt abkoppeln und nur noch sein jenseitiges Heil im Blick haben. Abgesehen davon, dass die meisten Selbstmordattentate in den vergangenen 15 Jahren auf das Konto der ethnisch-nationalistischen Tamil Tigers (Sri Lanka), also nicht einer religiös ausgerichteten Gewaltorganisation, gehen, weiß man vom religiös motivierten Selbstmordterroristen inzwischen, dass er bei seinem Anschlag ebenfalls irdische Belange mit im Auge hat: den eigenen Nachruhm, den guten Ruf und das Prestige der Familie, eventuell auch deren materielle Versorgung durch eine Hinterbliebenenrente. Insgesamt sind wir allerdings noch viel zu wenig über die motivierende Wirkung, die Modeanfälligkeit und explosive Sprengkraft religiöser Überzeugungen, allein oder in Verbindung mit anderen Motiven gewalt-

11 Hierzu und zum Folgenden vgl. auch Waldmann (2004).

12 Larzillière (2003).

samen Aufbegehrens, informiert, um bereits zuverlässige Schlussfolgerungen ziehen zu können (vgl. auch III.).

Was speziell al-Qa'ida anbelangt, so handelt es sich dabei um eine ebenso originelle wie furchterregende Konstruktion.[13] Im Gegensatz zu vielen anderen Experten wird hier jedoch der Standpunkt vertreten, dass man die von dieser Organisation ausgehende Gefahr in der näheren und ferneren Zukunft nicht dramatisieren sollte, da die erste Transnationale des Terrorismus gewisse strukturelle Schwächen aufweist. Diese resultieren insbesondere aus der Tatsache, dass es sich um eine hybride Organisation handelt, die ursprünglich für den Guerillakampf bestimmt war und später zusätzlich mit einer terroristischen Funktion im Weltmaßstab betraut wurde. Nur aus dem ursprünglichen Guerillakonzept erklärt sich, dass in Afghanistan, mit Billigung der Taliban, ein umfangreicher Lager- und Schulungskomplex errichtet wurde. Das gestattete al-Qa'ida zwar die Ausbildung einer großen Zahl von Kämpfern innerhalb eines relativ kurzen Zeitraums (man spricht von bis zu 10.000, die jährlich durch die Trainingslager der Organisation geschleust wurden), machte sie aber zugleich angreifbar und verwundbar. Nach der Bombardierung und Zerstörung ihrer Infrastruktur durch die Amerikaner im Rahmen des Kriegs in Afghanistan ist al-Qa'ida bis auf weiteres die Möglichkeit, einen Guerillakrieg zu führen, genommen. Statt dessen sieht sie sich auf die Dimension einer rein terroristischen Organisation zurückgestuft. Die Frage, die sich stellt, ist, inwieweit sie dieser Umstellung gewachsen ist, ob die zersprengten Kader, die zwischenzeitlich entstandenen Ersatzstrukturen („Metastasen“) und die lokalen Ableger des Verbandes ausreichen, um einen Kampf von ähnlicher Systematik und Kontinuität gegen den kapitalistischen Westen zu führen, wie dies vor dem 11.09.2001 von dem afghanischen Stützpunkt und Refugium aus möglich war.

Zweifel insoweit ergeben sich u. a. aufgrund einer 2004 erschienenen Arbeit der Organisationssoziologin Renate Mayntz, die eine komparative Analyse der Struktur terroristischer Verbände vorgelegt hat.[14] Nach Mayntz stimmt es gerade nicht, was die Vertreter eines Modells des „neuen Terrorismus“ behaupten, dass nämlich ein terroristischer Verband rein netzwerkartig aufgebaut sein kann, sich also aus einer Vielzahl lose miteinander verkoppelter, mit Hilfe der modernen Kommunikationstechnologie fallweise miteinander kooperierender Einzelzellen zusammensetzt. Die Soziologin gelangt zu dem Schluss, dass sämtliche von ihr mittels einer Literaturauswertung erfassten Organisationen eine Doppelstruktur aufwiesen: Einerseits aus dezentralen, über einen beträchtlichen eigenen Entscheidungs- und Handlungsspielraum verfügende Basiseinheiten („Einsatzkommandos“) bestanden, jedoch andererseits auch regelmäßig einen festen Führungskern hatten, der generelle Direktiven ausgibt, für die Koordination der Einsatzpläne zuständig ist und zugleich die strategische Gesamtplanung übernimmt. Nach der Zerstörung und Aufreibung dieses Kerns im Falle al-Qa'idas wird man berechtigte Zweifel an der künftigen Schlagkräftigkeit der Organisation anmelden müssen.

13 Zu al-Qa'ida vgl. Gunaratna (2003).
14 Mayntz (2004).

III. Unterstützer und Sympathisanten

Mittel- und längerfristig hängt die Schlagkraft sowohl der auf nationaler Ebene operierenden Gruppen als auch der Formationen des transnationalen Terrorismus wesentlich von dem Unterstützer- und Rekrutierungspotential ab, das hinter ihnen steht. Grob gesprochen lassen sich zwei Bevölkerungsgruppen unterscheiden, die als Unterstützungsbasis für die radikalen Islamisten in Frage kommen. Das sind zum einen die Muslime, die in dem arabisch-islamischen Ländergürtel leben, der sich von Marokko bis Indonesien erstreckt; und sind zum anderen die Diasporagemeinschaften, die sich durch Zuwanderung aus dem arabisch-islamischen Raum in die westlichen Industrieländer gebildet haben. In beiden Fällen sollte man die allgemeine Bereitschaft, den religiösen Fanatikern den Rücken zu stärken oder sich ihnen gar anschließen, nicht überschätzen.[15]

Was zunächst den Ländergürtel betrifft, in dem das Gros der Muslime lebt, so gibt es in ihm zwar eine Vielzahl von Gruppen und Grüppchen, die auf einen politischen Umsturz und die Errichtung einer mehr oder weniger umfassenden islamistischen Herrschaftsordnung hinarbeiten, doch mit welchem Erfolg, ist weitgehend offen. Nicht selten geraten sie durch ihre Anschläge eher in eine soziale Isolierung, stellen ihre Propagandaspots und Siegessprüche im Internet eher eine Kompensation für faktische Schwäche dar. Dies liegt nicht nur daran, dass es aufgrund des alle Mitglieder der islamischen Glaubensgemeinschaft umfassenden Solidaritätsgebotes sehr schwer ist, die Gläubigen gegen ihre Herrscher aufzuwiegeln. Hinzu kommt, dass bei terroristischen Angriffen gegen die politische Führung (etwa in Ägypten) die repressive Reaktion der Regierung nicht auf sich warten ließ, die unterschiedslos alle diejenigen traf, die den Rebellen nahe zu stehen schienen. Diese Erfahrung lässt mittlerweile auch jene zögern, die Islamisten zu unterstützen, die innerlich ihnen und ihrem Anliegen nahe stehen.

Es gibt indessen eine Situation, die in vorzüglicher Weise geeignet ist, das Lager der religiösen Fanatiker zu stärken und ihrer Bewegung Auftrieb zu verleihen. Sie tritt dann ein, wenn das religiöse Rebellionsmotiv zusätzlich angereichert oder überlagert wird durch Elemente nationalistischer Wut und Empörung. Wir begegnen ihr regelmäßig nach der Invasion eines Territoriums durch eine fremde Macht oder, in abgeschwächter Form, wenn ein Regime als Handlanger oder Marionette eines übermächtigen Drittstaates hingestellt werden kann. Klassische Beispiele für die zusätzliche Schubkraft, die eine fundamentalistische religiöse Bewegung durch die militärische Intervention oder ein besatzungsähnliches Regime eines Drittstaates erhält, sind der Einfall der Sowjetunion in Afghanistan in den 80er Jahren und das Palästinenserproblem in Israel. Auch der Tschetschenienkonflikt und natürlich die amerikanisch-britische Invasion in den Irak sind in diesem Zusammenhang zu nennen.

Dass es nur selten Religiosität per se, dagegen häufiger die Verbindung mit anderen, die Unzufriedenheit schürenden Motiven ist, welche die Konfliktbereitschaft anstachelt, lässt sich auch anhand der zweiten für die Unterstützung der radikalen Islamisten in Frage kom-

15 WALDMANN (2004), S. 742f.

menden Bevölkerungsgruppe, den muslimischen Diasporagemeinschaften in den westlichen Industriegesellschaften, ersehen.[16] Es ist bekannt, dass durch die Abwanderung in ein kulturell-religiös andersartiges soziales Umfeld die Religiosität der Migranten im Allgemeinen keine Abschwächung, sondern eher eine zusätzliche Verstärkung erfährt. Dies lässt sich daraus erklären, dass der eigenen Konfession in dem neuen Kontext über ihre ursprüngliche Sinngebungsfunktion hinaus zusätzliche Funktionen der kollektiven und individuellen Identitätsvergewisserung zuwachsen. Diese Steigerung der Religiosität ist, wie aus etlichen empirischen Studien hervorgeht, auch bei zahlreichen Muslimen türkischer Herkunft in der BRD zu beobachten; sie hat jedoch, wie die nämlichen Untersuchungen belegen, keineswegs automatisch eine zunehmende Gewaltbereitschaft gegenüber der deutschen Gastgesellschaft zur Folge. Erst dort, wo Gefühle sozialer Erniedrigung und ethnischer Diskriminierung hinzukommen, kann daraus jene explosive Mischung aus Verunsicherung, Frustration und Hass entstehen, welche den Anschluss an eine radikale, gewaltbereite Gruppe nahe legt. Das ist keineswegs bei der Mehrheit der muslimischen Migranten der Fall. Nur Splittergruppen vollziehen diesen letzten Schritt, der freilich im Regelfall voraussetzt, dass sie noch eine enge Beziehung zum muslimischen Mutterland bewahrt haben, das ihnen eine Ersatzidentität bietet, nachdem sie gegenüber der Gastgesellschaft auf absoluten Konfrontationskurs gehen.

Die Tatsache, dass die radikalen, zum Gewalteinsatz entschlossenen Gruppen und Individuen sowohl innerhalb des arabischen Ländergürtels als auch innerhalb der Diasporakommunen nur eine kleine Minderheit darstellen, ist einer der Erklärungsgründe für die Entstehung und Ausbreitung des transnationalen islamistischen Terrorismus. Innerhalb der Gläubigen des eigenen Landes bzw. der Diaspora zunehmend in die Isolierung geraten, bleibt religiösen Extremisten oft keine andere Wahl, als auf einen moderaten Reformkurs einzuschwenken oder ihre kompromisslosen Pläne auf einer höheren Ebene, eben jener eines transnationalen Netzwerkes weiter zu verfolgen.[17] Bin Ladin, der Gründer von al-Qa'ida, bietet sich selbst als Beispiel für diese Art von Karriere an. Leitet sich doch seine Fixierung auf den Kampf gegen die USA nicht zuletzt daraus her, dass er innerhalb seines eigenen Heimatlandes Saudi-Arabien keine Chance sah, die bestehenden Machtverhältnisse im Sinne seiner weit reichenden religiösen Zielvorstellungen zu verändern.

Die Brisanz und Gefährlichkeit des transnationalen Terrorismus, so die hier vertretende These, liegt weniger darin, dass hier verschiedene terroristische Gruppen über die Landesgrenzen hinweg Ressourcen austauschen, miteinander kommunizieren und Anschlagspläne aushecken. Wir sehen sie vielmehr darin, dass sie bei alledem an keine konkrete Bezugsgruppe mehr zurückgebunden, d. h. auf niemandes Beifall oder Unterstützung angewiesen und niemandem für ihr Tun Rechenschaft schuldig sind. Auch in einem nationalen oder regionalen Rahmen operierende Gruppen verfügen über ein beträchtliches Maß an Aktionsfreiheit. Sie können aber die gesellschaftlichen und politischen Rahmenbedingungen,

16 Zum Folgenden WALDMANN (2003).

17 Diese These wird vertreten von Reuven Paz, dem Direktor des International Policy Institute of Counter-Terrorism in Herzliya, Israel; vgl. PAZ.

unter denen sie ihre Angriffe gegen ein Regime durchführen, nicht gänzlich außer Acht lassen. Insbesondere müssen sie darauf bedacht sein, sich die Sympathie und Unterstützungsbereitschaft ihres engeren Anhängerkreises, der ihnen Deckung bietet und aus dem sie ihren Nachwuchs rekrutieren, zu erhalten. Ein Anschlag wie der von Madrid am 11. März 2004, bei dem fast 200 Menschen aus einfachen sozialen Schichten den Tod fanden, hätte für die ETA, wäre er von ihr durchgeführt worden, das politische und damit längerfristig auch das „militärische" Aus bedeutet. Denn selbst der engstirnigste, fanatischste baskische Patriot hätte eine derartige Untat gegenüber seinen baskischen Landsleuten nicht mehr vertreten und rechtfertigen können. Anders bei den „Transnationalen": Nachdem sie ohnedies den Kontakt zur „Basis" verloren haben, auf keine sozialen Mutter- und Bezugsgruppen mehr angewiesen sind, kann ihnen deren Reaktion auf ihre Anschläge gleichgültig sein. Nur untereinander in Verbindung stehend, ohne auf Einwände und Widerspruch zu stoßen, können sich ihre destruktiven Pläne in wahnwitziger Weise hochschaukeln.

Literatur

Guelke, Adrian (1995), The Age of Terrorism and the International Political System. London/New York.

Gunaratna, Rohan (2003), Inside Al Quaida. Global Network of Terror. 2. Aufl., London.

Larzillière, Pénélope (2003), Palästinensische „Märtyrer": Eine vergleichende Analyse über Selbstmordattentäter. In: Journal für Konflikt- und Gewaltforschung 5, S. 121–142.

Mayntz, Renate (2004), Organizational Forms of Terrorism. Hierarchy, Network or a Type sui generis? In: Max-Planck-Institut Köln (Hrsg.), MPIfG Discussion Paper 04/4.

Münkler, Herfried (1980), Guerillakrieg und Terrorismus. In: Neue Politische Literatur 35, S. 299–326.

Paz, Reuven, Is there an Islamist Internationale?, www.ict.org.il/articles.cfm)articaleid=115.

Tucker, David (2001), What is New about the New Terrorism and how dangerous is it? In: Terrorism and Political Violence 13, S. 1–14.

Waldmann, Peter (2003), Die Bundesrepublik Deutschland – ein Nährboden des radikalen Islamismus? In: Ders., Terrorismus und Bürgerkrieg. Der Staat in Bedrängnis. München, S. 90–108.

Waldmann, Peter (2004), Islamistischer Terrorismus. Ideologie, Organisation und Unterstützungspotential. In: Kriminalistik 58, S. 740ff.

Waldmann, Peter (2005), Terrorismus. Provokation der Macht. 2. Aufl., Hamburg.

Walter, Eugene Victor (1969), Terror and Resistance. A Study of Political Violence. New York.

Weinberg, Leonhard (2002), The war on Terrorism and the decline of terrorist group formation. In: Terrorism and political violence 14, S. 141–147.

Wördemann, Franz (1977), Mobilität, Technik und Kommunikation als Strukturelemente des Terrorismus. In: Funke, Manfred (Hrsg.): Terrorismus. Untersuchungen zur Strategie und Struktur revolutionärer Gewaltpolitik. Bonn, S. 140–157.

Alexander Eisvogel

Terroristische Bedrohungspotentiale und die Schwierigkeiten, ihnen wirksam zu begegnen

I. Ganzheitlicher Bekämpfungsansatz als Gegenstrategie

Der internationale islamistisch geprägte Terrorismus hat sich in den letzten Jahren zur potentiell größten Bedrohung für die innere Sicherheit in der internationalen Staatengemeinschaft und damit auch Deutschlands entwickelt. Die Anschläge – beginnend mit dem 11. September 2001 in den USA – verdeutlichten in erschütternder Weise Ausmaß und Intensität der bisher nicht da gewesenen Dimension der Bedrohung. Sie zeigen, dass islamistische Terroristen bei der Auswahl ihrer Ziele keine Skrupel kennen und den Tod hunderter bzw. tausender wehrloser Menschen sogar beabsichtigen. Auch Deutschland zählt zum Gefahrenraum und Operationsgebiet des islamistischen Terrorismus.

Die Bekämpfung dieser neuen Dimension des Terrorismus erfordert einen ganzheitlichen Bekämpfungsansatz, dessen Schwerpunkt eine Doppelstrategie, bestehend aus gesellschaftlicher Prävention (Isolierung von islamistischen Unterstützern und Sympathisanten) und einer ineinandergreifenden nachrichtendienstlichen und polizeilichen Bekämpfungsstrategie (Vorfeldaufklärung und Fahndungsdruck), sein muss. Dabei kommt den Verfassungsschutzbehörden aufgrund der ihnen gesetzlich zugewiesenen Aufgabenstellung bei der Vorfeldaufklärung eine zentrale Rolle zu.

II. Islamistische Bedrohungspotentiale

Verantwortlich für diese neue Dimension des Terrors sind islamistische Gruppierungen, deren ideologisches Leitprinzip der „Jihad" ist – verstanden als gewalttätiger Kampf/als vorgeblicher „heiliger Krieg". Sie sehen sich durch ihre Interpretation des Koran legitimiert. Nach Ansicht militanter Islamisten ist der „Jihad" gegen die vom „wahren Glauben Abgefallenen" sowie gegen „Ungläubige" muslimische Pflicht. Er diene der Verteidigung und der Ausbreitung des Islam und ist nach ihrer Überzeugung erst dann beendet, wenn der in ihrem Sinn verstandene Islam weltweit die herrschende Religion ist. Zum Spektrum der „Jihad"-Gruppen zählen die von Usama bin Ladin gegründete „al-Qa'ida", die mit ihr kooperierenden „Mujahidin"-Netzwerke sowie einige regional operierende islamistische

Organisationen in Zentral- und Südostasien sowie in nordafrikanischen Ländern, insbesondere im Maghreb.

Im Gegensatz zu früheren Erscheinungsformen des internationalen Terrorismus – in der Regel handelte es sich um strukturierte Kaderorganisationen mit definierten Zielen (der Staat und seine Repräsentanten) – sind die Sicherheitsbehörden bei der Bekämpfung des internationalen islamistischen Terrorismus mit klandestin agierenden Netzwerken konfrontiert, die sich in unterschiedlicher Dichte über die Kontinente erstrecken und den Einsatz an jedem Ort gegen beliebige, für die Sicherheitsbehörden nicht vorhersehbare Ziele ermöglichen. Neben dem veränderten Organisationsprofil sind die Sicherheitsbehörden mit einem veränderten Ziel-Tatprofil (möglichst viele Opfer) und einem verändertem Täterprofil (Bereitschaft auch zum Selbstmord) konfrontiert. Die Verbindungen zwischen den Netzwerken werden getragen von einem Geflecht persönlicher Beziehungen, die u. a. in Ausbildungslagern und/oder auf den Kampfplätzen des „Jihad" geknüpft wurden. Nach Schätzungen westlicher Nachrichtendienste haben mehrere tausend Islamisten diese Ausbildungslager durchlaufen. Trotz tiefem Hass gegen westliche Werte und Errungenschaften ist die Nutzung neuester Kommunikationstechniken, insbesondere des Internets, auch in diesen Kreisen selbstverständlich. Dieses Netzwerkgeflecht hat sich trotz oder gerade wegen seines amorphen Charakters als flexibel und widerstandsfähig erwiesen. Die zahlreichen Festnahmen weltweit haben zwar Auswirkungen auf die Aktionsfähigkeit dieser Netzwerke; offensichtlich können diese aber auf ein großes Reservoir an Personen, die zum „Jihad" bereit sind, zurückgreifen. Erschwert wird die Bekämpfung dieses Geflechtes durch neue Gruppen, die sich der Kampfbewegung des „Jihad" angeschlossen haben, ohne in bereits bestehende Verbindungen und Kommunikationsstränge eingebunden zu sein. Gerade diese Gruppen stellen ein besonderes Problem dar.

III. Bedrohungslage

In der Öffentlichkeit wird die Bedrohungslage durch den islamistischen Terrorismus z. T. kontrovers diskutiert. Während einige Experten eine Bedrohungslage in Deutschland negieren bzw. als überzeichnet ansehen, gehen wiederum andere – wie das Bundesamt für Verfassungsschutz (BfV) – von der potentiell größten Bedrohung für die innere Sicherheit aus. Um Missverständnissen vorzubeugen, ist darauf hinzuweisen, dass die Qualifizierung als „größte Bedrohung" keinen wertenden Bezug zu anderen nachhaltigen Bedrohungsphänomen unserer Gesellschaft herstellt, sondern sich allein auf den Bereich des politischen Extremismus/Terrorismus bezieht.

1. Die potentielle Gefährdung Deutschlands und deutscher Interessen im In- und Ausland durch den islamistischen Terrorismus wird derzeit durch eine Reihe von Faktoren bestimmt:

   - Der Fahndungsdruck und die zunehmende Anzahl von Verhaftungen auch ranghoher „al-Qa'ida"-Führer, z. B. Khalid Sheikh Mohammad, ausführender Planer mehrerer Anschläge – mutmaßlich auch des Anschlages vom 11. September 2001 –

oder der bei einem Festnahmeversuch in Saudi-Arabien getötete dortige „al-Qa'ida"-Vertreter Abdul Aziz al-Muqrin, haben sich vor allem auf die Operationsmöglichkeiten der „al-Qa'ida" ausgewirkt, weniger auf die mit ihr kooperierenden regionalen Gruppen. Gleichwohl dürften zumindest Teile von „al-Qa'ida" nach wie vor in der Lage sein, Anschläge mit hohen Opferzahlen zu planen und durchzuführen. Dabei dürften Anschlagsziele in den USA wegen ihrer psychologischen Wirkung an erster Stelle stehen. Die diesbezügliche Motivation „al-Qa'idas" hat sich – durch den Krieg im Irak und die Besetzung des Landes noch weiter verstärkt.

- Seit dem Verlust Afghanistans als Ruheraum der „al-Qa'ida" und als zentralem Ort für Ausbildungslager ist eine Aufwertung regionaler „Mujahidin"-Strukturen weltweit – auch in Europa – zu verzeichnen. Zugleich ist eine zunehmende „Professionalisierung" dieser Gruppen festzustellen.

Von Aktivitäten zur Vorbereitung von Anschlägen seitens „Mujahidin"-Netzwerken ist daher weiterhin weltweit auszugehen. Die Umsetzung solcher Planungen war bislang nicht an konkrete politische Ereignisse gebunden, sondern bestimmte sich wesentlich danach, welche Erfolgsaussichten Terroristen für ihre Vorhaben sehen. Im Zusammenhang mit den Ereignissen im Irak rückt aber das politische Kalkül zunehmend in den Vordergrund der Tatplanung, wie die Anschläge in Madrid und die Entführungen im Irak zeigen. Im Zielspektrum islamistischer Terroristen dürften auch in Europa weiterhin vor allem „soft targets" stehen, die aufgrund ihrer Vielzahl (z. B. Bahnhöfe, Zugverkehr, Flughäfen, Hochhäuser, Weihnachtsmärkte, Kirchen, Synagogen etc.) nicht zu schützen sind. Welches konkrete Ziel dabei von den Attentätern ausgewählt wird, lässt sich nicht vorhersagen oder eingrenzen. Die Auswahl des Zieles hängt von der individuellen Motivation der Täter, den aktuellen Erfolgsaussichten und der mit dem Terrorakt beabsichtigten (politischen) Botschaft ab. Auch die Methode dürfte von den genannten Faktoren abhängen; es müssen nicht unbedingt Selbstmordanschläge sein, wie die Vorgehensweise in Madrid zeigt.

- In Bezug auf Deutschland ist trotz etlicher Fahndungserfolge keine Entwarnung zu geben. Gerade die zahlreichen Festnahmen in Deutschland und im europäischen Ausland sind ein Beleg für die Existenz und Vernetzung von „Mujahidin"-Strukturen auch in Europa. Bei den Ermittlungen aufgefundene Dokumente und Materialien deuteten immer wieder auf Anschlagsplanungen hin. Auch in Deutschland ist weiterhin von einem – eher kleinen – Potential von „Mudjahidin" mit vielfältigen internationalen Verbindungen auszugehen. Deutschland kommt dabei nicht nur als Vorbereitungsraum für Anschläge andernorts in Betracht, Einrichtungen in Deutschland selbst könnten ebenfalls Ziel von Anschlägen werden. Eine hohe Gefährdung, gerade für US-amerikanische, israelische bzw. jüdische sowie britische Einrichtungen in Deutschland, besteht fort. Auch Einrichtungen anderer westlicher Alliierter der USA sowie prowestlich ausgerichteter muslimischer Staaten und Russlands (Tschetschenienkonflikt) müssen als gefährdet angesehen werden. Wie hoch die Gefahr ist, zeigt das vor dem OLG in Düsseldorf anhängige Strafverfahren gegen Mitglieder eines „Mujahidin"-Netzwerkes („Abu Dhess-Verfahren" – in den Medien als „Al-Tauhid" bekannt), die Anschläge auf jüdische Einrichtungen in Berlin und Düsseldorf geplant hatten. Das Netzwerk wurde von dem derzeit im Irak aktiven Jordanier al-Khalayla alias „Abu Mus'ab al-Zarqawi" angeleitet. Sowohl die Festnahmen von mutmaßlichen „Ansar al-Islam"-Anhängern am 3. Dezember 2004 wegen Planung eines Anschlages auf den irakischen Ministerpräsidenten Allawi während seines Arbeitsbesuches in Berlin (2./3.Dez. 2004) als auch die versuchten Sprengstoffanschläge auf Züge der Bahn AG in Dortmund und Koblenz im Sommer 2006 zeigen die aktuelle Gefährdung deutlich auf.

- Es gibt außerdem keinen tragfähigen Grund anzunehmen, dass deutsche Interessen und Deutschland als Operationsziel ausgenommen seien. Auch Deutschland zählt in den Augen militanter Islamisten zum Lager der sog. „Kreuzzügler" zu den Helfern der USA und Israels. Durch die am 15. April 2004 im arabischen Fernsehsender „al-Jazira" ausgestrahlte, in der Presse als „Versöhnungsinitiative" bezeichnete Botschaft bin Ladins – er versprach allen europäischen Ländern, die ihre Truppen aus muslimischen Ländern zurückziehen, im Gegenzug die Beendigung aller „Mujahidin"-Operationen – hat sich auch die Gefährdung für deutsche Interessen (zumindest abstrakt) weiter erhöht. Hinzu kommt die Tatsache, dass die Botschaft, anders als die vorherigen, mit deutschen Untertiteln versehen war. Deutschland hat derzeit Truppen in Afghanistan und Marinesoldaten in Somalia stationiert. Die USA unterhalten Militärbasen und Krankenhäuser in Deutschland – Deutschland gilt für gewaltbereite Islamisten daher als Unterstützer der USA auch im Irak-Konflikt.
- Seit Anfang 2003 ist eine regelrechte „Propagandaoffensive" seitens „al-Qa'ida" u. a. „Mujahidin" zu verzeichnen. In einer Reihe von Verlautbarungen, zunehmend auch über das Internet publiziert, riefen z. B. Usama bin Ladin, sein Stellvertreter Aiman al-Zawahiri und Mu'sab al-Zarqawi die Muslime dazu auf, den „Jihad" gegen die „Ungläubigen" (die USA sowie ihre Alliierten und Unterstützer) hauptsächlich im Irak und in Afghanistan und Palästina aufzunehmen bzw. fortzuführen. Die Auswirkungen dieser Agitation auf für eine Radikalisierung empfängliche Milieus in Deutschland lässt sich nicht abschätzen.
- Der Irakkonflikt entfaltet derzeit und wohl auch noch in der weiteren Zukunft die größten Wirkungen. Die Radikalisierung erfasst auch in Deutschland lebende Islamisten und junge Muslime und veranlasst sie, in welcher Form auch immer, den dort stattfindenden „Jihad" zu unterstützen. Die Ausreise von Personen in den Irak oder das „Sich-dazu-bereit-erklären" mit dem zu vermutenden Ziel, dort an Kampfhandlungen teilzunehmen, wird bereits seit längerem beobachtet.

Auch die Festnahmen zweier mutmaßlicher „al-Qa'ida"-Mitglieder am 23. Januar 2005 in Bonn und Mainz weisen in diese Richtung. Die Festgenommenen, ein Iraker und ein staatenloser Palästinenser, sollen ein Selbstmordattentat im Irak geplant haben. Bei dem Iraker aus Mainz handelt es sich nach Angaben des Generalbundesanwaltes um ein mutmaßliches Mitglied der „al-Qa'ida", der zumindest 2001 Kontakte zu hochrangigen Führungskadern der „al-Qa'ida" hatte. Er habe den Auftrag gehabt, Selbstmordattentäter zu rekrutieren und ließ Bestrebungen erkennen, Nuklearmaterial vermitteln zu wollen.

Seit Mitte 2003 avancierte der Kampf gegen die US-Truppen im Irak für „Mujahidin" aus der ganzen Welt zum neuen Kristallisationspunkt des internationalen „Jihad". Mehrere Gruppierungen dieses Spektrums sind derzeit im Irak aktiv.

Vor dem Hintergrund der Magnetwirkung des Irak-Konfliktes auch für Islamisten aus Deutschland muss mit dem Entstehen einer neuen Generation von „Mujahidin" gerechnet werden. Ein Teil dieser Personen, der für die Unterstützung des „Jihad" in den Irak gereist ist, wird nach Deutschland zurückkehren und es kann nur schwer vorhergesagt werden, in welcher Form und gegen wen sie ihren „Jihad" dann möglicherweise fortsetzen.

2. Im Zusammenhang mit der islamistischen Bedrohungslage ist auch die Rolle von Moscheen bei der Radikalisierung und Rekrutierung von Islamisten zu beleuchten. Den in der Bundesrepublik Deutschland lebenden über drei Millionen Muslimen stehen weit über 2000 Gebetsräume und Moscheen zur Verfügung. Die überwiegende Zahl dieser Muslime lebt ihren Glauben im Rahmen der Rechtsordnung, lediglich etwa ein Prozent hat sich islamistischen Organisationen angeschlossen. Gleichwohl muss davon ausgegangen werden, dass zumindest einige Moscheen, vor allem solche, die von islamistischen Gruppierungen betrieben werden, und das Umfeld solcher Moscheen von Werbern mit „al-Qa'ida"/„Mujahidin"-Bezug auch für Rekrutierungsversuche aufgesucht oder von potentiellen Gewalttätern als Treffort genutzt werden. Hier wird die Notwendigkeit eines ganzheitlichen Ansatzes zur Bekämpfung des Terrorismus besonders deutlich. Es gilt, das muslimische Umfeld der Moscheen, insbesondere islamistische Sympathisanten und Unterstützer, ins Blickfeld zu nehmen und in die Bekämpfungsstrategie mit einzubeziehen. Islamistische Terroristen sind auf die materielle und ideelle Unterstützung aus muslimischen Kreisen angewiesen. Hier gilt es, durch eine offene Diskussion das demokratische Bewusstsein der Muslime mit dem Ziel zu schärfen, nicht nur potentielle Täter, sondern auch die politische Idee des Islamismus zu isolieren und zu ächten. Dabei ist insbesondere die muslimische Bevölkerung im Bundesgebiet aufgerufen, ihren Beitrag eigeninitiativ zu leisten.

IV. Anpassung der Rechtslage und internationale Kooperation

In Abstimmung auf europäischer Ebene hat die Politik schnell auf die Bedrohungslage reagiert und die notwendigen rechtlichen Voraussetzungen zur effektiven Bekämpfung des islamistischen Terrorismus mit den Anti-Terror-Paketen I und II sowie der Einführung des § 129b StGB geschaffen.

Auch die Befugnisse des BfV wurden erweitert. Das BfV kann nun durch die Ergänzung des Aufgabenkataloges im Bundesverfassungsschutzgesetz Zusammenschlüsse von Ausländern in Deutschland, unabhängig von der Gefährdung auswärtiger Belange der Bundesrepublik Deutschland durch Gewalt, schon dann beobachten, wenn Bestrebungen gegen den Gedanken der Völkerverständigung und das friedliche Zusammenleben der Völker bekannt werden (Stichwort: „geistige Brandstifter"), § 3 Abs. 1 Nr. 4 BVerfSchG.

Ferner wurden dem Verfassungsschutz Informationszugänge zu Finanz-, Post- und Telekommunikationsdienstleistern und Luftfahrtunternehmen eröffnet, die für die Aufklärung terroristischer Aktivitäten und für die Identifizierung von Terroristen und deren Hintermänner wichtig sind (§ 8 Abs. 5–8 BVerfSchG).

Mit diesen gesetzlichen Änderungen hat die Politik bisherige rechtliche Restriktionen zur Aufklärung terroristischer Bestrebungen beseitigt und den Verfassungsschutz als „Frühwarnsystem" gestärkt. Bereits vor dem 11. September 2001 waren mit der Streichung des Religionsprivilegs im Vereinsgesetz die rechtlichen Voraussetzungen für Verbotsverfügungen gegen islamistische Organisationen geschaffen worden. Weitere gesetzliche Änderungen zur Optimierung der Vorfeldaufklärung des Verfassungsschutzes befinden sich in Diskussion (Anti-Terror-Paket III).

Regierung und Sicherheitsbehörden war schnell klar, dass zur Beobachtung und Bekämpfung des islamistischen Terrorismus im präventiven und repressiven Bereich ein „ganzheitlicher Bekämpfungsansatz" erforderlich ist. Nur wenn die Arbeit der Sicherheitsbehörden durch ein Zusammenwirken behördlicher Maßnahmen (Grenzkontrollen mit eindeutiger Identifizierung – Stichwort: biometrische Daten –, Vereinsverbote, Verweigerung von Einbürgerungen, konsequente Anwendung des Ausländerrechts), gesellschaftlicher Prävention (Sozialforschung, offener Dialog mit Muslimen) und organisatorischer Vorkehrungen (Katastrophenschutz) unterstützt wird, würde eine zielführende Eindämmung der Bedrohungslage zu erreichen sein. Dieses in seinen Umrissen angedeutete bundesdeutsche behördliche und administrative „Netzwerk gegen den Terrorismus" funktioniert bereits in weiten Teilen.

Aufklärungs- und Fahndungserfolge sind wegen der grenzübergreifenden Netzwerke und Verbindungen ohne internationale Zusammenarbeit sowohl auf nachrichtendienstlicher als auch auf polizeilicher Ebene kaum zu erzielen. Daher kommt dem transnationalen Informationsaustausch für die Frühaufklärung eine zentrale Bedeutung zu. Ende März 2004 haben die EU-Staats- und Regierungschefs daher den überarbeiteten „EU-Aktionsplan" gegen den internationalen Terrorismus gebilligt, in dem sich die Mitgliedsstaaten zu einer besseren Zusammenarbeit der Polizei- und Ermittlungsbehörden verpflichten. Ferner sollen die Daten und Informationen der Nachrichtendienste systematisch ausgetauscht und bestehende Sicherheitsstrukturen wie EUROPOL besser genutzt werden. Darüber hinaus hat die EU eine spezielle Koordinationsstelle zur Terrorismusabwehr im EU-Ministerrat eingerichtet.

Die Vertreter der EU-Inlandsdienste treffen sich regelmäßig zum engen Informationsaustausch, es werden gemeinsame Bedrohungsanalysen für die EU erarbeitet, in länderübergreifenden Projekten Lösungsvorschläge erarbeitet, um das Terrorismusphänomen international zu bewältigen. Gleichwohl gibt es auch Reibungsflächen und zwar dort, wo die Zuständigkeit der deutschen Behörden nicht mit den Partnerdiensten im Ausland harmoniert, die kein Trennungsgebot zwischen polizeilichen und nachrichtendienstlichen Aufgaben kennen. Dies führt dazu, dass das BfV nicht direkt mit den für die Aufklärung des islamistischen Terrorismus in der Regel zuständigen Polizeibehörden dieser Länder zusammenarbeiten kann, sondern nur unter Einbeziehung des Inlandsdienstes des jeweiligen Landes.

V. Optimierung der Zusammenarbeit deutscher Sicherheitsbehörden

Die Zusammenarbeit der Verfassungsschutzbehörden mit Polizei und Justiz hat sich in der Vergangenheit über Jahrzehnte hinweg bewährt, gleichwohl stellt die neue Dimension der Bedrohung eine Herausforderung dar, auf die sich die betroffenen Behörden einstellen müssen.

Mehr denn je kommt es bei der Aufklärung und Bekämpfung des islamistischen Netzwerkgeflechtes darauf an, bereits im Vorfeld die Mosaiksteine von Verdachtserkenntnissen aus dem nachrichtendienstlichen und polizeilichen Bereich zu einem Gesamtbild zusammenzufügen, um rechtzeitig weitere operative Maßnahmen zur Aufklärung einzuleiten und spätestens bei Gefahr im Verzuge exekutiv (schnell) handeln zu können. Die föderale Struktur ist im Hinblick auf die weit gestreute Präsenz der Sicherheitsbehörden in der Fläche von Vorteil. Zentrale Großbehörden vernachlässigen leicht den notwendigen Blick auf regionale oder örtliche Gegebenheiten – bei zuviel Dezentralisierung kann oft der Blick auf die Gesamtlage fehlen. Ein ganz wesentlicher Schritt zur Optimierung der Zusammenarbeit innerhalb des Verfassungsschutzverbundes war die Einführung des § 6a in die Koordinierungsrichtlinie (KR), die am 1. Juni 2004 in Kraft getreten ist. Dem BfV obliegt danach die Federführung bei der Festlegung der Schwerpunkte der Beobachtung des islamistischen Terrorismus, zudem wertet es alle Erkenntnisse in diesem Bereich zentral aus. Eine Weisungsbefugnis gegenüber den Landesämtern für Verfassungsschutz (LfV) besteht nicht.

Im Rahmen der Informationszusammenführung kommt es besonders darauf an, dass auch die im Polizeibereich – sei es aus Ermittlungsverfahren oder dem Bereich der Gefahrenabwehr – vorliegenden umfangreichen und kleinteiligen Informationen dem BfV kontinuierlich zur Verfügung gestellt werden. Dies erleichtert die Vorfeldarbeit der Verfassungsschutzbehörden erheblich.

Die seit Jahren gute und intensive Zusammenarbeit der Bundessicherheitsbehörden Bundeskriminalamt (BKA), Bundesnachrichtendienst (BND) und BfV wurde schon vor den Anschlägen des 11. September 2001 entscheidend fortentwickelt. Zur Bündelung nachrichtendienstlicher und polizeilicher Erkenntnisse aus dem Phänomenbereich „Islamistischer Terrorismus“ wurden Ende 2000/Anfang 2001 u. a. ein Informationboard „Netzwerke Arabischer Mujahedin“ und zur Vertiefung einzelner, für die Beobachtung grundlegender Aspekte des islamistischen Terrorismus (z. B. Ausbildungslager) ein „Analyseboard“ eingerichtet.

Diese Zusammenarbeit wird seit Mitte Dezember 2004 – unter Wahrung des Trennungsgebotes – im „Gemeinsamen Terrorismusabwehrzentrum“ (GTAZ), das sich aus der „Polizeilichen Informations- und Analysestelle“ (PIAS) und der „Nachrichtendienstlichen Informations- und Analysestelle“ (NIAS) zusammensetzt, fortgeführt. Zu den gemeinsamen Aufgaben von PIAS und NIAS zählen tägliche Lagebesprechungen, Gefährdungsbewertungen, operativer Informationsaustausch, Strukturanalysen und die Auswertung terroristischer Personenpotentiale sowie die Bündelung der Ressourcen vor allem hinsichtlich der Auswertung elektronischer Medien. Damit sind die Voraussetzungen geschaffen, die bewährte Zusammenarbeit – insbesondere im Hinblick auf Exekutivmaßnahmen gegen islamistische Gewalttäter und deren Verurteilung – erfolgreich fortzuführen. Das GTAZ eröffnet auch die Möglichkeit, das vorrangige Polizeiinteresse, frühzeitig Ermittlungen einzuleiten, zu erörtern und im Interesse einer optimierten Informations- und Beweisbasis zu steuern.

Das von der „Initiative Justizgewährung, Staatsräson und Geheimdienste" im Positionspapier aufgezeigte Problem der Zusammenarbeit zwischen Nachrichtendiensten und Justiz bezüglich der Verwertung von Informationen ausländischer Dienste ist in vielen Fällen lösbar, sofern beide – Justiz und Nachrichtendienste – Verständnis für die Probleme und Arbeitsweise des jeweils anderen aufbringen und im partnerschaftlichen Miteinander nach Lösungen suchen. In den meisten Fällen dürfte allein der Zeitfaktor, begleitet von intensiver Kommunikation, zur Lösung dieses Grundproblems führen. In diesem Zusammenhang sollte an das erfolgreich abgeschlossene „Mykonos-Verfahren" erinnert werden; seinerzeit stellten auch US-amerikanische Dienststellen Belegmaterial zur Verfügung. Gleichwohl wird es künftig Fälle geben, in denen sich die Partnerdienste nicht in der Lage sehen, entsprechende Informationen freizugegeben und zwar immer dann, wenn menschliche Quellen gefährdet sind oder Staatsinteressen im Vordergrund stehen. Dies muss aus deutscher Sicht respektiert werden, da die länderübergreifende Zusammenarbeit der Nachrichtendienste einer der tragenden Pfeiler bei der Bekämpfung des islamistischen Terrorismus ist. Um nicht auf das Belegmaterial von Partnerdiensten zurückgreifen zu müssen, kommt es um so mehr darauf an, die Informationsbasis über Verdachtssachverhalte im Vorfeld zu verbreitern.

Der Zeitfaktor und eine frühe intensive Abstimmung sind auch der Schlüssel für die Zusammenarbeit zwischen Verfassungsschutz und Justiz.

Erfolgreich waren vor allem die Fälle, in denen das BfV ausreichend Zeit und die Möglichkeit hatte, Sachverhalte (Netzwerkstrukturen, relevante Personen etc.) ausführlich zu bearbeiten und damit die Grundlage für (erfolgreiche) exekutive Maßnahmen bzw. Verurteilungen zu schaffen. Beispiele dafür sind das „Meliani-Verfahren" und das erwähnte Düsseldorfer „Abu Dhess-Verfahren". Beide Fallkomplexe zeichnen sich dadurch aus, dass der Verfassungsschutz im Vorfeld in großem Umfang die relevanten Sachverhalte zu den Netzwerkstrukturen ermitteln konnte. Zur Einleitung der Ermittlungsverfahren konnten dem BKA/GBA dann bereits umfangreiche Informationen wie Personalien, Telefonnummern, Treffpunkte, Erkenntnisse zur Netzwerkstruktur und entsprechende Einschätzungen zur Verfügung gestellt werden. Die Ermittlungsverfahren konnten dann auf dieser Grundlage aufgebaut, fortgeführt und zu einem erfolgreichen Ende gebracht werden.

Auch im Zusammenhang mit der Erstellung von Anklageschriften ist das BfV rechtzeitig zu beteiligen, um von der Polizei ermittelte Belegsachverhalte mit den Informationen der Verfassungsschutzbehörden abzugleichen. Nur so kann der Prozessverlauf und die Beweismittelpräsentation für die Bundesanwaltschaft kalkulierbar bleiben. Sofern ad-hoc-Ermittlungen durchgeführt werden müssen, erscheint eine frühzeitige Einbindung des BfV geboten, um polizeiliche und nachrichtendienstliche Zugänge zur Optimierung der Ermittlungen besser steuern zu können.

Ziel der Zusammenarbeit ist es, im Sinne einer effektiven Bekämpfung des islamistischen Terrorismus, die jeweiligen Ressourcen und Kompetenzen der Sicherheitsbehörden so einzusetzen, dass ein optimales Ergebnis möglich ist. Die Schwierigkeiten bei der Anwendung der §§ 129a und 129b StGB, d. h. die fehlende Praxis der Gerichte bei der Anwendung dieser Normen auf den islamistischen Terrorismus und das Erfordernis der Rechtsfortbildung, machen solide Verfahrensgrundlagen noch dringlicher. Die hierfür erforderliche Arbeit im Vorfeld können und wollen die Verfassungsschutzbehörden leisten.

VI. Warum ist der islamistische Terrorismus nicht erfolgreicher?

Vor dem Hintergrund der dargestellten Bedrohungspotentiale des islamistischen Terrorismus und den damit verbundenen Schwierigkeiten, diesen zu bekämpfen, stellt sich – als Gegenperspektive und zur Abrundung der Thematik – auch die Frage, warum islamistische Terrorgruppen in Europa nicht erfolgreicher sind. Dafür gibt u. a. folgende Gründe:

- Die militärische Zerschlagung der Ausbildungslager in Afghanistan war eine der entscheidenden Maßnahmen bei der Bekämpfung des Terrorismus. Die Operation „Enduring Freedom“ hat der pan-islamischen „Mujahidin“-Bewegung die Basis entzogen. Nachfolgende Versuche, neue Ausbildungslager beispielsweise in benachbarten Ländern aufzubauen, waren – unabhängig von organisatorischen Schwierigkeiten – aufgrund internationalen Drucks auf die entsprechenden Länder meist nur wenig erfolgreich.
- Die Sicherheitsbehörden auch Deutschlands hatten die Bedrohungslage des islamistischen Terrorismus bereits Mitte der 90er Jahre erkannt und sich operativ und analytisch darauf eingestellt. Dementsprechend gelang es auch im Rahmen internationaler Kooperation, einige geplante Anschläge im Vorfeld zu vereiteln. Beispielhaft sei auf die im Dezember 2000 festgenommenen Mitglieder der sogenannten „Meliani“-Gruppe verwiesen.
- Das seit geraumer Zeit im Aufbau befindliche administrative „Netzwerk gegen den Terrorismus“ im Rahmen des ganzheitlichen Bekämpfungsansatzes, insbesondere die verschärften Einreisekontrollen, haben das Risiko, erkannt zu werden, für islamistische Täter psychologisch nachhaltig erhöht.
- Obwohl die „Mujahidin“ auf ein großes Rekrutierungspotential unter Muslimen zurückgreifen können, dürfte nur eine sehr kleine Zahl von Muslimen als potentielle Attentäter im Westen in Frage kommen. Neben der religiösen Orientierung, der Fähigkeit, sich im Westen unauffällig bewegen zu können (z. B. Sprachkenntnisse), und technischem Know-how (Bau von Sprengsätzen etc.) muss auch die Bereitschaft zur bedingungslosen Aufopferung bis hin zum Selbstmord vorhanden sein. Nur wenige Muslime mit „westlicher“ (!) Vorbildung dürften dem Heilsversprechen des Islam Glauben schenken.

Neben diesen allgemeinen Gründen dürften auch strukturelle und operative Schwächen der „Mujahidin“-Strukturen die Handlungsmöglichkeiten islamistischer Terrorgruppen in Europa bislang begrenzt haben. Zu den strukturellen Schwächen zählt die fehlende Hierarchie innerhalb dieser Gruppen. Sie bedingt, dass sich die Mitglieder solcher Terrorgruppen für relevante Entscheidungen an ihren – in der Regel nicht in Europa ansässigen – „geistlichen Führer" oder Scheich wenden müssen, was trotz modernster Kommunikationsmittel zu einem gewissen Zeitverzug führt. Darüber hinaus erschwerten logistische Probleme und das Fehlen von technischem Know-how in der Vergangenheit die Aktionsfähigkeit dieser Gruppen.

Das „al-Qa'ida"/„Mujahidin"-Netzwerk hat aber bereits aus diesen Defiziten gelernt. Die Durchführung von Anschlägen mit zeitgleich gezündeten Sprengsätzen wie in Madrid am 11. März 2004 stellt in dieser Hinsicht einen „Qualitätssprung" dar. Anschlagsvorbereitungen von „Mujahidin"-Gruppen in Europa hatten bis dahin ein deutlich niedrigeres operatives und technisches Niveau. Daher konnten geplante Anschläge in Europa überwiegend in einem frühen Vorbereitungsstadium vereitelt werden. Mit den Anschlägen in Madrid haben die mit „al-Qa'ida" verbundenen bzw. ihr nahestehenden „Mujahidin"-Gruppen bewiesen, dass sie auch unter hohem Fahndungsdruck in der Lage sind, mit großem Aufwand verbundene „Aktionen" unentdeckt vorzubereiten und durchzuführen. Dies lässt darauf schließen, dass sie ihre logistische Basis verbreitert und Defizite beim technischen Know-how aufgeholt haben, wohl nicht zuletzt aufgrund des Internets. Auf einschlägigen Internetseiten finden sich z. B. Anleitungen zum Bau von Bomben. Des Weiteren zeugt der ohne Einsatz von Selbstmordattentätern durchgeführte Anschlag von Madrid von einem der besonderen Lage in Europa geschuldeten „zurückhaltenden" Einsatz der Ressource „potentielle Attentäter".

Darüber hinaus ist davon auszugehen, dass sich die „Mujahidin"-Netzwerke auf die verstärkten Überwachungsmaßnahmen der Sicherheitsbehörden weltweit einstellen und nach neuen Varianten von Anschlägen suchen. In Betracht kommen Angriffe über das Internet auf die nationale Energie-, Kommunikations- und Wirtschaftsinfrastruktur, sofern es den Terroristen gelingt, die entsprechenden Sicherheitsvorkehrungen auszuschalten. Sollte ihnen dies gelingen, könnten sie beispielsweise das Telefonnetz lahm legen, die Steuerung von Kraftwerken oder Staudämmen übernehmen oder in den Luft- und Schienenverkehr eingreifen.

VII. Fazit

Die Nachrichtendienste in Deutschland und in den europäischen Nachbarländern haben – im Zusammenwirken mit den Polizeibehörden – in den beiden letzten Jahren bei der Aufklärung von Strukturen des internationalen Terrorismus islamistischer Prägung erhebliche Erfolge erzielt. Festnahmen in Deutschland und in einer Reihe von europäischen Nachbarländern zeigen dies. Sie sind auch ein Beleg dafür, dass die deutschen Sicherheitsbehörden als Teil des bundesdeutschen „Netzwerkes gegen den Terrorismus" strukturell und operativ gut aufgestellt sind und sich auf die neuen Herausforderungen eingestellt haben. Die bereits veranlassten sowie geplanten gesetzlichen und organisatorischen Maßnahmen zur Optimierung der Analysefähigkeit werden die Ausgangslage bei der Bekämpfung des islamistischen Terrorismus weiter verbessern.

Der Kampf gegen den islamistischen Terrorismus kann aber nur dann auf Dauer erfolgreich sein, wenn die Arbeit der Sicherheitsbehörden durch ein ergänzendes Netzwerk behördlicher Maßnahmen (Vereinsverbote, Grenzkontrollen, Verweigerung von Einbürgerungen), gesellschaftlicher Prävention (Sozialforschung, offener Dialog mit Muslimen) und organisatorischer Vorkehrungen (Katastrophenschutz) weiter unterstützt wird. Dieses bundesdeutsche Netzwerk gegen den Terrorismus funktioniert bereits in weiten Teilen (ganzheitlicher Bekämpfungsansatz).

Voraussetzung für die Schlagkraft der deutschen Sicherheitsbehörden ist aber auch deren Einbindung in die internationale Kooperation gegen den Terrorismus.

Nur im Zusammenspiel von nationalen und internationalen Maßnahmen wird es gelingen, das Rückgrat des islamistischen Terrorismus zu brechen.

Sebastian Scheerer

Eskalations- und Deeskalationsbedingungen*

I. Typen und Prozesse der Eskalation

Eskalationen sind Prozesse der stufenweisen Aufschaukelung. Sie kommen überall vor, wo es soziale Beziehungen gibt: bei Schulhof-Rangeleien, bei Eifersuchts- und Erbstreitigkeiten ebenso wie bei Konflikten am Arbeitsplatz, zwischen rivalisierenden Firmen oder auch innerhalb der nationalen und internationalen Politik. Formal läuft gewissermaßen immer dasselbe ab: ein zunächst geringer Konflikt wird durch eine kurze oder längere Abfolge von Aktionen und Reaktionen verschärft. Aus kleinen Differenzen werden ernsthafte, dann prinzipielle Streitigkeiten mit immer höherem Einsatz und Risiko. Die Kluft zwischen den Konfliktparteien wird tiefer. Aus anfangs noch überbrückbaren Meinungs- und Interessens-Unterschieden wird eine Sache des Prinzips, der Selbstachtung, der Selbstbehauptung. Je weiter ein Konflikt eskaliert, desto höher die Kosten des Nachgebens und der Deeskalation – und desto eher werden die Beteiligten zu Getriebenen der (eigendynamischen) Prozesse, die sie einst womöglich aufgrund ganz anderer Einschätzungen, Absichten und Erwartungen selbst mit-angestoßen und mit-vorangetrieben hatten.

Je weiter die Eskalation zwischen zwei Parteien fortgeschritten ist, desto eher werden sie in ihrem Denken und Handeln „strategisch", und das heißt in diesem Fall: sie deuten und gestalten den Konflikt in der Art eines „Zwei-Personen-Nullsummen-Spiels". Das heißt, sie werden immer weniger Kompromisse für möglich halten. Denkbare unkonventionelle Lösungsvarianten, besonders solche in der Form von „win-win-situations", werden gar nicht ins Blickfeld rücken. Stattdessen werden sie den Konflikt als Antagonismus interpretieren und sich entsprechend verhalten. Sie werden davon ausgehen, dass *erstens* nur einer gewinnen kann und *zweitens* jeder nur das und in der Höhe dessen gewinnen kann, was der andere verliert. Denn die Nutzensumme bleibt in einem Nullsummenspiel bekanntlich konstant.

Das ist eine sehr kühle Art der Analyse und des daraus resultierenden Handelns, die aufgrund der angespannten Lage immer weniger an einer „gerechten" Lösung interessiert

* Der Autor dankt der Berlin-Brandenburgischen Akademie der Wissenschaften sowie Dr. Gunnar Meinecke.

ist und immer mehr an der Durchsetzung eigener Ziele, von denen unbefragt angenommen wird, dass sie berechtigt sind und auch den Einsatz starker und stärkster Mittel rechtfertigen. Wo das Denken beider Parteien aber allein um die Optimierung der Chancen zur Durchsetzung der eigenen Ziele gegen den Widerstand der (in der Tendenz dämonisierten) anderen Seite kreist, da werden die Fähigkeit zur Wahrnehmung und das Interesse zur Förderung gemeinsamer Interessen und Lösungen vernachlässigt. So können Akteure in eine Falle geraten, die sie sich mit der Art ihres Denkens selbst geschaffen haben („Nullsummen-Falle" nach Anatol Rapoport).[1] Allerdings gibt es nicht nur Zwei-Personen-Konflikte, sondern auch solche mit drei oder n Beteiligten. Während sich für Konflikte mit zwei Parteien der sog. Spielbaum als Darstellungsform anbietet, bedarf es für Drei-Parteien-Konflikte bereits einer das Vorstellungsvermögen strapazierenden dreidimensionalen Matrix; eine befriedigende Berechnung strategischer Optionen wie bei Zwei-Personen-Spielen lässt sich bei Drei-Personen-Spielen schon nicht mehr durchführen. N-Personen-Konstellationen sind – obwohl sie in der Realität vorkommen – spieltheoretisch überhaupt nicht mehr sinnvoll zu bearbeiten und der für ihre Darstellung erforderliche n-dimensionale Vektorraum liegt jenseits menschlichen Vorstellungsvermögens.

Vor allem gibt es unterschiedliche Typen von Eskalationen. Eskalationen können absichtlich herbeigeführt werden („strategische Eskalation"). Sie können aber auch aus einer unabsichtlich außer Kontrolle geratenen Kommunikation oder Interaktion resultieren. Sie erscheinen dann als das Resultat sog. eigendynamischer Prozesse, in die sich die Teilnehmer ohne volles Bewusstsein davon, worauf sie sich einließen, verstrickten („Verstrickungs-Eskalation").

1. Die Verstrickungs-Eskalation

Häufig „schlittern" Akteure in Situationen und Sequenzen von Aktionen und Reaktionen hinein, die dann ihrerseits unvorhergesehene Auswirkungen zeitigen und die Akteure vor überraschende und womöglich überfordernde Situationen stellen. Die Akteure werden gleichsam zu Gefangenen der Situation, in die sie sich ursprünglich zwar unter Umständen sogar bewusst und gewollt hineinbegeben hatten, die sich aber immer weiter von den Intentionen und Antizipationen der Akteure gelöst und gegenüber den Akteuren verselbständigt hatte.

In relativ geschlossenen Konfliktszenarien ist immer wieder zu beobachten, wie „der Konfliktverlauf sehr schnell die Motive überlagert, die zu seiner Entstehung gebraucht wurden. Es wird bald ungewiß, worum es eigentlich geht. Sekundäre Motive werden wider Willen dominant. Der Prozeß verzehrt seine ersten Gründe, bringt neue hervor und stabilisiert sich mit ihnen. Es entsteht die Eigendynamik des Konflikts; er treibt sich selber weiter".[2] Es ist nicht so, dass Akteure objektiv nicht mehr zurück oder aus der Situation heraus könnten – sie sind aber subjektiv aufgrund ihrer eigenen Definition der Situation

1 Rapoport (1964), Kap. 11, Pressure for Simplification: The Zero-Sum Trap, S. 105–190.
2 Neidhardt (1981), S. 243 und 251.

(und vor allem auch: aufgrund ihrer Sicht des Gegners) nicht mehr in der Lage, irgendwelche „dritten Wege“ oder sonstige Chancen auf eine „gute“ Auflösung zu suchen oder zu sehen. Ein distanzierter Beobachter wird bei der Analyse „tragischer“ Verläufe dann immer wieder konstatieren, dass die Akteure sich nicht mehr als Inhaber der Kontrolle über die Situation zu sehen vermochten, sondern sich den Zwängen der Situation ausgesetzt fühlten: „Sie sahen sich verstrickt“.[3]

Für solche Fälle, in denen Missverständnisse und unglückliche Interaktions-Sequenzen einen zunächst undramatischen Konflikt unabsichtlich eskalieren lassen, könnte man – Neidhardts Gedanken folgend – zur Unterscheidung von bewusst und gewollt herbeigeführten Eskalationsprozessen von „Verstrickungs-Eskalationen“ sprechen.

Zu Verstrickungs-Eskalationen kommt es bei bestimmten Arten von Fehleinschätzungen und Missverständnissen, also bei bestimmten nicht-kongruenten subjektiven Vorstellungen der Beteiligten. Dahinter steht das Problem, dass verschiedene Akteure die gleiche objektive Situation ganz anders sehen, definieren und bewerten können. Da aber immer nur die jeweilige aktuelle und tatsächlich vorliegende subjektive Definition der Situation durch den jeweiligen Akteur für diesen ausschlaggebend ist, gibt es so etwas wie eine „natürliche Tendenz zu Missverständnissen“. Die Struktur kennt man aus Beziehungskonflikten im Alltag. Der eine Partner tut etwas, mit dem er unabsichtlich den anderen verletzt. Der andere reagiert reflexhaft abwehrend, was wiederum den ersten unvorbereitet trifft und womöglich verletzt. Beide schalten auf Abwehr – und Angriff erscheint vielleicht als die beste Verteidigung. Zumal beide aus Vorsicht und Verletzung zu immer negativeren Interpretationen der Gegenseite tendieren. Je höher aber die Sensibilisierung, desto größer auch die Chance, weitere Aktionen als Angriffe auf die eigene Integrität zu interpretieren und entsprechend zu beantworten. Leicht wird aus „Nichts“ ein Konflikt um die Wahrung der jeweiligen Identität, des Selbst- und des Selbstwertgefühls, aber auch des Respekts der anderen Seite. Anlass und Treibstoff für die Fortsetzung des Konflikts und seine Eskalation wird mehr und mehr das Verhalten der anderen Seite während der ersten Phase der Eskalation selbst. Plötzlich geht es nicht mehr um Missverständnisse, sondern um höchste Werte und höchsten Einsatz.

Ein Entstehungsgrund für Konflikte (und die daraus folgenden Eskalationen) liegt in inkongruenten Vorstellungen darüber, wo der jeweils andere seine Interessen noch nicht oder eben doch schon verletzt sieht, mit anderen Worten in der Unklarheit über die Grenzen der „Sphäre“ des jeweils anderen. Relativ günstig ist noch der Fall gelagert, in dem eine Partei offiziell und eindeutig kund tut, welchen Bereich sie als ihre Einflusssphäre reklamiert und welche Akte sie als Angriff auf ihre Interessen interpretieren würde (z. B. Monroe-Doktrin; Breschnew-Doktrin).

Bei dieser Art der Eskalation wäre es lohnend, herauszufinden, welcher Art diese Missverständnisse typischerweise sind und ob sich in Fortsetzung und Vertiefung der erwähnten Überlegungen zur Eigendynamik sozialer Prozesse noch weitere objektive Eigenschaften von sozialen Situationen oder Konfliktkonstellationen ausfindig machen ließen, die nach-

3 Neidhardt, a. a. O.

weislich die Wahrscheinlichkeit des Auftretens von eskalationsgeneigten Missverständnissen und anderen Risikofaktoren erhöhen.

Aufschlussreich könnte es auch sein, die Rolle von Überraschungen, Nicht-Vertrauen und Angst vor einem Überraschungsangriff des jeweiligen Gegners, wie sie Thomas Schelling[4] anhand seines Einbrecher-Beispiels dargestellt hat, in bezug auf Verstrickungs-Eskalationen und terroristische Konflikte zu überprüfen (in diesem Beispiel stört ein in seinem Schlaf gestörter Hauseigentümer, der sich sicherheitshalber mit einer Pistole bewaffnet hat, einen ebenfalls bewaffneten nächtlichen Einbrecher auf. Obwohl es sowohl dem Einbrecher als auch dem Hausherrn am liebsten wäre, der Einbrecher würde ohne weiteren Aktionismus ganz schnell wieder das Haus verlassen, drängt sich ein tragischer Ausgang auf. Denn beide müssen befürchten, dass der andere aus purer Angst, dass sein Gegenüber schießen könnte, lieber selbst zuerst schießt, was wiederum nahe legt, dem anderen lieber zuvorzukommen und zuerst zu schießen. Der andere erahnt womöglich den Gedankengang seines Gegenüber, und so erkennen beide womöglich im selben Moment, dass der andere aufgrund seiner Befürchtungen Grund hat abzudrücken. Das gibt jedem von beiden um so mehr Grund, selbst zu schießen ...).

2. Absichtliche Prozesse: die strategische Eskalation

Strategische Eskalationen sind aus naheliegenden Gründen für die Partei besonders attraktiv, die sich davon eine Möglichkeit verspricht, ihre Überlegenheit besser zur Geltung zu bringen.

In der spieltheoretischen Literatur gilt die Bereitschaft zur Eskalation als wichtige Erfolgsvoraussetzung bei Nicht-Konstantsummen-Spielen, die sich nicht durch Verhandlungen lösen lassen (sog. non-negotiable games nach Anatol Rapoport). Also etwa bei Konflikten vom Typ „Chicken" – einer Mutprobe, bei der zwei Fahrer ihre Wagen aufeinander zu fahren und bei der sich derjenige, der zuerst abbiegt, um einen tödlichen Aufprall zu vermeiden, als „Chicken" verspotten lassen muss, während sich der Sieger als Held feiern lassen darf. Das Chicken-Spiel ist eine extrem reduzierte Version einer Eskalationsleiter (mit nur zwei Sprossen). Man kann es auf den Fall einer längeren Interaktionssequenz – etwa ein Wettrüsten – übertragen[5] und wird dann z. B. zu dem Ergebnis kommen, dass beide Seiten entweder zur Unterwerfung oder aber zur weiteren Eskalation bereit sein müssten. Eine strategische Eskalation auf einer Leiter mit wenigen Sprossen kann allerdings im Fall von asymmetrischen Konflikten auch im Interesse des stärkeren Spielers liegen, wenn der sich nicht in einen langwierigen Streit mit allen Unwägbarkeiten hineinziehen lassen – wenn er also eine mögliche Verstrickung vermeiden – will.

Den Fall einer solchen Strategie, die von den US-Sicherheitsbehörden als „Eskalationsdominanz" bezeichnet wird, beschrieb jüngst Richard A. Clarke,[6] langjähriger Koordinator

4 SCHELLING (1960), S. 207.
5 SHUBIK (1968), S. 85.
6 CLARKE (2004), S. 165.

der nationalen Sicherheit in den USA unter den Präsidenten Clinton und George W. Bush, am Beispiel der Beratungen über einen möglichen Vergeltungsschlag gegen Iran zur Zeit der Clinton-Regierung: „Bill Clinton hatte ausdrücklich betont, er wolle nicht in eine Spirale allmählich eskalierender gegenseitiger Angriffe gezogen zu werden. Wenn schon militärische Maßnahmen, dann so, dass die Iraner keinerlei Gegenmaßnahmen mehr in Erwägung zögen. … ‚Wie wäre es mit der alten Kernwaffenstrategie der Eskalationsdominanz', fragte ich, ‚nach der der Gegner beim ersten mal sehr hart getroffen wird? Er verliert auf einen Schlag einige Dinge, die ihm wirklich wichtig sind, und dann wird ihm erklärt, wenn er sich zur Wehr setzt, wird er auch alles andere verlieren, das ihm wichtig ist'." Funktioniert diese Strategie nach Plan, dann wird der Gegner keine weiteren Maßnahmen mehr in Erwägung ziehen und sich der *vis compulsiva*, die von der überlegenen Seite ausgeht, ohne weitere Widerrede beugen.

3. *Differenzierungen, Mischformen und Übergänge*

Um eine realistischere Analyse und damit auch bessere Prognosen zu ermöglichen, sollte man sich daran erinnern, dass die wirkliche Wirklichkeit oft wesentlich komplexer ist als die Modelle, mit denen man gelegentlich versucht, sie sich vorstellbar zu machen. Zu beachten ist vor allem das Problem der kontrafaktischen Unterstellung interner Homogenität der einzelnen „Spieler", die Existenz von „Mischformen" und die wohl gar nicht so selten zu beobachtende Möglichkeit von „Übergängen" von einer Eskalationsform in eine andere:

- Bei kollektiven Konflikten die interne Einheitlichkeit („interne Homogenität") einer jeden „Partei" oder eines jeden „Spielers" zu unterstellen, ist eine riskante Vereinfachung: wer z. B. die politische Bühne in einem Land nur als Austragungsort eines Konflikts zwischen zwei großen Parteien sieht und nicht daran denkt, dass jede dieser beiden Großparteien interne Konflikte, verschiedene Flügel usw. hat, die sich untereinander gelegentlich stärker bekämpfen als den gemeinsamen Gegner, wird kaum zutreffende Prognosen über den Konfliktverlauf machen können.
- Deswegen kann es zu Mischformen von Eskalationen kommen, die entweder von einer Konfliktpartei gewollt und von der anderen nicht gewollt oder aber auch von Teilen eines kollektiven Akteurs nicht beabsichtigt, von z. B. einem „radikalen Flügel" desselben aber durchaus gewollt werden.
- Ein Eskalations-Typ kann in einen anderen transformiert werden. Verstrickungs-Eskalationen verhärten auf jeder neuen Eskalationsstufe die Fronten und verändern damit die Definitionen der Situation durch die Akteure. Diese stellen sich auf die neue Lage ein, verändern ihr Bild vom Anderen zum Negativen („jetzt erkenne ich seinen wahren Charakter!") und richten ihr eigenes Verhalten darauf ein („Jetzt wird der andere mich kennenlernen: ich kann nämlich auch anders!"). Die ursprünglich ungewollte Eskalation wird in den eigenen Willen aufgenommen und in eine strategische Eskalation überführt.

II. Besonderheiten des Konfliktfelds Terrorismus

Die Frage nach den Besonderheiten im Konfliktfeld Terrorismus setzt voraus, dass sich der Terrorismus nicht nur als Methode politischer Gewalt, sondern als ein Konfliktfeld fassen lässt. Diese Perspektive ist keineswegs selbstverständlich. Man spricht ja auch nicht vom „Konfliktfeld Gewalt in der Schule", sondern vom „Konfliktfeld Schule" und dann in einem zweiten Schritt von „Gewalt in der Schule" als einem besonderen Problem innerhalb dieses Konfliktfeldes, das vor allem auch aus den Konfliktlinien, Kraftfeldern, Strukturen und Dynamiken des (umfassenderen) Konfliktfeldes zu erklären sei. Folgte man diesem – in andern Kontexten durchaus üblichen – Vorgehen, dann wäre eine Formulierung zu erwarten gewesen, die den Terrorismus als Problem *innerhalb* eines Konfliktfeldes und nicht *als* Konfliktfeld konzeptualisierte.

Die Grenzen des Problems mit denen des Konfliktfelds als deckungsgleich zu denken, ist zunächst einmal ein Akt der Dekontextualisierung, der die Frage nach den Entstehungsbedingungen des Problems aus dem Konfliktfeld abschneidet. Man beabsichtigt offenbar nicht, der in den Sozialwissenschaften üblichen Vorgehensweise zu folgen, die zwischen dem Bedingungsgefüge einerseits (dem Konfliktfeld) und dem aus diesem zu erklärenden Problem andererseits (dem Terrorismus) unterscheidet. Man zielt gerade nicht darauf ab, das Problem innerhalb eines größeren Kontextes zu situieren. Man will gar nicht auf die politischen und sozialen Entwicklungen zu sprechen kommen, auf ihre Strukturen, Akteure, Konflikte und Eigendynamiken – und wie sich daraus die Entstehung, der Verlauf, die Reproduktion und die Transformation des Terrorismus samt der Erfolge und der Misserfolge seiner Bekämpfung erklären lassen. Vielleicht, weil man der Ansicht ist, man verfüge bereits über eine hinreichend „objektive", „distanzierte" und „wertfreie" Erkenntnis der Zusammenhänge – oder dass andere sich zu gegebener Zeit mit diesen anderen Fragen auseinandersetzen würden. Denkbar ist auch, dass man die Frage umgeht, weil man antizipiert, dass das Bild, das sich dann ergäbe, in dem Maße emotional immer unbefriedigender und für kurzfristige politische Interessen immer weniger brauchbar würde, je präziser es mit den Ergebnissen systematischer Beobachtung des Geschehens übereinstimmte. Wie dem auch sei: mit der Formulierung werden bestimmte Fragen (und Antworten) von vornherein eskamotiert.

Es werden aber auch bestimmte Fragen (und Antworten) nahe gelegt. Denn indem man den Terrorismus *als* Konfliktfeld konzeptualisiert, legt man dessen Beschreibung als Konfiguration nahe, die durch die divergierenden Interessen, Ziele und Strategien der Akteure sowie durch die ungewollten Folgen ihrer Interaktionen beherrscht wird – eine Sichtweise, wie sie vor allem auch in der Spieltheorie zum Tragen kommt. Der mögliche Nutzen solcher Analysen liegt dann vor allem in der Präzisierung einer Reihe für diesen Bereich zentraler Begriffe und in der Klassifikation von Konfliktszenarien.

Spieltheoretisch formuliert lässt sich von Terrorismus (nur dann, aber auch immer dann) sprechen, wenn „A" im Rahmen einer politischen Strategie physische Gewaltaktionen gegen „B" ausführt, um dadurch „C" psychisch zu beeinflussen und entweder zu einem Tun oder zu einem Unterlassen zu bewegen. Das Verhältnis zwischen A und B ist dann durch die einseitige Anwendung von *vis absoluta* gegenüber B gekennzeichnet, während das Verhältnis zwischen A und C dadurch gekennzeichnet ist, dass A auf mittelbarem Wege – nämlich durch C's Wahrnehmung der Gewaltaktionen, die A gegenüber B begeht – C gleichsam „nötigen“ will, also eine Art psychischen Zwangs oder *vis compulsiva* ausübt.

Es handelt sich bei Terrorismus also um eine Methode der gewaltförmigen Austragung politischer Konflikte. Das impliziert keineswegs, dass die in Frage stehenden Konflikte mittels dieser Methode (immer) auch gelöst werden (können). Was ja bei Kriegen und vielen anderen Gewaltmethoden nicht anders ist. Die Besonderheit des Terrorismus liegt anderswo. Denn im Gegensatz zu anderen gewaltförmig ausgetragenen Konflikten lässt sich Terrorismus nicht ohne weiteres in der Form des – unter spieltheoretischen Gesichtspunkten – „klassischen“ Modells des Zwei-Personen-Nullsummen-Spiels konzeptualisieren. Vielmehr gibt es, da A für seine Intentionen sowohl mindestens ein unmittelbares Anschlagsopfer (B) als auch mindestens einen mittelbar zu beeinflussenden Adressaten (C) benötigt, immer mindestens diese drei. Damit lässt sich als erste Besonderheit des Konfliktfelds Terrorismus die Irreduzibilität der Trias von Attentätern, Opfern und Adressaten festhalten. Jede darüber hinausgehende Reduktion bis auf das Modell eines Zwei-Personen-Nullsummenspiels müsste wesentliche Elemente der Realität verfehlen.

Die spieltheoretische Konzeptualisierung als Drei-Personen-Spiel (A, B und C) ist also die minimale Form einer adäquaten Darstellung. Allerdings wird bei Drei-Personen-Spielen normalerweise schon von den einzelnen Strategien der Spieler abstrahiert, so dass sie gar nicht mehr zu den strategischen Spielen im engeren Sinne gezählt werden. Auch erfordert ihre Darstellung zur Veranschaulichung bereits eine dreidimensionale Matrix, die das menschliche Vorstellungsvermögen bereits strapaziert. Ginge man – übrigens womöglich sogar realistischerweise – von einem Vier- oder Mehr-Personen-Spiel („N-Personen-Spiele“) aus, dann würde der dafür erforderliche n-dimensionale Vektorraum sogar jenseits jeglicher Vorstellungskraft liegen.

Vor allem aber darf nicht vergessen werden, dass die Konzeptualisierung eines jeden Akteurs als einer Einheit eine überaus simplifizierende Darstellung ist, der womöglich Entscheidendes gerade entgeht. Denn von den realen Verhältnissen ist die Annahme einer solchen „internen Homogenität“ terroristischer Netzwerke (A) oder der Adressaten ihrer Anschläge (C) weit entfernt: man denke nur an die Spaltungen zwischen moderaten und radikalen Flügeln einer Terrororganisation oder an die Konflikte zwischen „Falken“ und „Tauben“ innerhalb einer Regierung, ganz zu schweigen vom Fall der Pluralität und der Heterogenität der Adressaten in verschiedenen Lagern und von verschiedener sozialer Konstitution. Wird dem Aspekt der internen Heterogenität nicht die gebührende Aufmerksamkeit gewidmet, begibt man sich u. a. der Chance einer Analyse und Beeinflussung differenzierter Einwirkungen auf Teile des jeweiligen Akteurs. Mehr noch: in aller Regel wird es nicht nur einen korporativen Adressaten, sondern eine Pluralität von körperschaftlichen, aber auch weniger und nicht-institutionalisierten Adressaten geben (die Regierung eines Landes oder mehrerer Staaten, die öffentliche Meinung des gegnerischen Lagers, aber auch die rivalisierenden Gruppen sowie die öffentliche Meinung im eigenen Lager ...). Ein einziger Anschlag kann im Hinblick auf verschiedene Adressaten auch eine Mehrzahl von Botschaften transportieren: er kann den Feind demütigen und das Publikum im eigenen

Lager mit Stolz erfüllen, die Massen mobilisieren und die Rivalen im eigenen Lager beschämen und so weiter.

Damit ist eine weitere Besonderheit dieses Konfliktfelds angedeutet. Terrorgruppen agieren nicht nur prinzipiell „über Bande" gegen einen Feind, sondern haben in der Regel mehrere Feinde. Sie haben den „nahen Feind" im eigenen Lager (z. B. in der Form eines als korrupt oder ketzerisch angesehenen Regimes im eigenen Kulturkreis) und den „fernen Feind" im fremden, anderen Lager (z. B. in der Form einer aus einem anderen Kulturkreis kommenden imperialen Macht). Dass Misserfolge gegenüber dem „nahen Feind" unter Umständen strategische Modifikationen veranlassen und zu Angriffen auf den „fernen Feind" führen können, lässt sich am Beispiel der aktuellen Entwicklungen studieren.[7]

Eine weitere Besonderheit des Konfliktfelds ist der geringe Grad seiner Durchnormierung. Während andere gewaltförmige Konfliktaustragungen politischer Art z. B. im Kriegsrecht eine umfangreiche Kodifikation kennen, fällt Terrorismus in gewisser Weise trotz seiner potentiellen Doppelnormierung einerseits durch die Straftatbestände des Kriminalrechts und andererseits durch die Normen des Kriegsvölkerrechts auf gewisse Weise doch durch die Maschen beider normativer Netze. Dass er weder „richtig Krieg" noch „ganz und gar Kriminalität" ist, bedeutet in der rechtlichen Praxis, dass man gegen die Terroristen alle möglichen Aspekte aller Normensysteme in Anschlag bringt, dass man Terroristen aber den ungeschmälerten Genuss der anderen Seite der Medaille – der Rechte von Beschuldigten, Angeklagten, Verurteilten, Gefangenen usw. einerseits und von (aktiven oder gefangengesetzten) Kombattanten andererseits – vorenthält.

Soziologisch gesehen drückt sich darin die Abwesenheit „agonaler Partnerschaft"[8] aus. Es fehlen die aus einer langen Konflikt-Geschichte resultierenden „ritterlichen" Kriegsgebräuche und damit auch letzte Schranken der Gewaltanwendung. Wo die agonale Partnerschaft fehlt – und besonders häufig ist das bei asymmetrischen Konflikten und neuen Konfliktparteien, wie sie auch den gegenwärtigen Terrorismus-Konflikt charakterisieren, der Fall – tendiert der Konflikt auf jeden Fall stärker zur ungebremsten Eskalation als dort, wo agonale Partnerschaften weit vor der Vernichtung der einen oder anderen Seite Grenzen setzen. Nun sind Eskalationen zwar kein Alleinstellungsmerkmal terroristischer Phänomene, gleichwohl aber in mehrfacher und sehr spezifischer Weise mit dem Terrorismus verbunden und verdienen insofern eine etwas ausführlichere Darstellung unter direktem Bezug auf diesen.

7 Vgl. Kepel (2004).
8 Vgl. Mühlmann (1940).

III. Eskalation durch den Schwächeren und antagonistische Kooperation

Die terroristische Methode kann von den Inhabern wie von den Herausforderern der jeweiligen Herrschaft angewandt werden. Im ersten Fall spricht man gelegentlich von repressivem, im letzteren von revoltierendem Terrorismus.[9]

Aus naheliegenden Gründen kommt es relativ selten vor, dass eine strategische Eskalation von der schwächeren Konfliktpartei gesucht wird. Angesichts der evidenten Risiken und Kosten, die sie mit einer solchen Entscheidung eingehen müsste, fällt es schwer, sich einen Akteur vorzustellen, der darin eine rationale Wahlhandlung sehen könnte. Deshalb ist überall dort, wo sich eine schwächere Konfliktpartei von sich aus zur Eskalation entschließt, die Frage nach der Art bzw. dem Grad von deren Rationalität naheliegend.

Eine Besonderheit terroristischer Konflikte besteht darin, dass hier gerade die unterlegene Partei ein Eskalationsinteresse verfolgt. Der Grund dafür ist einfach: während der repressive Terrorismus sich auf eine relativ schlichte und kurzfristig kalkulierte Taktik der Verhinderung herrschaftsgefährdender Umtriebe beschränken kann, steht revoltierender Terrorismus vor einer sehr viel komplizierteren strategischen Aufgabe, die in der Regel ohne die Schaffung einer Situation, in der sich die Übermacht des Gegners für eigene politische Zwecke ausbeuten lässt, nicht auskommt. Es gilt für den revoltierenden Terrorismus, sich sozusagen die Macht des Gegners „auszuleihen", um sie selbst zu einem „Instrument" zu machen, das man für die eigenen Zwecke und zum Nachteil des überlegenen Gegners einsetzen kann. Diesem Ziel dient das Mittel der Provokation zu (Über-)Reaktionen. Mit anderen Worten: die schwächere Konfliktpartei provoziert die stärkere zur Eskalation, um von deren Kollateralschäden zu profitieren. Das ist der klassische Fall einer „Strategie der Spannung".

Das Grundmuster des Strategie der Spannung ist folgendes: eine kleine Gruppe von Personen mit geringen materiellen Ressourcen ist hoch motiviert, einen in jeder Hinsicht turmhoch überlegenen Gegner zu bezwingen. Da das aus eigener Kraft nicht möglich ist, muss die terroristische Gewalt dazu dienen, zunächst einmal die eigene Ausgangslage zu verbessern sowie dritte Akteure gegen den fernen und überlegenen Gegner in Stellung zu bringen. Anschläge müssen darauf abzielen, dem Gegner den Nimbus der Unbesiegbarkeit zu nehmen und damit anderen Akteuren Mut zu machen, sich gegen ihn zu erheben. Sie können weiterhin darauf abzielen, ihn zu Aktionen zu provozieren, die sich im Interesse einer Stärkung der terroristischen Ressourcen ausnutzen lassen. Erfahrungsgemäß ist es tatsächlich möglich, dass die schwächere Konfliktpartei Zustimmung und Zulauf im eigenen Lager (in dem sie zu Beginn der Auseinandersetzung typischerweise relativ schwach und meist sogar marginalisiert war) gewinnt, wenn es ihr gelingt, die von ihr provozierten „Überreaktionen" des Gegners propagandistisch auszunutzen und die Empörung über die Kollateralschäden sozusagen als Wasser auf ihre eigenen Mühlen zu leiten. Wenn solche Sequenzen von Provokationen und Überreaktionen lange genug anhalten, können die Ra-

9 Hess (1988).

dikalen bzw. Terroristen zu den maßgeblichen Kräften innerhalb ihres Lagers werden und unter Umständen über so viele Ressourcen verfügen, dass der Übergang zu anderen Formen der Konfliktaustragung mit dem fernen Feind möglich wird (Guerilla, Aufstand, Krieg).

Wie man sieht, spielt bei dieser Strategie die Provokation zu großflächigen, möglichst viele Unschuldige und Unbeteiligte in Mitleidenschaft ziehenden, auch Menschrechtsverletzungen und sonstige Überreaktionen beinhaltenden Handlungen eine besondere Rolle. Allerdings gilt auch hier: da sich diese „Strategie" aufgrund ihrer zahllosen Risiken, ihres überaus unsicheren und extrem langfristigen Kalküls sowie ihrer enormen Störanfälligkeit überhaupt nur mit Einschränkungen als solche bezeichnen lässt und ihre Erfolglosigkeit für unbefangene Beobachter auf der Hand zu liegen scheint, kann es auch nicht wunder nehmen, dass Fragen nach der Rationalität der Akteure und eventuellen Pathologien der Strategen wie ihrer Gefolgsleute großen Raum in der wissenschaftlichen Diskussion einnehmen.

Oft stößt es auf Erstaunen, dass sich stärkere Konfliktparteien immer wieder zu den von Terroristen provozierten und aus politischem Kalkül erhofften „Überreaktionen" hinreißen lassen – als wäre ihnen nicht bewusst, dass sich militärische Erfolge durch die gleichsam nebenbei durch sie angerichteten politischen Flurschäden nur allzu oft zunichte machen und von Terroristen zu ihren Gunsten ausnutzen lassen. Richard Clarke, ein erfahrener Sicherheitsberater der USA, kommentierte zum Beispiel die Überkompensation der militärischen Erfolge im Irak durch die vielen Nachteile, die man sich damit eingehandelt hatte, mit den Worten: „Es war, als hätte Usama bin Laden, versteckt in irgendeinem Unterschlupf im Gebirge, aus der Ferne Bushs Entscheidungen gesteuert und ihm eingeflüstert: ‚Marschiere im Irak ein, George, du musst im Irak einmarschieren.'"[10]

Obwohl bei solchen Fällen sicherlich auch Faktoren wie z. B. unzureichende Informationen über die Pläne der terroristischen Akteure, Wunschdenken, Vorurteile auf der Seite des Anti-Terrorismus usw. eine Rolle spielen können, sollte man doch nicht immer davon ausgehen, dass die „Torheit der Regierenden" so enorm weit verbreitet und deshalb zunächst einmal immer die plausibelste Erklärung dafür ist, wenn Dinge schief gehen. – Was für manche Beobachter so aussieht, als sei die stärkere Konfliktpartei aus „Torheit" oder „Wut" auf eine strategische Falle der Terroristen herein gefallen, kann aber auch bewusstes und gewolltes strategisches Handeln sein, das den Nutzeffekt, der sich daraus für die Terroristen ergibt, um eines wesentlich höher bewerteten eigenen strategischen Nutzens willen mehr oder minder zähneknirschend in Kauf nimmt. – So können z. B. Terroristen ihre Feinde zum Einmarsch in ein Land provozieren wollen, um die Bevölkerung gegen die Besatzer aufzuwiegeln und selbst als Widerstandskämpfer an Ansehen, Mitgliedern, Gefolgschaft und Spendengeldern zu gewinnen. Denkbar ist, dass eine entsprechend inszenierte Anschlagsserie die Regierenden zu der entsprechenden „Torheit" verführt und dass sie gleichsam in einen politischen Sumpf hineinstolpert, aus dem dann nur unter größten materiellen und Ansehensverlusten herauszukommen ist: das amerikanische „Vietnam"

10 Clarke (2004), S. 320.

und das sowjetische „Afghanistan" waren vielleicht solche Fälle. – Denkbar ist aber auch, dass eine Regierung in Kenntnis der terroristischen Pläne sich zu einer solchen scheinbaren „compliance" entschließt, weil sie die kurzfristige Stärkung der Terroristen für einen bezahlbaren Preis für die Erreichung ihrer eigenen Pläne hält – die z. B. in der Installierung einer ganzen Reihe ihr freundlicher Regierungen und der Unterstützung einer „westlichen" Zivilgesellschaft in der Region bestehen können, die ihrerseits mittelfristig attraktiv und stark genug werden könnte, um den Terrorismus wirkungsvoll zu marginalisieren. In diesem Fall hätten beide Konfliktpartner einen Nutzen von der fortgesetzten Eskalation: die Terroristen würden kurz- oder sogar mittelfristig gestärkt, aber die stärkere Konfliktpartei wäre bereit, diesen Nachteil für die größeren strategischen Vorteile, die sie mittel- und langfristig von der Invasion erwartet, in Kauf zu nehmen. Natürlich weiß niemand, wie so etwas langfristig ausgehen wird. Aber für einen relativ überschaubaren Zeitraum von einigen Monaten oder sogar Jahren kann es durchaus sein, dass beide Konfliktparteien von der Eskalation profitieren – und sogar auf die Existenz und die Aktionen der jeweils anderen Partei (als „Feindbild" und Legitimation für ihr eigenes Verhalten) angewiesen sind („antagonistische Kooperation").

„Kosten" fallen bei einer antagonistischen Kooperation allerdings (weitgehend unabhängig vom Ausgang des Konflikts) nicht nur bei beiden Konfliktparteien an, sondern auch – und vor allem – bei Dritten, und zwar im Hinblick auf Güter wie Leben und körperliche Unversehrtheit, auf materielle Werte und auf immaterielle Werte wie Freiheitsrechts, Entfaltungschancen usw. Diese Nachteile und Schäden berühren zwar nicht direkt die Machtinteressen der Konfliktparteien und spielen deshalb aus deren Perspektive oft eine untergeordnete Rolle. Das ändert nichts daran, dass sie eine erhebliche Einbuße an menschlicher Sicherheit und Lebensqualität darstellen und immer wieder auch die Suche nach Deeskalationschancen motivieren.

IV. Hinweis zur Deeskalation

Deeskalation bei Verstrickungen ist etwas anderes als in Fällen von strategischem Handeln. Dennoch kann allgemein zumindest festgehalten werden, dass Deeskalation der *actus contrarius* einer Eskalation ist und deshalb häufig durch die Umkehrung dessen bewirkt oder zumindest begünstigt werden kann, was Eskalationsprozesse auszeichnet und/oder begünstigt.[11] Das sind allerdings komplexe Projekte, die insbesondere wohl weniger überlegene Machtmittel als vielmehr eine kritische Revision strategischen Denkens[12] und als deren Nutzanwendung dann den Einsatz von „kluger Macht"[13] erfordern dürften.

11 Vgl. angewandt auf den aktuellen Terrorismus das dritte Szenario in: Scheerer (2002), S. 125ff.
12 Vgl. Junne, (1972), S. 161ff.; Dörner (2004).
13 Vgl. Czempiel (1999).

Literatur

Clarke, Richard A. (2004), Against All Enemies. Der Insiderbericht über Amerikas Krieg gegen den Terror. Hamburg.

Czempiel, Ernst-Otto (1999), Kluge Macht. Außenpolitik für das 21. Jahrhundert. München.

Dörner, Dietrich (2004), Die Logik des Misslingens. Strategisches Denken in komplexen Situationen. 3. Aufl., Reinbek bei Hamburg.

Hess, Henner (1988), Terrorismus und Terrorismus-Diskurs. In: Ders./Moerings, Martin/Paas, Dieter/ Scheerer, Sebastian/Steinert, Heinz (Hrsg.), Angriff auf das Herz des Staates. Soziale Entwicklung und Terrorismus, Band I. Frankfurt a. M., S. 55–74.

Junne, Gerd (1972), Spieltheorie in der internationalen Politik. Die beschränkte Rationalität strategischen Denkens. Düsseldorf.

Kepel, Gilles (1940), Die neuen Kreuzzüge. Die arabische Welt und die Zukunft des Westens. München.

Mühlmann, Wilhelm, Krieg und Frieden. Berlin.

Neidhardt, Friedhelm (1981), Über Zufall, Eigendynamik und Institutionalisierbarkeit absurder Prozesse. In: von Alemann, Heine/Thurn, Hans Peter (Hrsg.), Soziologie in weltbürgerlicher Absicht. Festschrift für René König zum 75. Geburtstag. Opladen, S. 243–257.

Rapoport, Anatol (1964), Strategy and Conscience. New York.

Scheerer, Sebastian (2002), Die Zukunft des Terrorismus. Drei Szenarien. Lüneburg.

Schelling, Thomas (1960), The Strategy of Conflict. Cambridge, Mass.

Shubik, Martin (1968), On the study of disarmament and escalation. In: Journal of Conflict Resolution 12, S. 83–101.

III. Terrorismus – Eine neue Form der Kriegsführung

Herfried Münkler

Die terroristische Herausforderung und die Reaktionsmöglichkeiten des Rechtsstaats

Einleitung

Darüber, dass der Terrorismus eine neuartige Bedrohung der westlichen Gesellschaft darstelle, herrscht im allgemeinen Einigkeit; darüber, worin die terroristische Herausforderung im Kern besteht, ob sie eher strategischer oder stärker ideologischer Art sei, hat sich eine Debatte entwickelt, deren Beiträge um mehr als bloß Nuancen auseinander liegen; darüber schließlich, wie man dieser Herausforderung begegnen, die terroristische Bedrohung abwehren könne und dürfe, besteht ein offener Dissens. Dieser Dissens ist politisch-geographisch markiert: Europäer und Amerikaner stehen für die Eckpunkte dieses Dissenses, aber auch innerhalb der europäischen Länder ist man sich keineswegs darüber einig, wie bedrohlich die Herausforderung durch den Terrorismus ist und welche Gegenmaßnahmen zweckdienlich und zulässig seien. In den nachfolgenden drei Beiträgen geht es um dieses Themenfeld. Dabei sind die Beiträge enger aufeinander bezogen, als es auf den ersten Blick den Anschein haben mag. So haben die von Eckart Werthebach angestellten Überlegungen zu einer Reform der deutschen Sicherheitsarchitektur viel mit den jeweiligen Definitionen des Terrorismus zu tun, die in Christopher Daases Beitrag einer kritischen Inspektion unterzogen werden. Und schließlich wird jede Entscheidung über ein effektives Gegenhandeln unserer Gesellschaften angesichts der terroristischen Herausforderung davon abhängig sein, ob wir im Terrorismus vor allem eine asymmetrische Gewaltstrategie sehen, wie bei Daase der Fall, oder ob wir die den Terroranschlägen zu Grunde liegende Ideologie des Jihadismus herausstellen, wie dies Kai Hirschmann in seinem Beitrag getan hat. Dabei handelt es sich nur um unterschiedliche Akzentsetzungen und keineswegs um grundsätzliche Unterschiede oder gar Gegensätze, wie sich auch in der an die Vorträge anschließenden Diskussion gezeigt hat, und doch dürften die Schlussfolgerungen, die zu ziehen sind, wenn die jeweiligen Ansätze konsequent zu Ende geführt werden, deutlich voneinander abweichen.

Daases Anliegen ist es, das Neue am Terrorismus aus den klassischen Strategien der Gewaltanwendung heraus zu analysieren und zu begreifen. Damit führt er einen Analysestrang weiter, den er zuvor bereits an der Partisanenkriegführung, in die sich schon im 20. Jahrhundert immer wieder auch Elemente des Terrorismus gemischt haben, erprobt hat.[1] Da-

1 Daase (1999).

nach ist der Terrorismus eine weitere Variante des Kleinen Krieges, der zunächst, im 18. Jahrhundert, als untergeordnetes taktisches Element ein Begleiter des Großen Krieges war[2] und sich seit der Verselbständigung der Guerilla, also eben dieses Kleinen Krieges, im spanischen Widerstand gegen die napoleonische Besetzung immer stärker autonomisiert hat und schließlich ganz an die Stelle des unführbar gewordenen Großen Krieges getreten ist.[3] Daase lässt freilich offen, ob er die angedeutete Entwicklungslinie bis zum Schluss so ausziehen will, hätte dies doch zur Folge, dass der Terrorismus, zumindest in seinen neueren Varianten, nicht dem Bereich der Kriminalität, sondern dem des Krieges zuzurechnen wäre. Die von ihm ausdrücklich gestellte Frage: „Ist Terrorismus eine Form des Krieges oder eine Form des Verbrechens?", lässt er in der Schwebe.

Aber ist diese Frage und die in sie eingeschlossene Gegenüberstellung von Krieg und Verbrechen nicht untrennbar verbunden mit der Definitionshegemonie des Staates bzw. der Staatenwelt? Und wird nicht gerade sie durch den Terrorismus und die ihn begleitenden Ideologien massiv in Frage gestellt? Der Staat hatte auf der Grundlage seines Anspruchs auf das „Monopol der legitimen physischen Gewaltsamkeit" (Max Weber) überhaupt erst zwischen der (zulässigen) Gewalt im Kriege und der (unzulässigen) Gewalt im Frieden unterschieden und so präzisiert, was als Gewaltverbrechen zu behandeln sei und was nicht. Was die innerstaatlichen Verhältnisse anbetrifft, vermochte er dies aus eigener Befugnis, die er sich in der Konzeption politischer Souveränität attestierte, und was die äußeren Verhältnisse anbetraf, setzte er sich mit anderen Staaten ins Benehmen und traf entsprechende Abkommen. Die Unterscheidung zwischen Krieg und Verbrechen ist auf diesem Wege geformt und durchgesetzt worden. Solange wir uns in der Welt der Staatlichkeit bewegen, ist diese Unterscheidung klar und verbindlich. Aber ist das noch der Fall, wenn in wachsendem Maße nichtstaatliche Akteure nicht nur kriegführungsfähig werden, sondern auch tatsächlich weltweite Kriege führen? Zu diesen nichtstaatlichen Kriegsakteuren gehören nicht nur die Warlords, die in Gestalt von Kriegsunternehmern vielen der neuen Kriege ihr spezifisches Gepräge geben, sondern auch private militärische Dienstleistungsfirmen, *private military companies* (PMCs), die inzwischen nicht nur im Auftrag großer Firmen, sondern auch in dem von Staaten tätig werden, um Kriegsaufträge – kostengünstig wie sie selbst behaupten – zu erledigen.[4] Nicht zuletzt gehören zu diesen nichtstaatlichen Kriegsakteuren aber auch die Netzwerkorganisationen, von denen die jüngeren Formen des Terrorismus getragen und organisiert werden. Man muss bei den nichtstaatlichen Akteuren, die zunehmend kriegführungsfähig geworden sind, also zwischen substaatlichen und suprastaatlichen Akteuren unterscheiden. Beide stellen das staatliche Gewaltmonopol in Frage, aber sie tun dies auf unterschiedliche Art und mit verschiedenen Konsequenzen.

2 Vgl. Kunisch (1973), insbes. S. 5–24.

3 Dazu ausführlich Münkler (2006), S. 65ff.

4 Zur Figur des Warlords vgl. Riekenberg (1999); zu den PMCs vor allem Singer (2006), sowie Uesseler (2006).

Dass die zunächst an das Gewaltmonopol des Staates gebundene Unterscheidung zwischen Krieg und Verbrechen für die substaatlichen und einige der suprastaatlichen Akteure keine Rolle spielen, würde solange nicht ins Gewicht fallen, wie die Staaten ihre Ordnung gegen sie durchsetzen können: Wenn substaatliche oder auch suprastaatliche Akteure ihren Willen mit den Mitteln der Gewalt durchzusetzen versuchen, werden sie als Kriminelle verfolgt und abgeurteilt. Sobald diese Akteure es aber schaffen, sich den Staaten gegenüber als kriegführende Partei zu positionieren, verändert sich die Lage. Dabei ist die Positionierung als Kriegspartei keine Frage der Rechtsauffassung, sondern der faktischen Kräfteverhältnisse und Fähigkeiten. Selbstverständlich kann man darauf insistieren, dass die Terroranschläge vom 11. September 2001 ein Verbrechen seien, und zwar ausschließlich ein Verbrechen, aber die Reaktion, zu der sich nicht nur die USA, sondern auch das westliche Militärbündnis Nato gezwungen sahen, legt offen, dass die Anschläge vom 11.09. im Kern als ein kriegsähnlicher Angriff wahrgenommen wurden. In dem Augenblick, als dem amerikanischen Präsidenten in einer Schule in Florida zugeflüstert wurde, das Land sei „under attack", hatten die terroristischen Angreifer eine Definitionsmacht erlangt, die mit der von Staaten konkurrenzfähig war.

Wie aber kann es überhaupt den von Ressourcen und Organisationsmacht her schwachen Terrornetzwerken gelingen, den nach wie vor mächtigen Staaten nicht nur gewaltigen Schaden zuzufügen, sondern ihnen obendrein auch noch ihre eigene Definition des Gewaltakts als Kriegshandlung aufzuzwingen? – Weil die Staaten unbedacht waren und sich unter dem Eindruck der Anschläge einer Begrifflichkeit bedient haben, die in Wahrheit die der Terroristen war und ihnen dementsprechend in die Hände spielte? So könnte eine Antwort lauten. Wer so argumentiert, könnte auch darauf verweisen, dass die Europäer nach den Anschlägen von Madrid (2003) und London (2004 und 2005) bei der Kennzeichnung der Anschläge den Kriegsbegriff vermieden und von Verbrechen sprachen. Aber es ist doch zu bezweifeln, dass die Perzeption von Terroranschlägen und die Reaktion darauf allein davon abhängt, ob man dem *war paradigm* oder dem *crime paradigm* anhängt. Viel eher dürften Ausmaß und Art der Anschläge darüber entscheiden, ob sie als ein Verbrechen oder ein kriegsähnlicher Angriff angesehen werden, wobei sicherlich auch eine Rolle spielt, ob im Hintergrund solcher Anschläge eine sub- oder eine suprastaatliche Organisation ausgemacht wird. Überschreiten Anschläge und ihre Folgen ein gewisses Maß, so werden sie im Rahmen des *war paradigm* wahrgenommen, und das *crime paradigm* wird schon in den Kommentaren der Presse des angegriffenen Landes verabschiedet. Das wäre bei einem terroristischen Anschlag mit Massenvernichtungswaffen, der, wovon auch Werthebach ausgeht, bei den jüngeren Formen des Terrorismus nicht grundsätzlich ausgeschlossen werden kann, auch in jedem europäischen Land der Fall. Das aber heißt: Darüber, ob Terroranschläge als Verbrechen oder als Krieg wahrgenommen werden, entscheidet letzten Endes der Angreifer und nicht der Angegriffene.

Damit stellt sich abermals die Frage, wie der eigentlich doch relativ schwache terroristische Angreifer die Stärke erlangen konnte, die Antwort auf diese zentrale Frage festlegen zu können? Schließlich hatte der Kriegstheoretiker Carl von Clausewitz, der auch in Daases Überlegungen zum Terrorismus als asymmetrischer Gewaltstrategie eine wichtige Rolle spielt, den Angriff als „die schwächere Form mit dem stärkeren Zweck" und dem gegenüber die Verteidigung als „die stärkere Form mit dem schwächeren Zweck" definiert.[5] Damit meinte er, dass der Angreifer dem Angegriffenen deutlich überlegen sein müsse, um sich auf die Auseinandersetzung in der schwächeren Form einlassen zu können, und wenn er diesen Nachteil in Kauf nahm, dann um des stärkeren Zwecks willen, der in der Veränderung des Status quo zu seinen Gunsten bestand. Der Verteidiger dagegen schätzte sich in der Auseinandersetzung für nicht stark genug ein, um sich auf die schwächere Form einlassen zu können, sondern begnügte sich mit dem Status quo, also dem schwächeren Zweck, um in der stärkeren Form kämpfen zu können. Ausgehend von dieser Clausewitzschen Überlegung ist mit Blick auf den Terrorismus, zumindest in seinen jüngeren Formen, erklärungsbedürftig, wie hier der Schwache sich auf die schwächere Form des Zugriffs einlassen kann, ohne von vornherein als Verlierer festzustehen. Die Erklärung dafür liegt im Begriff der Asymmetrie. Clausewitz hatte seine prägnante Definition von Angriff und Verteidigung nämlich unter Zugrundelegung symmetrischer Konstellationen entwickelt. Asymmetrie verkehrt diese Konstellationen, so dass sich auch schwache Akteure der Form des Angriffs bedienen können. Die Asymmetrierung, die dabei den Ausschlag gab, hat freilich nicht auf der militärisch-strategischen, sondern der politisch-organisatorischen Ebene stattgefunden.

Netzwerke unterscheiden sich von Staaten dadurch, dass sie keinen politischen Körper, keinen *body politic* ausbilden, also weder qua Staatsgebiet, noch qua Staatsvolk, noch qua Staatsoberhaupt identifizierbar sind. Sie tauchen ein in der Tiefe des sozialen Raumes und machen sich für Außenstehende unerkennbar. Wer hier mit bewaffneter Hand das Geflecht des Netzwerks ergreifen will, zieht dabei zwangsläufig in großer Zahl Unbeteiligte und demgemäß auch Unschuldige in Mitleidenschaft – und genau darauf spekulieren die Terroristen, wie auch Hirschmann in seinem Beitrag zeigt: Eine auf terroristische Netzwerke abzielende „Politik der harten Hand" richtet zumeist mehr Schaden an, als sie an positiven Effekten zu erzielen vermag. Der Schlüssel für diese Unangreifbarkeit terroristischer Netzwerke durch klassisches Militär und seine Instrumente liegt in der Entterritorialisierung ihrer politischen Strukturen,[6] durch die sie unfassbar und somit tendenziell unverletzlich werden. Ist bei Staaten deren durch die Territorialität gegebene Verletzlichkeit die Grundlage für die Berechenbarkeit ihres Handelns, nicht zuletzt für deren Beeinflussbarkeit mit den Mitteln der Abschreckung, so fehlt dies im Falle terroristischer Netzwerke. Sie haben dadurch eine Angriffsfähigkeit erlangt, wie sie unter den Bedingungen von Akteurssymmetrie unvorstellbar ist. Das ist die Grundlage einer Asymmetrie, die sich dann in strategischer und taktischer Hinsicht fortsetzt.[7]

Christopher Daases expliziter Rückgriff auf Clausewitz legt nahe, Terrorismus als politische Gewaltstrategie gemäß der von Clausewitz vorgeschlagenen Trias von Zweck, Ziel und Mittel zu analysieren, wobei die Zwecke Antwort geben auf die Frage, was man *mit*

5 Clausewitz (1980), S. 613–617.
6 Vgl. Behr (2004), S. 179ff.
7 Zu den unterschiedlichen Komponenten von Asymmetrie vgl. Münkler (2006), S. 135ff.

dem Krieg, die Ziele dagegen darauf, was man *in* dem Krieg erreichen will.[8] Hat man sich auf eine Analyse des Terrorismus im Rahmen des *war paradigm* erst einmal eingelassen, so dürfte das Begriffspaar Ziel und Zweck auf Dauer interessanter sein als die gegenwärtig noch im Mittelpunkt der Aufmerksamkeit stehende Traktierung des Mittels. Die Annahmen, die über die Ziele und Zwecke von Terroristen gemacht werden können, ermöglichen zugleich nämlich eine vorläufige Antwort auf die Frage, ob bei terroristischen Anschlägen mit dem Einsatz von Massenvernichtungswaffen zu rechnen ist oder nicht. Die Beantwortung dieser Frage ist bei der Anlage des Gegenhandelns, von der Prävention von Anschlägen über die Abwehr der Angreifer bis zu eigenen Angriffsoperationen präventiver Art, von entscheidender Bedeutung. Und an dieser Antwort entscheidet sich auch, in welchem Maße die Bevölkerung der von Terroristen bedrohten Länder bereit ist, Eingriffe in ihre Freiheitsrechte hinzunehmen, wenn diese ein höheres Maß an Sicherheit versprechen. Dabei ist klar: Sollte eine Konstellation entstehen, in der Angriffe mit schmutzigen Bomben, biologischen Kampfstoffen oder Chemiewaffen wahrscheinlich sind, wird von den Bürgern eine Sicherheitsarchitektur des Staates gefordert werden, die weit über das hinausgeht, was Eckart Werthebach in seinem Beitrag als anzustrebenden Standard umrissen hat. Im Prinzip gehen wir alle insgeheim davon aus, dass Angriffe mit Massenvernichtungswaffen hochgradig unwahrscheinlich sind. Das sind aber Annahmen, die den Terroristen eine zweckgerichtete Handlungsrationalität unterstellen.[9]

Aber lässt sich den Terroristen eine solche Zweck-Ziel-Mittel-Rationalität wirklich mit Gründen unterstellen, zumal dann, wenn es um solche Konsequenzen geht? In der Diskussion über die terroristische Herausforderung der westlichen Gesellschaften kommt spätestens an diesem Punkt die Religion bzw. der militante Islamismus ins Spiel, um deutlich zu machen, dass es sich hier um eine Bedrohung handelt, bei der weder von rationalen Akteuren noch von einem Kalkül der Ziele und Zwecke in Relation zu den eingesetzten Mittel gesprochen werden kann.[10] Nun zeigt Kai Hirschmann in seinem Beitrag über den Jihadismus aber gerade, dass man auch bei einer religiösen Grundierung bzw. Durchdringung der Gewaltstrategie keineswegs auf unberechenbaren Fanatismus oder hysterisch herausgeschrienen Hass stößt, wie man unter dem Eindruck radikal-islamistischer Demonstrationen erwarten würde, sondern auf eine klar ausgeprägte Zielsetzung und eine entsprechende Beurteilung der Mittel und Methoden, die zur Erreichung dieses Ziels geeignet erscheinen. Was in diesen Zielen und Zwecken freilich erkennbar wird, ist eine expansionistisch-aggressive Zielsetzung, die vor allem für die Europäer eine massive Drohung darstellt. Sollte das Ziel einer Wiederherstellung des islamischen Herrschaftsraums zum

8 Clausewitz (1980), S. 960ff.

9 Zwar wird in allen jüngeren Arbeiten auf die terroristische Bedrohung mit Massenvernichtungswaffen eingegangen, aber es handelt sich dabei eher um eine theoretische Möglichkeit, als dass daraus politisch-operative Schritte abgeleitet werden. In welchem Maße sich gerade die Bedrohung durch biologische Waffen für die Erzeugung von panischen Reaktionen eignet, hat Sarasin (2004) eindrucksvoll beschrieben.

10 Eine nüchterne, vergleichende Analyse zur Beziehung zwischen religiösen Fundamentalismen und terroristischer Gewalt findet sich bei Juergensmeyer (2004).

Zeitpunkt seiner größten Ausdehnung eine politische Vorstellung sein, an der sich nicht nur die kleinen Gruppen der terroristischen Akteure, sondern auch große Teile der arabisch-islamischen Welt orientieren, dann wären die terroristischen Anschläge seit dem 11. September 2001 nur der Anfang einer Konfrontation, die gewaltige Ausmaße erreichen wird. Das wäre dann mehr als ein „Kampf der Kulturen", wie Samuel Huntington ihn beschrieben hat, sondern eine Konfrontation von weltpolitischem Ausmaß,[11] bei der im Unterschied zu früheren Kriegen keine klaren Frontlinien mehr erkennbar sind, sondern die Fronten durch die eigenen Gesellschaften verlaufen. Neben den „Kampf der Kulturen" träte dann das, was Hans Magnus Enzensberger den „molekularen Bürgerkrieg" genannt hat.[12]

Aber das Verhältnis zwischen Terrorismus, Jihadismus und Islamismus ist und bleibt vorerst ungeklärt. Man kann den Terrorismus als einen Versuch verstehen, in Form eines Anlassers die große Maschine eines jihadistischen Islamismus in Gang zu setzen, aber man kann ihn ebenso – analog zum Verhältnis zwischen Terrorismus und Linksextremismus im Europa der 1970er Jahre – als Ausdruck eines sich abzeichnenden Zerfalls des Islamismus begreifen, der den Höhepunkt seiner ideologischen Attraktivität inzwischen überschritten habe und nunmehr im Niedergang begriffen sei.[13] Beide Sichtweisen haben erhebliche Konsequenzen für die Reaktion auf die terroristische Herausforderung, wobei das strategische Gegenhandeln deutliche Unterschiede aufweist, je nachdem, ob man sich für das Anlasser- oder für das Zerfallstheorem entscheidet. Im Falle des Zerfallstheorems haben wir es mit einer *Radikalisierung aus Verzweiflung* zu tun, was heißt, dass neben der unmittelbaren Terrorabwehr der Schwerpunkt eines langfristigen Gegenhandelns darin liegen muss, alle Faktoren, die den Niedergangsprozess des Islamismus als politische Ideologie in Gang gesetzt haben, zu unterstützen und zu stärken und ansonsten mit kluger Zurückhaltung zu beobachten, wie durch den Zerfall des Islamismus das ideologisch-organisatorische Unterstützerfeld des Terrorismus zunehmend ausgetrocknet wird. Die Zeit, die in der strategischen Analyse asymmetrischer Konstellationen ein Faktor ist, der zumeist den Terroristen in die Hände spielt,[14] würde, sollte das Niedergangstheorem zutreffen, auf der politischen Ebene zu Gunsten des Westens wirken. Die politische Reaktion auf die terroristische Herausforderung würde darauf hinauslaufen, möglichst wenig zu tun, um die ansonsten zwangsläufig auftretenden Fehler zu vermeiden. Jedes entschlossene Gegenhandeln würde nämlich Effekte zeitigen, die den radikal-islamistischen Terrorismus noch einmal stärken könnten. Als islamistisches Feindbild müsste der Westen sich klein und tendenziell unsichtbar machen und darauf setzen, dass die untergründig wirkenden sozio-ökonomischen und kulturellen Kräfte von selbst eine Öffnung der islamischen Gesellschaften nach Westen mit sich bringen bzw. die ideologisch begründete Abschließung durch den

11 In diese Richtung angelegt ist die Darstellung des Konflikts bei Berman (2004) sowie bei Buruma/Margalit (2005).

12 Enzensberger (1993).

13 In diese Richtung argumentiert der französische Islamwissenschaftler Gilles Kepel in zahlreichen Veröffentlichungen.

14 Dazu ausführlich Münkler (2006), S. 169ff. und 221ff.

Islamismus zur politischen Episode machen würden. Alles in allem scheinen die Europäer eher dieser Einschätzung zuzuneigen.

Dem steht das Anlassertheorem gegenüber, das im Vergleich zum Niedergangstheorem die terroristische Herausforderung regelrecht dramatisiert, insofern nicht ausgeschlossen werden kann, dass der Terrorismus zündet und der große Motor des Islamismus tatsächlich anspringt. Die strategische Schlussfolgerung aus dem Anlassertheorem lautet, dass alle nur denkbaren Möglichkeiten genutzt werden müssen, um die Wirkung des Anlassers zu blockieren. Das aber heißt, dass man sich nicht auf die Abwehr des Terrorismus bzw. die Verhinderung terroristischer Anschläge in der westlichen Welt beschränken kann, wie dies nicht nur das Niedergangstheorem, sondern auch die strategischen Überlegungen im Anschluss an Clausewitz' Definition von Angriff und Verteidigung nahe legen, sondern offensiv in die islamische Welt hinein agieren muss, um in ihr alle Verbindungen zu kappen, die zum Anspringen des großen Motors führen könnten. Nicht auf Fehlervermeidung bedachtes Zuwarten, sondern präemptives und präventives Agieren sind hier gefragt, wobei man notfalls auch Fehler riskieren muss, weil nicht zu handeln das ungleich größere Risiko darstellen würde. Dieses Theorem liegt den US-amerikanischen Reaktionen auf die terroristische Herausforderung zugrunde, und die reichen bis hin zu dem Versuch, mit Hilfe des Regimewechsels eine politische wie kulturelle Modernisierung der islamischen Welt zu forcieren, wodurch die Chancen auf ein Überspringen des Zündfunkens von Terrorismus auf die islamischen Gesellschaften reduziert werden sollen. Dabei können Fehler gemacht werden – und aus der gegenwärtigen Sicht stellt sich der Sturz des Saddamregimes und der Versuch zur Demokratisierung des Irak als ein solcher Fehler heraus. Für die meisten Europäer, zumindest für die, die dem Zerfallstheorem anhängen, war dies ein politischer Fehler, also einer bei der Festlegung des Zwecks. Für den Großteil der US-Amerikaner dagegen ist es, wenn sie im jüngsten Golfkrieg überhaupt einen Fehler sehen, ein taktischer Fehler, also einer, der beim Gebrauch des Mittels gemacht worden ist, etwa dadurch, dass man zu wenig eigene Bodentruppen im Land hatte, dass die irakische Armee entlassen wurde usw.

Von diesen politisch-strategischen Beurteilungen des Terrorismus bleiben die Überlegungen, die Eckart Werthebach zum Umbau der deutschen Sicherheitsarchitektur angestellt hat, weitgehend unberührt. Sie sind um zwei Probleme zentriert: erstens die föderative Ordnung der Bundesrepublik Deutschland, die zur Folge hat, dass es neben der jeweiligen Bundesbehörde noch einmal je sechzehn Landesbehörden gibt, und zwar sowohl bei den Kriminalämtern als auch bei den Verfassungsschutzbehörden; und zweitens die besondere Rolle der deutschen Geschichte für die Struktur der Sicherheitsbehörden, wobei es nicht nur um die problematische Trennung von Zivilschutz und Katastrophenschutz geht, sondern auch um die aus Furcht vor einem übermächtigen (Überwachungs-)Staat auf vielen Ebenen eingezogenen Kommunikationsblockierungen. Werthebachs Vorschläge sind dabei eher moderat und laufen auf einen vorsichtigen Umbau der Sicherheitsstrukturen hinaus, bei dem ein radikaler Einschnitt vermieden werden soll. Vor allem aber haben sie den großen Vorzug, dass ihre operative Bedeutung unabhängig ist von sämtlichen hier angesprochenen theoretischen Annahmen über Ziele und Zwecke des Terrorismus und den daraus zu ziehenden Konsequenzen. Deswegen müssten Werthebachs Vorschläge von allen hier abgedruckten Beiträgen eigentlich am unstrittigsten sein. Dass sie gleichwohl in der deutschen Öffentlichkeit am ehesten kontrovers diskutiert werden, ist eine der zahlreichen Paradoxien, die für die Diskussion über den Terrorismus und die angezeigte Reaktion darauf typisch sind.

Literatur

Behr, Hartmut (2004), Entterritoriale Politik. Von den Internationalen Beziehungen zur Netzwerkanalyse. Wiesbaden.

Berman, Paul (2004), Terror und Liberalismus. Hamburg.

Buruma, Ian/Margalit, Avishai (2005), Okzidentialismus. Der Westen in den Augen seiner Feinde. München und Wien.

Clausewitz, Carl von, Vom Kriege (1980). 19. Aufl., hrsg. von Werner Hahlweg, Bonn.

Daase, Christopher (1999), Kleine Kriege – große Wirkung. Wie unkonventionelle Kriegführung die internationale Politik verändern. Baden-Baden.

Enzensberger, Hans Magnus (1993), Aussichten auf den Bürgerkrieg. Frankfurt a. M.

Juergensmeyer, Mark (2004), Terror im Namen Gottes. Freiburg i. Br.

Kunisch, Johannes (1973), Der Kleine Krieg. Studien zum Heerwesen des Absolutismus. Wiesbaden.

Münkler, Herfried (2006), Der Wandel des Krieges. Von der Symmetrie zur Asymmetrie. Weilerswist.

Riekenberg, Michael (1999), Warlords. Eine Problemskizze. In: Comparativ, Heft 5/6, S. 187–205.

Sarasin, Philipp (2004), „Anthrax". Bioterror als Phantasma. Frankfurt a. M.

Singer, Peter W. (2006), Die Kriegs-AGs. Über den Aufstieg der privaten Militärfirmen. Frankfurt a. M. (engl. Original: Corporate Warriors, 2003).

Uesseler, Rolf (2006), Krieg als Dienstleistung. Private Militärfirmen zerstören die Demokratie. Berlin.

Christopher Daase

Terrorismus als asymmetrische Gewaltstrategie

Zum Begriff des Terrorismus

Einst rechtfertigte Präsident Ronald Reagan die rechtswidrige Unterstützung der Contras im nikaraguanischen Bürgerkrieg mit dem Hinweis, dass „die Terroristen des Einen die Freiheitskämpfer des Anderen" seien. Aber doppelte Standards und Begriffsrelativismus sind nicht zwingend. Es gibt sowohl empirische als auch normative Möglichkeiten, um Terrorismus wissenschaftlich präzise zu definieren.

Im Grunde genommen gibt es drei traditionelle Methoden im Umgang mit dem umstrittenen Begriff des Terrorismus. Zunächst den begriffstheoretischen Fatalismus. Angesichts der politischen Umstrittenheit des Terrorismusbegriffs ist es nicht verwunderlich, dass einige Terrorismusforscher den Versuch begrifflicher Präzisierung aufgegeben haben. So stellte Walter Laqueur schon 1977 fest, dass „eine allgemeine Definition des Terrorismus nicht existiert und in naher Zukunft auch nicht gefunden wird." Doch zu behaupten, dass Terrorismus ohne solch eine Definition nicht untersucht werden könne, sei „offensichtlich absurd" (Laqueur 1977, S. 5). Allerdings kommt auch Laqueur nicht ohne eine begriffliche Bestimmung seines Gegenstandes aus und so definiert er in einem späteren Buch „Terrorismus" als „illegalen Gebrauch von Gewalt, um politische Ziele durch Angriffe auf unschuldige Menschen zu erreichen" (Laqueur 1987, S. 72). Unverbindlicher äußert sich Laqueur in einem seiner jüngeren Bücher, in dem es heißt: „Terrorismus ist auf vielerlei Art definiert worden, aber mit Gewissheit lässt er sich nur als Anwendung von Gewalt durch eine Gruppe bezeichnen, die zu politischen oder religiösen Zwecken gewöhnlich gegen eine Regierung, zuweilen auch gegen andere ethnische Gruppen, Klassen, Religionen oder politische Bewegungen vorgeht". Und er fährt fort: „Jeder Versuch, sich spezifischer zu äußern, ist einfach deshalb zum Scheitern verurteilt, weil es nicht einen, sondern viele Terrorismen gibt" (Laqueur 1998, S. 44). So sympathisch Laqueurs Pragmatismus zunächst erscheint, so problematisch ist er bei genauerem Hinsehen. Denn Lacqueur trifft viele Vorentscheidungen implizit, ohne sie weiter zu begründen: Dass Terroristen nicht-staatliche Akteure sind, dass ihre Gewalt illegitim ist, dass sie für politische oder religiöse Zwecke eintreten usw. Ohne genauere Begründungen und ohne Kriterien für die Legitimität politischer Gewalt, ist Laqueurs Terrorismusbegriff wenig mehr als ein Hilfsmittel zur Delegitimierung nicht-staatlicher politischer Gewalt. Diese Kritik trifft im

Grunde auf all die Terrorismusforscher zu, die meinen, ohne eine Definition oder wenigstens eine Problematisierung des Begriffs auskommen zu können.

Eine zweite Strategie im Umgang mit dem umstrittenen Begriff des Terrorismus ist, ihn explizit normativ zu bestimmen und die Kriterien ethisch-moralisch oder religiös zu begründen. Martha Crenshaw (1983) hat in Anlehnung an die *bellum justum*-Theorie drei Kriterien für einen Legitimitätstest politischer Gewalt entwickelt, mit dessen Hilfe sie meint, Terrorismus präzise bestimmen zu können. Die Kriterien beziehen sich auf das Einhalten oder Nichteinhalten des Völkerrechts, das Töten oder Verschonen von Nicht-Kombattanten und die Führung eines aussichtslosen oder aussichtsreichen Kampfes. Allerdings ist die starke Orientierung ihrer Definition am bestehenden Völkerrecht insofern problematisch, als sie damit zwar bestimmen kann, was heute als Terrorismus angesehen wird. Sie hilf aber nicht weiter, wenn man verstehen will, was früher unter Terrorismus verstanden wurde und warum sich das Verständnis gewandelt hat. Auch normative Einwände könnten erhoben werden, denn das Völkerrecht bevorzugt eindeutig Staaten gegenüber nicht-staatlichen Akteuren. Rechtstheoretisch ist es strittig, ob man von einer Verpflichtung nicht-staatlicher Akteure ausgehen kann, das Völkerrecht einzuhalten, an dessen Zustandekommen sie nicht beteiligt waren. Auch das Kriterium des aussichtsreichen Kampfes ist problematisch, denn es scheint dem Schwächeren auch noch die Legitimität zu nehmen, sich zu wehren und schreibt dadurch ungleiche Machtverhältnisse fest.

Eine dritte Strategie ist der begriffstheoretische Positivismus. Er behauptet, dass sich auch sozialwissenschaftliche Konzepte klar und deutlich (d.h. mit eindeutiger Extension und Intension) definieren lassen. Alex Schmid, der diese Position vertritt, hat in den achtziger Jahren 109 wissenschaftliche Terrorismusdefinitionen zusammengetragen, um aus ihnen „den harten begrifflichen Kern" zu destillieren, „der Terrorismus von gewöhnlicher Gewalt unterscheidet" (Schmid/Jongman 1988, S. 20). Das Ergebnis ist eine überaus komplexe Definition: „Terrorismus ist eine Furcht erzeugende Methode wiederholten Gewaltverhaltens, ausgeführt von (halb-)geheimen individuellen Gruppen- oder Staats-Akteuren, aus idiosynkratischen, kriminellen oder politischen Gründen, wobei – im Gegensatz zum Attentat – die direkten Ziele der Gewalt nicht die hauptsächlichen Ziele sind. Die unmittelbaren menschlichen Opfer der Gewalt werden im allgemeinen zufällig (Gelegenheits-Ziele) oder absichtlich aus einer Zielmenge ausgewählt (repräsentative oder symbolische Ziele) und dienen als Erzeuger einer Nachricht. Auf Drohung und Gewalt basierende Kommunikationsprozesse zwischen Terroristen (Organisationen), (gefährdeten) Opfern und den hauptsächlichen Zielen werden genutzt, um die hauptsächlichen Ziele (das Publikum) zu manipulieren, wodurch dieses zu einem Ziel des Terrors, einem Ziel für Forderungen oder einem Ziel für Aufmerksamkeit gemacht wird, je nach dem, ob in erster Linie Einschüchterung, Zwang oder Propaganda angestrebt wird." (Schmid/Jongman 1988 S. 28).

Ein ähnlicher Versuch jüngeren Datums kommt auf der Grundlage von 73 Definitionen in 55 Artikeln und drei führenden Fachzeitschriften zu einem weniger aufwendigen Ergebnis: „Terrorismus ist eine politisch motivierte Taktik, die die Drohung oder die Anwendung von Gewalt impliziert, wobei das Streben nach Publizität eine signifikante Rolle spielt" (Weinberg/Pedahzur/Hirsch-Hoefler 2004, S. 786). Während die erste Definition zu komplex und verschlungen ist und mehr Verwirrung als Klarheit schafft, ist die zweite zu allgemein und unpräzise, um nützlich zu sein. Das gemeinsame Problem beider Definitionen liegt in der Vorstellung, man könne den Terrorismus begrifflich auf wesentliche Merkmale reduzieren, die ewige Geltung hätten. Das trägt aber weder der Tatsache Rechnung, dass sich die Formen politischer Gewalt verändern, noch berücksichtigt es, dass sich auch die Vorstellung davon wandelt, welche Form politischer Gewalt legitim ist. Sie führt deshalb geradewegs zu den Abgrenzungsproblemen, die den Terrorismusbegriff seit jeher plagen: Ist Terrorismus substaatliche Gewalt oder kann auch ein Staat terroristisch sein? Ist Terrorismus eine Form des Krieges oder eine Form des Verbrechens? Ist Terrorismus symbolische oder manifeste Gewalt? Und so weiter.

Um die Definitionsprobleme des Terrorismus zu lösen, oder vielmehr zu umgehen, muss man sich von der Vorstellung trennen, es müsse strenge Begrenzungen für Begriffe geben, wie es einst Gottlob Frege gefordert hatte. Geht man einmal nicht von einem positivistischen, sondern von einem an Ludwig Wittgenstein orientierten, konstruktivistischen Verständnis von Begriffen aus (Lakoff 1987), dann kann man „Terrorismus" im Sinne von Familienähnlichkeiten politischer Gewalt verstehen. Unterschiedliche Formen politischer Gewalt könnten dann hinsichtlich bestimmter Eigenschaften verglichen und als „Terrorismus" bezeichnet werden, auch wenn es kein „durchlaufendes Merkmal" und damit keinen „begrifflichen Kern" gibt (Davis 2004).

Für die Bestimmung der Eigenschaften könnte man dabei auf die klassische Dreiteilung von Clausewitz zurückgreifen, der den Krieg über die Anwendung gewalttätiger Mittel zur Erreichung militärischer Ziele zur Durchsetzung politischer Zwecke definiert (Clausewitz 1980, S. 214f.). Zu den drei Elementen Mittel, Ziel und Zweck kämen zwei weitere hinzu, nämlich der ausführende Akteur A und der erleidende Akteur B. Mit diesen fünf Elementen ließen sich alle wesentlichen Formen politischer Gewalt nicht nur darstellen, sondern auch differenzieren und in Beziehung setzen, ohne dass man gezwungen wäre, scharfe definitorische Grenzen zu ziehen.

Nach Clausewitz wäre der klassische Krieg demnach die Anwendung gezielter manifester Gewalt gegen Kombattanten (Mittel) durch einen Staat (Akteur A) mit dem militärischen Ziel, die feindliche Armee zu unterwerfen, um dem gegnerischen Staat (Akteur B) den eigenen politischen Willen aufzuzwingen (Zweck). Um in ähnlich klarer Weise Terrorismus zu bestimmen, müssten mindestens drei der Elemente verändert werden. Terrorismus ließe sich dann zum Beispiel als die Situation verstehen, in der ein nicht-staatlicher Akteur A gezielte manifeste Gewalt gegen Zivilisten einsetzt (Mittel), um Angst und Schrecken zu verbreiten (Ziel) und den Staat (Akteur B) zur Veränderung seiner Politik zu zwingen (Zweck). Damit wäre der aktuelle Sprachgebrauch vermutlich relativ gut getroffen und z. B. al-Qa'ida als Terrorgruppe präzise charakterisiert. Man kann nun einzelne Elemente verändern und sich damit vom geltenden Sprachgebrauch schrittweise entfernen, ohne dass aber sogleich der Gebrauch des Begriffs „Terrorismus" unsinnig würde. Wenn man etwa den substaatlichen Akteur durch einen staatlichen ersetzt, der militärische Gewalt gegen Zivilisten einsetzt (Mittel), um Angst und Schrecken zu verbreiten (Ziel) um einen anderen Staat (Akteur B) zur Änderung seiner Politik zu zwingen (Zweck), wie im Falle der Bombardierung städtischer Zentren wie Dresden im Zweiten Weltkrieg oder

Hanoi im Vietnamkrieg, könnte man immer noch mit einer gewissen Berechtigung von „Terrorismus“ sprechen, müsste aber vermutlich mit Einwänden rechnen. Würde man ein anderes Element verändern, z. B. den politischen Zweck, die Politik des Staates zu ändern, durch die apokalyptischen Zwecke der Aumn-Sekte ersetzen, könnte man vielleicht immer noch von „Terrorismus“ sprechen, aber sicher in einer „schwächeren“ Form, weil es sich eher um religiöse als um politische Gewalt handelt.

Man kann diejenige Bedeutung, von der gesagt wurde, sie entspräche am besten dem gegenwärtigen Sprachgebrauch, auch als Prototyp bezeichnen und Terrorismus davon ausgehend als „radiales Konzept“ darstellen, das zwar durch eine Reihe von Familienähnlichkeiten bestimmt ist, aber in einem bestimmten *best case* sozusagen „verankert“ ist: Es gibt viele Formen des Terrorismus, aber die Form, die sozusagen „am meisten“ Terrorismus ist, ist die, bei der nicht-staatliche Akteure gezielte manifeste Gewalt gegen Zivilisten ausüben, um Angst und Schrecken zu verbreiten um dadurch einen Politikwandel des Staates herbeizuführen. Damit unterscheidet sich Terrorismus einerseits vom Krieg, in dem gemeinhin zwei Staaten aufeinander treffen und mit konventionellen militärischen Mitteln versuchen, ihre jeweiligen Armeen zu zerstören, um dadurch dem andern den eigenen Willen aufzuzwingen; er unterscheidet sich aber auch vom Guerillakrieg, in dem zwar ebenfalls ein nicht-staatlicher Akteure gegen einen Staat kämpft, aber im Allgemeinen militärische Ziele angegriffen werden und die Ermattung des Gegners das Ziel ist.

Alter und neuer Terrorismus

Es ist in der letzten Zeit häufig argumentiert worden, dass der „neue Terrorismus“, das heißt insbesondere die Anschläge von islamistischen Gruppierungen wie al-Qa'ida, kein Verbrechen sei, sondern Krieg. Solche Argumente sind vor allem politisch motiviert, insofern sie für militärische Optionen bei der Bekämpfung des internationalen Terrorismus eintreten (Carr 1998). In der Sache verwischen sie aber wichtige normative Unterscheidungen, nämlich die zwischen mehr oder weniger legalen und legitimen Formen politischer Gewalt – Unterscheidungen, die konstitutiv für die Struktur des internationalen Systems sind. Wenn man, aus welchen politischen Gründen auch immer, diese Form des Kampfes als „Krieg“ anstatt als „Terrorismus“ bezeichnet oder beide Begriffe in Eins setzt, dann läuft man Gefahr, die normative Differenzierung aufzuheben und den Terrorismus – gewollt oder ungewollt – zu nobilitieren.

Terrorismus ist aber, wie ich gezeigt habe, eine Form politischer Gewalt, die sich begrifflich – und damit auch normativ – relativ genau bestimmen lässt. Sie sollte deswegen auch von anderen Gewaltformen unterschieden werden. Dabei soll nicht bestritten werden, dass sich die Dimension des Terrorismus in den letzten Jahren gewandelt hat. Zwar ist Terrorismus an sich ein uraltes Phänomen, doch hat insbesondere die Globalisierung die Möglichkeiten zur klandestinen Organisation und zu spektakulären Anschlägen potenziert (Münkler 2004). Erst die transnationale Kooperation zwischen lokalen Terrorzellen hat die Netzwerkstruktur von al-Qa'ida möglich gemacht, und erst diese Organisationsform gestattete es, groß angelegte und koordinierte Anschläge wie 1998 in Afrika und 2001 in den USA auszuführen.

Zweifellos, 9/11 markiert einen Wendepunkt im internationalen Terrorismus und deutet auf eine bislang ungeahnte Bereitschaft von Terrororganisationen zur massenhaften Tötung von Zivilisten hin. Insofern hat der alte Satz von Brian Jenkins, Terroristen würden beabsichtigten, dass „viele Menschen zuschauen, nicht dass viele Menschen sterben", vermutlich sein Gültigkeit verloren (Jenkins 1974). Das ändert allerdings nichts am grundsätzlichen Kalkül des Terrorismus, nämlich durch die Tötung von Unschuldigen Angst und Schrecken zu verbreiten um dadurch politische Zwecke zu erreichen. Der Kern der terroristischen Strategie ist also das radikal asymmetrische Unterlaufen gegnerischer Stärke durch das Angreifen so genannter „weicher Ziele" und die grundsätzliche Absage an normative Standards für die Austragung politischer und militärischer Konflikte. Aber auch hierin ist der islamische Terrorismus nur eine Verschärfung historischer Muster. Diese Verschärfung drückte sich zuletzt in der Bereitschaft führender al-Qa'ida-Kämpfer aus, sich selbst als Terroristen zu bezeichnen, – gleichsam als Terroristen im Auftrage Gottes.

Der neue Terrorismus ist zwar in seinen Dimensionen neu – insbesondere wenn man die Möglichkeit von chemischem, biologischem und nuklearem Terrorismus bedenkt (Daase 2005) –, sein politisches Kalkül folgt aber traditionellen Mustern asymmetrischen Widerstands.

Terrorismus als radikale Herausforderung

Wenn ich vom „terroristischen Kalkül" spreche, von militärischen Zielen und politischen Zwecken, dann impliziert dies, dass Terrorismus ein rationales Verhalten ist. Dem haben Psychologen und Kommentatoren häufig widersprochen: Terrorismus sei, weil er politisch sinnlos und persönlich nutzlos sei, letztlich nihilistisch und mit rationalen Begriffen nicht zu fassen (Post 1990; Carr 2002).

Aber diese Meinung basiert auf einem zu engen westlichen Rationalitätsbegriff. Als kollektive Strategie folgt Terrorismus durchaus politischen Kosten-Nutzen-Überlegungen. Das lässt sich unter anderem daran zeigen, dass Terrorismus beinahe immer aus anderen, erfolglosen Widerstandsformen hervorgeht. Selbst al-Qa'ida ist aus einer traditionellen Guerillagruppe in Afghanistan hervorgegangen und hat sich erst später im Sudan, dann im Afghanistan der Taliban zu einer Terrorgruppe gewandelt (Gunaratna 2002). Andere Gruppen oder Fraktionen sind ganz oder zeitweise vom Guerillakrieg zum Terrorismus übergegangen, und einige wenige haben sogar den Weg zurück gefunden und dem Terrorismus abgeschworen.

Terrorstrategien werden also „gewählt", wenn andere Formen politischer Opposition oder schwächere Formen militärischer Gewalt wirkungslos sind. Dadurch erscheint es so, als würde die terroristische Gewalt keinen positiven politischen Zweck verfolgen, aber tatsächlich entfernt sie sich nur von diesem Zweck, weil eine „indirektere Methode" gewählt wird und der negative Zweck des „reinen Widerstands" (wie Clausewitz sagen würde) in den Vordergrund tritt.

Wenn man Usama bin Ladins Äußerungen aufmerksam analysiert, dann wird man feststellen, dass er sehr präzise Forderungen aufstellt (Abzug amerikanischer Truppen von der arabischen Halbinsel, Sturz des Hauses Saud usw.) und insofern politische Zwecke verfolgt, die keineswegs religiös oder metaphysisch sind. Ob die Anschläge vom 11. September 2001 zur Erreichung dieser Zwecke allerdings eine kluge Entscheidung waren, steht dahin; dass sie rational kalkuliert waren, scheint mir dagegen unabweisbar.

Der Versuch, die politischen Motive von Terroristen zu verstehen, ist kein Versuch, sie zu entschuldigen. Vielmehr ist die Absicht, Begründungszusammenhänge zu entschlüsseln, um Möglichkeiten für eine militärische Deeskalation und Chancen für einen politischen Dialog zu ergründen. Dies ist kein Ersatz für die polizeiliche und militärische Bekämpfung des Terrorismus und insbesondere seiner internationalen Vernetzung. Doch müssen bei dieser Bekämpfung die nicht-intendierten Konsequenzen bedacht werden, die unter Umständen mehr Schaden als Nutzen anrichten können. Insofern steht die Terrorismusbekämpfung vor ähnlichen Schwierigkeiten wie die Kleinkriegsführung und die Aufstandsbekämpfung (Daase 1999).

Denn einerseits verleitet Terrorismus Staaten zu innenpolitischen Maßnahmen, die Bürger- und Freiheitsrechte untergraben und die Rechtsstaatlichkeit aufs Spiel setzen: Verschärfte Überwachung, drakonische Verhörmethoden bis hin zur Folter, Einschränkung juristischen Beistands, Vermischung polizeilicher und militärischer Aufgaben, Lockerung ziviler Kontrolle der Sicherheitskräfte usw. Als Beispiele können die USA ebenso dienen wie Russland, Israel ebenso wie die Türkei; und selbst die EU musste sich Kritik wegen einer zu weitgehenden Terrorismusdefinition gefallen lassen, die einen Missbrauch zumindest nicht ausschloss.

Andererseits hat die Terrorismusbekämpfung aber auch negative Auswirkungen auf das internationale System. In dem Maße nämlich, in dem bei der Bekämpfung von Terrororganisationen internationales Recht gebrochen wird, in dem normative Differenzierungen (wie die zwischen Terrorismus und Krieg) aufgehoben und internationale Institutionen (wie das Verbot präventiver Kriegführung) ausgehöhlt werden, verändert sich das internationale System in seiner normativen Substanz.

Weil diese Veränderungen schleichend vor sich gehen, wird die Herausforderung, die der internationale Terrorismus für das internationale System darstellt, meines Erachtens noch immer nicht voll erkannt. Denn diese Herausforderung besteht nicht in erster Linie in der Gefahr des Terrorismus selbst, obwohl diese natürlich keineswegs heruntergespielt werden soll, sondern sie besteht vor allem in der Gefahr des Antiterrorismus, der das Potential hat, die Strukturen des internationalen Systems zu verändern und dessen Institutionen dauerhaft zu schädigen.

Terrorismus, so könnte man vielleicht abschließend sagen, ist in erster Linie eine Einladung zur Selbstzerstörung. Es kommt darauf an, dieser Aufforderung zu widerstehen, ohne auf eine effektive Bekämpfung des Terrorismus zu verzichten.

Literatur

Carr, Caleb (1996/97), Terrorism as Warfare. The Lessons of Military History. In: World Policy Journal 13: 4, S. 1–12.

Carr, Caleb (2002), Terrorismus – Die sinnlose Gewalt. Historische Wurzeln und Möglichkeiten der Bekämpfung. München.

Clausewitz, Carl von (1980), Vom Kriege. Hrsg. von Werner Hahlweg. Bonn.

Crenshaw, Martha (1983), Terrorism, Legitimacy, and Power. Middletown.

Daase, Christopher (1999), Kleine Kriege – Große Wirkung. Wie unkonventionelle Kriegführung die internationalen Beziehungen verändert. Baden-Baden.

Daase, Christopher (2005), Terrorgruppen und Massenvernichtungswaffen. In: Aus Politik und Zeitgeschichte 48, S. 31–38.

Davis, James W. (2005), Terms of Inquiry: On the Theory and Practice of Political Science. Baltimore, MD.

Gunaratna, Rohan (2002), Inside Al Qaeda. Global Network of Terror. New York, N.Y.

Jenkins, Brian M. (1974), International Terrorism. A New Kind of Warfare. Rand-Corporation P-5261.

Lakoff, George (1987), Women, Fire and Dangerous Things: What Categories Reveal about the Mind. Chicago.

Laqueur, Walter (1977), Terrorism. London.

Laqueur, Walter (1987), The Age of Terrorism. Boston, MA.

Laqueur, Walter (1998), Die globale Bedrohung. Berlin.

Münkler, Herfried (2004), Ältere und jüngere Formen des Terrorismus. Strategie und Organisationsstruktur. In: Weidenfeld, Werner (Hrsg.), Herausforderung Terrorismus. Die Zukunft der Sicherheit. Wiesbaden, S. 29–43.

Post, Jerrold M. (1990), Terrorist Psycho-Logic: Terrorist Behavior as a Product of Psycological Forces. In: Reich, Walter (Hrsg.), Origins of Terrorism. Psychologies, Ideologies, Theologies, States of Mind. Washington D.C., S. 25–40.

Schmid, Alex P./Jongman, Albert J. (1988), Political Terrorism. A New Guide to Actors, Authors, Concepts, Data Bases, Theories and Literature. Amsterdam.

Weinberg, Leonard/Pedhzur, Ami/Hirsch-Hoefler, Sivan (2004), The Challenges of Conceptualising Terrorism. In: Terrorism and Political Violence 16: 4, S. 777–794.

Kai Hirschmann

Der Jihadismus: Ideologie, Organisation und Bekämpfungsmöglichkeiten[1]

I. Islamismus und Jihadismus als weltweite Ideologie

1. Begünstigende Rahmenbedingungen der Ideenproliferation

Seit Anfang der 1990er Jahre sind die Staaten der Welt mit Gewalttätern konfrontiert, die sich aus politisch-weltanschaulichen Motiven des Terrorismus bedienen. Es handelt sich dabei um die Gewaltkonzepte des Islamismus und Jihadismus, die die Lehren des Islam für eigene Ziele missbrauchen und Glaubensvorschriften in eigener Fehlinterpretation zur Legitimierung von Gewalt heranziehen. Es handelt sich allerdings um eine absolute Minderheitenströmungen im Islam, deren Wurzeln weit in die Geschichte zurückreichen.

Am 11.09.2001 realisierten die Menschen schlagartig und endgültig, dass die übersichtliche Welt des ‚Kalten Krieges' mit exakt zu benennenden und zu lokalisierenden Gegnern nicht mehr existierte. Das Prinzip gegenseitiger Abschreckung funktionierte nicht mehr. An diesem Tag sicherte sich eine religiös motivierte Ideologie des Massenmords, vertreten durch Zehntausende Kämpfer weltweit und 19 Attentäter ‚vor Ort', mit Terroranschlägen in New York und Washington ihren unrühmlichen Platz in den Geschichtsbüchern. Die internationale ‚Jihad-Bewegung' indes führt spätestens seit 1991, nicht wahrgenommen von der Öffentlichkeit, einen sich intensivierenden ‚frommen Weltkrieg', um Symbole der Ungläubigen zu zerstören und mit ihnen so viele Menschen wie möglich zu ermorden. Rund um den Globus hinterlassen die ‚Jihad-Fanatiker' seither in regelmäßigen Abständen eine Spur der Verwüstung und des Todes[2] mit strategisch ausgewählten Zielen wie z. B. den ‚europäischen Anschlägen' in Madrid (März 2004) und London (Juli 2005).

Das Weltbild während der Zeit des Kalten Krieges war dualistisch. Die beiden konkurrierenden Großmächte besaßen Ordnungsmacht und Interessen, die weit über ihre eigenen Territorien hinausreichten. Diese Bipolarität auf der Ebene von Nationalstaaten führte auch zu einer Disziplinierung regionaler Konfliktparteien sowie einer stabilisierenden ‚Lo-

1 Schriftliche Vortragsausarbeitung basierend auf Dietl/Hirschmann/Tophoven (2006): Das Terrorismus-Lexikon – Täter, Opfer, Hintergründe, Frankfurt a. M.

2 *Der Spiegel*, 48/2003, ‚Der fromme Weltkrieg', S. 130 und S. 132.

kal-Anästhesie' innerstaatlicher Differenzen. Durch die anschließende substitutive Multipolarität ist diese Disziplinierungsmacht verloren gegangen, was zu einer Vervielfachung der relevanten Akteure führte, die nunmehr nicht nur Staaten, sondern auch gesellschaftliche und ethnische Gruppen umfasste. Die dominierende Rolle des Nationalstaates schwindet, weil immer weniger Akteure bereit sind, seine Monopolstellung in Legislative und Exekutive anzuerkennen. Grenzüberschreitende Ströme und Abhängigkeiten unterlaufen das Prinzip nationalstaatlicher Souveränität, was auch zur Entstehung Identität stiftender Kulturräume jenseits nationaler Staatlichkeit führt. Es bilden sich neue Loyalitäten z. B. über Religionsgemeinschaften aus, bei denen grenzüberschreitende Zugehörigkeiten dominieren. Politisch und strukturell standen bisher international zwei Ebenen im Vordergrund: Erstens die Internationalisierung staatlicher Politik durch Kooperation und Integration und zweitens die wirtschaftliche Internationalisierung durch die Globalisierung. Eine dritte Internationalisierung fand parallel beinahe unbemerkt statt: Die gesellschaftliche Internationalisierung in Form der überregionalen und globalen Organisation privater, substaatlicher Akteure, darunter auch politische Gewaltgruppen und Terroristen.[3] Hierfür haben sich in der Wissenschaft Begriffe wie ‚Low Intensity Wars', ‚kleine Kriege', ‚Privatized/ Informal Conflicts' oder ‚neue Kriege' etabliert.[4]

Begünstigt wird der Zulauf zu politischen und ethnischen Gewaltgruppen wiederum durch zwei historisch-politische miteinander verknüpfte Entwicklungen, die ein breites oppositionelles Spektrum bis hin zu Gewaltstrukturen unterstützen oder hervorrufen:

a) Die Grenzziehungen von Nationalstaaten insbesondere in Afrika und Asien nach den Grundsätzen westlich-politischer Interessen, die ethnisch homogene Siedlungsräume ignorierten, heterogen zusammen gesetzte Nationalstaaten schufen und dabei historisch-kulturell gewachsene Strukturen weitgehend ignorierten. Die Erfahrungen der Geschichte haben gezeigt, dass derartig ‚unnatürliche' Nationalstaatsgebilde nur durch totalitär-autokratischen Herrschaftssysteme zusammengehalten werden können.
b) Die totalitär-autokratischen Herrschaftssysteme in den muslimische Staaten, die als Minderheitsregime jedwede Opposition, auch die gemäßigte und pluralistische, blutig unterdrücken.

Der Islamismus hingegen verkörpert „eine Utopie, die eine um so größere Anziehungskraft ausübt, als sie sich Regimes entgegenstellt, die durch Korruption, wirtschaftlichen und moralischen Niedergang, absoluten Autoritätsanspruch und Unterdrückung der staatsbürgerlichen Grundrechte – die Norm in der islamischen Welt – frühzeitig abgewirtschaftet haben".[5] Die internationalen Erfahrungen zeigen, dass nur in wenigen Fällen die Erwartungen in Bezug auf die Etablierung demokratischer Strukturen und eines Aufbaus von Zivilgesellschaften tatsächlich erfüllt wurden. In den meisten Fällen kommt es daher früher oder später zu Tendenzen des Staatszerfalls und im Falle des Sturzes der diktatorischen

3 Vgl. Hirschmann (2003b), S. 376ff.
4 Siehe z. B. Van Crefeld (1998), Daase (1999) und Münkler (2002).
5 Kepel (2002), S. 29.

Eliten zu schweren inneren Machtkämpfen zwischen rivalisierenden Parteien und zu blutigen Auseinandersetzungen zwischen den verschiedenen Gruppen innerhalb des Staatsgebildes.[6] Diese ‚Situationen des Chaos und der Rechtlosigkeit' nutzen Islamisten als Demagogen, um mit einfachsten Mitteln und Argumenten Sympathisanten für sich zu gewinnen.

2. Entwicklungslinien des Islamismus

Der Islamismus ist eine politische Ideologie, die sich einer religiösen Sprache bedient und dabei den Anspruch erhebt, die einzig wahre Auslegung des Glaubens darzustellen. Er ist ein Gegenentwurf zu westlichen Ordnungs- und Wertvorstellungen und bezieht sich grundlegend auf die Heilige Schrift des Islam, den Koran, sowie auf weitere zentrale Werke der muslimischen Tradition und Theologie.[7]

Die koranischen Suren lassen sich in mekkanische und in medinensische Suren aufteilen. Die mekkanischen Suren sind stark von Geduld, Tapferkeit und Genügsamkeit geprägt. Im Gegensatz dazu rufen die medinensischen Suren zur Verteidigung und Kampf zunächst gegen die ungläubigen Mekkaner, später auch gegen andere Feinde auf. Der dabei verwendete Begriff ‚Jihad' wird oft unzutreffend als ‚Heiliger Krieg' übersetzt. Tatsächlich steht dieser Begriff aber für „das Bemühen auf dem Weg Gottes" oder „das Bemühen um Gottes Willen" (al-jihad fi sabil allah) und bedeutet „sich bemühen, streben, kämpfen".[8] Dieses Streben ist vor allem in Bezug auf die Bemühung um eine Person im seelischen, geistigen und religiösen Sinne zu verstehen, denn die arabische Sprache verwendet für ‚Krieg' nicht den Begriff ‚Jihad', sondern das Wort ‚Harb', was „zerstören, verwüsten, zertrümmern" bedeutet.[9] Dennoch liegt in einer möglichen Mehrfachinterpretation des Begriffs die Keimzelle späterer politisch-religiöser Gewaltauslegung.

Traditionell wird zwischen dem ‚kleinen' und ‚großen Jihad' unterschieden. Der ‚große Jihad' bezeichnet eine individuelle Anstrengung des Gläubigen wie die Bekämpfung der eigenen übertriebenen Neigungen, Aggressionen, Selbstsucht und Machtgier. Daneben kann dieser ‚Jihad' auch den Kampf um Gotteserkenntnis oder die Missionarsarbeit eines Predigers bezeichnen. Der ‚kleine Jihad' bezeichnet tatsächlich eine kriegerische Handlung zur Verteidigung des eigenen Landes und des Glaubens und das notfalls gewaltsame Eintreten für Unterdrückte und Verfolgte. Der Koran ruft die Muslime zum ‚Jihad' auf, um vier Hauptziele zu erreichen: *Zum Ersten* soll der Islam verbreitet werden. *Zum Zweiten* sollen sowohl religiöse Verführungen als auch Bürgerkriege verhindert werden. *Das dritte Ziel* ist die Befreiung von Armen, Kindern, Frauen und Männern aus der Sklaverei und Unterdrückung. Schließlich wird *viertens* zum ‚Jihad' aufgerufen, wenn die Muslime aus ihrem Land vertrieben werden oder eine stärkere Macht sie daran hindert werden, ihre

6 Vgl. Ferdowski/Matthies (2003), S. 22f.
7 Vgl. Innenministerium NRW (2004), S. 8.
8 Vgl. Bobzin (2001), S.83f.
9 Vgl. Wehr (1977), S. 208.

religiösen Vorschriften zu befolgen.[10] Es zeigt sich besonders deutlich, dass Begriffe wie ‚Sklaverei, Unterdrückung und Vertreibung' leicht zugunsten eigener politischer Verstellungen interpretier- und auslegbar sind. Dies nutzen einige Strömungen im Islam für ihre eigenen Konzepte aus.

In der historischen Entwicklung befand sich das osmanische Reich bereits seit dem 17. Jahrhundert in einer Stagnationsphase, die die frühere Überlegenheit insbesondere im wissenschaftlich-technischen Bereich erodieren ließ. In den westlichen Staaten entwickelte sich nach der französischen Revolution ein zunehmender Säkularisierungs- und Modernisierungsprozess. Die Gesellschaften wurden institutionalisiert und nahmen zunehmend pluralistische Formen an. Technischer Fortschritt konnte sich zügig ausbreiten. Da die arabisch-islamische Welt in Bezug auf ihre kulturelle und geopolitische Rolle dramatisch an Einfluss verloren hat, wurde und wird die Dominanz der westlichen Staaten als ständige Demütigung empfunden. Doch weitere Faktoren kommen hinzu.[11] Während der Westen durch eine Periode wirtschaftlicher Prosperität ging, hat sich die Situation in vielen islamischen Ländern zum Teil dramatisch verschlechtert. In vielen dieser Länder sind daher große Teile der Bevölkerung davon überzeugt, dass ihre schlechte wirtschaftliche Lage auf die Ausbeutung durch den Westen zurückzuführen ist. Zudem sind die meisten islamischen Länder Ergebnisse willkürlicher bzw. nachkolonialer Grenzziehungen ohne Rücksicht auf ethnische Gegebenheiten. Schwierig ist daher die Bildung nationaler Identitäten für ein tragfähiges Fundament einer Zivilgesellschaft. Oft herrschen diktatorische Regime, deren politische Interessen der eigenen Machterhaltung dienen. Diese Situation erzeugt repressive Maßnahmen, um die interne Opposition zu unterdrücken. Hinzu kommt die tatsächliche oder vermutete Bedrohung der kulturellen Identität.

Viele muslimische Geistliche und Wissenschaftler stellten sich die Frage nach der Ursache der ‚westlichen' Überlegenheit und des eigenen ‚Niedergangs'. Einige wenige unter ihnen sahen als wichtigste Ursache die Tatsache an, dass sich der praktizierte traditionelle Islam weit von seinen Ursprüngen, den im Koran geforderten Lebensweisen, entfernt hatte. Die Schlussfolgerung lautete, einen Staat zu schaffen, in dem der Koran und die Überlieferungen des Propheten als Verfassung angesehen und das islamische Recht von den Gläubigen befolgt werden konnte.[12] Die Rückkehr zu den Fundamenten des Islams, das heißt zu einem politischen System zur Zeit des Propheten, bedeutete aber auch, dass von den Anhängern dieser Bestrebungen die Einführung des islamischen Systems als wesentliche Voraussetzung für jede politische und gesellschaftliche Veränderung in der islamischen Welt gesehen wurde.

In dieser Denkrichtung entwickelte sich der Islamismus (arabisch: al-Islamiyya) als eine politische Protestbewegung und totalitäre Ideologie im zeitgenössischen Islam (moderne Salafiyya). Der frühe Islam des 7. Jahrhunderts stellt dabei das Idealmodell eines islamischen Staates und islamischer Lebensweise dar. Die zu jener Zeit bewährten religiösen

10 Vgl. Alabied (2001), S. 78 ff. und Bobzin (2001), S. 85.

11 Bierbrauer (2002), S. 61ff.

12 Vgl. Heine (2001), S. 88 ff.

Ideale und Traditionen sollen auch in der Moderne gelten und eine neue ‚islamische Identität' schaffen.[13] Das Weltbild gestaltet sich zunehmend dualistisch. Der Hauptvorwurf dieser sich zunehmend radikalisierenden Bewegung ist, dass sich die Regierungen und Eliten der muslimischen Länder vom Islam abgewandt und eine ‚gottlose', an westlichen Mustern orientierte Gesellschaft begründet hätten. Ihre Forderung dagegen lautet, die Entwicklung zurückzudrehen und die wahre ‚islamische Gemeinschaft' (umma) nach dem Vorbild des Propheten mit einer auf Koran und Sunna begründeten Rechts- und Werteordnung wiederherzustellen.[14] Das geistige Fundament liefern dabei zwei historische Reform- und Erweckungsbewegungen[15]:

a) Die mittelalterliche Bewegung der ‚Salafiyya'[16]: Deren Grundlagen finden sich in den Schriften mittelalterlicher Gelehrter. Sie zielen darauf ab, den Islam der Gegenwart durch die Rückbesinnung auf einen (fiktiven) ‚Ur-Islam' zu ‚reinigen'. Vorbild für diesen Urislam ist die Gemeinde des Propheten in Medina, die ‚lauteren Vorfahren' (al-salaf al-salih). Die Spaltung der islamischen Gemeinschaft (umma) in zahlreiche Rechtsschulen und Sekten soll überwunden werden.
b) Die Bewegung der ‚Wahhabiyya'[17]: Sie beruht auf den Lehren *Muhammad b. Abd al-Wahhabs* (1703–1792) aus dem heutigen Saudi-Arabien, der zum Namensgeber der Bewegung wurde. Verbreitet wurde die Lehre auf Grund eines Stammes-Religions-Paktes mit *Muhammad b. Saud* (gest. 1766) und dessen Sohn *Abd al-Aziz* (gest. 1803), der in Saudi-Arabien bis heute andauert. 1902 wurde der Grundstein für einen wahhabitischen Staat gelegt, der 1932 entstand (Saudi-Arabien, gegr. von *Abd al-Aziz Ibn Saud II*, gest. 1953). Die Grundlagen dieses Staates liegen in einer kriegerischen Religionsverbreitung. Damit bereiteten sie auch den Boden für spätere gewaltsame Missionierungen bzw. militante Jihad-Bewegungen. Alle, die die Auffassungen der ‚Wahhabiyya' nicht teilen, gelten als Ungläubige; auch andere islamische Glaubensausrichtungen. Eine strenge Unterscheidung in Gläubige und Ungläubige ist daher ein wichtiges Wesensmerkmal.

Der moderne Islamismus des 20. Jahrhunderts ist eine Protestbewegung gegen die eigenen, als tyrannisch empfundenen Regierungen und den Einfluss des ‚Westens', die für sozioökonomische Probleme, kulturelle Entfremdung und politische Ohnmacht der islamischen Welt verantwortlich gemacht werden.[18] Vorläufer dieser Bewegungen traten zuerst Ende des 19. Jahrhunderts im Vorderen Orient auf. Der moderne Islamismus ist in der Regel sehr rigide in seiner Religionsinterpretation und duldet in dieser Hinsicht keinen Widerspruch. Allerdings offenbart ein genauerer Blick eine Vielzahl von Modellen islamistischen Denkens

13 Friedrich-Ebert-Stiftung (2004), S. 1f.
14 Landesamt für Verfassungsschutz Hessen (2002), S. 1ff.
15 Innenministerium NRW (2002), S. 2; zu den Ursprüngen des islamistischen Terrorismus auch Laqueur (2003), S. 44ff.
16 Elger (2001), S. 269 und Innenministerium NRW (2002), S. 2.
17 Reuter (2002), S. 47ff. und Innenministerium NRW (2002), S. 3.
18 Vgl. Steinberg (2002), S. 19.

und Wirkens. Während sich Teile der islamistischen Bewegungen an demokratischen Wahlen beteiligen und sich an die rechtlichen Rahmenbedingungen ihrer Heimatländer halten, wollen andere die herrschende Regierung mit Gewalt beseitigen und den ‚Westen' bekämpfen (Jihadisten), um als Ziel einen islamischen Gottesstaat zu etablieren (Talibanisierung).[19]

3. Das 3-2-1-Modell des ‚Jihad' und das ‚Elitenkonzept'

Das neue islamistische Denken begann zwar in den 1920er Jahren in Ägypten und Indien, aber der Jihadismus mit Terroranschlägen und Massenmord bekam seine heutige Ausrichtung und Qualität erst durch die grundlegenden Arbeiten des ägyptischen Denkers *Sayyid Qutb* (1906–1966). Deren zentraler Inhalt ist ein Kampf gegen den Westen, die Ablehnung seiner Werte und der kulturellen Moderne, die er in dem Buch „Ma'alim fi-l tariq" (Wegzeichen, Meilensteine) 1964 zusammenfasste.[20] ‚Wegzeichen' bzw. ‚Meilensteine' gilt noch heute als geistiges Fundament aller Mujahidin (Jihad-Kämpfer).

„Die Menschheit", so erklärte *Sayyid Qutb* nach einer Reise in die USA in den 1950er Jahren, „lebt heute in einem großen Bordell. Man muss nur die Presse lesen, die Filme, Modeschauen, Schönheitswettbewerbe, Tanzhäuser, Weinbars und Radiostationen ansehen. Oder ihre verrückte Lust an nacktem Fleisch, provokativen Posen und krankhaften, anzüglichen Elementen in der Literatur, in Kunst und den Massenmedien betrachten. Dazu kommt das System des Wuchers, das die Gier der Menschen nach Geld antreibt und verderbte Methoden für Akkumulation und Investments hervorbringt und somit Betrug, Trickserei und Erpressung im Gewande des Rechts antreibt".[21]

Sayyid Qutb sieht überall dekadente Zustände, die von Profitsucht, Gleichgültigkeit und dem ‚Geist des Liberalismus' geprägt sind. Den Grund für diesen allgemeinen Niedergang der Zivilisation sieht er darin, dass die Gesellschaften von heute ihre ganzheitliche religiöse Orientierung verloren hätten und lediglich an partikulare, menschliche Interessen gebunden seien. Um dieser Misere zu entgehen, gibt es demnach für ihn nur einen Ausweg: Er führt zurück zu Gott, der alles geschaffen hat. Doch die Menschen missachten das Geschenk, das sie von Gott erhielten, denn es gäbe keinen Staat auf dieser Welt, der das göttliche Gesetz respektiere. Was die sogenannten islamischen Staaten vielmehr beachteten, seien irgendwelche profanen Werte. Das kann aber ein wahrer Muslim nach *Qutbs* Ansicht nicht dulden und muss dagegen einschreiten, so wie der Prophet Mohammed gegen seine heidnischen Landsleute einschritt. Er vollzog in Mekka vier Schritte: Zunächst formte er seine eigene gläubige Gemeinschaft. Dann organisierte er mit den Getreuen die hijra, die Auswanderung nach Medina. Anschließend begann er zu kämpfen, bis sich zuletzt auch Mekka dem Islam erschloss.[22]

19 Vgl. Innenministerium NRW (2004), S. 8.

20 Der Titel wird unterschiedlich übersetzt, zum einen als ‚Meilensteine', zum anderen als ‚Wegzeichen'.

21 Friedrich-Ebert-Stiftung (2004), S. 2; siehe auch Burke (2005).

22 Vgl. Rudolph (2000), S. 101.

Nach *Qutb* befindet sich die (muslimische) Welt wieder im vorislamischen, heidnischen Zustand der ‚Jahiliyya'. Somit stünden die Muslime wieder am Scheideweg (mafraq al-tariq). Sie müssten dieselben Schritte befolgen wie seinerzeit der Prophet: die Bildung einer charismatischen Gruppe (jama'a); den Auszug aus der heidnischen Umgebung (hijra); den Kampf (Jihad), in dem sich die Gruppe der Gläubigen gegen die Gegner durchsetzt; und schließlich den Endzustand, der in der Wiedereinführung des Islams besteht.[23] Eine derartige Bewegung müsse allerdings angestoßen werden durch tapfere Muslime, die vorangehen und eine Art ‚ausgewählte Elite' darstellen, die *Qutb* als ‚Avantgarde' bezeichnet. Eine solche ‚Avantgarde' müsse die ‚Wiedererweckung' der islamischen Länder in Angriff nehmen und sich aufmachen, um die ‚Jahiliyya' in einem Krieg zwischen dem ‚Guten' und dem ‚Bösen' von innen her zu zerstören.

Sayyid Qutbs ideologische Grundlagen wurden nach seiner Hinrichtung in Ägypten 1966 von zahlreichen Gelehrten der Muslimbruderschaft in Richtung ‚gewaltsamer Jihad' fortentwickelt und verfeinert. Einer der wichtigsten unter ihnen war Scheich *Dr. Abdullah Azzam* (1941–1989), ein Ideologe aus Palästina mit späterem Lehrstuhl in Jidda/Saudi-Arabien, der u. a. das logistische Netzwerk aufbaute, um Geld und Freiwillige in den Kampf gegen die sowjetischen Truppen in Afghanistan zu schleusen. Seine radikal internationale Vision des ‚Jihad' übte großen Einfluss auf viele Mujahidin-Kämpfer aus.[24] *Azzam* wurde 1989 durch eine Autobombe in Pakistan getötet.

Abdullah Azzam griff insbesondere das ‚Elitenkonzept' *Qutbs* auf und baute es aus: „Jedes Prinzip braucht eine Vorhut, die es voranträgt und schwierige Aufgaben und ungeheuer große Opfer auf sich nimmt. Es gibt keine Ideologie, weder eine irdische noch eine himmlische, die keine Avantgarde braucht, die alles, was sie besitzt, für den Sieg einsetzt. (...) Diese Vorhut bildet das starke Fundament (al-Qa'ida al-sulba) für die Gesellschaft, auf die wir warten" und „Wenn die Umma in die Irre geht, sendet Gott einen einzelnen oder eine kleine Gruppe, die sie vor dem Verderben retten und auf den Pfad der Wahrheit zurückführen wird. Diese kleine Elite besteht aus denen, die mit fester Überzeugung und klaren Zielen voranschreiten. Eine kleinere Gruppe innerhalb dieser Schar bilden diejenigen, die aus dem weltlichen Leben fliehen, um ihr Handeln auf diese Ziele auszurichten und andere für sie zu gewinnen. Eine noch kleinere Gruppe innerhalb dieser Elite sind diejenigen, die ihre Seele und ihr Blut darangeben, um den Zielen und Prinzipien zum Sieg zu verhelfen"; so lauteten zwei der Lehren von *Azzam*.[25] Dabei bildet das zitierte ‚starke Fundament' (al-Qa'ida al-sulba) sowie die kleine Elite, die ihr Blut gibt, die Grundlage für die Namensgebung und das Selbstverständnis der späteren ‚al-Qa'ida', die sich als eine derartige Elite und Vorhut begreift.

Die ideologischen Lehren und Weiterentwicklungen gipfeln in einem spätestens seit den 1980er Jahren mit wenigen Variationen weltweit gültigen ‚3-2-1-Modell', in dem von

23 Vgl. Rudolph (2000), S. 101.
24 Vgl. Burke (2005), S. 353.
25 Zitiert in Burke (2005), S. 26 und 67.

drei Feinden, zwei Angriffsarten und einer notwendigen Gegenmaßnahme, dem Jihad, ausgegangen wird[26]:

- *Drei Feinde:* Der Ausgangspunkt des Modells ist der Kern der islamistischen Botschaft, dass die Fehlentwicklungen in den muslimischen Gesellschaften ursächlich darauf zurückzuführen seien, dass Muslime im Laufe der Zeit von ihren Feinden immer weiter vom ‚eigentlichen Glauben' entfremdet wurden, was es zu korrigieren gelte. Die Muslime seien nicht so einfach in der Lage, ‚wahres Glück und Wohlstand' zu erreichen, da diejenigen, die sie in die heutige Lage gebracht hätten, natürlich auch eine Rückbesinnung, Erstarkung und Wohlstand verhindern würden. Es handelt sich dabei um drei Feinde: die ‚Kreuzfahrer' (westlich-christliche Gesellschaften inklusive Russland), die ‚Juden' (der Staat Israel) und die ‚Handlanger' (eigene muslimische Regierungen bzw. Diktaturen als billige Handlanger und Erfüllungsgehilfen der ‚Ungläubigen'). Deren Einfluss müsse zunächst bekämpft und zurückgedrängt werden.
- *Zwei Angriffsarten:* Während Islamisten ihr Weltbild und ihre Handlungsempfehlungen offensiv mit Worten und Taten verbreiten, setzt nun eine Minderheit in dieser Gruppe, die ‚Jihadisten', mit Hinweis auf die Ideologie von *Qutb, Maududi, Azzam* und anderer auf Gewalt als einzig erfolgversprechenden Weg, da die Ungläubigen und Handlanger das Feld nicht freiwillig räumen würden. Dabei missbrauchen sie die ‚Jihad-Lehren' des Islam, denn schließlich kann ein ‚Jihad' als kollektive Verteidigungsanstrengung aller ‚Rechtgläubigen' ausgerufen werden, wenn die Muslime unterdrückt und vertrieben, ihr Land okkupiert wird oder eine stärkere Macht sie daran hindert, ihre religiösen Vorschriften zu befolgen. ‚Jihadisten' sehen nun die Muslime dauerhaft angegriffen und in ihrer Existenz bedroht, wogegen man sich in einer gemeinsamen Verteidigungsanstrengung zur Wehr setzen müsse. Dieser Angriff erfolge auf zwei Arten: Zum einen durch eine handfeste Eroberung und Besetzung muslimischen Landes, der eine Unterdrückung der Menschen und Ausbeutung der Reichtümer und Ressourcen der Region folge; und zum anderen durch den aggressiven Export von Werten und Verhaltensmustern in die muslimische Welt z. B. durch Tourismus, multinationale Konzerne, Globalisierung und Entwicklungszusammenarbeit.
- *Eine gemeinsame Verteidigungsanstrengung:* Gegen die Feinde und ihre ständigen Angriffe ist zur Verteidigung ein ‚Jihad' (gemeinsame Anstrengung der Muslime) erforderlich. Zum einen in den Regionen gegen die behaupteten Besatzungen (z. B. in Tschetschenien, Afghanistan, Bosnien, Irak, Südost- und Zentralasien) durch einen Terrorkampf, zum anderen im Herzen der Feinde durch eine Nadelstichtaktik (Anschläge) mit dem Ziel der Politikbeeinflussung. Zum Kampf des ‚Jihad' werden nun, insbesondere in den Konfliktregionen, freiwillige Kämpfer aus dem gesamten Bereich der muslimischen Gemeinde (Umma) zusammengeführt, um als ‚Jihadistische Internationale' ihrer vermeintlich religiösen Pflicht nachzukommen. Diese Kämpfer aus

26 Hirschmann (2004b); siehe hierzu detailliert auch Dietl/Hirschmann/Tophoven (2006), Kap. 5.

allen Ländern und Regionen, in denen Muslime leben, werden als ‚Mujahidin' (Gläubige, die den Jihad kämpfen) bezeichnet.

Jihadisten verfügen über eine klare Zielvorstellung über das, was am Ende ihres Kampfes stehen soll, damit Gewalt nicht zum Selbstzweck wird[27]: Wenn die Feinde beseitigt oder abgezogen sind, ist der Weg frei für ein neues Gesellschaftsmodell und ein rückwärtsgewandtes islamistisches Regime. Das Referenzmodell stellt dabei das Regime der Taliban in Afghanistan von Mitte der 1990er Jahre bis November 2001 dar. Ein derartiges Regime erfülle den Willen Allahs und handele somit exakt nach religiösen Vorschriften. Es sei wahrhaft islamisch und könne damit auch nicht in Frage gestellt werden. Angestrebt wird mithin eine Art der ‚Talibanisierung' der gesamten muslimischen Welt; verpackt als Glaubenvorschrift.

In einer Tonband-Aufzeichnung *Usama bin Ladins* vom 05.01.2004 kommt die gesamte Geisteshaltung der Jihadisten beispielhaft zum Ausdruck. Mit seiner Botschaft hat *bin Ladin* die Muslime noch einmal aufgefordert, auf die „Verschwörungen" des Westens gegen die „islamische Nation" mit einem gewaltsamen ‚Jihad' zu antworten. „Mit Besatzern kann es keinen Dialog geben außer durch Waffen". Er kritisierte die Führer der islamischen Staaten, weil sie sich den USA und den Ungläubigen nicht entgegenstellten. Die Verschlechterung der Lage in der arabischen Welt führte er nach der Tradition darauf zurück, dass der Islam nicht die Grundlage der Herrschaft sei. Er forderte daher die Absetzung der arabischen Herrscher und die Einsetzung eines arabischen Rats.

Wird Gewalt wie in der ‚Jihad-Ideologie' nicht mehr als politisches Instrument, sondern als sakraler Akt und von Gott gebotene Pflicht aufgefasst, verliert sie ihre Schranken. Da es sich bei den Feinden um das Böse per se handelt, ist eine hohe Zahl von Toten nicht das Problem, sondern dessen Lösung.[28] Dabei ist eine weltweite Verbreitung der Ideologie mühelos möglich. Da es sich bei Religion generell um ein transnationales Konzept handelt, eignet es sich besonders gut, um diese Zielrichtung über nationale, kulturelle, sprachliche oder geographische Unterschiede hinweg zu verfolgen.

II. Von der Theorie in die Praxis: Die Umsetzung der Ideologie

1. *Die Muslimbruderschaft*

Die einflussreichste und weitverzweigteste islamistische Bewegung war und ist die 1928 in Ägypten gegründete Muslimbruderschaft, gegründet vom Volksschullehrer *Hassan al-Banna* (1906–1949). Er und der Begründer der indisch-pakistanischen Jamaat-e Islami, *Abu l-A'la al-Maududi* (1903–1979) wurden zu den wichtigsten organisatorischen Weg-

27 Vgl. Dietl/Hirschmann/Tophoven (2006), Kap. 5.6
28 Vgl. Schoch (2003), S. 49.

bereitern des politischen Islam im 20. Jahrhundert.[29] Ihre Ideologie, von deren Chefideologen und Religionsphilosophen *Sayyid Qutb* bis Anfang der 1960er Jahre formuliert und bis heute von Vertretern der Bewegung weiter entwickelt, bildet das Fundament für die religiös-politischen Grundsätze, mit denen Islamisten ihre Taten und ihre Ziele rechtfertigen.[30] *Al-Bannas* Parole lautete: „Gott ist unser Ziel, der Koran unsere Verfassung, der Prophet ist unser Führer, Kampf ist unser Weg und Tod um Gottes Willen ist unser höchstes Streben". Im Ergebnis ging es um die Umsetzung des von *Qutb* theoretisierten totalitären und universalen Herrschaftsanspruch einer spirituellen Avantgarde mittels Gewalt in einem ‚Jihad'. Es war die Organisation der ‚Muslimbrüder', die den Islamismus als Massenbewegung begründete. Sie ist bis heute der ideologische Bezugspunkt und der organisatorische Kern, der alle nachfolgenden Tendenzen maßgeblich inspirierte. Die Kader dieser Organisation haben nicht nur die ideologische Linie der ‚al-Qa'ida', sondern auch den Islamismus in den Universitäten und Moscheen von Saudi-Arabien, Afghanistan, Sudan und vielen anderen Staaten geprägt.[31] Heute ist die Muslimbruderschaft nach eigenen Angaben in mehr als 70 Staaten weltweit vertreten.

In dem Maße, wie sich der Palästina-Konflikt nach dem 2. Weltkrieg zuspitzte, radikalisierte sich die Muslimbruderschaft und wurde durch Ableger z. B. in Jordanien, Syrien, Pakistan, Indonesien und dem Sudan zu einer internationalen Bewegung. Nach einem Attentat 1954 auf den ägyptischen Präsidenten *Nasser*, an dem ihr eine Beteiligung vorgeworfen wurde, wurde die Bruderschaft verboten, fand aber Zuflucht und Unterstützung im islamistisch-wahhabitisch geprägten Saudi-Arabien. Der ‚Organisator' *Hassan al-Banna* kam bereits 1949 durch ägyptische Sicherheitskräfte ums Leben. Der ‚geistige Brandstifter' *Sayyid Qutb* wurde in Ägypten zum Tode verurteilt und am 29.08.1966 hingerichtet. Seine Ideen aber überlebten und breiteten sich international aus. Seine zahlreichen Anhänger und Schüler strebten danach, im Verbreitungsgebiet der Bruderschaft seine Lehren zu predigen und in die Praxis umzusetzen. Daraus entstehen erste regionale ‚Jihad-Organisationen', darunter auch in Palästina. Aus ihnen werden in den 1980er Jahren zwei terroristische Regional-Organisationen mit ‚Bruderschafts-Wurzeln' hervorgehen:

- Zum einen die *HAMAS* (‚Harakat al-muqawama al-islamiyya'; Bewegung des Islamischen Widerstands) unter dem querschnittgelähmten *Qutb*-Anhänger *Scheich Achmed Jassin*, die sich seit ihrer Gründung 1967 den terroristischen Jihad gegen Israel und dessen Zerstörung auf die Fahnen geschrieben hat.
- Zum anderen der *Palästinensische Islamische Jihad* (PIJ), der ebenfalls von der Muslimbruderschaft inspiriert wurde und einen Jihad gegen Israel betreibt. Gegründet wurde die Organisation 1975 von palästinensischen Studenten in Ägypten.

Aber auch darüber hinaus ziehen Gelehrte und Prediger der ‚Muslimbruderschaft' mit der Jihadistischen *Qutb*-Ideologie und eigenen Weiterentwicklungen um die Welt, um junge

29 Vgl. Steinberg (2002), S. 21.
30 Vgl. Innenministerium NRW (2004), S. 9.
31 Vgl. Küntzel (2002a), S. 3 und Küntzel (2002b).

Muslime von der Notwendigkeit der Verteidigung gegen die Feinde zu überzeugen. Zwei von Ihnen besetzen Lehrstühle an der *König-Abdul-Aziz*-Universität in Jidda, Saudi-Arabien: der Islamwissenschaftler *Scheich Dr. Abdullah Azzam* und der berühmte islamische Philosoph und Schriftsteller *Muhammad Qutb* (der Bruder von *Sayyid*). Zwar wettern sie gegen Werte und Verhaltsmuster des Westens und dass man den Kampf dagegen ‚in das Herz des Feindes' tragen müsse, aber noch fehlt außer in Palästina der vorzeigbare Besatzer, der ein muslimisches Land unterdrückt. Das änderte sich im Dezember 1979: Die Sowjetunion besetzt Afghanistan. Der Kampf der Mujahidin dort wird zum Masterplan und Referenzmodell für den Terrorkampf.

2. *Die Rolle der al-Qa'ida als Provider- und Dienstleistungsorganisation*

Der Name ‚Qa'ida' kann im Arabischen eine Basis oder ein Fundament bezeichnen, wird aber auch häufig für ‚Grundsatz', ‚Modell' oder ‚Grundmuster' verwendet.[32] Der Name ‚Al-Qa'ida' als Dienstleistungsorganisation und ideologische Klammer des internationalen Jihad wird in der Definition *Abdullah Azzams* im Sinne einer ‚Avantgarde' bzw. ‚Elite' verwendet.

Usama bin Ladin wuchs im Reichtum auf, da es seinem aus dem Jemen nach Saudi-Arabien eingewanderten Vater als Bauunternehmer mit geschickter Geschäftsführung und Nähe zum saudischen Königshaus gelungen war, viele große Bauaufträge in Saudi-Arabien zu erhalten und damit seiner Firma ein schnelles Wachstum zu sichern.[33] *Usama bin Ladin* hatte Privatlehrer und verbrachte seine Kindheit im Business-Ambiente einer international tätigen Großbauunternehmung. Der frühe Unfall-Tod seines Vaters verhalf ihm zu einer Erbschaft von ca. 80 Millionen Dollar. *Usama bin Ladin* studierte Verwaltungswissenschaften an der *König-Abdul-Aziz*-Universität in Jidda, wo er 1981 sein Abschlussdiplom erhielt. Wie viele seiner Studienkollegen trat auch bin Ladin der Organisation der ‚Muslimbruderschaft' bei. An der *König-Abdul-Aziz*-Universität findet *bin Ladin* in *Abdullah Azzam* und *Muhammad Qutb*, die dort lehren, zwei spirituelle Mentoren und einflussreiche Vorbilder. Ende der 1970er Jahre hatte er die Ideologie des ‚Jihadismus' von *Qutb* und *Azzam* vollständig übernommen und war zum Gefährten *Abdullah Azzams* mutiert.

Nach dem Einmarsch der Sowjets in Afghanistan im Dezember 1979, den die Jihadisten als Okkupation und Unterdrückung eines muslimischen Landes interpretierten, zog *bin Ladin* mit *Azzam* über die arabische Halbinsel, um Freiwillige für einen ‚Jihad-Verteidigungskampf' in Afghanistan zu gewinnen. Beide gingen schließlich mit einem Kontingent freiwilliger ‚Jihad-Kämpfer' (Mujahidin) nach Afghanistan. *Azzam* steuerte (religiöses) Fachwissen und Ideologie bei, *bin Ladin* das Geld und technisches Know-how.[34] Der Widerstand gegen die Besatzer wurde in einen ‚Jihad' umgedeutet; den Rufen der Rekruteure folgten Tausende aus den muslimischen Staaten und der Diaspora weltweit. In

32 Vgl. Burke (2005), S. 25.
33 Hirschmann (2004a), S. 329f. und Jacquard (2001).
34 Pohly/Durán (2001), S. 23ff. und Hirschmann (2004a), S. 330f.

Peschawar/Pakistan trafen *Azzam* und *bin Ladin* auf einen weiteren Verehrer *Sayyid Qutbs*, der es inzwischen als Führer der ägyptischen Terrorgruppe ‚Al-Jihad al-Islami' zu einiger Bekanntheit gebracht hatte, da diese Organisation das Attentat auf den damaligen ägyptischen Präsidenten *Anwar el-Saddat* zu verantworten hatte. Sein Name: *Dr. Aiman al-Zawahiri*, Kinderarzt aus Kairo und heute Stellvertreter *Usama bin Ladins*. Das Trio gründete eine Dienstleistungsorganisation, die Kämpfer in drei Lagern ausbildete, Logistik und Waffen verfügbar machte und Geld bereitstellte: Zunächst nannte sie sich MAK (Maktab al-khid-mat), später dann ab ca. 1987 ‚Al-Qa'ida' (Die Basis) mit Hauptquartieren in Afghanistan und Pakistan (Peschawar).[35] Die kleine Elite bzw. Avantgarde, die voranschreitet, hatte sich endgültig organisiert. Die Rekrutierung der Glaubenskämpfer förderte Pakistan; Geld und modernste Waffen steuerten auch die USA bei.[36] Nach fast zehn Jahren passierte etwas, dass zehntausende Mujahidin mit ihrer Mischung aus Terrorismus und Guerilla-Taktik immer angestrebt hatten und dass das Selbstverständnis der ‚Jihad-Bewegung' nachhaltig prägen sollte: Zermürbt von der Brutalität, steigender Opferzahlen und explodierender Kosten zogen die Sowjets 1989 aus Afghanistan ab. Die Mujahidin feierten ihren Sieg über den ‚weichen Feind' und zogen folgendes Fazit[37]:

- Wo auch immer auf der Welt Muslime unterdrückt und bedroht sowie ihre Länder besetzt werden, lohnt sich eine ‚Jihadistische Internationale', die gut ausgerüstet und hoch motiviert einen Verteidigungskampf anführt.
- Der Preis, den der Gegner für seine Absichten zahlen muss, kann so in die Höhe getrieben werden, dass er ihn schließlich nicht mehr bezahlen will oder kann.
- Da der Gegner auf Grund seiner Kultur und Taktik die Jihad-Kämpfer als solche nicht zu isolieren vermag, wird er bei Gegenreaktion unterschiedslos auch gegen die Zivilbevölkerung vorgehen (‚harte Hand'), was den Mujahidin neue Sympathisanten zutreibt.
- Der Gegner kann diesen Kampf nicht gewinnen. Wenn man selbst nur hinreichend brutal und blutig vorgeht, wird er irgendwann aufgeben und sich zurückziehen.

Ein Teil der Mujahidin ging zurück in ihre Heimatländer und verstärkte die Reihen gewaltbereiter islamistischer Terrorgruppen. Sie genießen noch heute einen legendären Ruf als Veteranen und bildeten das Rückgrad der ‚al-Qa'ida' der 1990er Jahre. Die Trainingslager wurden weiter betrieben. Aus dem ‚Trio des Jihad' wurde durch die Ermordung *Azzams* 1989 das Duo ‚*bin Ladin/Zawahiri*'.

3. Das internationale Jihadistische Netzwerk

Usama bin Ladin verfügte über Ideologie, Geld, Waffen, Trainingslager und ein weltweit verzweigtes Netz von ‚Jihadisten' als ‚Brüdern im Geiste', die teilweise ihre terroristischen Fähigkeiten bereits regional bewiesen hatten. In den Moscheen, Kulturvereinen und zahl-

35 Vgl. Rashid (2001), S. 225ff. und Schneckener (2002), S. 20.
36 Siehe z. B. Bergen (2001), Rashid (2001) und Gunaratna (2002).
37 Hirschmann (2004b), S. 34f.

reichen anderen Orten der muslimischen Welt wurde weiterhin die ‚*Qutb/Azzam*-Ideologie des Jihad' gelehrt, was einen kontinuierlichen Zustrom kampfesbereiter Männer (und später auch Frauen) sicherte. Zudem hat ***bin Ladin*** hervorragende Fähigkeiten im Ausgleich unterschiedlicher Interessen und deren Fokussierung auf den kleinsten gemeinsamen Nenner des Jihad gegen die Feinde des Islam. Was noch fehlte, war eine weltweites ‚Jihad-Dach' als Inspirationsquelle und Dienstleistungsprovider. *Usama bin Ladin* knüpfte intensive Kontakte zu regionalen Jihadistischen Terrorgruppen und vereinte sie schließlich gemeinsam mit *Dr. Aiman al-Zawahiri* im Februar 1998 zur ‚Internationalen Islamischen Kampffront gegen Juden und Kreuzfahrer' (‚Al-Qa'ida neu'). Die ‚Kampffront' ist eine Art ‚Terror-Holding' als Dachverband, unter dem heute Gruppen aus elf muslimischen Staaten sowie weiterhin Tausende ‚unverbundener Einzelkämpfer' (Non-aligned-Mudjahedin) aus über 50 Staaten verbunden über eine gemeinsame Ideologie lose kooperieren.[38] ‚Al-Qa'ida' als kompakte Terrorgruppe mit festen Mitgliedschaften hat mithin nie existiert[39]. Vielmehr ist sie ein Gebilde, welches Menschen mit einer gemeinsamen Gewaltidee Unterstützungsleistungen in Form von Kämpfern, Kontakten, Logistik, Ausbildung, Know-how und Geld dezentraler nach modernen Managementprinzipien anbietet. [40]

Bereits Anfang der 1990er Jahre zeichneten sich neue Betätigungsfelder für einen ‚Verteidigungskampf' der Jihadisten ab: Die Regionalkonflikte in Tschetschenien, Bosnien-Herzegowina, Somalia und Indonesien. Die Voraussetzung für ein Eingreifen und eine Unterwanderung durch die ‚Jihadistische Internationale' nach dem Referenzmodell ‚Afghanistan' lagen vor: Ein nicht-muslimischer Feind als Besatzer und Aggressor, den man in einer gemeinsamen Anstrengung zurückschlagen müsse. Professionelle Rekruteure agierten weltweit, um ‚Jihad-Freiwillige' in die Trainings-Camps nach Afghanistan zu holen. Hier lernten sie in einer drei- bis sechsmonatigen Ausbildung einerseits die ideologische Basis, andererseits das Handwerk des Terroristen inklusive eines ‚Standard'-Terror-Anschlages (Fahrzeug mit Sprengstoff gegen Gebäude). Das expandierende Netz der Camps wurde von ‚Afghanistan-Veteranen' geleitet, die nach einem umfassenden ‚Trainingshandbuch' der ‚al-Qa'ida' junge Menschen zu Selbstmordattentätern (bevorzugte Form) ausbildeten. Jihad-Freiwillige aller Nationalitäten strömten in großer Zahl in die Regionalkonflikte, um ‚ihren Kampf' zu kämpfen, die Regionen in ihrem Sinn zu beeinflussen und ihre Zielsetzung der Talibanisierung muslimischer Regionen dort zu etablieren. Wenn wir blutig und schockierend genug vorgehen, werden die Feinde irgendwann aufgeben, so das sich immer wiederholende perverse Kalkül.

Die Regionalkonflikte, die mit Ideologie, Mujahidin und Waffen unterwandert werden, weiten sich aus. In den 1990er Jahren waren es zunächst Afghanistan, Somalia, Bosnien-Herzegowina, Tschetschenien und Südostasien (Indonesien, Thailand, Malaysia), von denen die meisten Regionalkonflikte heute noch akut sind. Während des Bürgerkrieges in

38 Vgl. Hirschmann (2004b), S. 35f.

39 Siehe hierzu auch Burke (2005).

40 Siehe auch Bergen (2001), Gunaratna (2002), Kepel (2002), Reuter (2002), Schneckener (2002), Ulfkotte (2001) und Burke (2005).

Bosnien z. B. schleuste die ‚al-Qa'ida' zwischen 1992 und 1995 ca. 7.000 ‚Jihad-Kämpfer' vieler Nationalitäten ins Land. Auch in *Tschetschenien* gelang es den Jihadistischen Kämpfern bis Juni 2006 unter der Führung von *Shamil Bassajew*, den Widerstandskampf der Rebellen zu unterwandern und in einen islamistischen Terror-Kampf umzufunktionieren. Nach ‚al-Qa'ida'-Standard-Muster wurden einheimische Kämpfer in den afghanischen und neuen tschetschenischen Lagern trainiert sowie weltweit ‚Jihadisten' rekrutiert, darunter auch in Deutschland. Es fanden Anschläge auf Gebäude, Märkte, Rockkonzerte, Musical-Theater in Moskau, U-Bahnen, Passagierflugzeuge (Ende August 2004) und Wohngebäude statt. Vorläufiger Höhepunkt: Die Geiselnahme von 1.500 Schulkindern und Eltern am ersten Schultag nach den Ferien in der Schule Nr. 1 in Beslan/Nord-Ossetien Anfang September 2004 mit der Ermordung von über 500 Kindern und Eltern. In *Ostafrika* gelang es insbesondere in Somalia und Kenia, erfolgreiche Strukturen aufzubauen. In Somalia gilt vor allem die *‚al Ittihad-al Islami'* (Islamische Union) als Verbindung zum ‚Jihad-Netzwerk'. In *Indonesien* baute die *‚al-Jama'a al-Islamiyya'* ein lokales islamistisches Terror-Netzwerk auf, um den Staatszerfall Indonesiens für sich zu nutzen. In Thailand verstärkt sich der Druck Jihadistischer Extremisten auf die Touristenhochburgen rund um *Pattaya*. Zum ideologischen ‚Jihad-Kampf' hinzugekommen sind in den letzten fünf Jahren weitere Teile des Kaukasus, die zentralasiatischen Republiken, Ostafrika, die meisten westafrikanischen Staaten inklusive Nigeria sowie, als neues Referenzmodell des ‚Jihad-Kampfes', der Irak.

Als erste Absichten der USA bekannt wurden, im Irak zu intervenieren, warnten alle Experten vor dem Masterplan der Jihadisten: Angriff auf ein muslimisches Land = gemeinsame Verteidigungsanstrengung = Jihadistische Internationale = Terror-Kampf. *Saddam Hussein* galt den Jihadisten als Ungläubiger und Handlanger des Westens. Das Augenmerk der ‚Jihadisten' galt der Zeit nach *Saddam*. So forderte *bin Ladin* die internationalen ‚Mujahidin-Brigaden' am 10.02.2003 in einer Tonband-Botschaft auf, im Irak zusammenzuströmen und den Kampf nach Afghanistan-Vorbild aufnehmen, dabei aber nicht für das alte Regime zu kämpfen. Der Irak wurde zum jüngsten Beispiel für weltweite Verteilung und Vernetzung der ‚Jihadisten' sowie einem ‚Terror-Kampf' internationaler Mujahidin-Brigaden. Schlüsselfigur und Anführer war zunächst der Jordanier *Ahmad Fadil Nazzal al-Khalayla* alias *Abu Mus'ab al-Zarqawi* (Kampfname). *Al-Zarqawi* galt als ein Mann aus dem inneren Führungskreis um *Usama bin Ladin*. Sicherheitsexperten schreiben ihm die meisten Attentate und Anschlagsversuche im Irak zu; manche sahen in ihm einen „Anführer der internationalen Jihadisten-Bewegung" und potentiellen „Ersatz der Symbolfigur Usama bin Ladin".[41] *Al-Zarqawi* galt zudem als Militärchef der Jihadistischen Bewegung ‚Al-Tauhid'. Diese Gruppe mit Hauptsitz London ist weltweit in Zellen organisiert, die relativ autonom handeln und in ein internationales konspiratives Netz eingebunden sind, das u.a. die logistische und finanzielle Unterstützung sicherstellt.[42] Die Jihadisten senden ihre Rekruteure weltweit aus, um Kämpfer in den Irak zu bringen. Allein in Deutschland sollen über 120 Mujahidin angeworben worden und in den Irak gegangen

41 Jansen (2004), S. 3.

42 Vgl. Generalbundesanwalt, Pressemitteilung 14/2002.

sein. Nach *al-Zarqawis* Vorstellungen soll der Terrorismus aber auch Deutschland selbst treffen. Im Jahr 2001 z. B. bildete sich im Ruhrgebiet eine Al-Tauhid-Zelle, die Anschläge auf zwei Lokale in Düsseldorf und ein Ziel in Berlin plante, bevor das Bundeskriminalamt die Gruppe festnehmen konnte.[43] Zarqawi kam im Juni 2006 bei einem Raketenangriff amerikanischer Militärs ums Leben. Ein Nachfolger wurde umgehend benannt; der Jihad wird mit identischer Taktik fortgesetzt.

Darüber hinaus ist auch die ‚Verteidigung' gegen die zweite Angriffsart des ‚3-2-1-Modells' funktionsfähiger denn je: Anschläge auf symbolische Ziele des Feindes weltweit, um ihn zu einem Ende seines Exports von Werten und Verhaltensmustern zu veranlassen. Nach ihrer Ausbildung in Afghanistan fügten sich die Mujahidin wieder unauffällig in die Gesellschaften ihrer Heimat- oder Gaststaaten ein. Es handelt sich um ‚Terroristen im Wartestand' als ‚Fische im Wasser' mit Verbindungen zu anderen Kämpfern weltweit, die bereit sind, sich kurzfristig zu einer ‚Terror-Gruppe' zusammenzufinden. Experten schätzen, dass von 1991 bis 2001 ca. 20.000 bis 30.000 Kämpfer aus ca. 60 Staaten in ‚Jihad-Camps' in Afghanistan ausgebildet worden sind. Nach deren Zerstörung im Herbst 2001 reorganisierte sich die ‚al-Qa'ida'. Da ein zentrales ‚Dach' nicht mehr möglich war, etablierten sich regionale Netzwerke, die untereinander verbunden sind. Heute wird ein weltweites ‚Franchising-System' (Terrorismus im Lizenzverfahren) als Management-Modell angewendet: Die Jihadistische Gewaltideologie *Qutbs* und *Azzams* als ‚Corporate Identity'. Da aber die Kader nun nicht mehr an einem Ort zusammengezogen und ausgebildet werden können, etablieren sich zunehmend dezentralere Strukturen mit jungen Muslimen, die *bin Ladin* und die ‚al-Qa'ida' nur noch aus dem Fernsehen kennen. Lokale Prediger übernehmen die Rekrutierung und ideologische Ausrichtung dieser ‚dritten Generation der Jihad-Kämpfer'.[44]

Auskunft über Angriffsziele im ‚Westen' gibt ein ‚Terrorhandbuch des Jihadismus', das auf über 150 Seiten und in verschiedenen Kapiteln von den Angriffzielen über die Terrorvorbereitung bis hin zum Abtauchen alle terroristischen Bereiche detailliert beschreibt. Angegriffen werden sollen symbolische Ziele des ‚Feindes' wie politische und wirtschaftliche Einrichtungen, seine Versorgung, Touristen(-zentren) und „Stätten des Amusements und der Unmoral".

4. *Die drei Generationen der Jihadisten*

Es existieren mittlerweile drei Generationen von Jihadisten[45]:

Zur *ersten Generation* werden die Veteranen (Mujahidin) des Afghanistan-Kriegs (1979–89) gegen die ehemalige Sowjetunion gezählt. Sie bildeten den Kern, die Keimzelle dieses Terrorismus, die ‚Männer der ersten Stunde' des Netzwerkes.

43 Vgl. Jansen (2004), S. 3.

44 Als ‚Erste Generation' gelten die ‚afghanischen Mujahidin' von 1980–1989, als ‚Zweite Generation' die in den 1990er Jahren in den afghanischen Trainingslagern ausgebildeten Kämpfer.

45 Vgl. Dietl/Hirschmann/Tophoven (2006), Kap. 6.7.

Die *zweite Generation* umfasst jene 20.000–30.000 Männer aus der ganzen muslimischen Welt, die ab Mitte der 1990er Jahre in den Trainingslagern ‚al-Qa'idas' in Afghanistan ausgebildet wurden; darunter z. B. die Terroristen des 11. September 2001.

Nach dem 11. September 2001 waren die Jihadisten gezwungen, ihre ‚weltlichen' Organisationsstrukturen aufzugeben, um fortan nur noch als Idee bzw. politische Ideologie zu existieren. Eine neue Tätergeneration mit verschiedenen Schattierungen (*dritte Generation*) wuchs heran und nahm ihre Mission auf – mit ideologischen Versatzstücken und professionellen Anleitungen aus dem Internet. Ausgeprägte Netzwerk-Strukturen und Einbindungen werden nicht mehr benötigt; die Täter radikalisieren sich zunehmend isoliert. Sie sind ‚freie Radikale'; Autodidakten des ‚Heiligen Kampfes'.

Mittlerweile ist so ein internationales Geflecht verschiedener Kleingruppen entstanden, die nicht in zentrale Organisationsstrukturen eingebunden sind, aber dennoch lose Kontakte untereinander pflegen; inklusive Gefälligkeiten und Unterstützungsleistungen. Insofern handelt es sich um die Weiterführung des ‚Unverbundene Kämpfer-Konzeptes' (*Non-aligned Mudjahedin*), das bereits in den 1990er Jahren existierte. Die ‚*Non-aligned Mudjahedin*', waren Kader, die nicht der ‚al-Qa'ida' direkt zugerechnet werden konnten, allerdings die Jihad-Ideologie mit ihr teilten. Diese amorphen Kleinstzellen werden von erfahrenen Mittelsmännern und reisenden Instrukteuren im Sinne eines ‚Franchising-Systems' dirigiert. Multiplikatoren des Jihad fungieren als Service-Center und Anwerber; außerdem gibt es logistische Beratung und finanzielle Hilfe sowie Nachhilfe im alternativen Gesellschafts- und Verhaltensmodell des militant rückwärtsgewandten Islamismus. Die jeweiligen autonomen Kader und lokalen Zirkel in den europäischen Großstädten entscheiden dann selbstständig, wer, wann, wo und wie anzugreifen ist. Die ‚dritte Generation' ideologisierter Glaubenskämpfer lebt weitgehend unauffällig, unbescholten und anonym in westeuropäischen Immigrantenzirkeln. Oft sind dies Angehörige der zweiten Einwanderergeneration, die zum Tag eines Anschlags nicht auf den Radarschirmen der Sicherheitsbehörden auftauchen.

Darüber hinaus scheint sich auch eine Mutation der ‚Freien Radikalen' als weitere Verzweigung zu etablieren: Die ‚Plagiatoren des Jihad'. Dabei handelt es sich um Trittbrettfahrer, die das Jihad-Konzept für sich nutzen. Ein Beispiel hierfür sind die sogenannten ‚Kofferbomber von Köln' im Juli 2006. Zugang zu Sprengstoff und Netzwerkverbindungen des Jihad scheinen sie nicht gehabt zu haben. Im familiären Umfeld wurden zwar Kontakte zu fundamentalistischen Bewegungen entdeckt, die aber nicht als Einbindung in eine ‚jihadistische Internationale' gewertet werden können. Die verkappten Massenmörder scheinen sich relativ isoliert und sehr kurzfristig radikalisiert zu haben, um auf ein politisches Ereignis zu reagieren. Das Gefährliche an diesem ‚Jedermann-Terrorismus' ist, dass er völlig unkalkulierbar ist.

Die Strukturen der zweiten und dritten Jihad-Generation sind auch in Europa weiterhin intensiv ausgeprägt und funktionsfähig. Die ‚europäischen Anschläge' der Jihadisten in Istanbul (November 2002), Madrid (März 2004) und London (Juli 2005) sowie zahlreiche geplante, aber aufgedeckte Aktionen sind Ausdruck der Handlungsfähigkeit der Netzwerke, so dass nicht erwartet werden kann, dass die Gefährdung in Europa mittelfristig abnehmen wird. Allein in Deutschland wird allgemein von 2.000 bis 3.000 gewaltbereiten

‚Jihadisten' ausgegangen. Hinzu kommen die intensiven Rekrutierungsbemühungen der Jihadisten in Europa für die derzeit aktuellen Regionalkonflikte (besonders Tschetschenien und Irak).

III. Möglichkeiten der Bekämpfung im internationalen Kontext

1. Dimensionen der Bekämpfung

Die Organisationsform und das Weltbild des jihadistischen Terrorismus als Gewaltidee zeigen, dass es sich nicht um eine hierachisch-homogene Terrorgruppe klassischer Prägung handelt. Durch den Plattform-Charakter und die multinationale Ausrichtung kann zudem das Aktionsspektrum regional nicht mehr eingegrenzt werden. Bei der Ideologie, Durchführung und Verbreitung des ‚Jihadismus' erinnert viel an die Mechanismen von Sekten, ihre Mitglieder zu werben und zu binden.[46] Die Stärke jedes Fundamentalismus liegt in einem Autoritarismus, der seine Moral auf etwas gründet, was als absolute Wahrheit gilt.[47] Die ‚Jihadisten' sind dabei bereit, für ihr nach dieser ‚Wahrheit' zurechtgebogenes Realitätsempfinden zu sterben und zu morden. Ihre Interpretation der politisch-gesellschaftlichen Situation ist in der Struktur mit der von Endzeitsekten vergleichbar. Diese kennzeichnet[48]:

- *Extremistische* oder apokalyptische *Überzeugungen*.
- Ein *ausgeprägter Dualismus*, nämlich der Glaube, dass die Welt in ‚Gut' und ‚Böse' aufgeteilt ist, wobei man selbst das ‚Gute' repräsentiert.
- Das Empfinden als *verfolgte Auserwählte*: Man sieht sich selbst als auserwählte Elite (Propheten), die von verrückten und tyrannischen Mächten verfolgt wird.
- Ein *starker Determinismus*, denn die Bewegungen glauben, nur sie können der ultimative Gewinner des ‚letzten Kampfes' sein, wobei eine gewaltsame Auseinandersetzung immer notwendiger erscheint.
- *Rettung durch Konflikt*: Eine (Seelen-)Rettung hängt von der Teilnahme am Kampf ab, dessen Ziel die Vernichtung des Gegners ist.
- *Fehlende Hemmschwellen*: Da die gesellschaftlichen Normen und Regeln ‚des Feindes Werk' sind, können sie beliebig missachtet werden.

Die entscheidende Frage bei der Bekämpfung des islamistischen Terrorismus lautet mithin: Wie kann eine Gewaltideologie (in den Köpfen) bekämpft werden, die starke Übereinstimmungen mit einer Endzeitsekte aufweist?

46 Zu der Frage, wie Menschen dazu gebracht werden, sich einer Sekte bzw. einem Guru zu unterwerfen, vgl. detailliert Kramer/Alstad (1995).

47 Kramer/Alstad (1995), S. 222.

48 CSIS (2000).

Unterscheidungen sind zunächst auf zwei verschiedenen Ebenen notwendig: Es ist einerseits zu unterscheiden zwischen innen- und außenpolitischen Maßnahmen, anderseits zwischen reaktiven Maßnahmen zur Bekämpfung von Symptomen und präventiven Maßnahmen zur Bekämpfung von Ursachen des internationalen Terrorismus. An dieser Stelle werden die reaktiven und präventiven Maßnahmen der Innenpolitik nicht betrachtet, sondern ausschließlich solche der Außenpolitik. Als reaktive Maßnahmen gelten die unmittelbare Bekämpfung vorhandener Mujahidin und deren Strukturen, als präventive Maßnahmen die Auseinandersetzung mit den Faktoren, die der Gewaltideologie des ‚Jihad' immer neue Anhänger zutreibt.

2. *Die Wirkungslosigkeit klassischer Machtinstrumente*

Im Rahmen der außenpolitischen Terrorismusbekämpfung verfügt man zumeist nur über indirekte Gestaltungsmöglichkeiten. Drei Themenkomplexe sind von entscheidender Bedeutung: Die Anwendung von Gewalt gegen Terrorgruppierungen außerhalb des eigenen Landes, die Auswirkungen von Interessenpolitik und die Einflussnahme auf Entwicklungen in anderen Staaten. Jihadismus ist eine Herausforderung ideologisch-strategischer Natur, deren Bekämpfung überwiegend nicht-militärische Maßnahmen erfordert. Eine Ideologie kann daher international nicht mit klassischen Machtinstrumenten wie z. B. Streitkräften, Polizei und repressiver Diplomatie bekämpft werden.[49] Dies gilt schon deshalb, weil eine Selektion zwischen der gewaltbereiten Minderheit und der friedlichen Mehrheit der Bevölkerung im Alltag und mit dem Wissen der Bekämpfer kaum gelingen kann. Eine ‚Politik der harten Hand' wie z. B. in Tscheschenien oder im Irak kann daher nicht zielgenau ausfallen, sondern trifft vor allem Nicht-Kombattanten. Repressionen und Bekämpfungsaktionen gefährden in der Hauptsache das Leben und den Besitz derjenigen, die nicht Anhänger jihadistischer Gewaltideen sind, weil den Bekämpfern eine exakte Unterscheidung auch auf Grund der Taktik der Gewalttäter als ‚Fische im Wasser' der Bevölkerung bis zur Unmöglichkeit erschwert wird. Das nutzen die ‚Jihadisten' wiederum für ihre Propaganda, zur Verschleierung des Urhebers der Gewalt und zur Rechtfertigung für weitere Gewaltaktionen, in dem sie das Motto „Die Ungläubigen kämpfen gegen alle Muslime und unterdrücken sie" mit den Ergebnissen der fehlenden Treffgenauigkeit des Gegners unterfüttern. Hiermit ziehen sie wiederum neue Sympathisanten als ‚Betroffene der Terrorismusbekämpfung' auf ihre Seite.

Daher ist vom Einsatz klassischer Machtinstrumente bis auf wenige Ausnahmen grundsätzlich abzuraten, da sie eher als Brandbeschleuniger denn als Löschwasser wirken. Es gibt allerdings einige Bereiche, in denen militärische Operationen einen Beitrag zur Terrorismusbekämpfung leisten können. Nämlich dann, wenn klar identifizierbare Ziele vorliegen, deren Zerstörung oder Veränderung Terroristen in ihren Möglichkeiten beschneiden. Hierzu gehören die Zerstörung von Ausbildungslagern und sonstigen Kapazitäten ebenso wie die Beseitigung eines Patronagesystems. Wenn ein Basis- und Ausbildungsraum wie in

49 Vgl. Hirschmann (2006), S. 121.

Afghanistan einmal konsolidiert ist, gibt es bei seiner Zerschlagung keine vernünftige Alternative zu militärischer oder polizeilicher Gewalt.[50]

3. Die Bedeutung der Prinzipienpolitik

Entscheidender Teil einer präventiven Terrorismusbekämpfung ist die Frage der Interessenpolitik. In den zwischenstaatlichen Beziehungen hat die Interessenpolitik die Prinzipienpolitik zu einem großen Teil verdrängt. Entgegen anders lautenden öffentlichen Erklärungen waren in der Vergangenheit für die USA, aber auch für die Hauptakteure in Europa eher eigene Interessen als grundsätzliche Erwägungen für Unterstützung und Kooperation mit anderen Staaten entscheidend. Getreu der sogenannten ‚*Roosevelt*-Doktrin' „Ich weiß, er ist ein Hundesohn, aber er ist *unser* Hundesohn" spielten geopolitische und wirtschaftliche Erwägungen die Hauptrolle, was dazu führte, dass sich bisweilen die ehemaligen Kooperationspartner in Gegner verwandelten, deren militärische Fähigkeiten man selbst erweitert hatte. So wurden Extremisten und Diktatorenregime zu Kooperationspartnern, solange sie der Stabilität und den politischen Interessen dienlich waren. Demokratie, Menschenrechte und Pluralismus blieben Werte, die sich auf der politischen Bühne nicht durchsetzen konnten.

Die Gefahr bei einer so gestalteten Interessenpolitik tritt deutlich hervor: Viele Staaten und Gruppierungen, mit denen man freundliche Beziehungen pflegt und die zur ‚Anti-Terror-Allianz' gehören, sind auf Grund ihrer totalitären bzw. autokratischen Regierungen eher Teil des Problems als Teil der Lösung. Solche Regierungen unterdrücken jede Opposition mit Hinweis auf den Kampf gegen den Terrorismus, um ihre eigene Macht abzusichern. Wenn aber eine Opposition, die in muslimischen Staaten für Demokratie, Pluralismus und Modernisierung eintritt, in einen Topf mit ideologisch-rückwärtsgewandten Gewaltgruppierungen geworfen, drangsaliert und unterdrückt wird, finden die Radikalen mehr Gehör und Sympathien als die Stimmen des Ausgleichs. Wenn sich ein westlicher Staatschef bei einem Staatsbesuch eines Diktators positiv über dessen Beitrag zur Terrorismusbekämpfung äußert und ihn hofiert, stellt das ein katastrophales Signal für die eigene unterdrückte Bevölkerung dar. Die Perzeption lautet dann: ‚Unser brutaler Diktator und der Westen sind Kooperationspartner'. Derartige Herrschaftssysteme ziehen sich flächendeckend durch die muslimische Welt. Die jüngsten Maßnahmen und Ereignisse in den zentralasiatischen Republiken, aber auch in Nordafrika, in Westafrika und Südostasien sprechen für sich.

Europa und die USA sollten sich daher bemühen, nicht wie bisher überwiegend ‚auf das falsche Pferd zu setzen', sondern unterhalb der nationalen Regierungen pluralistisch-moderne Oppositionsgruppen unterstützen und parallel Druck auf die totalitären bzw. autokratischen Regierungen ausüben. Eine Abkehr von der direkten bzw. indirekten Förderung von Extremismus und Terrorismus müssen mithin nicht nur dann eingefordert werden, wenn es um die Gegner (oder Kooperationspartner von gestern) geht, sondern

50 Hirschmann (2003a).

auch bei den heutigen Verbündeten. Im Ergebnis bedeutet das, zu versuchen, das Primat der Interessenpolitik in diesem Segment hinter eine Prinzipienpolitik zurückzustellen und seine Außenbeziehungen diesbezüglich einer selbstkritischen Prüfung zu unterziehen.

Terrorismusbekämpfung als Ziel der Außenpolitik muss dauerhaft, umfassend und konsequent verfolgt werden. Terroristische Aktivitäten sollten auch dann nicht hingenommen werden, wenn man selbst nicht der Gegner ist oder er gar die eigenen Interessen unterstützt. Prinzipien wie Gewaltverzicht, Kampf gegen Extremismus, Demokratie und Menschenrechte können nur dauerhaft und gegen jeden eingefordert werden, nicht selektiv, wenn es in die Interessenlage passt. Das Netzwerk gewaltbereiter Jihadisten, die die Interessenpolitik des Westens zu ihrem eigenen Vorteil und zur Expansion nutzen, hat deutlich gezeigt, dass man sich beim Spiel mit dem Feuer auch die eigenen Finger verbrennen kann.

4. *Gesellschaftspolitische Ansätze*

Eine personenbezogene Bekämpfung ist ebenso nicht erfolgversprechend[51]: Es hat keine Wirkung, einige bekannte Jihadisten auf Steckbriefen zu veröffentlichen und hohe Summen auf ihre Ergreifung (tot oder lebendig) auszuloben. Die Ideologie wird dadurch nicht getroffen. Zwar ist es erforderlich, bekannte Jihad-Fanatiker als pathologisch Gewaltbereite einer Strafverfolgung zuzuführen, aber es muss als ‚zweite Schiene' der Bekämpfung vor allem sichergestellt werden, dass die Propagandisten der Ideologie nicht stetig neue Sympathisanten in hoher Zahl rekrutieren können. Dies funktioniert nur über gesellschaftspolitische Ansätze, sprich einer theologischen und politischen Auseinandersetzung mit der Ideologie.[52] Hierzu einige wenige Beispiele:

Die Islamisten sind bei denjenigen Teilen der Bevölkerung erfolgreich, die die wirtschaftlichen, sozialen oder kultureller Probleme ihres Alltags kaum bewältigen können. Der Islamismus verspricht ihnen eine umfassende und einfache Lösung dieser Probleme. Sie stellen wirtschaftliche Gerechtigkeit in Aussicht, lindern soziale Missstände durch die Bereitstellung von Dienstleistungen und verschaffen Selbstbewusstsein und Halt durch aktive Mitarbeit.[53] Damit erhalten sie auch für ihre radikalen Ansichten ein ‚dankbares' Auditorium.

Im Rahmen der präventiven Einflussnahme auf Entwicklungen in anderen Staaten sollte der Versuch unternommen werden, diesen Nährboden für Extremismus auszutrocknen. Hierzu gehört zunächst, z. B. den Islamisten nicht mehr widerstandslos das Feld der privaten Sozialleistungen und der Milderung von Armut zu überlassen. Neben der sehr wichtigen Armutsbekämpfung müsste auch das Informationsmonopol der Extremisten jenseits staatlicher Verlautbarungen durchbrochen werden, um ihnen Foren und Sympathisanten zu entziehen. Materielle Not und individuelle Perspektivlosigkeit waren stets

51 Vgl. Hirschmann (2006), S. 121.
52 Hirschmann (2006), S. 121.
53 Vgl. Steinberg (2002), S. 28.

Wasser auf die Mühlen der Demagogen mit den ‚einfachen Lösungen'. Gemäßigte einheimische Organisationen könnten hier mit finanziellen Mitteln ausgestattet werden. Ohne entsprechende staatliche Strukturen wird es aber kaum gehen. Daher müssen auch zentrale Koordinierungs- und Distributionsstrukturen in den muslimischen Staaten gestärkt werden - allerdings nicht im Sinne der Unterstützung eines repressiven Systems, sondern im Hinblick auf ‚Good Governance'.

Eine religiös-politische Auseinandersetzung mit der Gewaltideologie des ‚Jihadismus' muss gesellschaftlich aus den muslimischen Gemeinden heraus geleistet werden, deren Religion von einer absoluten Minderheit (ca. 3% der Muslime) missbraucht wird. Hierbei kann als Orientierung dienen, wie eine Gesellschaft mit Sekten umzugehen pflegt, um ihren Zulauf zu unterbinden. Die ‚Lehren' der Jihadisten müssen immer wieder öffentlich als mit dem Glauben unvereinbare Handlungen aufgegriffen und widerlegt werden. Dies gilt besonders in Moscheen, Kulturvereinen und anderen muslimischen Einrichtungen. Bedauerlicherweise ist es so, dass bisher nur fundamentalistische Quellen über die finanziellen Mittel verfügen, in Büchern, Broschüren und Videos ‚den Islam' zu erläutern. Benötigt wird eine internationale muslimische Bewegung, die islamistische Umtriebe in ihren jeweiligen Gemeinden konsequent zu unterbinden versucht. Hierzu bedarf es auch der finanziellen und politischen Unterstützung, um Aufklärungsarbeit leisten und ein entsprechendes Problembewusstsein bei den Muslimen schaffen zu können. Von entscheidender Bedeutung ist dabei auch, den Reformislam in den muslimischen Staaten zu stärken, der sich fatalerweise überall in der Opposition befindet und von zwei Seiten angegriffen wird: zum einen von den Islamisten und Jihadisten, die ihn als unislamisch denunzieren, zum anderen durch die eigenen despotischen Regierungen, die an Reformen, Modernisierung und Pluralismus überhaupt kein Interesse haben. Diese ‚Sandwich-Position' nimmt dem Reformislam häufig die Luft zum Atmen, denn entgegen der populären *Huntington*-These des ‚Kampfes der Kulturen' findet die eigentliche Auseinandersetzung nicht zwischen Christentum und Islam, sondern innerhalb des Islam zwischen Reformkräften und Islamisten statt.

Literatur

Alabied, Ryad (2001), Die Gerechtigkeit im Islam unter besonderer Berücksichtigung des Koran. Mainz.

Bergen, Peter L. (2001), Holy War, Inc. – Inside The Secret World of Osama Bin Laden. Free Press.

Bierbrauer, Günter (2002), Einige Anmerkungen zu den Ursachen des Internationalen Islamischen Terrorismus. In: Hanns-Seidel-Stiftung, Politische Studien, Heft 386, Nov./Dez. 2002, S. 61–64.

Bobzin, Hartmut (2001), Der Koran – Eine Einführung. München.

Bundesministerium des Innern, Hrsg. (2004): Islamismus. Berlin.

Burke, Jason (2005), Al-Qaida – Wurzeln, Geschichte, Organisation. Düsseldorf und Zürich.

Clarke, Richard A. (2004), Against all Enemies. München.

Crefeld, Martin van (1998), Die Zukunft des Krieges. München.

CSIS (2000), Doomsday Religious Movements, Canadian Security Intelligence Service, Report 2000/03, 18.12.1999.

Daase, Christoph (1999), Kleine Kriege – Große Wirkung. Wie unkonventionelle Kriege die internationale Politik verändern. Baden-Baden.

Debiel, Tobias (2002), Der zerbrechliche Frieden – Krisenregionen zwischen Staatsversagen, Gewalt und Entwicklung. Bonn.

Dietl, Wilhelm/Hirschmann, Kai/Tophoven, Rolf (2006), Das Terrorismus-Lexikon – Täter, Opfer, Hintergründe. Frankfurt a. M.

Elger, Ralf (Hrsg.) (2001), Kleines Islam-Lexikon – Geschichte, Alltag, Kultur. München.

Ferdowski, Mir A./Matthies, Volker (2003), Kriege, Kriegsbeendigung und Friedenskonsolidierung. In: Dies. (Hrsg.), Den Frieden gewinnen – Zur Konsolidierung von Friedensprozessen in Nachkriegsgesellschaften. Bonn, S. 14–40.

Frank, Hans/Hirschmann, Kai (Hrsg.) (2002), Die weltweite Gefahr – Terrorismus als internationale Herausforderung. Berlin.

Friedrich-Ebert-Stiftung (2004), Grundlagen des Islamismus, Innenausschuss A-Drs.15(4)134B–Teil1. Berlin.

Glagow, Rainer (2001), Die Dschihad-Tradition im Islam. In: Meier-Walser, Reinhard C./Glagow, Rainer (Hrsg.) (2001), Die islamische Herausforderung, Aktuelle Analysen 26, Hanns-Seidel-Stiftung. München, S. 37–66.

Gunaratna, Rohan (2002), Inside Al Qaeda – Global Network of Terror, Columbia University Press.

Hansen, Hendrik (2002), Globaler Dschihad. In: BpB – Aus Politik und Zeitgeschichte, B 18/2002, S. 17–25.

Heine, Peter (2001), Terror in Allahs Namen – Extremistische Kräfte im Islam. Freiburg i. Br.

Heine, Peter (2004), Islamismus – Ein ideologiegeschichtlicher Überblick. In: Bundesministerium des Innern (Hrsg.), S. 7–18.

Hirschmann, Kai (2003a), Terrorismus. eva Wissen 3000, Hamburg.

Hirschmann, Kai (2003b), Die Agenda der Zukunft: Die Folgen des Irak-Krieges und neue Konfliktkonstellationen. In: Hirschmann, Kai/Leggemann, Christian (Hrsg.), Der Kampf gegen den Terrorismus – Strategien und Handlungserfordernisse. Berlin, S. 363–403.

Hirschmann, Kai (2004a), Die Al-Qaida: Globaler islamistischer Netzwerkterrorismus. In: Bundesakademie für Sicherheitspolitik (Hrsg.), Sicherheitspolitik in neuen Dimensionen, Ergänzungsband I. Hamburg, S. 319–344.

Hirschmann, Kai (2004b), Der Masterplan des islamistischen Terrorismus. In: IFDT – Information für die Truppe, 4/2004, S. 30–38.

Hirschmann, Kai (2006), Der ‚Dschihadismus': Gewaltideologie einer politischen Sekte. In: Sicherheit + Frieden, IFSH Hamburg, 4/2006, S. 116–122.

Hirschmann, Kai/Leggemann, Christian (Hrsg.) (2003), Der Kampf gegen den Terrorismus – Strategien und Handlungserfordernisse. Berlin.

Hünseler, Peter (2003), Grundzüge einer Weltsicht islamistischer Fundamentalisten. In: Hirschmann, Kai/Leggemann, Christian (2003), S. 19–40.

Innenministerium NRW (2002), Ideologische Hintergründe der ‚Al-Qaida'. Düsseldorf.

Innenministerium NRW (2004), Islamismus – Instrumentalisierung der Religion für politische Zwecke. Düsseldorf.

Jacquard, Roland (2001), Die Akte ‚Osama bin Laden'. München.

Jansen, Frank (2004), Bin Ladens grausamster Schüler. In: Tagesspiegel (Berlin) vom 21.01.2004, S. 3.

Juergensmeyer, Mark (2004), Terror im Namen Gottes. München.

Kepel, Gilles (2002), Das Schwarzbuch des Dschihad – Aufstieg und Niedergang des Islamismus. München.

Kramer, Joel/Alstad, Diana (1995), Masken der Macht – Warum Menschen bereit sind, sich einem Guru zu unterwerfen. Frankfurt a. M.

Küntzel, Matthias (2002a), Die Entstehung des modernen Djihadismus im Kontext des Palästina-Konflikts. Manuskript Vortrag in Hamburg am 03. Juli 2002.

Küntzel, Matthias (2002b), Djihad und Judenhass – Über den neuen antisemitischen Krieg. Freiburg.

Landesamt für Verfassungsschutz Hessen (2002), Islamismus – Ideologie, Vordenker, Ziele. Wiesbaden.

Laqueur, Walter (2003), Krieg dem Westen – Terrorismus im 21. Jahrhundert. München.

Metzger, Albrecht (2002): Die vielen Gesichter des Islamismus. In: BpB – Aus Politik und Zeitgeschichte, B 3-4/2002, S. 7–15.

Müller, Harald (2003), Supermacht in der Sackgasse – Die Weltordnung nach dem 11. September. Lizenzausgabe BpB Bonn.

Münkler, Herfried (2002), Die neuen Kriege. Reinbek bei Hamburg.

Pohly, Michael/Durán, Khalid (2001), Osama bin Laden und der internationale Terrorismus. München.

Raddatz, Hans-Peter (2002), Von Allah zum Terror? – Der Djihad und die Deformierung des Westens. München.

Rashid, Ahmed (2001), Taliban – Afghanistans Gotteskrieger und der Dschihad. München.

Reuter, Christoph (2002), Mein Leben ist eine Waffe – Selbstmordattentäter: Psychogramm eines Phänomens. München.

Rudolph, Ulrich (2000), Überlegungen zum radikalen Islamismus – Die Lehren des Saiyid Qutb. In: Neue Zürcher Zeitung, Nr. 117 vom 20.05.2000, S. 101.

Schneckener, Ulrich (2002), Netzwerke des Terrors: Charakter und Strukturen des Terrorismus. SWP-Studie, Stiftung Wissenschaft und Politik 2002/S 42. Berlin.

Schoch, Bruno (2003), Der neue Terrorismus: Hintergründe und Handlungsfelder in arabischen Staaten. In: Hirschmann, Kai/Leggemann, Christian (2003), S. 41–80.

Schröm, Oliver/Laabs, Dirk (2003), Tödliche Fehler – Das Versagen von Politik und Geheimdiensten im Umfeld des 11. September. Berlin.

Stein, Georg/Windfuhr, Volkhard (Hrsg.) (2002), Ein Tag im September. Heidelberg.

Steinberg, Guido (2002), Islamismus und islamistischer Terrorismus im Nahen und Mittleren Osten – Ursachen der Anschläge vom 11. September 2001. Konrad-Adenauer-Stiftung „Zukunftsforum Politik", Nr. 39, Bonn.

Taheri, Amir (1993), Morden für Allah – Terrorismus im Auftrag der Mullahs. München.

Ulfkotte, Udo (2001), Propheten des Terrors – Das geheime Netzwerk der Islamisten. München.

Ulfkotte, Udo (2003), Der Krieg in unseren Städten – Wie radikale Islamisten Deutschland unterwandern. Frankfurt a. M.

Wehr, Hans (1977), Arabisches Wörterbuch für die Schriftsprache der Gegenwart und Supplement. Wiesbaden.

Eckart Werthebach

Terrorismus – Eine neue Form der Kriegsführung

I. Ausgangslage

Angriffe auf die Zivilisation durch den internationalen Terrorismus rufen in weiten Teilen unserer Gesellschaft Ängste hervor, die in der verbreiteten Furcht fokussieren, plötzlich Opfer brutaler Terroranschläge zu werden.[1] Terroristen, die gezielt ohne Vorwarnung große Menschenansammlungen heimtückisch angreifen und dabei eine möglichst große Zahl von Zivilisten zu töten beabsichtigen, praktizieren eine neue Dimension barbarischer Gewalt, die als militanter kriegsähnlicher Terrorismus oder als Terrorkrieg[2] zu brandmarken ist. Mit dem Übergang zu diesem Massenterror wird seit dem 11. September 2001 insbesondere der islamistische Terrorismus als die allgegenwärtige, anhaltende Bedrohung der westlichen Zivilisation, ja der Weltordnung empfunden, die nach Meinung von deutschen Ministern vermutlich noch Jahrzehnte andauern wird.[3] Die außerordentlich hohe Zahl weiterer terroristischer Angriffe nach dem 11. September 2001 bis in die jüngste Zeit mit zahlreichen Toten und Verletzten sowie vor allem die Terroranschläge von Madrid und London in 2004 und 2005 verstärkten die in Europa und Amerika verbreitete Furcht vor der menschenverachtenden Militanz islamistischer Terroristen. Die Verletzlichkeit moderner freiheitlicher Staaten und die scheinbare Schutzlosigkeit ihrer Bürger offenbaren, dass vor allem die westlichen Staaten trotz ihrer militärischen Stärke gegen diese globale asymmetrische Bedrohung bisher recht hilflos, ja machtlos erscheinen.

Die bekannten gebräuchlichen Schutzkonzepte und Abwehrstrategien[4] sind bei militanten Terroristen, die ihren Körper als Waffe einsetzen und sich durch militärische Macht nicht abschrecken lassen, weitgehend wertlos, da die gefahrenabwehrenden oder repressiven Gegenmaßnahmen entweder auf Angriffe fremder Staaten auf das eigene Territorium

1 Vgl. zur Thematik insbes. Werthebach (2004b); Werthebach (2005), S. 23ff.

2 Sofsky (2005), S. 110.

3 Gemeinsames Interview der Minister a. D. Schily und Beckstein, in: *Welt am Sonntag* vom 11.09.2005; vgl. auch Münkler (2004), S. 1.

4 Vgl. auch Hanning (2005), S. 33, der zur Begründung der Überwindung des statischen Strukturgefüges in der seit 1945 bestehenden bipolaren Weltordnung auf die fundamental veränderten sicherheits- und stabilitätspolitischen Rahmenbedingungen hinweist; Weidenfeld (2004), S. 11ff.

zielen oder aber kriminalistisch auf herkömmliche Tätertypen reagieren. Herfried Münkler hat zu Recht festgestellt, dass es sich bei den neuen Formen des transnationalen Terrorismus um eine Form des Krieges handelt.[5] Gegenüber islamistischen Terroristen sind folglich auch die general- und spezialpräventiven Mechanismen des Strafrechts – Entdeckungsrisiko, Angst vor Strafe – offensichtlich wirkungslos. Wenn dem internationalen Terrorismus aber auch mit Verhandlungen, Versprechungen und Konzessionen nicht beizukommen ist[6] und in dieser Konsequenz vorrangiges Ziel staatlicher Bekämpfungsstrategien eine erfolgreiche Prävention sein muss, kommt der gefahrenabwehrenden Arbeit der Nachrichtendienste und ihrer nationalen und internationalen Kooperationsbereitschaft eine entscheidende neue Bedeutung zu.

Die Gefahren des militanten internationalen Terrorismus wachsen. Der Beschluss des UN-Sicherheitsrates, die Terrorattacken vom 11. September 2001 als Angriff auf die USA zu werten und den Vereinigten Staaten das Recht zur Verteidigung einzuräumen, hat ebenso Bestand wie auch der der NATO, die vertragsgerecht den Bündnisfall festgestellt hat.

Wenngleich hier verzichtet werden soll, die vielschichtige Motivlage sowie die offenen und versteckten Ziele dieser internationalen Terroristen zu analysieren, sollte – schon wegen neuer Abwehrstrategien – über zwei Tatbestände Klarheit herrschen:

Zum Einen: der global operierende internationale Terrorismus ist organisatorisch ein Geflecht von beinahe überall in der Welt regional verankerten Zellen, die sich in der Abschätzung ihrer Erfolgsrisiken außerordentlich flexibel zeigen. Fast jede terroristische Anschlagsform ist denkbar und es stehen beinahe unbegrenzt exponierte Anschlagsziele zur Verfügung. Außerdem ist die Unvorhersehbarkeit und Unberechenbarkeit von Angriffen wesentlicher Teil der neuen terroristischen Bedrohung.

Zum Zweiten: Deutschland ist Teil eines „weltweiten Gefahrenraums" mit einem möglicherweise dauerhaften Gewaltpotential, das sich aus Spannungen, Auseinandersetzungen, Kriegen, Frustrationen, Leidenschaften und Resignationen speist, die an vielen Orten dieser Welt entstehen.

Ursächlich hierfür ist, wie auch der Bundesinnenminister meint,[7] der heutige weltumspannende Kommunikationsprozess – der Prozess der Globalisierung –, der beinahe jede Menschenansammlung dieser Erde zeitgleich teilnehmen lässt an unterschiedlichen Religionen, Traditionen, an Armut und Reichtum, an Überfluss, Leid und Not, an tatsächlichen oder vermeintlichen Ungerechtigkeiten, an Unterdrückung, an schrecklichen Gewalttaten und kriegerischen Auseinandersetzungen, die immer neue Gewaltspiralen in Gang setzen – wo auch immer auf dieser Welt.

Zugleich dringt die Diktatur der Angst in die Gesellschaft ein;[8] eine ängstliche Gesellschaft aber droht den Sinn für die Freiheit zu verlieren[9] und damit entsteht eine reale Ge-

5 Zu den Mutationen der Kriegsführung: Münkler (2004), S. 2f.

6 Sofsky (2005a).

7 Schäuble (2006).

8 Sofsky (2005), S. 36–38.

9 Di Fabio (2005), S. 8.

fahr für eines der Wesensmerkmale westlicher Zivilisation.[10] So wie neue Abwehrstrategien entwickelt werden müssen, die vorrangig auf eine nachhaltig verbesserte Gefahrenabwehr und Gefahrenvorsorge ausgerichtet werden, um bereits die Vorbereitung von Terrorangriffen erkennen und unterbinden zu können, muss die Sicherheitsarchitektur Deutschlands, die noch die Abwehrsituation vor dem Mauerfall abbildet und zudem sehr kostenintensiv ist, auf die neue Bedrohungslage übertragen sowie grundlegend von „alten Zöpfen" befreit und modernisiert werden.[11] Denn die in der Nachkriegszeit des Ost/Westkonflikts entstandene föderale Sicherheitsarchitektur hält nach wie vor strikt an der Trennung „Innere Sicherheit" und „Äußere Sicherheit" sowie „Katastrophenschutz" und „Zivilschutz" fest[12] und weist sie parallel oder getrennt den Gebietskörperschaften Bund und Ländern zu. Diese Zuständigkeitsstruktur ist deshalb überholt, weil eine existenzgefährdende militärische Bedrohung durch andere Staaten in Mitteleuropa auf absehbare Zeit nicht mehr besteht und eine neue asymmetrische Gefahr durch den internationalen militanten Terrorismus entstanden ist. Gleichwohl wird trotz seiner Militanz und seiner anderen Vorgehensweise auch dieser Terrorismus unverändert der herkömmlichen Kriminalität zugewiesen und damit als ein Fall der „Inneren Sicherheit" und im Ereignisfall ggf. als ein Fall des „Katastrophenschutzes" bewertet; beide Konstellationen begründen jeweils jedoch die ausschließliche Zuständigkeit der betroffenen Länder.

Der gefährdete Bürger darf jedoch erwarten, dass sein größtmöglicher Schutz nicht davon abhängig ist, ob der Anschlag oder das Schadensereignis als von „außen" oder von „innen" geführt gilt. In diesem Zusammenhang ist auch die Frage zu stellen, warum zwar die Bevölkerung Afghanistans oder auf dem Balkan durch Soldaten der Bundeswehr geschützt werden darf, nicht aber die eigene Bevölkerung, nicht einmal bei besonderen Sicherheitslagen.[13]

II. Informationelle und organisatorische Reorganisation der Sicherheitsarchitektur

Die spezielle, nur aus deutscher Geschichte[14] verständliche föderale Organisationsstruktur der Sicherheitsbehörden von Bund und Ländern, die strikte Trennung von polizeilichem Staatsschutz und Verfassungsschutz und die damit einhergehenden örtlichen und sachlichen Zersplitterungen von Sicherheitsaufgaben in selbständigen, voneinander unabhängigen Behörden mit zum Teil unterschiedlichen gesetzlichen Befugnisgrundlagen, führt zwangsläufig zu systemimmanenten Sollbruchstellen sowohl in der operativen Zusammen-

10 Gusy (2004), S. 20; vgl. hierzu auch „IV. Freiheitsrechte und Sicherheit" dieses Textes (S. 137f.).

11 So auch Schily (2005), S. 4f.

12 Zu hoffen bleibt, dass der völlig missglückte, wie in Deutschland föderal organisierte Katastrophenschutzeinsatz amerikanischer Stellen nach dem Hurrikan „Katrina" auch in Deutschland zu einer grundlegenden Debatte über die bestmögliche Organisationsstruktur führt.

13 Siehe unten den Unterabschnitt Einsatz der Bundeswehr im Innern, S. 134ff.

14 Vgl. dazu Werthebach/Droste (1995ff.), Rdnr. 2–10, 14f und Rdnr. 57ff.

arbeit als auch in der wichtigen zentralen Auswertung und Analyse gesammelter Informationen.[15] Die Folge ist, dass gewonnene Detail- und Einzelinformationen in ihrer Bedeutung nicht erkannt und nicht gespeichert werden und somit in keiner der örtlich und sachlich zuständigen Sicherheitsbehörden das zur erfolgreichen Prävention unverzichtbar notwendige, vollständige Lagebild entsteht. In Deutschland ist es denkbar, dass gleichzeitig mehrere Sicherheitsbehörden Hinweise auf bestimmte oder bestimmbare islamistische Terroristen bearbeiten, sie mangels Informationsdichte als nicht übermittlungsfähige sogenannte Prüffälle behandeln und einander nicht unterrichten. Das ist sowohl in der Zusammenarbeit der Nachrichtendienste als auch im kooperativen Verbund mit den Staatsschutzabteilungen der Kriminalämter zu befürchten.

Die unmittelbare Folge der aufgezeigten Behörden- und Zuständigkeitsvielfalt kann sein, dass eine konkret entstandene Gefahr – vor allem auch in ihrer Dimension – von keiner beteiligten Stelle erkannt wird, so dass die Sicherheitsbehörden ggf. nach einem Terroranschlag einräumen müssten, die Täter seien zwar namentlich bekannt gewesen, nicht jedoch ihr terroristischer Hintergrund. Die angesprochenen Schwachstellen gelten sowohl für die Zusammenarbeit föderal gegliederter Sicherheitsbehörden (Bundeskriminalamt und Landeskriminalämter; Verfassungsschutzämter von Bund und Ländern) als auch für die Zusammenarbeit verschiedenartiger nationaler Sicherheitsbehörden (polizeilicher Staatsschutz und Nachrichtendienste)[16] und schließlich auch für die internationale Zusammenarbeit von Staatsschutzbehörden und Nachrichtendiensten mit ausländischen Partnern und Sicherheitsinstitutionen. In dem Wissen um diese tief greifenden strukturellen Mängel sind unter Relativierung von im Nachkriegsdeutschland entstandenen und zwischenzeitlich gewachsenen Rechtstraditionen Einschnitte in die bestehende Sicherheitsarchitektur unerlässlich. Schlichte Appelle an die Kooperationsbereitschaft oder eine Intensivierung der ohnehin übermäßigen Koordinationspflichten der Sicherheitsbehörden von Bund und Ländern werden der real bestehenden Bedrohung durch den militanten Massenterrorismus ebenso wenig gerecht wie nur kosmetische organisatorische Veränderungen in der Struktur. Neben der verbesserungswürdigen und verbesserungsfähigen polizeilichen Gefahrenabwehr gilt es, Deutschland auf die neue Dimension denkbarer, unter Umständen kriegsähnlicher Katastrophenfälle vorzubereiten, auf die die zuständigen Stellen derzeit nur unzureichend vorbereitet sind.[17]

Es ist mithin im Interesse des Schutzes der Bevölkerung die traditionelle strikte Zweiteilung zwischen dem sog. friedensmäßigen Katastrophenschutz – gemeint sind konventionelle Unglücke, (Natur-)Katastrophen – und dem Zivilschutz – gemeint sind Gefahren und Risiken, die von militärischen Konflikten und Kriegen ausgehen – schon deshalb aufzuheben, weil Anschläge von Terroristen, selbst wenn sie militärische Dimensionen annehmen, rechtlich bisher als polizeiliche Gefahr bewertet werden, die den Einsatz des Zivil-

15 Vgl. dazu mit weiteren Belegen: Werthebach (2004b), S. 8–10.

16 Zur Abgrenzung von Staats- und Verfassungsschutz vgl. Werthebach/Droste (1995ff.), Rdnr. 159 (166).

17 Schily (2005), S. 5; Werthebach (2004a).

schutzes dem Grunde nach ausschließt. Zivilschutz- und Katastrophenschutzstrukturen müssen insbesondere auf der Management- und Führungsebene zusammengeführt werden. Die jetzige Zuständigkeitsverteilung wird den aktuellen Bedrohungsanalysen nicht gerecht. Außerdem muss die zivil-militärische Zusammenarbeit intensiv geübt werden. Letztlich ist über die Frage zu entscheiden, ob und inwieweit die Streitkräfte außerhalb des (festgestellten) Verteidigungsfalls und über die verfassungsrechtlich geregelte Amtshilfe hinaus zur Gewährleistung der inneren Sicherheit nicht nur in Afghanistan, sondern auch im Inland eingesetzt werden dürfen.

1. Notwendigkeit der informationellen automatisierten Vernetzung der Sicherheitsbehörden

Es ist wahrlich kein Geheimnis mehr, dass eine reibungslose, auf Effizienz ausgerichtete Zusammenarbeit der nationalen und internationalen Sicherheitsbehörden – namentlich der Staatsschutzpolizeien und der Nachrichtendienste – eine Grundvoraussetzung ist, den internationalen und damit auch den islamistischen Terrorismus zu analysieren und erfolgreich bekämpfen zu können. Das gilt im besonderen Maße für die durch die föderale Struktur entstandene Behördenvielfalt in Deutschland. Zum Beweis soll auf die kritischen Analysen amerikanischer Parlamentarier und Experten nach den Terrorangriffen vom 11. September 2001 in den USA hingewiesen werden.[18] Im Zentrum der Kritik an den amerikanischen Sicherheitsbehörden standen die ungenügende Koordination der Aufklärungsaktivitäten und der selektive Informationsaustausch zwischen offenbar konkurrierenden, egozentrischen Sicherheitsinstitutionen – strukturelle Mängel, die uneingeschränkt auch für die deutsche Sicherheitsarchitektur gelten. Die in föderal organisierten Staaten fehlende Einheit und die durch den fehlenden Verbund entstehenden strukturellen Defizite müssen zwingend durch einen wesentlich effektiveren, EDV-gestützten Austausch von sach- und personenbezogenen Informationen überbrückt werden. Nur dann ist es überhaupt möglich, informations- und sachgerechte Entscheidungen zu treffen und ein verantwortliches Krisenmanagement zu betreiben.

Die bis zum Dezember 2006 geltende Gesetzeslage[19] behindert jedoch auch die informationellen Kooperationsmöglichkeiten der Sicherheitsbehörden national und international, da der gesetzlich erlaubte personenbezogene Informationsfluss sogar zwischen den nationalen Sicherheitsbehörden nur aufgrund eines konkreten Anlasses erfolgen durfte und eine Übermittlungspflicht nicht bestand. Darüber hinaus war auch ein Datenverbund zwischen Polizeien und Nachrichtendiensten aufgrund der geltenden Rechtslage nicht erlaubt. Der personenbezogene Informationsaustausch im internationalen Rahmen ist nach wie vor stärker gesetzlich begrenzt. Die genannte rahmenrechtliche Schwäche wurde durch die administrative Zuständigkeitsvielfalt in der Beobachtung und Bekämpfung des Terrorismus noch verstärkt. Losgelöst von der Frage, ob die kompetenzielle Zersplitterung deut-

18 Vgl. im einzelnen: Werthebach (2004b), S. 6f., 9.

19 Werthebach (2004), S. 230f. mit konkreten Hinweisen.

scher Sicherheitsbehörden zu ändern ist, wurde seit dem 11.9.2001 gefordert, baldmöglich die gesetzlichen Voraussetzungen für eine EDV-gestützte informationelle Vernetzung der zur Beobachtung und Bekämpfung des Terrorismus zuständigen Sicherheitsbehörden von Bund und Ländern zu schaffen.[20] Dieser notwendigen informationellen Vernetzung steht die aus der deutschen Nachkriegsrechtstradition hervorgegangene strikte Trennung von Polizei und Nachrichtendiensten (das sog. Trennungsprinzip) – einfachgesetzlich begründet oder verfassungsfest[21] aus dem Rechtsstaats- und Bundesstaatsprinzip abgeleitet – nicht entgegen, da das Prinzip nicht auf eine informationelle, sondern auf eine organisatorische Trennung zielt.[22] Mit dem Gesetz zur Errichtung gemeinsamer Dateien von Polizeibehörden und Nachrichtendiensten des Bundes und der Länder vom 22.12.2006[23] hat der Deutsche Bundestag nun endlich die gesetzlichen Voraussetzungen geschaffen, beim BKA die geforderten Verbunddateien zu schaffen. Die Einrichtung gemeinsamer polizeilicher und nachrichtendienstlicher Kopfstellen/Lage- und Analysezentren insbesondere zur übergreifenden Auswertung von allen – bei welcher Stelle auch immer anfallenden – Informationen über den internationalen Terrorismus ist ein richtiger und wichtiger Schritt, um Nachteile der föderalen Sicherheitsstruktur bei international operierenden Kriminellen zu überwinden; denn die regelmäßige, zeitnahe Erarbeitung umfassender Lagebilder für alle Sicherheitsbehörden ist ein unverzichtbares Instrument der Prävention und Repression.

Es versteht sich von selbst, dass ein einheitliches gemeinsames Analysezentrum aller Sicherheitsbehörden als Terrorismusabwehrzentrum im Interesse einer erfolgreichen Bekämpfung des islamistischen Terrorismus das Ziel sein muss. Derzeit ist ein solches einheitliches Terrorismusabwehrzentrum in Berlin-Treptow noch nicht verwirklicht, denn die Informationsstränge Verfassungsschutz und (polizeilicher) Staatsschutz sind dort nach wie vor mit der Begründung getrennt, dass das sog. Trennungsgebot die Separierung gebiete. Die Erklärungen des früheren Bundesinnenministers zum derzeitigen Status der Analysezentren „Terrorismus" in Berlin-Treptow sind weder plausibel noch halten sie einer Rechtsprüfung stand; denn eine gemeinsame Auswertung der – von Polizei und Nachrichtendiensten – getrennt beschafften Informationen verletzt das sog. Trennungsgebot nicht, welches nur einer gemeinsamen operativen Beschaffung von Informationen durch Polizei und Nachrichtendiensten entgegenstehen kann.[24] Die informationelle Verzahnung von Polizei und Nachrichtendiensten des Bundes und der Länder ist also zulässig und ein ent-

20 Diese Forderung hat das Land Niedersachsen aufgegriffen; es hat im Bundesrat den Entwurf eines Anti-Terror-Datei-Gesetzes vom 01.09.2004 eingebracht (BR-Drucks. 657/04), der in den Ausschüssen hängen geblieben ist.

21 Nur die Verfassung des Freistaates Sachsen (Art. 83 Abs. 3 S. 1) enthält das ausdrückliche Gebot: „Der Freistaat unterhält keinen Geheimdienst mit polizeilichen Befugnissen."

22 Zum Begriff und zur Bedeutung des sog. Trennungsgebots vgl. Werthebach/Droste (1995ff.), Rdnr. 233ff.

23 BGBl. 2006 I Nr. 66.

24 Werthebach/Droste (1995ff.), Rdnr. 247.

scheidender Schritt auf dem Weg zu einer erfolgreichen Bekämpfung des internationalen Terrorismus.[25]

2. *Verbesserung der Not leidenden internationalen Zusammenarbeit*

Von allen Seiten wird anerkannt, dass die fehlende oder unzureichende Zusammenarbeit im über- und zwischenstaatlichen Bereich die größte Schwachstelle im Kampf gegen das global auftretende internationale Verbrechen ist.[26] Die bestehenden Einrichtungen und die nach dem 11. September 2001 eingeleiteten vielfältigen Bemühungen sind sicherlich ein wichtiger erster Schritt, so beispielsweise die Schaffung des EU-Terrorismusbeauftragten. Die konsequente Fortentwicklung vorhandener Institutionen (EUROPOL) und die Einrichtung europäischer Grenzschutzagenturen sind wichtige Schritte, um die kooperative Sicherheit multinationaler Systeme zu ermöglichen; denn die globalen Aktionen des internationalen Terrorismus, aber auch der Organisierten Kriminalität begründen die europäische Dimension der inneren Sicherheit nachdrücklich.

Gegenwärtig sind die EU und ihre Sicherheitseinrichtungen – EUROPOL – aber nicht einmal in der Lage, ein verlässliches Lagebild mit entsprechenden Gefährdungsbewertungen zu erarbeiten. Dies ist auch deshalb nicht möglich, weil eine nennenswerte Datenübermittlung der Mitgliedsstaaten nicht erfolgt. Sehr zügig muss eine verstärkte Informationszulieferung an EUROPOL von allen Mitgliedsstaaten erfolgen. Generell ist die Einrichtung eines Informationsverbundes der EU-Staaten für bestimmte Deliktsbereiche überfällig. Der schon lange geforderte ganzheitliche Ansatz – insbesondere bei der Terrorismusbekämpfung und Organisierten Kriminalität – ist schleunigst dadurch zu verwirklichen, dass nachrichtendienstliche, polizeiliche und ausländerrechtliche Informationen zusammengefasst und zentral ausgewertet werden.

Konkret heißt das auch: Das Schengener Informationssystem ist zu einem effektiven Fahndungssystem weiterzuentwickeln; außerdem sollte als Vorstufe für eine wünschenswerte spätere europäische nachrichtendienstliche Institution beim Terrorismusbeauftragten eine Zentralstelle eingerichtet werden. Im Übrigen wäre es wünschenswert, wenn die Kompatibilität zwischen den Sicherheitsdoktrinen der USA und der EU wieder hergestellt werden könnte, d. h. idealerweise sollte eine gemeinsame Strategie gegen den internationa-

25 Experten verwundert daher nicht die Diskussion in Großbritannien Ende des Jahres 2005 über die Effektivität britischer Anti-Terrormaßnahmen einschließlich der geplanten Gesetzesänderungen. In Analysen wird allenthalben von unausgereiften, nicht koordinierten Maßnahmen gesprochen, die nach dem 7. Juli 2005 beschlossen wurden. Interministerielle Sitzungen seien vor allem „Schwatzbuden" gewesen und es fehlten noch immer klare Verantwortlichkeiten. Wer die Entscheidungsabläufe im politischen Raum kennt, weiß, worüber in Großbritannien gestritten wird.

26 Auf dem informellen Treffen der Innen- und Justizminister der EU in Wien am 13./14. Januar 2006 wurde von allen Seiten eine Intensivierung der internationalen Zusammenarbeit angemahnt; vor allem sollen die Kompetenzen von EUROPOL (Einbeziehung in die operationalen Aufgaben der nationalen Polizeibehörden) erweitert werden, siehe auch „EUROPOL gegen Terroristen", in: *Frankfurter Allgemeine Zeitung* vom 16.01.2006, S. 5.

len Terrorismus gefunden werden, da beide aufeinander angewiesen sind und dies auch Voraussetzung für die neu zu entwickelnde transatlantische Partnerschaft ist. Zusätzlich ist die Zusammenarbeit der G8-Staaten und der UN bei der Bekämpfung des internationalen Terrorismus, der Organisierten Kriminalität, der Geldwäsche und der Nichtverbreitung atomwaffenfähiger Materialien deutlich zu stärken. Erfreulich ist immerhin, dass INTERPOL auf der 74. Generalversammlung am 21. September 2005 in Berlin beschlossen hat, die vom UN-Sicherheitsrat namentlich gesuchten Terroristen in ihr Fahndungssystem aufzunehmen; ein wichtiger, ein richtiger Schritt.

3. *Organisatorische Erneuerung der Sicherheitsstrukturen und ihre Grenzen*

Die in der deutschen Nachkriegsrechtstradition entstandene und durch den etablierten Sicherheitsföderalismus geprägte Sicherheitsarchitektur Deutschlands hat auch im Vergleich zu anderen westlichen Demokratien keinen homogenen Sicherheitsapparat hervorgebracht – im Gegenteil: Die örtliche und sachliche Aufteilung der zusammenhängenden Aufgaben „Staatsschutz und Verfassungsschutz" auf 38 selbständige Behörden ist weltweit ein organisatorisches Unikat. Zwangsläufige Folge zersplitterter Zuständigkeiten sind systemimmanente informationelle und kooperative Defizite, die sich vorzugsweise, aber nicht ausschließlich in der Bekämpfung der internationalen Kriminalität zeigen. Fehlerquellen und Wissensmängel in der Beschaffung, Auswertung und Übermittlung von Informationen sind eine weitergehende Konsequenz, welche die Effizienz präventiver Schutzmaßnahmen erheblich beeinträchtigen kann. Hinzu kommt zwangsläufig ein sehr zeitraubender Koordinierungsaufwand zwischen Bund und 16 Ländern, der erhebliche Reibungsverluste zur Folge hat.

Da außerdem die Sicherheitsbehörden von Bund und Ländern die im Wesentlichen gleichen Aufgaben „Staats- und Verfassungsschutz" mit unterschiedlichen gesetzlichen Befugnisgrundlagen erfüllen müssen, sind weitere Erschwernisse für eine erfolgreiche Bekämpfung global operierender Terroristen und Krimineller gegeben.[27] Die horizontal und vertikal zersplitterten Zuständigkeiten der für den Schutz der inneren Sicherheit verantwortlichen Institutionen führen also zwangsläufig zu Übermittlungsdefiziten, sind pannenträchtig und erziehen eher zur Nichtkooperation der Sicherheitsbehörden untereinander.[28]

Diese Fehlerquellen werden durch die Dezentralisierung der Aufgabe Verfassungsschutz, die von Bund und Ländern im Rahmen ihrer örtlichen Zuständigkeit parallel wahrgenommen wird, noch verstärkt. Diese – wie aus Art. 30 und 83 Grundgesetz folgt – verfassungsrechtlich untypische Form der Mischverwaltung von Bund und Ländern ist in Art. 73 Nr. 10 Grundgesetz festgeschrieben.[29] Dort ist auch dem Bund für Fragen der Zusammenarbeit der Kriminalpolizei und des administrativen Verfassungsschutzes die Gesetzgebungs-

27 Zur Abgrenzung der Begriffe „Staatsschutz" und „Verfassungsschutz" vgl. WERTHEBACH/DROSTE (1995ff.), Rdnr. 159ff. und 166.

28 WERTHEBACH (2003), S. 327f.

29 WERTHEBACH/DROSTE (1995ff.), Rdnr. 88ff. (90).

kompetenz zugewiesen. Die mit dem Ziele der Machtbegrenzung verfolgte Aufteilung der Sicherheitskompetenzen und die bereits damals – also zum Zeitpunkt der Grundgesetzformulierung – erkannten negativen Konsequenzen sollten durch bundesseitig einzurichtende Zentralstellen Kriminalpolizei und Verfassungsschutz gemildert werden.[30]

4. Konzentration des Verfassungsschutzes

Wie ausgeführt, ist die Aufteilung der in sich geschlossenen Aufgabe „Verfassungsschutz" auf 17 voneinander unabhängige, selbständige Behörden fachlich bedenklich und nur aus historischen Gründen zu erklären. Die heutige Bedrohungslage und die herausgehobene Rolle, die dem Verfassungsschutz als Teil der Gefahrenabwehr zukommt, erzwingt es, die unverhältnismäßige Zersplitterung der Zuständigkeit durch eine Neuorganisation zu überwinden. Für die fachlich gebotene administrative Konzentration der einheitlichen Aufgabe „Verfassungsschutz" bestehen verschiedene Gestaltungsmöglichkeiten: Die Aufgabe „Verfassungsschutz" wird dem Bund übertragen; Teile der Landesbehörden für Verfassungsschutz werden zu Außenstellen des Bundesamtes. Eine solche Zentralisierung erforderte Änderungen und Ergänzungen der Art. 73 Nr. 10 und Art. 87 Grundgesetz. Die derzeit 16 Landesbehörden für Verfassungsschutz werden im Wege von Staatsverträgen der beteiligten Länder, denen die Landesparlamente zustimmen müssen, zu sechs oder ggf. sieben in etwa gleichstarke Ämter zusammengefasst. Die parlamentarische Kontrolle und die Fachaufsicht obliegen dem im Staatsvertrag bestimmten federführenden Land.

Sollten politische Gründe der notwendigen organisatorischen Zusammenfassung der einheitlichen Aufgabe „Verfassungsschutz" derzeit noch entgegenstehen, ist eine Reihe von Maßnahmen erwägenswert, die auf eine Stärkung der Zentralstelle „BfV" zielen. So könnte das bis 1990 im Bundesverfassungsschutzgesetz enthaltene administrative Weisungsrecht des Bundesinnenministers gegenüber den Landesbehörden für Verfassungsschutz in Fragen der Zusammenarbeit der Verfassungsschutzbehörden zumindest für die Beobachtung des internationalen Terrorismus in dieser oder in einer anderen Form wieder eingeführt werden. Zu bedenken ist jedoch, dass diese Weisungsbefugnisse des Bundesministers des Innern in der umfassenden Gesetzesnovelle von 1990 wegen ihrer Bedeutungslosigkeit ersatzlos entfallen sind.[31]

Gesetzessystematisch käme für diesen Fall eine Ergänzung des Art. 87 Abs. 1 Grundgesetz oder eine einfachgesetzliche Regelung im Gesetz über die Zusammenarbeit der Verfassungsschutzbehörden des Bundes und der Länder in Betracht.[32] Darüber hinaus ist unterhalb der Schwelle von Gesetzesänderungen eine Konzentration bestimmter Aufgaben des Verfassungsschutzes beim Bundesamt für Verfassungsschutz (BfV) zur Stärkung der Zen-

30 Zum Begriff und der Geschichte insbes. der Kriminalpolizeilichen Zentralstelle s. WERTHEBACH/DROSTE (1995ff.), Rdnr. 104–108.

31 Vgl. zu den Weisungsbefugnissen im Verfassungsschutzrecht: BORGS-MACIEJEWSKI/EBERT (1986), § 5 Rdnr. 5ff. sowie die BT-Drucks. 7/3083 und V/4208, S. 6.

32 In der Fassung des Art. 20 des Artikelgesetzes zur Fortentwicklung der Datenverarbeitung und des Datenschutzes vom 29.12.1990 (BGBl. I S. 2970).

tralstelle anzustreben. So könnte ein sehr rascher Erfolg erzielt werden, wenn dem Bundesamt alleine die (zentrale) Auswertung/Analyse der bei allen Verfassungsschutzbehörden und beim Bundesnachrichtendienst anfallenden Informationen über den islamistischen Terrorismus übertragen würde, so dass das BfV auf der Ebene der Nachrichtendienste national und international zum zentralen Ansprechpartner für alle den islamistischen Terrorismus in Deutschland betreffenden Fragen wird. Pflicht des BfV wäre es, gestützt auf seine Auswertungsergebnisse, regelmäßig aktuelle Lagebilder zu erstellen und den Landesverfassungsschutzbehörden sowie den übrigen Sicherheitsbehörden als Arbeitsgrundlage zu überlassen. Auf jeden Fall sollte als erster Schritt für den Bereich internationaler Terrorismus bei den Verfassungsschutzbehörden von Bund und Ländern eine Textdatei als Verbunddatei des Verfassungsschutzes geschaffen werden, auf die nur die jeweils zuständigen Mitarbeiter des Verfassungsschutzes online zugreifen können (Fortentwicklung des NADIS-Systems).

5. Zentralisierung der kriminalpolizeilichen Zusammenarbeit zur Bekämpfung des internationalen Terrorismus und der international organisierten Kriminalität

Die in über 50 Jahren gewachsene föderale Sicherheitsstruktur des polizeilichen Staatsschutzes wird sich auch angesichts der neuen asymmetrischen Bedrohung durch den islamistischen Terrorismus nicht grundlegend verändern lassen, so dass Überlegungen, die Kriminalpolizei in Angelegenheiten des Staatsschutzes zu zentralisieren und die Landeskriminalämter in diesem Zuständigkeitsbereich zu unselbständigen Außenstellen des Bundeskriminalamtes (BKA) herabzustufen, die Wirklichkeit nicht widerspiegeln. Die gleichen Erwägungen stehen einer Neugründung eines Bundesamtes für öffentliche Sicherheit entgegen, in dem das Bundeskriminalamt mit dem (vereinigten) Verfassungsschutz zusammengeführt würde. Denn auch in diesem Fall entstünden neue Schnittstellen zwischen der Staatsschutz- und sonstigen Kriminalität, die insbesondere die Verhinderung und Aufklärung der Verbindungen von Terrorismus und Organisierter Kriminalität (OK) erschweren würde. Hinzuweisen ist jedoch, dass nach geltendem Recht grundsätzlich die vorbeugende und aufklärende Kriminalitätsbekämpfung eine Aufgabe der Länder ist, die – von einigen wenigen internationalen Deliktsformen abgesehen, die dem BKA auch nur zur Strafverfolgung übertragen sind – in die Zuständigkeit der Landespolizei fällt. Mit der Verfassungsänderung vom 28. 8. 2006 wurde zugunsten des BKA die Voraussetzung geschaffen, die präventiv-polizeiliche Zuständigkeit auf die Fälle zu erstrecken, in denen eine länderübergreifende terroristische Gefahr vorliegt, die Zuständigkeit einer Landespolizeibehörde nicht erkennbar ist oder die oberste Landesbehörde um eine Übernahme ersucht.[33] Die neu entstandenen globalen Bedrohungsszenarien erforderten eine breitere Verantwortung des Bundeskriminalamtes.

33 Vgl. Art. 73 Abs. 1 Nr. 9a Grundgesetz.

III. Empfohlene Verfassungsänderungen und weitere einfachgesetzliche Ergänzungen

1. Übertragung der Gesetzgebungskompetenz für die Bekämpfung des internationalen Terrorismus und der international Organisierten Kriminalität auf den Bund durch Ergänzung des Art. 73 oder 74 Grundgesetz

Die kriminalpolizeilichen Maßnahmen nach dem 11. September 2001 in Deutschland gestalteten sich schwierig und litten auch unter den unterschiedlichen präventiv-polizeilichen Befugnisgrundlagen der Landeskriminalämter. Die Folge war, dass die Länder Rasterfahndungen aufgrund unterschiedlicher Rechtsgrundlagen durchführen mussten. Außerdem zeigte sich erneut, dass das BKA seine herausgehobene Stellung auch in der internationalen Zusammenarbeit nicht zufrieden stellend wahrnehmen kann, wenn ihm jede präventiv-polizeiliche Befugnis vorenthalten wird. Darüber hinaus bestätigten die Ermittlungen der spanischen Polizei nach dem Terroranschlag vom 11. März 2004 in Madrid die enge Verknüpfung von Terrorismus und Organisierter Kriminalität (Drogenschmuggel), so dass nicht nur wegen der besonderen Gefahren, die von der international operierenden Organisierten Kriminalität ausgehen, eine konzertierte Aufklärung beider Deliktsfelder geboten ist.

Sollte der Übertragung der Gesetzgebungskompetenz nicht zugestimmt werden, so wäre hilfsweise – weil kein vollwertiger Ersatz – erwägenswert, wie beim BfV dem BKA als Zentralstelle im Einzelfall Weisungsbefugnisse gegenüber den nach dem BKA-Gesetz zur Zusammenarbeit verpflichteten Landesbehörden einzuräumen. Gesetzessystematisch gilt das zum BfV Gesagte.[34]

Losgelöst von gesetzgeberischen Maßnahmen ist es dringlich, dass die Zentralstelle BKA nicht nur zur Informationssammelstelle, sondern auch zur zentralen polizeilichen Auswertungs-/Analysestelle in Terrorismus- und OK-Angelegenheiten für Bund und Länder ausgebaut wird. Darüber hinaus wäre es für die alltägliche Bearbeitung des internationalen Terrorismus durch das BKA sachdienlich, wenn der Generalbundesanwalt, der für alle Ermittlungsverfahren nach §§ 129a und § 129b StGB zuständig ist, das BKA grundsätzlich mit den Ermittlungen beauftragen würde. Dabei sollte dem BKA – in Abstimmung mit der ermittelnden Staatsanwaltschaft – ein Weisungsrecht (vgl. oben) und Zugriffsrecht auf laufende Ermittlungsverfahren der Landeskriminalämter eingeräumt werden.

2. Übertragung der Gesetzgebungskompetenz auf den Bund zum Schutz der Bevölkerung vor Terroranschlägen und großflächigen Naturkatastrophen

Der Sicherheitsföderalismus Deutschlands trennt nach wie vor strikt nicht nur die Aufgabenfelder „Innere und Äußere Sicherheit" sondern auch den Schutz der Bevölkerung vor kriegsbedingten Schadensfällen – Zivilschutz als Bundesangelegenheiten – und friedens-

34 Vgl. oben S. 131.

mäßigen Katastrophen – Katastrophenschutz als Länderangelegenheiten –, obwohl eine existenzgefährdende militärische Bedrohung durch andere Staaten faktisch auf absehbare Zeit in Deutschland nicht mehr besteht und eine neue asymmetrische Bedrohung durch den internationalen Terrorismus entstanden ist.

Wenn die Sicherheit Deutschlands auch in Afghanistan zu verteidigen ist, darf der Schutz der Bevölkerung Deutschlands nicht darunter leiden, dass sich die Politik aus historischen Gründen nicht in der Frage verständigen will, wo endet die „Innere Sicherheit" und wo beginnt die „Äußere Sicherheit". Selbst wenn man vernachlässigt, dass in überschaubarer Zeit terroristische Angriffe mit sog. verschmutzten Bomben, die zu großflächigen Kontaminationen führen, auf westliche Metropolen möglich erscheinen, ist in Zukunft offenbar zunehmend auch mit gewaltigen Naturkatastrophen zu rechnen, die mit herkömmlichen friedensmäßigen Katastrophenschutzkräften kaum beherrschbar sind. Die Erfahrungen aus den USA mit dem Hurrikan „Katrina" beweisen erneut dramatisch, dass auch großflächige Naturkatastrophen mit einem ausschließlich zivilen Krisenmanagement nicht wirklich beherrschbar sind; eine Erfahrung, die in Deutschland zuletzt bei dem Hochwasser in Ostdeutschland im Jahr 2002 schmerzlich zu erfahren war. Das Führen und Steuern der Hilfskräfte in der Katastrophe ist natürlich erlernbar, aber kann nicht erst im Katastrophenfall geschehen.[35]

Zur Überwindung der genannten Schwachstellen wird gesetzessystematisch vorgeschlagen, eine entsprechende Bundeskompetenz in Art. 74 Abs. 1 Grundgesetz (ggf. in Art. 73 GG) zum Schutz der Bevölkerung bei terroristischen Anschlägen und großflächigen Katastrophen als Teil der konkurrierenden Gesetzgebung (ergänzend) aufzunehmen. Dadurch ist allerdings noch nicht die Frage gelöst, ob und in welchem Umfang die Streitkräfte über den eng gesetzten Rahmen der Amtshilfe (Art. 35 Grundgesetz) hinausgehend im Innern eingesetzt werden dürfen.

3. Einsatz der Bundeswehr im Innern[36]

Es hat bereits zahlreiche militante Akte der Massenvernichtung durch internationale Terroristen nach dem 11.9.2001 gegeben. Tausende Menschen wurden getötet oder verletzt.

Heute aber schon absehbar ist, dass in der nächsten Stufe der terroristischen Gewaltspirale die Gefahr droht, dass Zehntausende Menschen Opfer von Terroranschlägen mit biologischen, chemischen und nuklearen Stoffen werden können. Offenbar wagt heute kaum einer die chaotischen und grauenhaften Folgen solcher kriegerischen Terrorangriffe für das öffentliche Leben der betroffenen Völker und Länder zu beschreiben – oder wollen wir erneut das Undenkbare nicht denken? Wer sorgt aber im Ereignisfall für die Dekonta-

35 Der international renommierte Chef des italienischen Katastrophenschutzes, Guido Bertolaso, erklärte in einem Interview in der *Frankfurter Allgemeinen Zeitung* vom 10.09.2005 auf die Frage, was zu tun sei, um gut auf Naturkatastrophen zu reagieren, Organisation sei alles. ... Man brauche einen, der kommandiert. Der amerikanische Katastrophenschutz habe eine außergewöhnliche Organisation, denn es gebe den Katastrophenschutz des Bundes und den in den einzelnen Teilstaaten ... .

36 WERTHEBACH (2005), S. 30; WERTHEBACH (2004b), S. 10.

mination von Hunderttausenden? Wer beschafft und verteilt die völlig unzureichenden Medikamente? Wo sind die Entscheidungszentren, die die Lage beurteilen sollen? Wer betreibt das Krisenmanagement im Chaos? Fragen über Fragen, auf die heute trotz der Schreckensahnung noch keine Antworten gegeben werden können.[37] Bekannt ist nur, dass das geltende Notstandsrecht die seit dem 11.9.2001 sichtbar werdende asymmetrische Bedrohung durch den internationalen Terrorismus nicht vorausgesehen hat.

Es verwundert daher nicht, dass nach dem 11. September 2001 im politischen Raum erneut die Frage des Einsatzes der Bundeswehr im Innern angesprochen und bis heute sehr kontrovers diskutiert wird. Ohne die gegensätzlichen Argumente hierzu zu wiederholen, sollte von den Entscheidungsträgern *sine ira et studio* bedacht werden, dass eine Selbstermächtigung der Exekutive für Notlagen (Not kennt kein Gebot!) nicht in Betracht kommen kann und in allen westlichen Demokratien unter bestimmten Voraussetzungen ein Einsatz der Streitkräfte im Innern zur Aufrechterhaltung und Wiederherstellung der Inneren Sicherheit vorgesehen ist. Es geht also auch in Deutschland um nicht mehr, aber auch nicht weniger als unterhalb des Spannungs- bzw. des Verteidigungsfalles und des Staatsnotstandes Regelungen über den Streitkräfteeinsatz im Innern einzuführen, die in Frankreich, Großbritannien, Österreich und in der Schweiz funktionieren. Im politischen Raum wurden zwei unterschiedlich weitgehende Konzepte diskutiert: Der frühere und heutige Bundesinnenminister Dr. Schäuble drängt seit Jahren auf einen weitgehend unterstützenden Einsatz von speziell dafür ausgebildeten Streitkräften im Innern, wonach ein Nationaler Heimatschutz als Teil des Gesamtkonzepts Sicherheit geschaffen werden soll. Die Bundeswehr wäre also um eine eigenständige Organisationseinheit „Landesverteidigung und Heimatschutz" zu ergänzen, deren Vorbild die amerikanische Nationalgarde sein könnte. Demgemäß entschieden auch nur die Ministerpräsidenten der Länder über einen Einsatz in ihrem Land. Entsprechend wäre Artikel 87a Grundgesetz zu ändern.

Solche Überlegungen treffen sich mit geltenden Regelungen beispielsweise in der Schweiz; in der Bundesverfassung heißt es in Artikel 58 Abs. 2: „Die Armee dient der Kriegsverhinderung und trägt bei zur Erhaltung des Friedens; sie verteidigt das Land und seine Bevölkerung. Sie unterstützt die zivilen Behörden bei der Abwehr schwerwiegender Bedrohungen der inneren Sicherheit und bei der Bewältigung anderer außerordentlicher Lagen. Das Gesetz kann weitere Aufgaben vorsehen".

Das zweite Konzept ist von den Ländern Bayern, Hessen, Sachsen und Thüringen erarbeitet worden und sieht Änderungen der Artikel 35 und 87a Grundgesetz vor. Der im Bundesrat vorliegende Gesetzentwurf zielt darauf, die Streitkräfte künftig auch zum Schutz ziviler Objekte (Objektschutz) bei terroristischen Bedrohungslagen einzusetzen und im Grundgesetz klarzustellen, dass die Streitkräfte schon zur Verhinderung einer Katastrophe oder eines besonders schweren Unglücksfalls – bereits vor Eintritt des Ereignisses – eingesetzt werden dürfen sowie in besonderen Lagen den Streitkräften die Abwehr von besonderen Gefahren aus der Luft oder von See zu übertragen. In dem Wissen, dass die zur Gefahrenabwehr in Deutschland zuständige Polizei mangels Ausbildung und Bewaffnung nicht

37 Vgl. auch Sofsky (2005), S. 145–160.

in der Lage sein kann, bestimmte, quasi-militärische Angriffe von internationalen Terroristen abzuwehren, hat der Deutsche Bundestag in der 15. Legislatur ein Luftsicherheitsgesetz[38] verabschiedet. Das Bundesverfassungsgericht[39] hat am 15.2.2006 dieses Gesetz für nichtig erklärt. Die Entscheidung des Gerichts, wonach der Einsatz der Streitkräfte mit militärischen Waffen im Inland ohne eine neue explizite grundgesetzliche Ermächtigung nicht zulässig sei, hat die innenpolitische Auseinandersetzung eher nicht versachlicht. Die Entscheidung war zu erwarten. Die gesetzliche Ermächtigung der Streitkräfte, gemäß § 14 Abs. 3 des aufgehobenen Luftsicherheitsgesetzes mit Waffengewalt ein ziviles, im Inland entführtes Luftfahrzeug abzuschießen, das mit tatunbeteiligten, hilflosen Menschen besetzt ist, konnte vor dem Verfassungsgericht keinen Bestand haben, denn die Garantie der Menschenwürde ist weder zeitlich eingeschränkt noch ist sie etwa zahlenmäßig aufrechenbar.[40]

Nach der Entscheidung des Bundesverfassungsgerichts wird ein möglicher Einsatz der Streitkräfte im Innern von Teilen der Bundestagsabgeordneten noch strikter abgelehnt. Die Rechtslage ist eindeutig: Die Streitkräfte der Bundeswehr dürfen außerhalb des Spannungs- und Verteidigungsfalles – vom Bundestag und Bundesrat festzustellen – nur zur Abwehr eines Staatsnotstandes oder bei Naturkatastrophen und schweren Unglücken eingesetzt werden. Dabei ist zu bedenken, dass die Rechtsgrundlage für die (Amts-)Hilfe der Streitkräfte (Art. 35 GG) bei schweren Katastrophen und Unglücken nicht den Einsatz militärischer Mittel im Inland zulässt.

In dem Wissen um die politischen Implikationen und dem Bestreben des Bundestags, ein neues Luftsicherheitsgesetz zu erlassen, hat der Bundesinnenminister zu erwägen gegeben, den im Grundgesetz beschriebenen Verteidigungsfall (Art. 87a GG) – der zum Einsatz der Streitkräfte im Innern befugt – begrifflich so zu erweitern, dass die Streitkräfte nicht nur im Verteidigungsfalle, sondern auch zur „unmittelbaren Abwehr eines sonstigen Angriffs auf die Grundlagen des Gemeinwesens“ eingesetzt werden dürfen. Juristisch betrachtet ist der Abschuss eines Passagierflugzeuges – mit privaten Personen besetzt –, wenn überhaupt, nur nach geltendem, das Grundgesetz teilweise außer Kraft setzendem Kriegsvölkerrecht unter den dort genannten strengen Bedingungen zulässig, so dass es formal juristisch konsequent gedacht ist, den Begriff des Verteidigungsfalles zu erweitern. Außerhalb des Verteidigungsfalles gibt es – vor allem nach der Entscheidung des Bundesverfassungsgerichts vom Februar letzten Jahres – keine andere rechtliche Möglichkeit, das Gebot, den Kern des Grundrechts auf Menschenwürde nicht zu verletzen, zu wahren. Die politischen Implikationen, die der Vorschlag auslöste, lassen erkennen, dass im Deutschen Bundestag eine das Grundgesetz ändernde parlamentarische Mehrheit in der Frage des Einsatzes der Streitkräfte im Inland nicht erkennbar ist. Unstreitig sollte sein, dass gegen-

38 Vom 11. Januar 2005 (BGBl. I S. 78).

39 1 BvR 375/05.

40 Bei einem Terroranschlag von außen – wenn das Flugzeug z. B. im Ausland entführt wurde – gelten die Regeln der Landesverteidigung; Gegenmaßnahmen sind nach dem Grundgesetz und Völkerrecht zu beurteilen.

wärtig in Deutschland die Streitkräfte strikt nur im Rahmen der Artikel 87a in Verbindung mit Artikel 35 Grundgesetz eingesetzt werden dürfen, so dass nach geltendem Recht nicht einmal ein im Inland entführtes Flugzeug abgeschossen werden dürfte, welches ausschließlich mit Terroristen besetzt ist und das auf ein Atomkraftwerk oder ein voll besetztes Stadion gesteuert wird. Es ist also festzustellen, dass die gegenwärtige Position angesichts der klaren Entscheidung des Bundesverfassungsgerichts für die deutsche Sicherheitsabwehr brisanter ist, als sie es vor dem Erlass des Luftsicherheitsgesetzes war; denn auch das erfolgreiche Berufen auf den sog. übergesetzlichen Notstand ist angesichts der vom Bundesverfassungsgericht präzise vorgegebenen Rechtslage zumindest erschwert worden. Denn im Falle des Abschusses eines Luftfahrzeugs, das nur mit Terroristen besetzt wäre, hat das Gericht den Einsatz der Streikräfte mit Waffengewalt von einer vorherigen Ergänzung des Grundgesetzes – m. E. Art. 87a GG – abhängig gemacht. Das Urteil des Verfassungsgerichts schein eine Sicherheitslücke zu zementieren.

IV. Freiheitsrechte und Sicherheit

Die von Sicherheitsexperten eingeforderten neuen zielgenaueren Abwehrstrategien könnten rasch im Widerspruch zur geltenden Rechtswirklichkeit und der verwurzelten liberalen Kultur stehen.[41] Die in den westlichen Gesellschaften weit verbreiteten Ängste, Opfer von grausamen, nicht vorhersehbaren Terroranschlägen zu werden, leisten einem Sicherheitsdenken Vorschub, welches die ehernen Gesetze rechtsstaatlicher Verfasstheit und das gewachsene Freiheitsverständnis in Zweifel zieht; wie sonst sind die Diskussionen über das Erlaubtsein von Folter zu verstehen,[42] denn der Rechtsstaat muss sich stets – auch in Zeiten der Not – treu bleiben. Eine Waffengleichheit im Unrecht darf es nicht geben. Der Rechtsstaat muss mithin der Versuchung des Übermaßes widerstehen. Rechtlos im Rechtsstaat zu leben ist keine Handlungsalternative. Die zum Teil herbe Kritik nicht nur vieler Europäer an den amerikanischen legislativen und exekutiven Sicherheitsmaßnahmen und Grenzkontrollen im Kampf gegen den Terrorismus, die erkennbar einschränkende Folgewirkung für die Freiheitsrechte zeigen, ist vor dem Hintergrund zu erklären, dass sich die amerikanische Administration an der „Front im Kampf gegen den Terrorismus" sieht, aber nicht zu rechtfertigen. Die teilweise heftigen Diskussionen in Großbritannien – im Mutterland der freiheitlichen Demokratie – über die Vereinbarkeit der neuen Anti-Terrorismus-Gesetze mit den traditionellen rechtsstaatlichen Grundsätzen sind ebenfalls nur vor dem Hintergrund der Terroranschläge vom 7. Juli 2005 zu verstehen.

Im Grunde spiegelt sich auch in diesem Konflikt zwischen den USA und Europa die außenpolitische und völkerrechtliche Auseinandersetzung um die Legitimation von „Präventivkriegen" wider, da die westlichen Staaten offenbar unterschiedliche Vorstellungen über die richtige Strategie der Bekämpfung des internationalen Terrorismus auch im Innern

41 Weidenfeld (2004), S. 2 – Vorwort.
42 Di Fabio (2005), S. 9.

verfolgen. Erkennbar folgen die USA und möglicherweise auch Großbritannien, traumatisiert durch die Terroranschläge vom 11.9.2001 bzw. 7.7.2005 (in London), eher der Maxime, im Bereich der Vorbeugung weitreichende Eingriffe in die Bürgerrechte hinzunehmen, um Terroranschläge überhaupt verhüten zu können, während die Mehrzahl der EU-Staaten offenbar eher bereit ist, gewisse Gefahrenrisiken in Kauf zu nehmen, um Einschränkungen der Bürgerrechte maßvoll gestalten zu können.

Von einer anderen Qualität ist die Diskussion, ob und inwieweit deutsche Sicherheitsbehörden Informationen annehmen und verwenden dürfen, die durch Sicherheitsorgane eines totalitären Staates gewonnen wurden, oder ob deutsche Beamte in solchen Staaten einsitzende Terrorverdächtige vor Ort vernehmen bzw. Fragen zur Vernehmung der Verdächtigen an Vertreter dieser Staaten richten dürfen. Dabei ist landauf landab unbestritten, dass keine deutsche Sicherheitsinstitution – wo auch immer in dieser Welt – eine „Lizenz zu foltern" besitzt. Andernfalls würden wir uns in Widerspruch zu unserer Zivilisation setzen. Aber schon die Frage der Verwertung von Informationen aus Ländern, die unseren rechtsstaatlichen Maßstäben nicht entsprechen, wirft komplexe, vielschichtige Probleme auf, die rechtstheoretisch leichter zu lösen sind als in der praktischen Anwendung. Ist es vorstellbar, dass ein verantwortlicher deutscher Politiker Informationen, die für die Sicherheitslage Deutschlands relevant sind, zurückweist oder nicht zur Kenntnis nimmt, weil er weiß oder annehmen muss, dass die Information möglicherweise unter Anwendung der Folter gewonnen wurde? Allerdings ist schon ein Unterschied zu machen, ob auf der Ebene der Strafverfolgungsbehörden – also Staatsanwaltschaften und Polizei – die informationelle Zusammenarbeit mit Organen totalitärer Staaten erfolgt oder auf der m. E. weniger kritisch zu sehenden Ebene der nicht dem Legalitätsprinzip unterliegenden Nachrichtendienste. Die Kooperation der Geheimdienste außerhalb Deutschlands ist nicht selten in den Grauzonen des Rechts angelegt; in Zonen, in denen die dem Legalitätsprinzip unterworfenen Strafverfolgungsbehörden ihre Reputation verlieren können. Es spricht vieles dafür, dass andere Institutionen als Nachrichtendienste dieses Ermittlungsfeld und diese Zusammenarbeitsbasis grundsätzlich nicht betreten sollten; das gilt auch für Bundeswehrangehörige im Auslandseinsatz.

Im Übrigen sollte bedacht werden, dass sich die Frage des Verhältnisses von Freiheit – im Sinne von unbehelligt zu bleiben – und Sicherheit solange grundlegend anders stellt, wie internationale Terroristen noch nicht im Besitz von Massenvernichtungswaffen sind. Insofern wird – heute noch – unsere Freiheit primär an der Stärke der Barrieren gemessen, die den Einzelnen vor repressiven staatlichen Eingriffen schützen.[43] Es ist nur zu hoffen, dass Politik und Gesellschaft in der Lage sein werden, rechtzeitig erkennen zu können, wann der Übergang zum Massenterror einsetzt, der das Leben und die Gesundheit Hunderttausender gefährdet.

43 Sofsky (2005a).

Literatur

Borgs-Maciejewski/Ebert, Frank (1986), Das Recht der Geheimdienste. Stuttgart.

Di Fabio, Udo (2005), Kultur der Freiheit. München.

Gusy, Christoph (2004), Geheimdienstliche Aufklärung und Grundrechtsschutz. In: Aus Politik und Zeitgeschichte 54 vom 25. 10. 2004, S. 14–20.

Hanning, August (2005), Sicherheitspolitische Herausforderungen der Zukunft. In: Die neue Polizei, Heft 01/05, S. 33–34.

Münkler, Herfried (2004), Terrorismus heute – Die Asymmetrisierung des Krieges. In: Internationale Politik 2, S. 1–11.

Schäuble, Wolfgang (2006), Sicherheit in der Globalisierung – Utopie oder Staatsräson?, beim Bremer Tabaks-Collegium, Leipzig, 19. 09. 2006.

Schily, Otto (2005), Neue Sicherheitsarchitektur in der Bundesrepublik. In: Die neue Polizei, Heft 01/05, S. 4–5.

Sofsky, Wolfgang (2005), Das Prinzip Sicherheit. Frankfurt a. M.

Sofsky, Wolfgang (2005 a), Diktatur der Angst. In: Die Welt vom 22. 10. 2005.

Weidenfeld, Werner (2004), Für ein System kooperativer Sicherheit. In: Ders. (Hrsg.), Herausforderung Terrorismus – Die Zukunft der Sicherheit, Wiesbaden, S. 11ff.

Werthebach, Eckart/Droste, Bernadette (1995ff.), Art. 73 Nr. 10, Rdnr. 2–10, 14f. und Rdnr. 57ff.. In: Bonner Kommentar zum Grundgesetz (Loseblattsammlung), hrsg. von Dolzer, Rudolf/Vogel, Klaus, Heidelberg.

Werthebach, Eckart (2003), Die Zusammenarbeit von Polizei und Nachrichtendiensten bei der Terrorismusbekämpfung – Chancen, Grenzen, Probleme. In: der kriminalist 9, S. 326–329.

Werthebach, Eckart (2004), Idealtypische Organisation innerer und äußerer Sicherheit. In: Weidenfeld, Werner (Hrsg.), Herausforderung Terrorismus – Die Zukunft der Sicherheit, Wiesbaden, S. 230ff.

Werthebach, Eckart (2004a), Deutschland: Auf den Terror schlecht vorbereitet. In: Internationale Politik 2, S. 29–33.

Werthebach, Eckart (2004 b), Deutsche Sicherheitsstrukturen im 21. Jahrhundert. In: Aus Politik und Zeitgeschichte 54 vom 25. 10. 2004, S. 5–13.

Werthebach, Eckart (2005), Ist die deutsche Sicherheitsarchitektur noch zeitgemäß? In: Die neue Polizei, Heft 01/05, S. 23–30.

IV. Justizgewährung

Kurt Graulich

Justizgewährung und Geheimdienste

Einleitung

A. Vorbemerkung

Folgt man der Beschreibung des vorliegenden Projekts, geht es um Justizgewährung als Ausdruck von staatlichem Rechtsschutz und um Verhältnismäßigkeit beim staatlichen Mitteleinsatz. Justizgewährung als staatliche Pflicht und subjektives Recht ist die Kehrseite des staatlichen Gewaltmonopols, der bürgerlichen Friedenspflicht und des Selbsthilfeverbots. Durch den Artikel 19 Absatz 4 des Grundgesetzes der Bundesrepublik Deutschland ist der Rechtsanspruch als subjektives Recht mit Verfassungsrang verbürgt. Im Zusammenhang mit den sog. Hamburger Terroristenprozessen gegen Motassadeq und Mzoudi wurde ein umfassender Themenkomplex deutlich, der mit einigen bislang nicht befriedigend traktierten Fragen verknüpft ist. Dazu gehören, welche Rolle Strafverfahren als nachträglicher Grundrechtsschutz gerade bei der Verletzung hochwertiger Rechtsgüter spielen. Außerdem geht es um die Frage, ob die Justiz Exklusivbereiche staatlichen Handelns nach Maßgabe einer sog. *political question doctrine* zu beachten hat. Schließlich steht die Frage im Raum, ob der sog. neue Terrorismus die Schaffung eines bereichsspezifischen Ausnahmezustandes vom Recht („Freund- vs. Feindstrafrecht") gebietet.

Die demokratisch und rechtsstaatlich verfassten Länder reagieren mühsam auf fundamentale Angriffe gegen ihre politischen, gesellschaftlichen und wirtschaftlichen Einrichtungen und die darin lebenden und arbeitenden Menschen. Unter rein operativen Gesichtspunkten liegt dies daran, dass dieser Staatstyp Produkt von Gewaltbegrenzung ist, während seine fundamental gesonnenen Gegner ihren Gewalteinsatz oftmals gerade nicht begrenzen. Die Vorgehensweise der Attentäter vom 11. September 2001 ist ein Beispiel für die anscheinend grenzenlose Gewaltbereitschaft auf der Angreiferseite. Die inzwischen unternommenen einzel-, aber auch zwischenstaatlichen und internationalen Maßnahmen veranschaulichen die Schwierigkeit, auf solche Attacken in angemessener Weise zu reagieren, damit nicht die Verteidigung zerstört, was vor dem Angreifer geschützt werden soll.[1] Unter allgemein rechtlichen Gesichtspunkten liegt die Schwierigkeit darin, dass in der sog. nachwestfälischen Ordnung sich Staaten oder ihnen ähnliche Subjekte des Völkerrechts als Kriegsparteien legitimiert haben und anders verfasste Gewaltpotentiale in dieser Ordnung

1 Prantl (2004).

keinen Platz haben. Der transnational agierende nichtstaatliche Krieger ist also nicht nur ein Problem wegen seiner Gewalthaftigkeit, sondern auch weil er mit den Mitteln einer nationalen Rechtsordnung nicht einzudämmen ist und in der internationalen keinen definierten Ort hat, sich also der Rechtsordnung überhaupt entzieht. Dies bleibt auf die Rolle der Justiz im „Terrorkrieg" nicht ohne Auswirkung. Auf ein Minimum an politik- und militärwissenschaftlicher Hermeneutik kann allerdings eingangs nicht verzichtet werden, weil die Produkte von Bemühungen auf diesen Feldern der praktischen Politik näher erscheinen und sie auf diese Weise die Aufgabenstellung mitbestimmen, an der sich die Jurisprudenz anschließend abzuarbeiten hat (B.).

Die Thementrias „Justizgewährung, Staatsräson und Geheimdienste" verweist auf Rechtsinstitute und institutionelle Ebenen der rechtsstaatlichen Reaktionsweise gegen fundamental motivierte Terrorangriffe; ihre rechtlichen Inhalte und Voraussetzungen sind deshalb zu untersuchen (C.). Schließlich haben die inzwischen vergangenen vier Jahre seit dem „9/11" in der deutschen Gesetzgebung und Sicherheitsadministration eine Tendenz verstärkt, Geheimdienste mehr und mehr in die Kriminalitätsbekämpfung einzubeziehen. Dies erzeugt rechtsstaatlichen Nachholbedarf, denn die Arbeit dieser Dienste unterlag bislang keiner der Arbeit von Polizei und Staatsanwaltschaften vergleichbaren Kontrolle durch die Gerichte. Zum einen dürften damit die Zeiten zu Ende gehen, in denen Kontrolle und Überwachung der Geheimdienste durch parlamentarische Gremien wie die der Parlamentarischen Kontrollkommission und der G 10-Kommission als ausreichend gelten konnten. Zum anderen muss, wer Kriminalität bekämpft, auch den dazu entwickelten rechtlichen Überprüfungsmechanismen unterworfen werden, wie sie maßgeblich in dem Gerichtsverfassungsgesetz, der Strafprozessordnung und der Verwaltungsgerichtsordnung angelegt sind. Dies folgt bereits aus der Rechtsweggarantie gegen staatliche Hoheitsakte in Art. 19 Abs. 4 GG. Über die Anforderungen aus dem Blickwinkel der Justizgewährung hinaus ist somit über andere Kontrollmechanismen hinsichtlich der Arbeit der Geheimdienste nachzudenken; in dieser Hinsicht hält das gerichtliche Verfahrensrecht Lösungen bereit, die zweckentsprechend auszubauen sind (D.).

B. Kriegsbegriff, Terrorismus und Moderne

In den letzten fünfzehn Jahren ist viel Literatur über die sog. neuen Kriege entstanden, in der Begriffe nicht nur mit Erklärungswert für die Politikwissenschaft, sondern auch für Staats- und Kriegsvölkerrecht gebildet und unterschieden werden. Sie lässt sich nicht einfach in eine solche „vor" und „nach" dem 11. September 2001 teilen, weil meistens dieselben Autoren über die gesamte Zeit an der Theoriebildung beteiligt sind. Auch sind die Ausübungsbedingungen terroristischer Gewalt in Afghanistan, Tschetschenien und dem Irak andere als auf Djerba, in New York oder Madrid, obwohl teilweise identische oder ideologisch miteinander verbündete Gruppen agieren. Allerdings lassen sich drei übergreifende Aspekte beleuchten, die für das Gesamtthema von Bedeutung sind, nämlich der Kriegsbegriff (I.), der Terrorist (II.) sowie das Verhältnis von Totalitarismus, Fundamentalismus und Moderne (III.).

I. Kriegsbegriff

Im Anschluss an Clausewitz wird der Kriegsbegriff als „wunderliche Dreifaltigkeit"[2] bezeichnet, deren Teile Gewalt, Kampf und die Zugehörigkeit der Kämpfenden zu einer umfassenderen Gemeinschaft sind.[3] Ohne den Zusammenhang mit der sozialen Ordnung einer Gemeinschaft wird bereits die Beschreibung eines gewaltförmigen Geschehens als Krieg problematisch.[4] Keine Erörterung kriegerischer Ereignisse des 20. und 21. Jahrhunderts kommt darüber hinaus um die Bestimmung seines Verhältnisses zur Staatlichkeit aus.

„Die Einteilung der historischen Kriegsformen in Staatenkriege, Bürgerkriege und nicht-staatliche Kriege reflektiert die herausragende Bedeutung, die der Staatenkrieg seit dem Dreißigjährigen Krieg gespielt hat. Dessen Einfluss auf die öffentliche Wahrnehmung ist so groß, dass lange Zeit nur diese Form als ‚eigentlicher Krieg' begriffen wurde."[5]

Auch der staatliche Krieg ist nach Clausewitz ein Akt der Gewalt, und es gibt in der Anwendung derselben keine Grenzen.[6] Schrittweise hat sich allerdings seit dem Westfälischen Frieden ein internationales System entwickelt, das auf dem Doppelaspekt von Limitierung und Legitimierung des Krieges basierte. Die Legitimierung ist in dieser Perspektive die Voraussetzung seiner Limitierung, weil danach der „Feind" im Krieg kein Verbrecher, kein Rechtsbrecher ist, sondern als prinzipiell gleich anerkannt wird.[7] „Erst diese prinzipielle Anerkennung des Gegners als gleich ermöglicht den Abschluss von Friedensverträgen, die wesentlich problematischer sind, wenn der Feind als Verbrecher wahrgenommen wird."[8] Formell findet die Begrenzung des staatlichen Krieges ihren Ausdruck im Völkerrecht und in den Bestimmungen der Haager Landkriegsordnung.

Wie Terrorismus definiert werden kann, ist aus sachlichen und machtpolitischen Gründen umstritten. Der als terroristisch apostrophierten Gewalthandlung wird die politische Legitimität abgesprochen. Den dadurch charakterisierten Akteuren wird bedeutet, dass ihr Anliegen nicht verhandelbar ist, jedenfalls solange sie sich bestimmter Formen der Gewalt-

2 „Der Krieg ist also nicht nur ein wahres Chamäleon, weil er in jedem konkreten Falle seine Natur etwas ändert, sondern er ist auch seinen Gesamterscheinungen nach in Beziehung auf die in ihm herrschenden Tendenzen eine wunderliche Dreifaltigkeit, zusammengesetzt aus der ursprünglichen Gewaltsamkeit seines Elements, dem Hass und der Feindschaft, die wie ein blinder Naturtrieb anzusehen sind, aus dem Spiel der Wahrscheinlichkeiten und des Zufalls, die ihn zu einer freien Seelentätigkeit machen, und aus der untergeordneten Natur eines politischen Werkzeugs, wodurch er dem bloßen Verstande anheimfällt." (Clausewitz, *Vom Kriege*, Erstes Buch, 1. Kapitel, Resultat für die Theorie; zit. nach der Ausgabe von 1945.)

3 Creveld (1998), S. 64ff., spricht daher vom „tinitarischen Krieg".

4 Vgl. die entsprechend aufgebaute vierbändige Darstellung *Geschichte der Kriegskunst* von Hans Delbrück.

5 Herberg-Rothe (2003), S. 24.

6 Clausewitz (Fn. 2) Äußerste Anwendung der Gewalt.

7 Schmitt (1950), S. 112ff.

8 Herberg-Rothe (2003), S. 32ff.

anwendung bedienen.[9] Die Definition macht aber mindestens hinsichtlich eines weiteren Merkmals im Kriegsbegriff nach Clausewitz Schwierigkeiten: Danach handelt es sich um einen „Akt der Gewalt, um den Gegner zur Erfüllung unseres Willens zu zwingen". Demnach muss ein erklärter oder erkennbarer politischer Wille existieren. „Da terroristische Organisationen im Verborgenen operieren und durch nichthierarchische Netzwerkstrukturen gekennzeichnet sind, ist das oft nicht ohne weiteres möglich. In diesen Fällen muss ein solcher politischer Wille letzten Endes konstruiert und personalisiert werden, um den Gegner identifizierbar und damit bekämpfbar zu machen."[10] Terrorismus lässt sich „als eine Form der Gewaltanwendung beschreiben, die wesentlich über die indirekten Effekte der Gewalt Erfolge erringen will." In diesem Sinn kann „Terrorismus als eine Kommunikationsstrategie bezeichnet" werden, „durch die auf eine besonders spektakuläre Art und Weise Botschaften verbreitet werden sollen."[11]

II. Aus der Typologie der Waffenträger: Der Terrorist

Das Kriegsgeschehen ist nicht zu trennen von den Ausübenden. Im Laufe der Zeit ist eine umfangreiche einschlägige Typologie entwickelt worden wie z. B. Krieger, Söldner, Guerilleros, Warlords, Rebellen, Soldaten, Partisanen, Terroristen usw. Sie unterscheiden sich voneinander „in der Art und Weise ihrer Bewaffnung, ihrer Motivation und Mentalität." Teils treten sie als Einzelkämpfer in Erscheinung, teils kollektiv, teils geben sie sich als Kombattanten zu erkennen, teils tauchen sie in der sie umgebenden Zivilbevölkerung unter.[12]

Der klassische Kriegsbegriff wird durch sog. irreguläre Kriege immer wieder in seiner Tragfähigkeit getestet, insbesondere weil er auf diese Weise jeweils zu anderen Dynamiken gezwungen wird. So hat der Partisanenkrieg „die Kräfteverhältnisse des klassischen Krieges revolutioniert, indem er die Zivilbevölkerung in eine militärische Ressource verwandelt hat, von der nur die Partisanen, nicht aber reguläre Streitkräfte, zu profitieren vermögen. ... Aber der Partisanenkrieg ist und bleibt eine in militärischer Hinsicht prinzipiell defensive Strategie, auch dann, wenn sie politisch für revolutionäre Zwecke eingesetzt wird. Dadurch unterscheidet sie sich grundsätzlich von der Strategie des Terrorismus, die nicht nur politisch, sondern auch in operativer Hinsicht einen wesentlich offensiven Charakter hat."[13] „Während im Partisanenkrieg die eigene Zivilbevölkerung als Schutz- und Ruheraum benutzt wird, sind es für die heutigen Terroristen die Zivilbevölkerung und die Infrastruktur ihres antizipierten Gegners, die als Kampffeld und Mittel der gewaltsamen Auseinandersetzung benutzt werden."[14]

9 Münkler (2002), S. 175.
10 Münkler, a. a. O., S. 176.
11 Münkler, a. a. O., S. 177.
12 Herberg-Rothe (2003), S. 60.
13 Münkler (2002), S. 190f.
14 Herberg-Rothe (2003), S. 81.

III. Totalitarismus, Fundamentalismus und Moderne

Die „religiös imprägnierten" terroristischen Gruppen verzichten im Unterschied zu sozialrevolutionären oder ethnisch-nationalistischen Gruppen nach begangenen Attentaten weitgehend auf Bekennerschreiben und vertrauen anscheinend ausschließlich „auf die Aussagekraft der Bilder des Anschlages".[15] Die zwar explizite Form, aber nicht-intellegible und nicht-diskursive Art der darin enthaltenen Mitteilung macht den fundamentalistischen Terror zu einer totalitären Spielform.[16] Dies erlaubt die Heranziehung entsprechender analytischer Erklärungen, und dabei spielt das Verhältnis von Atavismus und Moderne eine wichtige Rolle: „In allen bisher bekannten Fällen eines ausgebildeten oder tendenziellen Totalitarismus hat es eine Verbindung von modernen Elementen mit Werten nicht aus der ‚einfachen', unmittelbar vorausgehenden Vergangenheit, sondern aus der *Vor*vergangenheit, dem Plusquamperfekt, gegeben: etwa die Vorstellung der Einheit eines germanischen Stammes und einer kommunistischen Urgesellschaft, oder mit dem Mythos der Schlacht auf dem Amselfeld oder der Umma zur Zeit Mohammeds.

Diese Verbindung von uralten Mythen, dem Plusquamperfekt, mit höchst modernen Teilelementen, dem Futur II – es wird gewesen sein –, machte die Attraktivität und ‚Modernität' der historischen Totalitarismen und totalitaristischer Sektenbewegungen aus und spielte schon beim Völkermord an den Armeniern, dem ersten des 20. Jahrhunderts, eine entscheidende Rolle. Das Verhältnis von Moderne ... und Gewalt ist somit ambivalent."[17]

Das Verhältnis der westlichen Kriegstheorie zu den aktuellen Erscheinungsformen von Terrorismus und *low intensity wars* erscheint nicht als abgeschlossen. Es gibt Anzeichen dafür, dass sich als Legitimationsgrund für kriegerisches Handeln eine Art „heroische Metaphysik des Kampfes"[18] entwickelt, die sich aus der „naturhaften Unvermeidbarkeit"[19] des Krieges speist. Es gibt aber auch Anzeichen dafür, dass der Statuierung der postheroischen Gesellschaft, die ja eine solche ohne Heroen ist, die Postulierung einer heroischen

15 Münkler (2002), S. 200f.

16 Die Verwobenheit von totalitärer Herrschaft und Terror hat Hannah Arendt (1995) aufgezeigt: „Das Wesen totalitärer Herrschaft ... ist der Terror, der aber nicht willkürlich und nicht nach den Regeln des Machthungers eines einzelnen (wie in der Tyrannis), sondern in Übereinstimmung mit außermenschlichen Prozessen und ihren natürlichen oder geschichtlichen Gesetzen vollzogen wird. Als solcher ersetzt er den Zaun des Gesetzes, in dessen Umhegung Menschen in Freiheit sich bewegen können, durch ein eisernes Band, das die Menschen so stabilisiert, dass jede freie, unvorhersehbare Handlung ausgeschlossen ist (S. 711) ... Terror macht die Menschen unbeweglich, als stünden sie und ihre spontanen Bewegungen nur den Prozessen von Natur oder Geschichte im Wege, denen die Bahn freigemacht werden soll." (S. 712).

17 Herberg-Rothe (2003), S. 55ff.

18 Herberg-Rothe, a. a. O., S. 57 und 59 unter Hinweis auf Nietzsche und Foucault einerseits sowie van Creveld und Keegan andererseits.

19 Vgl. John Keegan über „Der Krieg und die Natur des Menschen" in Keegan (1995), S. 130; Keegan hält sich allerdings mit tragfähigen Schlussfolgerungen im Sinne einer Unvermeidbarkeits-These zurück und erwägt Wege zu Bedingungen von friedlicher Problemlösung (a. a. O. S. 102ff.)

Zivilgesellschaft folgt, in welcher der Stoizismus der Nicht-Kämpfer die Geduld des effekt-heischenden terroristischen Angreifers erschöpft.

Die Aufrechterhaltung des gehegten Kriegs[20] ist für die rechtsstaatlichen Demokratien auf Dauer eine Frage des Fortbestandes ihrer politischen Identität.[21] Die kulturpessimistische Alternative hält Krieg für eine der menschlichen Tätigkeiten, bei der die Nachahmung eine wesentliche Rolle spielt, weshalb ein nicht rasch beendeter Krieg dazu führt, dass beide Seiten sich einander angleichen. Ein ausgedehnter Konflikt neuen Typs würde demnach dazu beitragen, dass die bestehenden Unterscheidungen zwischen Regierungen, Streitkräften und Menschen zusammenbrechen.[22] Ein ausrechenbarer Weg zu nicht kriegerischen Konfliktlösungen ist mit den Mitteln der Kriegstheorie nicht aufzufinden. Dies hängt nicht nur mit den irrationalen Wurzeln des religiös motivierten Terrorismus der letzten Jahre zusammen. Eine globale politische Ökonomie, die für den Krieg keinen Raum lässt, erforderte eine neue Kultur menschlicher Beziehungen. Da der Geist des Krieges die meisten bekannten Kulturen durchdrungen hat, verlangt ein kultureller Wandel einen Bruch mit der Vergangenheit, für den es kein Vorbild gibt. Andererseits gibt es ebenso wenig ein Vorbild für die Bedrohung, die ein künftiger Krieg für die heutige Welt bedeutet.[23]

C. Rechtsinstitute und institutionelle Ebenen der rechtsstaatlichen Reaktionsweise auf terroristische Angriffe

Die Verundeutlichung des Kriegsbegriffs und seiner Teilphänomene färbt auf das Recht ab. So wird teilweise der zwischenstaatliche Krieg als historisches Auslaufmodell bezeichnet und verbunden damit auch die wesentlich an Staaten adressierten Normen des heutigen Völkerrechts. Es gibt daher die Einschätzung, während die Europäer noch versuchten, das bestehende Völkerrecht weiterzuentwickeln und es den veränderten weltpolitischen Konstellationen anzupassen, hätten die Amerikaner damit begonnen, sich schrittweise davon zu verabschieden. Dass die USA sich weigerten, „eine Kriegsverbrechen ahndende internationale Gerichtsbarkeit anzuerkennen“, sei „ein Indiz dafür, und auch die Tatsache, dass amerikanische Intellektuelle unterschiedlicher politischer Provenienz die Idee des gerechten Krieges“ propagierten, deute darauf hin.[24]

Dementsprechend unterscheiden sich die in Betracht gezogenen Lösungsmethoden. „Die Strategie der Europäer im Kampf gegen den internationalen Terrorismus besteht

20 Vgl. „der umhegte Raum, in welchem staatlich autorisierte und militärisch organisierte Mächte unter den Augen aller europäischen Souveräne ihre Kräfte miteinander messen“; Schmitt (1950), S. 114.

21 Herberg-Rothe (2003), S. 59.

22 Creveld (1988), S. 38; das ebenfalls vor dem 11. September 2001 geschriebene Buch von John Keegan, *Die Maske des Feldherrn*, sieht demgegenüber für das von ihm so genannte „postheroische Zeitalter“ die Aussicht, dass die Vernunft in der Gestaltung der öffentlichen Angelegenheiten als größte aller Tugenden sich am Ende durchsetzen wird (S. 509).

23 Keegan (Fn. 19), S. 103.

24 Münkler (2002), S. 240.

darin, durch die Wiederherstellung von Staatlichkeit, die in innergesellschaftlichen wie transnationalen Kriegen zerfallen ist, die Verwurzelungsmöglichkeiten für terroristische Netzwerke systematisch zu minimieren und auf diese Weise die Existenz- und Operationsbedingungen von Terroristen zu beschränken. Die Amerikaner setzen dagegen offenbar auf einen lange dauernden, womöglich permanenten Krieg gegen terroristische Organisationen ... Es wäre ein Krieg an einer neuen ‚imperialen Barbarengrenze', der immer wieder aufflackern würde".[25]

Die sog. westlichen Demokratien haben zivilgesellschaftliche Rechtsordnungen ausgebildet, welche aus einem Kern von materiellen und Verfahrensrechten bestehen. Als allgemeiner Ausdruck dessen kann die Europäische Menschenrechts-Konvention angesehen werden. Ungeachtet von Unterschieden im Detail ermöglicht diese Ähnlichkeit unabhängig von zweiseitigen Spezial-Abkommen eine gewisse Kompatibilität der Rechtsordnungen und der sie tragenden Einrichtungen. Es gibt Anzeichen dafür, dass unterschiedliche Methoden bei der Bewältigung terroristischer Gefahren auch die Rechtsordnungen in unterschiedliche Richtungen drängen. Dies soll unter drei Aspekten erwogen werden, nämlich der Justizgewährung (I.), der Staatsräson (II.) und der Arbeit der Geheimdienste (III.).

I. Justizgewährung

Justizgewährung als staatliche Pflicht und individuelles Recht ist die Kehrseite des staatlichen Gewaltmonopols, der bürgerlichen Friedenspflicht und des Selbsthilfeverbots. Gegen Rechtsverletzungen durch Akte der öffentlichen Gewalt selbst die Gerichte anrufen zu können, ist Teil des rechtsstaatlichen Prinzips, durch Art. 19 Abs. 4 GG aber auch Grundrecht. Der Rechtsschutzanspruch ist als subjektives Recht mit Verfassungsrang verbürgt. Entsprechungen finden sich in Art. 10 der Erklärung der Menschenrechte von 1948, die später ihre Fortschreibung in Art. 6 Abs. 1 EMRK und Art. 14 Abs. 1 Satz 1 des Internationalen Pakts über bürgerliche und politische Rechte von 1966 fand.[26]

Die staatliche Justizgewährleistungspflicht wird durch eine Reihe verfassungsrechtlicher Komplementärinstitute ergänzt und abgestützt. Dadurch wird sichergestellt, dass der individuelle Anspruch auf Rechtsschutz auch wirklich den Schutz subjektiver Rechte und die Erfordernisse von Gerechtigkeit und Rechtsgewissheit zu verbürgen vermag. Es geht um Vorkehrungen, die notwendig sind, Gerichte zu befähigen, die ihnen zugedachte Aufgabe des Rechts-Sprechens zu erfüllen. Recht und Gesetz können nur dort wahre Bedeutung und Durchsetzungskraft gewinnen, wo ein Richterspruch ihre Verwirklichung ermöglicht.[27]

Der Justizgewährleistungsanspruch in seiner allgemeinen Form nach dem Rechtsstaatsprinzip ebenso wie das speziellere Grundrecht aus Art. 19 Abs. 4 GG haben einen normgeprägten Schutzbereich. Danach werden Gerichtsverfassungs- und Verfahrensgesetze

25 Münkler, a. a. O., S. 241.
26 Stern (1988), S. 1438.
27 Stern, a. a. O., S. 1452.

vorausgesetzt. Andererseits kann insbesondere Art. 19 Abs. 4 GG als verfassungsrechtliche Bestimmung nicht dem einfachen Recht überlassen, wie eng- oder weitherzig es Rechtswege eröffnet und Rechtsschutz ermöglicht.[28]

Im Zusammenhang mit den sog. Hamburger Terroristenprozessen des Jahres 2003 sind drei Fragestellungen aufgefallen, deren Verhältnis zum Justizgewährleistungsanspruch der Erörterung bzw. Vertiefung wert scheint. Der insoweit interessierende Verfahrensausschnitt betrifft den Umgang mit der Aussage eines Hauptzeugen. Dieser befand sich nach allgemeiner Ansicht zum Zeitpunkt der Durchführung der Hauptverhandlung gegen zwei wegen Beihilfe zum dreitausendfachen Mord angeklagte Personen im Gewahrsam US-amerikanischer Stellen. Diese verweigerten nicht nur die zeugenschaftliche Vernehmung der Person, sondern widersprachen auch der strafverfahrensrechtlichen Verwendung kompilierter Aussagemitschriften, die in den Besitz deutscher staatlicher Dienste gelangt waren; widrigenfalls kündigten sie an, die Zusammenarbeit mit den deutschen Diensten einzustellen.

Dies legt zum einen die Untersuchung des Strafverfahrens als nachträglicher Grundrechtsschutz und daraus folgender Aufklärungsdichte nahe (1.). Ferner ist zu betrachten, inwiefern sich in der unterschiedlichen Behandlung der Beweiserhebung im deutschen und US-amerikanischen Strafprozess – denselben Komplex von Straftaten betreffend – die sog. *political-question-doctrine* ausdrückt und was dies für die grenzüberschreitende Begegnung im Gerichtsverfahren bedeutet (2.). Die Entscheidung „des Staates", in einem Strafverfahren um die Verletzung höchstwertiger Rechtsgüter die gerichtliche Beweiserhebung einzuschränken, wirft die Frage nach einem zumindest bereichsspezifischen Ausnahmezustand auf (3.). Schließlich sollte die neuerdings aufgekommene Diskussion um die etwaige Einführung eines „Feindstrafrechts" im Unterschied zu einem „Bürgerstrafrecht" erörtert werden (4.).

1. *Strafverfahren als nachträglicher Grundrechtsschutz*

Angesichts der Massenmorde vom 11. September 2001 wird sinnfällig, dass Strafverfahren dem Rechtsgüterschutz dienen, insbesondere soweit es um besonders hochwertige wie Leben und Gesundheit geht. Die ungehinderte Durchführung staatlicher Strafverfahren drückt gerade in diesem Fall die Justizgewährung für die Opfer oder deren Hinterbliebene als Gegenstück zur staatlich verbotenen Selbsthilfe aus. Dies war in den genannten Hamburger Strafverfahren greifbar in Gestalt von Nebenkläger-Vertretern. Die Behinderung von gerichtlichen Aufklärungsmaßnahmen wegen staatlicherseits verhinderter Zeugenvernehmungen oder der Verweigerung von Vernehmungsunterlagen beeinträchtigt die Funktion des Strafverfahrens als individueller nachträglicher Grundrechtsschutz.

2. *Political question doctrine?*

In der deutschen Rechtsprechung gibt es keine sog. *political question doctrine*, wonach eine politische Fragestellung nur ausnahmsweise der gerichtlichen Kontrolle unterliegt.[29] Eine

28 Pieroth/Schlink (1998), Rdnr. 1007.
29 Nachweise bei Stern (1980), S. 693.

normativ geregelte Form eines vergleichbaren Grundsatzes findet sich aber in der sog. Sperrerklärung nach § 96 Satz 1 StPO: „Die Vorlegung oder Auslieferung von Akten oder anderen in amtlicher Verwahrung befindlichen Schriftstücken durch Behörden und öffentliche Beamte darf nicht gefordert werden, wenn deren oberste Dienstbehörde erklärt, dass das Bekanntwerden des Inhalts dieser Akten oder Schriftstücke dem Wohl des Bundes oder eines deutschen Landes Nachteile bereiten würde." In den genannten Hamburger Strafverfahren ist von dieser Möglichkeit Gebrauch gemacht worden. Die Bundesrepublik Deutschland ist damit einer ultimativen Forderung US-amerikanischer Dienststellen nachgekommen. Presseberichten ist zu entnehmen, dass im entsprechenden strafrechtlichen Komplex vor US-amerikanischen Gerichten die Vernehmung des gleichen Zeugen ebenfalls fehl geschlagen ist; das erstinstanzliche Gericht hatte die Vernehmung angeordnet; das Berufungsgericht hat die Vorladung des Zeugen demnach abgelehnt.[30]

3. *Recht und bereichsspezifischer Ausnahmezustand*

Die teilweise Behinderung der strafrechtlichen Aufklärung terroristischer Straftaten durch Informationsverweigerung staatlicher Stellen kann thesenhaft als Fall eines bereichsspezifischen Ausnahmezustands gedeutet werden. Dabei wird das Verhalten US-amerikanischer Dienststellen und das demgegenüber akzessorische deutscher Dienststellen einheitlich betrachtet. Es kann gedeutet werden als vom „normalen Recht" gelöste Vorgehensweise in Anbetracht einer Bedrohung, auf die seitens der „pax americana" weder Kriegsvölkerrecht, noch nationales Strafrecht eindeutig angewandt wird. Der Ausnahmezustand erscheint in diesem Zusammenhang als die legale Form dessen, was keine legale Form annehmen kann, eine Rechtskategorie zur Beschreibung der Abwesenheit des Rechts. Der Ausnahmezustand bezeichnet demnach kein Sonderrecht wie etwa das Kriegsrecht, sondern er suspendiert die Rechtsordnung insgesamt.[31]

4. *Bürgerstrafrecht und Feindstrafrecht?*[32]

Schließlich ist auch in Deutschland eine wissenschaftliche Diskussion darüber entstanden, ob zwischen „Bürgerstrafrecht" und „Feindstrafrecht" unterschieden werden sollte, sowie welche Anforderungen an letzteres zu stellen seien. Straftheoretisch liegt der Unterschied zwischen Bürgerstrafrecht und Feindstrafrecht darin, dass die Bürgerstrafe durch ihren Widerspruch den Täter als kompetente Person ernst nimmt, ihm den Bürgerstatus belässt und insoweit die Normgeltung erhält. Dagegen bekämpft die Feindstrafe den Täter nur als Gefahrenquelle und wirkt bloß physisch exkludierend.[33] Eine Skizze der entsprechenden Anforderungen fußend auf Günther Jakobs folgt:

30 Leyendecker (2004).
31 Agamben (2004), S. 7, 11.
32 Jakobs (2004), S. 88ff.
33 Nachweise bei Saliger (2006), S. 756, 758.

a) Beim Bürgerstrafrecht ist die offene Funktion der Strafe *Widerspruch*, beim Feindstrafrecht die *Beseitigung einer Gefahr*. Die jeweiligen Idealtypen werden in reiner Ausprägung kaum je praktisch vorkommen. Beide Typen *können* legitim sein.
b) Im streng vertragstheoretisch argumentierenden Naturrecht ist an sich jeder Delinquent ein Feind (*Rousseau, Fichte*). Zur Erhaltung eines Adressaten für normative Erwartungen ist es jedoch vorzugswürdig, dem *nicht prinzipiell* Abweichenden den Bürgerstatus zu belassen (*Hobbes, Kant*).
c) Der prinzipiell Abweichende bietet keine Garantie personalen Verhaltens; deshalb kann er nicht als Bürger behandelt, sondern muss als Feind bekriegt werden. Dieser Krieg erfolgt mit einem legitimen Recht der Bürger und zwar mit ihrem Recht auf Sicherheit; er ist aber, anders als Strafe, nicht auch Recht am Bestraften, vielmehr ist der Feind exkludiert.
d) Die materiellrechtlichen gegenläufigen Tendenzen – Widerspruch versus Gefahrbeseitigung – finden eine Parallele im Verfahrensrecht.
e) Ein klar umrissenes Feindstrafrecht ist rechtsstaatlich weniger gefährlich als eine Durchmischung *allen* Strafrechts mit Einsprengseln feindstrafrechtlicher Regelungen.
f) Die internationale oder nationale Bestrafung von Menschenrechtsverletzungen nach einem politischen Umbruch trägt feindstrafrechtliche Züge, ohne allein deswegen illegitim zu sein. Die erstmals auf der Strafrechtslehrertagung von 1985 präsentierte Theorie fand damals kein nennenswertes Echo, hat unter dem Eindruck von Terrorismus und seiner Bekämpfung aber eine wahre Flut wissenschaftlicher Äußerungen hervorgerufen, zuletzt auf der Strafrechtslehrertagung des Jahres 2006[34]. In der Stellungnahme „Terroristen als Personen im Recht" aus dem Jahr 2005 stellte Jakobs klar, dass die kognitive Garantie normgemäßen Verhaltens eine elementare Bringschuld aller Bürger sei. Zu den Klugheitsgrenzen des Kampfes gegen Terroristen gehört es danach in der Konsequenz, dass das Verbot bestimmter Vernehmungsmethoden in § 136 a StPO nicht für alle Fälle das letzte Wort sein könne. Die harte Vernehmung von Terroristen oder auch der Abschuss eines Verkehrsflugzeuges gehörten zum Recht der Ausnahme[35].

Die Einwände gegen das „Feindstrafrecht" sind gewichtig. Dabei soll gar nicht vorrangig dem Hinweis auf das Denken in Ausnahme-Kategorien ähnlich wie bei Carl Schmitt nachgegangen werden, wenngleich im Herkunftsland dieser Theorie der Nähehinweis hinzunehmen ist[36]. Ungeachtet dessen trägt die Figur des Feindstrafrechts totalitäre Züge. Dies zeigt sich zum einen in der – im Rahmen seines Begriffs der Person entwickelten – These von der kognitiven Mindestgarantie als Bringschuld aller Bürger. Dadurch wird das Grundrecht des Bürgers auf Sicherheit gegen den Staat im Personenbegriff zu einer konkreten Verwirklichungsangelegenheit des einzelnen Bürgers gemacht. Die Mitzuständigkeit des Bürgers für die Sicherheitsfrage entäußert sich in einer totalen, weil diffusen Bringschuld verlässlicher Rechtstreue mit der Konsequenz, bei Fehlverhalten exkludiert zu werden. Zum anderen zeigt der totalitäre Charakter sich in seiner Einbettung im System des Aus-

34 Saliger, a. a. O., S. 756.
35 Nachweise bei Saliger, a. a. O., S. 759.
36 Saliger, a. a. O., S. 761.

nahmezustandes. Lässt man einmal die Frage dahinstehen, ob das Feindstrafrecht Recht sein kann – und darin nicht ein Widerspruch in sich liegt – geht das Jakobssche Konzept von der Vorstellung einer vollständigen, perfekten und insoweit totalen „Rechtswelt" aus. Es trägt mithin totalitäre Züge, weil es mit dem Feindstrafrecht das Recht der Ausnahme von unabsehbaren Eingriffsfolgen salonfähig macht[37].

II. Staatsräson – Terrorismusbekämpfung auf Kosten der Freiheit?

Als Staatsräson wird gemeinhin die Aufgabe der politischen Führung und der sie tragenden Kräfte verstanden, das Wohl des Staates zu verwirklichen, seine Existenzbedingungen zu sichern und seine Macht zu erhalten und zu erweitern. Das Problem dieses aus der Renaissance stammenden Begriffes liegt darin, dass seine Übersetzung als „Grundrecht auf Sicherheit" die rechtsstaatlichen Perspektiven verschiebt: Das Ziel oder die Hoffnung eines totalen Schutzes führt in den Polizeistaat als Gegenbild zum westlichen Verfassungsstaat.[38]

III. Geheimdienste

In der Bundesrepublik Deutschland sind drei kompetentiell unterscheidbare Gruppen von Nachrichtendiensten organisiert, nämlich das Bundesamt und die Landesämter für Verfassungsschutz, der Militärische Abschirmdienst (MAD) und der Bundesnachrichtendienst (BND). Ihre Aufgabe ist es, die politisch bedeutsamen Informationen zu sammeln, auszuwerten und an die jeweils zur Kenntnisnahme befugten Institutionen weiterzuleiten. Das Bundesamt und die Landesämter für Verfassungsschutz sind für die Aufklärung von Vorgängen innerhalb des Bundesgebietes zuständig, der MAD hat die Bundeswehrführung über sicherheitsgefährdende bzw. geheimdienstliche Vorgänge in ihrem Geschäftsbereich zu unterrichten, und der BND sammelt Nachrichten im Ausland, die aus anderen Informationsquellen nicht zur Verfügung stehen und als Beurteilungselemente für Entscheidungen der Bundesregierung in außen- und sicherheitspolitischen Fragen von Bedeutung sind (§ 1 Abs. 2, § 2 Abs. 1 Nr. 4 BNDG). Diese Aufgabenzuweisung begründet den wesentlichen Unterschied zwischen nachrichtendienstlicher und polizeilicher Tätigkeit. Während Nachrichtendienste auf eine Informationsbeschaffung und -auswertung im Vorfeld von Gefahrensituationen beschränkt sind, obliegt der Polizei die Bekämpfung aktueller Gefahren und die Aufklärung von Straftaten[39].

37 Saliger, a. a. O., S. 762.
38 Schulze-Fielitz (2003), S. 29.
39 Müller-Terpitz (2000), S. 296.

1. Geheimdienst und Bürger im Rechtsstaat

Die von den Hamburger Strafverfahren gelieferte Anschauung zum Verhältnis von Geheimdiensten und Justizgewährung ermöglicht nur eine eingeschränkte Bewertung der deutschen Situation. Es waren nicht deutsche Geheimdienste, die deutschen Gerichten in eigener Entschließung Auskünfte verweigerten oder Zeugen vorenthielten. Vielmehr waren sie eher in der Rolle von Unglücksboten, welche die US-amerikanische Entscheidung übermittelten oder befolgt haben. Diese eigenartige Mittelbarkeit der Verantwortlichkeit deutscher Dienste vorausgeschickt, bleibt dennoch Raum für bewertende Akzente, für die Anleihen bei Adolf Arndt genommen werden sollen. Es kann niemals die Aufgabe der Überwachung – durch welche staatlichen Sicherheitsdienste auch immer – sein, einen Menschen „hinter dem Stacheldraht des Verdachts" verschwinden zu lassen, sondern sie bleibt unbedingt dem Wahrheitsprinzip verpflichtet. Die Rechtlichkeit des Staates kann nicht Wirklichkeit werden, ohne dass jeder, weil es um sein Recht geht, mitverantwortlich für sie einsteht. Der Rechtsstaat lässt sich nicht so denken, dass sich der Einzelne und ein Abstraktum Staat unverbunden oder in einem „Unterwerfungsverhältnis" gegenüberstünden. In einem Staat, für den es oberstes Verfassungsgebot ist, die Würde eines jeden Menschen, auch des Verfassungsgegners, auch in der Abwehr, als unantastbar zu achten und zu schützen, tritt Staat im Recht des Menschen, der sich selbst gehört, in die Erscheinung und wird der Mensch stets zugleich als Mensch für sich und als Mensch im Gefüge gesehen. Der Staat dient dazu, dieses „Gefüge" zu ermöglichen.[40]

2. Nachrichtendienste und Kriminalitätsbekämpfung

Aus Gründen der Tarnung und Effizienz operieren Nachrichtendienste weitgehend im Verborgenen. Das heimliche Operieren erschwert ihre Kontrolle und führt zu Rechtsschutzlücken. Wer nicht weiß, dass er von einer nachrichtendienstlichen Maßnahme betroffen ist, kann hiergegen keinen – durch Art. 19 Abs. 4 GG verbürgten – Rechtsschutz in Anspruch nehmen[41].

Solange und soweit die Aufgabe deutscher Geheimdienste sich darauf beschränkte, Regierungen von Bund und Ländern zu informieren, mochte die im Kern parlamentarische Überwachung dieser Dienste genügen, wie sie beispielsweise im Bund mit der Parlamentarischen Kontrollkommission und dem Gremium gem. § 9 Abs. 1 des Gesetzes zu Art. 10 GG eingerichtet ist. In dem Maße, wie die Geheimdienste aber Aufgaben der Kriminalitätsbekämpfung wahrnehmen, kann ihr Wirken einer effektiven justiziellen Kontrolle nicht entzogen werden. Sonst stellen die verfassungsrechtlichen Zweifelsfragen sich nicht länger vom sog. Trennungsgebot zwischen Polizei und Geheimdiensten her[42], sondern unter dem Gesichtspunkt einer möglichen Verletzung des Art. 19 Abs. 4 GG. Die Frage stellt sich jedenfalls für den Bundesnachrichtendienst.

40 Arndt (1976), S. 169.

41 Müller-Terpitz (2000), S. 296

42 Vgl. beispielsweise Baumann (2005), S. 798.

Es hat lange gedauert, bis die politisch Verantwortlichen überhaupt die Notwendigkeit gesehen haben, Aufgaben und Befugnisse des BND umfassend gesetzlich zu regeln[43]. Die Aufgabenzuweisung für den BND ist in allgemeiner Form in § 1 Abs. 2 Satz 1 BNDG beschrieben. Die einzelnen Bereiche seiner Tätigkeit legt die Bundesregierung anhand eines von ihr erstellten Auftrags- und Interessenprofils fest.[44] Auf dieser Grundlage beobachtet der BND seit Beginn der 80er Jahre bestimmte Erscheinungsformen der Organisierten Kriminalität im Ausland, z. B. die Proliferation von Massenvernichtungsmitteln unter dem Aspekt, inwieweit diese Einfluss auf die politische, gesellschaftliche und wirtschaftliche Situation des jeweiligen Landes haben. Seit 1989 ist die Behörde mit der Aufklärung der international organisierten Rauschgiftkriminalität beauftragt. Das sog. Verbrechensbekämpfungsgesetz des Jahres 1994 führte in Art. 13 zu einer Fassung von § 3 G 10, wonach der BND internationale nicht leitungsgebundene Telekommunikationsbeziehungen, d. h. über Satellit oder Richtfunk vermittelte Telex-, Telefax-, Telefon- oder sonstigen Datenfernverkehr aufzeichnen und auswerten darf, um hierdurch Erkenntnisse über internationalen Terrorismus, Waffen-, Drogenhandel, internationale Geldfälschungen und mit diesen Delikten im Zusammenhang stehende Geldwäsche zu gewinnen (§ 3 Abs. 1 Satz 2 Nr. 2 bis 6 G 10)[45]. Die Befugnisse des BND wurden damit gegenüber der strategischen Kontrolle alter Prägung substantiell erweitert[46]. Die Kontrolle durch den BND erfolgt verdachtslos und ereignisunabhängig. Mittels Suchbegriffen, die der Zustimmung des parlamentarischen Kontrollgremiums nach § 9 Abs. 1 G 10 bedürfen (vgl. § 3 Abs. 1 Satz 1 G 10) und vom BND in eine Wortdatenbank eingestellt werden, erfolgt ein Abgleich mit den aufgezeichneten Kommunikationsvorgängen. Es handelt sich um eine „verdachtslose Rasterfahndung“[47]. Illegale Migration und Menschenschmuggel sind seit 1996 Aufklärungsziele des BND.[48] Seine Befugnisse auf diesen Feldern ergeben sich durch den Verweis von § 3 Satz 1 BNDG auf § 8 Abs. 2 BVerfSchG. Demnach dürfen an Methoden der heimlichen Informationsbeschaffung Vertrauensleute und Gewährspersonen eingesetzt, sowie Observationen, Bild- und Tonaufzeichnungen durchgeführt und Tarnpapiere und -kennzeichen benutzt werden. Im Falle der Erhebung von Informationen einschließlich personenbezogener Daten im Geltungsbereich des BNDG bestimmt § 1 Abs. 2 Satz 2 BNDG, dass die Erhebung, Verarbeitung und Nutzung nach den §§ 2 bis 6 und §§ 8 bis 11 BNDG richtet. Dadurch wird deutlich, dass der BND jedenfalls auch zur Inlandstätigkeit befugt ist.[49]

43 M. w. N. Huber (2000), S. 393; vgl. auch an untergesetzlichen Normierungen für die Tätigkeit des BND die BND-Dienstanweisung bei Brenner (1990), S. 76.

44 Nachweise bei Soiné (2006), S. 204.

45 BGBl. I 3186, 3194.

46 Möstl (1999), S. 1394, 1395.

47 Müller-Terpitz (2000), S. 298.

48 Soiné (2006), S. 204ff.

49 Soiné, a. a. O., S. 205.

D. Schnittmengen

I. Justizgewährung und Justizkontrolle

Justizgewährung erfüllt im Verhältnis von Staat und Bürger die Bitte um Rechtsschutz gegen eine Maßnahme der öffentlichen Gewalt (Art. 19 Abs. 4 GG). Durch sie ereignet sich aber auch justizielle Kontrolle von administrativem Handeln. Sie ermöglicht eine Überprüfung der rechtsstaatlichen Professionalität exekutiven Handelns daraufhin, ob die Dritte Gewalt die ihr vorgegebenen und ihr Handeln allein legitimierenden gesetzlichen Regeln eingehalten hat. Dies ist für polizeiliches Handeln normal. Dabei hat sich im vornehmlich verwaltungsgerichtlichen Rechtsschutz der Grundsatz herausgebildet, dass eine Kontrolle im Nachhinein – durch Fortsetzungsfeststellungsklage (§ 113 Abs. 1 S. 4 VwGO) – erfolgt, weil die Schnelligkeit polizeilichen Handelns eine vorweg gezogene oder begleitende Überprüfung ebenso wie Eilrechtsschutz meistens ausschließt. Diese Form der Kontrolle hat sich als ebenso wirksam wie ausreichend erwiesen.

Im strafverfahrensrechtlichen Bereich, jedenfalls, soweit es nicht zu einem Hauptsacheverfahren gekommen ist, bestand eine Kontrolllücke, weil Rechtsschutz nach § 23 EGGVG lange Zeit nur zurückhaltend gewählt wurde. Durch die Rechtsprechung des BVerfG ist indes der Rechtsschutz gegen Maßnahmen im Normbereich von § 100g und § 100h StPO beträchtlich gestärkt worden und hat damit den Bereich nachträglicher Rechtmäßigkeitskontrolle auf das – isolierte – strafrechtliche Ermittlungsverfahren ausgedehnt. Es hat nämlich aus Art. 19 Abs. 4 GG abgeleitet, dass schwerwiegende Grundrechtseingriffe auf Verlangen des Geschädigten gerichtlich auch nachträglich geklärt werden können, wenn deren Belastung sich auf eine Zeitspanne beschränkt, in welcher der Betroffene die gerichtliche Entscheidung in dem von der maßgeblichen Prozessordnung vorgesehenen Verfahren kaum erlangen kann. Dies gilt auch gegenüber der Anordnung einer Auskunft über die Telekommunikation.[50] Die Fortsetzung eines in der Hauptsache erledigten Verfahrens zum Zwecke der Feststellung der Rechtswidrigkeit – beispielsweise der richterlichen Anordnung der Bekanntgabe von Verbindungsdaten - ist zwar in der freiwilligen Gerichtsbarkeit grundsätzlich nicht vorgesehen. Unter dem Eindruck der verfassungsgerichtlichen Rechtsprechung wird ein solches Begehren auf nachträgliche gerichtliche Überprüfung aber nach Art. 19 Abs. 4 GG für statthaft gehalten, wenn ein tief greifender Grundrechtseingriff geschehen ist oder Wiederholungsgefahr besteht, denn unter den Begriff der tief greifenden Grundrechtseingriffe fallen vornehmlich solche, die schon das Grundgesetz unter Richtervorbehalt gestellt hat.[51]

50 BVerfG, in: *NJW* 2005, S. 1637.
51 OLG Zweibrücken, in: *NJW* 2005, S. 2625.

II. Parlamentarische Kontrolle

Soweit die öffentliche Gewalt eine Person in ihren Rechten verletzt, unterliegt ihr Handeln nach Art. 19 Abs. 4 S. 1 GG der gerichtlichen Kontrolle. Allerdings bleibt nach Art. 19 Abs. 4 S. 3 GG die Regelung des Art. 10 Abs. 2 Satz 2 GG unberührt. Durch Art. 10 Abs. 2 Satz 2 GG wird geregelt, dass dann, wenn eine Beschränkung des Briefgeheimnisses sowie des Post- und Fernmeldegeheimnisses dem Schutze der freiheitlichen demokratischen Grundordnung oder des Bestandes oder der Sicherung des Bundes oder eines Landes dient, ein Gesetz bestimmen kann, dass Beschränkungen dieser Rechte dem Betroffenen nicht mitgeteilt werden und dass an die Stelle des Rechtsweges die Nachprüfung durch von der Volksvertretung bestellte Organe tritt. Diese Regelung wiederholt sich in § 9 des G 10, wonach für bestimmte Maßnahmen der Rechtsweg ausgeschlossen ist und an ihre Stelle eine parlamentarische Kontrolle durch das Parlamentarische Kontrollgremium nach § 14 G 10 und eine besondere G 10-Kommission nach § 15 des vorgenannten Gesetzes tritt. Diese Regelung ist vom BVerfG für verfassungsmäßig erklärt[52] und auch vom EGMR für unbedenklich angesehen worden.[53] Die von den Kritikern einer nicht-richterlichen Überprüfung früher vertretene Auffassung, dass die gerichtliche Kontrolle a priori höherwertig sei und dem Schutz der Betroffenen am ehesten gerecht werde, dürfte einer gewissen Ernüchterung gewichen sein angesichts der Häufigkeit amtsrichterlicher Anordnungen nach § 100 a StPO[54]. Fragen sind allerdings angebracht, ob das bestehende System der parlamentarischen Kontrolle funktionell und institutionell seine Aufgaben hinreichend erfüllt. Defizite stellen sich insoweit ein, als das Gremium nur prüfen kann, was die Kontrolleure ihm vorlegen. Sicher ist zudem, dass die wachsenden terroristischen Gefahren seit dem September 2001 sowohl das Eingriffs- als auch das Kontrollsystem in seiner Effizienz erneut auf den Prüfstand stellen.[55]

Der verfassungsrechtliche Rahmen ist einerseits durch Art. 10 GG und andererseits durch dasjenige Verständnis abgesteckt, welches die Verfassungsnorm durch die drei sog. Abhörentscheidungen des Bundesverfassungsgerichts in den Jahren 1970, 1984 und 1999 erlangt hat. In der ersten Abhörentscheidung aus dem Jahr 1970 sah das Bundesverfassungsgericht in der Überwachung ohne Mitteilung keinen Verstoß gegen die Grundsätze des Art. 79 Abs. 3 GG und in der Substitution der gerichtlichen durch die parlamentarischen Kontrolle aufgrund ihres Ausnahmecharakters keinen Verstoß gegen den Gewaltenteilungsgrundsatz. Es schränkte Art. 10 Abs. 2 Satz 2 GG aber verfassungskonform dahingehend ein, dass eine Mitteilung nachträglich zu erfolgen habe, sobald die Gefährdung des Überwachungszwecks ausgeschlossen werden könne. Die Ursprungsfassung des § 5 Abs. 5 G 10, der zufolge ein Betroffener über Beschränkungen des Post- und Fernmeldegeheimnisses generell nicht zu unterrichten war, wurde insofern für nichtig erklärt[56]. In

52 BVerfGE 30, S. 1ff.; BVerfGE 67, S. 157ff.; BVerfGE 93, S. 181ff.; BVerfGE 100, S. 313.

53 EGMR in: *NJW* 1979, S. 1755ff.

54 Borgs in: Borgs-Maciejewski/Ebert (1986), § 9 B Rn. 1

55 Stern in: Stern (2006), S. 219.

56 BVerfGE 30, 1, 21.

der zweiten Abhörentscheidung aus dem Jahr 1984 erklärte das Bundesverfassungsgericht die auf § 3 G 10 a. F. beruhende sog. strategische Kontrolle des Post- und Fernmeldeverkehrs für zulässig. Sie durfte sich aus rechtlichen und technischen Gründen nicht gegen einzelne Personen richten. Soweit dennoch ausnahmsweise personenbezogene Daten anfielen, durften diese gemäß § 3 Abs. 2 G 10 a. F. nicht zum Nachteil von Personen verwendet werden, es sei denn eine Ausnahme nach § 2 G10 lag vor[57].

In der dritten Abhörentscheidung des Bundesverfassungsgerichts aus dem Jahr 1999 ging es erneut um die Zulässigkeit der sog. strategischen Kontrolle und die Fassung, welche § 3 G 10 durch das sog. Verbrechensbekämpfungsgesetz von 1994 erhalten hatte[58]. Nach Ansicht des Bundesverfassungsgerichts stand § 3 G 10 nicht im vollen Umfang mit Art. 10, Art. 5 Abs. 1 Satz 2 (Pressefreiheit) und Art 19 Abs. 4 GG in Einklang. Das Gericht erklärte die Vorschrift jedoch nicht für nichtig, sondern mit dem Grundgesetz für unvereinbar. Hinsichtlich der Regelung in § 3 Abs. 3 Satz 1 i. V. m. Abs. 5 G 10 war das Bundesverfassungsgericht der Ansicht, zwar könne der BND zu Zwecken der Gefahrenbekämpfung oder Strafverfolgung Daten an hierfür zuständige Behörden übermitteln. Aus einer Übermittlung könnten sich jedoch schwerwiegende Konsequenzen für den Betroffenen – wie z. B. die Einleitung eines strafrechtlichen Ermittlungsverfahrens – ergeben. Daher müsse die Übermittlungsschwelle verhältnismäßig ausgestaltet sein[59]. Aus dieser Erwägung ist gefolgert worden, dass für den Aufgabenbereich der Vollzugspolizei Grundrechtseingriffe ohne eine verifizierbare Rechtsgutgefahr, also im „Vorfeld" von Gefahren für die öffentliche Sicherheit, unzulässig seien, denn „nur die Auslandsaufklärung im Hinblick auf bestimmte außen- und sicherheitspolitische Gefahrenlagen durch den Bundesnachrichtendienst" könne es „rechtfertigen, dass Eingriffsvoraussetzungen im G 10 anders bestimmt würden als im Polizei- und Strafprozessrecht. Die Ausforschung ohne Gefahr und Verdacht nach dem G 10 solle also exklusiv nur dem Geheimdienst für seine spezifischen Aufgaben zur Abwehr denkbarer Staatsgefahren und ohne generelle Sekundärverwertung durch Polizei und Staatsanwaltschaften als Befugnis zustehen[60]. Schließlich hielt das Bundesverfassungsgericht die Regelung in § 3 Abs. 8 Satz 2 G 10 mit den Vorgaben aus Art. 19 Abs. 4 GG nicht für vereinbar. Danach unterblieb eine Mitteilung, wenn die Daten vom BND oder einer Empfangsbehörde innerhalb von drei Monaten vernichtet worden waren. Die Regelung stellte allein auf den Vernichtungszeitpunkt ab. Was während der Dreimonatsfrist mit den Daten geschehen war, – z. B. Übermittlung an andere Behörden – spielte für die Miteilung keine Rolle[61].

57 BVerfGE 67, 157.
58 BVerfGE 100, 313.
59 BVerfGE 100, 313, 391ff.
60 Lisken (2000), S. 272, 276.
61 BVerfGE 100, 313, 398f.

III. Denkbare Aufgaben von Parlament und Justiz bei der Kontrolle von Geheimdiensten

1. Die Ausgangslage

Das Grundgesetz stellt in Art. 19 Abs. 4 S. 3 und Art. 10 Abs. 2 S. 2 GG verfassungspolitisch die Möglichkeit der justiziellen und der parlamentarischen Kontrolle nebeneinander und entscheidet sich im Falle der Geheimdienstüberwachung für die parlamentarische Form. Dies ist für sich genommen nicht zu kritisieren. Allerdings muss gefragt werden, wie effizient und letztlich auch verfassungspolitisch ausreichend diese Kontrolle verläuft. Der Blick auf den Parlamentarischen Untersuchungsausschuss betreffend die Frage eines Mitwissens des BND an der Entführung eines deutschen Staatsangehörigen libanesischer Herkunft durch einen amerikanischen Geheimdienst zeigt zumindest, dass das Parlament über die Parlamentarische Kontrollkommission und das G 10 Gremium hinaus Fragen hat. Man wird auch dies nicht für der Weisheit letzten Schluss halten müssen, weil Parlamentarische Untersuchungsausschüsse ihren eigenen Gesetzen folgen, die nicht einfach nur objektiv-investigativ, sondern auch politisch-dramaturgisch sind. Diese Kontrollarchitektur ist insuffizient, soweit es um Grundrechtsschutz geht, und sie ist es auch, soweit Rechtsstaatlichkeit als Professionalitätskriterium zu überprüfen ist. Dafür gibt es bessere Lösungen.

2. Zwei justizielle Varianten

Die erste Variante betrifft die Tätigkeit des Bundesnachrichtendienstes bei der Kriminalitätsbekämpfung – jedenfalls im Inland.

Es ist deshalb zu überlegen, ob die einstweilen nur parlamentarische Kontrolle insbesondere des BND nicht durch zwei justizielle Varianten erweitert werden sollte.

a) Subjektivrechtliche justizielle Kontrolle von Maßnahmen der Kriminalitätsbekämpfung im Inland.

Die Tätigkeit von Polizei und Staatsanwaltschaften zum Zwecke der Kriminalitätsbekämpfung im Inland unterliegt der Kontrolle durch die Gerichte der Verwaltungsgerichtsbarkeit und der Ordentlichen Gerichtsbarkeit. Dies drückt die Verfassung in Art. 19 Abs. 4 S. 1 GG aus. Voraussetzung ist die Geltendmachung der Verletzung eines subjektiven Rechts durch eine der vorgenannten Behörden. Nach § 13 G 10 wird der Rechtsweg gegen Beschränkungsmaßnahmen nach den § 3 und § 5 Abs. 1 Satz 3 Nr. 1 G 10 und ihren Vollzug vor der Mitteilung an den Betroffenen ausgeschlossen. Die Mitteilungspflicht wiederum wird nach § 12 G 10 stark eingeschränkt. Weiter eingeschränkt wird der Individualrechtsschutz dadurch, dass § 7 BND-Gesetz für die Auskunft über personenbezogene Daten auf § 15 BVerfSchG verweist und dort eine sehr hohe Hürde vor der Auskunftserteilung errichtet wird. Wer keine Mitteilung über einen Eingriff erhält, kann aber auch keinen Rechtsschutz in Anspruch nehmen. Soweit deutsche Geheimdienste sich der Kriminalitätsbekämpfung widmen – z. B. Verstöße gegen das Betäubungsmittelgesetz,

Geldwäsche, Verstöße gegen das Vereinsgesetz und das Aufenthaltsgesetz –, ist nicht einzusehen, weshalb sie nicht der entsprechenden gerichtlichen Kontrolle wie die Behörden der Polizei (präventiv) oder der Staatsanwaltschaft (repressiv) unterliegen sollen. Um dies zu erreichen, bedarf es keiner Änderung auf Verfassungsebene, sondern nur einer Anpassung des G 10. Das Grundgesetz schreibt den Ausschluss des Rechtswegs im Fall von Art. 19 Abs. 4 S. 3 GG i. V. m. Art. 10 Abs. 2 S. 2 GG nicht vor, sondern räumt ihn als Möglichkeit ein. Ein Geheimdienst, der – auch – zum Zwecke der Kriminalitätsbekämpfung, also polizeilich arbeitet, ist dem normalen subjektiven Rechtsschutz auszusetzen. Im Bereich der Kriminalitätsbekämpfung müsste durch einfachgesetzliche Regelung die geheimdienstliche Tätigkeit (repressiv) den Regeln der StPO und (präventiv) vergleichbaren Regelungen wie in den Landespolizeigesetzen unterworfen werden. Die Kontrolle durch parlamentarische Gremien ist insofern weder funktionell ausreichend, noch verhältnismäßig in Bezug auf den Eingriff in die subjektiven Rechte des Einzelnen.

b) Objektivrechtliche justizielle Kontrolle auf parlamentarischen Antrag

Das Modell der parlamentarischen Kontrolle der Tätigkeit von Geheimdiensten erscheint im demokratischen Rechtsstaat nicht von vornherein als systemfremd, weil es in rechtlicher Hinsicht vielfach weniger um die Verletzung subjektiver Rechte, sondern ausschließlich um die Einhaltung des objektiven Rechts gehen wird, wofür es nicht notwendiger Weise der justiziellen Überprüfung bedarf. Das Parlament mit seinen Gremien leistet im demokratischen Rechtsstaat im Übrigen etwas grundlegend Wichtiges, wozu Justiz weder berufen noch vorgebildet ist, nämlich, es kann politisch frei thematisieren und kommunizieren. Allerdings zeigt der Untersuchungsauftrag des sog. BND-Untersuchungsausschusses der 16. Wahlperiode des Deutschen Bundestages,[62] wie sehr die Kontrolle von Verletzungen subjektiver und objektiver Rechte einander überlagern können, denn darin geht es um die Frage von Teilnahme oder Mitwisserschaft an Handlungen ausländischer Dienste zum Nachteil eines deutschen Staatsangehörigen. Das Manko parlamentarischer Kontrolle in der bestehenden Form ist zweifach. Zum einen sind Parlamentarische Kontrollkommission und G 10 Gremium nicht „Herren des Verfahrens", sondern von der Mitwirkungsbereitschaft der Geheimdienste abhängig. Zum anderen sind Parlamentarische Untersuchungsausschüsse zwar stark im politischen Auftritt und können im günstigen Fall viel zur Verarbeitung komplizierter Sachverhalte im politischen Prozess beitragen. Ihre Arbeit unterliegt aber auch maßgeblich den taktischen Erfordernissen dieses Prozesses und ist keinesfalls dem Prinzip der objektiven Rechtskontrolle verpflichtet.

Was der von keinem subjektiven Recht geleiteten, sondern rein objektiv-rechtlich ausgerichteten Kontrolle der Geheimdienste durch das Parlament fehlt, ist die Kontrolldichte. Das liegt nicht nur an den Auskunftsverweigerungsbefugnissen der Geheimdienste, sondern auch an nicht notwendig professionell vorgebildeten Mitgliedern der Kontrollgremien. Es erscheint daher erwägenswert, das System der vorrangig parlamentarischen Kontrolle beizubehalten, den Instrumentenkasten des Parlaments aber um ein justizielles

62 Einsetzungsantrag vom 17.03.2006 (BT-Drs. 16/990), Beschlussempfehlung für die Einsetzung vom 07.04.2006 (BT-Drs. 16/1179); Fassung des Untersuchungsauftrags auf Grund der Beschlussempfehlung des GO-Ausschusses vom 07.04.2006, Sekretariats-Fassung vom 24. April 2006.

Instrument anzureichern, und dieses in die parlamentarische Disposition zu legen. Auf diese Weise könnten parlamentarische Erklärungsstärke im politischen Prozess und rechtliche Professionalität von Justiz bei der Kontrolle miteinander verbunden werden.

Ein solches zusätzliches Instrument in Händen des Parlaments könnte aus zwei dem Prozessrecht bereits bekannten Bausteinen zusammengesetzt werden. Zum ersten könnte bei einem obersten Bundesgericht ein Fachsenat nach dem Vorbild des „in camera"-Senats beim Bundesverwaltungsgericht gebildet werden, der sich bereits heute mit der Auswertung geheimhaltungsbedürftiger Quellen beschäftigt, und zum zweiten könnte nach dem Vorbild des Verbandsklagerechts ein parlamentarisches Antragsrecht ohne eigene subjektive Beschwer eingerichtet werden („Parlamentsklagerecht"), mit dessen Hilfe bestimmte geheimdienstliche Sachverhalte diesem Fachsenat zur Überprüfung vorgelegt werden könnte.

aa) Fachsenat für „in camera"-Überprüfung

Nach dem Vorbild von § 189 VwGO wird bei einem obersten Bundesgericht, angeregt mit Blick auf den dort bereits bestehenden „in camera"-Senat des Bundesverwaltungsgerichts, ein Fachsenat eingerichtet, der das Handeln von Geheimdiensten des Bundes auf die Übereinstimmung mit den gesetzlichen Vorgaben des Bundesrechts überprüfen kann. Er wird auf Antrag tätig. Der Fachsenat hat über den Antrag eine Entscheidung zu treffen und diese zu begründen. Die Entscheidung wird der vom Parlament benannten Stelle bekannt gegeben. Das Verfahren unterliegt den Vorschriften des materiellen Geheimschutzes.[63] Können diese nicht eingehalten werden oder macht die zuständige Aufsichtsbehörde des Geheimdienstes geltend, dass besondere Gründe der Geheimhaltung oder des Geheimschutzes der Übergabe der Urkunden oder Akten oder der Übermittlung der elektronischen Dokumente an das Gericht entgegenstehen, wird die Vorlage oder Übermittlung an den Fachsenat 5 dadurch bewirkt, dass die Urkunden, Akten oder elektronischen Dokumente dem Gericht in von der obersten Aufsichtsbehörde bestimmten Räumlichkeiten zur Verfügung gestellt werden.[64] Für die danach vorgelegten Akten, elektronischen Dokumente und für die Geltendmachung dieser vorgenannten besonderen Gründe gilt nicht der Vorlageanspruch jedes Parlamentsmitgliedes.[65] Die Mitglieder des Fachsenats sind zur Geheimhaltung verpflichtet; die Entscheidungsgründe dürfen Art und Inhalt der geheim gehaltenen Urkunden, Akten, elektronische Dokumente und Auskünfte nicht erkennen lassen.[66] Für das nichtrichterliche Personal gelten die Regelungen des personellen Geheimschutzes.[67]

63 entsprechend § 99 Abs. 2 Satz 7 VwGO.
64 entsprechend § 99 Abs. 2 Satz 8 VwGO.
65 entsprechend § 99 Abs. 2 Satz 9 VwGO.
66 entsprechend § 99 Abs. 2 Satz 10 VwGO.
67 entsprechend § 99 Abs. 2 Satz 11 VwGO.

bb) Einrichtung eines „Altruistischen Parlamentsklagerechts"

Die Führung eines Verwaltungsprozesses verlangt grundsätzlich die Geltendmachung einer Verletzung eigener Rechte, soweit gesetzlich nichts anderes bestimmt ist.[68] Zu solchen möglichen anderen gesetzlichen Bestimmungen rechnet die Verbandsklage. Als prozessrechtlicher Typ besteht sie entweder in Form der sog. egoistischen oder altruistischen Verbandsklage. Bei der egoistischen Verbandsklage macht der Verband die Verletzung eigener Rechte geltend; insofern handelt es sich nicht um einen Fall von § 42 Abs. 2 1. Halbs. VwGO, sondern 2. Halbs, denn der Verband kann sich auf eigene Rechte berufen. Bei der altruistischen Verbandsklage geht es hingegen um die Geltendmachung der Verletzung von Rechten anderer oder von Rechtsvorschriften, die ausschließlich öffentlichen Interessen dienen.[69] Positiviert ist ein solcher Fall in § 61 Abs. 1, 2 BNAtSchG, worin die Klagemöglichkeit für den Naturschutzverein nicht notwendigerweise an die Voraussetzung der Verletzung des subjektiven Verfahrensrechts geknüpft ist. Insofern handelt es sich um „eine andere Bestimmung" i. S. d. § 42 Abs. 2 VwGO, bei der die Klagebefugnis nicht an die Möglichkeit einer Verletzung subjektiver Rechte geknüpft ist.[70] Ein solches Recht könnte in Form eines „Altruistischen Parlamentsklagerechts" eingerichtet werden, um den voranstehend erläuterten Fachsenat anrufen zu können. Antragsbefugt gemacht werden könnten Fraktionen oder zu benennende Quoren des Parlaments. Der Antragsteller müsste geltend machen, dass ein Geheimdienst bei einer bestimmten Handlungsweise seinen Ermächtigungsrahmen nicht eingehalten, also objektives Recht verletzt hat.

Das weitere Verfahren könnte nach dem Vorbild von § 99 Abs. 2 VwGO gestaltet werden. Danach ist der Antrag ist bei dem einschlägigen obersten Bundesgericht zu stellen.[71] Dieses gibt den Antrag und die Hauptsacheakten an den zuständigen Fachsenat ab.[72] Die oberste Aufsichtsbehörde des betroffenen Geheimdienstes hat die erforderlichen Urkunden oder Akten auf Aufforderung dieses Spruchkörpers vorzulegen, die elektronischen Dokumente zu übermitteln oder die verweigerten Auskünfte zu erteilen sowie Zeugen zugänglich zu machen[73]. Sie ist zu diesem Verfahren beizuladen.[74]

68 § 42 Abs. 2 1.Halbs. VwGO.
69 Schenke (2004), Rn. 525.
70 Schenke, a. a. O., Rn. 527.
71 entsprechend § 99 Abs. 2 Satz 3 VwGO.
72 entsprechend § 99 Abs. 2 Satz 4 VwGO.
73 entsprechend § 99 Abs. 2 Satz 5 VwGO.
74 entsprechend § 99 Abs. 2 Satz 6 VwGO.

Literatur

Agamben, Giorgio (2004), Ausnahmezustand (Homo sacer II.1.). Frankfurt a. M.

Arendt, Hannah (1955), Elemente und Ursprünge totaler Herrschaft. 4. Aufl., München 1995.

Arndt, Adolf (1976), Der Rechtsstaat und sein polizeilicher Verfassungsschutz. In: Adolf Arndt, Gesammelte Schriften. München.

Baumann, Karsten (2005), Vernetzte Terrorismusbekämpfung oder Trennungsgebot? In: DVBl. 13, S. 798–805.

Borgs-Maciejewski, Herbert/Ebert, Frank (1986), Das Recht der Geheimdienste. Stuttgart/München/Hannover.

Brenner, Michael (1990), Bundesnachrichtendienst im Rechtsstaat: zwischen geheimdienstlicher Effizienz und rechtsstaatlicher Kontrolle. Baden-Baden.

Clausewitz, Carl von (1832), Vom Kriege (Ausgabe von 1945).

Creveld, Martin van (1988), Die Zukunft des Krieges. München.

Delbrück, Hans (1920, 3. Aufl.), Geschichte der Kriegskunst im Rahmen der politischen Geschichte. Nachdruck 1964, Neuausgabe Berlin 2000.

Herberg-Rothe, Andreas (2003), Der Krieg. Frankfurt a. M.

Huber, Bertold (2000), Post aus Pullach – Das G 10-Urteil des BVerfG vom 14. 7. 1999. In: NVwZ, S. 393–396.

Jakobs, Günther (2004), Bürgerstrafrecht und Feindstrafrecht. In: HRRS, S. 88ff.

Keegan, John (1995), Die Kultur des Krieges. TB-Ausgabe: Reinbek bei Hamburg 1997.

Keegan, John (1997), Die Maske des Feldherrn. Reinbek bei Hamburg.

Leyendecker, Hans (2004), Moussaoui droht Todesstrafe in den USA. In: Süddeutsche Zeitung vom 24./25.04.2004.

Lisken, Hans (2000), Das Ende der „Schleierfahndung" in Mecklenburg-Vorpommern. In: DriZ, S. 272–276.

Möstl, Markus (1999), Verfassungsrechtliche Vorgaben für die strategische Fernmeldeaufklärung und die informationelle Vorfeldarbeit im allgemeinen. In: DVBl., S. 1394–1403.

Müller-Terpitz, Ralf (2000), Die „strategische Kontrolle" des internationalen Telekommunikationsverkehrs durch den Bundesnachrichtendienst. In: JURA, S. 296–302.

Münkler, Herfried (2002), Die neuen Kriege. Reinbek bei Hamburg.

Pieroth, Bodo/Schlink, Bernhard (1998), Grundrechte, Staatsrecht II. 14. Aufl., Heidelberg.

Prantl, Heribert (2004), Bürger und Feinde. In: Süddeutsche Zeitung vom 28.04.2004.

Saliger, Frank (2006), Feindstrafrecht: Kritisches oder totalitäres Strafrechtskonzept? In: JZ 15/16, S. 756–762.

Schenke, Wolf-Rüdiger (2004), Verwaltungsprozessrecht. 9. Aufl., Heidelberg.

Schmitt, Carl (1922), Politische Theologie, 2. Aufl., München u. a. 1934.

Schmitt, Carl (1950), Der Nomos der Erde, 2. Aufl., Berlin 1974.

Schulze-Fielitz, Helmuth (2003), Innere Sicherheit: Terrorismusbekämpfung auf Kosten der Freiheit? In: Schriftenreihe des Adolf-Arndt-Kreises, Bd. 1, Berlin.

Soiné, Michael (2006), Die Aufklärung der Organisierten Kriminalität durch den Bundesnachrichtendienst. In: DÖV 5, S. 204–213.

Stern, Klaus (1980), Staatsrecht Band II. München.

Stern, Klaus (1988), Staatsrecht Band III, 1. Halbband. München.

Stern, Klaus (2006), Staatsrecht Band IV, 1. Halbband. München.

Rainer Griesbaum

Justizgewährung

I. Justizgewährung als staatliche Verpflichtung und subjektives Recht

Die Auseinandersetzung mit dem politisch oder religiös verbrämten Terrorismus darf und kann nicht in erster Linie mit den Mitteln des Strafrechts durchgeführt werden. Maßgeblich für die Rolle der Strafverfolgung ist, welche Anforderungen der Rechtsstaat in der konkreten Situation an das Strafverfahren stellt. Terrorismus ist aber auch organisierte Schwerkriminalität. Deshalb muss der Staat in der Lage sein, mit dem Strafverfahrensrecht den Sanktionsanspruch gegen terroristische Gewalttäter in den Formen des normalen Strafverfahrens durchzusetzen.

Die strafrechtliche Gewährleistung der inneren Sicherheit durch Rechtsgüterschutz ist ein wesentlicher Bestandteil der viel beschworenen Bekämpfung des Terrorismus durch Prävention. Auch wenn das Strafrecht repressiv einschreitet, erfüllt es mittelbar immer eine vorbeugende Aufgabe. Nur das Strafverfahren gewährleistet einen Ausgleich zwischen justizförmiger Aufklärung, fairem Verfahren und Verteidigungsrechten.

Terrorismus bedeutet für den Rechtsstaat die wohl größte Herausforderung und eine doppelte Bewährungsprobe: Es gilt, Bürger und Gesellschaft wirksam vor Anschlägen zu schützen, ohne den Rechtsstaat selbst von innen her auszuhöhlen und zu untergraben. Die doppelte Aufgabe, den Rechtsstaat zu verteidigen und zu wahren, stellt sich im Rahmen der staatlichen Justizgewährungspflicht auch und besonders der Strafjustiz.

Das Strafrecht dient der Aufgabe des Gesellschaftsschutzes zum einen durch die Ahndung von Rechtsverletzungen und ist insoweit repressiver Natur. Die Bestrafung soll als angemessen missbilligende Reaktion auf den Normverstoß die Gefahr eines Normgeltungsschadens beseitigen und so den durch die Straftat gestörten Rechtsfrieden wieder herstellen.

Zum anderen erfüllt das Strafrecht die Aufgabe, Rechtsverletzungen zu verhüten und ist damit präventiver Natur. Die gerechte Strafe ist im Interesse der Allgemeinheit ein unerlässliches Instrument zur Erhaltung der sozialen Ordnung (so genannte positive Generalprävention). Sie soll ferner künftige Täter durch Furcht vor Strafe abschrecken (so genannte negative Generalprävention).

Die repressive und die präventive Funktion des Strafrechts müssen als Einheit verstanden werden: Prävention durch Repression. Das Strafrecht als herkömmliches Mittel zur

Harmonisierung von Freiheit und Sicherheit wirkt vor allem durch die Glaubwürdigkeit der Strafdrohung.

Die traditionellen Aufgaben des Strafprozesses, nämlich

- die Durchsetzung materiellen Strafrechts entsprechend dem erforschten wahren Sachverhalt,
- strenge Einhaltung der Justizförmigkeit des Verfahrens und
- Wiederherstellung des durch die Straftat gestörten Rechtsfriedens mittels endgültiger richterlicher Entscheidung,

verwirklichen gerade bei der Bekämpfung des islamisch fundamentalistischen Terrorismus das Rechtsstaatsgebot. Aus diesem Gebot folgt insbesondere die Justizgewährungspflicht des Staates als eine notwendige Folge des Strafverfolgungs- und Bestrafungsmonopols des Staates. Adressaten der Justizgewährungspflicht sind Staatsanwaltschaften und Strafgerichte jeweils in ihrer spezifischen Funktion. Das Bundesverfassungsgericht hat jüngst in einer Entscheidung erneut das staatliche Interesse an einer wirksamen Strafverfolgung betont und ausgeführt: „Die Sicherung des Rechtsfriedens ist seit jeher eine wichtige Aufgabe staatlicher Gewalt. Die Aufklärung von Straftaten, die Ermittlung des Täters, die Feststellung seiner Schuld und seine Bestrafung wie auch der Freispruch des Unschuldigen sind die wesentlichen Aufgaben der Strafrechtspflege, die zum Schutz der Bürger den staatlichen Strafanspruch in einem justizförmigen und auf die Ermittlung der Wahrheit ausgerichteten Verfahren in gleichförmiger Weise durchsetzen soll ... Der Verhinderung und Aufklärung von Straftaten kommt nach dem Grundgesetz eine hohe Bedeutung zu".

II. Justizgewährung als subjektives Verfahrensrecht des Beschuldigten

Die beiden BGH-Urteile gegen Angeklagte aus dem Tatkomplex „11. September 2001", nämlich in Sachen El Motassadeq vom 4. März 2004 und in Sachen Mzoudi vom 9. Juni 2005, sind beispielhafte Anwendungsfälle der Justizgewährung sowohl aus der Sicht des Rechtsgüterschutzes als auch aus der Sicht des Angeklagten.

1. Der 3. Strafsenat des Bundesgerichtshofes hat in seinem Urteil vom 4. März 2004 in der Strafsache gegen El Motassadeq das Problem der besonders vorsichtigen Beweiswürdigung als Folge der Sperrung eines zentralen Zeugen umfassend aufbereitet und neue Maßstäbe gesetzt: Verkürzt die Exekutive durch Maßnahmen die Beweisgrundlage und entzieht sie damit dem Angeklagten auch eine Möglichkeit der Entlastung, darf das dem Angeklagten nicht zum Nachteil gereichen. Das gebietet der Anspruch des Angeklagten auf ein faires rechtsstaatliches Verfahren. Als eine wesentliche Beschränkung, die der Ermittlung der Wahrheit und somit einem gerechten Urteil entgegensteht, wertet der BGH die behördliche Abgabe einer Sperrerklärung nach § 96 StPO. Eine solche Maßnahme kann, auch wenn sie verfahrensmäßig und inhaltlich rechtsfehlerfrei ergangen ist, zu erheblichen Einschränkungen der Verteidigungsinteressen des Angeklagten führen.

Die gebotene Kompensation ist aber nicht in der Weise vorzunehmen, dass das Verteidigungsvorbringen des Angeklagten, dessen Richtigkeit durch Erhebung des gesperrten Beweises hätte geprüft werden können, in unmittelbarer Anwendung des Zweifelssatzes als zutreffend zu behandeln ist. Der Zweifelssatz ist keine Beweis- sondern eine Entscheidungsregel, die das Gericht erst dann zu befolgen hat, wenn es nach abgeschlossener Beweiswürdigung nicht die volle Überzeugung vom Vorliegen einer für den Schuld- oder Rechtsfolgenausspruch unmittelbar entscheidungsrelevanten Tatsache zu gewinnen vermag. Die Sperrung von Beweismitteln seitens der Exekutive ist daher erst bei der abschließenden Würdigung des gesamten Beweisergebnisses mit zu berücksichtigen. Hierbei hat der Tatrichter in seine Erwägungen die Möglichkeit einzubeziehen, dass das gesperrte Beweismittel, wäre es in die Hauptverhandlung eingeführt worden, das Ermittlungsvorbringen oder die entlastende Beweisbehauptung des Angeklagten bestätigt hätte. Diese Möglichkeit hat er dem übrigen Beweisergebnis gegenüber zu stellen und auf dieser Grundlage unter Beachtung des Zweifelssatzes zu entscheiden, ob das potentiell entlastende Ergebnis der unterbliebenen Beweiserhebung durch die verwertbaren sonstigen Beweismittel soweit entkräftet wird, dass trotz der geschmälerten Erkenntnisgrundlage der Inbegriff der Hauptverhandlung die Überzeugung von der Schuld des Angeklagten trägt.

Im Fall El Motassadeq wird deutlich, dass auch in einem deutschen Strafverfahren politische Belange Berücksichtigung finden, auch wenn es eine „political question doctrine" im Sinne der Rechtsprechung des US-amerikanischen Supreme Court nicht gibt. Die „political question doctrine" bedeutet nämlich, dass der Richter in politischen Angelegenheiten, zumal in Angelegenheiten der Außenpolitik, Zurückhaltung zu wahren habe und eine rechtliche Entscheidung über Fragen ablehnen kann, weil sie zu politisch seien. Im deutschen Recht beweist schon die Existenz des § 96 StPO, dass in einem Ermittlungs- und Strafverfahren der Informationsfluss nicht allein von Staatsanwaltschaft und Gericht beherrscht wird, sondern von den Behörden, wenn deren Erkenntnisse im Strafverfahren herangezogen werden sollen. Die Entscheidung darüber, ob eine Geheimhaltung nötig und Informationen deshalb nicht weitergegeben werden, hat der Gesetzgeber ausdrücklich der betreffenden Behörde überlassen. Die „ureigene Aufgabe des Gerichts" ist aber betroffen, wenn darüber entschieden werden soll, ob eine Erkenntnis für das Strafverfahren relevant oder ohne Beweiswert ist. Der selektive Datentransfer durch Nachrichtendienste kann zu einer Wahrnehmungsverzerrung bei der Beweiswürdigung führen. Solche Informationsdefizite müssen deshalb durch eine vorsichtige Beweiswürdigung ausgeglichen werden. Der Informationsgehalt der gelieferten Teilinformationen kann nämlich ein völlig anderer sein als der Informationsgehalt der Gesamtheit der vorhandenen Informationen, mit anderen Worten: Das Ergebnis der Beweiswürdigung kann durch die Lieferung von Teilinformationen verfälscht werden.

Der BGH spricht in diesem Zusammenhang von der Gefahr der staatlichen Steuerung des Strafverfahrens. Überträgt man die Argumente des BGH auf unser Leitthema „Justizgewährung" so heißt das: Justizgewährung als Rechtsgüterschutz und Justizgewährung als Recht des Angeklagten geraten in Widerstreit, wenn wie im Fall El Motassadeq ein Staat – nämlich die USA und in entsprechender Zurechnung die Bundesrepublik Deutschland – ein erhebliches eigenes Interesse am Ausgang des Strafverfahrens hat, gleichwohl aber nur selektiv Beweismittel zu Verfügung stellt (hier: Rechtshilfe gewährt). Das kann nach Auffassung des BGH im Hinblick auf das Recht des Angeklagten auf eine faire Verfahrensgestaltung nicht hingenommen werden.

Der BGH stellt in den Raum, dass die Sperrung von Beweismitteln durch die Exekutive in außergewöhnlichen Fällen zu einem Verfahrenshindernis führen kann, wenn dem Tatrichter durch die Maßnahmen der Exekutive die Beweisgrundlage derart verkürzt wird, dass auch unter Berücksichtigung der Grundsätze vorsichtiger Beweiswürdigung und der Anwendung des Zweifelsatzes eine gerichtlich verantwortbare Überzeugungsbildung nicht mehr gewährleistet ist, die rechtsstaatlichen Anforderungen sowie der verfassungsrechtlich verbürgten Stellung der Strafgerichte genügt, den wahren Sachverhalt unbeeinflusst von Einflussnahmen der vollziehenden Gewalt zu ermitteln.

Dieses Urteil ist ein deutlicher Anwendungsfall der Justizgewährung als Schutz des Angeklagten. Es zeigt aber auch den Interessenkonflikt zwischen Strafverfolgung und Prävention. Eine wirksame Strafverfolgung erfordert transparente, verwertbare Beweise, für die Prävention gelten andere Regeln. Ein Staat muss sich entscheiden, was er vorrangig will. „Ein bisschen Strafverfolgung" mit halbherziger Preisgabe von Beweismitteln ist keine Justizgewährung.

2. Das Revisionsurteil des BGH und die mündliche Urteilsbegründung des Vorsitzenden in Sachen Mzoudi hat jenseits der tragenden Urteilsgründe Probleme – oder vielleicht nur Scheinprobleme – aufgeworfen, die aber ausdiskutiert werden müssen, um im Rahmen der Justizgewährung die Rolle der Staatsanwaltschaft hier: des Generalbundesanwalts – zutreffend im Gefüge der Gerichtsverfassung einzuordnen. Schlagworte wie

- „Keine Sonderregelungen für Terrorismusverdächtige"
- „Die Bekämpfung des Terrorismus kann nicht ein wilder, ungeregelter Krieg sein"
- „Es ist notwendig, dass unabhängige Gerichte und nicht die Strafverfolger selbst das Urteil sprechen"
- „Innere Leidenschaft ist gerade bei Terrorverfahren der Rechtsprechung abträglich"

lassen aufhören, geben aber einem Bundesanwalt Veranlassung zur Klarstellung. Aus der Seele spricht mir deshalb ein Zitat aus der *FAZ* vom 10. Juni 2005: „Auf der anderen Seite gefallen sich einige deutsche Gerichte darin, ihre Unabhängigkeit in Terrorprozessen auf eine Weise vorzuführen, dass man an ihr schon wieder zweifeln kann."

Im Rahmen eines Ermittlungs- und Strafverfahrens obliegt die Justizgewährungspflicht unterschiedlichen Einrichtungen, die auch unterschiedlichen rechtlichen Regeln unterworfen sind. Gemeinsam ist die Aufgabe des Schutzes der Gesellschaft.

Die Justiz steht bei der Bekämpfung des islamistischen Terrorismus neuen Aufgaben und Problemen gegenüber, die zum Teil fremdbestimmt sind. Die Gefahr bevorstehender Anschläge verlangt ein rechtzeitiges Zugreifen. Diese frühen präventiven Erfolge führen dann aber bei der Strafverfolgung insoweit zu Schwierigkeiten, als die Überzeugungsbildung auf der Grundlage meist geringer Erkenntnisse zu Strukturen und Absichten der Gruppe nicht eben einfach ist. Es wäre aber verfehlt, im Falle einer Verurteilung oder eines Freispruchs in den Kategorien von Sieg und Niederlage zu werten. Ich befürchte auch nicht, dass ein Freispruch das Vertrauen in die Urteilsfähigkeit und Wirksamkeit unserer Justiz erschüttert.

Entscheidend für den Strafprozess sind die justizförmige Wahrheitsfindung und die Wiederherstellung des durch die Straftat gestörten Rechtsfriedens mittels endgültiger richterlicher Entscheidung. Das ist Justizgewährung!

Es ist zutreffend, wenn der BGH im Mzoudi-Urteil ausführt: „Nach diesen Grundsätzen ist es auch Sache des Tatrichters, die Bedeutung und das Gewicht der einzelnen be- oder entlastenden Indizien in einer Gesamtwürdigung des Beweisergebnisses zu bewerten. Ist diese Bewertung vertretbar, kann das Revisionsgericht nicht auf der Grundlage einer abweichenden Beurteilung der Bedeutung einer Indiztatsache in die Überzeugungsbildung des Tatrichters eingreifen. Dies gilt unabhängig von der Bedeutung und dem Gewicht des strafrechtlichen Vorwurfs des jeweiligen Verfahrens; denn diese vermögen eine unterschiedliche Handhabung der Grundsätze revisionsgerichtlicher Rechtsprüfung nicht zu rechtfertigen."

Es gibt in der Tat kein „Feindstrafrecht" für mutmaßliche Terroristen, sondern gleiches Recht für alle. Es darf aber nicht durch überbetonte Rechtsstaatlichkeit der Eindruck entstehen, es werde stattdessen ein „Bürgerstrafrecht" angewendet.

III. Prävention und Repression als ganzheitlicher Bekämpfungsansatz bei der Terrorismusbekämpfung

In der Gemengelage von Prävention und Repression wird immer wieder die Frage aufgeworfen, inwieweit der Strafgesetzgeber die Strafbarkeit in den Bereich der Vorbereitungshandlungen „ausdehnen" darf. Es sollte selbstverständlich sein, dass der Strafgesetzgeber nicht auf die eingetretene Verletzung eines Rechtsgutes wie etwa Leib, Leben oder Freiheit warten muss. Die spezifische Rechtsgüterschutzaufgabe des Strafrechts gebietet, zur Wiederherstellung des gestörten Rechtsfriedens auf Verstöße gegen rechtsgüterschützende Verhaltensnormen zu reagieren.

Die Bestimmungen der §§ 129a und 129b StGB sind wichtige Instrumente der Justizgewährung im Sinne des Schutzes für den Bürger. Sie begründen eine Strafbarkeit bereits weit im Vorfeld der Vorbereitung konkreter strafbarer Handlungen, und zwar im Hinblick auf die besondere Gefährlichkeit, welche von einem organisierten Verband von Personen ausgeht, die sich zur Begehung von Straftaten zusammengeschlossen haben. Diese spezifische Gefährlichkeit eines organisierten Personenzusammenschlusses entwickelt sich in der Eigendynamik, die typisch für größere Personenzusammenschlüsse und geeignet ist, dem einzelnen Beteiligten die Begehung von Straftaten zu erleichtern und bei ihm das Gefühl persönlicher Verantwortung zurückzudrängen.

Hinzu kommt, dass der Begriff der Vereinigung die Unterordnung des einzelnen unter den Willen der Gesamtheit voraussetzt. Die für eine organisierte Vereinigung typische besondere Gefährlichkeit liegt gerade in der Bildung eines von der individuellen Einzelmeinung losgelösten Gruppenwillens.

Das Schwergewicht der Strafverfolgung im Bereich islamistischer Terrorismus liegt daher bei den „Vorfeldverfahren" nach §§ 129a, 129b StGB. Sie verfolgen das Ziel, die strafrechtlichen Sanktionsmöglichkeiten einsetzen zu können, bevor Anschlagsvorhaben verwirklicht werden. Der strategische Ansatz geht dahin, mit Hilfe von so genannten Strukturverfahren eine allgemeine, noch nicht gegen bestimmte Personen konkretisierte Anfangsverdachtslage bezüglich strafrechtlich relevanter Aktivitäten ausländischer terroristischer Vereinigungen in Deutschland (z. B. al-Qa'ida, Ansar al-Islam,) durch umfassende Informationsgewinnung so zu verdichten, dass Strukturen und damit zusammenhängende Verhaltensweisen von Einzelpersonen erkennbar werden.

Angesichts aktueller Gefährdungslagen erweist sich die Kompetenz des Staates, Sicherheit zu gewährleisten, allerdings nicht nur an seiner Fähigkeit, angemessen mit Strafverfolgung zu reagieren, sondern auch daran, Gefahren schon im Vorfeld abzuwehren. Das kann und darf aber nicht bedeuten, dass das Strafrecht als traditionelles Mittel des Rechtsgüterschutzes an Bedeutung verliert. Allerdings erscheint eine Neuorientierung im Bereich der Strafverfolgung notwendig. Terrorismusbekämpfung als Aufgabe der Staatsanwaltschaft setzt angesichts der aktuellen Gefährdungslage durch internationale Netzwerke mehr denn je die frühzeitige Erkennung terroristischer Aktivitäten und damit die Beschaffung von Informationen voraus. Strafverfolgung im Bereich des Staatsschutzes heißt nicht mehr nur Abwarten, bis ein Anschlag verübt worden ist oder unmittelbar bevorsteht, und dann zu ermitteln und Beweise zu erheben. Strafverfolgung als Teil eines ganzheitlichen Bekämpfungskonzepts gegen den islamistischen Terrorismus bedeutet eine Vorverlagerung des Strafrechtsschutzes. Im verfassungsrechtlich verankerten System der staatlichen Gewalten besitzt aber nur die Justiz die erforderliche Legitimität, Sanktionen gegen Gewalttäter zu verhängen. Präventive Handlungsmöglichkeiten allein verlieren den Bezug zum gesetzlich definierten Unrecht.

Die Staatsanwaltschaft als Strafverfolgungsbehörde steht traditionell am Ende einer Kette von Behörden, deren Aufgabe es ist, das Phänomen des islamistisch geprägten Terrorismus zu bekämpfen. Eine Staatsanwaltschaft betreibt mit der Einleitung und Durchführung von Strafverfahren in erster Linie Repression. Heute ist ein neues Rollenverständnis der Staatsanwaltschaften geboten. Bei der Strafverfolgung islamistischer Terroristen haben nämlich schon von Beginn an neben der Repression präventive Gesichtspunkte eine große Bedeutung. Die Anschläge vom 11. September 2001 und die folgenden Anschläge auf Djerba, Bali und in Madrid haben das Ausmaß der Zerstörung gezeigt. Es muss deshalb vorrangiges Ziel eines Staates sein, solche Anschläge zu verhindern. Das bedeutet aber nicht, dass die Strafverfolgung bei der Bekämpfung des islamistischen Terrorismus nachrangig ist. Sie muss sich vielmehr in ein Gesamtkonzept von Präventiv- und Ermittlungsmaßnahmen unter maßgeblicher justizieller Mitwirkung einfügen.

Während die Ermittlungen zu Zeiten der „RAF" in erster Linie dadurch geprägt waren, dass nach Anschlägen die Spuren ausgewertet und die einzelnen Täter ermittelt wurden, geht es bei den islamistischen terroristischen Vereinigungen vorrangig zunächst einmal darum, die Strukturen aufzuklären. Die in § 129a und § 129b StGB bestimmte Vorverlagerung des Strafschutzes, die auf die besondere Gefährlichkeit terroristischer Vereinigungen im In- und Ausland abstellt, erfordert im Hinblick auf die aktuelle, globale Bedrohung eine

Ausschöpfung aller gesetzlich vorgesehenen Möglichkeiten zur Zusammenarbeit zwischen Strafverfolgungsbehörden und Nachrichtendiensten. Die Aufklärung der Strukturen, Hintergründe, Entwicklungen und der Betätigungsfelder ausländischer terroristischer Vereinigungen gründet sich weitgehend auf nachrichtendienstliche Erkenntnisse. Der mit der Strafverfolgung verbundene Bedarf an gerichtsverwertbaren Informationen erstreckt sich zudem zwangsläufig auf den internationalen Bereich. Polizeiliche Feststellungen sind insoweit nur fragmentarisch zu erlangen und auch die justizielle Rechtshilfe bietet in der Regel kein umfassendes Bild oder versagt völlig.

Nachrichtendienste und Justiz dürfen aber nicht in eine Konfliktstellung geraten, die sich nachteilig auf die Sachaufklärung auswirkt. Deshalb müssen sich Justiz und Nachrichtendienste als Teile einer ganzheitlichen Verfolgungsstrategie begreifen. Die Justiz darf nachrichtendienstlichen Erkenntnissen nicht schon an sich mit dem Zweifel der Rechtmäßigkeit begegnen. Die Nachrichtendienste müssen sich den Strafverfolgungsbelangen öffnen, um noch bestehende Vorurteile und Vorbehalte bei der Justiz abzubauen. Bei der Arbeitsweise und der Dokumentation von Erkenntnissen müssen die Dienste in den Blick fassen, dass Informationen gegebenenfalls in die prozessuale Beweisführung einfließen. Bei den Bemühungen, die Konflikte zwischen Geheimhaltungs- und Strafverfolgungsinteressen zu lösen, ist schließlich zu bedenken, dass auch und gerade eine Verurteilung islamistischer Terroristen nicht ohne generalpräventive Wirkung bleibt. Ferner wird oft verkannt, dass nur Urteile eine wesentliche Grundlage für spezialpräventive Folgemaßnahmen sein können.

IV. Justizgewährung als Rechtsweggarantie

Abschließend will ich die Frage stellen, ob eine effektive Justizgewährung im Sinne einer Rechtsweggarantie auf dem Gebiet des Staatsschutzes die Konzentration dieser Strafsachen bei einem erstinstanzlichen Bundesgericht gebietet oder zumindest empfiehlt. Tragender Gesichtspunkt eines solchen Modells ist die Professionalisierung der Richter.

Die Zuständigkeitskonzentration von Staatsschutzstrafverfahren bei den Landeshauptstadt-Oberlandesgerichten gemäß § 120 GVG soll nach der *ratio legis* sicherstellen, dass in den genannten Verfahren, in denen meist schwierige tatsächliche Fragen zu entscheiden sind und in denen häufig besondere Rechtsprobleme auftreten, Richter mit besonderer Sachkunde und breiter Erfahrung auf dem Gebiet des Staatsschutzstrafrechts zur Verfügung stehen.

Die bisherige Praxis ist davon gekennzeichnet, dass die Staatsschutzsenate bei den Oberlandesgerichten oftmals als Fremdkörper angesehen werden. Das schlägt sich in der Besetzung der Vorsitzendenstellen durch die Landesjustiz und der Richterzuteilung durch die Präsidien nieder. Es wird mehr der personellen Not gehorcht als dem Gedanken der Spezialisierung. Gerade im Bereich des Staatsschutzes sind langjährige Erfahrung und Kontinuität zur umfassenden Beurteilung der komplexen Sachverhalte und Zusammenhänge aber von unabdingbarer Bedeutung.

Es erscheint deshalb erwägenswert, dem Gedanken der besonderen Sachkunde und der Tatsache, dass die Oberlandesgerichte insoweit Bundesgerichtsbarkeit ausüben, durch eine Neukonzeption – nämlich die Schaffung eines erstinstanzlichen Bundesgerichts für Staatsschutzstrafsachen – Rechnung zu tragen. Ich verkenne nicht die Gefahr, dass nach außen der Eindruck eines „Sondergerichts" erweckt werden und Zweifel an der Objektivität eines solchen Gerichts aufkommen könnten. Unser Nachbar Frankreich ist meines Erachtens ein gutes Beispiel für eine zentralisierte und spezialisierte Gerichtsbarkeit für Staatsschutzstrafsachen.

Reinhard Merkel

§ 14 Abs. 3 Luftsicherheitsgesetz: Wann und warum darf der Staat töten? Über taugliche und untaugliche Prinzipien zur Lösung eines Grundproblems des Rechts

I. Die Entscheidung des BVerfG und das Analyseschema der Verfassungsdogmatik

Am 15. Februar 2006 hat das Bundesverfassungsgericht § 14 Abs. 3 des Luftsicherheitsgesetzes (LuftSiG) vom 11. Januar 2005 (BGBl. I, 78) für verfassungswidrig und nichtig erklärt. Die Vorschrift räumte den Streitkräften die Befugnis ein, nach einer entsprechenden Anordnung des Verteidigungsministers Flugzeuge jederlei Funktion und Provenienz abzuschießen, wenn diese erkennbar als Waffe gegen das Leben von Menschen am Boden eingesetzt zu werden drohten. Das Gefahrenszenario, das dem Gesetzgeber vor Augen stand, war deutlich: Anschläge vom Typus der New Yorker Terrorattacken vom 11. September 2001.[1] Der Paragraph hatte den folgenden Wortlaut:

„Die unmittelbare Einwirkung mit Waffengewalt ist nur zulässig, wenn nach den Umständen davon auszugehen ist, dass das Luftfahrzeug gegen das Leben von Menschen eingesetzt werden soll, und sie das einzige Mittel zur Abwehr dieser gegenwärtigen Gefahr ist."

Das war die im Rechtsleben der Bundesrepublik erste gesetzliche Erlaubnis für den Staat, unter bestimmten Umständen gezielt, vorsätzlich und massenhaft unschuldige Bürger zu töten, um andere unschuldige Bürger zu retten. Unbeschadet der Frage, ob eine Legitimation denkbar wäre, durfte man das ohne Übertreibung einen „beispiellosen Tabu-

1 S. die entsprechenden Hinweise in der Rede des damaligen Bundesinnenministers *Schily* vom 30. Januar 2004 (unter http://www.otto-schily.de/), sowie die Bemerkungen des Abg. *Wiefelspütz* in der Anhörung zum LuftSiG im BT-Innenausschuss (Drs. Innenausschuss, Prot. 15/35, 26. April 2004, S. 31). – Eine Rolle spielte außerdem der sog. Frankfurter Luftzwischenfall vom 5.1.2003: Ein geistig verwirrter junger Mann, der in einem einmotorigen Flugzeug über Frankfurts Innenstadt kreiste, hatte per Funk damit gedroht, er werde die Maschine in ein Hochhaus steuern, wenn ihm nicht ein Telefonat in die USA ermöglicht werde. Dieser „Zwischenfall" wurde von zuständigen Politikern meist zusammen mit dem Terrorakt des 11. September als Anlass für § 14 III LuftSiG genannt. Normativ haben die beiden Fälle freilich nichts miteinander zu tun – nicht etwa wegen des krass unterschiedlichen Gewichts der Schäden, die angerichtet wurden bzw. worden wären, sondern allein im Hinblick auf die Frage der rechtlichen Legitimation eines Abschusses der jeweils involvierten Maschinen.

bruch“ nennen.[2] Die Entscheidung des BVerfG beanstandet zunächst, der Bundesgesetzgeber habe mit der Vorschrift seine sachliche Regelungsbefugnis im Rahmen der grundgesetzlichen Wehrverfassung überschritten.[3] Vor allem die damit zusammenhängenden Fragen der formellen Verfassungsmäßigkeit sind während des Gesetzgebungsprozesses von zuständigen Experten kontrovers erörtert worden.[4] Im folgenden bleiben sie außer Betracht. Genauer untersuchen möchte ich dagegen die grundrechtliche Analyse des BVerfG. Sie mündet bekanntlich in dem Verdikt, § 14 III LuftSiG verstoße gegen Art. 1 Abs. 1 und Art. 2 Abs. 2 GG. In ungewöhnlicher Schärfe, manchmal geradezu im Tonfall der Zurechtweisung attestiert das Gericht dem Gesetzgeber, der – neben anderem – von § 14 III erlaubte Abschuss entführter Verkehrsmaschinen und also die direkte Tötung der darin sitzenden Passagiere verletze unter allen Umständen deren Menschenwürde und ihr Recht auf Leben.

Das Ergebnis der Entscheidung erscheint mir grundsätzlich richtig: Innerhalb der geltenden Verfassungsordnung ist die Vorschrift nicht legitimierbar.[5] Die Begründung des Gerichts bleibt freilich, bei aller Entschiedenheit des kritischen Tons, begrifflich ohne klare Konturen und normativ ohne überzeugende Kraft. Daran ändert die nachdrückliche Berufung auf Art. 1 I und 2 II GG nichts. Den Leser lassen die vorgetragenen Argumente unzufrieden zurück, und zwar auch und gerade dann, wenn ihm ihr Ergebnis schon vorher wenig zweifelhaft war.

Woran genau liegt das? Die Frage führt schnell auf das begrifflich-analytische Schema, an dem das BVerfG den problematischen Inhalt der Norm überprüft. Sein Inhalt sind die geläufigen Analysekriterien des öffentlichen Rechts zur Prüfung hoheitlicher Eingriffe in rechtlich geschützte Sphären des Bürgers. Betreffen solche Eingriffe das Grundrecht auf

2 So *meine* Formulierung zwei Wochen nach Verabschiedung des Gesetzes in: *Die Zeit*, 8. Juli 2004, S. 33f.

3 BVerfG 1 BvR 357/05, NJW 2006, 751 ff., in der Gesetzgebungsgeschichte des LuftSiG ist v. a. dieser formell- und kompetenzrechtliche Aspekt (insbes. im Hinblick auf Art. 35 II 2, III GG) umstritten gewesen; dazu SCHENKE (2006), S. 737f., sowie PIEROTH/HARTMANN (2005), S. 730f., m. w. N.

4 S. v. a. die Anhörung im Innenausschuss des Parlaments (Fn. 1) sowie die dort beigefügten Stellungnahmen der staatsrechtlichen Experten *Robbers, Epping, Tettinger, Baldus, Scholz, Ronellenfitsch* (A-Drs. 15 (4), 102 A – 102 F); s. außerdem HOCHHUTH (2002), S. 154; GRAMM (2003), S. 89; LUTZE (2003), S. 101; WIEFELSPÜTZ (2003), S. 45; DREIST (2004), S. 89.

5 So bereits *mein* Artikel in: *Die Zeit* (Fn. 2). Die Frage, ob der von der Vorschrift erlaubte Flugzeugabschuss zur Verhinderung eines echten Staatsnotstands legitimierbar wäre und ggf. auf welchem (verfassungsändernden!) Weg, lasse ich hier außer Betracht. Doch erscheint mir die knapp abweisende Bemerkung des BVerfG, für so etwas reichten die von § 14 III LuftSiG erfassten Fälle nicht aus (NJW 2006, 759 [Rn. 135], ganz unzulänglich. Selbstverständlich ist auch ein Verbrechen der Dimension des 11. 9. 2001, das *nicht verhindert werden kann*, nicht staatsgefährdend. Aber § 14 III setzt gerade die de-facto-Möglichkeit einer Verhinderung – eben durch den Abschuss – voraus. Man stelle sich also vor, eine entführte Maschine würde von zwei Jagdbombern eskortiert, deren Piloten unmittelbar vor dem Zielort, etwa einem vollbesetzten Fußballstadion, abdrehen und der Katastrophe zusehen müssten, weil der Abschuss vom BVerfG strikt verboten worden ist. Und nun erwäge man, welche Folge *dies* für die Autorität und Glaubwürdigkeit des Staates als Garant der rechtlichen Friedensordnung haben müsste. Die Frage erscheint mir weitaus ernster und schwieriger, als die Bemerkung des Senats erkennen lässt.

Leben, so ist Prämisse und positivrechtlicher Ausgangspunkt ihrer Überprüfung zunächst der einfache Gesetzesvorbehalt in Art. 2 II 3 GG. Er zieht Gesetzen, die auf seiner Grundlage in den Schutzbereich des Lebensrechts eingreifen, freilich keine materiellen Grenzen. Solche Grenzen, die sog. Schranken-Schranken, werden vielmehr nach den Maßgaben allgemeiner Grundsätze entwickelt. Abstrakt: Ein Eingriff in den Schutzbereich bzw. (wie hier) die eingriffsgestattende Norm muss (1.) einen legitimen Zweck verfolgen, (2.) zur Erreichung dieses Zwecks geeignet, (3.) erforderlich sowie (4.) „im engeren Sinn" verhältnismäßig („angemessen") sein, und darf schließlich (5.), soweit er in den Schutzbereich eines Grundrechts eingreift, dessen „Wesensgehalt" nicht antasten (Art. 19 II GG).[6] Die Plausibilität dieses Prüfungsschemas beruht (wie die aller anderen im anerkannten Bestand der Rechtsdogmatik) auf seiner Eignung zur sachlichen Durchdringung und schlüssigen Ordnung der normativen Materie, auf die es sich bezieht. Dass diese Eignung grundsätzlich seit langem wohlbeglaubigt ist, muss nicht hervorgehoben werden.

Doch gilt das, wie ich im folgenden zu zeigen versuchen möchte, im wesentlichen nur für den „Normaltypus" der alltäglichen Eingriffsverwaltung. Genauer: für Eingriffe in solche grundrechtlich geschützten Sphären, die jeweils in bestimmten einzelnen Hinsichten, d. h. partiell, beschränkbar sind und deren lediglich begrenzte Einbuße daher für den Betroffenen grundsätzlich kompensierbar, substituierbar, kurz für seine weitere Existenz als Bürger irgendwie verschmerzbar ist. Nicht (mehr) dagegen gilt es für den Extremfall im Grenzbereich der Existenzbedingungen einerseits des Bürgers und andererseits der staatlichen Normenordnung: für Eingriffe in das Recht auf Leben und in den Schutzbereich der Menschenwürde. Hier verliert das obige analytische Schema seine Plausibilität und Leistungsfähigkeit. Weder ermöglicht es dem Rechtsanwender die deutliche Identifikation und Artikulation der nun auftauchenden Probleme, noch gibt es ihm die richtigen kritischen Maßbegriffe an die Hand, um die Legitimität eines lebenszerstörenden hoheitlichen Eingriffs zu klären.

Das ist nicht etwa einfach der groben Abstraktheit des Schemas geschuldet. Sie ließe sich im geläufigen Modus der Rechtsdogmatik durch die weitere Ausdifferenzierung seiner Prüfungskriterien in trennschärfere „Unterpunkte" ja ohne weiteres beheben. Vielmehr lenken diese Prüfungskriterien den Blick des Rechtsanwenders in die Irre. Die wirklichen Probleme sind dort nur noch schwer erkennbar. Feinere „Unterkriterien" zur Ausdifferenzierung des Schemas beheben diesen Mangel nicht. Im Gegenteil: sie haben teil an der Suggestivwirkung seiner grundsätzlich falschen Orientierung. Daher sind sie weniger geeignet, deren irreführenden Effekt zu korrigieren, als ihn allenfalls noch zu verstärken.

So weit – so abstrakt. Im folgenden möchte ich an den Entscheidungsgründen des BVerfG einige konkrete Spuren argumentativen Unheils aufzeigen, die jenen Risiken einer

6 Eine vollständige Rechtmäßigkeitsprüfung hoheitlicher Eingriffe umfasst bekanntlich eine Reihe weiterer, vor allem formaler Legitimitätskriterien. Mir kommt es hier nur auf den im Text skizzierten Kernbestand der Bedingungen materieller Rechtmäßigkeit an. Zu § 14 III LuftSiG insofern mustergültig (im Modus des Aufbaus einer klausurmäßigen Prüfung) Sittard/Ulbrich (2005), S. 432, sowie Burkiczak (2004), S. 379; ähnlich Pieroth/Hartmann (2005). Gelegentlich finden sich abweichende Bezeichnungen einzelner Punkte des Prüfungsschemas; sachlich hängt davon nichts ab.

irreführenden Dogmatik geschuldet sein dürften. Hier liegt, so meine ich, der Grund für das Unbefriedigende, in Teilen Unrichtige der Entscheidung. Auch einige der wissenschaftlichen Beiträge, die vor dem BVerfG-Urteil erschienen sind, scheinen mir jenes Risiko zu belegen, jedenfalls insofern, als sie die grundrechtlichen Probleme des Paragraphen ausschließlich im obigen Schema der geläufigen Eingriffsdogmatik abhandeln. Irgendetwas an diesem Schema und seinen gängigen Konkretisierungen kann für Grundrechtseingriffe, wie sie § 14 III LuftSiG erlauben sollte, nicht stimmen. Aber was genau?

II. Grundsatzkritik: Staatliche Tötungen und das Prinzip „Verhältnismäßigkeit"

Die wesentliche irreführende Weiche stellt der in unserem Schema zentrale Begriff der Verhältnismäßigkeit. Nicht zweifelhaft ist dabei selbstverständlich die Gültigkeit des materiellen Prinzips, das er bezeichnet. Selbstverständlich müssen staatliche Eingriffe in grundrechtliche Schutzbereiche des Bürgers neben anderen Rechtmäßigkeitsbedingungen grundsätzlich vor allem die ihrer Verhältnismäßigkeit erfüllen. Auch über Bedeutung und konstitutive Elemente des Begriffs ist man sich mit einleuchtenden Gründen weitgehend einig.[7] Das bedeutet, vorerst noch ganz allgemein, ungefähr dies: In zahlreiche verfassungsgeschützte einzelne Freiheiten, in die körperliche Integrität, in Gleichheit und Eigentum oder in die relative Stabilität und Sicherheit der sozialen oder natürlichen Umwelt mag unter mancherlei Umständen rechtens eingegriffen werden – sofern dies jeweils verhältnismäßig geschieht. Und das ist regelmäßig dann der Fall, wenn das (legitime) Ziel des Eingriffs mit dessen „Kosten", mit den Belastungen durch seine Mittel und seine erwartbaren Nebenfolgen, „ins (richtige) Verhältnis gesetzt", nämlich einem Prozess komplexer Abwägungen unterzogen wird, die es empirisch wie normativ als vorteilhaft erweisen.

Wie aber wird man verhältnismäßig *getötet*? Die Frage mutet schon auf den ersten Blick seltsam an. Dabei insinuiert sie keineswegs eine (zweifelhafte) *semantische* Unverträglichkeit der beiden Begriffe. Vielmehr geht es um eine fundamentale Prämisse des rechtlichen Verhältnisses zwischen Staat und Bürger: um eine Legitimationsbedingung der Zwangsordnung des Rechts. Alle maßgeblichen Staatskonzeptionen der neuzeitlichen Rechtsphilosophie seit Thomas Hobbes stellen an den Anfang ihrer Bedingungen der Legitimität staatlicher Zwangsgewalt die Gewährleistung des Schutzes von Leib und Leben für die Rechtsunterworfenen. Souveränität und Gewaltmonopol des Staates sind legitimationstheoretisch bloß Derivate der volonté générale seiner Bürger. Um derentwillen, nämlich zur Sicherung ihrer Rechte, gibt es den Staat. Einen unabgeleitet eigenen legitimen Daseinszweck hat er nicht. Daher ist er nur soweit, wie er seinen Bürgern diesen Schutz gewährt, auch berechtigt, ihren Gehorsam gegenüber seinen Normen zu erzwingen.[8]

7 Sie müssen daher für unsere Zwecke nicht weiter erörtert werden; s. den Überblick bei PIEROTH/SCHLINK (2006), Rn. 279ff.

8 *Dafür* spielt es keine Rolle, wie man das normative Fundament dieses legitimatorischen Zusammenhangs genauer rekonstruiert – etwa im Modus eines kontraktualistischen Arguments à la Hobbes (als

Das ist bis zur Trivialität geläufig. Man muss es aber in Erinnerung rufen, weil es für unser Thema etwas Wesentliches klarstellt. Verlangt man für die Legitimität eines Grundrechtseingriffs, dass er verhältnismäßig sei, so fordert man den Nachweis eines rationalen Zweck-Mittel-Folgen-Kalküls, eines vernünftig begründeten Vorteils, den die Verfolgung des Zwecks im Verhältnis zu seinen Kosten und seinen Konsequenzen mit sich bringen müsse. Vernünftig heißt: objektiv, also gegenüber jedermann, begründbar, den Eingriffsadressaten eingeschlossen. Grundrechtseingriffe in das individuelle Leben sind aber immer, nämlich per definitionem, tödlich. Sie beenden daher mit dem individuellen Leben stets zugleich und irreversibel das legitimitätskonstitutive Verhältnis zwischen dem Staat und dem Einzelnen. Auch das kann selbstverständlich zulässig sein. Aber unter keinen Umständen deshalb, weil sich aus dem abwägenden Vergleich positiver und negativer Effekte der Tötungshandlung ein relativer Vorteil ergibt, denn dieser kann sich trivialerweise nur für die Überlebenden ergeben. Was auch immer aus einem tödlichen Eingriff als Vorteil für andere erwachsen mag: dem Getöteten selbst gegenüber taugt es *a limine* nicht zur Legitimation. Denn er hat nichts davon. Ausschließlich in einer solchen relationalen Vernünftigkeit des Gesamtresultats besteht jedoch die legitimatorische Logik des Verhältnismäßigkeitsprinzips.[9] Wie sollte aber allein der Umstand, dass sich für die tödliche Handlung ein fremdnütziger Abwägungssaldo ergibt, ein Überschuss aus dem rationalen Insverhältnissetzen ihres Zweck und ihrer „Kosten", die letzteren gerade dem Getöteten gegenüber rechtfertigen können?

Die Antwort lautet: überhaupt nicht.[10] Es gibt nicht eine einzige Form der legitimen Tötung – sie werde von Staats wegen vorgenommen, veranlasst oder als rechtmäßige Privathandlung *de lege* akzeptiert –, die ihre Rechtfertigung gerade aus ihrer Verhältnismäßigkeit bezöge. Weder stimmt dies für die Notwehr, noch für möglicherweise tötungslegitimierende Formen des Notstands oder der Einwilligung des Getöteten. Allenfalls die Legitimation sog. kollateraler Tötungen im Krieg mag sich *prima facie* als reines Ergebnis einer Verhältnismäßigkeitserwägung darstellen. Aber auch dort täuscht der erste Eindruck. Ich komme auf diese Fragen zurück.

Verfolgen einer Maxime des aufgeklärten Selbstinteresses jedes Einzelnen) oder, weitaus profunder, mit Kant als „kategorischen Rechtsimperativ" der reinen praktischen Vernunft. Jedenfalls ist dieser prinzipielle Legitimationszusammenhang zwischen Berechtigung und Begrenzung von Staat und Bürger kaum noch bestritten und kaum bestreitbar. Verweise auf die unübersehbare Literatur zu Hobbes, Kant und anderen sind deshalb entbehrlich.

9 Zur Verhältnismäßigkeit werden außerdem allgemein die Bedingungen „Geeignetheit" und „Erforderlichkeit" gezählt (vgl. oben zu Fn. 6), wobei erstere nur ein Teilaspekt der letzteren ist. Beide Kriterien gehören als Bedingungen jedoch auch zu anderen Legitimationsprinzipien als dem der Verhältnismäßigkeit; zu deren *spezifischer* legitimatorischer Kraft tragen sie daher nichts bei.

10 Vorausgesetzt ist dabei eine primär freiheitsrechtlich legitimierte, materiell rechtsstaatliche Verfassungsordnung wie die des Grundgesetzes. Staaten, die ein abstrakt definiertes Gemeinwohl in jedem Einzelfall über selbst die fundamentalsten Schutzbelange des Einzelnen stellen („... dein Volk ist alles"), folgen einer prinzipiell anderen Legitimationslogik. Dass sich damit ihr Rechtfertigungsproblem bloß verschiebt: von der einzelnen Tötungshandlung zur gesamten staatlichen Ordnung, liegt auf der Hand, und ebenso, dass es auch dort nicht akzeptabel zu lösen ist.

III. Der exemplarische Fall: Tödliche Notwehrhilfe als „verhältnismäßiger" Eingriff?

Studiert man die verfassungsrechtliche Literatur zum Gesetzesvorbehalt des Art. 2 II 3 GG und zu den Bedingungen seiner legitimen Konkretisierung, so erhält man einen anderen Eindruck. Auch für Eingriffe in das Lebensgrundrecht, heißt es dort, gelte (1.) als die „in der Rspr. des BVerfG bedeutsamste Schranken-Schranke der Grundsatz der Verhältnismäßigkeit (Übermaßverbot)"; materiell seien (2.) „Beschränkungen nicht zur Wahrung beliebiger Gemeinschaftsinteressen, sondern nur nach sorgfältiger Abwägung zum Schutz gleichrangiger Rechtsgüter und unter strikter Beachtung des Übermaßverbots zulässig"; „übergreifende Bedeutung" habe (3.) auch für Eingriffe in das Lebensgrundrecht „vor allem der Grundsatz der Verhältnismäßigkeit"; (4.) solche Eingriffe könnten „unter strikter Wahrung des Verhältnismäßigkeitsgrundsatzes [...] gerechtfertigt sein"; deshalb führe (5.) die Rechtmäßigkeitsprüfung auch von Eingriffen ins Lebensrecht „praktisch zu einer Güterabwägung, die für Art. 5 I, II GG grundlegend im Lüth-Urteil entwickelt worden" sei.[11] Das BVerfG schließlich führt zu § 14 III LuftSiG aus, soweit er den Abschuss eines „nur mit Angreifern besetzten Flugzeugs" erlaube, sei er „verhältnismäßig im engeren Sinne" und deshalb *insofern* verfassungsmäßig.[12]

Ich meine, dass alle diese Formulierungen irreführend oder unrichtig sind. Augenfällig zeigt sich das, wenn sie konkreter ausbuchstabiert und auf einzelne Falltypen unstreitig legitimer Tötungen zugeschnitten werden. Bei *Starck* liest man, exemplarisch für viele, über den erlaubten tödlichen Schusswaffengebrauch („finalen Rettungsschuss") der Polizei zur „Abwehr einer gegenwärtigen Lebensgefahr oder einer schwer wiegenden Verletzung der körperlichen Unversehrtheit": „Das Leben des Angegriffenen oder die Verhinderung eines massiven Angriffs auf dessen körperliche Unversehrtheit wird höher eingestuft als das Leben des Angreifers".[13] Das ist wohl eine schlüssige Anwendung des Verhältnismäßigkeitsgrundsatzes auf die tödliche polizeiliche Nothilfe. Aber richtig ist es nicht. Vor dem Hintergrund der unbestrittenen allgemeinen Bekenntnisse zum „Wert" jedes Menschenlebens, der auf der Würde des Menschen beruhe, mutet es schon prinzipiell seltsam an, dass es Leben von rechtlich minderem Wert geben soll. Das BVerfG hält in ständiger Rechtsprechung und unter Zustimmung der Literatur daran fest, dass „jeder Mensch als Person diese Würde ohne Rücksicht auf seine Eigenschaften, seinen körperlichen oder geistigen Zustand, seine Leistungen und seinen sozialen Status" besitzt.[14] Und es hält außer-

11 Die Zitate in (1.) PIEROTH/SCHLINK (2006) Rn. 279; (2.) LORENZ (2001), § 128 Rn. 38; (3.) SACHS (2003), S. 201; (4.) MAUNZ/DÜRIG/HERZOG/SCHOLZ – DI FABIO (2004), Art. 2 Abs. 2 Rn. 37; (5.) SCHULZE-FIELITZ (2004), Art. 2 II Rn. 58 (alle m. w. N.). – S. außerdem (und jeweils konkret zu § 14 III LuftSiG) BURKICZAK (2004), S. 384: das Gesetz müsse „insbesondere verhältnismäßig ... sein"; sachlich ebenso PIEROTH/HARTMANN (2005), S. 731; ROBBERS (Fn. 4) Nr. 102 A, S. 9.

12 BVerfG, NJW 2006, 761 (Rn. 153); ähnlich schon vorher (Rn. 144).

13 MANGOLD/KLEIN/STARCK (2005), hier STARCK, Art. 1 Rn. 78 (m. zahlr. w. N.).

14 Erneut betont im Urteil zu § 14 III LuftSiG, NJW 2006, 757 (Rn. 119), m. zahlr. w. N. – „Ohne Rücksicht auf seine Leistungen" muss ersichtlich auch *Negativleistungen* einschließen, also etwa Straftaten,

dem genauso unverrückbar daran fest, dass die Zuschreibung eines rechtlich minderen Lebenswertes – im Extremfall: „Lebensunwerts" – gegen die Menschenwürde verstoße.[15] Mit diesen beiden allseits anerkannten Elementen der Menschenwürde ist es freilich schon logisch unvereinbar, die Rechtmäßigkeit einer staatlich veranlassten oder geduldeten Tötung damit zu begründen, der Lebenswert des Getöteten sei in der konkreten Situation rechtlich „niedriger eingestuft" gewesen.

Doch ganz unabhängig von solchen Inkonsistenzen mit Grundsatzformeln ist es aus rechtsprinzipiellen Gründen verfehlt, die Legitimität staatlich veranlasster Notwehrtötungen als Funktion ihrer Verhältnismäßigkeit aufzufassen. Eine solche Sicht verwechselt Handlungsverantwortung mit Folgenabwägung. Beide haben nichts miteinander zu tun. Wer sie identifiziert, dürfte sich außerdem in zahlreichen Situationen zweifelsfrei rechtmäßiger Notwehr- oder Nothilfetötungen unversehens zu allerlei begrifflichen Kraftakten gedrängt finden, deren sachliche Unplausibilität auf der Hand liegt. Im folgenden seien einige solche Situationen skizziert. Sie betreffen vornehmlich Handlungen privater, nicht aber polizeilicher Notwehr (Nothilfe), doch ist das ohne wesentlichen Belang. Wohl werden die Voraussetzungen polizeilicher „Rettungsschüsse" in den einschlägigen Befugnisnormen generell enger formuliert als die Kriterien der Notwehr-/Nothilferechtfertigung für Private nach § 32 StGB.[16] Wegen der überragenden Bedeutung des Rechtsguts Leben und seines Status als „Alles-oder-nichts-Grundrecht" gegenüber jedem Eingriff[17] dürfte der Staat jedoch aus Gründen seiner verfassungsrechtlichen Schutzpflicht Tötungshandlungen Privater, die *prinzipiell* nicht legitimierbar sind, als rechtmäßige so wenig zulassen wie selber begehen. Denn die Billigung solcher Tötungen durch das Recht ist ersichtlich allein Sache des Staates; ausschließlich ihm wäre sie daher als Eingriff zuzurechnen.[18]

Zur Veranschaulichung: Dass eine Frau (oder ein Dritter für sie) eine ihr drohende Vergewaltigung mittels tödlicher Notwehr gegen den Angreifer abwehren darf, wenn keine mildere Art der Verteidigung möglich ist, bestreitet niemand.[19] Schon hier strapaziert aber die Behauptung, das Leben des Angreifers sei während seines Angriffs rechtlich „weniger wert" als die physische Integrität der Bedrohten, den halbwegs geschulten Sinn für rechts- und allgemeinsprachliche Bedeutungen (von den Grundsatzformeln zur Menschenwürde nicht zu reden). Darüber hinaus ist es aber keineswegs so, dass nur zur Abwehr derart *gra-*

die somit nicht zur Verminderung der Würde und damit auch schwerlich des Wertes eines Menschenlebens führen können.

15 So auch im Urteil zum LuftSiG, a. a. O., 758 (Rn. 228), m. zahlr. w. N.

16 Verfassungsrechtlich oder rechtsprinzipiell zwingend geboten ist das freilich keineswegs.

17 Formulierung bei Hartleb (2005), S. 1397.

18 Dem steht nicht entgegen, dass die (positive) Schutzpflicht des Staates gegenüber Eingriffen Dritter auch beim Lebensrecht gleichwohl weniger gewichtig ist als das ihn unmittelbar treffende (negative) Verbot, selbst zu töten. Prinzipiell illegitime Tötungshandlungen Privater (etwa die „vorbeugende" Tötung potentieller Angreifer), dürfte er dennoch keinesfalls zulassen.

19 Ersichtlich ist die „Erforderlichkeit" der gewählten Verteidigungsart („kein milderes Mittel") aus prinzipiellen Gründen auch hier, nicht nur bei Verhältnismäßigkeitsprüfungen, Voraussetzung einer Legitimation; das macht sie freilich nicht im mindesten zum Bestandteil einer Abwägung (vgl. bereits oben, Fn. 9).

vierender Angriffe oder nur solcher gegen die körperliche Unversehrtheit getötet werden dürfte. Niemand, der einem anderen physisch hoffnungslos unterlegen ist, muss sich von diesem auch nur fünf Minuten lang ohrfeigen lassen, wenn er die Behandlung nur mit einem tödlichen Messerstich unterbinden kann. Niemand muss sich von einem Angreifer gegen seine Bewegungsfreiheit auch nur einen Tag lang rechtswidrig einsperren lassen, wenn seine einzige Chance zur Befreiung die Tötung des Angreifers erfordert. Und hier reichen Wertvergleiche, die etwa die Bewegungsfreiheit „höher einstufen" wollen als das Leben des Angreifers, schon deutlich ins Abwegige. Definitiv dorthin kippen sie, wenn man – mit der durchaus herrschenden Auffassung zur strafrechtlichen Notwehr – deren tödliche Ausübung auch zum Schutz erheblicher Sachwerte, sagen wir eines Diamantringes, akzeptieren und das Minderwertigkeitsverdikt über das Leben des Getöteten gleichwohl durchhalten wollte.[20] Das physische Unbehelligtsein von Ohrfeigen, die Freiheit zur Fortbewegung während weniger Stunden, der Besitz eines Diamantrings: sie alle sind einfach unter keinen Umständen „rechtlich wertvoller" als das Leben eines Menschen, auch nicht dessen, der sie rechtswidrig bedroht. Dennoch dürfen sie gegebenen- und äußerstenfalls mit Billigung der staatlichen Rechtsordnung mittels tödlicher Notwehr verteidigt werden. Ganz genauso darf dies übrigens auch ein Rechtsgut, das sein Inhaber selbst zur sofortigen Vernichtung bestimmt und in diesem Sinne *de facto* bereits radikal „entwertet" hat. Beispiel: Der Suizident A (Nichtschwimmer) steht schon am Rand einer Brücke über ein Gewässer, um sich von dort in den Tod zu stürzen. Da bemerkt er seinen Feind B, der mit gezücktem Messer und erkennbarem Tötungsvorsatz auf ihn, A, zuläuft. A wehrt zuerst B mit einem tödlichen Messerstich ab und springt sofort danach von der Brücke, um sich selbst zu töten, wird aber gerettet. An seiner Rechtfertigung durch Notwehr besteht kein Zweifel, selbst wenn er alsbald erneut einen Suizidversuch unternähme, und nun ggf. erfolgreich. Nichts anderes hätte in diesem Szenario aber auch für den „finalen Rettungsschuss" eines Polizisten zu gelten, der in Kenntnis sämtlicher Umstände, einschließlich des Suizidplanes des A, den Angriff des B mit tödlicher Wirkung blockierte.

In keinem dieser Fälle beruht die Rechtmäßigkeit der Tötung auf einem „höheren Wert" des geschützten Guts gegenüber dem Leben des Angreifers, in keinem Fall daher auch auf der Verhältnismäßigkeit des angestrebten guten Zwecks zu der mit ihm verbundenen tödlichen Folge. Das gilt für den Staat, der eine solche Notwehr (Nothilfe) selbst ausübt, nicht weniger als für den Privaten, dem er sie (in weiterem Umfang) erlaubt. Was die Tötung in Notwehr legitimiert, ist etwas ganz anderes: die herausgehobene *Zuständigkeit* des Angreifers für sein rechtswidriges Handeln und damit auch für die zu dessen Blockade erforderlichen Maßnahmen. Diese Zuständigkeit führt aber keineswegs zu einer Veränderung des rechtlichen Wertes der involvierten Güter. (Wie sollte sie?) Eben deshalb hat sie auch mit irgendeiner (neuen) Verhältnismäßigkeit zwischen ihnen nichts zu tun. Vielmehr bedeutet sie, dass dem Angreifer nicht bloß die unmittelbaren Folgen seines Handelns (z. B.

20 Dass nicht wenige Strafrechtler (wenngleich die Minderheit) die Rechtfertigung einer tödlichen Sachwehr unter Berufung auf Art. 2 EMRK generell verneinen, ist für unsere Argumentation ersichtlich wenig bedeutsam. Zu den einzelnen Auffassungen und ihren Argumenten Erb, in: MüKo StGB, § 32 Rn. 13.

Verletzungen des Angegriffenen), sondern auch und gerade die dadurch erforderlich gewordenen Verteidigungshandlungen des Angegriffenen sowie *deren* Folgen genauso zugerechnet werden, als hätte er sie selber aus- bzw. herbeigeführt. Zu diesen Folgen gehört in unseren Fällen aber sein eigener Tod.

Was heißt das? Knapp und pointiert: *normativ* betrachtet bringt sich der Angreifer mit der tödlichen Verteidigung, die er zur Blockade seines rechtswidrigen Tuns erforderlich macht, selbst um. Anders (und strafrechtlich) formuliert: Wird er in Notwehr getötet, so hat er einen Suizid in mittelbarer Täterschaft begangen. Er nötigt durch seinen Angriff dem Verteidiger die erforderliche Verteidigungshandlung auf. Damit macht er sie mitsamt ihrem Erfolg – seinem eigenen Tod – zu etwas, das rechtlich ihm, nicht dem Genötigten zugerechnet wird.[21]

Wer dem nicht zustimmen mag, erwäge den folgenden Fall: A will seinen geisteskranken Bruder B loswerden. Daher stiftet er ihn zu einer gefährlichen Messerattacke auf X an, indem er ihm suggeriert, X sei der Teufel und B habe von Gott den Auftrag erhalten, X zu beseitigen. Der zwar geisteskranke, aber fromme und kräftige B stürzt sich mit Tötungsvorsatz auf X. Dieser kann sich nur retten, indem er den B erschießt. – Es ist nicht zweifelhaft, dass A wegen Totschlags (ggf. Mordes) an B haftet, wiewohl die unmittelbar tödliche Handlung von X vollzogen worden ist. Die normative Ableitung sieht so aus: X hat in Notwehr gehandelt; daher wird sein Tun mitsamt dessen Folgen dem Angreifer zugerechnet. Der unmittelbar Angreifende war B; da dieser aber geisteskrank, also rechtlich nicht verantwortlich war, wird sein Angriff dem Hintermann, der ihn veranlasst („gesteuert") hat, zugerechnet: dem A. Dieser ist daher – in mittelbarer Täterschaft – der wirkliche Angreifer. Somit ist er es auch, dem die Abwehr zugerechnet wird. Er hat also – in *zweifacher* mittelbarer Täterschaft – sowohl einen versuchten Totschlag an X (durch B) als auch einen vollendeten Totschlag an B (durch X) begangen.[22] Das alles steht strafrechtlich außer Zweifel. Dieselbe normative Logik der Zurechnung gilt aber auch dann, wenn jemand nicht „durch einen anderen" (§ 25 I 2. Alt. StGB), also in mittelbarer Täterschaft, sondern un-

21 Drei strafrechtliche Klarstellungen: (1.) der dogmatische Begriff der mittelbaren Täterschaft bezieht sich (wie der jeder Täterschaft) nur auf straftatbestandliches Handeln, während der Suizid bekanntlich tatbestandslos ist. Das ändert aber nichts an der logischen Struktur der Notwehrkonstellation, die der einer mittelbaren Täterschaft (des Angreifers im Hinblick auf die Verteidigungshandlung) entspricht. – (2.) Dem eine tödliche Notwehr auslösenden Angreifer fehlt natürlich regelmäßig der (für eine mittelbare Täterschaft erforderliche) *Vorsatz*, selbst getötet zu werden; das ändert jedoch nichts an der *objektiven* Zurechnung der Abwehr und ihres Erfolges zu seiner Verantwortlichkeit. – (3.) Zur „Nötigung": den Tb. des § 240 StGB erfüllt sie nicht, weil der Angreifer nicht „zu dem Zweck" (§ 240 II) handelt, getötet zu werden. Eine nötigende (d.h. unfrei machende) Handlung ist sie gleichwohl.

22 Genauer: Der Mordversuch an X setzt voraus, dass A auch einen für X tödlichen Ausgang immerhin für möglich gehalten hat. Freilich muss dann auf der Ebene der Konkurrenzen dieser *tatbestandlich* begangene Mordversuch zurücktreten; denn jedenfalls hatte A Vorsatz nur hinsichtlich *einer* Tötung, wie auch immer die Aktion ausgegangen wäre; er kann also nicht für zwei vorsätzliche Tötungsdelikte bestraft werden.

mittelbar selbst angreift. Auch dann ist die erforderliche Abwehr *seine* Tat. Trifft sie ihn mit tödlicher Wirkung selbst, so hat er, rechtlich betrachtet, einen Suizid begangen.[23]

Damit erst ist der Grund für die Rechtfertigung von Notwehrtötungen richtig identifiziert. Und nun lohnt sich freilich ein genaueres Hinsehen: Eine solche Tötung, auch die staatlich veranlasste tödliche Nothilfe, berührt das Grundrecht auf Leben in Wahrheit überhaupt nicht. So wenig wie der *de-facto*-Suizident sein eigenes Recht auf Leben verletzen kann (weil sein subjektives Recht normenlogisch ausschließlich andere, niemals ihn selbst verpflichtet[24]) so wenig kann dies der *de-iure*-Suizident, also derjenige, dem als Angreifendem nach den dargelegten normativen Prinzipien die erforderliche Verteidigungshandlung als von ihm begangene zugerechnet wird und werden muss.

Deshalb ist auch, so meine ich, die allgemeine Auffassung nicht richtig, wonach die Zulässigkeit der tödlichen Notwehr (einschließlich des Todesschusses nach den Polizeigesetzen) geradezu den Musterfall dessen vorstelle, was vom Gesetzesvorbehalt in Art. 2 II 3 GG gemeint und erfasst sei. Möglicherweise haben das ja die sog. Väter (Mütter) des Grundgesetzes bei ihren Beratungen selbst so gesehen. Vielleicht ist es auch eingängiger und *deshalb* vorzugswürdig, zur Legitimation der polizeilichen Befugnis zum „finalen Rettungsschuss" (oder auch des § 32 StGB) einfach auf Art. 2 II 3 GG zu verweisen anstatt auf die hier dargelegten, ein wenig verwickelteren Analysen. An deren Ergebnis und seiner Bedeutung für die Klärung des Legitimationsgrundes ändert das aber nichts: Die Zulässigkeit (das Unverbotensein) des Suizids und deshalb auch der Notwehrtötung bedeutet keinen Eingriff in das Grundrecht auf Leben. Daher stünde ihr auch ohne den Gesetzesvorbehalt in Art. 2 II 3 nichts entgegen. Der übliche Rekurs darauf mag als eine Art deklaratorischer Klarstellung sinnvoll sein. Worauf es aber ankommt ist, sich die wirklichen normativen Fundamente der Rechtfertigung ganz deutlich zu machen. Sowenig zwar die tödliche Notwehr Rechtsordnung und Rechtspraxis noch nachhaltig irritieren könnte, so gänzlich anders verhält sich das mit den Grenzfällen rechtlicher Erlaubnisse zum staatlichen Töten. Die Debatten um § 14 III Luft SiG belegen das anschaulich. Hat man aber über die prinzipiellen Normfundamente staatlicher Tötungserlaubnisse schon in deren eindeutigen Fällen keine Klarheit, so wird man diese in den Grenzfällen erst recht nicht erreichen.

Fassen wir das bisher Erörterte in eine knappe Formel. Für den exemplarischen Fall legitimer Tötung, die Notwehr, gilt: Getötet werden darf jemand, weil und sofern ihm diese

23 Dass dies in der Strafrechtslehre bei der Erörterung der Notwehr regelmäßig unerwähnt bleibt, hat seinen Grund wohl nur in dem Umstand, dass der Suizid keine Straftat und daher (erstens) nicht weiter erwähnenswert und (zweitens) nichts ist, was im *technischen* Sinne des § 25 I Alt. 2 StGB in mittelbarer Täterschaft begangen werden könnte. Bei *Dreieckskonstellationen* wie der unseres Falles zwischen A, B und X wird aber die dargelegte Struktur der (mittelbaren) Zurechnung sofort offensichtlich, und hier zweifelt auch niemand an ihr.

24 Manchmal wird das verkannt und deshalb angenommen, ein Suizident taste sein eigenes Grundrecht auf Leben an (so VG Karlsruhe, JZ 1988, S. 209; Knemeyer [1977], S. 256, Fn. 114; Wilms/Jäger [1988], S. 43). Das ist aber falsch; ein solches „Antasten" eigener subjektiver Rechte ist aus normenlogischen Gründen unmöglich; s. dazu Merkel (2001), S. 397ff.

Tötung als adäquate Folge eigenen Handelns und daher wie eine Selbsttötung zugerechnet wird, keineswegs aber deshalb, weil diese Folge verhältnismäßig wäre. Zurechnung heißt, salopp gesprochen: „Das ist *in toto* deine Sache!" – von Abwägung und Verhältnismäßigkeit keine Spur.[25]

Nun gibt uns dies alles freilich für § 14 III LuftSiG noch keine Antwort. Denn das unter Grundrechtsgesichtspunkten Problematische an der Norm war unstreitig nicht die Tötung der potentiellen Angreifer, also der terroristischen Entführer einer Verkehrsmaschine, sondern die der unbeteiligten Passagiere. Diese sind keine Angreifer. Für sie steht deshalb von vornherein fest, dass ihre Tötung keinesfalls nach Notwehrprinzipien zu rechtfertigen wäre. Doch verhilft uns die bisherige Klärung zu zwei grundsätzlichen Orientierungen für die weitere Analyse. Erstens: was (staatliche) Tötungen allenfalls legitimieren kann, sind Prinzipien der Zurechnung, nicht der Verhältnismäßigkeit. Und zweitens: Möglicher Gegenstand einer legitimen Zurechnung ist nicht nur das, was sich jemand durch sein verantwortliches Handeln, z. B. als Angreifer, selbst zugezogen hat; vielmehr kennt das Recht noch weitere fundamentale Zurechnungsprinzipien, die an andere Umstände anknüpfen als an das verantwortliche Handeln von Personen. Beide Einsichten könnte man so zusammenfassen: In einer Verfassungsordnung, die auf individuellen Grundrechten beruht, darf die primäre Perspektive, in der die Legitimität einer staatlichen Tötung gesucht wird, nicht die des tötenden Staates sein – etwa mit der Frage: Was ist, gewissermaßen von außen und oben betrachtet, das beste Gesamtresultat des Geschehens? Vielmehr muss es die des ggf. zu tötenden Bürgers sein – nämlich die Frage: Unter welchen Voraussetzungen kann ihn eine rechtliche Pflicht treffen, seine eigene Tötung zu dulden?

Wenn uns also etwas zur Klärung unseres Problems verhelfen kann, dann sind es jene weiteren Zurechnungsprinzipien jenseits der Notwehr; nicht dagegen ist es das gängige Analyseschema des öffentlichen Rechts zur Prüfung von Grundrechtseingriffen. Spätestens hier liegt nun ein Einwand nahe, der in der Diskussion um das Luftsicherheitsgesetz auch erhoben worden ist.

IV. Strafrecht – oder Grundprinzipien rechtlicher Zurechnung?

Nämlich dieser: Sind wir nicht unversehens einfach bei den Prinzipien strafrechtlicher Zurechnung gelandet? Geht es aber dort nicht lediglich und ausschließlich um die Frage der individuellen Verantwortlichkeit einzelner Personen? Und ist diese Frage nicht etwas

25 Nach im Strafrecht ganz h. M. endet die Befugnis zur Notwehr (ihr „Gebotensein" iSv. § 32 I StGB) an der normativen Grenze einer ***krassen Unverhältnismäßigkeit*** (Tötung zur Abwehr einer Beleidigung u. ä.); das macht aber die ***erlaubte*** Notwehr nicht zu einer Frage der Verhältnismäßigkeit. Die „grobe Unverhältnismäßigkeit" ist auch keineswegs der materielle Grund für die Begrenzung der Notwehr; vielmehr ist sie nur ein (auch anders fassbarer) Maßbegriff zur formellen Markierung der Schwelle, ab der die Wirkung jenes materiellen Grundes beginnt. Dieser selbst liegt in der Auferlegung einer rechtlichen Pflicht zur Mindestsolidarität aller Staatsbürger untereinander; sie kommt in engen Grenzen auch und sogar dem rechtswidrig Angreifenden zugute.

ganz anderes als die nach der Legitimität eines staatlichen Eingriffs in Grundrechte durch ein Gesetz? Das BVerfG deutet diesen Einwand beiläufig an: Es habe „hier nicht zu entscheiden, wie ein [...] Abschuss und eine auf ihn bezogene Anordnung strafrechtlich zu beurteilen wären".[26] *Höfling/Augsberg* formulieren das deutlicher: „Die strafrechtlich-rechtsphilosophischen Stellungnahmen zum LuftSiG fokussieren naturgemäß die notwendig individualbezogene Schuldfrage, nicht das hiervon zu unterscheidende verfassungsrechtliche Legitimationsproblem."[27] Aber das ist teils irrig, teils beruht es auf einem Missverständnis: Kein einziger der Strafrechtler, die sich zum LuftSiG haben vernehmen lassen, hat die Frage individueller Schuld oder Strafbarkeit „fokussiert"; vielmehr haben alle ausschließlich die Legitimität der Norm erörtert, die einen solchen Abschuss erlauben sollte.[28] Und wichtiger: Die Prinzipien, auf denen die Grundformen der strafrechtlichen Rechtfertigung beruhen, die der Notwehr, des Aggressiv- und Defensivnotstands, der Einwilligung und der mutmaßlichen Einwilligung, sind nicht einfach strafrechtsinterne Normen. Es sind fundamentale Prinzipien des Rechts überhaupt. Das Recht ist, seinem abstraktesten Grundsatz nach, die verbindliche Ordnung der Bedingungen, Formen und Grenzen gleicher und größtmöglicher äußerer Handlungsfreiheit aller Personen.[29] Deshalb sind Erlaubnisse zum *Eingriff* in diese äußere Rechtssphäre anderer ersichtlich nur die Kehrseite des rechtlichen Primärprinzips: dass ein solcher Eingriff grundsätzlich Unrecht sei. Als Ausnahmen haben sie teil an der Bedeutung des Prinzips. Wie dieses selbst gehören sie daher zum Fundament allen Rechts.[30]

Es geht also überhaupt nicht um Strafrecht. Es geht um grundlegende Prinzipien *jeder freiheitsrechtlichen Ordnung* überhaupt: die der Notwehr, des Notstands, der Einwilligung. Nun ist es gewiss eine Binsenweisheit, dass sich der Staat für die Normalfunktionen seiner alltäglichen Verwaltung auf eine Vielzahl anderer, banalerer Eingriffserlaubnisse stützen kann. Im Fall des LuftSiG steht aber die Tötung seiner Bürger zur Diskussion, und das heißt: die irreversible Beendigung des jeweils individuellen Rechtsverhältnisses im ganzen. Für einen solchen Akt der Totalauflösung dessen, woraus sich die staatliche Zwangsgewalt gegenüber dem Einzelnen grundsätzlich erst legitimiert, könnte keine staatliche Erlaubnis ihre Rechtfertigung außerhalb eben jener Grundprinzipien finden. Nur diese, nicht der abwägende Blick auf „das große Ganze", verweisen auf die richtige Frage. Nicht: Was ist

26 BVerfG, NJW 2006, 759, Rn. 130.

27 Höfling/Augsberg (2005), S. 1080.

28 Die Rede ist von Merkel (2004); Pawlik (2004), S. 1045; Sinn (2004), S. 585; Mitsch (2005), S. 274. Nach Höflings/Augsbergs Aufsatz sind erschienen Köhler (2006), S. 257ff., sowie Gropp (2006), S. 284. Letzterer bildet insofern eine gewisse Ausnahme, als er einen (fiktiven) Fall mit einer dem Flugzeugabschuss nach § 14 III analogen Struktur erörtert, und tatsächlich sub specie individueller strafrechtlicher Verantwortlichkeit; er sagt aber ausdrücklich dazu, dass es ihm nicht auf eine Analyse des verblichenen § 14 III LuftSiG ankomme. Jerouschek (2003), S. 185ff., ist lange vor Erlass des LuftSiG erschienen.

29 Unschwer als „freiheitsrechtlicher" Grundbegriff erkennbar, wie er historisch und sachlich vor allem in der Rechtsphilosophie Kants entwickelt worden ist.

30 Deshalb sind sie auch im Völkerrecht vielfach nachweisbar, in Verträgen und Konventionen ebenso wie im Völkergewohnheitsrecht.

das verhältnismäßig Beste für alle Beteiligten? Sondern: Kann jeder einzelne Getötete verpflichtet werden, seine Tötung zu dulden? Das kann er nur, wenn er *selbst* und *in toto* für eine solche Liquidation seines Rechtsverhältnisses zum Staat zuständig zu machen ist, nicht aber, wenn sie im Blick auf das Ganze, also allein auf die Belange anderer, rational (verhältnismäßig) erscheint.[31]

Gewiss mag man alle diese Überlegungen in der Sache anstellen und ihr Ergebnis am Ende einfach unter das Etikett „Verhältnismäßigkeit" ziehen. Was jene Rechtfertigungsprinzipien erlauben, erhält dann den Stempel des Verhältnismäßigen, was sie verbieten, den des Gegenteils. Verfassungsdogmatische Argumente scheinen nicht selten genau nach dieser Logik zu verfahren. Damit wird freilich das Kriterium selber zur funktionslosen Schablone: zum *ex-post*-Siegel für Lösungen, die aus ganz anderen materiellen Quellen stammen.

An dieser legitimatorischen Irrelevanz ändert sich wenig, wenn man das Verhältnismäßigkeitsprinzip nicht als den primären Grund der Rechtfertigung, sondern nur als deren einschränkendes (negatives) Korrektiv auffasst. Eingriffe (so könnte man dann sagen), deren Legitimation aus *anderen* Normquellen stammt, werden in einem zweiten Schritt zusätzlich der begrenzenden Kontrolle auf ihre Verhältnismäßigkeit unterworfen. Das mag man so sehen und sagen. Aber eine so verstandene Verhältnismäßigkeit gehört nicht selbst zur positiven Quelle der Rechtfertigung. Sie stellt sozusagen nur das formelle Kanalsystem bereit, in dem die aus jener Quelle fließende materielle Befugnis die äußere Form ihrer legitimen Verwirklichung findet. Das macht sie möglicherweise zu einer notwendigen, aber weder zu einer hinreichenden noch auch nur zu einer genuinen (positiven) Bedingung der Legitimation. Anders gewendet: Es bedarf zunächst einer vollständigen Legitimation, bevor man deren Reichweite einschränken kann. Zu dieser positiven Rechtfertigung trägt die Einschränkung nichts bei. Beispielhaft: Wenn ein Arzt eine Blinddarmoperation durchführt, so braucht er dafür die Einwilligung des Patienten und eine medizinische Indikation. Operieren darf er freilich auch dann nur, wenn er dabei sterile Instrumente verwendet. Es wäre aber abwegig zu sagen, was den Eingriff vor allem legitimiere, sei die Sauberkeit der Instrumente, mit denen er durchgeführt wird. Ähnlich verfehlt ist die Behauptung, was tödliche staatliche Eingriffe primär legitimiere, sei die Verhältnismäßigkeit, mit der sie durchgeführt würden.

Nun mag man das ex-post-Siegel „Verhältnismäßigkeit" für Rechtfertigungen ganz anderer Provenienz für unschädlich, eine harmlose *falsa demonstratio* halten.

Es ist aber nicht unschädlich, sondern wegen seiner prinzipiell falschen Perspektive irreführend. Ist es verhältnismäßig, 300 Unschuldige zu töten, um 3.000 Unschuldige zu retten? 30.000? 300.000 (etc. – ad infinitum)? Schwer zu sagen. Manche halten es für

31 Es mag eine immerhin aufschlussreiche Beobachtung sein, dass nach Erscheinen der ersten strafrechtlich-rechtsphilosophischen Abhandlungen zu § 14 III LuftSiG auch in den Grundrechtsanalysen der meisten verfassungsrechtlichen Untersuchungen, jedenfalls der Sache nach, die Zurechnungsprinzipien von Notwehr, Notstand und mutmaßlicher Einwilligung erörtert wurden; vgl. nur Höfling/Augsberg (2005), S. 1083ff.; Klein (2005), S. 295ff.; Hartleb (2005), S. 1398ff.; Baumann (2004), S. 858; Kersten (2005), S. 661; Dreier (2006), S. 73 ff.

evident, weil die Abwägungsbilanz eine so riesige Überzahl an geretteten gegenüber den geopferten Menschenleben aufweise.[32] Andere halten das Gegenteil für evident; denn „Leben gegen Leben" dürfe nicht aufgerechnet werden; der Abschuss sei somit unverhältnismäßig, weil eine solche „Verrechnung" die Betroffenen „zum bloßen Objekt" mache[33]; oder auch: weil sie den „Wesensgehalt" (Art. 19 II GG) bzw. den „Menschenwürdekern" des Lebensgrundrechts antaste.[34]

Alle diese Begründungen liegen in Wahrheit neben der Sache, und die Sachfragen außerhalb solcher Kategorien. Die Notwehrrechtfertigung des „finalen Rettungsschusses" zeigt das nur exemplarisch. Es gilt für andere mögliche Legitmationsgrundlagen staatlicher Tötungshandlungen genauso. Nicht richtig ist auch, dass niemals „Leben gegen Leben" gehalten, niemals gerade aus einer solchen quantitativen „Verrechnung" eine Entscheidung mit tödlichen Folgen abgeleitet werden dürfte. Und ebenso wenig stimmt es, dass jemand dadurch „zum bloßen Objekt" gemacht und seine Menschenwürde gerade deshalb verletzt würde. Damit sind wir zurück bei den unterschiedlichen Formeln, auf die das abstrakte Verhältnismäßigkeitsprinzip als Schranken-Schranke des Lebensgrundrechts geläufig zugeschnitten wird. Auch und gerade die BVerfG-Entscheidung bedient sich solcher Formeln. Deshalb sollen sie auf dem Hintergrund unserer bisherigen Analyse nun etwas genauer betrachtet werden.

V. Verfassungsdogmatische Kriterien der Menschenwürdeverletzung

1. *Die sog. Objektformel*

Mit Recht weist das BVerfG zunächst die in der Literatur vorgeschlagene Annahme zurück, die Passagiere einer nach § 14 III LuftSiG ggf. abzuschießenden Maschine würden angesichts ihres ohnehin sicher verlorenen Lebens in ihre sofortige Tötung durch den Abschuss „mutmaßlich einwilligen".[35] Unbeschadet der Frage, ob gerade dies die Tötung legitimieren könnte, ist „eine solche Annahme ohne jeden realistischen Hintergrund und nicht

32 Z.B. Baldus (Fn. 4), 102 D, 25 f., auch in NVwZ 2004, S. 1285, der das „Utilitaristische" seines Ergebnisses durchaus betont, aber gerade darin dessen Verhältnismäßigkeit gewährleistet sieht; ähnlich Hochhuth (2002), S. 165f.; vgl. auch alle anderen im BT-Innenausschuss zum LuftSiG angehörten Verfassungsrechtler: keiner hat die Verhältnismäßigkeit des § 14 III und daher auch keiner dessen materielle Grundrechtsgemäßheit verneint. Zweifelnd immerhin J. Ipsen, der offen lässt, ob ein solcher Flugzeugabschuss „überhaupt geregelt" werden könne, freilich einen Grund dafür nicht nennt (Prot. 15/35 [Fn. 1], S. 41).

33 So v.a. die Presseerklärung von Bundespräsident *Köhler* (12.1.2005) zum LuftSiG (http://www.bundespraesident.de/dokumente/-,2.621599/Pressemitteilung/dokument.htm); s. auch Pieroth/Hartmann (2005), S. 731; Kersten (2005), S. 663; ähnlich auch das BVerfG (NJW 2006, 757, Rn. 121ff.).

34 Baumann (2004), S. 859f.

35 Der Vorschlag bei Hochhuth (2002), S. 166, Fn. 44.

mehr als eine lebensfremde Fiktion".[36] Im weiteren stützt das Gericht seine verwerfende Entscheidung vor allem auf die berühmte „Dürigsche Objektformel" zu Art 1 I GG: „Der Staat, der in einer solchen Situation zur Abwehrmaßnahme des § 14 III LuftSiG greift, behandelt [die durch den Abschuss getöteten Passagiere] als bloße Objekte seiner Rettungsaktion zum Schutze anderer. [...] Sie werden dadurch, dass ihre Tötung als Mittel zur Rettung anderer benutzt wird, verdinglicht und zugleich entrechtlicht."[37]

Aber das ist, unbeschadet des zutreffenden Ergebnisses der Entscheidung, nicht einzusehen. Es ist irrig, nicht gewollte (unbeabsichtigte) *Nebenfolgen* einer Handlung als „Mittel" zur Erreichung des beabsichtigten Zwecks zu bezeichnen, selbst wenn sie aus der Sicht des Handelnden empirisch sicher mit seiner Handlung verbunden sind, er sie also, strafrechtlich gesprochen, mit dolus directus „2. Grades" herbeiführt.[38] Für den Zweck eines Abschusses nach § 14 III LuftSiG – das Unschädlichmachen des Flugzeugs und die Rettung der bedrohten Menschen am Boden – wäre die Tötung der Passagiere und wären damit diese selbst nur dann ein Mittel, wenn ihr Tod aus der Sicht des Staates, der den Abschuss anordnet, ein empirisch notwendiges Glied in der Kausalkette zwischen Handlung (Abschuss) und intendiertem Zweck (Rettung) wäre. Dass dieser Tod seinerseits nicht gewünscht, sondern beklagt würde, stünde seiner Funktion als notwendig (mit)beabsichtigtes Mittel dann nicht entgegen. Wer sein Haus anzündet, um seine Brandversicherung zu betrügen, mag dabei die Zerstörung des Hauses lebhaft bedauern. Da sie aber für ihn ein notwendiges Zwischenglied in der Kausalkette zwischen Anzünden und dem beabsichtigten Kassieren ist (ohne sie kein Geld), beabsichtigt er sie zwingend mit.

Eine solche Struktur weisen Geschehensabläufe, in denen ungewollte, wenngleich sichere Folgen einer Handlung keine Kausalfunktion für den beabsichtigten Endzweck haben, jedoch offensichtlich nicht auf. Zu diesem Falltypus gehört aber der Flugzeugabschuss nach § 14 III LuftSiG. Nicht *indem* (oder *dadurch dass*) die Passagiere sterben, werden die Bedrohten am Boden gerettet, sondern dadurch, dass das Flugzeug abstürzt. Aber auch das Flugzeug stürzt nicht dadurch ab, dass die Passagiere sterben, sondern dadurch, dass es abgeschossen wird. Und eben dadurch sterben auch die Passagiere. Ihr Tod steht also kausal unverbunden *neben* dem Rettungsmittel „Absturz der Maschine";

36 BVerfG, NJW 2005, 759 (Rn. 131). – Die in § 216 StGB zum Ausdruck kommende Wertung spricht jedenfalls prima facie gegen die Möglichkeit einer Rechtfertigung durch „mutmaßliche Einwilligung". Im übrigen versagt diese Konstruktion ohnehin gegenüber an Bord ggf. befindlichen Kleinkindern, die in gar nichts einwilligen können (auch nicht mutmaßlich), und in deren Tötung selbstverständlich auch ihre Eltern nicht wirksam einzuwilligen berechtigt wären.

37 BVerfG, NJW 2005, 758 (Rn. 124); ebenso Höfling/Augsberg (2005), S. 1083; Schlink (2005), S. 34.

38 Dass die Tötung der Passagiere nicht selbst der beabsichtigte Zweck des Abschusses ist, liegt auf der Hand. Was jemand beabsichtigt, ist definiert durch diejenigen seiner Überzeugungen von den Folgen seines Handelns, die dieses Handeln erklären (genauer Merkel [2001], S. 178ff.). Auch die sichere Voraussicht, dass die unschuldigen Passagiere nach dem Abschuss der Maschine tot sein werden, ist aber offensichtlich nicht die Erklärung für den Abschuss; diese liegt vielmehr in der Erwartung, dass andere gerettet werden.

er wird zusammen mit diesem durch eine und dieselbe Handlung, den Abschuss, herbeigeführt. Deshalb ist es schon logisch falsch, von einem „Benutzen" des Todes der Passagiere und damit ihrer selbst „als Mittel zur Rettung anderer" zu sprechen. Man verzeihe eine triviale Veranschaulichung: Wenn sich jemand auf einer Party hemmungslos betrinkt, um als Stimmungskanone zu reüssieren, und dabei sicher weiß, dass er seine Begleiterin damit verärgert, dann ist es abwegig zu behaupten, er benütze den Ärger seiner Begleiterin als Mittel für seinen Erfolg als Stimmungskanone. In exakt demselben Sinne unrichtig ist aber die „Mittel"-Behauptung des BVerfG zum LuftSiG. Nicht weil die Passagiere dadurch „zum Mittel degradiert" würden, darf das Flugzeug nicht abgeschossen werden. Sondern weil sie – Mittel oder nicht – keine Rechtspflicht haben, sich in einer Rettungsaktion töten zu lassen, die anderen dient. Das dürfte der Senat in der Sache ja durchaus so ähnlich gemeint haben. Man fragt sich aber, warum er dann die ohnehin kaum brauchbare Objekt-Formel bemüht, und wenn schon, warum auf eine so unschlüssige Weise.[39]

2. *Abwägung „Leben gegen Leben"*

Eine weitere gängige Formel, die in der Debatte um das LuftSiG oft bemüht wurde, ist die der (angeblich) von Art. 1 I GG verbotenen „Abwägung Leben gegen Leben". Genau eine solche Abwägung setze § 14 III LuftSiG voraus: die des Lebens der zu Rettenden mit dem Leben der dafür zu Tötenden.[40] Trotz ihrer Beliebtheit ist die Formel aber bestenfalls irreführend, genau besehen falsch. Wörtlich gemeint sein kann sie ohnehin nicht: Was sollte denn am *Abwägen* verboten sein? *Töten* darf man nicht! Was die Formel besagen soll, kann also nur dies sein: Eine Tötung könne niemals damit gerechtfertigt werden, dass sich ein Handelnder in einer sonst ausweglosen Entweder-oder-Situation nach einem quantifizierenden Vergleich für die Rettung der größeren Zahl auf Kosten des Lebens der geringeren Zahl von Menschen entschieden habe. Denn damit würden Menschen zu „Zählposten einer Abwägung", zu einer „bloßen Rechengröße" gemacht, und das sei ein Verstoß gegen ihre Menschenwürde.[41]

39 Zu Recht kritisch insofern auch SCHENKE (2006), S. 738. – Schon prinzipiell nicht überzeugend ist die Formel deshalb, weil sie das Augenmerk *allein* auf den äußeren *Modus* des Umgangs mit einem (anderen) Menschen lenkt, und die dabei involvierten vorgängigen Rechte und Pflichten der Beteiligten ignoriert. Das ist aber verfehlt. Jede im Notstand einem Anderen aufgezwungene Handlung macht den Genötigten „ausschließlich zum Mittel" für fremde Zwecke. Wer einen widerstrebenden Autofahrer mit vorgehaltener Pistole nötigt, ein schwer verletztes Kind zur Lebensrettung in die Klinik zu fahren, „benützt" den Autofahrer genau in diesem Sinn. Er ist aber nach § 34 StGB dafür gerechtfertigt. Soll das Dulden dieser Rechtfertigung durch den Staat angesichts seiner in Art. 1 I unzweideutig betonten Schutzpflicht als Menschenwürdeverletzung gelten?

40 Am prominentesten vertreten von Bundespräsident *Köhler* (Fn. 33); ebenso PIEROTH/HARTMANN (2005), S. 729f.; in der Sache ebenso BAUMANN (2004), S. 858f.

41 Die erste Formulierung bei PIEROTH/HARTMANN (2005), S. 730; die zweite bei BAUMANN (2004), S. 858.

Aber das ist einerseits falsch und verzeichnet andererseits etwas Richtiges, das es ersichtlich vor allem meint, mit einer schiefen Formulierung erheblich. Selbstverständlich kann es in bestimmten Situationen zulässig, ja geboten sein, eine Entweder-oder-Entscheidung zur Lebensrettung ausschließlich von einem „abzählenden" Kalkül zur Rettung der größeren Zahl abhängig zu machen. Und selbstverständlich gilt das auch für staatliches Handeln. Man nehme nur einen Fall, in dem zwei *positive*, also zwei Hilfspflichten kollidieren. Beispielhaft: Der Führer F des einzigen Feuerlöschwagens in einer abgelegenen Provinzgegend sieht sich mit der Frage konfrontiert, ob er von dem in den Untergeschossen schon lichterloh brennenden Bau eines Kindergartens den Westflügel mit (im Obergeschoss) derzeit fünfzig oder aber den Ostflügel mit fünf Kindern zu löschen versuchen soll. Nach rascher Vergewisserung über diese Zahlen und in klarer Einschätzung des alternativlosen Entweder-Oder der Lage entscheidet er sich für die mögliche Rettung der fünfzig, und zwar allein deshalb, weil sie *mehr* sind als die fünf anderen. Zweifellos handelt F sowohl objektiv richtig als auch aus dem moralisch richtigen Grund. (Man erwäge, wie man wohl die umgekehrte Entscheidung beurteilen würde. Nach deutschem Strafrecht dürfte sie strafbar sein.[42]) Sicher ist jedenfalls, dass F trotz seines „abzählenden" Kalküls nicht die Menschenwürde der umkommenden fünf Opfer verletzt hat. Und dennoch hat er diese allein deshalb umkommen lassen, weil sie in der Minderzahl waren. Mehr noch: allein wegen dieses Kalküls ist seine Handlung die richtige gewesen. Es ist nicht ernstlich zweifelhaft, dass der Staat *solche* abzählenden Entscheidungen seinen Bediensteten in einer allgemein verbindlichen Norm auch vorschreiben könnte.

Man wird einwenden, so sei die Formel „Leben gegen Leben" nicht gemeint, und das ist ohne weiteres glaubhaft. Aber so ist sie formuliert. „Zählposten einer Abwägung" werden die Kinder in unserem Beispiel um nichts weniger als die Menschen, die bei einem Flugzeugabschuss zugunsten der Rettung vieler anderer geopfert werden. Und dennoch ist diese „abzählende" Opferung verboten, während jene (ganz genauso abzählende) Rettung erlaubt, ja geboten ist. Es liegt auf der Hand, dass die normative Differenz nichts mit dem „Abzählen" zu tun haben kann, nichts mit dem Vergleich der Quantitäten der zu rettenden und der dem Verderben preiszugebenden Menschen und nichts auch mit dem gänzlich unstrittigen Umstand, dass der Wert jedes Menschenlebens dem jedes anderen Menschenlebens rechtlich gleich ist.[43]

Sie erklärt sich vielmehr aus einem normativen Unterschied, den die obige Formulierung beiläufig im Kontrast der Begriffe „Opferung" und „Rettung" andeutet. Der Täter eines Flugzeugabschusses missachtet eine negative Pflicht: das Tötungsverbot; er „opfert" aktiv die Getöteten. Der Feuermann beim Kindergartenbrand ignoriert dagegen eine positive Pflicht: das Hilfsgebot; er rettet die fünf Opfer nicht. Man mag lange darüber räsonie-

42 § 323 c StGB (sofern man keine Garantenpflichten annehmen will) – die hinreichende Beweisbarkeit der jeweiligen Rettungschancen und deren Kenntnis (Vorsatz) beim Handelnden natürlich vorausgesetzt.

43 Das letztere hält Hartleb (2005), S. 1398, für den Grund des „totalen" (nämlich jede Quantifizierung nach Zahlen untersagenden) „Gewichtungsverbots" gegenüber menschlichem Leben. Es gibt aber, wie unser Beispiel deutlich macht, kein solches „totales Gewichtungsverbot".

ren, warum Verletzungsverbote regelmäßig erheblich gewichtiger sind als Hilfsgebote.[44] Manche Moralphilosophen utilitaristischer Provenienz bestreiten diese normative Asymmetrie sogar prinzipiell, jedenfalls für die Ethik. Aber das ist schon dort nicht überzeugend. Rechtlich ist es jedenfalls falsch, und dafür gibt es gute Gründe. Der wichtigste liegt in der Grundfunktion des Rechts: Es soll nicht (wie die Ethik) primär „das gute Handeln" der Bürger gewährleisten, sondern die wechselseitige Sicherung ihrer persönlichen Freiheit garantieren. Paul Johann Anselm von Feuerbach hat das zu Beginn des 19. Jahrhunderts knapp und klassisch in den Satz gefasst, „die ursprüngliche Verbindlichkeit" des Staatsbürgers gehe „nur auf Unterlassungen".[45] Seiner *vorrangigen* Aufgabe nach stiftet das Recht daher „keine Solidargemeinschaft der Bedürftigen, sondern eine Schutzgemeinschaft der Handlungsmächtigen".[46]

Das deutet zunächst ersichtlich nur auf die Rechtsbeziehungen zwischen Privatpersonen, nicht auf deren Rechtsbeziehungen zum Staat. Doch ist es dessen primäre Aufgabe, eben eine solche Rechtsordnung zwischen seinen Bürgern zu garantieren, eine Aufgabe, die für ihn eine *positive* Pflicht ist. Verfassungsrechtlich ist sie geläufig unter dem Titel „grundrechtliche Schutzpflicht", die ihm gegenüber seinen Bürgern obliegt.[47] Aber deren eigene „erste Pflicht", die „auf Unterlassungen geht", also die zwischen ihnen geltenden Verletzungsverbote, spiegelt sich selbstverständlich auch in *seiner* Primärpflicht wider. Denn das eben ist seine Hauptfunktion: Garant dieser freiheitsrechtlichen Ordnung zwischen seinen Bürgern zu sein. So wie er zwischen den Rechtsunterworfenen in erster Linie die wechselseitigen Verletzungsverbote zu sichern hat, so hat er sein eigenes Verhalten gegenüber den Bürgern vorrangig in den Grenzen jener Verletzungsverbote zu halten, die ihm von den subjektiven Rechten seiner Bürger gegen ihn selbst auferlegt werden: von deren Grundrechten. Dem entspricht die liberal-rechtsstaatliche Konzeption des Grundgesetzes vollständig.[48]

Damit ist zugleich eine fundamentale Konkurrenzregel formuliert und begründet: Die negativen (Unterlassungs-)Pflichten des Staates, denen auf seiten der Bürgers die „abwehrrechtlichen" Funktionen ihrer Grundrechte entsprechen, gehen den positiven, den Schutzpflichten in jeder direkten Kollision zwischen beiden ausnahmslos vor.[49] Das ist im Verfas-

44 In sog. Garantenverhältnissen und unter besonderen Umständen mag der Unterschied bis zur Unerkennbarkeit verschwinden.

45 Feuerbach (1801), § 24.

46 So prägnant Kersting (2000), S. 318, zum Grundgedanken der Rechtsphilosophie Kants, des philosophischen Gewährsmannes dieser „freiheitsrechtlichen" Konzeption.

47 Deren Bereich umfasst bekanntlich mehr als nur die Sicherung grundrechtsgeschützter Freiheitssphären zwischen den Bürgern, z. B. die Gewährleistung institutioneller und anderer „lebensform-" oder umweltbezogener Rahmenbedingungen individueller Freiheit und Sicherheit. In unserem Zusammenhang ist das irrelevant.

48 Bekanntlich fügt ihr Art. 20 Abs. 1 GG eine sozialstaatliche Komponente bei, wie sie Kants und Feuerbachs Rechtsdenken weitgehend fremd war. In ihren vielfachen und unvermeidbaren Grenzen macht sie den Staat des Grundgesetzes *auch* (und cum grano salis) zu einer „Solidargemeinschaft der Bedürftigen".

49 In Situationen der Kollision zweier Schutzpflichten hat der Staat einen Ermessensspielraum (s. BVerfGE 46, 160, 164f. [Fall Schleyer]). Wegen der prinzipiellen Unbestimmtheit des Inhalts positiver Pflichten

sungsrecht, soweit ich sehe, in der Sache unbestritten. Im Bereich des Lebensgrundrechts ergibt sich daraus ein absolutes Verbot: Niemand kann rechtlich *allein* deshalb verpflichtet sein, sein Leben zu opfern, weil nur so das Leben anderer, denen er nichts tun will und für die er keine Bedrohung darstellt, zu retten ist. Genauso wenig kann er deshalb verpflichtet sein, die Opferung seines Leben zur Rettung anderer *durch den Staat* zu dulden.[50] Denn eben jene rechtliche Grundordnung, die seine Rechtspflicht zur Lebensopferung ausschließt, hat der Staat zu garantieren. Das ist dessen Primäraufgabe und der erste Legitimationstitel seiner Zwangsgewalt und also seiner Existenz als Rechtsstaat. Mit der zwangsrechtlichen Opferung des einen zugunsten der (noch so vielen) anderen liquidiert er daher sein Rechtsverhältnis zu jenem Geopferten *in toto*: Er schließt ihn aus der Rechtsordnung aus. Gegenüber jedem, den er auf diese Weise tötet, wird er als Staat damit vollständig und endgültig illegitim. Führt er eine so beschaffene Tötungserlaubnis per Gesetz ein, so wird er das (in diesem einen Punkt) gegenüber allen seinen Bürgern.

Und nun sieht man deutlich, welches Risiko der Irreführung das Primärkriterium „Verhältnismäßigkeit" für alle diese Fragen mit sich führt. Es zwingt den Blick des Rechtsanwenders geradezu auf die *Folgen* der staatlichen Tötungshandlung: das abgewogene „Beste für das große Ganze".[51] Da aber die Getöteten nichts mehr von diesem „Besten" haben, sind es allein die Vorteile anderer, um derentwillen ihr Leben zwangsweise geopfert wird. Das ist im ursprünglichsten Sinne Unrecht. Töten darf der Staat nur, wenn er dem Getöteten sagen kann: „Das ist nach Rechtsprinzipien allein deine Sache!" Nicht aber, wenn und weil er sagen kann: „Das ist eine Sache zum Vorteil vieler anderer" – und wären es *alle* anderen und der Vorteil *unermesslich*.

3. „Verdinglichung"

Dies ist die letzte der geläufigen Konkretisierungen der „Objektformel", die in der Debatte um das LuftSiG herangezogen wurden. Das BVerfG sieht einen Verstoß gegen die Menschenwürde in dem folgenden Argument für § 14 III: „Wer an Bord eines Luftfahrzeugs in der Gewalt von Personen festgehalten werde, die das Luftfahrzeug i. S. des § 14 III LuftSiG

(bei Kant deshalb „unvollkommene Pflichten") muss das schon normenlogisch so sein (dazu ALEXY [1986], S. 420ff.; MERKEL [2002], S. 42ff.). Eine echte Kollision zweier negativer Pflichten ist (jedenfalls für den Staat) schon de facto so gut wie unvorstellbar.

50 Zur Erinnerung: „Opferung zur Rettung anderer" heißt keineswegs, dass der Getötete zum „Mittel" dieser Rettung gemacht werden müsste; es ist lediglich die abkürzende Formulierung dafür, dass sein Tod mit der Rettungshandlung empirisch sicher verbunden ist (s. oben unter „1. Die sog. Objektformel").

51 Es ist daher nicht überraschend, dass nicht wenige verfassungsrechtliche Stellungnahmen zum LuftSiG unter eben diesem Kriterium die verfehlte Behauptung aufstellen, es gehe um einen Konflikt staatlicher Schutzpflichten für beide Gruppen von Bedrohten (Flugzeugpassagiere und Menschen am Zielort), der „nach pflichtgemäßem Ermessen" zugunsten der am Zielort Bedrohten gelöst werden dürfe (so *Robbers*, Anhörung BT-Innenausschuss [Fn. 4], 102 A, S. 9, sowie *ders.*, Prot. Innenausschuss [Fn. 1], S. 23; *Epping* [Fn. 4], 102 B, S. 8, sowie *ders.*, Prot. Innenausschuss [Fn. 1], S. 56; ähnlich BALDUS (2004), S. 1285; SITTARD/ULBRICH [2005], S. 435f.; BURKICZAK [2004], S. 384f.).

als Tatwaffe gegen das Leben anderer Menschen einsetzen wollen, sei selbst Teil dieser Waffe und müsse sich als solcher behandeln lassen."[52] Der Senat weist diese Auffassung scharf zurück: Sie bringe „geradezu unverhohlen zum Ausdruck, dass die Opfer eines solchen Vorgangs nicht mehr als Menschen wahrgenommen, sondern als Teil einer Sache gesehen und damit selbst verdinglicht werden. Mit dem Menschenbild des Grundgesetzes und der Vorstellung vom Menschen als einem Wesen, das darauf angelegt ist, in Freiheit sich selbst zu bestimmen [...], und das deshalb nicht zum reinen Objekt staatlichen Handelns gemacht werden darf, lässt sich dies nicht vereinbaren."

Aber das ist – unbeschadet des Umstands, dass die vom Senat zurückgewiesene Argumentation tatsächlich verfehlt ist – ebenfalls nicht einzusehen. Die beanstandete Formulierung, die Passagiere seien „Teil der Waffe", ist nichts anderes als eine abkürzende, metaphorische Wendung für die Aussage, sie stünden im konkreten Fall in unlösbarer physischer Verbindung mit einer Gefahrenquelle und trügen dadurch mit ihren Körpern zum Gefahrenpotential bei. Gewiss ist dies und ist daher die Folgerung, also würden sie zu Recht mit der gesamten Gefahrenquelle vernichtet, nicht überzeugend.[53] Aber doch ganz gewiss nicht deshalb, weil die Passagiere durch diese Art der *Beschreibung* einer Gefahrenlage in irgendeinem fassbaren Sinne buchstäblich „verdinglicht", zum „Bestandteil einer Sache" *gemacht* würden. In welchem Sinne wird denn jemand, der mit einer gefährlichen ansteckenden Krankheit infiziert ist und deshalb als „Zustandsstörer" zwangsweise in Quarantäne genommen wird, „verdinglicht", wenn man von ihm sagt, er sei „Bestandteil einer gefährlichen Infektionsquelle", nein, mehr noch: er sei diese selbst geworden? Das vom Senat verworfene Argument sagt doch ganz offensichtlich nicht, die Passagiere an Bord der Maschine dürften genau deshalb vernichtet werden, weil sie nicht mehr lebende Menschen aus Fleisch und Blut, sondern Gegenstände aus Kunststoff und Metall geworden seien. Es sagt (metaphorisch) und meint (buchstäblich): Die Flugzeuginsassen befänden sich inmitten einer Gefahrenquelle, einer riesigen „Waffe"; deshalb trügen sie mit ihrer schieren körperlichen Anwesenheit zu der Gefahrenquelle bei; also gehörten sie selber physisch zu dieser, seien ihr Bestandteil (so wie der Körper des Infizierten sogar im ganzen eine Gefahrenquelle geworden ist).

Was wäre an dieser Redeweise menschenwürdewidrig? Das BVerfG konstruiert, *sit venia verbo*, ein fremdes Scheinargument und weist es mit einem eigenen Scheinargument zurück. Zu prüfen wäre aber etwas anderes gewesen als eine angebliche „Verdinglichung" durch Beschreibung: Erstens, ob die in dieser Beschreibung aufgestellte tatsächliche Behauptung zutrifft; und zweitens, ob sie die daraus gezogene normative Konsequenz beglaubigen könnte: die staatliche Erlaubnis zum tödlichen Abschuss. Man mag dem BVerfG-Argument mit einer wohlwollenden Auslegung zugutehalten, es ziele ja genau auf diese beiden Fragen und verneine sie eben knapp mit einer Metapher („Verdinglichung"). Also etwa so: Nehme der Staat jemanden (unter welcher metaphorischen Beschreibung immer) allein als Gefahrenquelle oder als Bestandteil einer solchen wahr und behandle ihn aus-

52 BVerfG, NJW 2006, 759. Diese Auffassung hat z. B. der Sachverständige *Robbers* vor dem BT-Innenausschuss vertreten (*ders.*, Fn. 4, 102 A, S. 10).

53 Dazu genauer unten („4. Schlussfolgerung ... etc.").

schließlich danach, so verletze er stets dessen Menschenwürde. Aber das wäre sachlich höchst unplausibel. Schon der obige Quarantäne-Fall zeigt das deutlich. Dem Infizierten wird seine Bewegungsfreiheit ausschließlich deshalb genommen, weil er als Gefahrenquelle behandelt wird, und ganz gewiss zu Recht.

Vielleicht verhält sich das ja beim „Nehmen" des Lebens anders. Wird jemand allein deshalb getötet, weil er – ohne Angreifer zu sein oder sonst etwas dafür zu können – eine Gefahrenquelle geworden ist, so wird er buchstäblich *endgültig* als eine solche behandelt, also in *seinem* Leben nie mehr anders. Dennoch leuchtet auch hier die Behauptung nicht ein, das mache ihn zum „bloßen Objekt" staatlichen Handelns und sei deshalb eine Menschenwürdeverletzung. Erneut zur Veranschaulichung: Terroristen ziehen einem fünfjährigen Kind vor dem Betreten des Kindergartens unter dem Vorwand, es handle sich um ein Spiel zur Geburtstagsüberraschung, eine Bombenweste an und instruieren es, in der Runde mit den anderen Kindern kräftig an der Reißleine zu ziehen, die dann Luftballons freisetzen werde (während sie in Wahrheit die Explosion auslösen soll). Ein anwesender Polizist beobachtet aus größerer Distanz, wie sich das Kind anschickt, an der Leine zu ziehen, begreift mit einem entsetzten Blick auf die Weste schlagartig die Gefahr und sieht (zutreffend) keinen anderen Weg sie zu beseitigen als einen sofortigen Schuss, der das Kind tötet.

Nach positivem Recht, jedenfalls nach dem Wortlaut der Befugnisnormen zum „finalen Rettungsschuss" in den Polizeigesetzen der Länder, wäre dieser Schuss zulässig.[54] Mehr als zweifelhaft erscheint schon deshalb die in der verfassungsrechtlichen Literatur (auch zum LuftSiG) gelegentlich zu lesende Behauptung, „die Rechtfertigung der gezielten Tötung von Menschen aufgrund von Zwecken, die nicht in der Abwehr eines von diesen ausgehenden rechtswidrigen Angriffs liegen" sei „verfassungsrechtlich ausgeschlossen".[55] Wirklich? Was hieße das für unseren Fall? Ist das Kind ein Angreifer? Und wenn: ist sein Angriff rechtswidrig? Für die Frage der strafrechtlichen Notwehr ist beides höchst umstritten.[56] Aber es können ja ohnehin nicht die haarspalterischen Finessen der Strafrechtsdogmatik sein, was über die verfassungsrechtliche Zulässigkeit eines solchen Schusswaffengebrauchs entscheidet. Gerade die Autoren des eben zitierten Satzes bestehen darauf mit Nachdruck.[57] Und zu Recht: Es geht nicht um Strafrecht. Es geht um fundamentale Zurechnungsprin-

54 Vgl. § 41 II 2 ME PolG, wonach ein Schuss, der mit an Sicherheit grenzender Wahrscheinlichkeit tödlich wirkt, als „das einzige Mittel zur Abwehr einer gegenwärtigen Lebensgefahr oder der gegenwärtigen Gefahr einer schwerwiegenden Verletzung der körperlichen Unversehrtheit" zulässig ist.

55 Höfling/Augsberg (2005), S. 1082; ebenso Murswiek (2003), Art. 2 Rn. 171.

56 An einem „Angriff" (des *Kindes* – der der Terroristen steht außer Zweifel, ist aber für den Fall irrelevant) mag es fehlen, weil das Kind weder „verletzungsfinal" noch schuldhaft handelt; an der „Rechtswidrigkeit" iSd. § 32 StGB deshalb, weil das kindliche Tun zwar einen objektiv rechtswidrigen „Erfolgsunwert" (den Tod vieler anderer) herbeizuführen droht, aber möglicherweise keinen „Handlungsunwert" aufweist, wie ihn die h. M. im Strafrecht verlangt. (Handelt das Kind „pflichtwidrig", also zumindest fahrlässig? Was wäre die zum Vergleich heranzuziehende abstrakte „Maßstabsfigur" des sorgfaltsgemäß Handelnden: ein fünfjähriges Kind oder ein vollsinniger Erwachsener? Alle diese Fragen sind wenig geklärt, alle denkbaren Antworten bestreitbar.)

57 S. Höfling/Augsberg (2005), S. 1080, oben zu Fn. 27.

zipien des Rechts.[58] Aber selbst wer zur verfassungsrechtlichen Klärung das tötungslegitimierende Kriterium „rechtswidriger Angriff" allein von der Strafrechtsdomatik (sozusagen als theoretischer Erfüllungsgehilfin) bestimmen lassen wollte, geriete in unlösbare Wertungswidersprüche (vom ebenfalls unlösbaren Streit der Strafrechtler ganz abgesehen). Warum nur rechtswidrige Angriffe? Warum nicht tödliche Gefahren, die von nicht-angreifenden Menschen ausgehen?

Man vergleiche den Fall des zynisch zur Bombe „gemachten" Kindes mit diesem: Ein Dreizentner-Mann betrinkt sich zum Karneval schon früh am Tage schwer, kommt auf seinem schwankenden Heimweg an einem Rodelhang vorbei, auf dem es von Kindern wimmelt, sieht oben am Hang einen leeren Doppelschlitten aus Plastik stehen, gibt einem plötzlich bleiernen Sog zum Hinlegen nach, sinkt in den Schlitten und fällt augenblicklich in Tiefschlaf. Zwei Scherzbolde sehen ihn dort und schieben den Schlitten auf den Hang. Dort rauscht er mit wachsendem Tempo zu Tal – genau auf ein fünfjähriges Kind zu, das unten mit dem Rücken zum Hang an seinem Schneemann baut. Dürfte der mit einer Maschinenpistole bewaffnete geistesgegenwärtige Polizist, der unten am Hang stehend das Unheil heranrasen sieht, mit einer Feuergarbe aus seiner Waffe und mit absehbar tödlicher Wirkung für den Betrunkenen den Schlitten aus der Bahn schießen? Dass der Betrunkene kein „rechtswidrig Angreifender" ist, steht außer Zweifel, und wohl nicht nur für das Strafrecht. Darf die von ihm ausgehende tödliche Gefahr gerade deshalb nicht beseitigt werden? Muss der Staat sie als unabwendbares Schicksal hinnehmen? Und muss deshalb der Fünfjährige sterben? Das Verhalten des Kindes im obigen Terroristenfall kann zur Not als rechtswidriger Angriff gewertet werden. Darf dieses also getötet werden und der Betrunkene nicht? Gäbe es jenseits der begrifflichen Finessen zwischen „Angriff" und „Gefahr" irgendeinen fassbaren normativen Grund für diese Differenz? Hat sich der Dicke, wiewohl kein Angreifer, nicht weitaus nachdrücklicher als Gefahrenquelle ***zuständig*** gemacht für die „Kosten" ihrer Beseitigung, als es jenes Kind getan hat?

Man sieht: die verfassungsrechtliche Auskunft, allenfalls rechtswidrig Angreifende dürfe der Staat gezielt töten, kann schwerlich richtig sein. Richtig erscheint vielmehr dreierlei: (1.) Beide tragische Urheber der Gefahren in unseren Beispielsfällen dürften rechtens getötet werden. (2.) Für beide Falltypen ist es weitaus angemessener, als Legitimationsgrundlage das Zurechnungsprinzip des defensiven Notstands heranzuziehen, statt im ersten Fall das angeblich einzig zulässige Kriterium „rechtswidriger Angriff" schlecht und recht hinzubiegen, um vor dem zweiten dann mit leeren Händen zu stehen.[59] Und schließlich (3.): Ein Gesetz, das solche Konstellationen ausdrücklich als Eingriffsgrund für einen tödlichen Waffengebrauch der Polizei normierte, wäre schwerlich eine Verletzung der Art. 1 I oder 2 II GG. (In Wahrheit, scheint mir, erlauben die Polizeigesetze das ohnehin längst.[60])

58 Die freilich in der gesamten Rechtsordnung nirgendwo so differenziert ausgearbeitet sind – und sein müssen – wie in der strafrechtlichen Rechtfertigungslehre.

59 Von „Verhältnismäßigkeit" nun freilich nicht mehr zu reden.

60 § 41 II 2 ME PolG spricht von „Gefahr", nicht von „Angriff", als Voraussetzung des tödlichen Waffengebrauchs.

Ganz unabhängig aber von der Frage „rechtswidriger Angriff" oder „tödliche Gefahr" macht der Fall des dicken Mannes eines noch einmal deutlich: Die Behauptung, jemand, der als Bestandteil einer Gefahrenquelle („Waffe") identifiziert und behandelt wird, werde „verdinglicht", ist verfehlt. Was wäre menschenwürdewidrig an der Feststellung: „Der Schlitten ist zu einer tödlichen Gefahr für das Leben des Kindes geworden, und zwar allein deshalb, weil der Dreizentner-Mann drin liegt. Damit ist dieser ein, ja der *entscheidende* Bestandteil der Gefahrenquelle geworden. Er wird deshalb mit dieser selbst auch dann rechtmäßig ‚unschädlich' gemacht, wenn das mit an Sicherheit grenzender Wahrscheinlichkeit seinen Tod bedeutet."? Ich meine: nichts.[61] Die Feststellung ist sachlich wie rechtlich richtig. Was sollte sie im Bereich des Verfassungsrechts falsch machen?

4. Schlussfolgerung und Übergang zu anderen Prinzipien

Man sieht oder fühlt vermutlich längst die Nähe der Konfliktstruktur im „dicker-Mann"-Fall zu der des Abschusses einer entführten Verkehrsmaschine nach § 14 III LuftSiG.[62] Sieht man genauer hin, so erkennt man freilich auch einen deutlichen Unterschied: Zur tödlichen Gefahr wird der Schlitten erst durch seine physische Verbindung mit dem Mann, oder jedenfalls: zu einer weitaus größeren Todesgefahr als ohne diesen. Wohl wäre auch das leere Gefährt für die Gesundheit des Kindes bedrohlich. Aber lebensgefährlich wäre es nicht, oder jedenfalls nicht entfernt in dem nun gegebenen Maß der annähernden tödlichen Gewissheit (von dem Umstand abgesehen, dass es ohne den dicken Mann nicht auf seine abschüssige Bahn gekommen wäre). Das macht den Körper des Mannes ganz buchstäblich zum „Bestandteil" der Gefahrenquelle. Genau dies aber ist mit den Körpern der in einem entführten Flugzeug sitzenden Passagiere nicht der Fall. Mag die Maschine sogar vollbesetzt sein: selbst das Körpergewicht von 300 Passagieren (mitsamt Gepäck) könnte die kinetische Wucht, mit der das Flugzeug in sein Ziel am Boden rasen würde, nicht *gefahrenrelevant* erhöhen. Auch ohne einen einzigen Passagier an Bord hätten die entführten Maschinen des 11. September die „Twin Towers" in New York ganz genauso zum Einsturz gebracht. Dass Menschen an Bord die kinetische Energie der Maschine physikalisch berechenbar erhöhen, ist gewiss richtig. Aber nicht darauf kommt es an, sondern auf eine Erhöhung der Gefahr für die bedrohten Menschen am Zielort. Man mag einwenden, auch darauf komme es nicht an, sondern nur auf das physische Verbundensein der Passagiere mit einer insgesamt tödlichen Gefahrenquelle.[63] Aber überzeugend ist das nicht. Nach allgemeinen Prinzipien rechtlicher Zurechnung ist es daher nicht akzeptabel, die Passagiere für den Ursprung oder den tödlichen Umfang der Gefahr, mit deren Quelle sie physisch

61 Und dass von der Frage, ob man die Gefahrenquelle außerdem sprachlich noch mit dem metaphorischen Etikett „Waffe" (etwa „des Schicksals") versieht oder nicht, verfassungsrechtlich nichts abhängen kann, bedarf keiner besonderen Betonung.

62 Daran ändert die krasse Verschiedenheit der Szenarien und ihrer politischen wie sonstigen Bedeutung natürlich nichts.

63 So ist wohl die Bemerkung von *Robbers* in seinem Gutachten für den Innenausschuss zu verstehen (Fn. 4, 102 A, S. 9).

verbunden sind, zuständig zu machen und sie für deren Beseitigung mit dem Leben bezahlen zu lassen. Genau deshalb verstößt eine gesetzliche Abschusserlaubnis gegen die Verfassung.[64]

Immerhin hätte sich das BVerfG mit diesen Argumenten auseinandersetzen sollen, anstatt der metaphorischen Redeweise vom „Bestandteil einer Waffe" nur das metaphorische Verdikt der „Verdinglichung" entgegenzuhalten.

VI. Sedes materiae: Prinzip des defensiven Notstands

Systematisiert man die Rechtsprinzipien, aus denen grundsätzlich (für Bürger wie für den Staat) Befugnisse zum Eingriff in die Rechte anderer ableitbar sind, so bietet sich eine Unterscheidung in drei Grundtypen an: (1.) die Autonomie des Eingriffsadressaten; (2.) die ihm rechtlich auferlegte staatsbürgerliche (Minimal-)Solidarität mit anderen; und (3.) seine Verantwortlichkeit oder wenigstens Zuständigkeit für eine Gefahrenquelle. Noch einmal sei hier der Hinweis auf die wesentliche Gemeinsamkeit dieser Prinzipien gestattet: Sie suchen den Grund der Legitimation allein mit Blick auf das Eingriffsopfer. Jedenfalls wenn es um dessen *Tötung* geht, kann auch nur dort, bei ihm selber, nicht aber im Grundsatz der Verhältnismäßigkeit die Rechtfertigung des Eingriffs gefunden werden. Unsere bisherigen Analysen haben schon gezeigt, dass die ersten beiden der genannten Prinzipien zur Begründung einer Abschusserlaubnis nach § 14 III LuftSiG nicht taugen. „Autonomie" der Betroffenen als Eingriffstitel verweist auf deren Einwilligung oder mutmaßliche Einwilligung. Mit Recht hat das BVerfG dies für ein tödliches Abgeschossenwerden als „lebensfremd" verworfen. Die „staatsbürgerliche Minimalsolidarität" – Zurechnungsprinzip des „aggressiven" Notstands[65] – kann, wie wir gesehen haben, das solidarische „Hergebenmüssen" des eigenen Lebens allein zur Rettung (noch so vieler) anderer nicht legitimieren. Aus dem Bereich des verbleibenden dritten Prinzips scheidet für unser Problem das Kriterium „Verantwortlichkeit" aus. Es wird exemplarisch in der Notwehr, also von rechtswidrig Angreifenden, auf den Plan gerufen. Das sind zwar die terroristischen Entführer des Flugzeugs, deren rechtmäßige Tötung nicht zweifelhaft ist, nicht aber die Passagiere der Maschine.

Was bleibt ist die Frage nach der „Zuständigkeit" für den Ursprung der Gefahr. Sie deutet auf die Grundlagen dessen, was im Individualrecht „defensiver Notstand" heißt und dem bürgerlichen Recht (§ 228 BGB) so geläufig ist wie der strafrechtlichen Rechtferti-

64 Ich meine, Art. 2 II GG genügt für diese Diagnose. Art. 1 I ist allenfalls deshalb betroffen, weil den Getöteten ihr Recht auf Leben entzogen und ihnen so die elementare rechtliche Gleichbehandlung vorenthalten wird.

65 Staatliche Eingriffsbefugnisse, die sich im wesentlichen auf Verdachtsmomente stützen (v. a. im Polizeirecht und in der StPO) haben hier ihr prinzipielles Fundament. Im übrigen liegt einer Vielzahl staatlicher Eingriffsrechte eine Kombination der drei genannten Prinzipien zugrunde.

gungslehre.[66] Hätte das BVerfG in der Entscheidung zum LuftSiG den Kern seines Prüfungsgegenstands so identifiziert, dann hätte es ein differenzierteres, leistungsfähigeres und vor allem triftigeres Instrumentarium zur rechtlichen Analyse in der Hand gehalten als mit den Kategorien „Verdinglichung" und „Degradierung zum Mittel", von der dabei diffus im Hintergrund schwebenden „Verhältnismäßigkeit", die andere Autoren sogar in den Vordergrund rücken, nicht zu reden. Im Defensivnotstand wird eine Gefahr nicht auf Kosten unbeteiligter Dritter abgewehrt, sondern gewissermaßen auf ihren Ursprung zurückgewälzt. Zuständigwerden für diesen Ursprung kann man freilich nicht nur durch eigenes gefahrkausales Handeln. Auch wer die Gefahrenquelle oder doch ein relevanter Teil von ihr bloß *ist*, weil ihn ein böses Schicksal dazu gemacht hat, mag als Adressat eines defensiven Notstandseingriffs in Frage kommen. Tötungshandlungen im defensiven Notstand reichen freilich hart an die Grenze des rechtlich Erträglichen. Manche Strafrechtler verneinen ihre Rechtfertigung deshalb schon im individuellen Verhältnis der Bürger untereinander.[67] Aber das ist nicht überzeugend. Defensivnotstandshandlungen gegen das Leben eines „schuldlos" Gefahrzuständigen sind stets *tragic choices*. Es ist aber ein Gebot der Fairness, also der Gerechtigkeit, mit der tragischen Beseitigung der Gefahr den zu belasten, den das Schicksal zu deren Ursprung gemacht hat. Die Autofahrerin, die wegen eines plötzlichen Schlaganfalls bewusstlos wird und deren Wagen nun führungslos auf einen belebten Kinderspielplatz zusteuert, darf von dem geistesgegenwärtigen Kranführer durch das Fallenlassen schwerer Betonplatten vor, ja notfalls auf den Wagen mit tödlicher Wirkung gestoppt werden. Warum sollten es die Spielplatzbesucher sein, bis zu deren Tod man dem Unglück der Autofahrerin seinen Lauf lassen muss? Warum nicht diese selbst?

Schwieriger werden die Fragen, wenn man für Defensivnotstandslagen vom Individualrechtsverhältnis zum staatlichen Handeln wechselt. Darf der Staat ggf. selber tun, was er als schmerzhaft tragische Konfliktlösung dem Bürger erlaubt? Oder muss er als unabänderliches Schicksal akzeptieren und ggf. mit dem Tod der Bedrohten enden lassen, was diese selber als abwendbare Gefahr definieren und auf deren Ursprung „zurückwälzen" dürften (wenn sie nur könnten)? Gewiss sprechen für das letztere gute Gründe. Das liegt nicht etwa daran, dass der Staat auch in solchen Situationen eben grundrechtliche Schutzpflichten für *alle* Beteiligten hat und der Bürger für andere Bürger nicht. Es liegt (allenfalls) an der oben skizzierten Asymmetrie zwischen negativen und positiven Pflichten, zwischen Tötungsverbot und Schutzpflicht, oder, grundrechtsdogmatisch gesprochen, zwischen Abwehrrecht und Schutzanspruch. Verfassungsrechtlich zwingend ist diese Lösung aber keineswegs. Denn es gibt eben sehr wohl ein fundamentales Prinzip der Gerechtigkeit – das des defensiven Notstands –, das noch in solchen Situationen die ggf. quälend dünne Abgrenzung zwischen Schicksal und Zuständigkeit von Personen ermöglicht und deshalb die Lösung

66 Soweit es dabei nicht um Sacheingriffe (also um § 228 BGB) geht, sind die vorgeschlagenen dogmatischen Konstruktionen vielfältig und umstritten (§ 228 BGB analog? § 34 StGB [ggf. analog]? § 34 + § 228 BGB analog? Ungeschriebene rechtsprinzipielle Rechtfertigung?) Alles das wird vertreten und kann hier offen bleiben.

67 Z. B. Lenckner/Perron (2006), § 34 Rn. 30 (die freilich gleichwohl – schwerlich konsistent – zwei „Ausnahmen" anerkennen).

des Konflikts durch Zurechnung gestattet.[68] Ein einfaches Gesetz, das im Extremfall des defensiven Notstands anhand deutlich formulierter Kriterien auch staatliche Tötungen erlaubte, könnte daher schwerlich als Verstoß gegen die Verfassung gelten.[69]

Und § 14 III LuftSiG? Wir haben im Vergleich mit dem Fall „dicker Mann" gesehen, dass eine Zuständigkeit der Flugzeugpassagiere für die Gefahrenquelle der riesigen „Waffe", mit der sie physisch verbunden sind, nicht in Betracht kommt.[70] Denn sie tragen mit ihrer schieren körperlichen Präsenz trotz dieser Verbindung nichts zur Entstehung oder wenigstens zur messbaren Erhöhung der Gefahr bei. Das erstere ist jüngst bestritten worden von *Gropp*: Jeder einzelne der Passagiere leiste mit seiner Flugbuchung einen („kumulativ") kausalen Beitrag zu dem Umstand, dass die Maschine überhaupt aufsteige. Würde ***keiner*** buchen, bliebe sie am Boden und könnte nicht zur „Waffe" werden. Dass jeder nur ***einen*** Platz buche und auch ohne diesen Platz zahlreiche Andere mit ihrer Buchung den Start der Maschine sicherstellten, ändere nach allgemeinen Regeln zur Kausalität nichts daran, dass alle Buchungen sozusagen die Gesamt-*condicio sine qua non* des Losfliegens seien. Daher sei jeder einzelne Buchende Mitverursacher des Fluges und also auch dessen tödlich abirrenden Wegs. Im Sinne des Defensivnotstandsprinzips könnten deshalb alle Passagiere als zuständig für die Gefahrenquelle beurteilt und behandelt werden.[71]

Das Argument ist schon in tatsächlicher Hinsicht zweifelhaft. Fliegen Linienmaschinen nicht los, wenn niemand gebucht hat? Möglicherweise (ich habe keine Ahnung). Was ist, wenn sich Kleinkinder an Bord befinden, die nicht nur nichts gebucht, sondern auch zur Buchung ihrer Eltern nicht das mindeste beigetragen haben? Sie (mit)zutöten, könnte dann schwerlich legitim sein. Weitere Fragen liegen nahe. Aber was *Gropps* Argument interessant macht, ist etwas anderes. Die Rechtsdogmatik, jedenfalls die des Strafrechts, verwendet bekanntlich einen uferlosen Kausalitätsbegriff. Danach hängt, sozusagen seit dem kosmischen Urknall, fast alles mit fast allem anderen irgendwie kausal zusammen. Lässt man eine so verstandene Kausalität als Grundlage der Gefahrenzurechnung im defensiven Notstand genügen, dann muss man beim Zurückverfolgen der Kausallinien in die Vergan-

68 Zur „Gerechtigkeit": Es geht, so merkwürdig das zunächst anmuten mag, um eine Frage der distributiven, der Verteilungsgerechtigkeit. Sie bezieht sich eben nicht nur auf Güter, sondern ggf. auch auf Übel. Zum Prinzip der Fairness als Verteilungskriterium v. a. Rawls (1975), Kap. 2 § 18, S.130ff. und *passim*.

69 Anzufügen ist, dass § 14 III LuftSiG unbeschadet der Grundsatzfrage seiner Legitimität schon deshalb inakzeptabel war, weil er das Eingriffskriterium nicht nur erheblich zu grob und zu weit, sondern in einer ans Schlampige grenzenden Weise vage formuliert hat.

70 So aber wohl Köhler (2006), S. 257ff., der zwar den Begriff des Defensivnotstands zutreffend bestimmt, aber mit nicht überzeugenden Argumenten dessen Anwendungsbedingungen im Fall eines Abschusses nach § 14 III LuftSiG für gegeben hält. Richtig ist, dass man nicht bloß durch Handeln („Organisation") für Gefahrenquellen zuständig werden kann, sondern auch durch „Auswirkungen" der „personalen Existenz" auf andere (Köhler, a. a. O., S. 266). Aber diese „Auswirkungen" müssen als *Gefahrerhöhungen* fassbar sein; andernfalls können sie keine Zuständigkeit für die (tödlichen) „Kosten" gerade der Gefahrbeseitigung begründen.

71 Gropp (2006), S. 284; der Autor stellt ausdrücklich klar, dass er nicht für den verblichenen § 14 III LuftSiG, sondern nur zugunsten einer *individualrechtlichen* Eingriffsbefugnis argumentieren wolle.

genheit irgendwo eine normative Grenze ziehen, bevor man sich im Labyrinth des Weltschicksals aussichtslos verläuft. Nun liegt das Buchen eines Fluges „kausal" vielleicht nicht allzu fern vom Start der entsprechenden Maschine. Aber normativ tut es das sehr wohl. Generell formuliert: Was in der Normalität unseres gesellschaftlichen Alltags von seiten privater oder staatlicher Institutionen nicht für irgendwelche konkreten Adressaten auf deren Veranlassung bereitgestellt, sondern prinzipiell allen angeboten und als ein solches öffentliches Angebot vom Einzelnen wahrgenommen wird, was er also als etwas *vorgängig* Vorhandenes lediglich benutzt, für dessen Existenz und bestimmungsgemäßes Infunktionsein darf er normativ nicht zuständig gemacht werden. Andernfalls wäre in einer technisierten Gesellschaft jeder permanent für eine schwer überschaubare Menge potentieller Gefahren unserer Lebensform zuständig. Damit verlöre das Defensivnotstandsprinzip jede normativ überzeugende Unterscheidungskraft. Ist man als jemand, der eine Bahnfahrkarte löst, für die (potentiell durchaus gefährliche) Bewegung des ganzen Zuges zuständig? Oder, und *ad absurdum*: als Käufer einer Eintrittskarte für ein Schwimmbad für Gefahren durch dessen Betrieb? (Immerhin wäre es ja ohne *jeden Besucher überhaupt und jemals* entweder nie eröffnet oder längst geschlossen worden.) Eines scheint mir sicher: Derart aus dem Bodenlosen geholte Zurechnungen dürften jedenfalls nicht Grundlage staatlicher Eingriffsbefugnisse sein, und solcher zum Töten schon gar nicht.

VII. Der Vorhang zu und alle Fragen offen

Selbstverständlich hat niemand ein Wort des BVerfG zu solchen verwickelten Exkursionen erwartet. Aber zu dem Rechtsprinzip, auf dessen Grundlage sie möglich und gerade vom Problem des § 14 III LuftSiG nahegelegt werden, durchaus. Diese Erwartung hat das Gericht enttäuscht. Es hat eine profunde Gelegenheit versäumt, für die Antwort auf eine Grundfrage von Recht, Staat und Individuum das tragfähige verfassungsrechtliche Fundament zu klären und zu sichern. Das LuftSiG dürfte aber bei weitem nicht der letzte Versuch des Gesetzgebers gewesen sein, auf Herausforderungen durch den Terrorismus, die das Recht an die Grenze seiner Möglichkeiten drängen, zu erwidern. Der Senat hat eine dubiose Norm von jenseits dieser Grenze zurückgeholt und ad acta gelegt. Das ist erfreulich. Dass er aber den Grenzverlauf selber deutlich markiert hätte, kann man nicht behaupten.

Literatur

Alexy, Robert (1986), Theorie der Grundrechte. Frankfurt a. M.

Baldus, Manfred (2004), Streitkräfteeinsatz zur Gefahrenabwehr im Luftraum: Sind die neuen luftsicherheitsgesetzlichen Befugnisse der Bundeswehr kompetenz- und grundrechtswidrig? In: NVwZ, S. 1278ff.

Baumann, Karsten (2004), Das Grundrecht auf Leben unter Qualifizierungsvorbehalt? Zur Terrorismusbekämpfung durch „finalen Rettungsabschuss". In: DÖV, S. 853ff.

Burkiczak, Christian M. (2004), Der praktische Fall: Das Luftsicherheitsgesetz. In: VR, S. 379ff.

Dreier, Horst (2006), Grenzen des Tötungsverbots. In: Joas, Hans (Hrsg.), Die zehn Gebote – Ein Widersprüchliches Erbe? Köln.

Dreist, Peter (2004), Terroristenbekämpfung als Streitkräfteauftrag: Zu den verfassungsrechtlichen Grenzen politischen Handelns der Bundeswehr im Innern. In: NZWehrR, S. 89ff.

Erb, Volker in: MüKo StGB, § 32 Rn. 13.

Feuerbach, Paul Johann Anselm von (1801), Lehrbuch des gemeinen in Deutschland gültigen peinlichen Rechts. 1. Aufl.

Gramm, Christof (2003), Bundeswehr als Luftpolizei: Aufgabenzuwachs ohne Verfassungsänderung. In: NZWehrR, S. 89ff.

Gropp, Walter (2006), Der Radartechniker-Fall – ein durch Menschen ausgelöster Defensivnotstand? Ein Nachruf auf § 14 III Luftsicherheitsgesetz. In: GA, S. 284ff.

Hartleb, Torsten (2005), Der neue § 14 III LuftSiG und das Grundrecht auf Leben. In: NJW, S. 1397ff.

Hochhuth, Martin (2002), Militärische Bundesintervention bei inländischem Terrorakt: Verfassungsänderungspläne aus Anlass der Flugzeugentführungen vom 11. September 2001. In: NZWehrR, S. 154ff.

Höfling, Wolfram/Augsberg, Steffen (2005), Luftsicherheit, Grundrechtsregime und Ausnahmezustand. In: JZ, S. 1080ff.

Jerouschek, Günter (2003), Nach dem 11. September 2001: strafrechtliche Überlegungen zum Abschuss eines von Terroristen entführten Flugzeugs. In: Strafrecht, Biorecht, Rechtsphilosophie. Festschrift für Hans-Ludwig Schreiber zum 70. Geburtstag am 10. Mai 2003, hrsg. von Knut Amelung. Heidelberg, S. 185ff.

Kersten, Jens (2005), Die Tötung von Unbeteiligten: zum verfassungsrechtlichen Grundkonflikt des § 14 III LuftSiG. In: NVwZ, S. 661ff.

Kersting, Wolfgang (2000), Politik und Recht. Weilerswist.

Klein, Eckart (2005), Das Gesetz zur Neuregelung von Luftsicherheitsaufgaben (LuftSiG) auf dem Prüfstand. In: ZG, S. 289ff.

Knemeyer, Franz-Ludwig (1977), Unternehmen und Unternehmer in der verfassungsrechtlichen Ordnung der Wirtschaft. Der Schutz der Allgemeinheit und der individuellen Rechte durch die polizei- und ordnungsrechtlichen Handlungsvollmachten der Exekutive (Tagungsbeitrag). In: VVDStRL 35.

Köhler, Michael (2006), Die objektive Zurechnung der Gefahr als Voraussetzung der Eingriffsbefugnis im Defensivnotstand. In: Festschrift für Friedrich-Christian Schroeder zum 70. Geburtstag, hrsg. von Andreas Hoyer. Heidelberg, S. 257ff.

Lenckner, Theodor/Perron, Walter (2006), in: Schönke-Schröder, StGB. 27. Aufl., München.

Lorenz, Dieter (2001), Recht auf Leben und körperliche Unversehrtheit. In: Isensee, Josef/Kirchhof, Paul (Hrsg.), Handbuch des Staatsrechts der Bundesrepublik Deutschland, Bd. VI. 2. Aufl., Heidelberg, S. 3ff.

Lutze, Christian (2003), Abwehr terroristischer Angriffe als Verteidigungsaufgabe der Bundeswehr. In: NZWehrR, S. 101ff.

Mangold/Klein/Starck (2005), Kommentar zum GG, 5. Aufl., München.

Maunz/Dürig/Herzog/Scholz – Di Fabio (2004), Kommentar zum GG (Lfg. 43, Febr. 2004).

Merkel, Reinhard (2001), Früheuthanasie. Baden-Baden.

Merkel, Reinhard (2002), Forschungsobjekt Embryo. München.

Merkel, Reinhard (2004), Wenn der Staat Unschuldige opfert. In: Die Zeit vom 8. Juli 2004, S. 33f.

Mitsch, Wolfgang (2005), „Luftsicherheitsgesetz" – die Antwort des Rechts auf den „11. September 2001". In: JR, S. 274ff.

Murswiek, Dietrich (2003) in: Sachs, GG: Kommentar. 3. Aufl., München.

Pawlik, Michael (2004), § 14 Abs. 3 des Luftsicherheitsgesetzes – ein Tabubruch? In: JZ, S. 1045ff.

Pieroth, Bodo/Hartmann, Bernd J. (2005), Der Abschuss eines Zivilflugzeugs auf Anordnung des Bundesministers für Verteidigung. In: Jura, S. 729ff.
Pieroth/Schlink (2006), Grundrechte / Staatsrecht II. 22. Aufl., Heidelberg.
Rawls, John (1975), Eine Theorie der Gerechtigkeit. Deutsche Ausgabe: Berlin 1998.
Sachs, Michael (2003), Verfassungsrecht, 2. Grundrechte. 2. Aufl., Berlin u. a.
Schenke, Wolf-Rüdiger (2006), Die Verfassungswidrigkeit des § 14 III LuftSiG. In: NJW, S. 736ff.
Schlink, Bernhard (2005), An den Grenzen des Rechts. In: Der Spiegel vom 17.01.2005, S. 34.
Schulze-Fielitz, Helmuth (2004). In: Dreier, Horst (Hrsg.), Grundgesetz-Kommentar. 2. Aufl., Tübingen.
Sinn, Arndt (2004), Tötung Unschuldiger auf Grund § 14 III Luftsicherheitsgesetz – rechtmäßig? In: NStZ, S. 585ff.
Sittard, Ulrich/Ulbrich, Martin (2005), Das Luftsicherheitsgesetz. In: JuS, S. 432ff.
Wiefelspütz, Dieter (2003), Sicherheit vor den Gefahren des internationalen Terrorismus durch den Einsatz der Streitkräfte? In: NZWehrR, S. 45ff.
Wilms, Heiner/Jäger, York (1988), Menschenwürde und Tötung auf Verlangen. In: ZRP, S. 41ff.

Regina Ogorek

Wie wehrhaft ist der Staat? Zum Problem präventiver Terrorismusbekämpfung

I

Das Thema meines am 8. Juni 2006 vor dem Publikum der Akademie gehaltenen Vortrags lautete: *Justizgewährung und Rechtsgewährung aus historischer Sicht*. Diese Formulierung enthielt allerdings einige Konzessionen, die ich kurz erläutern möchte, da sie nicht unbedingt zur Berechenbarkeit dessen beigetragen haben, was ich in den verfügbaren 45 Minuten erzählt habe.

- Zunächst einmal handelte es sich um eine Konzession an die Veranstalter der Vortragsreihe. Sie haben gewünscht, dass das Akademieprojekt *Justizgewährung, Staatsräson und Geheimdienste*, das 2004/2005 unter der organisatorischen Obhut der BBAW gelaufen ist und zu dessen Teilnehmern ich gehörte, seine Überlegungen der Akademieöffentlichkeit präsentiert. Diesem Umstand verdankte mein Thema den Topos Justizgewährung.
- Damit zusammen hing die nächste Konzession, die ich glaubte, der Projektidee selbst zu schulden. Danach nämlich sollten Antworten auf folgende Frage gefunden werden: Ist es angezeigt, in einem Fall, in dem sich der Staat durch neue Szenarien des internationalen Terrorismus – zu Recht oder zu Unrecht – fundamental bedroht fühlt, aus Gründen der Selbstverteidigungspflicht (Staatsräson) die scharf konturierten Rechtsgarantien gegenüber den Bürgern zu relativieren? Konkreter gesprochen: Wieviel vorbeugende Gefahrenabwehr verträgt ein Rechtsstaat, der seine Freiheitsgarantien nicht auf dem Altar der Sicherheit opfern will? Noch pointierter: Wie vertragen sich Prävention und Rechtsgewähr – womit neben der Justiz (*undercover*, versteht sich) auch die Rolle der Geheimdienste angesprochen war.
- Und schließlich wollte ich zumindest eine Konzession auch mir selber machen: Ich bin Rechtshistorikerin, genau genommen ist mein Spezialgebiet die Justizgeschichte, und die wissenschaftlich geläuterte Erfahrung lehrt, dass der Blick in die Vergangenheit zwar nur über eben diese Vergangenheit und nicht über Gegenwart und Zukunft Auskunft gibt, dass dieser Blick aber eine aufgeklärte Distanz verschafft, die für Gegenwart und Zukunft durchaus von Nutzen sein kann. Diese Einsicht sollte in dem kleinen Zusatz „aus historischer Sicht“ zum Ausdruck kommen. Ich muss aber gestehen, dass diese –

historische – Sicht bei der Ausarbeitung mehr oder weniger auf der Strecke geblieben ist, weil ihre Berücksichtigung für die aktuelle Optik nicht ohne eine gewisse Künstlichkeit umzusetzen gewesen wäre.

Da ich mich mit Blick auf die Schriftfassung nicht an alte Zugeständnisse gebunden fühle, möchte ich – im Dienste von Firmenwahrheit und Firmenklarheit – meine damaligen Überlegungen nunmehr unter der Überschrift: *Wie wehrhaft ist der Staat?* (im übrigen aber in der kaum veränderten, nur durch wenige Fußnoten ergänzten Vortragsform) präsentieren – man wird gleich sehen, warum.

II

1. Am 11. Mai dieses Jahres konnte man den Nachrichten entnehmen, dass der BND-Untersuchungsausschuss die Arbeit in Berlin aufgenommen hat. Er hat, wie man weiß, die Aufgabe, die Aktivitäten des Bundesnachrichtendienstes zu klären: bei der Terrorismusbekämpfung allgemein und speziell während des Irak-Krieges.

Praktisch zeitgleich – das heißt in denselben Nachrichten – kam die Meldung, das US-Justizministerium habe die Untersuchung der von Präsident Bush im Dezember 2005 ohne richterliche Genehmigung angeordneten Telefonüberwachungen eingestellt. Begründung: Der Geheimdienst (*National Security Agency* – NSA), der mit dem Segen des Präsidenten den Telefon- und Email-Verkehr observiert hatte, habe sich geweigert, an diesem Verfahren mitzuwirken und die entsprechenden Unterlagen freizugeben. Eine Aufklärung, so das Ministerium, sei somit nicht möglich; die Untersuchung folglich abzubrechen.[1]

Ich gehe wohl nicht zu weit, wenn ich unterstelle, dass bei uns der eine oder andere Geheimdienstmitarbeiter und vielleicht auch der eine oder andere wohlwollende Beobachter geheimdienstlicher Tätigkeiten die Nachricht aus Übersee mit einem neidvollen Seufzer kommentiert hat: Während dem BND (und den für ihn verantwortlichen Politikern) eine monatelange Befragung ins Haus steht, die – unabhängig von ihrer gewiss fragwürdigen Ergiebigkeit – jedenfalls dafür sorgen wird, dass die Rolle der Geheimdienste in gar nicht geheimer Weise auf den Prüfstand kommt, können sich die amerikanischen Kollegen offenbar mit einem kühlen „no" verweigern. Und während es bei uns schwer vorstellbar wäre, dass sich der Nachrichtendienst mit der Bitte um eine Abhörbefugnis am Recht vorbei ganz ungeniert (und überdies erfolgreich) an die höchste politische Repräsentanz wendet, scheint auf der anderen Seite des Atlantiks der Draht zwischen Politik und Nachrichtendiensten – wie schon in früheren Zeiten – auch noch heute relativ kurz zu sein.

Tags darauf ging es dann allerdings auch in den USA nicht ohne eine gewisse Aufregung ab. Die drei größten Telefongesellschaften des Landes hatten – den gut fundierten Recherchen einer großen Tageszeitung (*US Today*) zufolge – seit September 2001 der NSA umfas-

1 Spiegel-Online, 12. Mai 2006 (US-Abhörskandal).

sende Informationen über alle durch sie vermittelten Telefonverbindungen gegeben: Telefonnummern, Dauer der Anrufe, Häufigkeit, Wahlwiederholungen, Websurfing und SMS-Texte. Letztendliches Ziel sei es gewesen, alle Anrufe, die jemals getätigt wurden, zu erfassen und mit Spezialprogrammen auf terrorverdächtige Verhaltensmuster zu durchforsten. Die privaten Gesellschaften hatten offenbar keinerlei Bedenken gehabt, den Geheimdienst mit den gewünschten Daten zu versorgen; nur eine kleinere Telefongesellschaft (*Qwest*) habe sich dem Ansinnen der NSA widersetzt.[2]

Gegenüber diesem Szenario Orwellschen Ausmaßes schien die wiederum gleichzeitig bei uns verbreitete Nachricht, der BND habe in der Vergangenheit Journalisten ausgeforscht und zu diesem Zweck andere Journalisten bezahlt, geradezu kleindimensional. Sie hat allerdings, wegen der unmittelbaren Betroffenheit der deutschen Presse, in dieser doch ein beträchtliches Echo ausgelöst und sogar das Kanzleramt zu einer öffentlich verbreiteten Weisung veranlasst.[3] Wenn es den geheimen Diensten darum gegangen wäre, die allgemeine Aufmerksamkeit zielgerichtet auf ihre Tätigkeiten zu lenken – sie hätten sich kaum eine erfolgreichere Woche wünschen können.

2. Wie derartige Meldungen allerdings zu bewerten sind, hängt – wie sonst auch – von der jeweiligen Perspektive ab: Die einen können in allem nur Normalität und Legales entdecken – im Kampf gegen den Terror ist ihnen jedes Mittel recht. Die anderen sehen durch krakenartige Ausweitung des polizei- und geheimdienstlichen Handelns die Grundlagen der Verfassung gefährdet, Pressefreiheit, Privatsphäre und Bürgerrechte schutzlos dem großen Bruder preisgegeben, den Rechtsstaat als solchen von Selbstauflösung bedroht. Sicherheit *versus* Freiheit? Das Dilemma scheint perfekt.

a) Die Öffentlichkeit hüben und drüben ist von der Ambivalenz der Befunde deutlich überfordert. Je nachdem, wie die jeweils letzte Meldung lautet, fühlen sich Zeitungsleser, Rundfunkhörer oder Fernsehzuschauer mal auf diese, mal aber auf die andere Seite gezogen. Zunächst freilich scheint die Sache klar: In Zeiten eines international, also grenzüberschreitend operierenden Terrorismus, vor dem Hintergrund der Unberechenbarkeit und Ubiquität der Gewalt, und angesichts der brutalen Wirklichkeit eines vielleicht gerade realisierten Anschlags, ist der Konflikt zwischen Freiheit und Sicherheit für viele nur ein Scheinkonflikt. Der Staat, so wird argumentiert, ist nicht nur berechtigt, sondern mit Blick auf seine Bürger geradezu verpflichtet, alles nur Erdenkliche zu tun, um bereits im Vorfeld die Gefahrenlage zu klären und die Bedrohung abzuwenden. Prävention (nicht Reaktion) ist gefragt, die Arbeit der Geheimdienste folglich unverzichtbar, *Big Brother* allemal besser als *Big Sleep*.

b) Nach den Anschlägen in London war man deshalb tief beeindruckt vom raschen Erfolg der staatlichen Aufklärer, ein Erfolg, der letztlich auf die flächendeckende Kamera-Überwachung des U-Bahn-Geländes zurückgeführt zu werden schien. Mit öffentlicher

2 Spiegel-Online (Fn. 1).

3 Mit dieser wurde dem BND die Anheuerung von Journalisten untersagt (vgl. „Geheimdienste dürfen Journalisten nicht als Quellen führen“, Regierung Online vom 16. Mai 2006).

Kritik brauchte diese neue Sicherheitsphilosophie nicht zu rechnen. Wer nichts zu verbergen hat, braucht Kameras nicht zu fürchten – so lautete die kurzfristig herrschende Meinung, und wenn die verdichtete Staatsgewalt aufgrund neuer Methoden der Informationsbeschaffung so schnell und effektiv sein konnte, sollte der Bürger dies freudig begrüßen und nicht an vermeintlichen Rechtsstaatsdefiziten herummäkeln.

Deutlich betreten reagierte hingegen dieselbe Öffentlichkeit, als bekannt wurde, dass der vermeintliche Terrorist in London, der unmittelbar nach den Anschlägen vom 7. Juli 2005 dort im Zuge der Fahndung von einem Polizisten erschossen wurde, ein völlig unbeteiligter brasilianischer Elektriker war. Eher zaghaft wurde zunächst kolportiert, dass er sich wohl verdächtig benommen habe: In solchen Situationen darf man eben nicht weglaufen, sondern hat auf Anruf stehen zu bleiben. Diese Optik hatte zwar mit dem Opfer kein Erbarmen, war aber noch vermittelbar. Mit Fassungslosigkeit wurde dann jedoch zur Kenntnis genommen, dass das tragische Geschehen keineswegs auf ein verdächtiges Verhalten des Mannes zurückging (dieser hatte lediglich – trotz warmer Temperaturen – eine blousonartige Jacke getragen und sah fremdländisch – eben brasilianisch – aus). Die folgenreiche Polizeiaktion ließ sich aber auch nicht mit der hysterischen Überreaktion eines einzelnen Beamten erklären (laut Zeugenaussagen hatte der Polizist den bereits am Boden liegenden Verdächtigen mit mehreren gezielten Kopfschüssen getötet). Vielmehr ging es auch hier um eine Sicherheitsphilosophie, die sich auf Kameras eben nicht beschränkte: Es gab eine polizeiinterne, von der englischen Regierung später aber ausdrücklich gebilligte und für die Zukunft bekräftigte Anweisung, mit potentiellen Selbstmordattentätern im Verfolgungszusammenhang so und nicht anders zu verfahren.[4] Die *ratio* dahinter: Wer eine Handgranate in der Tasche oder einen Sprenggürtel am Körper trägt, um sich und möglichst viele andere in die Luft zu jagen, muss sofort und mit allen Mitteln daran gehindert werden. Dass ein Selbstmordattentäter sich auf Warnruf hin mit erhobenen Händen abführen ließe, sei schließlich nicht zu erwarten. Im Abwehrkrieg gegen Terroristen gilt: Du oder ich! Nur wer zuerst tötet, überlebt.

Das könnte sogar stimmen. Normativ verankert leidet eine solche Maxime aber erkennbar daran, dass die Berechtigung des Terrorismusverdachts in derartigen Fällen erst *post mortem* festgestellt werden kann. Im Falle eines Fehlgriffs, wie hier, steht man vor der Leiche eines Unschuldigen – und vor einer empörten Öffentlichkeit. Wo der Fernsehzuschauer gerade noch der Wehrhaftigkeit des Staates applaudiert hatte, beschleicht ihn nun der Gedanke, das hätte auch *mich* treffen können – und die Stimmung schlägt um.

3. In dieser Situation empfiehlt es sich, unabhängig von den Ereignissen und Meldungen des Tages, aber mit den einschlägigen Erfahrungen im Hinterkopf, die Möglichkeiten Revue passieren zu lassen, die man sich für rechtsstaatliches Handeln vor dem Hintergrund

4 Vgl. hierzu die Äußerung des Scotland-Yard-Chefs Ian Blair, man werde an der „shoot-to-kill-in-order-to-protect-policy" trotz der Tragödie festhalten, solange dies die einzige Alternative sei, um zu verhindern, dass unschuldige Menschen dem Terrorismus zum Opfer fallen.

terroristischer Bedrohungen und Angriffe vorstellen möchte. Auf der Folie der Stichworte des Akademie-Projekts – Justizgewährung, Staatsräson, Geheimdienste – ist insbesondere die Frage zu stellen, ob und inwieweit ein (vielleicht nur vorgestellter) terroristischer Kontext die verfassungsmäßigen Rechte des Einzelnen im Interesse der Allgemeinheit relativiert. Genauer formuliert: In welchem Umfang muss der Bürger Rechtsverletzungen aus Gründen der Gefahrenabwehr ertragen, und ist gegebenenfalls sein Anspruch, in einem ordentlichen Gerichtsverfahren die Legalität der Eingriffe klären zu lassen, in ein: *ja, aber nur, soweit es nicht der Sicherheit schadet*, umzudefinieren? Noch weiter zugespitzt: Welchem Aspekt des Anspruchs auf Justizgewährung ist im Kollisionsfall der Vorzug einzuräumen: dem Teil, der die Rechtsgarantien für den Einzelnen im Auge hat, oder dem Teil, der mit Blick auf die Sicherungsinteressen der Gesellschaft den allgemeinen Rechtsgüterschutz verfolgt?

Je nachdem, welches der unterschiedlichen Szenarien ins Auge gefasst wird, ändern sich Abläufe und Akteure, ist entweder Prävention (durch Polizei und Geheimdienst) oder Reaktion (durch die kontrollierende und sanktionierende Justiz) gefragt. Im ersten Zugriff möchte man meinen: man soll das eine tun, ohne das andere zu lassen – aber so einfach ist es nicht. Prävention und Reaktion lassen sich analytisch exakt trennen, folgen aber unterschiedlichen Handlungslogiken. Insbesondere dann, wenn beide Bereiche faktisch ineinander übergehen, wird es schwierig, beiden Herren zugleich zu dienen. Die handlungsleitenden Prinzipien büßen im Falle einer Vermischung ihre Orientierungskraft ein, und es besteht die Gefahr, dass nicht nur die Arbeit des einen durch den anderen behindert wird, sondern dass auch die jeweiligen Selbstverständnisse Schaden nehmen.

Im Folgenden soll daher zunächst eine Standortbestimmung versucht und in diesem Rahmen geprüft werden, ob es so etwas wie einen rechtsstaatlichen Königsweg gibt – oder aber, ob uns der gegenwärtig und global auftretende, bzw. von den Schlaglichtern des internationalen Terrorismus grell beleuchtete Konflikt zwischen individuellen und kollektiven Rechtsschutzinteressen die deprimierende Erkenntnis einträgt, dass das rechtsstaatliche Versprechen *in dubio pro libertate* nur eine Schönwetterprognose war, die angesichts terroristischer Bedrohungen und Angriffe mit Bedauern eingeschränkt oder gar zurückgenommen werden muss.

4. Wie wehrhaft ist also der Rechtsstaat im Angesicht terroristischer Gefahr?

a) Zunächst einmal ist festzustellen: Terroristische Bedrohung ist etwas anderes als terroristischer Angriff. Ist ein Angriff erfolgt, so ist die Sachlage meist sehr viel gravierender, die Rechtslage hingegen einfacher geworden. Vorausgesetzt, der Täter überlebt und wird gefasst, so kommt der Rechtsstaat – prinzipiell – nicht in Bedrängnis: Auf eine nachgewiesene und schuldhafte Verletzung von fremden Rechtsgütern (Leben, Gesundheit, Freiheit, Eigentum) reagiert er mit der Kraft seines Sanktionsarsenals in gesetzlich vorbestimmter Weise. Im genau geregelten, fair konzipierten und *lege artis* vom gesetzlichen Richter durchgeführten Verfahren wird der wahre Sachverhalt ausgemittelt und dem Täter die gerechte Strafe zugeteilt. Mit einer schuldangemessenen Reaktion, so könnte man meinen (und so konnte man es bis vor einiger Zeit in den meisten Lehrbüchern auch lesen), wird der durch die Straftat eingetretene Verlust an Normgeltung ausgeglichen und der gestörte Rechtsfrieden wiederhergestellt.

b) So jedenfalls die Theorie. Das ‚richtige Leben' hält freilich auch für den Bereich der ordentlichen Strafgerichtsbarkeit den einen oder anderen Fallstrick bereit. Das gilt allgemein, und das gilt, wie Sie gleich an einem Beispiel sehen werden, im Terrorismus-Kontext in besonderem Maße.

Seit einigen Jahren haben wir Gelegenheit, mit wachsender Irritation die juristische Karriere des Falles *Motassadeq* zu verfolgen, jenes Muslims also, der (wegen Beihilfe zu den Attentaten des 11. September) im Jahr 2003 vom Hamburger Oberlandesgericht (OLG) zu fünfzehn Jahren Haft verurteilt worden war. Ein gutes Jahr später hob der Bundesgerichtshof (BGH) das Urteil wieder auf und gab die Sache nach Hamburg zurück: Die Beweisführung sei nicht fehlerfrei gewesen, es müsse handwerklich nachgebessert werden.[5]

Im zweiten Anlauf konnten die Hamburger Richter allerdings keinen dringenden Tatverdacht mehr erkennen. Die Besetzung des Spruchkörpers hatte sich geändert, und der neue Senat hob den seinerzeitigen Haftbefehl auf: Flucht- oder Verdunkelungsgefahr seien nicht erkennbar; Motassadeq wurde unter Auflagen auf freien Fuß gesetzt und einige Zeit später nicht mehr wegen Beihilfe zum Mord in 3.000 Fällen, sondern ‚nur noch' wegen Mitgliedschaft in einer terroristischen Vereinigung angeklagt. Immerhin führte die neue Anklage nach 70 weiteren Verhandlungstagen zur erneuten Verurteilung: sieben Jahre Freiheitsstrafe; der Haftbefehl wurde wieder in Vollzug gesetzt.

c) Damit standen nun zwei den Angeklagten belastende Maßnahmen im rechtsstaatlichen Raum: Zum einen gab es ein Urteil (sieben Jahre), gegen das wiederum die Revision zulässig war, zum anderen war die vormalige Haftverschonung aufgehoben, der Angeklagte wieder (vor Rechtskraft seines Urteils) eingesperrt worden. Gegen beide Maßnahmen legte Motassadeq Rechtsmittel ein.

Die gegen die neuerliche Verhaftung gerichtete Beschwerde hat zunächst das OLG Hamburg und dann auch der BGH zurückgewiesen: Obwohl das Strafurteil noch revisibel sei, bestehe nun der Haftgrund der Fluchtgefahr, da sich die Straferwartung konkretisiert habe.

Vor dem Bundesverfassungsgericht fand diese Einschätzung jedoch keine Gnade: Neue Verdachtsgründe, die es rechtfertigen würden, die Haftverschonung wieder rückgängig zu machen, seien schließlich nicht vorhanden. In einem solchen Fall müsse dem konkreten Freiheitsanspruch des Angeklagten vor dem abstrakten Sicherheitsinteresse der Allgemeinheit der Vorrang eingeräumt werden.[6] Der Angeklagte wurde also ein weiteres Mal aus der Haft entlassen und wartet nun in Freiheit auf den Ausgang seines Revisionsverfahrens.[7]

5 BGH (3. Strafsenat), Urteil vom 4. März 2004, BGHSt 49, S. 112ff.

6 Beschluss vom 1. Februar 2006 (Az. 2 BvR 2056/05).

7 Ein neues Kapitel in diesem Drama hat der BGH (3. Strafsenat) mit Urteil vom 16. November 2006 aufgeschlagen (Az. 3 StR 139/06): Der Schuldspruch des OLG wurde ergänzt um eine Beihilfe zum Mord an den 246 Passagieren und Besatzungsmitgliedern der abgestürzten Flugzeuge; und die Sache

Hat hier der Rechtsstaat gesiegt? Hat er sich wehrhaft gezeigt? Hat er vielleicht gerade deshalb gesiegt, weil er sich nicht – in einem bestimmten Sinne – wehrhaft gezeigt, nicht sein Freiheitsverständnis dem Sicherheitsbedürfnis populär geopfert hat? Schwer zu beantworten. Schon gar nicht, wenn man sich klar macht, dass hier ja Richterwort gegen Richterwort steht, die rechtsstaatliche Verfassungsjustiz offenbar einem anderen Verständnis von Freiheit und Sicherheit (und ihrem Verhältnis zueinander) anhängt als die gleichfalls rechtsstaatliche Strafgerichtsbarkeit.

d) Noch verwirrender wird die Sache, wenn man nachvollzieht, weshalb es im konkreten Fall so schwierig war (und, angesichts der erneut anstehenden Urteilsüberprüfung, noch immer genauso schwierig ist), das „schwarze Loch" (so das OLG) in der Beweiskette zu schließen. Der BGH, der seinerzeit gegenüber dem ersten Urteil das Beweisdefizit moniert hatte, war nämlich nicht etwa der Meinung gewesen, das Hamburger OLG habe bei der Ermittlung der Tatbeiträge des Angeklagten oder bei ihrer Bewertung gefehlt: Die Schießausbildung in Afghanistan, die Geldüberweisungen auf das Konto eines der späteren Täter, die Äußerung, man werde „am Ende auf den Gräbern der Juden tanzen", und die (mit Blick auf einen Besucher) gegenüber einem Mitbewohner im Studentenwohnheim verwendeten Worte „das ist unser Pilot" – all' das sei in Verbindung mit dem übrigen Beweisergebnis durchaus tauglich gewesen, die Annahme einer Tatbeteiligung des Angeklagten zu tragen.[8]

Der Mangel sei an einer anderen Stelle aufgetreten. Das Gericht habe in seiner Beweiswürdigung nämlich nicht dem Umstand Rechnung getragen, dass „seine Möglichkeit der Wahrheitsfindung eingeschränkt war, weil durch Maßnahmen der US-amerikanischen und der deutschen Regierung der Tatbeteiligte Binalshib weder in der Hauptverhandlung vernommen noch der Inhalt von Protokollen über dessen anderweitige Vernehmungen in die Beweisaufnahme eingeführt werden konnte".[9] Mit dieser eingeschränkten Ermittlungsfähigkeit hätte sich das OLG explizit auseinandersetzen müssen, was aber nicht geschehen sei.

Was war damit gemeint? Der von der Bundesanwaltschaft rollengemäß als einer der Statthalter der Attentäter des 11. September eingestufte Motassadeq hatte den in Amerika einsitzenden Ramzi Binalshib als Entlastungszeugen angegeben. Das OLG hatte sich daraufhin zwar bemüht, eine Aussage Binalshibs zu bekommen, bzw. zumindest die Ergebnisse seiner Vernehmungen durch die amerikanischen Behörden. Es war damit aber gescheitert. Die USA hatten gegenüber dem Gericht die Mitwirkung verweigert, und die deutsche Regierung hatte mit einer – rechtlich durchaus zulässigen und vom Bundesverwaltungsgericht explizit abgesegneten[10] – Sperrerklärung verhindert, dass die

wurde zur Festsetzung einer neuen Strafe an das OLG zurückverwiesen. Das OLG sah gleichwohl keine Veranlassung, den Haftbefehl gegen *Motassadeq* wieder in Vollzug zu setzen. Auch diese Entscheidung hat der BGH – mit dem Hinweis auf (neu begründete) Fluchtgefahr – gekippt.

8 BGHSt 49, S. 112ff., 117.

9 Ebenda.

10 Das BVerwG hat die Sperrung der Akten des Bundesnachrichtendienstes mit Beschluss vom 10. Februar 2003 für zulässig erklärt (Az. 6 VR 2/03 und 6 VR 3/03).

ihr teilweise überlassenen Vernehmungsunterlagen in den Strafprozess eingeführt werden konnten.

Dieser Umstand hatte den BGH zu dem erbitterten Leitsatz veranlasst: *Geheimhaltungsinteressen des Staates dürfen sich im Strafprozess nicht nachteilig für den Angeklagten auswirken.* In etwas kleinerer, dafür aber konkreterer Münze heißt das: Wenn die Beweisgrundlagen durch Maßnahmen der Exekutive zu Lasten des Angeklagten verkürzt werden, wenn etwa die Vernehmung unmittelbarer Tatzeugen unmöglich ist, weil es sich um verdeckte Ermittler oder sonst zu schützende Informanten handelt, wenn der benötigten Aussage eine sogenannte Sperrerklärung entgegensteht (§ 96 Strafprozessordnung [StPO]) oder wenn die nach Beamtenrecht notwendige Aussagegenehmigung nicht erteilt wird (§ 54 StPO), wenn also der Schuldnachweis gegen den Angeklagten nicht kunstgerecht (nach den richtig verstandenen Regeln der Strafprozessordnung) geführt werden kann – dann gilt in einem solchen Verfahren, wie in anderen Strafprozessen auch: *in dubio pro reo.*

e) Ich will hier nicht die Frage ventilieren, wie viel eifersüchtiger Missmut auf das selbstherrliche Gebaren der in- und ausländischen Exekutivorgane wohl für die Entscheidung der BGH-Richter mitverantwortlich gewesen sein mag. Gewisse Formulierungen der Richter lassen die Vermutung zu, dass dem durch die Unabhängigkeitsgarantien der Verfassung verwöhnten Spruchkörper dieser Aspekt des Falles doch recht unangenehm aufgestoßen ist.[11] Schon der Hamburger Vorsitzende hatte im vorliegenden Zusammenhang von einem „Trauerspiel“ gesprochen[12], und der BGH schien jene Auffassung zu teilen. Richter sind gewohnt, dass sie auf Fragen eine Antwort erhalten. Das gilt insbesondere gegenüber den Sicherheitsbehörden, die sich nur zu gern unter Berufung auf Geheimhaltungsbelange dem justiziellen Zugriff auf ihre Informations- und Handlungsgrundlagen entziehen.

Dieser Aspekt der BGH-Entscheidung soll aber ausgeklammert bleiben. Hier interessiert nur der *in dubio pro reo*-Spruch des BGH und so wiederum die Frage: Hat der Rechtsstaat gesiegt? Hat er vielleicht sogar deshalb gesiegt, weil er sich im Verfahren geschlagen gab?

Zur Erhellung dieses paradoxen Erscheinungsbildes lässt sich nun tatsächlich mit Gewinn die Geschichte bemühen. Sie zeigt nämlich, dass der dornige Weg vom absoluten in den modernen Verfassungsstaat nichts anderes als ein ständig voranschreitender Prozess der Selbstbindung war, wenn man so will: die selbst (wenn auch nicht nur freiwillig) gewählte Subordination staatlicher Machtausübung unter das allgemeine Gesetz. Unter dem Druck von Revolution und Aufklärung hat sich das *princeps legibus solutus est* zum *princeps legibus non solutus est* umgeformt, in zeitgemäßer Formulierung: Der Rechtsstaat handelt auf gesetzlicher Grundlage, oder er handelt gar nicht.

Bezogen nun auf unser Beweisproblem: Wenn sich die Exekutive – durchaus zweckmäßig – besonderer Instrumente der Geheimhaltung bedient, so ist das, versicherungstechnisch gesprochen, ein Handeln auf eigenes Risiko. Dem verfassungsrechtlich garan-

11 Vgl. etwa BGHSt 49, S. 112ff., 118.

12 Vgl. *Frankfurter Allgemeine Zeitung* vom 20. August 2005.

tierten und auf ein faires Verfahren gerichteten Justizgewährungsanspruch des Bürgers darf dies jedenfalls nicht abträglich sein. Rechtsstaatliche Kollateralschäden sind systemfremd, und die Wehrhaftigkeit dieser Staatsform zeigt sich nicht im opportun-pragmatischen Übergriff, sondern in der Wahrung rechtsstaatlicher Identität, die den Verzicht auf Rechtsverkürzungen (und seien sie im Einzelfall auch noch so verlockend) einschließt.

5. Bevor wir uns nun aber zufrieden in die Polster zurücklehnen, sei daran erinnert, dass der letzte Abschnitt mit einer Unterscheidung begonnen hatte: Es war von terroristischem *Angriff* oder terroristischer *Bedrohung* die Rede gewesen, und nur die strafrechtliche Abarbeitung erfolgter Angriffe hat sich, soweit bis jetzt erkennbar, mit Blick auf die Justizgrundrechte des Angeklagten als rechtsstaatlich handhabbar erwiesen. Wir wissen nun: Auch ein im hohen Maße Terrorverdächtiger kann, wenn er erst einmal vor den Schranken der Strafgerichtsbarkeit steht, mit einem gesetzmäßigen und fairen Verfahren rechnen. Staatsräson und Geheimdienste und die Notwendigkeit, letzteren ein Arkanum zuzugestehen, ändern daran nichts. Der individuelle Anspruch auf Justizgewährung ist – jedenfalls prinzipiell – außer Gefahr.

Aber wie steht es nun mit den Bedrohungen und den aus ihnen sich ableitenden gesteigerten Sicherheitsbedürfnissen der Allgemeinheit? Letztere sind schließlich die andere Seite der Justizgewährungsmedaille, und ob der Rechtsstaat auch für sie eine adäquate Antwort bereithält, ist noch lange nicht ausgemacht.

Im Fall Motassadeq schien es, als würden die Sicherheitsinteressen der Allgemeinheit den Freiheitsinteressen des Angeklagten hintangestellt. Heißt das, dass der Rechtsstaat an dieser Stelle vor den Phänomenen des Terrorismus kapitulieren muss? Ist er wehrhaft nur gegenüber den systemimmanenten Grenzverletzungen, nicht aber gegenüber den Feinden von außen?

a) Auf den ersten Blick scheint jedenfalls das Strafrecht besonders ungeeignet, mit terroristischen Bedrohungen umzugehen. Es ist als repressiver Rechtsgüterschutz konzipiert, als ein nachträglich greifendes Regelwerk, das – selbst wenn es über die Wirkung der Strafe kriminalpräventive Ziele zu erreichen sucht[13] – doch erst dann Anwendung findet, wenn das ‚Kind bereits im Brunnen liegt'.

   Auf terroristische Bedrohungslagen muss aber im Vorfeld der Straftat reagiert werden, auffälliges Verhalten muss registriert, der sogenannte *Schläfer* ausfindig gemacht werden, bevor er zuschlagen kann. Ist es nicht allein schon diese Einsicht, die den auf das Strafrecht setzenden Rechtsstaat als zahnlosen Tiger vorführt und nach einer Ausweitung der Präventivbefugnisse von Polizei und Geheimdiensten verlangt?

   Vertreter dieser Auffassung gibt es nicht wenige, und nach der jüngsten Entscheidung des Bundesverfassungsgerichts zur Zulässigkeit der sogenannten Rasterfahndung[14] sind es eher mehr geworden. Zur Erinnerung:

13 BVerfGE 45, S. 187ff., 253f.

14 BVerfG, Beschluss vom 4. April 2006 (Az. 1 BvR 518/02), *NJW* (2006), S. 1939ff.

Bei der Rasterfahndung, einst im Zusammenhang mit der Verfolgung von RAF-Mitgliedern entwickelt, lässt sich die Polizei aus Datensammlungen aller Art personenbezogene Informationen übermitteln, die dann mit Spezialprogrammen auf Auffälligkeiten durchforstet werden. Nach dem 11. September sind die Länder-Polizeigesetze entsprechend aufgerüstet und allein in Nordrhein-Westfalen fünf Millionen Männer zwischen 18 und 40 Jahren nach dieser Methode „gerastert" worden. Den Nachweis des Erfolges blieben die zuständigen Behörden allerdings bis zuletzt schuldig: Denn weder in Nordrhein-Westfalen noch in einem anderen Bundesland führte „die Rasterfahndung ... dazu, dass ‚Schläfer' aufgedeckt worden wären oder gar aufgrund der gewonnenen Erkenntnisse eine Anklage – etwa wegen Mitgliedschaft in einer terroristischen Vereinigung oder wegen Unterstützung einer solchen ... – gegen eine der davon erfassten Personen erhoben worden wäre".[15]

Das Gericht hat in seiner jüngsten Entscheidung diese Fahndungsmethode erheblich eingeschränkt, woraufhin die Innenminister von Bund und Ländern ebenso wie die Gewerkschaft der Polizei in lautes Wehklagen ausgebrochen sind. Eine wirksame Terrorbekämpfung sei auf dieses Mittel angewiesen. Zum Schutz der bedrohten inneren Sicherheit müssten die präventiven (das heißt polizei- oder geheimdienstlichen) Maßnahmen ausgebaut werden, die der terroristischen Aktion einen Schritt voraus sind: Nicht, den Normverstoß zu bestrafen, sondern ihn zu verhindern, sei das Ziel solcher Maßnahmen, und das sei nur erreichbar, wenn bereits die Planungen, nicht erst die Handlungen ins Visier genommen werden dürften. Die Justizkontrolle von Polizei- und Geheimdienstbefugnissen sei hingegen einzuschränken, um die Aufklärungsarbeit nicht zu torpedieren und die Sicherheit der Bürger, als elementaren Teil des Anspruchs auf Rechts- und Justizgewährung, bestmöglich garantieren zu können. Im übrigen gelte: Nur wer etwas zu verbergen habe, müsse Rasterfahndung fürchten.

Das Verfassungsgericht hat seine anderslautende Entscheidung mit sechs gegen zwei Stimmen gefasst und befunden, dass die Rasterfahndung *unverhältnismäßig* und damit rechtsstaatswidrig sei. Für eine so weitreichende Maßnahme genüge es nicht, eine allgemeine Bedrohungslage (eben, den 11. September) und die abstrakte Möglichkeit von Terrorattacken zu konstatieren. Erforderlich sei vielmehr – wie im Polizeirecht auch sonst – das Vorliegen einer *konkreten* Gefahr, die auf mehr gründen müsse als auf ein diffuses Gefühl von drohendem Unheil.[16]

Das Hauptargument, auf das dieses Votum gestützt wurde, war die verfassungsrichterliche Sorge, die Balance zwischen Freiheit und Sicherheit könne Schaden nehmen.[17] Bedenkt man, dass in Deutschland in den vergangenen vier Jahren insgesamt 8,4 Millionen Männer der fraglichen Altersgruppe rastermäßig erfasst worden sind (eine Zahl, die anlässlich des Gerichtsverfahrens erstmals einer größeren Fachöffentlichkeit bekannt wurde), so scheint diese Sorge nicht völlig unbegründet. Der Überwachungsstaat ist

15 Ebenda, S. 1939.
16 Ebenda, Leitsatz 2.
17 Ebenda, S. 1946 (Rz. 135).

vielleicht noch weit, aber längst nicht so weit, wie es sich die Arglosigkeit träumen mag.

b) Wenn also Polizei und Geheimdienst von unseren Gerichten in die rechtsstaatlichen Schranken gewiesen werden, bleibt es dann doch beim Strafrecht und seinen nur reaktiven Möglichkeiten?

Ich kann jetzt nicht im Detail darauf eingehen, inwieweit die Idee der Repression das heutige Strafrecht überhaupt noch widerspiegelt. Ein kleiner Blick in die jüngere Strafrechtsgeschichte sei aber erlaubt, um einer Antwort näher zu kommen: Schon um die Wende zum vorigen Jahrhundert, mit neuem Aplomb aber seit den sechziger/siebziger Jahren ist der reaktiv/repressive Charakter des Strafrechts (repräsentiert in den sogenannten absoluten Straftheorien) ins Visier massiver Kritik geraten.[18] Allerdings hatte dies seinerzeit kaum etwas mit Terrorismusbekämpfung zu tun, die RAF stand zwar schon vor der Tür, war aber noch nicht eingetreten. Der Staat, so hieß es vielmehr, dürfe sich nicht auf Vergeltung beschränken, sondern möge sich – jedenfalls auch – um die Ursachen der Kriminalität kümmern. Reformen waren angesagt, und im Zuge dieser Reformen ist der Repressionsgedanke zugunsten von präventiven Strafzwecken in den Hintergrund gedrängt worden. Statt bloß die kriminelle Tat zu rächen, sollte Strafe nun auch sozialedukatorische Zwecke verfolgen.[19] Dabei wurden Ideen herangezogen, die zwar nicht neu, bis dato aber akademisch geblieben waren: Abschreckung der Allgemeinheit (Generalprävention), Besserung des Täters (Spezialprävention) und vor allem seine Resozialisierung.

Repression als Strafzweck, die Idee also, dass die Sanktion nicht mehr und nicht weniger zu sein habe als die reaktive Entsprechung des Verbrechens – tat- und individualbezogen, schuldbezogen, gesetzesbezogen –, diese Idee ist seitdem immer stärker vom Gedanken der Prävention ergänzt, überlagert, in gewissem Umfang sogar verdrängt worden. Der soziale Nutzen des Strafens war in den Blick gekommen. Der Staat sollte nicht mehr nur strafend auf kriminelles Unrecht reagieren, sondern Kriminalität auch verstehen lernen und Straftaten, wenn möglich, verhindern.

Dass dieser Paradigmenwechsel dazumal vom zeittypisch-progressiven Impetus getragen wurde, lässt sich leicht erahnen. Dass aber der Weg von der Repression zur Prävention schon bald in ein Gefilde führen würde, welches die sandalentragenden Wanderer der 1968er ff. sehenden Auges wohl nie betreten hätten, wird den teilnehmenden Beobachtern erst allmählich klar.[20]

Denn der Begriff der Prävention lässt unterschiedliche Deutungen zu, je nachdem, welche ‚Politik' die Interpretation trägt. Und die Erziehung des Straftäters zum rechtstreuen Bürger, den die Sozialreformer der 70er Jahre im Auge hatten, ist längst einem anderen Aspekt des Präventionsdenkens gewichen: Präventive Strafzwecke verheißen nämlich etwas, was dem repressiven Strafrecht völlig fremd war (was aber die Klammer

18 Vgl. hierzu auch den Alternativ-Entwurf eines Strafgesetzbuches aus dem Jahre 1966, der in § 2 ausdrücklich eine Orientierung des Strafrechts an kriminalpräventiven Zwecken proklamiert.

19 Vgl. § 2 des Alternativ-Entwurfs (Fn. 18).

20 Dazu Hassemer (2006), S. 130ff.

zu unserem Thema bildet): Prävention meint Verhinderung von Straftaten – und *damit* einen Zugewinn an *Sicherheit*. Durch das Anstreben heilsamer Folgen für Täter und Gesellschaft hat sich das Strafrecht unter der Hand vom reinen Sanktionsrecht zum Kriminalitätsbekämpfungsrecht entwickelt[21], in dessen Folge neue, vorfeldbezogene *Straftatbestände* ‚erfunden' wurden.[22] Das präventive Sicherheitsstrafrecht verwischt so die Grenze zwischen dem Polizeirecht als präventivem Rechtsgüterschutz und dem Strafrecht als repressivem – wenngleich (spezial- oder general-)präventiv wirkendem – Rechtsgüterschutz, ohne freilich das Versprechen zu halten, mit dem es angetreten ist: Denn auch unter dem neu definierten Verbrechensbekämpfungsrecht ist Kriminalität nicht weniger und Sicherheit nicht greifbarer geworden. Vielmehr scheint der Nutzen der Präventions-Philosophie in erster Linie darin zu liegen, dass sie Legitimation und Aufforderung enthält, die strafrechtlichen Instrumente dem neuen Selbstverständnis anzupassen.

6. Und genau das ist geschehen. Wäre dies hier ein rein strafrechtlicher Vortrag, könnte ich Ihnen jetzt eine lange Reihe gesetzgeberischer Maßnahmen präsentieren, die dem Präventionsdenken Rechnung tragen – meist, ohne auch nur einen Hauch jenes Reformgeistes zu enthalten, der einst zu seiner Inthronisierung geführt hat. Ich nenne nur drei:

- Aus Gründen der Abschreckung wurden die Strafrahmen verschärft.
- Zur Vorbeugung von Rechtsgüterverletzungen wurden abstrakte Gefährdungsdelikte eingeführt.
- Die Sicherungsverwahrung wurde ausgebaut (z. B. die Möglichkeit ihrer nachträglichen Anordnung vorgesehen), und vieles andere mehr.

Das klingt bedenklich, mag aber auf sich beruhen. Es geht mir hier nicht um das, was liberalen Juristen die Haare grau werden lässt.[23] Der Hinweis auf die Umstellungen im allgemeinen Strafrecht der letzten Jahre sollte vielmehr zeigen, dass die heutige Diskussion um Freiheit *versus* Sicherheit bei der Terrorismusbekämpfung auf vorbereitetem Terrain stattfindet. Oder anders gesagt: Das, was sich als generelles Problem erst langsam in das allgemeine Bewusstsein schiebt, dass nämlich Sicherheit im Rechtsstaat nicht umsonst zu haben ist, sondern mit teurer Freiheits-Münze bezahlt wird, ist auf der Ebene des Strafrechts bereits Rechtsgeschichte. Die sozialstaatlich aufgeladene Opportunität der 68ff. hat längst einer sicherheitsstaatlichen Kosten-Nutzen-Analyse Platz gemacht, in der Sicherheit optimiert wird und Freiheit vor allem auf der Kosten-Seite erscheint.

a) Die sogenannten „Sicherheitspakete", die kurz nach dem 11. September vom deutschen Gesetzgeber erlassen wurden, haben eine Vielzahl von Gesetzen verschärft. Der Bürger, um dessentwillen Sicherheit produziert werden soll, kann das Ausmaß der Beschnei-

21 Naucke (1999), S. 339.
22 Hassemer (2006).
23 Umfängliche Nachweise bei Hassemer (2006), Anm. 37ff.; vgl. auch Albrecht (2003).

dungen seiner Rechte allenfalls erahnen, obwohl der Trend die Schwelle der Fachspezifik längst überschritten hat.

Ich zähle[24] wieder nur einige der Maßnahmen auf, die bereits durchgesetzt oder aber geplant sind:

- verdachtsunabhängige Eingriffsbefugnisse des Bundeskriminalamts;
- präventives Einsperren von Ausländern, die als Sicherheitsrisiko eingestuft werden;
- eigenständiges Auskunftsrecht des Verfassungsschutzes gegenüber Banken bezüglich Konten und Kontenbewegungen der Bankkunden, ohne richterliche Kontrolle, sowie eine Evidenzzentrale für Konten und Depots bei der Bundesanstalt für Finanzdienstleistungsaufsicht;
- Konten-Screening zur Herstellung von Kontenprofilen;
- präventive Wohnraumüberwachung;
- Verlängerung der polizeilichen Ermittlungsbefugnisse auch in das Vorfeld eines Tatverdachts und ihre Erstreckung auf unbeteiligte Personen;
- Nutzung von im Ausland unter Foltereinsatz gewonnenen Informationen zu Zwecken innerer Sicherheit.

Das sind durchweg schwere Geschütze, aber vielen noch nicht schwer genug: Der soeben aus Altersgründen ausgeschiedene Generalbundesanwalt wollte keineswegs abschrecken, als er kürzlich – auf einer Veranstaltung des Deutschen Anwaltsvereins[25] – gar nicht unzufrieden die mentalen Folgen eines Terroranschlags in Deutschland umriss: Dann, so sagte er, „werden wir eine Hysterie erleben, die bisher ohne Beispiel ist. Dann werden Schubladen geöffnet ...", er meinte damit: weitere Gesetze herausgenommen. Und er fügte nicht ohne Genugtuung hinzu: Wenn sich die Justiz verweigere (sic!), werde eben die Politik „in die Bresche springen".

Aus der Sicht der Bundesanwaltschaft ist dies eine nachvollziehbare Optik. Auch soll nicht übersehen werden, dass sich die Mehrheit der Bürger mehr durch den Terrorismus als durch die Sicherheitspakete des Gesetzgebers bedroht fühlt. Aber genau da liegt das Problem: Wenn Politik und Medien die Formel aufbauen: Ohne Sicherheit keine Freiheit, muss dann nicht eine rechtsstaatliche Jurisprudenz dagegen halten: Ohne Recht keine Freiheit, und ohne Justiz kein Recht?

b) Die Erosion des rechtsstaatlichen Strafrechts im Dienste des Sicherheitskalküls wird von der Fachwissenschaft leidenschaftlich diskutiert. Es kann nicht verwundern, dass die Meinungen auseinander gehen. Während die einen (eher wenige) das Anziehen der legislativen Sicherheitsschraube als notwendiges Übel, das so übel vielleicht gar nicht ist, kommentieren, sehen andere nur Übergriff, Versäumnis, Verformung und Verfall.

Beides lässt sich begründen, aber beides lässt sich nicht vereinbaren. Wer die Bedrohung für real und Abhilfe für notwendig hält, dem ist jede Propangasflasche eine Kriegs-

24 Im Anschluß an Hassemer (2006) und Albrecht (2003).
25 Vgl. *Frankfurter Allgemeine Zeitung* vom 21. Mai 2005; Albrecht (2003).

erklärung; jeden Terroranschlag kann er als *Argument* für sich verbuchen. Wer hingegen die Selbstauflösung des Rechtsstaats konstatiert, wird jedes neue Terrorismusbekämpfungsgesetz als Bestätigung seiner schlimmsten Befürchtungen werten. Man kann sich für die eine oder die andere Position entscheiden, aber schwerlich der jeweils anderen die generelle Berechtigung absprechen.

c) Ich will deshalb auch nicht den Versuch unternehmen, den Widerstreit von Sicherheit und Freiheit im Angesicht terroristischer Bedrohung unter Berufung auf Systemlogik zu entscheiden. Eine solche Systemlogik gibt es nicht. Alle um sie bemühten Deduktionen überzeugen immer nur die, die ohnehin schon überzeugt sind. Statt dessen möchte ich zum Schluss kurz eine Sichtweise einbeziehen, die der Bonner Rechtswissenschaftler Günther Jakobs entfaltet und – durch vehemente Kritik angefeuert – immer weiter verfeinert hat. Sie ist für mich Anlass genug, den Verlockungen einer auf Prävention setzenden Sicherheitsphilosophie im Bereich des Strafrechts zu widerstehen und ohne ‚Wenn und Aber' für den dornig-riskanten Weg rechtsstaatlicher Freiheitsgarantien zu votieren.

Als scharfsinniger Beobachter der strafrechtlichen Entwicklung hat Jakobs schon seit Mitte der achtziger Jahre einen Prozess geschildert, den er zunächst nur als das Auseinanderdriften zweier Erscheinungsformen des Strafrechts *beschreibt*: des von ihm sogenannten *Bürgerstrafrechts* und des von ihm sogenannten *Feindstrafrechts*.[26] Nach dem Modell der Notverordnungen der späten Weimarer Republik, so beginnt die Analyse, würde der Gesetzgeber unter Hintanstellung rechtsstaatlicher Grundsätze in immer neuen Anläufen dazu tendieren, gefährlichen Straftätern den Bürgerstatus abzusprechen, sie als „Feind" zu „bekriegen", und zwar mit dem Ziel, sie „kaltzustellen".[27] Anders aber, als man vielleicht erwarten möchte, sieht der Autor in dieser Entwicklung nicht den beklagenswerten Verfall legislatorischer Grundprinzipien. Vielmehr befürwortet er diese Entwicklungen, weil nur durch ‚Auslagerung' der bedenklichen, aber zur Rechtssicherung notwendigen Tatbestände in eine Art normative Exklave das *rechtsstaatliche Strafrecht* gewissermaßen *rein* gehalten werden könne.[28]

Die Begründung des Feindstrafrechts aus der Notwendigkeit, das Bürgerstrafrecht vor Kontaminationen zu bewahren, wird dabei in kühle Ableitungslogik verpackt: Ein Mensch in der Gesellschaft, so wird konstatiert, werde mit Normen des Zusammenlebens konfrontiert, deren Anerkennung und Einhaltung von ihm erwartet werde und er wiederum von seinen Mitmenschen erwarten dürfe. Dies gelte in der Regel selbst für den Straftäter, der ja nicht die Rechtsordnung als solche ablehne, sondern sie nur punktuell durchbreche. Durch die grundsätzliche Akzeptanz dieser Erwartung erhalte der Mensch den Status als *Person*. Im Umkehrschluss könne daher demjenigen, der solche Erwartungen nicht einmal dem Grundsatz nach anerkenne und sich bewusst und dauerhaft gegen die gemeinschaftlichen Regeln stelle, der Personenstatus nicht zugesprochen

26 Jakobs (1985), S. 751ff.; Jakobs (2000), 47ff.; Jakobs (2004), S. 88ff.; Jakobs (2005), S. 839ff.
27 Jakobs (2000), S. 52.
28 Jakobs (2004), S. 92; Jakobs (2000), S. 53.

werden; er sei „Unperson" und als solche auch nicht mehr durch ein liberales, rechtsstaatliches, auf *an sich* rechtstreue Personen ausgerichtetes Bürger-Strafrecht erreichbar. Für ihn müsse ein anderes, ein schärferes Recht gelten: das als Bekämpfungsrecht konzipierte „Feindstrafrecht".

Wenn es daher um Freiheit contra Sicherheit geht, so resultiert daraus für Jakobs: Wer die Sicherheit der anderen massiv und dauerhaft beeinträchtigt, soll an den Vorzügen eines rechtsstaatlichen Strafrechts nicht teilhaben. Er soll vielmehr – in feindstrafrechtlich geordneter Weise – aus der Gesellschaft exkludiert und fortan „fremdverwaltet" werden.[29] Seine Rechte dürfen daher durch den Staat nicht nur beschränkt, sondern – wenn nötig – sogar aufgehoben werden.[30]

d) Mit Blick auf die deutsche Geschichte würde es wohl ein Leichtes sein, dieses Konzept als unerträglichen Rückfall in menschenrechtswidrige Willkür zu brandmarken. Die Aufhebung von Grundrechten in rechtlich geordneter, legaler Weise ist nichts anderes als gesetzliches Unrecht, und ein klassifikatorisches Recht, das bestimmte Menschen als Unpersonen aus dem Rechtskreis ausschließt[31], ist unserer Verfassung sicher fremd. Aber mit diesem positivistischen Hinweis hätte es sich die Auseinandersetzung mit dem Feindstrafrecht vielleicht doch zu leicht gemacht. Denn das, was Jakobs beobachtet, ist ja nicht seine Erfindung. Es ist der überspitzt, aber im wesentlichen doch richtig beschriebene Zustand des deutschen Strafrechts um die Wende zum 21. Jahrhundert, das sich seit gut 20 Jahren dem *Kriminalitätsverhinderungsdenken* verschrieben hat. Zwar fehlt dieser Tendenz (noch) die feindstrafrechtliche Leitmelodie. Doch zeigt die immer hemmungslosere Instrumentalisierung des Strafrechts zum Zwecke innenpolitischen Punktegewinns den Weg, den diese Reise nehmen könnte.[32]

Jakobs hat diese Entwicklung wie kaum ein anderer dingfest gemacht. Doch die Folgen aufzuzeigen, die sich aus einer Übergewichtung der Sicherheit gegenüber der Freiheit ergeben, und auf die schleichende Erosion der rechtsstaatlichen Grenzziehungen hinzuweisen, ist nur eines. Ein anderes ist es, diese Folgen als notwendig gutzuheißen und mit martialischer Terminologie zu armieren. Vom ‚so ist es' führt schließlich keine Notwendigkeit, sondern nur die wertende Zustimmung in ein ‚so soll es sein'. Und hier ist Jakobs, und letztlich der gesamten Präventionsphilosophie die Gefolgschaft zu versagen. Unsicherheit im Rechtsstaat ist der (freilich gar nicht garantierten) Sicherheit in einem Staat, in dem es – neben den Normalbürgern – auch Unpersonen, Exkludierte und Fremdverwaltete gibt, deutlich vorzuziehen. Man muss es geradezu als das spezifische Verdienst Jakobs' bezeichnen, durch seine zugespitzten Formulierungen darauf aufmerksam gemacht zu haben, welche Gefahren hinter einer konsequenten Kriminalitäts- und Terrorismusprävention lauern. Die Segnungen der rechtsstaatlichen Behandlung sind aber nicht nur für Freunde, sondern auch für Feinde gedacht, und der Ver-

29 Jakobs (2005), S. 843.
30 Jakobs (2004), S. 93.
31 Vgl. Jakobs (2000), S. 51.
32 Vgl. Albrecht (2006), S. 292.

zicht auf ein an den verfassungsmäßigen Prinzipien ausgerichtetes strafrechtspolitisches Gesamtkonzept wäre die Kapitulation des Rechts vor der Schlechtigkeit der Welt. Der Rechtsstaat würde sich in diesem Fall nicht als wehrhaft, sondern als dysfunktional erweisen, und wäre es letztlich nicht wert, mit allen Kräften verteidigt zu werden.

Literatur

Albrecht, Peter-Alexis (2003), Die vergessene Freiheit: Strafrechtsprinzipien in der europäischen Sicherheitsdebatte. Berlin.

Albrecht, Peter-Alexis (2006), Das nach-präventive Strafrecht: Abschied vom Recht. In: Betrifft Justiz, S. 289ff.

Hassemer, Winfried (2006), Sicherheit durch Strafrecht. In: HRRS, S. 130ff.

Jakobs, Günther (1985), Kriminalisierung im Vorfeld einer Rechtsgutsverletzung. In: ZStW 97, S. 751ff.

Jakobs, Günther (2000), in: Eser, Albin/Hassemer, Winfried/Burkhardt, Björn (Hrsg.), Die deutsche Strafrechtswissenschaft vor der Jahrtausendwende. München, S. 47ff.

Jakobs, Günther (2004), Bürgerstrafrecht und Feindstrafrecht. In: HRRS, S. 88ff.

Jakobs, Günther (2005), Terroristen als Personen im Recht? In: ZStW 117, S. 839ff.

Naucke, Wolfgang (1999), Konturen eines nach-präventiven Strafrechts. In: KritV, S. 336ff.

V. Präventionsstaat zwischen Rechtsgüterschutz und Abbau von Freiheitsrechten

Rudolf Adam

Einleitung

Nach der analytischen Frage, worin die neue Herausforderung des internationalen, fundamentalistisch-islamistischen Terrorismus liegen, stellt sich die praktische Frage, wie kann und soll der für Sicherheit in letzter Instanz verantwortliche Staat reagieren. Klar ist, dass angesichts der Größe der Bedrohung der Staat nicht allein repressiv vorgehen kann; er muss präventiv handeln: Es geht nicht mehr darum, einen Terroristen eines Anschlags zu überführen und zu bestrafen; der Akzent liegt vielmehr darauf, eine solche Tat im Vorfeld zu erkennen, Motive und Vorbereitungen hinreichend zu belegen und dann den eigentlichen Anschlag erfolgreich zu vereiteln. Hier die Grenzen zwischen dem zu ziehen, was den Verantwortlichen an Prävention geboten erscheint, und dem, was an grundlegenden Schutzrechten auch denjenigen gewährt bleiben muss, die in den Verdacht geraten sind, Terroranschläge vorzubereiten, ist schwierig und wird von unterschiedlichen Staaten unterschiedlich beantwortet.

Rainer Grote und Clemens Arzt untersuchen eingangs empirisch, wie zwei unserer wichtigsten Verbündeten rechtspolitisch reagiert haben; Christoph Gusy plädiert dann im Anschluss für einen pragmatischen, vorsichtigen Ansatz, der die Wirksamkeit präventiver Schutzregeln empirisch anhand konkreter, messbarer Kriterien nachweist, bzw. für eine Gesetzgebung „auf Probe“ mit angemessenen Fristen, nach denen im Lichte empirischer Bewertungen über eine Verlängerung befunden werden soll.

Vereinigtes Königreich

Terror war und ist im Vereinigten Königreich nichts Neues. Dementsprechend geht die spezielle Anti-Terror-Gesetzgebung bis in die frühen 70er Jahre zurück.

Dennoch hat die Regierung versucht, nach dem 11. September 2001 die geltende Rechtslage erheblich zu verschärfen; das Oberhaus hat wesentliche Regelungen dieser neuen Gesetzgebung im Dezember 2004 verworfen und die Regierung somit zu umfangreichen Nachbesserungen gezwungen.

Galten bereits die Regelungen des Terrorism Act 2000 unbefristet, so ergänzte sie die Gesetzgebung von 2001, die ebenfalls grundsätzlich unbefristet gelten soll, um die unbefristete präventive Inhaftierung von ausländischen Verdächtigen. Diese diskriminierende Regelung war ausschlaggebend für das negative Verdikt des Oberhauses.

Unmittelbar nach den Londoner Anschlägen vom Juli 2005 erließ das Parlament neue Gesetze, die auch die Propagierung rassistisch oder religiös begründeter Hass- und Kampfaufrufe unter Strafe stellte.

Die Rechte von Terrorverdächtigen unter dieser Gesetzgebung entsprechen nicht in jeder Hinsicht den Grundsätzen des *judicial review*. Administrativ verfügte Entscheidungen können nur eingeschränkt, nicht vor einem ordentlichen Gericht oder nur in geschlossenen Sitzungen, an denen der Verdächtige nicht teilnehmen darf, angefochten werden. Abschiebungen sollen in der Regel zunächst vollzogen und nur noch vom Ausland aus in Frage gestellt werden können.

Für die Frage, ob damit tendenziell gerichtsfreie Räume entstehen, sind Besonderheiten des britischen Rechtssystems zu berücksichtigen:

- Eine allgemeine Rechtsschutzgarantie im Verfassungsrecht fehlt.
- Das Fehlen einer umfassenden Rechtssystematik führt zu einem „Flickenteppich" von Einzelregelungen, die nicht immer lückenlos zusammenpassen.
- Für Terrorverfahren wird das traditionelle „Jury"-System zunehmend durch berufsrichterliche Verfahren ersetzt. Insgesamt scheint das Ausmaß richterlicher Kontrolle nicht eingeschränkt worden zu sein; die Gesetze von 2005 haben diesen Bereich wieder vielmehr ausgeweitet. Dennoch bleiben Beteiligungsrechte des Betroffenen vor Gericht und damit adäquater Rechtsschutz vor Fehlentscheidungen unbefriedigend.

Gerade die britische Erfahrung belegt, wie sehr durch die Akzentverschiebung auf die Prävention die Nutzung von nachrichtendienstlich gewonnen Erkenntnissen in den Vordergrund tritt und wie der Rückgriff auf diese Erkenntnisse zwangsläufig die Sorge um den Quellenschutz und damit die Schwächung der verfahrensrechtlichen Stellung von Beschuldigten nach sich zieht.

USA

In den USA gilt Kriegszustand. Und zwar nicht nur metaphorisch, wie der Krieg gegen Armut oder der Krieg gegen Drogen, sondern konkret bei zumindest einem großen Teil der Bevölkerung und vermutlich einer deutlichen Mehrheit innerhalb der Administration. Deshalb ist man leichter geneigt, kriegsrechtliche Maßstäbe anzuwenden, die ihrerseits in einem natürlichen Spannungsverhältnis zu den Freiheitsrechten einer Zivilgesellschaft stehen. Im Mittelpunkt steht der *USA PATRIOT Act* (keineswegs das rechtspolitische Banner der Patrioten, sondern ein Akronym für ***Uniting and Strengthening America by Providing Appropriate Tools Required to Intercept and Obstruct Terrorism***). Daneben sind weittragende organisatorische Neuerungen vorgenommen worden (*Department of Homeland Security*), Einreise- und Einwanderungsbestimmungen wurden erheblich verschärft. Dabei liegt auf der Hand, dass die extensiven Befugnisse, die die neuen Gesetzesgrundlagen der Administration verleihen, nicht nur exklusiv gegen Terrorverdächtige, sondern z. B. auch gegen Cybercrime, Pornographie und Entführungen genutzt werden.

Einige Überwachungsmaßnahmen waren befristet. Der Präsident setzt sich jedoch nachhaltig dafür ein, sämtliche Bestimmungen im USA PATRIOT Act zu entfristen.

Auch hier zieht die Ausweitung exekutiven Handelns eine Verschiebung von der generellen Unschuldsvermutung hin zu präventiven Eingriffen, die sich auf Absichten, Pläne oder lediglich Ansichten stützen, nach sich. Auch die Rechtsstellung von Ausländern hat sich generell verschlechtert.

Beunruhigend ist in der neuen Gesetzgebung der häufige Rekurs auf „reasonability", wobei das, was im Einzelfall als *reasonable* bzw. *probable* anzusehen ist, exekutiver Prärogative vorbehalten bleibt. Das gilt auch für entsprechende Abwehrrechte, die nur in *reasonable* Fällen gelten sollen.

Im Zusammenhang mit dem USA PATRIOT Act wurden Abhör- und Kontrollmaßnahmen ausgeweitet. Die so gewonnen Informationen werden innerhalb der Administration weit zirkuliert und mit aus anderen Quellen gewonnen Daten abgeglichen. Hier wird die strikte Abgrenzung zwischen polizeilichen Ermittlungen und nachrichtendienstlicher Aufklärung aufgeweicht.

Halten sich die Ausweitungen der traditionellen *search-and-seizure*-Regelungen noch im Rahmen überkommener Güterabwägung – obwohl auch sie eine substantielle Ausweitung staatlicher Eingriffsmöglichkeiten darstellen –, so betritt die Gesetzgebung mit den *sneak and peek warrants* neuen Boden: Unter diesen Bestimmungen ist eine geheime Wohnungsdurchsuchung möglich; der Verdächtige muss erst nach „angemessener" Zeit hierüber unterrichtet werden.

Der Foreign Intelligence Surveillance Act (FISA) und der Foreign Intelligence and Surveillance Court (FISC) schaffen, was strafprozessuales Verfahren und Nachprüfbarkeit durch ein ordentliches Gericht angeht, Ausnahmetatbestände. Entscheidungen in diesem gesetzlichen Bereich können nur vor dem wiederum speziellen Foreign Intelligence Surveillance Court of Review (FISCR) oder dem Supreme Court angefochten werden. Auch hier hat der USA-PATRIOT Act die Befugnisse der Exekutive ausgeweitet. Vor allem Ausländer genießen hier einen deutlich geminderten Rechtsschutz als US-Staatsangehörige.

Seit dem 11. September 2001 sind über 1.200 Ausländer nach neuen gesetzlichen Regelungen in vorbeugenden Gewahrsam genommen worden, weil „berechtigte Gründe" (*reasonable grounds to believe*) Anlass zur Annahme gaben, sie könnten die nationale Sicherheit gefährden. Dieser Gewahrsam kann nur nachträglich im Rahmen eines *habeas corpus*-Verfahrens überprüft werden; eine vorherige richterliche Kontrolle findet nicht statt.

Darüber hinaus ist die Administration ermächtigt worden, weit reichende Eingriffe in Eigentum und Vermögen ausländischer Personen (auch juristischer) vorzunehmen, sofern sie im Verdacht sind, Anschläge oder Feindseligkeiten geplant, unterstützt oder autorisiert zu haben. Bis 2003 sind auf diese Weise Guthaben im Wert von 124 Mio. US$ eingefroren worden. Auch diese Maßnahmen können nicht in offenen Gerichtsverfahren angefochten werden.

Die gezielte Tötung von Terrorverdächtigen hängt im Wesentlichen davon ab, wie weit der Begriff *war on terrorism* auch juristisch ausgefüllt wird. Befinden sich die USA in einem von der War Powers Resolution (1973) abgedeckten Zustand, dürften auch gezielte Tötungen zu rechtfertigen sein. Die Administration selbst scheint jedenfalls derartige Befugnisse für sich in Anspruch zu nehmen.

Jüngste Erkenntnisse legen nahe, dass die auf elektronische Abhöraktionen spezialisierte National Security Agency (NSA) den Ermächtigungsrahmen aus FISA nochmals deutlich überschritten hat. Aus diesem Anlass ist einer der Richter des FISC unter Protest wegen Umgehung seiner Kompetenzen zurückgetreten.

Die USA auf dem Weg zum Überwachungsstaat? Beunruhigend ist weniger die Ausweitung der Überwachungsmaßnahmen an sich, als die immer wieder anzutreffende Tendenz, die Kriterien für derartige Maßnahmen weich bzw. willkürlich zu fassen, die Möglichkeiten einer unabhängigen Überprüfung einzuengen und die Schutzrechte für Verdächtige systematisch einzuengen. Im Meinungsklima in den USA dürfte jedoch derzeit noch die Tendenz, derartige Maßnahmen zu stützen, überwiegen – auch wenn eine zunehmende Zahl von Bürgern und vor allem ausländischen Gästen zunehmend von diesen Maßnahmen beschwert werden.

Trotzdem zeigt ein Vergleich zwischen den Maßnahmen, die in den USA und im Vereinten Königreich ergriffen worden sind, dass beide Länder überwiegend im gleichen Tempo in die gleiche Richtung gehen. Es erstaunt, dass bei der vernehmlichen Kritik gerade in Deutschland an den USA die ähnlich problematischen Ansätze der britischen Regierung weitgehend ausgeblendet werden.

Deutschland

Wie soll der deutsche Staat das richtige Gleichgewicht zwischen Rechtsgüterschutz und effektiver, präventiver Intervention bestimmen?

Die Bundesregierung hat nach dem 11. September 2001 ebenfalls Anlass gesehen, die Gesetzeslage im Blick auf präventive Terrorabwehr zu ändern:

- Befugnisse der Nachrichtendienste und des Bundeskriminalamtes wurden erweitert, ihre Budgets erhöht;
- Polizeigesetze wurden geändert;
- Zuwanderungs- und Aufenthaltsrecht wurden angepasst;
- das Pass- und Ausweisrecht wurde überholt;
- mit dem (inzwischen vom Bundesverfassungsgericht als grundgesetzwidrig eingestuften) Luftsicherheitsgesetz sollte eine Lücke in der Abwehr neuartiger Gefahren geschlossen werden.

Die Bundesregierung hat bei diesen Änderungen den Schwerpunkt gelegt auf

- rechtzeitige Aufklärung über drohende Gefahren,
- Verlagerung der Informationserhebungs- und -verarbeitungskompetenz ins Vorfeld von Gefahren bzw. Straftaten,
- Zentralisierung bei Sicherheitsbehörden,

- Einrichtung neuer Schnittstellen und Kooperationsgremien zwischen an sich selbständigen Sicherheitsbehörden.

Obwohl die Mehrheit dieser Gesetze unbefristet verabschiedet wurde, wirft eine „Gesetzgebung auf Probe“ besondere Probleme auf: Über eine Verlängerung derartig vorläufiger Normen kann nur sinnvoll entschieden werden, wenn systematisch, umfassend und unabhängig empirisch erarbeitet worden ist, ob die Normen geeignet, erforderlich und verhältnismäßig sind.

Hierzu ist insbesondere erforderlich:
- eine unabhängige Begleitforschung,
- eine hinreichende zeitliche und empirische Faktenbasis,
- verlässliche Kausalitätsmodelle,
- belastbare Theoreme über Eignung, Erforderlichkeit und Verhältnismäßigkeit.

Ein Erfahrungsbericht, den eine Behörde über ihr eigenes Tun erstellt, kann diesen Kriterien nur unzureichend gerecht werden. Wer eine Norm verfasst hat, wird sich schwer tun, sie später als ungeeignet, überflüssig oder unverhältnismäßig zu kritisieren. Dies gilt auch für den Bericht des Bundesministeriums des Innern (BMI) vom 11. Mai 2005. Er ist zu früh – nach nur etwa der Hälfte der Laufzeit der fraglichen Regelungen – vorgelegt worden; die fraglichen Gesetze stehen erst 2007 zur Verlängerung an; damit ist auch der empirisch erfassbare Zeitraum zu kurz.

Der Erfahrungsbericht, so nützlich er vor allem auch im Hinblick auf Transparenz im Regierungshandeln sein mag, vermag deshalb den Kriterien einer wissenschaftlich fundierten Evaluation nicht zu genügen.

Eine formelle Einschränkung einer richterlichen Überprüfung exekutiven Handelns ist nicht feststellbar; faktisch ergeben sich jedoch erhebliche Rückwirkungen.

In vielen Fällen werden Eingriffe unter dem G-10-Verfahren erst sehr spät oder gar nicht den Betroffenen mitgeteilt.

Wie die Hamburger Verfahren deutlich gemacht haben, treten immer dann grundsätzliche Probleme auf, wenn in einem Strafprozess nachrichtendienstliche Erkenntnisse eingeführt werden sollen. Der Quellenschutz verbietet in diesen Fällen eine an sich erforderliche Würdigung der Beweislage durch das Gericht. BVerfG und BGH haben hier versucht, pragmatische verfahrenstechnische Brücken zu schlagen („besonders vorsichtige Beweiswürdigung“).

Hauptproblem bei der präventiven Gefahrenabwehr ist immer die Bestimmung der Dringlichkeit eines präventiven exekutiven Eingreifens. Wie sind Gefahrenhinweise zu werten? Wie begründet muss der Verdachtsgrad sein bzw. wie konkret die Hinweise auf geplantes Handeln? Jede Prognose unterliegt dem Irrtum; wie kann hier rechtzeitig korrigiert werden?

Der Autor kommt zum Ergebnis, dass rechtsweg- oder rechtsschutzfreie Räume durch die neue Anti-Terror-Gesetzgebung in Deutschland nicht geschaffen worden sind. Sie hat jedoch in der Güterabwägung, in dem Erfordernis hinreichend konkreter und nachprüfbarer Regelungen und angemessener Kontrollmechanismen und Maßstäbe neue Konfliktfelder eröffnet. Rechtsprechung und Gesetzgeber bleiben gefordert, auf diese neuen Fragen begründete und systematisch tragfähige Antworten zu finden.

Jedenfalls wird deutlich, dass Gesetzgebung und Rechtsprechungspraxis in Deutschland wesentlich vorsichtiger und zurückhaltender auf die neuen Herausforderungen des internationalen Terrorismus reagiert haben als die Partnerländer in der angelsächsischen Rechtstradition.

Rainer Grote

Präventionsstaat zwischen Rechtsgüterschutz und Abbau von Freiheitsrechten im Vereinigten Königreich

I. Einleitung

Die rechtlichen Grundlagen der Terrorismusbekämpfung im Vereinigten Königreich sind in den letzten fünf Jahren umfassend neu geregelt worden. Ausgangspunkt war die Verabschiedung des *Terrorism Act 2000.* Mit ihm trat an die Stelle der auf die Bekämpfung terroristischer Aktivitäten im Zusammenhang mit dem Nordirland-Konflikt gerichteten gesetzlichen Notstandsregelungen eine allgemeine Regelung der rechtlichen Grundlagen der den Behörden eingeräumten präventiven und repressiven Befugnisse bei der Terrorismusbekämpfung im Vereinigten Königreich zur Abwehr der verschiedenen „Spielarten" des Terrorismus – d.h. des irischen ebenso wie des (sonstigen) nationalen und internationalen Terrorismus.[1] Während die in den siebziger Jahren zur Eindämmung des irischen Terrorismus geschaffenen Spezialregelungen – Northern Ireland (Emergency Provisions) Act 1973, Prevention of Terrorism (Temporary Provisions) Act 1974 – grundsätzlich befristet waren und daher in regelmäßigen Abständen einer – ebenso regelmäßig erteilten – parlamentarischen Bestätigung bedurften, gelten die im *Terrorism Act 2000* enthaltenen Regelungen zeitlich unbefristet, mit Ausnahme der in Kapitel 7 geregelten, nur in Nordirland anwendbaren Sonderbefugnisse, die fünf Jahre nach Inkrafttreten des Gesetzes erlöschen, sofern sie nicht vorher vom Parlament verlängert werden.[2]

Das Gesetz enthält eine weite Definition des Begriffs Terrorismus, der den Anwendungsbereich nicht nur der in dem Gesetz selbst normierten, sondern auch der nach dem 11. September geschaffenen zusätzlichen Befugnisse zur Terrorismusabwehr bestimmt. Unter „Terrorismus" ist danach die Durchführung oder Androhung einer Maßnahme zu verstehen, die zum Zwecke der Förderung eines bestimmten politischen, religiösen oder ideologischen Ziels die Regierung beeinflussen oder die Öffentlichkeit bzw. einen Teil derselben einschüchtern soll, sofern die Maßnahme eines oder mehrere der folgenden Elemente beinhaltet: die Anwendung von erheblicher Gewalt gegenüber einer Person; die erhebliche Schädigung fremden Eigentums; die Gefährdung des Lebens einer anderen Person; die Schaffung eines erheblichen Risikos für die Gesundheit oder die Sicherheit der

1 Vgl. Section 1(4) Terrorism Act 2000.

2 Fenwick (2000), S. 75; Grote (2004), S. 591, 626f.

Öffentlichkeit oder eines Teil derselben; oder die beabsichtigte ernstliche Störung oder Unterbrechung eines elektronischen Systems. Als Terrorismus wird darüber hinaus jede Aktivität angesehen, welche die Ziele einer von der Regierung als terroristisch eingestuften und verbotenen Organisation fördert.[3]

Der *Anti-Terrorism, Crime and Security Act 2001*, den die Regierung in großer Eile nach dem Anschlag auf das World Trade Center durch die parlamentarischen Instanzen brachte,[4] räumt der Regierung und den Sicherheitsbehörden eine Fülle zusätzlicher präventiver und repressiver Befugnisse ein. Wie bereits der Titel des Gesetzes andeutet, handelt es sich dabei nur zum Teil um Befugnisse, die speziell der Abwehr terroristischer Bestrebungen dienen, zum Teil regelt das Gesetz auch Maßnahmen der Verbrechensbekämpfung ohne spezifischen Terrorismusbezug, für deren gesetzgeberische Umsetzung die Zeit nach den terroristischen Anschlägen vom 11. September politisch günstig erschien. Die bekannteste der terrorismusspezifischen Maßnahmen war die in Kapitel 4 des Gesetzes enthaltene Ermächtigung des Innenministers, Ausländer, die der Verstrickung in den internationalen Terrorismus verdächtig waren, auf unbestimmte Zeit zu inhaftieren. Die Einführung dieser neuen Befugnis machte zugleich eine Suspendierung von Art. 5 der Europäischen Menschenrechtskonvention (EMRK) – und des inhaltlich entsprechenden Artikel 9 des Internationalen Paktes über bürgerliche und politische Rechte – erforderlich, die Großbritannien als einziger Mitgliedsstaat des Europarates im Gefolge der Anschläge des 11. September vornahm.[5] Mit Urteil des House of Lords vom 16. Dezember 2004 wurden die einschlägigen Befugnisse des Innenministers indessen für unvereinbar mit der durch den Human Rights Act 1998 in britisches Recht inkorporierten EMRK erklärt. Zwar bezweifelten die Lordrichter nicht das Vorliegen eines öffentlichen Notstandes im Sinne des Art. 15 EMRK; unter Hinweis auf das Fehlen vergleichbarer Eingriffsbefugnisse gegenüber Terrorismusverdächtigen britischer Staatsangehörigkeit kamen sie jedoch zu dem Ergebnis, dass es sich bei der Schaffung eines speziellen Inhaftierungsgrundes für ausländische Terrorismusverdächtige um eine unverhältnismäßige und mit den Anforderungen des Diskriminierungsverbots in Art. 14 EMRK unvereinbare Abweichung von Art. 5 gehandelt habe.[6]

Obwohl das House of Lords nicht die Nichtigkeit der einschlägigen Regelungen des *Anti-Terrorism, Crime and Security Act 2001* anordnen, sondern nur ihre Unvereinbarkeit mit den Bestimmungen des Human Rights Act 1998 feststellen konnte,[7] sah sich die Regierung gezwungen, auf die viel beachtete Entscheidung der Lordrichter zügig zu reagieren.

3 Section 1 Terrorism Act 2000.

4 Kritisch zum Ablauf des Gesetzgebungsverfahrens Tomkins (2002), S. 205f.; Fenwick (2002), S. 724f.

5 Human Rights Act (Designated Derogation) Order 2001/3644.

6 *X (FC) and another (FC) v. Secretary of State for the Home Department* [2004], UKHL 56.

7 Auf der Grundlage von Section 4 Human Rights Act 1998, der den Obergerichten nur die Befugnis zur Feststellung der Unvereinbarkeit einer parlamentsgesetzlichen Regelung mit den in britisches Recht inkorporierten EMRK-Garantien, nicht aber die Kompetenz zur Nichtigerklärung der EMRK-widrigen Norm einräumt. Dadurch soll der für das britische Verfassungsrecht zentrale Grundsatz der Parlamentssouveränität gewahrt werden, der eine Infragestellung der vom souveränen Parlament beschlossenen gesetzlichen Bestimmungen durch parlamentsexterne Institutionen und Personen ausschließt.

Noch vor der Unterhauswahl im Frühjahr wurde deshalb nach heftigen Debatten im Unterhaus und im House of Lords der *Prevention of Terrorism Act 2005* verabschiedet, der die Befugnis zur zeitlich unbefristeten Inhaftierung ausländischer Terrorismusverdächtiger ersetzt durch die sowohl gegenüber ausländischen als auch gegenüber britischen Staatsangehörigen anwendbare Befugnis, sog. Kontrollanordnungen (*control orders*) zu erlassen, mit denen die Bewegungs- und Handlungsfreiheit terrorismusverdächtiger Personen in unterschiedlichem Ausmaß eingeschränkt werden kann.[8]

Schließlich hat die britische Regierung im November 2005 einen (neuen) *Terrorism Bill* im Parlament eingebracht, mit der vor allem die präventive Bekämpfung terroristischer Aktivitäten verbessert werden soll, unter anderem durch die konsequentere Verfolgung von Personen, die den rassischen oder religiösen Hass zwischen den Bevölkerungsgruppen anstacheln oder Gewalt als Mittel zur Durchsetzung der eigenen ideologischen oder religiösen Überzeugungen rechtfertigen oder verherrlichen.[9] Unmittelbar nach den Anschlägen vom 7. Juli hatte die britische Regierung bereits einen Gesetzentwurf im Parlament eingebracht, mit dem der Aufruf zu religiös motiviertem Hass ähnlich wie der bereits seit längerem strafbare Aufruf zum Rassenhass unter Strafe gestellt werden soll.[10] Die Regierung griff damit ein Vorhaben wieder auf, dass sie bereits nach dem 11. September 2001 verfolgt hatte, angesichts des Widerstandes im Parlament und von den muslimischen Organisationen jedoch bei der Verabschiedung des *Anti-Terrorism, Crime and Security Act 2001* nicht hatte durchsetzen können.[11]

II. Überblick über die nach dem 11. September 2001 ergriffenen gesetzlichen Präventionsmaßnahmen

Bereits der *Terrorism Act 2000* sah eine Reihe von präventiven Maßnahmen zur Bekämpfung terroristischer Aktivitäten vor. Dazu zählten das Verbot der von der Regierung als terroristisch eingestuften Organisationen sowie das hieran anknüpfende Verbot der Förderung von und der Mitgliedschaft in Organisationen, die in dem vom Gesetz vorgeschriebenen Verfahren vom Innenminister als terroristische Vereinigungen eingestuft worden waren;[12] die Beschlagnahme von Geld und anderen Zahlungsmitteln, die für terroristische Zwecke eingesetzt werden sollen;[13] sowie die erleichterte Festnahme von Personen, die der

8 Section 1 Prevention of Terrorism Act 2005 u. unten 4.

9 Terrorism Bill 2005, dokumentiert unter http://www.publications.parliament.uk/pa/ld200506/ldbills/038/2006038.htm (19.11.2005).

10 Racial and Religious Hatred Bill, http://www.parliament.the-stationery-office.co.uk/pa/pabills.htm (19.11.2005).

11 Grote, (2004), S. 613; Tomkins, (2002), S. 207.

12 Section 3, Sections 11–13 Terrorism Act 2000 i.V.m. Schedule 2.

13 Sections 24ff. Terrorism Act 2000.

Beteiligung an der Vorbereitung eines terroristischen Aktes oder der Anstiftung zu einem solchen Akt ausreichend verdächtig sind.[14]

Der *Anti-Terrorism, Crime and Security Act 2001* hat den Anwendungsbereich der im *Terrorism Act 2000* enthaltenen präventiven Maßnahmen zum Teil erweitert, zum Teil aber auch neue Befugnisse eingeführt.[15] So sind die Befugnisse der Polizei zur Beschlagnahme von Geld und sonstigen Zahlungsmitteln, bei denen der Verdacht besteht, daß sie zur Finanzierung terroristischer Operationen eingesetzt werden, erweitert worden. War bereits im *Terrorism Act 2000* eine strafbewehrte Pflicht der Angehörigen von Kredit- und Finanzinstituten enthalten, die Polizei ohne schuldhaftes Zögern zu informieren, wenn sie im Rahmen ihrer Berufsausübung Informationen erhielten, die vermuten ließen, dass sich ein Kunde oder Geschäftspartner an der Finanzierung terroristischer Unternehmungen beteiligt, so trifft nach den einschlägigen Bestimmungen des *Anti-Terrorism, Crime and Security Act 2001* alle Bürger die gesetzliche Pflicht, Informationen an die Polizei weiterzugeben, die zur Verhinderung oder zur Aufklärung terroristischer Akte beitragen könnten, unabhängig davon, ob sie die einschlägigen Hinweise im Zuge ihrer Berufsausübung oder im Rahmen ihres Privatlebens erhalten haben.[16]

Zu den durch die Gesetzgebung von 2001 neu eingeführten Präventivmaßnahmen zählen insbesondere:

- Kontenüberwachungsanordnungen (*account monitoring orders*), durch die Finanz- und Kreditinstitute verpflichtet werden können, die Polizei während eines Zeitraums bis zu drei Monaten über alle Bewegungen zu informieren, die auf dem Konto oder den Konten der in der Anordnung näher bezeichneten Person bei dem betreffenden Kreditinstitut stattfinden;[17]
- detaillierte Auskunftspflichten der Betreiber von Laboratorien und anderer Einrichtungen, die über Bestände an giftigen Substanzen oder krankheitserregenden Mikroorganismen verfügen, die zur Begehung terroristischer Anschläge verwendet werden könnten; d.h. die Betreiber müssen die Polizei nicht nur umfassend über alle zugangsberechtigten Personen informieren und die von der Polizei vorgeschlagenen Sicherheitsvorkehrungen umsetzen, sie sind auch gehalten, den vom Innenminister vom Zugang ausdrücklich ausgeschlossenen Personen den Zutritt zu ihren Einrichtungen zu verweigern;[18]
- Maßnahmen zur Erhöhung der Sicherheit von Nuklearanlagen, einschließlich des Erlasses von Richtlinien durch den zuständigen Minister, mit denen die Weitergabe sicherheitsrelevanter Informationen über Urananreicherungstechnologie untersagt wird;

14 Section 41 Terrorism Act 2000.

15 Im einzelnen s. Grote (2004), S. 598ff.

16 Section 38B Anti-Terrorism, Crime and Security Act 2001.

17 Anti-Terrorism, Crime and Security Act 2001, Schedule 2.

18 Sections 59 ff. Anti-Terrorism, Crime and Security Act 2001.

- entsprechende Maßnahmen zur Erhöhung der Sicherheit auf Flughäfen, einschließlich der Befugnis, Flugzeuge bei einem drohenden oder befürchteten terroristischen Angriff am Boden festzuhalten.[19]

Die wohl einschneidendste Präventivmaßnahme war die in Kapitel 4 des *Anti-Terrorism, Crime and Security Act 2001* geregelte Befugnis zur zeitlich unbefristeten Inhaftierung von Ausländern, die der Verwicklung in den internationalen Terrorismus verdächtig waren, bei denen aber eine Abschiebung aus rechtlichen oder praktischen Gründen nicht in Betracht kam. Das rechtliche Abschiebungshindernis, auf das diese Regelung Bezug nahm, war das nach der gefestigten Rechtsprechung des Straßburger Gerichtshofs aus Art. 3 EMRK folgende Verbot für Konventionsstaaten, Ausländer in einen Staat abzuschieben, in denen ihnen Folter oder unmenschliche Behandlung droht.[20] Dementsprechend fand die Befugnis auf diejenigen Ausländer keine Anwendung, die bereit waren, freiwillig das Vereinigte Königreich zu verlassen. Von den ursprünglich nach Kapitel 4 inhaftierten neun Personen haben später zwei von ihrem Recht auf Ausreise (nach Marokko bzw. Frankreich) Gebrauch gemacht. Voraussetzung für die Inhaftierung nach Kapitel 4 war die Einstufung der fraglichen Person als mutmaßlicher internationaler Terrorist (*suspected international terrorist*). Die gesetzliche Regelung sah keine zeitliche Beschränkung für die Aufrechterhaltung dieser vom Innenminister vorgenommen Klassifizierung und der darauf beruhenden Inhaftierung einer Person vor.

Durch die bereits erwähnte Entscheidung vom 16. Dezember 2004[21] hat das House of Lords die zeitlich unbefristete Inhaftierung ausländischer Terrorverdächtiger ohne konkrete Aussicht auf die Einleitung eines Strafverfahrens für unvereinbar mit den Vorschriften der Art. 5 und 14 der EMRK erklärt. Die Regierung hat daraufhin die Art. 21–32 des *Anti-Terrorism, Crime and Security Act 2001* noch vor der Unterhauswahl durch den *Prevention of Terrorism Act 2005* ersetzt. Dieses Gesetz ermöglicht es nunmehr, gegenüber Terrorverdächtigen sog. Kontrollanordnungen *(control orders)* zu erlassen, mit denen ihre Handlungs- und Bewegungsfreiheit weitgehend eingeschränkt wird, so dass sie keinen konspirativen Tätigkeiten mehr nachgehen können. Zu den Restriktionen, deren Beachtung dem Verdächtigen durch Kontrollanordnung aufgegeben werden kann, gehören das Verbot oder die Einschränkung der Benutzung bestimmter Kommunikationsmittel (z. B. Mobiltelefon), Einschränkungen des Umgangs mit anderen Personen, Restriktionen bei der Berufsausübung, die Abgabe des Reisepasses, die Pflicht, sich in bestimmten Abständen bei der Überwachungsbehörde zu melden, die Pflicht, den von den Sicherheitsbehörden zur Überwachung des Aufenthalts erteilten Auflagen (etwa durch Tragen entsprechender elektronischer Überwachungsgeräte) Folge zu leisten sowie die Pflicht, Dritten zur Überwachung des Aufenthalts oder zu Durchsuchungszwecken Zugang zu den eigenen Räumen zu ge-

19 Section 86 Anti-Terrorism, Crime and Security Act 2001.

20 EGMR, Urt. v. 20.3.1991, *Soering*, Serie A 161 = *Europäische Grundrechte Zeitschrift* (1989), S. 314; Urt. v. 15.11.1996, *Chahal*, *Neue Zeitschrift für Verwaltungsrecht* (1997), S. 1093.

21 Oben Fn. 6.

währen.[22] Wie bereits erwähnt, können Kontrollanordnungen auch gegenüber britischen Staatsangehörigen erlassen werden. Ein weiterer Unterschied zu Maßnahmen nach Kapitel 4 des *Anti-Terrorism, Crime and Secuity Act 2001* besteht darin, dass nur solche Kontrollanordnungen vom Innenminister erlassen werden dürfen, die nicht unzulässig in Art. 5 EMRK eingreifen und daher keine Suspendierung nach Art. 15 EMRK voraussetzen. In allen anderen Fällen, d. h. im Falle des Erlasses einer sog. suspendierenden Kontrollanordnung, kann der Innenminister nicht selbst tätig werden, sondern muss ein Gericht einschalten (s. u.). Nicht-suspendierende Kontrollanordnungen werden vom Minister für 12 Monate erlassen und können mehrmals um dieselbe Frist verlängert werden. Suspendierende Kontrollanordnungen werden dagegen für einen Zeitraum von sechs Monaten erlassen; auch sie können jeweils um dieselbe Frist verlängert werden.[23]

Schließlich hat die Regierung nach den Londoner U-Bahn-Anschlägen eine Reihe neuer Maßnahmen eingeleitet, die eine effektivere Bekämpfung des Terrorismus gewährleisten sollen. Durch die gesetzlichen Regelungen werden zum einen die bereits bestehenden Befugnisse der Sicherheitsbehörden, Terrorismusverdächtige festzunehmen und festzuhalten, Wohnungen zu durchsuchen und terroristisches Material zu beschlagnahmen, ausgeweitet. Zum anderen wird eine Reihe neuer Straftatbestände geschaffen, mit denen die Verbreitung terroristischer Propaganda und die Verherrlichung terroristischer Gewalt unter Strafe gestellt werden. Nach dem *Racial and Religious Hatred Bill* ist nunmehr auch die Aufstachelung zum Hass gegen eine Gruppe aus religiösen Gründen, d. h. aus Gründen, die auf die religiöse Überzeugung der fraglichen Gruppe oder das Fehlen einer solchen bezogen sind, strafbar.[24] Strafbar sind ferner alle Akte, die als direkte oder indirekte Aufforderung zur Begehung, Vorbereitung oder Verabredung terroristischer Anschläge verstanden werden können.[25] Darunter fällt unter anderem auch die Verherrlichung terroristischer Gewalttaten, wenn sie von dem Publikum als Aufforderung zur Nachahmung solcher Taten verstanden werden kann.[26] Die Verbreitung einschlägiger Meinungsinhalte und Publikationen, einschließlich der Verbreitung über elektronische Medien, ist ein selbständiger Straftatbestand. Die Polizei ist befugt, von Internetanbietern die Entfernung einschlägigen Materials aus den von ihnen angebotenen Diensten zu verlangen; bei Zuwiderhandlung macht sich der Anbieter strafbar.[27] Die Tatbestände, welche die Einstufung einer Organisation als terroristisch nach Maßgabe des *Terrorism Act 2000* rechtfertigen, sind dementsprechend ausgeweitet worden und erfassen nunmehr auch die rechtswidrige Verherrlichung terroristischer Maßnahmen.[28] Im Parlament gescheitert ist die Regierung hingegen mit ihrem Vorhaben, den Zeitraum, den ein Terrorismusverdächtiger ohne Anklageerhebung festgehalten werden darf, von 14 auf 90 Tage auszudehnen, um der Polizei mehr Zeit für den

22 Vgl. im einzelnen Section 1 Prevention of Terrorism Act 2005.
23 Section 4(8), (9) Prevention of Terrorism Act 2005.
24 Vgl. die Anlage zum Racial and Religious Hatred Bill, oben Fn. 10.
25 Section 1(1) Terrorism Bill 2005 (Fn. 9).
26 Section 1(4) Terrorism Bill 2005 (Fn. 9).
27 Section 3 Terrorism Bill 2005 (Fn. 9).
28 Section 21 Terrorism Bill 2005 (Fn. 9).

Abschluss der in diesen Fällen meist äußerst komplexen Ermittlungen einzuräumen.[29] Die parlamentarische Mehrheit war nur bereit, einer Verdoppelung dieser Frist auf 28 Tage zuzustimmen.[30]

Nach den Anschlägen vom Juli 2005 hatte die britische Regierung ferner angekündigt, erleichterte Voraussetzungen für die Ausbürgerung naturalisierter Einwanderer zu schaffen, die in die Vorbereitung oder Begehung terroristischer Straftaten verstrickt sind.[31] Der im November 2005 im Parlament eingebrachte *Immigration, Asylum and Nationality Bill* erweitert zu diesem Zweck das dem Innenminister zustehende Ermessen, einer Person die britische Staatsangehörigkeit zu entziehen. War für den Entzug der Staatsangehörigkeit bisher Voraussetzung, dass die betreffende Person vitalen Interessen des Vereinigten Königreichs erheblichen Schaden zugefügt hat („has done something seriously prejudicial to the vital interests of the United Kingdom"), so soll es nunmehr ausreichen, dass der Entzug nach Auffassung des Innenministers förderlich für das allgemeine Wohl („conducive to the public good") ist. Allerdings bleibt die bisherige Einschränkung, dass der Entzug der britischen Staatsangehörigkeit nicht zur Staatenlosigkeit der betreffenden Person führen darf, bestehen.[32] Gleichzeitig intensiviert die Regierung ihre Bemühungen, ausländischen Hass- und Gewaltpredigern den Aufenthalt auf britischem Territorium zu erschweren. Zu diesem Zweck versucht sie, das sich aus Art. 3 EMRK ergebende Abschiebungsverbot in Staaten, in denen dem abzuschiebenden Ausländer die Folter droht, durch Einholung von Zusagen des Heimatstaats, dass der Rückkehrer keine Folter oder unmenschliche Behandlung zu erwarten habe, aus dem Weg zu räumen. Die zügige Abschiebung des fraglichen Personenkreises soll ferner durch die Verkürzung des gerichtlichen Rechtsschutzes in Abschiebungssachen erleichtert werden. So soll die Einlegung von Rechtsbehelfen gegen entsprechende Abschiebungsentscheidungen in Zukunft nach spanischem und französischem Vorbild keine aufschiebende Wirkung mehr haben.

III. Befristeter bzw. unbefristeter Charakter der einschlägigen Gesetzgebung

Wie eingangs erwähnt, waren die gesetzlichen Regelungen, die der Regierung besondere Befugnisse zur Terrorismusbekämpfung einräumten, in der Vergangenheit regelmäßig befristet. Mit dem *Terrorism Act 2000* wurde indessen der Übergang zu einer neuen Regelungstechnik vollzogen. Die in diesem Gesetz normierten Befugnisse gelten – mit Ausnahme der Spezialbefugnisse für Nordirland – zeitlich unbefristet. Dasselbe gilt grundsätzlich für die im *Anti-Terrorism, Crime and Security Act 2001* geregelten Befugnisse, die lediglich

29 After The Defeat, in: *The Economist* vom 12. November 2005, S. 43.

30 Section 23(6) Terrorism Bill 2005 (Fn. 9).

31 Pressekonferenz von Premierminister Blair vom 5. August 2005, http://www.number10.gov.uk/output/Page8041.asp (19.11.2005).

32 Immigration, Asylum and Nationality Bill 2005, Explanatory Notes, http://www.publications.parliament.uk/pa/ld200506/ldbills/043/en/06043x-b.htm (19.11.2005).

insoweit, als sie in einem besonderen Überprüfungsverfahren zwei Jahre nach Inkrafttreten des Gesetzes von einem Expertenausschuss ausdrücklich als problematisch eingestuft werden, einer parlamentarischen Bestätigung bedürfen.[33]

Befristet waren hingegen die Bestimmungen über die Inhaftierung ausländischer Terrorismusverdächtiger durch den Innenminister, deren Fortgeltung über einen Zeitraum von 15 Monaten nach Inkrafttreten hinaus einer besonderen, der Zustimmung des Parlaments unterliegenden Verordnung bedurfte, die im Einjahresabstand zu erneuern war; spätestens zum 10. November 2006 wären die Befugnisse endgültig erloschen. Durch das Inkrafttreten des *Prevention of Terrorism Act 2005* sind diese Regelungen allerdings obsolet geworden. Die Bestimmungen, welche die Zulässigkeit und die Voraussetzungen sog. Kontrollanordnungen regeln, treten nach zwölf Monaten außer Kraft, sofern nicht durch Verordnung, deren Entwurf von beiden Häusern des Parlaments gebilligt werden muss, ihre Fortgeltung für maximal ein Jahr angeordnet wird. Die Verlängerung kann beliebig oft erneuert werden. Die Anwendungspraxis des Gesetzes wird ferner in jährlichem Abstand von einem hierzu vom Minister berufenen Sachverständigen überprüft.[34]

IV. Auswirkungen auf den gerichtlichen Rechtsschutz

Der Rechtsschutz gegen die von den Sicherheitsbehörden ergriffenen Maßnahmen zur präventiven Bekämpfung terroristischer Bestrebungen ist in den einschlägigen Gesetzen jeweils speziell geregelt. Zum Teil ist der gerichtliche Rechtsschutz präventiv ausgestaltet, d.h. das Gericht muss bereits an dem Erlass der betreffenden Anordnung oder ihrer Verlängerung über den gesetzlichen Mindestzeitraum hinaus beteiligt werden. So können etwa Kontenüberwachungsanordnungen nur von einem Richter ausgesprochen werden.[35] Andere Entscheidungen, wie etwa die Aufnahme einer Organisation in die Liste terroristischer Vereinigungen in Anlage 2 zum *Terrorism Act 2000*, werden vom Innenminister bzw. von der zuständigen Behörde selbständig getroffen, unterliegen jedoch der Überprüfung durch ein unabhängiges gerichtliches oder quasi-gerichtliches Gremium. So kann etwa eine Organisation, die sich zu Unrecht als terroristische Vereinigung eingestuft sieht, beim Innenminister einen Antrag auf Streichung aus der Liste stellen. Weigert sich der Minister, die beantragte Streichung vorzunehmen, so ist die Organisation berechtigt, die ablehnende Entscheidung durch ein besonderes Gremium, die *Proscribed Organisation Appeal Commission*, überprüfen zu lassen. Die Kommission entscheidet unter Anwendung der Prinzipien, die im Verfahren der gerichtlichen Überprüfung von Verwaltungsentscheidungen (*judicial review*) zugrunde gelegt werden, wird also als quasi-justitielles Gremium tätig.[36] Die Überprüfung exekutiver Entscheidungen durch besondere, eigens zu diesem Zweck spezialgesetzlich geschaffene Gremien, deren Mitglieder nicht notwendig über die Befähigung zum

33 Grote (2004), S. 627.

34 Section 14 Prevention of Terrorism Act 2005.

35 Anti-Terrorism, Crime and Security Act 2001, Anlage 2.

36 Section 5(3) Anti-Terrorism, Crime and Security Act 2001.

Richteramt verfügen müssen, ist keine Besonderheit der Antiterrorismusgesetzgebung, sondern ein allgemeines Merkmal des britischen Verwaltungsrechtsschutzes.

Seit 2001 lässt sich indes das Bestreben erkennen, die gerichtlichen und quasi-gerichtlichen Rechtsschutzverfahren zur Überprüfung von Präventionsmaßnahmen, deren Anordnung maßgeblich auf nachrichtendienstlichen Erkenntnissen beruht, so auszugestalten, dass ein größtmöglicher Schutz der geheimdienstlichen Erkenntnisquellen gewährleistet ist. Dieser Strategie war die Regierung bereits bei der Regelung des Verfahrens zur Überprüfung von Inhaftierungen internationaler Terrorismusverdächtiger nach Kapitel 4 des *Anti-Terrorism, Crime and Security Act 2001* gefolgt. Der ausländerrechtlichen Qualifizierung dieser Maßnahme entsprechend konnten die betroffenen Personen bei der Special Immigration Appeals Commission (SIAC) die Überprüfung ihrer Einstufung als mutmaßliche internationale Terroristen durch den Innenminister beantragen. Auch ohne einen solchen Antrag war eine entsprechende Überprüfung spätestens sechs Monate nach dem Erlass der ursprünglichen Entscheidung des Ministers vorgeschrieben, wobei die Überprüfung alle drei Monate erneut durchgeführt werden musste.[37]

Die einschlägigen Verfahrensregeln sahen indes vor, dass Verhandlungen vor der Kommission auch in Abwesenheit des Antragstellers und seines Verteidigers durchgeführt werden durften. Die Regeln unterschieden zu diesem Zweck zwischen offenen und geschlossenen Sitzungen; während an den offenen Sitzungen auch der Antragsteller und sein Vertreter teilnehmen durften, war die Teilnahme an den geschlossenen Sitzungen nur den von der Regierung eigens zu diesem Zweck ernannten Anwälten gestattet, die sich einer Sicherheitsüberprüfung unterzogen hatten. Diese Beschränkung wurde explizit zu dem Zweck eingeführt, die Vertraulichkeit der in der geschlossenen Sitzung vorgelegten, maßgeblich auf die Tätigkeit der Nachrichtendienste zurückgehenden Informationen und Beweismittel zu schützen.[38]

Dieser Regelungsansatz wird auch unter der Geltung des *Prevention of Terrorism Act 2005* fortgeführt. Die einschlägigen Bestimmungen sehen vor, dass der Lordkanzler für die Durchführung der „control order proceedings“ besondere Verfahrensregeln erlassen kann. Unter den Begriff der „control order proceedings“ fallen dabei sowohl Verfahren, in denen das zuständige Gericht auf die Überprüfung einer zuvor vom Innenminister erlassenen Kontrollanordnung beschränkt ist, als auch solche, bei denen das Gericht bereits an dem Erlass der Maßnahme zu beteiligen ist, weil es sich um eine sog. suspendierende, d.h. besonders tief in die durch Art. 5 EMRK geschützte Freiheit der Person eingreifende Maßnahme handelt. Die einschlägigen Normen ermächtigen den Lordkanzler, Regeln über die Beweisaufnahme und Beweiswürdigung, die Durchführung des Verfahrens ohne mündliche Verhandlung und die Vertretung der betroffenen Person in dem Verfahren zu erlassen. Ausdrücklich ermächtigt das Gesetz den Lordkanzler, Verfahrensregeln zu erlassen, welche die Durchführung von Teilen des Verfahrens einschließlich der Beweisaufnahme in Abwesenheit der betroffenen Person und ihres Vertreters erlauben und das Gericht ermächtigen, dem Betroffenen bzw. seinem Vertreter die Gründe für die Entscheidung nur in

37 Grote (2004), S. 621.
38 Zu den Einzelheiten s. Fenwick (2002), S. 740f.

Auszügen, d. h. nicht vollständig mitzuteilen. Detailliert sind darüber hinaus die Voraussetzungen geregelt, unter denen das Gericht dem Antrag des zuständigen Ministers auf Nichtvorlage von Beweismaterial wegen entgegenstehenden öffentlichen Interesses stattgeben darf und wie in diesen Fällen weiter zu verfahren ist (vorgesehen ist eine zusammenfassende Darstellung der einschlägigen Informationen, die Hinweise auf die einschlägigen Quellen und andere Tatsachen, deren Bekanntwerden dem öffentlichen Interesse zuwiderlaufen würde, nicht enthalten darf). Wie bereits unter der Geltung des Kap. 4 *Anti-Terrorism, Crime and Security Act 2001*, so kann auch in „control order proceedings" nach dem *Prevention of Terrorism Act 2005* der betroffenen Person ein besonderer Vertreter für die Teile des Verfahrens bestellt werden, von denen sie selbst bzw. ihr frei gewählter Vertreter ausgeschlossen sind.[39]

In ihrer Gesetzesbegründung hat die Regierung die zentrale Rolle nachrichtendienstlicher Erkenntnisse für die Beantragung und Verhängung von Kontrollanordnungen auf der Grundlage des neuen Gesetzes betont. Die detaillierten gesetzlichen Bestimmungen über den Inhalt der die einschlägigen gerichtlichen Verfahren regelnden „rules of procedure" verfolgen wie bereits die entsprechenden Bestimmungen für Verfahren vor der Special Immigration Appeals Commission nach Kap. 4 des *Anti-Terrorism, Crime and Security Act 2001* den Zweck, den Schutz der nachrichtendienstlichen Quellen so umfassend wie möglich sicherzustellen.

Die Umsetzung der von der Regierung nach den Anschlägen auf die Londoner U-Bahn angekündigten zusätzlichen Maßnahmen zur Terrorbekämpfung, die auf die Umgestaltung des Ausländer- und Einbürgerungsrechts durch die Erweiterung der bestehenden Ausweisungs- und Abschiebungsgründe abzielen, dürfte mit einer weiteren Einschränkung gerichtlicher Rechtsschutzmöglichkeiten verbunden sein. So hat die Regierung die Einfügung einer neuen Bestimmung in den *Nationality, Immigration and Asylum Act 2002* veranlasst, nach der Abschiebungsanordnungen, die aus Gründen der nationalen Sicherheit verfügt werden, grundsätzlich nur noch vom Ausland angefochten werden können. Für Klagen, die sich auf behauptete Menschenrechtsverletzungen stützen, soll zwar eine Ausnahme gelten, die aber nicht zum Zuge kommt, wenn der Innenminister schriftlich bestätigt, dass durch die Abschiebung die EMRK nicht verletzt wird.[40] Darüber hinaus soll die Entscheidung, eine erteilte Aufenthaltsgenehmigung nicht zu verlängern oder eine bestehende Aufenthaltsgenehmigung zu verkürzen, künftig nicht mehr generell, sondern nur noch von den als Flüchtlingen anerkannten Ausländern angefochten werden können. In allen anderen Fällen hängt die Anfechtung von einer vorgängigen Zulassungsentscheidung des Innenministers ab.[41] Schließlich ist auch die Neufassung der Voraussetzungen, unter denen die britische Staatsangehörigkeit entzogen werden kann, de facto mit einer Verkürzung des gerichtlichen Rechtsschutzes verbunden, da die Entscheidung nunmehr als (weite)

39 Anlage zum Prevention of Terrorism Act 2005, Section 4.

40 Section 7 Immigration, Asylum and Nationality Bill 2005 (Fn. 32).

41 Sie wird allerdings nicht individuell, sondern für bestimmte Gruppen von Personen erteilt, vgl. Section 1 Immigration, Asylum and Nationality Bill 2005 (Fn. 32).

Ermessensentscheidung des Innenministers und nicht mehr als gebundene Entscheidung ausgestaltet ist (s. oben 2.).

V. Entstehung gerichtfreier Räume?

Im Hinblick auf die Frage, ob die im Vereinigten Königreich nach dem 11. September 2001 ergriffenen Präventionsmaßnahmen zur Bekämpfung des internationalen Terrorismus zur Entstehung gerichtsfreier Räume geführt haben, dürfen die Besonderheiten des gerichtlichen Rechtsschutzes im Vereinigten Königreich nicht außer Betracht bleiben. Die Besonderheiten bestehen in

- dem Fehlen einer allgemeinen verfassungsrechtlichen Rechtsschutzgarantie, die vergleichbar dem Art. 19 Abs. 4 einen bestimmten Mindeststandard gegenüber allen Akten der öffentlichen Gewalt gewährleistet. Die sich aus den Art. 6 und 13 der mit dem Human Rights Act 1998 in britisches Recht inkorporierten EMRK ergebenden Anforderungen vermögen diese Lücke nur partiell zu füllen;
- dem „patchwork"-Charakter des britischen Verwaltungsrechtsschutzes, das den erstinstanzlichen Rechtsschutz gegenüber ordnungs- und polizeirechtlichen Maßnahmen im Bereich der Prävention regelmäßig den eigens zu diesem Zweck geschaffenen besonderen *Tribunals* und *Commissions* überträgt, die in erster Linie zur Umsetzung der spezialgesetzlich fixierten Rechtsschutzstandards bei der Überprüfung der ihnen vorgelegten Maßnahmen verpflichtet und nur im Hinblick auf die Überprüfung ihrer Entscheidungen durch die Obergerichte im Rahmen des *judicial review* zur Anwendung bestimmter übergreifender, meist sehr weit gefasster Kontrollparameter gehalten sind;[42]
- dem Erfordernis der Beteiligung einer „jury" bei der Durchführung von Strafverfahren in schwerwiegenderen Fällen. Zur Aburteilung terroristischer Straftaten, die an den Sachverstand und die Belastungsfähigkeit des Gerichts besondere Anforderungen stellen, ist dieses Verfahren zumeist weniger geeignet. Obwohl daher die Ersetzung des „jury"-Verfahrens durch ein rein berufsrichterliches Verfahren eine Abweichung von anerkannten Grundsätzen des strafrechtlichen Rechtsschutzes darstellt, kann sie doch nicht unbesehen mit einer Minderung von Intensität oder Qualität des gerichtlichen Rechtsschutzes gleichgesetzt werden.

Daraus ergibt sich, dass mit dem Übergang von den Inhaftierungsmaßnahmen mutmaßlicher internationaler Terroristen nach Kap. 4 des *Anti-Terrorism, Crime and Security Act 2001* zu dem System der Kontrollanordnungen nach dem neuen *Prevention of Terrorism Act 2005* sogar eine Stärkung des gerichtlichen Rechtsschutzes verbunden ist. Dies folgt zum einen daraus, dass der Erlass von Kontrollanordnungen in allen Fällen der unmittelbaren Kontrolle durch ein Gericht und nicht mehr bloß der Überprüfung durch ein quasi-justitielles Gremium wie der SIAC unterliegt, zum anderen daraus, dass diese Kontrolle bei

42 Zum Verwaltungsrechtsschutz in Großbritannien s. RIEDEL (1976); SCHWARZE (1996), S. 771–776.

dem Erlass der besonders tief in die Freiheitsrechte des Betroffenen eingreifenden suspendierenden Kontrollanordnungen präventiv und nicht erst *ex post factum* erfolgt.[43]

Spürbar eingeschränkt werden freilich in dem einen wie dem anderen Fall die Rechte des Betroffenen vor Gericht. Er und sein von ihm gewählter Vertreter können von Teilen des gerichtlichen Verfahrens ganz ausgeschlossen werden, er hat kein Recht auf Anwesenheit bei der Beweisaufnahme und auch die Begründung der gerichtlichen Entscheidung muss ihm bzw. seinem Vertreter nicht vollständig mitgeteilt werden. Hierin liegen weitreichende Einschränkungen der aus dem Recht auf ein faires Verfahren folgenden Beteiligungsrechte, die der Gesetzgeber zwecks eines effektiven Schutzes nachrichtendienstlicher Operationen und damit letztlich im Interesse einer wirksamen Prävention terroristischer Aktivitäten eingeführt hat. Die geschilderten Einschränkungen erreichen allerdings in ihrer Summe ein solches Ausmaß, dass sie den (wirksamen) Zugang des Betroffenen zu Gericht prinzipiell in Frage stellen.[44]

Mit der Verwirklichung des von der britischen Regierung in Reaktion auf die Anschläge vom Juli 2005 angekündigten Maßnahmepakets dürfte sich die Rechtsschutzsituation der von den staatlichen Anti-Terrormaßnahmen betroffenen Individuen weiter verschlechtern. Die Beseitigung des Suspensiveffekts von Rechtsbehelfen, die gegen Abschiebungsentscheidungen eingelegt werden, wird in vielen Fällen bedeuten, dass dem betroffenen Ausländer der Zugang zu Gericht weitgehend verwehrt ist. Auch wenn ihm theoretisch die Möglichkeit bleibt, das gerichtliche Anfechtungsverfahren vom Ausland aus weiter zu betreiben, so dürfte dies doch unter den in Staaten wie Jordanien, Libanon oder Algerien herrschenden Bedingungen regelmäßig praktisch ausgeschlossen sein.

Schlussbemerkung

Durch die nach dem 11. September 2001 ergriffenen Maßnahmen zur Terrorismusbekämpfung hat sich der Charakter der Antiterrorismusgesetzgebung im Vereinigten Königreich nachhaltig verändert. Der Schwerpunkt liegt zunehmend auf der präventiven Bekämpfung terrorismusförderlicher Verhaltensweisen, die zum Teil weit im Vorfeld der Begehung und sogar der Vorbereitung terroristischer Gewaltverbrechen ansetzen. Nicht mehr die Überführung und Aburteilung terroristischer Straftäter steht im Vordergrund, und auch nicht mehr die Vereitelung terroristischer Verbrechen in der Vorbereitungsphase, sondern die Unterbindung aller sozial fragwürdigen und unerwünschten Verhaltensweisen, die einen Nährboden für die Verbreitung terroristischen Gedankenguts bilden können. Die vom Gericht verhängten oder bestätigten „control orders", die dazu eingesetzt werden können, terrorismusverdächtigen Personen eine große Bandbreite von Aktivitäten zu untersagen, von der Benutzung des Internet oder eines Mobiltelefons bis zum Verlassen der eigenen Wohnung, stehen exemplarisch für die konsequente Stärkung der präventiven Di-

43 Sections 3, 4 Prevention of Terrorism Act 2005.

44 So bereits die Schlussfolgerung von Fenwick (2002), S. 741, zu dem Verfahren vor der Special Immigration Appeals Commission nach Kapitel 4 Anti-Terrorism, Crime and Security Act 2001.

mension der Terrorismusbekämpfung. Aber auch die Pönalisierung bestimmter Formen der Meinungsäußerung durch die Ausweitung der Straftatbestände auf die Aufstachelung zum religiösen Hass, die Aufforderung zum Terrorismus und die Verbreitung terroristischen Materials ist ein integraler Bestandteil der weit im Vorfeld der Begehung terroristischer Anschläge einsetzenden Präventionsstrategie.

Dies hat zugleich unmittelbare Auswirkungen auf die Möglichkeit der betroffenen Personen, adäquaten gerichtlichen Rechtsschutz zu erhalten. Hat das rechtsstaatliche Strafverfahren für die effektive Terrorismusbekämpfung nur noch nachrangige Bedeutung, weil es in vielen Fällen erst nach begangener Tat greifen kann und damit zu spät kommt, so können die klassischen rechtsstaatlichen Garantien eines fairen Verfahrens vor dem Strafrichter den Betroffenen auch keinen adäquaten Schutz vor grundrechtslimitierenden und -verletzenden Maßnahmen der Sicherheitsbehörden im Zuge der Terrorismusbekämpfung bieten. Vielmehr verlagert sich dieser Schutz vom strafgerichtlichen auf den verwaltungsgerichtlichen Rechtsschutz. Im Kontext der Verwaltungsrechtstradition des Vereinigten Königreichs ist dieser Paradigmenwechsel aus zwei Gründen problematisch: zum einen kennt das britische Recht keinen allgemeinen Anspruch des Bürgers auf gerichtliche Überprüfung aller belastenden Maßnahmen der öffentlichen Gewalt, zum anderen sind die allgemeinen Kontrollmaßstäbe der britischen Gerichte bei der Überprüfung von Maßnahmen der Exekutive häufig weiter als diejenigen der kontinentaleuropäischen und insbesondere der deutschen Gerichte. Es hängt daher hier im wesentlichen von der Entscheidung des einfachen Gesetzgebers ab, ob und in welchem Umfang es zu einer gerichtlichen Kontrolle von polizeilichen Maßnahmen der präventiven Terrorismusbekämpfung kommt; der Rückgriff auf die allgemeinen richterrechtlichen Prinzipien des „judicial review" vermag in Ermangelung einer eingriffsadäquaten spezialgesetzlichen Rechtsschutzregelung zumeist keinen ausreichenden Schutzstandard zu gewährleisten.

Mit der Verlagerung der Terrorismusbekämpfung in den präventiven Bereich und den Bereich der Gefahrenvorsorge wächst gleichzeitig die Abhängigkeit der Sicherheitsbehörden von den Erkenntnissen der Nachrichtendienste, die in vielen Fällen die wichtigste, wenn nicht die einzige Quelle darstellen, die der Polizei ein frühzeitiges Einschreiten ermöglicht. Regierung und Nachrichtendienste sind aber kaum jemals bereits, ihre Erkenntnisquellen preiszugeben und dadurch deren Nutzung für die Zukunft zu gefährden. Werden die Erkenntnisse der Nachrichtendienste zur Begründung präventiv-polizeilicher Maßnahmen herangezogen, so kann hierdurch der Rechtsschutz gegenüber grundrechtseinschränkenden Maßnahmen, der im präventiven Bereich ohnedies weniger stark ausgebaut ist als im eigentlichen Strafverfahrensrecht, weiter ausgehöhlt werden. In der Tat hat die britische Regierung sowohl im *Anti-terrorism, Crime and Security Act 2001* als auch im *Prevention of Terrorism Act 2005* wesentliche Verfahrensrechte des Betroffenen, wie sein Recht auf Anwesenheit bzw. auf Anwesenheit eines Rechtsbeistands seines Vertrauens bei der Erörterung der zur Begründung der gegen ihn verhängten freiheitsbeschränkenden Maßnahmen herangezogenen nachrichtendienstlichen Erkenntnisse, stark eingeschränkt. Das hieraus resultierende Spannungsverhältnis zwischen dem individuellen Interesse des Betroffenen an wirksamem gerichtlichen Rechtsschutz und dem öffentlichen Interesse an einem wirksamen Schutz der für die Terrorismusbekämpfung unentbehrlichen nachrichtendienstlichen Erkenntnisquellen ist im Vereinigten Königreich bisher jedoch kaum thematisiert worden. Die geringe Beachtung, die in dem vom House of Lords entschiedenen Fall der Inhaftierung ausländischer Terrorismusverdächtiger nach Kapitel 4 des *Anti-terrorism, Crime and Security Act 2001* den von den Klägern zu einer möglichen Verletzung des Art. 6 EMRK durch die Beschneidung ihrer Verteidigungsrechte in dem Verfahren vor der *Special Immigration Appeals Commission* vorgetragenen Argumenten geschenkt wurde, ist bezeichnend für das Widerstreben der Gerichte, sich auf eine vertiefte Auseinandersetzung mit dieser Problematik einzulassen. Bereits in der gewöhnlichen Strafverfolgungspraxis ist die Bereitschaft der Richter, die Stichhaltigkeit der von der Polizei und ihren Informanten vorgelegten Erkenntnisse zur Begründung freiheitseinschränkender Maßnahmen in Zweifel zu ziehen, eher gering ausgeprägt. So wird dem Antrag der Polizei, die weitere Inhaftierung einer verdächtigen Person ohne Anklageerhebung zur Durchführung zusätzlicher Ermittlungen anzuordnen, in der Strafverfolgungspraxis offenbar routinemäßig stattgegeben.[45] In Situationen, in denen es um die Verhütung schwerster terroristischer Verbrechen geht, wird man die Bereitschaft, die von den staatlichen Sicherheitsbehörden vorgelegten nachrichtendienstlichen Erkenntnisse ernstlich in Frage zu stellen, von den Gerichten noch viel weniger erwarten können. Vor diesem Hintergrund wiegt daher der Abbau von Beteiligungs- und Verteidigungsrechten des Betroffenen im gerichtlichen Überprüfungsverfahren doppelt schwer. Er lässt die Waage eindeutig zugunsten der staatlichen Sicherheitsinteressen ausschlagen. Einen Ausweg aus diesem Dilemma zu finden, ist jedenfalls der britischen Polizei- und Gerichtspraxis bisher nicht gelungen.

Literatur

Fenwick, Helen (2000), New Labour, Freedom and the Human Rights Act. London.

Fenwick, Helen (2002), The Anti-Terrorism, Crime and Security Act 2001: A Proportionate Response to 11 September? In: Modern Law Review 65, S. 724ff.

Grote, Rainer (2004), Country Report on the United Kingdom. In: Walter, Christian/Vöneky, Silja/Röben, Volker/Schorkopf, Frank (Hrsg.), Terrorism as a Challenge for National and International Law: Security vs. Liberty? Berlin, S. 591ff.

Riedel, Eibe (1976), Kontrolle der Verwaltung im englischen Rechtssystem. Berlin.

Schwarze, Jürgen (1996), Die gerichtliche Kontrolle der Verwaltung in England. In: Die Öffentliche Verwaltung 49, S. 771ff.

Tomkins, Adam (2002), Legislating Against Terror: The Anti-Terrorism, Crime and Security Act 2001. In: Public Law, S. 205ff.

45 Vgl. die Angaben in Repeat Offending, in: *The Economist* vom 12. November 2005, 44 (45), wonach die Richter in nur 2 % aller Fälle die beantragte Verlängerung der Haft wegen Unzulänglichkeit des vorgelegten Beweismaterials ablehnen.

Clemens Arzt

Präventionsstaat zwischen Rechtsgüterschutz und Abbau von Freiheitsrechten in den USA*

I. Das Kriegsparadigma: Vom *War on Drugs* zum *War on Terrorism*

Die USA betrachten sich seit den Anschlägen vom 11. September 2001 als ein im Kriegszustand befindliches Land.[1] Ob und wann dieser *war on terrorism* je ein Ende finden wird, ist auch nach mehr als vier Jahren offen.[2] Der nach diesen Anschlägen ausgerufene *war on terrorism* hat dabei einen seit Ende der achtziger Jahre geführten *war on drugs* abgelöst oder zumindest in den Hintergrund gedrängt.[3] Bereits der *war on drugs* führte zu einer ganzen Reihe von Einschränkungen, respektive engeren Auslegungen des Schutzbereichs verfassungsrechtlicher Freiheitsgarantien durch die Schaffung neuer Gesetze und die Ausweitung von Eingriffsbefugnissen der Polizei durch die Rechtsprechung des *Supreme Court*.[4] Das wiederkehrende Kriegs-Paradigma dient dabei einer Neupositionierung in der Innenpolitik und auch im Recht.[5] Das Gefühl, sich in einem Krieg zu befinden, erhöht zugleich die

* Bei dem Beitrag handelt es sich um eine überarbeitete und aktualisierte Version von Teilen des vom Autor verfassten Buches *Polizeiliche Überwachungsmaßnahmen in den USA*, Frankfurt a. M. 2004. Die Diskussion zur Verlängerung des USA Patriot Act über den 31. Dezember 2005 hinaus und zu den im Dezember 2005 bekannt gewordenen geheimen Abhörmaßnahmen der NSA konnte bis in die ersten Januartage des Jahres 2006 berücksichtigt werden. Die angegebenen Internetadressen wurden zuletzt am 03.02.2007 geprüft. Rudolf Billerbeck, Bremen, sei für vielfältige aktuelle Informationen gedankt.

1 Vgl. etwa *New York Times* vom 20.12.2005 („Administration Cites War Vote in Spying Case"), wo Präsident Bush mit den Worten zitiert wird: „We're at war ..."; *Washington Post* vom 18.12.2005 („Pushing the Limits Of Wartime Powers"), die Bush mit den Wort zitiert, „[in the] first war of the 21st century ... one of the most critical battlefronts is the home front"; ebenso der Vizepräsident Cheney, vgl. *Washington Post* vom 05.01.2006 („Cheney Cites Justification for Domestic Eavesdropping").

2 Vgl. Lobel (2002), S. 767–772.

3 Vgl. Wright (2001–2002), S. 141; Guerra Thompson (2001–2002), S. 147.

4 Vgl. nur *United States v. Drayton*, 536 U.S. 194 (2002); *United States v. Kyllo*, 533 U.S. 1 (2001) als grundrechtsfreundliche Ausnahme; *Illinois v McArthur*, 531 U.S. 326 (2001); *Florida v. Bostick*, 501 U.S. 429 (1991); *Alabama v. White*, 496 U.S. 325 (1990); *Florida v. Riley*, 488 U.S. 445 (1989); ebd., S. 463f., Sondervotum Brennan.; *United States v. Sokolow*, 490 U.S. 1 (1989); *California v. Greenwood*, 486 U.S. 35 (1988); *United States v. Dunn*, 480 U.S. 294 (1987); *California v. Ciraolo*, 476 U.S. 207 (1986); s. a. Gormley (1992), S. 1335, 1370f.; Strum (1998), S. 125f.

5 Vgl. Lobel (2002), S. 770ff.

Bereitschaft, Fehler und Kosten einer Kriegsführung hinzunehmen.[6] Die spätestens seit dem 11. September 2001 vorherrschende Stimmung auf Seiten der Exekutive hat der seinerzeitige „Chefrichter" des *Supreme Court* bereits im Jahre 1998 treffend beschrieben, als er ausführte, „it is neither desirable nor is it remotely likely that civil liberty will occupy as favored a position in wartime as it does in peacetime."[7]

Nach den Anschlägen des 11. September 2001 wurden die Befugnisse der Bundesbehörden im Bereich der so genannten Terrorismusbekämpfung[8] erheblich ausgeweitet. Durch den *USA PATRIOT Act (Uniting and Strengthening America by Providing Appropriate Tools Required to Intercept and Obstruct Terrorism)* vom 26. Oktober 2001[9] wurde eine Vielzahl neuer Befugnisse geschaffen und die Eingriffsschwellen einer ganzen Reihe existierender Eingriffsnormen für die Polizei und die Sicherheits- und Nachrichtendienste wurden herabgesetzt (s. u. 2.). Durch den *Homeland Security Act* vom 25. November 2002[10] wurden unter anderem neue organisatorische Strukturen für die Terrorismusbekämpfung und insbesondere die „Mega-Behörde" des *Department of Homeland Security* mit ein Budget von rund 40 Mrd. US$ (2005) geschaffen.[11] Die Einreise- und Einwanderungsbestimmungen wurden in vielfältiger Weise verschärft, und dies ist wohl der Bereich, von dem die weitaus größte Personengruppe durch die neu eingeführten Maßnahmen unmittelbar berührt ist.[12] Der *USA PATRIOT Act* als Kernstück der Gesetzgebung mit Blick auf die neu eingeführten Grundrechtsbeschränkungen ist dabei mehr als eine schnelle Reaktion auf die Anschläge vom 11. September 2001, ihm gingen andere Gesetze mit ähnlicher Zielrichtung voraus[13] und weitere folgten. Hier ist insbesondere der umfangreiche und weitere freiheitsbeschränkende Befugnisse beinhaltende *Intelligence Reform and Terrorism Prevention Act* vom Dezember 2004 zu nennen.[14] Vorausgegangen waren insbesondere der *Antiterrorism and Effective Death Penalty Act* von 1996[15], ein Artikelgesetz, das verschärfte Strafen für terroristische Straftaten, geänderte Einreisebestimmungen zur Erleichterung der Abschiebung von Straftätern und eine bessere Ausstattung der Behörden zur Terrorismus-

6 Motomura (2003), S. 413, 418; s. a. Georg Schild (2003), S. 329.

7 Rehnquist (1998), S. 224.

8 Der den Gesetzen und auch der Politik zugrunde liegende Begriff des Terrorismus kann hier nicht vertieft untersucht werden.

9 Public Law 107–56.

10 Public Law 107–296.

11 Der Budgetvorschlag für 2005 wird seitens des Department of Homeland Security (DHS) mit über 40 Mrd. US$ beziffert (www.dhs.gov/xabout/budget/editorial_039/.shtm), wobei eine genaue Zuordnung von Ausgaben zu bestimmten Aufgaben schwierig ist; vgl. James Jay Carafano, The Homeland Security Budget Request, Heritage Foundation, in: *Backgrounder* No. 1731 vom 05. 03. 2004. (http://www.heritage.org/Research/NationalSecurity/bg1731.cfm). Zur Entstehung und zum Zuschnitt des DHS instruktiv: *Washington Post* vom 22. 12. 2005, („Department's Mission Was Undermined From Start").

12 Stichter (2002), S. 1; s. a.. Lebowitz/Podheiser (2002), S. 873.

13 Vgl. McCarthy (2002), S. 436f.

14 Public Law 108–458.

15 Public Law 104–132.

bekämpfung vorsah, und der *Defense Against Weapons of Mass Destruction Act*[16] aus dem gleichen Jahr. In den Jahren vor Verabschiedung des *USA PATRIOT Act* arbeiteten drei Ausschüsse des Kongresses an neuen gesetzlichen Regelungen zur Terrorismusbekämpfung und an einer Neuorganisation der zuständigen Behörden. Neue Gesetze kamen zu dieser Zeit wegen erheblicher Bedenken gegen einen (weiteren) Abbau von Grundrechten jedoch nicht zur Verabschiedung.[17] Nach den Anschlägen vom 11. September 2001 sollte sich dies ändern; jeder Tag ohne neue Gesetze vermittelte nach Ansicht der Exekutive den Terroristen einen Vorteil.[18] Die neuen Gesetze dienen nicht allein der Abwehr terroristischer Gefährdungslagen. In der amerikanischen Diskussion ist mittlerweile unbestritten, dass die Änderungen des *USA PATRIOT Act* nicht nur im *war on terrorism,* sondern – entgegen der offiziellen Begründung[19] vor deren Einführung – auch gegen „gewöhnliche" Kriminelle in der Praxis Anwendung finden.[20] Auch politisch abweichende Meinungen werden verstärkt mit neuen Befugnissen überwacht.[21] Das Gesetz reiht sich ein in Beschränkungen der Grundrechte anlässlich früherer tatsächlicher oder vermeintlicher Gefahren für die nationale Sicherheit,[22] und es ist unumstritten, dass es die Balance zwischen Grundrechten auf der einen und Eingriffsbefugnissen auf der anderen Seite zu Gunsten der letzteren verschoben hat.[23] Ob die ergriffenen Maßnahmen aus gegebenem Anlass notwendig waren und ob die neu gefundene „Balance" zwischen Überwachungs- und Eingriffsbefugnissen einerseits und Freiheitsrechten andererseits einen angemessenen Schutz von Freiheit und Sicherheit gewährleistet, ist naturgemäß umstritten.[24]

16 Public Law 104–201.

17 Vgl. McCarthy (2002), S. 437 und 447f. m. w. N.

18 Vgl. etwa die Stellungnahmen des Attorney General, *Homeland Defense: Senate Committee on the Judiciary*, 25.09.2001.

19 Vgl. vorgenannte Stellungnahme des Attorney General; ders., *Preserving Our Freedoms While Protecting Against Terrorism, Senate Committee on the Judiciary*, 06.12.2001.

20 Vgl. Ziff. 16 der Antwort des Department of Justice vom 13.05.2003 auf eine Anfrage des House Judiciary Committee (nachfolgend: DOJ 2003); hierzu: Goldstein/Hujar Orr (2003), S. 40.

21 Vgl. etwa *New York Times* vom 20.12.2005 („F.B.I. Watched Activist Groups, New Files Show").

22 Vgl. Dowley (2002), S. 165, 174ff.; s. a. *Hirabayashi v. United States*, 320 U.S. 81, 92ff. (1943), *Dennis v. United States*, 341 U.S. 494, 501ff. (1951); *Barenblatt v. United States*, 360 U.S. 109 (1959); *New York Times Co. v. United States*, 403 U.S. 713 (1971), zur Veröffentlichung von Unterlagen über den Vietnamkrieg, nunmehr mit einer eher den Freiheitsrechten zugeneigten Sicht des Gerichts.

23 Zu Recht verweist Schild (2003), S. 335, darauf, dass ein Verlust an Freiheit nicht notwendig einen Zugewinn an Sicherheit bedeutet.

24 Kritisch bspw. Bradley (2002), S. 465; Evans (2002), S. 933; Rackow (2002), S. 1651; Whitehead/Aden (2002), S. 1081. Zustimmend bspw. Galloway (2002), S. 921; Dowley (2002), S. 165, der indes resümiert, „the potential for abuse leaves cause for grave concern" (S. 182); McCarthy (2002).

II. Das Kernstück: *USA PATRIOT Act*

1. Übersicht über wesentliche Neuregelungen

Das (in der offiziellen Gesetzessammlung) über 130 Seiten umfassende, wenig überschaubare Artikelgesetz wurde in kürzester Zeit nach den Anschlägen des 11. September durch den Kongress gebracht[25] und trat bereits sechs Wochen später in Kraft. Es ändert mehr als ein Dutzend bestehender Gesetze mit einer Vielzahl verschiedener Regelungen.

Das Gesetz ist unterteilt in zehn Abschnitte, die sich mit so unterschiedlichen Fragen befassen wie der Finanzierung von Maßnahmen zur Terrorismusabwehr (*Title I*), neuen und verbesserten Überwachungsbefugnissen (*Title II*), der Bekämpfung der Geldwäsche und der besseren Überwachung von Geld- und Wertpapiergeschäften sowie Devisen- und Währungsstraftaten (*Title III*), der besseren Grenzüberwachung und neuen Visa- und Einwanderungsregelungen (*Title IV*), der Beseitigung von Hindernissen bei der Terrorismusbekämpfung wie etwa dem Zugriff auf Schülerakten und die Ausweitung von DNA-Dateien (*Title V*), Ausgleichs- und Schadenersatzzahlungen an Opfer von Anschlägen, Polizisten und ihre Familien sowie Gehaltserhöhungen für Sicherheitsbeamte (*Title VI*), dem verbesserten Informationsaustausch zum Schutz gefährdeter Infrastrukturobjekte (*Title VII*), vielgestaltigen Verschärfungen des Strafrechts (*Title VIII*), der besseren Ausrüstung und Koordinierung der Nachrichtendienste (*Title IX*) und einer ganzen Reihe weiterer Änderungen auf den verschiedensten Gebieten (*Title X*).

Einige der Regelungen zu Überwachungsmaßnahmen[26] in Teil II des Gesetzes wurden bis 31. Dezember 2005 befristet (*sunset provision*).[27] Der amerikanische Präsident forderte mehrfach deren Entfristung, eine Forderung, welcher der Amerikanische Kongress bis Dezember 2005 nicht vollständig zuzustimmen bereit war. Vielmehr sollte kurz vor Ablauf dieser Frist und nach langen und konträren Diskussionen in beiden Häusern und auch innerhalb der Parteien eine Verlängerung um zunächst 6 Monate erfolgen, die aber daran scheiterte, dass kurz vor Verabschiedung einer entsprechenden Regelung bekannt wurde, dass seit Jahren in tausenden von Fällen umfangreiche geheime Abhöraktionen der *National Security Agency* ohne entsprechende gerichtliche Anordnungen durchgeführt werden.[28] Mit Blick auf die heftigen öffentlichen Diskussion hierzu hat der Kongress gleichsam im letzten Augenblick nur einer Verlängerung bis 3. Februar 2006 zugestimmt.[29] Die Bush-

25 Zur Entstehungsgeschichte vgl. McCarthy (2002), S. 438ff.

26 Ausführlich zu Voraussetzungen und Grenzen polizeilicher Überwachungsmaßnahmen: Arzt (2004), S. 43ff.

27 Sec. 224(a) USA Patriot Act (nachfolgend USAPA); eine ausführliche Übersicht bietet: Congressional Research Service vom 10.06.2004, USA Patriot Act Sunset: Provisions that Expire on December 31, 2005.

28 Hierzu unten 5.

29 Vgl. etwa *Los Angeles Times* vom 22.11.2005 („New Life for Patriot Act Is No Bush Win"); *Spiegel Online* vom 23.12.2005.

Regierung hat indes erklärt, auch weiterhin eine Entfristung aller Maßnahmen erreichen zu wollen.[30]

Der *USA PATRIOT Act* bringt eine deutliche Gewichtsverschiebung von der Verfolgung von Straftätern nach vergleichsweise strikten Regeln des Strafverfahrens unter der Prämisse der Unschuldsvermutung, hin zu Maßnahmen zum Zwecke einer erhofften Prävention terroristischer Akte und allgemeiner Straftaten[31] unter herabgesetzten gesetzlichen Anforderungen mit sich. Manche Gesetzesänderungen haben mit der Abwehr terroristischer Straftaten allenfalls am Rande zu tun, so etwa einige Änderungen zur Abwehr von Computerstraftaten (*cyberterrorism*).[32] Viele zuvor auf unterschiedliche Behörden verteilte Aufgaben der Terrorismusbekämpfung wurden im Justizministerium (*Department of Justice*) zusammengefasst, wobei zugleich Befugnisse zur Verfolgung der meisten Straftaten gegen Amtsträger und Regierungseigentum zentralisiert[33] wurden. Andererseits wurden die Kontrollbefugnisse des Kongresses beschnitten. Die Aufgaben der *Central Intelligence Agency* (*CIA*) wurden erweitert, indem vormals dem *Attorney General* überantwortete Aufgaben der Sammlung und Zusammenfassung der Ergebnisse nachrichtendienstlicher Aufklärungsmaßnahmen im Inland auf die *CIA* übertragen wurde.[34] In der Literatur wird kritisiert, dass der *CIA* damit Aufgaben im Landesinneren übertragen wurden, die nach dem bisherigen Verständnis ausgeschlossen waren,[35] um eine Wiederholung von Überwachungsmaßnahmen gegen politische Gegner im Innern durch die *CIA*, wie beispielsweise im Vietnamkrieg, zu verhindern.[36]

Der Begriff des Terrorismus wurde um Straftaten im Landesinnern erweitert, soweit diese darauf abzielen, die Zivilbevölkerung einzuschüchtern (*intimidate*), zu nötigen (*coerce*) oder die Politik einer Regierung (Bund oder Bundesstaat) durch Entführung, Mord oder massive Zerstörungen von Sachen zu beeinflussen (*influence*) oder auf eine Regierung einzuwirken (*effect the conduct*).[37] Außerdem wurden fast alle (bundesrechtlich) mit Strafe bedrohten Handlungen der Gewalt gegen Sachen oder Menschen in den Katalog der terroristischen Straftaten aufgenommen.[38] In der Literatur wird hieraus der Schluss gezogen, dass damit alle Straftaten als terroristische angesehen werden können, die etwa

30 *stern.de* vom 04.01.2005.

31 So etwa die Stellungnahme des Attorney General vom 25.09.2001, Fn. 18; s.a. DOJ 2003 (Fn. 20), Ziff. 12.C.

32 Vgl. zu diesem Themenkomplex: Schemmel (2003), S. 921, 924ff.

33 Kritisch zur Zentralisierung polizeilicher Aufgaben: Stuntz (2002), S. 665, 671.

34 50 U.S.C. § 403–3(c)(6) (= Sec. 901 USAPA). Hier wie nachfolgend wird zunächst die durch den United States PATRIOT Act (USAPA) geänderte Rechtsnorm und danach die ändernde Regelung im USAPA selbst wiedergegeben; spätere Gesetzesänderungen sind nur teilweise berücksichtigt. Der aktuelle Stand des United States Code (U.S.C.) kann im Internet abgefragt werden (http://www.law.cornell.edu/uscode).

35 Hitz (2002), S. 765, 769ff., der sich für eine gesetzliche Klarstellung der Zulässigkeit solcher Maßnahmen ausspricht.

36 Whitehead/Aden (2002), S. 1091.

37 18 U.S.C. § 2331(5) (= Sec. 802(a) USAPA).

38 18 U.S.C. § 2332b(g)(5)(B) (= Sec. 808 USAPA).

im Rahmen von Demonstrationen oder Aktionen des zivilen Ungehorsams zu einer Beschädigung oder Zerstörung von Bundeseigentum[39] führen, oder Aktionen radikaler Umwelt- und Tierschützer[40] oder die Beschädigung von Militäreigentum.[41] Zwar hat die Exekutive anfangs versichert, die Anwendung der Norm auf terroristische Täter zu beschränken[42], die bekannt gewordenen Fakten[43] sprechen indes dagegen und im April 2005 hat der *Attorney General* offiziell im Senat mitgeteilt, ohne die Gesetzesänderungen im *USA PATRIOT Act* könnten (allgemeine) Straftaten wir *cybercrime*, Kinderpornografie und Entführungen nicht so effektiv bekämpft werden wie bei Anwendung der neuen Befugnisse.[44]

Jede sich in den USA aufhaltende Person, die nicht US-Staatsbürger ist oder über ein dauerhaftes Aufenthaltsrecht verfügt, sieht sich daher zukünftig besonderen gesetzlichen Regelungen unterworfen, wenn sie des Terrorismus verdächtig wird. Ob und inwieweit dies mit der bisherigen Rechtsprechung des *Supreme Court* zur rechtlichen Stellung Ausländern vereinbar ist, wird sich in den kommenden Jahren erweisen. Das Gericht hat in der Vergangenheit mehrfach bestätigt, dass alle Menschen, die sich in den USA aufhalten, einen Anspruch auf Beachtung ihrer Rechte aus dem fünften[45] und sechsten[46] Verfassungszusatz, auf ein rechtsstaatliches Verfahren (*due process*) und die Verhandlung von Straftaten vor einem Geschworenengericht (*jury trial*) haben.[47] Wer sich gesetzmäßig vorübergehend oder dauerhaft als Ausländer in den USA aufhält, kann sich darüber hinaus auf die in der

39 Vgl. etwa 18 U.S.C. §§ 1361, 1363; aus der Literatur: Whitehead/Aden (2002), S. 1093; Clark (2002), S. 837, 862; s. a. McCarthy (2002), S. 450, zu den besonderen Einschränkungen für Ausländer. Nach Auffassung des kalifornischen Attorney General ist ziviler Ungehorsam nicht als Terrorismus anzusehen, vgl. *San Francisco Chronicle* vom 15.07.2003, S. A17 („Lockyer backs ACLU on privacy").

40 Vgl. Fn. 21; eine Anwendbarkeit des USAPA auf radikale Tier- und Umweltschützer bejaht ausdrücklich Case (2002), S. 187, 218ff.

41 Vgl. 18 U.S.C. § 2155; Whitehead/Aden (2002), S. 1093.

42 Vgl. die Stellungnahme des Attorney General vom 06.12.2001 (Fn. 19).

43 Vgl. Fn. 21.

44 Stellungnahme des Attorney General, Senate Committee on the Judiciary, 05.04.2005 (http://judiciary.senate.gov/testimony.cfm?id=1439&wit_id=3936).

45 „No person shall be held to answer for a capital, or otherwise infamous crime, unless on a presentment or indictment of a Grand Jury, except in cases arising in the land or naval forces, or in the Militia, when in actual service in time of War or public danger; nor shall any person be subject for the same offence to be twice put in jeopardy of life or limb; nor shall be compelled in any criminal case to be a witness against himself, nor be deprived of life, liberty, or property, without due process of law; nor shall private property be taken for public use, without just compensation."

46 „In all criminal prosecutions, the accused shall enjoy the right to a speedy and public trial, by an impartial jury of the State and district wherein the crime shall have been committed, which district shall have been previously ascertained by law, and to be informed of the nature and cause of the accusation; to be confronted with the witnesses against him; to have compulsory process for obtaining witnesses in his favor, and to have the Assistance of Counsel for his defense."

47 *United States v. Verdugo-Urquidez*, 494 U.S. 259, 264ff. (1990) und insbesondere die Nachweise auf S. 271.

Bill of Rights verbrieften Rechte berufen.[48] Selbst wer sich illegal in den USA aufhält, hat im Falle von Eingriffen gegen Leib, Leben oder Freiheit Anspruch auf ein rechtsstaatliches Verfahren (*due process*) gemäß dem fünften und vierzehnten Verfassungszusatz.[49] Dies gilt auch für Ausweisungsverfahren, wenn der Betroffene erst einmal amerikanischen Boden betreten hat, gleich ob dies legal oder illegal geschah.[50]

2. *Beschränkungen im Sinne des ersten Verfassungszusatzes*

Der erste Verfassungszusatz[51] schützt die Freiheit der Rede, der Presse sowie die Vereinigungs- und Versammlungsfreiheit und wird als zentrales Grundrecht in der amerikanischen Demokratie angesehen,[52] welches nur wenige Einschränkungen gestattet.[53] Grundsätzlich kommt sein Schutz auch Ausländern zu, die sich in den USA aufhalten und nachhaltige (*substantial*) Verbindungen in den USA aufgebaut haben.[54] Der *USA PATRIOT Act* ändert insbesondere die einwanderungs- und einbürgerungsrechtlichen Bestimmungen des *Immigration and Nationality Act* von 1952[55] und beschränkt die Einreise von Personen und Ehegatten und Kindern, von denen die Behörden der Auffassung sind, dass sie eine terroristische Vereinigung unterstützen, deren Mitglied oder Repräsentant sind oder andere zur Unterstützung solcher Organisationen anhalten.[56] Zu terroristischen Vereinigungen im Sinne des *USA PATRIOT Act* wurden im Dezember 2001 insgesamt 39 Organisationen erklärt.[57] Die umfangreiche Liste „terroristischer" Personen und Organisationen wird ständig aktualisiert.[58] Die Maßnahme wird als erhebliche Einengung der politischen und karitativen Betätigung und mithin auch als Eingriff in die Rechte aus dem ersten Verfassungszusatz insbesondere muslimischer Einwohner der USA kritisiert, weil deren Einreise aufgrund ihrer politischen Äußerungen und Betätigung beschränkt werden kann.[59] Hinzu kommt eine mögliche strafrechtliche Verfolgung des Betroffenen wegen der Unterstützung

48 *United States v. Verdugo-Urquidez* (Fn. 47), S. 271.

49 *Mathews v. Diaz*, 426 U.S. 67, 77 (1976).

50 *Zadvydas v. Davis*, 533 U.S. 678, 693f. (2001).

51 „Congress shall make no law respecting an establishment of religion, or prohibiting the free exercise thereof; or abridging the freedom of speech, or of the press; or the right of the people peaceably to assemble, and to petition the Government for a redress of grievances."

52 Vgl. etwa *New York Times v. Sullivan*, 376 U.S. 254, 270 (1964).

53 *Boos v. Bary*, 485 U.S. 312, 331 ff. (1988).

54 *United States v. Verdugo-Urquidez* (Fn. 47), S. 271.

55 8 U.S.C. §§ 1101–1537. Die vielfältigen Verschärfungen des Ausländer- und Einwanderungsrechts und der zugehörigen Praxis insbesondere auch durch den Homeland Security Act können hier nicht dargestellt werden.

56 8 U.S.C. § 1182(a)(3)(B) (= Sec. 411(a) USAPA); vgl. Lebowitz/Podheiser (2002), S. 877ff.

57 Vgl. 66 Federal Register S. 63620 vom 07.12.2001.

58 Vgl. Stand Juli 2005: http://frwebgate2.access.gpo.gov/cgi-bin/waisgate.cgi?WAISdocID=29060994134+0+0+0&WAISaction=retrieve.

59 Whitehead/Aden (2002), S. 1099; McCarthy (2002), S. 450; Lebowitz/Podheiser (2002), S. 878f.

(*material support*) einer terroristischen Vereinigung,[60] einer Norm, die wegen ihrer Unbestimmtheit bereits von Gerichten beanstandet wurde.[61]

3. Beschränkungen im Sinne des vierten Verfassungszusatzes

Der vierte Verfassungszusatz[62] schützt die Bürgerinnen und Bürger vor nicht gerechtfertigten staatlichen Eingriffen, die mit *search and seizure* umschrieben werden. Der Schutz des vierten Verfassungszusatzes (*persons, houses, papers, and effects*) umfasst insbesondere die Wohnung,[63] darüber hinaus greift dieser nach der aktuelleren Rechtsprechung des *Supreme Court* nur noch eingeschränkt. Unter *search and seizure* wird eine weite Spanne von Maßnahmen verstanden, die im deutschen Recht in verschiedenen Normen der StPO und des Polizeirechtes geregelt sind. Unter *search* fällt unter anderem die Suche nach Sachen, die Durchsuchung von Personen, Sachen oder Wohnungen, die Untersuchung von Personen oder auch die Fahndung. Unter *seizure* versteht man unter anderem die Wegnahme von Sachen und die Beeinträchtigung von Eigentum oder Besitz. Unter *seizure* fällt aber auch die Ergreifung oder Festnahme einer Person (*arrest*) sowie das bloße Anhalten, welches über einen so genannten *Terry-stop* zwecks Eigensicherung des Polizeibeamten hinausgeht.[64] *Seizure* ist nicht notwendig mit einer vorherigen Maßnahme im Sinne von *search* verknüpft,[65] und es bedarf hierzu nicht unbedingt der physischen Inbesitznahme der betroffenen Sache durch die Polizei.[66] Auch Immaterialgüter können Gegenstand von *seizure* sein, etwa das Abhören des gesprochenen Wortes.[67] Was als *reasonable* angesehen werden kann, ist im Einzelfall unter Einbeziehung aller in Betracht kommenden Umstände sowie unter Einbeziehung der Ausführung der Maßnahme selbst zu beurteilen.

Auch wenn der verfassungsrechtliche Maßstab der *probable cause* ausdrücklich nur für den Erlass eines richterlichen Beschlusses (*no Warrants shall issue, but upon probable cause*) im zweiten Teil des vierten Verfassungszusatzes erwähnt ist, wird allgemein davon ausgegangen, dass alle Maßnahmen im Sinne von *search and seizure* nur unter der Voraussetzung von *probable cause* zulässig sind.[68] *Probable Cause* liegt vor, wenn es aus Sicht eines umsichtigen Menschen[69] bei objektiver Betrachtung der Fakten und Umstände des Einzelfalls, die

60 Kritisch zur Weite des Begriffs: David Cole (2003), S. 1, 8ff.

61 Vgl. *San Francisco Chronicle* vom 27.07.2003, S. A4 („Judge blunts anti-terrorism tool").

62 „The right of the people to be secure in their persons, houses, papers, and effects, against unreasonable searches and seizures, shall not be violated, and no Warrants shall issue, but upon probable cause, supported by Oath or affirmation, and particularly describing the place to be searched, and the persons or things to be seized."

63 Vgl. etwa *United States v. Karo*, 468 U.S. 705, 714 (1984). S.a. *Wilson v. Layne*, 526 U.S. 603, 610f. (1999).

64 *Terry v. Ohio*, 392 U.S. 1 (1968).

65 *Soldal v. Cook County*, 506 U.S. 56, 68 (1992).

66 Rudstein/Erlinder/Thomas (2002), Kap. 2.03 (1).

67 *Katz v. United States*, 389 U.S. 347 (1967).

68 Vgl. Rudstein/Erlinder/Thomas (2002), Kap. 2.04(1) m.w.N.

69 *Beck v. Ohio*, 379 U.S. 89, 97 (1964).

dem Polizeibeamten zum Zeitpunkt der Entscheidung bekannt sind oder sein konnten, gerechtfertigt erscheint, vom Vorliegen oder der unmittelbar bevorstehenden Begehung einer Straftat auszugehen.[70] Die Schwere der Straftat allein rechtfertigt dabei nach herrschender Meinung keinen geringeren Grad an Wahrscheinlichkeit für die Zulässigkeit eines Eingriffs.[71]

Der Richtervorbehalt soll einer Überprüfung der verfassungsrechtlichen Zulässigkeit des Eingriffs vor dessen Ausführung durch eine neutrale Instanz dienen, die nicht wie die Polizei auf die Strafverfolgung fokussiert und in deren oft schnelle Entscheidungen eingebunden ist.[72] Grundsätzlich ist eine Ausnahme nach dieser Rechtsprechung nur im Falle besonderer Dringlichkeit (*exigent circumstances*) zulässig, wenn daneben zugleich *probable cause* für die (unmittelbar bevorstehende) Begehung einer Straftat vorliegt.[73] Der *Supreme Court* hat indes in den letzten Jahren und insbesondere im Rahmen des *war on drugs* eine recht unübersichtlich Kasuistik zu weiteren zulässigen Ausnahmefällen entwickelt.[74]

Verfassungsrechtlichen[75] Schutz gegen polizeiliche Maßnahmen genießt nur, wer einen „berechtigten" (*reasonable*) Schutz seiner „Privatsphäre" (*right on/to privacy*) geltend machen kann.[76] Der Begriff hat keinen feststehenden Inhalt, sondern es ist im Einzelfall zu fragen, ob eine bestimmte Verhaltensweise oder Situation verfassungsrechtlich vor Eingriffen geschützt ist. Dies führt zu einem Mangel an Vorhersehbarkeit und Klarheit für die Eingriffsbetroffenen wie auch für die Polizei.[77]

Neuregelungen zu Abhörmaßnahmen und zur Erfassung von Verbindungsdaten

Zielt eine Maßnahme darauf ab, Informationen über den Inhalt (*content*) der Kommunikation zu erlangen (*intercept*), ist Abschnitt III des *Omnibus Crime Control and Safe Streets Act* von 1968[78] (nachfolgend: *Title III*) zu beachten, der unter anderem durch den *Electronic Communications Privacy Act* von 1984 (*ECPA*)[79] und den *Communications Assistance for*

70 Vgl. *Gerstein v. Pugh*, 420 U.S. 103, 111 (1975)

71 Ausführlich LaFave (2003), § 3.2(a).

72 Vgl. *United States v. United States District Court*, 407 U.S. 297, 317f. (1972).

73 *Kirk v. Louisiana*, 536 U.S. 635, 638 (2002).

74 Zu den neueren Tendenzen und der Kritik siehe etwa O'Laughlin (2002) S. 707; Pringle (1999), S. 86; Decker (1999), S. 433.

75 Neben dem vierten Verfassungszusatz vermitteln einzelne Gesetze einen u. U. darüber hinausgehenden Anspruch auf privacy; vgl. etwa den Federal Wiretap Act von 1968 (18 U.S.C. §§ 2510–2522) oder der Right to Financial Privacy Act von 1978 (12 U.S.C. §§ 3401–3422).

76 Kritisch zu diesem Standard aus Sicht des Datenschutzkonzepts: Arzt (2005), S. 183ff.

77 Slobogin (1971), S. 443, 483.

78 18 U.S.C. §§ 2510–2522.

79 18 U.S.C. §§ 2701–2712 [Stored Wire and Electronic Communications and Transactional Record Access] und 18 U.S.C. §§ 3121–3127 [Pen Register and Trap and Trace Devices] sowie Änderungen in 18 U.S.C. §§ 2510–2522 und anderen Regelungen.

Law Enforcement Act von 1994 (*CALEA*)[80] sowie weitere Gesetze erhebliche Änderungen[81] erfahren hat. *Title III* untersagt grundsätzlich das Abhören unmittelbarer menschlicher Kommunikation[82], nimmt die Polizei von diesem Verbot bei Beachtung der gesetzlichen Vorschriften indes aus.[83] Heute gilt das Gesetz grundsätzlich für alle auf die Gewinnung inhaltlicher Informationen gerichteten strafprozessualen Maßnahmen und erfasst jede Punkt-zu-Punkt-Kommunikation unabhängig von der Technik der Übertragung (*wire* oder *electronic*) sowie die unmittelbare mündliche (*oral*) Kommunikation. [84] *Title III* vermittelt regelmäßig einen weitergehenden Schutz als der vierte Verfassungszusatz[85], weil hier nicht im Einzelfall verfassungsrechtlich bewertet werden muss, ob der Betroffene eine *reasonable expectation of privacy* geltend machen kann; zumindest aber bleibt der gesetzlich garantierte Standard nicht hinter dem des vierten Verfassungszusatzes zurück.[86] Das Gesetz soll abschließend alle in seinen Anwendungsbereich fallenden Abhörmaßnahmen regeln.[87] Soweit keine Einwilligung (*consent*) des Betroffenen vorliegt, fordert *Title III* für das Abhören im Regelfall[88] eine richterliche Anordnung der polizeilichen Maßnahme,[89] wobei in Abhängigkeit von der Eingriffsintensität unterschiedlich hohe Anforderungen an die Zulässigkeit der Maßnahme bestehen. Der Zugriff auf die elektronische Kommunikation ist von niedrigeren Eingriffsvoraussetzungen abhängig als das Abhören des gesprochenen Wortes, weil ersteres als geringerer Eingriff angesehen wird. Daher sind die meisten hier behandelten Maßnahmen (unter anderem mit Ausnahme des Zugriffs auf die elektronische Kommunikation) nur bei den im Gesetz aufgeführten Katalogstraftaten zulässig.[90] Im Jahr 2002 wurden von 1.228 solcher Anträge auf elektronische Überwachung (Abhörmaßnahmen) und (physischen Durchsuchungen) 1.226 vorbehaltlos, zwei weitere mit Modifikationen genehmigt. 2003 wurden 1.727 solcher Anträge eingereicht, von denen vier abgelehnt wurden. 2004 wurden 1.758 Anträge gestellt, von denen wiederum (nur) vier Anträge abgelehnt wurden.[91]

80 47 U.S.C. § 1001–1010 (neu) sowie Änderungen in 18 U.S.C. §§ 2510–2522 und anderen Regelungen.

81 S. a. die herabgesetzten Anforderungen an die Überwachung aller möglicherweise durch einen Betroffenen genutzten Telefone (roving) in 18 U.S.C. § 2518(11)(b).

82 18 U.S.C. § 2511.

83 18 U.S.C. § 2511(2)(e).

84 Vgl. *Bartnicki v. Vopper*, 532 U.S. 514, 523f. (2001).

85 *Brown v. Wadell*, 50 F.3d. 285, 290 (4th Cir. 1995).

86 Vgl. *Alderman v. United States*, 394 U.S. 165, 175 (1969).

87 Vgl. *United States v. Giordano*, 416 U.S. 505, 514 (1974). Abgrenzungsprobleme entstehen bei Einführung neuer Techniken.

88 Zu den Ausnahmen im Eilfall und der erforderlichen nachträglichen richterlichen Anordnung vgl. etwa 18 U.S.C. § 2518(7); zu weiteren Ausnahmen Murphy (2002), S. 1317, 1322.

89 Vgl. 18 U.S.C. § 2518; eine Ablehnung solcher Gesuche ist die seltene Ausnahme; vgl. Table 7, Wiretap Report des Supreme Court für das Jahr 2004 (http://www.uscourts.gov/library/wiretap.html).

90 Vgl. im Einzelnen 18 U.S.C. § 2516.

91 Vgl. die jährlichen Wiretap Reports des DOJ, die Überwachungen nach FISA nicht erfassen (http://www.fas.org/irp/agency/doj/fisa/#rept).

Nach Abschluss, respektive nach Ablehnung einer Abhörmaßnahme durch das Gericht, soll der Betroffene seitens des anordnenden Richters hierüber in Kenntnis gesetzt werden,[92] um polizeilichen Missbrauch zu verhindern.[93] Es besteht eine regelmäßige Berichtspflicht über die Anzahl der Maßnahmen und einige weitere Daten gegenüber dem *Supreme Court* und dem Kongress.[94] Die Verwendung von Beweismitteln, die unter Verletzung von *Title III* erlangt wurden, ist im Regelfall qua Gesetz unzulässig.[95]

Die durch den *USA PATRIOT Act* und später eingefügten Änderungen haben einige Eingriffsvoraussetzungen mit Blick auf die Personen herabgesetzt, die im Rahmen des *war on terrorism* ins Visier der Ermittler gelangen.[96] Die Zulässigkeit von Abhörmaßnahmen wurde auf Straftaten wie unter anderem das illegale Eindringen in fremde Computersysteme, die Unterstützung des Terrorismus und grenzüberschreitende Terrorakte erweitert; einige dieser Änderungen wurden erst im Jahre 2002 eingefügt.[97] Ebenfalls erweitert wurden die Befugnisse zum Abhören gespeicherter Voicemail-Nachrichten (*seizure of voice mail messages*), die bisher wie Telefongespräche selbst (*real-time telephone*) oder die Internet-Kommunikation zwischen zwei Personen geschützt war.[98] Dies wird in der Literatur für verfassungsrechtlich problematisch angesehen, weil die vorübergehende Speicherung einer solchen Nachricht (bis diese vom Empfänger abgehört wird), die so vermittelte Kommunikation nicht weniger schützenswert mache als die „unmittelbare" telefonische Kommunikation.[99] Eingeführt wurde in diesem Kontext auch ein vereinfachtes Verfahren zur Erlangung eines richterlichen Beschlusses.[100] Um eine möglichst weitgehende Verwendung der gewonnenen Informationen zu gewährleisten, wurde die Zulässigkeit eines im Grunde unbeschränkten Austausches von im Rahmen von Abhörmaßnahmen gewonnenen Informationen mit anderen Sicherheitsorganen zum Zwecke der Terrorismus-Abwehr (*information sharing*) im Gesetz verankert[101] und damit die strikte Abgrenzung der Strafverfolgungsbehörden von den Nachrichtendiensten aufgeweicht.[102] Diese Möglichkeiten wurden durch den *Homeland Security Act* 2002 und den *Intelligence Reform and Terrorism Prevention Act* 2004 noch erweitert.[103]

92 Vgl. 18 U.S.C. § 2518(8)(d).
93 Slobogin (1997), S. 425, 433.
94 18 U.S.C. § 2519(2) und (3); hierzu dienen u. a. die jährlichen Wiretap Reports, s. o. Fn. 91.
95 18 U.S.C. § 2515 und § 2518(10).
96 Vgl. insbesondere Title II (Enhanced Surveillance Procedures) des USAPA, durch den die Vorschriften in 18 U.S.C. §§ 2520–2522 in vielfältiger Weise geändert wurden.
97 18 U.S.C. § 2516(1); vgl. die vielfältigen Änderungen durch Sec. 201, 202 USAPA sowie die späteren Änderungen durch Sec. 301 des Terrorist Bombings Convention Implementation Act von 2002 (Public Law 107–197).
98 Ausführlich zu den Eingriffen in den Telekommunikationsverkehr: Pallasky (2002), S. 221.
99 Vgl. Whitehead/Aden (2002), S. 1109f.
100 18 U.S.C. § 2510 (= Sec. 209 USAPA).
101 18 U.S.C. § 2517(6) (= Sec. 203(b) USAPA); vgl. Henderson (2002), S. 179, 205.
102 Young (2001), S. 1017, 1065; zur Sicht der Exekutive vgl. Stellungnahme Attorney General (Fn. 44).
103 Stellungnahme Attorney General (Fn. 44).

Pen register ist ein Gerät, das die von einem bestimmten Telefon oder einer anderen Kommunikationsanlage oder -einrichtung via Leitung oder in sonstiger Weise elektronisch angewählten Rufnummern, die Dauer der Gespräche und die jeweiligen Daten aufzeichnet oder decodiert.[104] Bei eingehenden Gesprächen wird nur das „Klingeln", nicht aber die Rufnummer des Anrufers aufgezeichnet.[105] Das Gerät wird in der Regel bei dem Telefonnetzbetreiber installiert. Da der Inhalt (*content*) des Gesprächs nach Auffassung des Gesetzgebers nicht aufgezeichnet wird,[106] unterfällt die Maßnahme nicht den oben dargestellten Regelungen zum Abhören von Telefonen nach *Title III* des *Omnibus Crime Control and Safe Streets Act* von 1968.[107] Als *trap and trace* wird eine Maßnahme bezeichnet, bei der die Rufnummern und andere Informationen über die bei einem bestimmten Anschluss eingehenden Anrufe erfasst werden, nach Auffassung des Gesetzgebers wiederum ohne Zugriff auf den Inhalt des Anrufes.[108] Für *trap and trace* gelten im Wesentlichen die gleichen Vorschriften wie für *pen register*.[109] Durch den *USA PATRIOT Act* wurden auch hier die Überwachungsbefugnisse erweitert. Neu eingefügt in das Gesetz wurde die Möglichkeit, diese Überwachungsmethoden, die bislang vorwiegend für den Telefonverkehr Anwendung fand, auch auf den Emailverkehr und die Internetnutzung auszuweiten.[110] Eine Ausspähung des Inhaltes (*content*) der Kommunikation ist allerdings weiterhin nicht zulässig;[111] hierfür kommen wie bisher nur *wiretap*-Maßnahmen nach den dafür geltenden Vorschriften in Betracht. Als problematisch wird in der Literatur in diesem Kontext indes insbesondere die Abgrenzung von *routing*-Informationen und *content* angesehen, weil beispielsweise bereits aus der URL im Internetverkehr inhaltliche Informationen erkennbar sein können.[112]

Geheime Wohnungsdurchsuchungen

Um eine vollständige Neuregelung[113] handelt es sich bei den erstmals in das Gesetz aufgenommenen *sneak and peek warrants*. Hiermit werden Durchsuchungsbeschlüsse bezeichnet, von deren Vollziehung der Betroffene erst nachträglich und regelmäßig mit längerer Verzögerung in Kenntnis gesetzt wird. Die verzögerte Bekanntgabe einer heimlichen

104 Vgl. 18 U.S.C. § 3127(3). Ob hiervon auch der Emailverkehrs erfasst wird, ist umstritten; vgl. etwa Schultz (Note) Unrestricted Federal Agent: ‚Carnivore' and the Need to Revise The Pen Register Statute, in: *Notre Dame Law Review* 76 (2001), S. 1215.

105 Rudstein/Erlinder/Thomas (2002), Kap. 2.03(2)(r)(i) Fn. 632.

106 Dass dies unzulässig ist, dürfte unstreitig sein; vgl. LaFave (2003), § 2.7(b), der vertritt, dass die gesetzliche Unterscheidung mit Blick auf den Emailverkehr heute nicht mehr ausreicht, weil die exakte Bestimmung von „Inhalt" unklar sei.

107 *United States v. New York Telephone Co.*, 434 U.S. 159, 165ff (1977).

108 Vgl. 18 U.S.C. § 3127(4).

109 18 U.S.C. 3120–3127.

110 Vgl. 18 U.S.C. § 3121(c) (= Sec. 216(a) USAPA); vgl. McCarthy (2002), S. 445.

111 18 U.S.C. § 3127(3) und (4) (= Sec. 216(c) USAPA).

112 Vgl. Haglund (2003), S. 137, 140ff.; McCarthy (2002), S. 446; Pallasky (2002), S. 223.

113 18 U.S.C. 3103a(b) (= Sec. 213 USAPA).

Durchsuchungsmaßnahme wie auch des Durchsuchungsbeschlusses ist zulässig, wenn der anordnende Richter der Auffassung ist, dass die vorherige oder (bei Abwesenheit, wofür diese Regelung meines Erachtens vorrangig gedacht ist) unmittelbar an die Maßnahme anschließende Mitteilung (*immediate notification*) über die Maßnahme nachteilig für die Untersuchung sein könnte (*may have an adverse result*). Dies ist nach der gesetzlichen Regelung unter anderem dann der Fall, wenn ansonsten Beweismittel zerstört werden könnten, Leib oder Leben einer Person gefährdet ist, bei Fluchtgefahr oder wenn ansonsten die Untersuchung erheblich gefährdet oder das Verfahren ungebührlich verzögert (*seriously jeopardizing an investigation or unduly delaying a trial*) werden könnte.[114] Insbesondere die letztgenannte Ausnahme wird in der Literatur als außerordentlich niedrige, beziehungsweise wenig bestimmte Schwelle kritisiert.[115]

In der Anordnung muss festgelegt sein, dass eine Benachrichtigung in angemessener Zeit nach der Vollziehung zu erfolgen hat, wobei die vom Richter zu bestimmende Zeitdauer verlängert werden kann, wenn hierfür ein guter Grund (*good cause*) vorliegt.[116] In den ersten 18 Monaten nach Inkrafttreten dieser Regelung wurde in 47 Fällen eine solche Maßnahme beantragt, dabei wurde allen Anträgen seitens der Gerichte stattgegeben.[117] Die Bekanntgabe erfolgte in den bis Ende März 2003 ergangenen Entscheidungen in einem Zeitraum zwischen einem und neunzig Tagen nach Ausführung der Maßnahme. Dabei scheint sich die Dauer von (zunächst) einer Woche Aufschub gleichsam als Standard durchzusetzen – mit der bereits erwähnten Möglichkeit eines mehrmaligen Hinausschiebens durch richterliche Anordnung. In einigen Fällen wurde auch ein unbefristeter Aufschub der Bekanntgabe richterlich angeordnet, solange die dabei hervorgebrachten Angaben und Beweise unter Verschluss bleiben und nicht in einem Verfahren gegen den Betroffenen Verwendung finden.[118] Im Rahmen einer solchen Durchsuchung dürfen im Regelfall keine beweglichen Gegenstände beschlagnahmt werden. Dieses Verbot gilt auch für die Beschlagnahme aufgezeichneter Kommunikationsinhalte (*stored wire and electronic communication*) und das Abhören respektive Ausforschen elektronischer Kommunikation und der Telekommunikation (*wire and electronic communication*). Das Gesetz sieht jedoch eine Ausnahme von diesem Verbot vor, wenn der anordnende Richter hierfür eine berechtigte Notwendigkeit (*reasonable necessity*) erkennt.[119] Dies war bis Ende März 2003 in 14 Fällen der Fall, ein entsprechender Antrag der Behörden wurde abgelehnt.[120]

114 18 U.S.C. § 3103a(b) verweist hier ausdrücklich auf 18 U.S.C. § 2705, der die vorgenannten Ausnahmen regelt.

115 Dowley (2002), S. 181 und Whitehead/Aden (2002), S. 1113.

116 18 U.S.C. 3103a(b)(3). Von dieser Möglichkeit wurde bis Ende März 2003 rund 250 Mal (zumeist mehrfach je Fall) Gebrauch gemacht, bei weniger als 50 Anwendungsfällen der Norm überhaupt; vgl. DOJ 2003 (Fn. 20), Ziff. 11.C.

117 Vgl. DOJ 2003 (Fn. 20), Ziff. 9.B.

118 Vgl. ebd. Ziff. 11.A.

119 18 U.S.C. 3103a(b)(2).

120 Vgl. DOJ 2003 (Fn. 20), Ziff. 10.A.

Durch eine weitere Änderung wurden die Möglichkeiten erweitert, von Telekommunikationsanbietern die Herausgabe von Kundendaten einschließlich Verbindungsdaten, Namen und Anschrift, Zahlungsmodalitäten etc. zu verlangen (*administrative subpoena*), die nach früherem Recht nicht herausgegeben werden durften.[121]

Zugriff auf Bankkonten und -informationen

Durch den umfangreichen, rund 45 Paragraphen umfassenden dritten Abschnitt des Gesetzes wird eine Vielzahl von Regelungen geändert oder neu eingeführt, welche den Schutz der Privatsphäre[122] mit Blick auf finanzielle Transaktionen, die Nutzung von Banken, anderen Finanzinstituten und -dienstleistern sowie weitere Maßnahmen betreffen.[123] Hierdurch sollen insbesondere die Möglichkeiten der Geldwäsche eingeschränkt werden, nachdem frühere Versuche zur Einführung solcher Regelungen Ende der neunziger Jahre gescheitert waren.[124]

Zugriff auf Daten über Schüler

Durch eine Änderung des *General Education Provisions Act* ist es dem als Justizminister und Chefankläger agierenden *Attorney General* zukünftig möglich, nach gerichtlicher Anordnung auf die Unterlagen von Schulen zuzugreifen, soweit dies zur Verfolgung des nationalen oder internationalen Terrorismus wichtig (*relevant*) ist.[125] Vor dieser Änderung durften entsprechende Daten nur dann offenbart werden, wenn *probable cause* für das Vorliegen oder die bevorstehende Begehung einer Straftat vorlag und aufgezeigt werden konnte, dass diese Daten als Beweismittel in einem Strafverfahren (*probative of a criminal investigation*) relevant sind.[126]

III. Geheime Maßnahmen und Gerichte

Aus der Pflicht des amerikanischen Präsidenten, die verfassungsmäßige Ordnung zu schützen (Art. II, § 1, cl. 8), folgt nach der Rechtsprechung des *Supreme Court* das Recht, sich unter anderem elektronischer Überwachungsmethoden zum Zwecke der Abwehr von Straftaten gegen die Regierung zu bedienen.[127] Sind Bürger der USA von einer solchen Maßnahme betroffen, ist ein angemessener Ausgleich zwischen den Rechten aus dem

121 18 U.S.C. § 2703(c)(2) (= Sec. 210 USAPA), vgl. SCHEMMEL (2003), S. 940.

122 MCCARTHY (2002), S. 448.

123 Vgl. etwa 31 U.S.C. §§ 5311, 5318; s. a. *Süddeutsche Zeitung* vom 11.11.2005, S. V2/1 („Gegen den Rest der Welt").

124 Vgl. MCCARTHY (2002), S. 446ff.

125 20 U.S.C. § 1232g(j) (Sec. 507 USAPA).

126 WHITEHEAD/ADEN (2002), S. 1132.

127 *United States v. United States District Court*, 407 U.S. 297, 310ff. (1972).

ersten und vierten Verfassungszusatz und den Erfordernissen der nationalen Sicherheit zu finden.[128] Dies gilt auch und insbesondere gegenüber regierungskritischen Stimmen.[129] Soweit es um die Abwehr von Aktivitäten anderer Regierungen oder ihrer Agenten geht, scheint das Gericht einen weniger strengen Schutzstandard einzufordern.[130]

1. *Entstehung und Zielrichtung des Gesetzes*

Obgleich den vorgenannten Zwecken dienende Maßnahmen der (elektronischen) Überwachung seit spätestens Mitte der vierziger Jahre des zwanzigsten Jahrhunderts angewendet werden, waren deren Grenzen lange Zeit kaum geregelt und umstritten. Nachdem insbesondere Präsident *Nixon* die Geheimdienste auch zur Überwachung politischer Gegner im Innern missbraucht hatte, setzte ein heftiger Diskussionsprozess ein, der letztendlich zu neuen rechtlichen Regelungen führte.[131] In der so genannten *Keith*-Entscheidung des *Supreme Court* aus dem Jahre 1972 erklärte das Gericht bei nachrichtendienstlichen Maßnahmen im Innern eine alleinige Anordnungsbefugnis der Exekutive ohne richterliche Kontrolle für nicht mit dem vierten Verfassungszusatz vereinbar.[132] Dem Gesetzgeber gab das Gericht als Handlungsanleitung die Maßgabe an die Hand, dass die Verfolgung von Straftaten und die Abwehr von Gefahren für die nationale Sicherheit durchaus unterschiedliche Schutzstandards nach dem vierten Verfassungszusatz rechtfertigen könnten. Mit Blick auf die Besonderheiten nachrichtendienstlicher Aufgaben könne ein Verzicht auf die im Strafprozessrecht übliche Eingriffsschwelle der *probable cause* in Betracht kommen, wenn dabei ein angemessener Ausgleich zwischen den Bedürfnissen der Regierung nach nachrichtendienstlichen Informationen und den Grundrechten der Bürger gefunden werde. Das Gericht vertrat weiter, dass auch die Einrichtung eines Sondergerichts mit entsprechenden Anordnungsbefugnissen den verfassungsrechtlichen Anforderungen genügen könne.[133]

Die vom Gericht hervorgehobenen Unterschiede zwischen strafprozessualen Maßnahmen und solchen im Rahmen nachrichtendienstlicher Tätigkeiten gaben den Anstoß zur Schaffung des *Foreign Intelligence Surveillance Act* (*FISA*).[134] Das Gesetz war der Schlusspunkt einer sechs Jahre andauernden Debatte zwischen den Kräften, die von einer der Exekutive inhärenten Befugnis zu Maßnahmen der elektronischen Überwachung ausgingen, und anderen, die eine Anpassung an die im Strafverfahren geltenden Regelungen befürworteten. Nach Ablehnung von sechs Gesetzentwürfen verabschiedete der Kongress im Jahre 1978 ein Gesetz,[135] das eine klare Trennung von Aufgaben und Zuständigkeiten

128 Ebd., S. 312ff.
129 Ebd., S. 314.
130 Ebd., S. 322.
131 Vgl. Bradley (2002), S. 468ff.; Rindskopf Parker (2003), S. 5, 8; Robinson (2000), S. 51, 53.
132 *United States v. United States District Court* (Fn. 127), S. 320f.
133 Ebd., S. 322f.
134 Vgl. Public Law 95–511 = 50 U.S.C. §§ 1801–1862.
135 Zur Entstehung: Bradley (2002), S. 473f.; Sloan (2001), S. 1467, 1494f.

der Strafverfolgung von denen der nationalen Sicherheit vollzog.[136] Ausdrücklich geregelt ist (an anderer Stelle), dass Abhörmaßnahmen ausschließlich nach *FISA* oder nach *Title III* zulässig sind.[137] Die Zuständigkeit der Nachrichtendienste im Innern des Landes wurden beschränkt, die Zuständigkeit der Terrorismusbekämpfung vorrangig dem *FBI* übertragen.[138]

2. *Zentrale Regelungen des Gesetzes*

FISA hat (heute) die nachrichtendienstliche Tätigkeit zum Zwecke der Abwehr feindlicher Bestrebungen ausländischer Staaten und Organisationen, von Terroristen und ihren Helfern in den USA zum Gegenstand. Das Gesetz statuiert die Regeln für ein von der Strafverfolgung grundsätzlich getrenntes, mit den dort bekannten Maßnahmen aber mittlerweile im Wesentlichen identisches Bündel von Eingriffsbefugnissen,[139] die seit einigen Jahren nicht mehr auf die elektronische Überwachung beschränkt sind. In der zweiten Hälfte der neunziger Jahre wurde eine breite Palette von bis dahin nur in der Strafverfolgung zulässigen Maßnahmen neu in das Gesetz eingefügt. Zulässig sind danach Abhörmaßnahmen (*wiretap*), die Ausforschung von Verbindungsdaten in der Telekommunikation (*pen register* und *trap and trace*[140]), die Durchsuchung von Sachen (*physical search*[141]) und das auf die Herausgabe von Unterlagen und Kundeninformationen gerichtete Verfahren gegen bestimmte Infrastruktur- respektive Dienstleistungsunternehmen (*administrative subpoena*[142]). Als Eingriffsschwelle[143] für Maßnahmen der elektronischen Überwachung ist *probable cause* vorgeschrieben, dennoch unterscheidet sich dieser Standard grundlegend von dem des Strafprozessrechts. Verlangt letzteres *probable cause* für das Vorliegen einer Straftat, so ist es nach *FISA* ausreichend, dass hinreichender Grund zu der Annahme besteht, dass das Ziel der Überwachungsmaßnahme eine ausländische Macht oder deren Agent ist (*probable cause to believe that the target of the electronic surveillance is a foreign power or an agent of a foreign power*).[144] Die Definition des *agent of a foreign power* wurde dabei durch den *Intelligence Reform and Terrorism Prevention Act* von 2004[145] erweitert. Nach dem so genannten *lone-wolf*-Standard wird jede nicht als US-Bürger anzusehende Person, die in den internationalen Terrorismus oder dessen Vorbereitung involviert ist, als *agent of a foreign power*

136 Rindskopf Parker (2003), S. 5.
137 18 U.S.C. § 2511(2)(f).
138 McCarthy (2002), S. 441f.; zu den Auswirkungen auf das FBI: Stuntz (2002), S. 674ff.
139 Vgl. Bradley (2002), S. 473f. und 50 U.S.C. §§ 1801–1862.
140 50 U.S.C. §§ 1841–1846; in das Gesetz eingefügt durch Sec. 601 des Intelligence Authorization Act for Fiscal Year 1999 (Public Law 105–272).
141 50 U.S.C. §§ 1821–1829; in das Gesetz eingefügt durch Sec. 807 des Intelligence Authorization Act for Fiscal Year 1995 (Public Law 103–359).
142 50 U.S.C. §§ 1861–1862; als §§ 1862f. in das Gesetz eingefügt durch Sec. 501–503 des Intelligence Authorization Act for Fiscal Year 1999 (Public Law 105–272).
143 Zu den Auslegungsproblemen bei zentralen Begriffen des Gesetzes vgl. Robinson (2000), S. 56ff.
144 50 U.S.C. § 1805(a)(3)(A).
145 Public Law 108–458.

angesehen, was den „Vorteil" erleichterter Anforderungen an eine entsprechende gerichtliche Anordnung auf elektronische Überwachung oder Durchsuchungsmaßnahmen nach *FISA* mit sich bringt.[146] Ist die Zielperson amerikanischer Staatsbürger oder verfügt diese über einen dauerhaften Aufenthaltsstatus[147], darf die Maßnahme nur angeordnet werden, wenn die Zielperson nicht nur deshalb als *agent of a foreign power* angesehen wird, weil sie ihre Rechte aus dem ersten Verfassungszusatz wahrnimmt.[148] Das Gesetz schreibt weiter vor, dass gegenüber amerikanischen Staatsbürgern und Personen mit dauerhaftem Aufenthaltsrecht (*United States persons*) nur unabdingbar notwendige Maßnahmen ergriffen werden dürfen (*minimization procedures*),[149] die aber offenbar nach den Anschlägen vom 11. September 2001 umgangen wurden.[150] Das Gesetz verlangt indes nicht den Verdacht oder das Bevorstehen einer Straftat gegen die nationale Sicherheit als Voraussetzung für die Zulässigkeit einer Maßnahme und ermöglicht so wesentlich früher einsetzende und weitergehende Überwachungsmaßnahmen als dies nach *Title III* der Fall wäre.[151] Zulässig sind die vorgenannten Maßnahmen zur Abwehr einer Beeinträchtigung der Sicherheit der Vereinigten Staaten durch Angriffe oder andere schwerwiegende feindliche Akte, Sabotage oder internationalen Terrorismus oder geheime nachrichtendienstliche Mittel ausländischer Mächte oder ihrer Agenten.[152] Das Gesetz gilt nicht für die elektronische Überwachung außerhalb der Vereinigten Staaten, noch gestattet es Maßnahmen im Landesinnern, wenn der Anlass der Maßnahme keinen Anknüpfungspunkt zum Ausland hat.[153]

Mit Blick auf die im Vergleich zu strafprozessualen Maßnahmen niedrige Eingriffsschwelle ist die Verwendung von Beweismitteln aus einer Maßnahme nach *FISA* in einem Strafverfahren verfassungsrechtlich problematisch. Dennoch haben Gerichte dies bereits vor den durch den *USA PATRIOT Act* eingefügten Änderungen für zulässig erachtet.[154]

146 Sec. 6001 Public Law 108-458, die der sunset-Klausel des USAPA unterliegt; vgl. Congressional Research Service, 29. 12. 2004, Intelligence Reform and Terrorism Prevention Act of 2004: „Lone Wolf" Amendment to the Foreign Intelligence Surveillance Act.

147 Vgl. 50 U.S.C. § 1801(i); dies gilt auch für Vereinigungen des geschützten Personenkreises.

148 50 U.S.C. §§ 1805(a)(3)(A) und 1842(a)(1) (= Sec. 214 USAPA).

149 50 U.S.C. §§ 1801(h), 1805(a)(4), 1824(a)(4); ausführlich hierzu die Entscheidung des FISC: In re All Matters Submitted to the Foreign Intelligence Surveillance Court, 218 F.Supp2d 611, 615ff. (Foreign Intel. Surv. Ct. 2002) (en banc) (www.fas.org/irp/agency/doj/fisa/fisc051702.html) und die (abändernde) Entscheidung des FISCR: In re Sealed Cases, 310 F.3d 717, 731ff. (Foreign Int. Surv. Ct. Rev. 2002).

150 *New York Times* vom 04.01.2006 („Agency First Acted on Its Own to Broaden Spying, Files Show").

151 McCarthy (2002), S. 443.

152 50 U.S.C. § 1801(e).

153 Vgl. Bradley (2002), S. 474; 50 U.S.C. § 1804(a)(7)(A) und (B).

154 Vgl. Bradley (2002), S. 484f.; *United States v. Duggan*, 743 F.2d 59, 78 (2d Cir. 1984); *United States v. Pelton*, 835 F.2d 1967, 1076 (4th Cir. 1984), beide unter Verweis auf 50 U.S.C. § 1806(b).

3. *Anordnungsbefugnisse durch ein geheimes Sondergericht*

Die Anordnungsbefugnis für Maßnahmen nach *FISA* liegt bei einem 1978 eigens geschaffenen Gericht, dem *Foreign Intelligence and Surveillance Court* (*FISC*), das sich unter größten Sicherheitsvorkehrungen und strenger Geheimhaltung trifft. Die (seit 2001) elf Richter werden vom *Supreme Court* auf Zeit bestimmt. Berechtigt, eine Maßnahme zu beantragen, sind nur Bundesbeamte (*federal officers*) nach Bestätigung durch den *Attorney General*.[155] Das Verfahren ist kein Streitverfahren, sondern ein so genanntes *ex parte*-Verfahren. Dem Betroffenen steht kein Rechtsschutz mit Blick auf die auf Grund einer Anordnung handelnden Dritten (z. B. Telekommunikationsunternehmen) zu.[156] Erlässt das Gericht einen Beschluss zur Zulässigkeit von Überwachungsmaßnahmen (*warrant*), so ist dieser dem Betroffenen gegenüber geheim und kann daher im Regelfall keiner gerichtlichen Überprüfung zugeführt werden.[157] Dies ist nur dann anders, wenn die gewonnenen Erkenntnisse in einem Strafverfahren oder einem anderen Verfahren verwendet werden sollen.[158] Die dem Antrag zugrunde liegenden Informationen und Angaben des Antragstellers sind regelmäßig unter Verschluss zu halten und dürfen nicht an Dritte oder den Beschuldigten in einem Verfahren, das auf den unter *FISA* angeordneten Maßnahmen beruht, herausgegeben werden, soweit dies nicht notwendig ist, um die Zulässigkeit der Überwachungsmaßnahme selbst zu prüfen; hier erfolgt eine Überprüfung regelmäßig in einem *ex-parte*- und *in-camera*-Verfahren[159] Der *Attorney General* ist gesetzlich verpflichtet, vor dem Kongress regelmäßig Rechenschaft über Maßnahmen nach diesem Gesetz abzulegen.[160]

Das Gesetz sieht grundsätzlich zwei Ausnahmefälle vom Richtervorbehalt vor. Zum einen kann der *Attorney General* als Bevollmächtigter des Präsidenten Maßnahmen für die Dauer von bis zu einem Jahr ohne richterlichen Beschluss selbst anordnen, wenn es unwahrscheinlich ist (*no substantial likelihood*), dass ein US-Staatsbürger oder eine Person mit dauerhaftem Aufenthaltsrecht betroffen ist.[161] Ebenso kann dieser auf ein Jahr befristete Durchsuchungsbeschlüsse (*physical search*) erlassen, wenn die tatbestandlichen Voraussetzung erfüllt sind und sich die Durchsuchung gegen Liegenschaften einer ausländischen Macht (*foreign power*) richtet, wozu auch politische oder terroristische Organisationen und Vereinigungen gehören.[162] Das Gesetz sieht in diesem Fall bestimmte Verfahrensschritte vor, unter anderem die Hinterlegung einer beeideten Versicherung des *Attorney General* über das Vorliegen der gesetzlichen Voraussetzungen bei dem *FISC*.[163] Im Notstandsfalle

155 50 U.S.C. § 1804.

156 Vgl. etwa 50 U.S.C. § 1805; ausführlich zum Verfahren: ROBINSON (2000), S. 61ff.; SLOAN (2001), S. 1496f.

157 MCCARTHY (2002), S. 452.

158 50 U.S.C. § 1806(c); s. a. Entscheidung FISCR (Fn. 149), S. 736.

159 50 U.S.C. § 1806(f).

160 50 U.S.C. §§ 1808, 1826, 1846.

161 50 U.S.C. § 1802(a)(1)(B).

162 50 U.S.C. § 1822(a)(1).

163 Zum Verfahren vgl. ROBINSON (2000), S. 60f.

(*emergency*) kann der *Attorney General* die angeführten Maßnahmen ohne richterliche Entscheidung autorisieren und muss je nach Maßnahme binnen 48 bis 72 Stunden eine nachträgliche richterliche Entscheidung einholen.[164] Zwischen 1978 und 2001 wurden in 47 Fällen solche *emergency*-Anordnungen getroffen, in den ersten 12 Monaten nach dem 11. September wurde in 113 Fällen von dieser Möglichkeit Gebrauch gemacht.[165] Im Falle einer formellen Erklärung des Kriegszustandes durch den Kongress können die genannten Maßnahmen für die Dauer von bis zu 15 Tagen durch den Präsidenten angeordnet werden.[166] Wird ein Antrag der Exekutive zur Durchführung von Maßnahmen abgelehnt, kann diese die Entscheidungen vor dem *Foreign Intelligence Surveillance Court of Review* (*FISCR*)[167] anfechten. Erfolgt auch hier eine Ablehnung, kann der *Supreme Court* angerufen werden, was bei weit über 12.000 in den Jahren 1978 bis 2002 positiv beschiedenen Anträgen offenbar mangels eines abgelehnten Antrags bislang nicht notwendig war; in einigen Fällen wurden Anträge offenbar zurückgezogen oder nachgebessert.[168] Zwischen 1979 und 1988 hat das Gericht in 4.812 Fällen Beschlüsse zur Durchsuchung oder elektronischen Überwachung erlassen, die in 67 Fällen (1,39%) zu einer Verurteilung des Betroffenen führten. In der zweiten Hälfte der neunziger Jahre überstieg die Zahl der *warrants* nach *FISA* die Gesamtzahl aller anderen auf Bundesebene erteilten strafprozessualen *warrants* um ein Erhebliches.[169] Dass diese Zahlen sich nach den Anschlägen vom 11. September 2001 nicht verringert haben, kann unterstellt werden. Hinzu kommen offenbar tausende von Überwachungsmaßnahmen des TK-Verkehrs seitens der NSA, die erst Ende 2005 bekannt wurden.[170]

Im Mai 2002 hat der *FISC* in einer höchst ungewöhnlichen Entscheidung aller Richter[171] den Vorschlag der Exekutive zurückgewiesen, bestimme Vorkehrungen zur Trennung (*wall*) von Maßnahmen nach *FISA* und solchen der Strafverfolgung im Rahmen der als Verwaltungsvorschrift anzusehenden *minimization procedures*[172] zum Nachteil der von Überwachungsmaßnahmen Betroffenen abzuändern. Teilweise wurden die Änderungen nach Modifikation durch das Gericht akzeptiert.[173] Das Gericht beanstandete bestimmte Regularien für diesen Informationsaustausch und wies dabei ausdrücklich darauf hin, dass es in den vergangenen Jahren häufig Verstöße der Exekutive gegen dieses Trennungsgebot gegeben habe.[174] Im Gefolge dieser Entscheidung ist der ebenfalls geheim tagende *FISCR* im November 2002 erstmals seit seiner Gründung im Jahre 1978 tätig geworden. Obgleich es sich um ein *ex parte*-Verfahren handelte, ließ das Gericht die schriftliche Stellungnah-

164 50 U.S.C. §§ 1805(f), 1824(e), 1843.
165 Vgl. DOJ 2003 (Fn. 20), Ziff. 14.
166 50 U.S.C. §§ 1811, 1829, 1844.
167 50 U.S.C. § 1803(b).
168 Robinson (2000), S. 63 und 76ff. mit einer detaillierten Übersicht; Sloan (2001), S. 1496.
169 Robinson (2000), S. 70f.; s. a. Wiretap Report 2002 (Fn. 91).
170 Siehe unten 5.
171 Für gewöhnlich entscheidet nur eine im Gesetz bestimmte Anzahl der Richter einen konkreten Fall.
172 Siehe oben Fn. 149.
173 FISC (Fn. 149), S. 623ff.
174 FISC (Fn. 149), S. 620f.

men einiger Bürgerrechtsorganisationen zu, offenbar um die Legitimität der Entscheidung zu erhöhen. Der *FISCR* äußerte sich überzeugt von der verfassungsrechtlichen Vereinbarkeit des *FISA* mit der *Bill of Rights*,[175] ließ dabei aber die Frage offen, ob es sich bei den Entscheidung des *FISC* um einen *warrant* im Sinne des vierten Verfassungszusatzes handele.[176] Der *FISCR* sah die vom *FISC* gezogene Trennlinie zwischen nachrichtendienstlichen Maßnahmen und solchen der Strafverfolgung für nicht vom Gesetz gefordert an und hob zwei auf dieser Annahme beruhende Entscheidungen des *FISC* auf. Das Gericht hob hervor, dass die Auffassung einer unterschiedslosen Dichotomie nachrichtendienstlicher Maßnahmen und solcher der Strafverfolgung nicht zutreffend sei, weil nachrichtendienstliche Maßnahmen gerade auch durch die strafrechtliche Verfolgung etwa von Spionage oder terroristischen Aktivitäten den erstrebten Erfolg erzielen könnten. Daher sei eine Verwendung von Beweisen aus einer *FISA*-Maßnahme bereits vor Änderung des Gesetzes durch den *USA PATRIOT Act* eindeutig vom Gesetz gedeckt gewesen.[177] Nach dieser Änderung[178] sei ein Rückgriff auf Maßnahmen gemäß *FISA* auch dann zulässig, wenn ein anderer Zweck als nachrichtendienstliche Angelegenheiten im Vordergrund stünde.[179] Unzulässig sei ein Rückgriff auf *FISA* nur bei gewöhnlichen Straftaten, die in keinerlei Beziehung zu nachrichtendienstlichen Aufgaben oder dem Terrorismus stünden.[180] Sicherlich nicht unbeeinflusst von dieser Entscheidung wurden nach Regierungsangaben seit Oktober 2002 in rund 4.500 Fällen nachrichtendienstliche Akten seitens der Strafverfolgungsbehörden systematisch daraufhin ausgewertet, ob strafrechtlich relevantes Verhalten der von einer *FISA*-Maßnahme betroffenen Personen vorlag.[181]

Soweit andere Gerichte als die genannten Geheimgerichte über die Vereinbarkeit des Gesetzes mit der Verfassung zu entscheiden hatten, gingen diese bisher regelmäßig davon aus, dass das Gesetz einen angemessenen Ausgleich zwischen den Grundrechten des Einzelnen und den Erfordernissen der nationalen Sicherheit garantiere. Insbesondere die Vereinbarkeit mit dem ersten Verfassungszusatz und die heftig umstrittene Vereinbarkeit mit den Rechten aus dem vierten Verfassungszusatz[182] wurden durchgängig bejaht.[183]

4. Änderungen durch den USA PATRIOT Act

Durch verschiedene Änderungen wurden die behördlichen Befugnisse im Rahmen der durch *FISA* vorgesehenen Maßnahmen ausgeweitet. Die maximale Geltungsdauer von Ab-

175 FISCR (Fn. 149), S. 746.
176 FISCR (Fn. 149), S. 742.
177 FISCR (Fn. 149), S. 735f.
178 Vgl. 50 U.S.C. § 1806 (= Sec. 504(a) USAPA).
179 FISCR (Fn. 149), S. 735f.
180 FISCR (Fn. 149), S. 735.
181 Vgl. DOJ 2003 (Fn. 20), Ziff. 12.B.
182 Vgl. bspw. *United States v. Duggan* (Fn. 154), S. 73; *United States v. Cavanagh*, 807 F.2d 787, 788f. (9th Cir. 1987), die beiden letztgenannten m. w. N.
183 Dowley (2002), S. 173f.; s. a. *United States v. Falvey*, 540 F. Supp. 1306, 1311ff. (E.D.N.Y. 1982).

hörmaßnahmen und Durchsuchungsbeschlüssen wurden im Regelfall verdoppelt.[184] Zukünftig sind Maßnahmen nach *FISA* nicht mehr vorrangig (*primary purpose*) auf die Abwehr von *foreign intelligence* beschränkt, sondern es genügt, wenn dies ein wesentliches Ziel (*significant purpose*) der Maßnahme ist.[185] Unter *foreign intelligence* fallen unter anderem Informationen, die sich auf potentielle Angriffe seitens ausländischer Mächte oder ihrer Handlanger oder den internationalen Terrorismus beziehen.[186] Um eine Maßnahme der Strafverfolgung (systemfremd) auf *FISA* zu stützen, reicht es mithin aus, wenn diese zugleich bedeutsam für nachrichtendienstlichen Zwecken ist.[187] In der Literatur wird kritisiert, dass dies zu einer weiteren Verwischung der Grenzen von Strafverfahren und nachrichtendienstlichen Maßnahmen führe und damit die Missbrauchsgefahr eines Rückgriffs auf die erleichterten Bedingungen dieses Gesetzes steigen werde,[188] andere vertreten die Auffassung, Eingriffe nach *FISA* seien damit in gewöhnlichen Strafverfahren ausgeschlossen.[189]

Während es in der Vergangenheit nur zulässig war, Dritte, wie beispielsweise Anbieter von Telekommunikationsdiensten, zu verpflichten, entsprechende Abhörmaßnahmen gegen Einzelpersonen zu dulden respektive zu unterstützen, richten sich entsprechende Anordnungen nunmehr nicht länger gegen einen bestimmten Dienstanbieter, sondern gegen einen unbekannten Personenkreis (*multipoint* oder *roving surveillance*), soweit das anordnende Gericht davon ausgeht, dass die Zielperson die Überwachung zu vereiteln versucht; bei der Verwendung von *pen register* oder *trap and trace* ist dies nunmehr ohne weiteres möglich.[190] Damit können alle Kommunikationsverbindungen des Betroffenen überwacht werden, unabhängig vom Ort, an dem die Kommunikation stattfindet. Diese (umstrittene) Maßnahme war dem Strafprozessrecht bereits zuvor bekannt und wird jetzt auf *FISA*-Maßnahmen ausgeweitet.[191] Die Ausweitung hat wesentlich weitergehende Eingriffe in die Privatsphäre als nach altem Recht zur Folge,[192] weil sich die Maßnahme nunmehr auch gegen der Öffentlichkeit zugängliche Einrichtungen wie beispielsweise ein Internet-Café

184 50 U.S.C. §§ 1805(e)(1) und 1824(d)(1) (= Sec. 207 USAPA); mit Staffelungen von 90 Tagen, 120 Tagen oder einem Jahr.

185 50 U.S.C. §§ 1804(a)(7)(B) und 1823(a)(7)(B) (= Sec. 218 USAPA). Bei dieser Formulierung handelt es sich offenbar um einen Kompromiss zwischen der Exekutive und dem Kongress, wobei erstere eine noch niedrigere Eingriffsschwelle vorschlug; vgl. David Hardin (2003), S. 291, 321ff. Die Sicht der Exekutive verdeutlicht anschaulich: Stellungnahme Attorney General (Fn. 44).

186 50 U.S.C. § 1801(e).

187 McCarthy (2002), S. 444.

188 Bradley (2002), S. 486 f.; Rindskopf Parker (2003), S. 7.

189 McCarthy (2002), S. 445; differenzierend: FISCR, oben Fn. 149f. und begleitenden Text.

190 50 U.S.C. § 1805(c)(2)(B) (= Sec. 206 USAPA) und § 1842(c)(2) (= Sec. 214(a)(3) USAPA); Henderson (2002), S. 199.

191 Bradley (2002), S. 487; vgl. 18 U.S.C. § 2518(11)(b).

192 Henderson (2002), S. 197f.

oder eine öffentliche Bibliothek[193] mit Internetzugang richten kann, wenn die Behörde den Verdacht hat, dass die Zielperson (*target of the application*) diesen für Kommunikationszwecke nutzen könnte.[194] In der Literatur wird daher vertreten, dass dies den Erlass richterlicher Blankettbeschlüsse ermögliche.[195]

Erweitert wurden auch die *subpoena*-Befugnisse des *FBI*. Richteten sich diese bisher auf die Herausgabe von Geschäftsunterlagen bestimmter Dienstleistungs- und Infrastrukturunternehmen, so ist das *FBI* nunmehr auf Beschluss des zuständigen Gericht hin berechtigt, von jeder natürlichen oder juristischen Person die Herausgabe jedweder beweglichen Sache (*any tangible things*) zum Zwecke einer Untersuchung mit dem Ziel des Schutzes gegen den internationalen Terrorismus oder geheime nachrichtendienstliche Aktivitäten zu verlangen, soweit sich diese Maßnahme nicht ausschließlich auf Tätigkeiten bezieht, die unter den Schutz des ersten Verfassungszusatzes fallen.[196] Bis März 2005 sollen 35 Anordnungen dieser Art seitens des Gerichts (*FISC*) erlassen worden sein, von denen keine anschließend zur Strafverfolgung führte.[197] Hiernach sind auch Untersuchungen über das Nutzer- und Käuferverhalten einzelner Personen bei öffentlichen Bibliotheken und bei Buchhandlungen möglich.[198] Mit Blick auf die breite öffentliche Kritik hieran hob der *Attorney General* im April 2005 hervor, dass auch Bibliotheken kein Schutzraum (*safe haven*) für Terroristen sein könnten.[199] Weitergehende Tatbestandsvoraussetzungen sind vom Gesetz nicht gefordert.[200] Die Tatsache, dass eine solche Herausgabe verlangt oder Unterlagen herausgegeben wurden, darf der von einem Herausgabeverlangen Betroffene Dritten oder der Presse gegenüber nicht offenbaren.[201]

Eine vergleichbare Maßnahme stellen auch die so genannten *national security letters* dar, durch die der Betroffene verpflichtet wird, bestimmte elektronisch aufgezeichnete Daten, wie Finanzdaten, Telefon- und Emaildaten und andere aus nachrichtendienstlichen Gründen an die Behörden herauszugeben.[202]

193 Vgl. *San Francisco Chronicle* vom 29.05.2003, S. A21 („Freedom to Read"). Auch die Entleihe bestimmter Bücher in Universitätsbibliotheken wird mit Blick auf bestimmte Personen erfasst; vgl. DOJ 2003 (Fn. 20), Ziff. 1.B.

194 Pallasky (2002), S. 224.

195 Whitehead/Aden (2002), S. 1105.

196 50 U.S.C. § 1861(a)(1) (= Sec. 215 USAPA).

197 Attorney General, Ergänzende Stellungnahme zum Hearing des Senate Committee on the Judiciary, „Oversight for the USA Patriot Act", 20. 10. 2005 (http://www.fas.org/irp/agency/doj/fisa/doj102005.pdf).

198 Vgl. die (erfolglose) Gesetzesinitiative im 108. Kongress zum Erlass eines „Freedom to Read Protection Act 2003" (H.R. 1157 IH); DOJ 2003 (Fn. 20), Ziff. 1.B.

199 Stellungnahme Attorney General (Fn. 44).

200 Vgl. DOJ 2003 (Fn. 20), Ziff. 1.B.

201 50 U.S.C. § 1861(d).

202 Vgl. bspw. 18 U.S.C. § 2709 und die weiteren unter DOJ 2003 (Fn. 20), Ziff. 3, aufgezählten Normen; zur Anwendung vgl. *Washington Post* vom 18. 12. 2005 („Pushing the Limits Of Wartime Powers").

IV. Weitere Maßnahmen

Nachfolgend sollen einige weitere Neuerungen im Gefolge der Ereignisse des 11. September kurz dargestellt werden, die sich aus dem *USA PATRIOT Act* und anderen Regelungen ergeben.[203]

1. Gewahrsamnahme terrorismusverdächtiger Ausländer

Nach einer neu geschaffenen Bestimmung im *Immigration and Nationality Act*[204] muss (!) der *Attorney General* jeden Ausländer in Gewahrsam (*mandatory detention*) nehmen, wenn er zuvor im Rahmen einer Ermessensentscheidung festgestellt hat, dass berechtigte Gründe zu der Annahme (*reasonable grounds to believe*) bestehen, dass dieser die nationale Sicherheit gefährde.[205] Die gesetzlich vorgesehenen Gründe für eine mutmaßliche Gefährdung der nationalen Sicherheit sind dabei wenig präzise und außerordentlich weit.[206] Die Maßnahme ist auf sieben Tage befristet. Innerhalb dieser Frist ist ein Abschiebe- oder Strafverfahren zu eröffnen, andernfalls ist der Betroffene freizulassen. Wenn ein Strafverfahren nicht eröffnet wird und eine Abschiebung in der näheren Zukunft nicht absehbar ist, kann der *Attorney General* jeweils für maximal sechs Monate eine Fortdauer des Gewahrsams anordnen, soweit die Freilassung eine Gefahr für die nationale Sicherheit der USA (*jeopardize the national security*) oder die Sicherheit des Gemeinwesens (*community*) oder für irgendeine Person (*any person*) darstellt. Eine absolute zeitliche Befristung der Maßnahme ist nicht vorgesehen, was nach (umstrittener) Ansicht vieler Bürgerrechts- und Ausländerorganisationen im Falle einer Person, die nicht abgeschoben werden kann, zu einer (vom Präsidenten im Gesetzgebungsverfahren vorgeschlagenen, vom Kongress aber abgelehnten) unbefristeten Gewahrsamnahme solcher Personen führen kann.[207] Eine gerichtliche Überprüfung des Gewahrsams und damit implizit auch der Kategorisierung als Terrorist oder deren Helfer ist nur im Rahmen eines nach erfolgter Gewahrsamnahme durchgeführten

203 Die Inhaftierungen so genannter enemy combatants [aktuell bspw.: *New York Times* vom 27. 11. 2005 („In Terror Cases, Administration Sets Own Rules")] und die Vorgänge in und um das Lager in Guantánamo/Kuba, dessen Insassen auch weiterhin ohne effektiven *habeas-corpus*-Rechtsschutz festgehalten werden sollen [vgl. US Supreme Court, *Rasul v. U.S.*, Urteil vom 28. 06. 2004, *Europäische Grundrechte Zeitschrift* 2004, S. 791; zum aktuellen Stand: *New York Times* vom 04. 01. 2006 („U.S. to Seek Dismissal of Guantánamo Suits")] können hier nicht untersucht werden.

204 S. o. Fn. 55, die von zehntausenden Fällen der Anwendung durch das FBI berichtet.

205 8 U.S.C. § 1226a (= Sec. 412 USAPA); kritisch zur verfassungsrechtlichen Zulässigkeit: Sinnar (2003), S. 1419.

206 Sinnar (2003), S. 1426, 1432ff.

207 McCarthy (2002), S. 449 m. w. N.; von einer Pflicht zur Freilassung gehen Lebowitz/Podheiser (2002), S. 879; ausf. in *Zadvydas v. Davis* (Fn. 50), S. 697, hat der Supreme Court die unbefristete Gewahrsamnahme eines Ausländers nach 28 U.S.C. § 2241, für unzulässig erklärt, wenn die Person nicht abgeschoben werden kann (diese Norm wurde durch den USAPA verschärft). Das Gericht hat weiter erklärt, dass es die Rechtslage für Terroristen anders bewerten könnte (ebd.), vgl. McGinty Borg (2003), S. 951, 978; Lobel (2002), S. 68f.

habeas corpus-Verfahrens zur Überprüfung der Zulässigkeit der Freiheitsentziehung möglich.[208] Es erfolgt mithin keine vorherige richterliche Kontrolle. Die Zulässigkeit und die Voraussetzungen eines *habeas corpus*-Verfahrens[209] wurden bereits im Jahre 1996 durch den *Antiterrorism and Effective Death Penalty Act*[210] erheblich zu Lasten der Betroffenen beschränkt.[211] Von der geänderten Norm wurde bis Mai 2003 offenbar nicht Gebrauch gemacht, weil andere gesetzliche Regelungen als ausreichend für die Gewahrsamnahme von Ausländern angesehen wurden.[212]

In den ersten Wochen und Monaten nach dem 11. September wurden mehr als 1.200 Ausländer als Terrorismusverdächtige in Gewahrsam genommen. Viele wurden nach Vernehmungen freigelassen, rund 750 blieben längere Zeit in Gewahrsam. Als Rechtsgrundlage wurde regelmäßig die Verletzung ausländerrechtlicher Bestimmungen herangezogen oder die Person wurde zu einem wichtigen Zeugen (*material witness*)[213] erklärt, was unter bestimmten Voraussetzungen ermöglicht, diese in Gewahrsam zu nehmen.[214] Damit konnten diese Maßnahmen im Rahmen verwaltungsrechtlicher Verfahren (*administrative process*) ausgeführt werden, die einen wesentlich geringeren Schutz für den Betroffenen als eine strafprozessuale Maßnahme vermitteln.[215] Im Durchschnitt benötigten die Behörden 80 Tage, bis eine Prüfung des Terrorismusverdachtes seitens des *FBI* abgeschlossen war; einige Personen wurden bis zu acht Monate festgehalten. Rechtsverletzungen und physische wie psychische Misshandlungen kamen hierbei nach mittlerweile offizieller Bekundung offenbar verbreitet vor.[216] Die Zahl der insgesamt Festgehaltenen hat bis Ende 2002 nach Schätzungen mehr als 2.000 erreicht; offizielle Zahlen existieren nicht.[217] Ein

208 SINNAR (2003), S. 1425.

209 Die gesetzlichen Regelungen finden sich in 28 U.S.C. §§ 2241–2266.

210 S.o. Fn. 15.

211 LAFAVE/ISRAEL/KING (2000), § 28.2; MCCARTHY (2002), 450. Zur Vereinbarkeit dieses Gesetzes mit der Verfassung vgl. *Felker v. Turpin*, 518 U.S. 651, 663f. (1996).

212 Vgl. DOJ 2003 (Fn. 20), Ziff. 21.

213 Vgl. den Bail Reform Act von 1984 (98 Stat. 1982 = 18 U.S.C. § 3144).

214 Vgl. *United States v. Awadallah*, 202 F.Supp.2d 55 und 82 (S.D.N.Y. 2002) und *In Re Application Of U.S. For Material Witness Warrant*, 213 F.Supp.2d 287 (S.D.N.Y. 2002). Nach Schätzungen von Bürgerrechtsorganisationen wurden bis Mitte 2005 rund 70 Personen als material witness festgehalten, von denen später nur 7 wegen Terrorismus angeklagt wurden; vgl. *Newsweek* vom 04.07.2005; *CNN* vom 27.06.2005 („Report: U.S. abusing material witness statute").

215 Hierzu gehört auch eine Verlängerung der Frist, innerhalb deren die Behörden eine Entscheidung über eine weitere Gewahrsamnahme oder Abschiebung von bisher 24 Stunden auf einen „angemessenen" (reasonable) Zeitraum; vgl. 66 Fed. Reg. S. 48334 vom 20.09.2001.

216 Zur Praxis der Gewahrsamnahme von Ausländern nach dem 11.09.2001 ist nach langen Auseinandersetzungen zwischen den zuständigen Stellen im April 2003 ein rund 200seitiger Bericht der internen Prüfabteilung des Justizministeriums (Inspector General) erschienen; in dem die Ausführung und Begründung der Maßnahmen zum Teil offen kritisiert wird.

217 Die zuständigen Behörden stellten die Zählung bei rund 1.200 in Gewahrsam Genommenen ein, weil die Statistik zu „konfus" sei; vgl. den Bericht des Inspector General (Fn. 216), S. 1, Fn. 2.

Zugangsrecht der Presse zu diesen Verfahren wird seitens der Gerichte zum Teil verneint. In nur vier Fällen soll Anklage erhoben worden sein.[218]

Insgesamt sollen vom 11. September 2001 bis in die zweite Jahreshälfte 2005 rund 83.000 Menschen im *war on terrorism* festgenommen worden sein, von den rund 14.000 noch inhaftiert sein sollen.[219]

2. *Abschiebungen bei Verletzung aufenthaltsrechtlicher Bestimmungen*

Mitte 2003 begann eine Kampagne, bei der rund 13.000 Männer wegen der Verletzung aufenthaltsrechtlicher Vorschriften abgeschoben werden sollen, weil diese aus 25 arabischen oder muslimischen Ländern stammen, denen die Exekutive Verbindungen zum Terrorismus nachsagt. Diese Maßnahme lässt sich letztendlich nur mit einem generellen *racial profiling* begründen, also der Verdächtigung auf Grund der „Rasse" des Betroffenen.[220] Die weit größere Zahl illegaler Immigranten etwa aus Mexiko und Lateinamerika ist hiervon nicht betroffen. Der Abschiebung ging eine Anordnung voraus, nach der sich alle Männer aus diesen Ländern bei den Behörden melden mussten, wovon rund 82.000 Menschen erfasst wurden. Elf von ihnen hatten nach Ansicht der Behörden Verbindungen zum Terrorismus.[221]

3. *Eigentumseingriffe durch den Präsidenten*

Durch eine Änderung des *International Emergency Economic Powers Act* (*IEEPA*) von 1977[222] wird es dem Präsidenten respektive seinem Bevollmächtigten (*Treasury Department's Office of Foreign Asset Control – OFAC*) ermöglicht, unter anderem im Falle eines feindlichen Angriffs aus dem Ausland (*when the United States ... has been attacked by a foreign country or foreign nationals*) ohne Durchführung eines rechtsstaatlichen Verfahrens Eigentum und Vermögen (*property*) ausländischer Staaten, Organisationen oder Personen zu sperren (*block*) und Geschäfte mit diesen zu untersagen, wenn diese nach seiner Einschätzung (!) Feindseligkeiten oder Anschläge gegen die USA geplant, autorisiert oder diese unterstützt oder ausgeführt haben.[223] Eine strafrechtlich relevante Verhaltensweise der Betroffenen ist nicht erforderlich. Nach dem 11. September wurden die Guthaben verschie-

218 Vgl. Cole (2003), S. 24ff.; ein Zugangsrecht verneinend: *North Jersey Media Group v. Ashcroft*, 308 F.3d 198 (3rd Cir. 2002); bejahend: *Detroit Free Press v. Ashcroft*, 303 F3d 681 (6th Cir. 2002).

219 *Süddeutsche Zeitung* vom 18.11.2005, S. 2 („83.000 Festnahmen").

220 Vgl. Ellmann (2003), S. 305.

221 Vgl. *San Francisco Chronicle* vom 07.06.2003, S. A1 („Registered immigrants face deportation – More than 13,000 Arabs, Muslims found to be in U.S. illegally; few ties to terror").

222 50 U.S.C. §§ 1701–1707 (geändert durch Sec. 106 USAPA).

223 Vgl. Executive Order 13224, 66 Fed. Reg. S. 49079 vom 25.09.2001 sowie die Änderungen durch Ex. Ord. 13268, 67 Fed. Reg. S. 44751 vom 03.07.2002.

dener muslimischer Gruppierungen unter Rückgriff auf diese Norm eingefroren.[224] Insgesamt waren hiervon bis zum Frühjahr 2003 etwa 600 Bankkonten mit einem Gesamtguthaben von rund 124 Mio. US$ betroffen.[225] Bei einer gerichtlichen Überprüfung dieser Maßnahmen können als geheim eingestufte Informationen, mit denen die Maßnahme begründet wurde, dem Gericht nur im Rahmen eines *in camera*-Verfahrens und unter Ausschluss der Betroffenen (*ex parte*) übermittelt werden.[226] In der Literatur wird dieses Verfahren daher als Verstoß gegen den Rechtsstaatsgrundsatz (*due process*) und als unzulässige Bestrafung einzelner Gruppen seitens des Kongresses (*bill of attainder*) und damit auch als möglicher Verstoß gegen Artikel I der Verfassung angesehen.[227]

Neben dem soeben dargestellten Verfahren nach dem *IEEPA* hat der Präsident nach einer Gesetzesänderung durch den *US PATRIOT Act* außerdem die Möglichkeit, Guthaben dauerhaft einzuziehen, wenn diese einer Person gehören, die von ihm dem nationalen oder internationalen Terrorismus zugerechnet wird. Die weitere Verfügung über diese Mittel im Interesse der Vereinigten Staaten obliegt dem Präsidenten oder seinem Bevollmächtigten.[228]

4. *Tötung politischer Gegner*

In der deutschen Öffentlichkeit bislang wenig Beachtung gefunden haben Diskussionen zu gezielten Tötungen (*targeted killing*) oder Ermordungen (*assassination*)[229] politischer Gegner außerhalb des Territoriums der USA[230] und außerhalb kriegerischer Handlungen durch die US-Regierung.[231] Section 2.11 der *Executive Order No. 12333* des Präsidenten vom 04. 12. 1981[232] verbietet Morde (*assassination*) durch Regierungsmitarbeiter oder -beauftragte, nachdem das so genannte *Church Committee* 1975 Beweise für solche Maßnahmen seitens der Regierung im vorhergehenden Vierteljahrhundert vorgelegt hatte.[233] Seitens der derzeitigen Exekutive wird diese Anordnung nicht als Hindernis bei den für „erforderlich"

224 Vgl. Cole (2003), S. 27f.; s. a. *Global Relief Foundation v. O'Neill*, 207 F.Supp.2d 779 (N.D. Ill. 2002), bestätigt 315 F.3d 748 (7th Cir. 2002) *Holy Land Found. For Relief and Development v. Ashcroft*, 219 F.Supp.2d 57 (D.D.C. 2002).

225 Vgl.. DOJ 2003, Fn. 20, Ziff. 17.A.

226 50 U.S.C. § 1702(c).

227 Whitehead/Aden (2002), S. 1129ff.; s. a. *United States v. Brown*, 381 U.S. 437 (1965).

228 18 U.S.C. § 981(a)(1)(G) (= Sec. 806 USAPA).

229 Zu diesen Begrifflichkeiten und zur politischen und rechtlichen Auseinandersetzung zur Zulässigkeit solcher Maßnahmen in den vergangenen Jahrzehnten ausführlich: Banks/Raven-Hansen (2003), S. 667, 669ff. m. w. N. in Fn. 11; Canestaro (2003), S. 1, 4ff.; Addicott (2003), S. 751, 760ff.

230 Zur Unzulässigkeit dieser Maßnahmen innerhalb der USA vgl. Banks/Raven-Hansen (2003), S. 674f.

231 Zur Planung und Unterstützung Dritter bei der Ausführung solcher Maßnahmen in den sechziger und siebziger Jahren des 20. Jahrhunderts; vgl. Banks/Raven-Hansen (2003), S. 702ff., 715; s. a. *United States v. Lopez-Lima*, 738 F.Supp. 1404, 1409 (S.D. Fla. 1990).

232 46 Fed. Reg. S. 59941 vom 08. 12. 1981; zu Begrifflichkeiten: Addicott (2003), S. 756f.

233 Vgl. Hitz (2002), S. 775.

erachteten Maßnahmen der „Selbstverteidigung" angesehen.[234] In der Literatur wird gefragt, ob dieses Verbot auch die gezielte Tötung von Terroristen oder despotischen Staatsoberhäuptern umfasse. Die Antwort hängt aus amerikanische Sicht entscheidend davon ab, ob man davon ausgeht, dass die USA sich in einem erklärten Kriegszustand oder zumindest in einem von der *War Powers Resolution* aus dem Jahr 1973[235] abgedeckten Zustand befinden.[236] Mit Blick auf die Resolution des Kongresses vom 18. September 2001 (*Authorization for Use of Military Force – AUMF*),[237] mit der dem Präsidenten alle notwendigen und geeigneten militärischen Maßnahmen (*necessary and appropriate force*) zugestanden werden, wird vertreten, dass in dieser Entschließung auch eine Legitimation zu gezielten Tötungen liege, die der *Executive Order No. 12333* vorgehe,[238] soweit es sich bei diesen Maßnahmen um Akte der Selbstverteidigung (*self-defense*) handele.[239] Aus diesem Grunde sei eine weitere gesetzliche Regelung, wie etwa der 2001 seitens eines Kongressabgeordneten vorgeschlagene *Terrorist Elimination Act*[240] nicht notwendig.[241]

5. *Geheime Abhörmaßnahmen der National Security Agency (NSA)*

Durch Presseberichte wurde Ende 2005 bekannt, dass der amerikanische Präsident im Jahr 2002 die NSA ermächtigt hat, nicht nur – wie insbesondere *FISA* es unter Umständen erlaubt – ausländische Staatsbürger, sondern auch US-Bürger im Inland zu Zwecken der Terrorismusabwehr abzuhören,[242] ohne hierfür eine Anordnung des – nach umstrittener – Auffassung zuständigen Gerichts (*FISC*[243]) einzuholen. Für seine Anordnung beruft sich der Prädident auf seine verfassungsmäßige Aufgaben als Präsident (*executive power*) (Art. II Constitution) auf die Resolution des Kongress vom 18. September 2001 (*AUMF*),[244] die ihm die Nutzung aller notwendigen und geeigneten militärischen Mittel gegen die Verantwortlichen der Anschläge vom 11. September 2001 erlaubt sowie auf die Befugnisse gemäß

234 Vgl. Regierungssprecher Fleischer, zitiert in: www.fas.org/sgp/news/2001/09/ap092201.html; s.a. Addicott (2003), S. 759, der belegt, dass der Regierungssprecher offen zur Ermordung Saddam Husseins aufrief.

235 Public Law 93–148; s.a. Congressional Research Service vom 24.03.2003, War Powers Resolution: Presidential Compliance.

236 Banks/Raven-Hansen (2003), S. 723ff.; Hitz (2002), S. 774; Canestaro (2003), S. 12.

237 Sec. 2 Public Law 107–40.

238 Banks/Raven-Hansen (2003), S. 736f., soweit die Zielperson die Attentäter des 11.09.2001 unterstützt hat; Hitz (2002), S. 775 mit Bezug auf Usama bin Ladin, der solcher Maßnahmen außerhalb von Kriegshandlungen ablehnt (ebd. S. 776).

239 Banks/Raven-Hansen (2003), S. 746; Addicott (2003), S. 769; Turner (2003), S. 787, passim.

240 107th Congress (HR 19 IH).

241 Banks/Raven-Hansen (2003), S. 745; Canestaro (2003), passim, der in der Anordnung 12333 keine wesentlichen Schranken für gezielte Tötungen sieht.

242 Statt vieler: Fn. 1 und *New York Times* vom 22.12.2005 („News of Surveillance Is Akward for Agency"); *Washington Post* vom 18.12.2005 („Pushing the Limits Of Wartime Powers").

243 Vgl. oben 3.

244 Sec. 2 Public Law 107–40.

der *War Powers Resolution* (*Presidential executive power as Commander-in-Chief*[245]). Dies impliziere auch die Nutzung geheimdienstlicher Mittel bei Gefahren durch feindliche Mächte im Landesinnern. Auch die gesetzlichen Regelungen des *FISA*[246] wie auch der im Vierten Verfassungszusatz (*Fourth Amendment*) verankerte Grundsatz der Notwendigkeit einer richterlichen Vorabentscheidung (*warrant requirement*[247]) stünden dem mit Blick auf die *„special needs exception"* nicht entgegen, weil die USA sich im Krieg befänden.[248] Ob diese Überwachungsmaßnahmen zunächst ohne entsprechende Anordnung des Präsidenten, seitens der NSA unter Berufung auf die *Executive Order 12333* durchgeführt wurden, war Anfang 2006 nicht ausreichend geklärt.[249] Die öffentliche Empörung über diese Maßnahmen führte unter anderem dazu, dass die eigentlich schon durch den Kongress akzeptierte Verlängerung der meisten Gesetzesänderungen durch den *USA PATRIOT Act* nicht wie geplant verabschiedet werden konnte.

Diese Abhörmaßnahmen stellen das gesamte System rechtlich geregelter geheimdienstlicher Überwachungsmaßnahmen, das vor rund einem viertel Jahrhundert in Abgrenzung zu den bisherigen Praktiken durch den *Foreign Intelligence Surveillance Act* (*FISA*)[250] institutionalisiert wurde,[251] in Frage und können als veritabler „Dammbruch" aus rechtsstaatlicher Sicht gesehen werden. Während die Exekutive seit dem 11. September 2001 immer wieder darauf hingewiesen hat, dass von den neuen Befugnissen bedächtig und nur in beschränktem Maße Gebrauch gemacht werde, scheint nach den Anfang 2006 vorliegenden Erkenntnissen die Zahl von Abhörmaßnahmen der NSA die der „offiziellen" nach *FISA* bei weitem zu übersteigen. Wenn dem so ist, zeigt dies, dass die beschränkten, aber immerhin vorhandenen rechtsstaatlichen Kontrollmechanismen nach dem *FISA* gezielt umgangen wurden und versagt haben. Aus Protest gegen die aus seiner Sicht gegebene Umgehung des Gerichts ist einer der elf Richter des zuständigen Gerichts (*FISC*) zurückgetreten.[252] Andere Richter haben Aufklärung über die rechtlichen Grundlagen für die Nichtbefassung des Gerichts bei diesen Abhörmaßnahmen gefordert, insbesondere weil auf Grundlage der geheimen Abhöraktionen später Überwachungsmaßnahmen vor diesem Gericht beantragt worden sein könnten, ohne dass die Exekutive ihre Quellen für solche Anträge offengelegt hat, was dazu führen könnte, dass diese Beweismittel im Verfahren nach *FISA* oder anschließenden ordentlichen Strafgerichtsverfahren unter Umständen nicht zulässig gewesen wären (*tainted evidence*). Dies könne die Legitimation des Gerichts selbst in Frage stellen.[253]

245 50 U.S.C. 1541(c).
246 Siehe oben 3.
247 Vgl. Arzt (2004), S. 26ff.
248 Zur Sichtweise der Exekutive vgl. William M. Moschella, Assistant Attorney General, am 22. 12. 2005 (http://www.fas.org./irp/agency/doj/fisa/doj122205.pdf).
249 Vgl. Fn. 150.
250 50 U.S.C. §§ 1801–1862.
251 Vgl. oben 3.
252 *CNN* vom 21. 12. 2005
253 *Washington Post* vom 05. 01. 2006 („Surveillance Court Is Seeking Answers").

V. Fazit

Ob mit den hier dargestellten Gesetzen und Maßnahmen der in Teilen der amerikanischen juristischen Diskussion seit Jahrzehnten beschworene letzte Schritt über die Schwelle zum Überwachungsstaat getan ist und ob die Feinde der Freiheit die USA von außen angegriffen haben oder (auch) dort in der Exekutive sitzen, wird in den USA zunehmend intensiv diskutiert. Nicht zu leugnen ist, dass die Exekutive im Gefolge des 11. September 2001 einen massiven Ausbau von Überwachungsmaßnahmen und Beschränkungen vorangebracht hat und weiter betreibt, der nicht nur (gewöhnliche) Straftäter und den als Terroristen definierten Personenkreis erfasst, sondern es auch ermöglicht, politischen Dissens in die Grauzone des Terrorismusverdachtes zu treiben. Umfragen in den letzten Jahren haben gezeigt, dass sich viele Bürgerinnen und Bürger zunehmend unwohl angesichts dieser erheblich ausgeweiteten Überwachungsmaßnahmen fühlen, auch wenn sie selbst im Regelfall hiervon nicht unmittelbar betroffen sind. Eine andere Gruppe von Einwohnern der USA hingegen ist von vielfältigen gesetzlichen Verschärfungen und administrativen Maßnahmen direkt betroffen, nämlich all diejenigen, die als Immigranten, Wissenschaftler, Studenten oder auch nur als Besucher in das Land kommen oder sich dort in den vergangenen Jahrzehnten niedergelassen haben. Dies gilt insbesondere für diejenigen, deren bloße geographische Herkunft oder religiöse Zuordnung bereits als ausreichend angesehen wird, sie in den Verdacht des Terrorismus oder seiner Unterstützung zu bringen.

Es bleibt zu hoffen, dass mit zunehmendem Abstand von den Anschlägen des 11. September 2001 eine freiheitsorientierte Sichtweise und auch Gesetzesauslegung wieder die Oberhand zu gewinnen vermag. Die breite Diskussion über die Verlängerung des *USA PATRIOT Act* im Dezember 2005 mag hier eine gewisse Bereitschaft zum Überdenken gezeigt haben; letztendlich ist die im Dezember 2005 fast schon beschlossene unbefristete Verlängerung fast aller Maßnahmen aber doch eher an den Vorgängen um die geheimen Abhörmaßnahmen der NSA, nicht aber an einer grundsätzlichen Kritik an der Einschränkung von Freiheitsrechten durch den *USA PATRIOT Act* selbst gescheitert.

Literatur

Addicott, Jeffrey F. (2003), Proposal for a New Executive Order on Assassinations. In: 37 University of Richmond Law Review, S. 751ff.

Arzt, Clemens (2005), Date Protection versus Fourth Amendment Privacy: A New Approach Toward Police Search and Seizure. In: 16 Criminal Law Forum, S. 183ff.

Arzt, Clemens (2004), Polizeiliche Überwachungsmaßnahmen in den USA. Frankfurt a. M.

Banks, William C./Raven-Hansen, Peter (2003), Targeted Killing and Assassination: The U.S. Legal Framework. In: 37 University of Richmond Law Review, S. 667ff.

Bradley, Alison A. (2002) (Note), Extremism in the Defense of Liberty?: The Foreign Intelligence Surveillance Act and the Significance of the USA PATRIOT ACT. In: 77 Tulane Law Review, S. 465ff.

Canestaro, Nathan (2003), American Law and Policy on Assassinations of Foreign Leaders: The Practicality of Maintaining the Status Quo. In: 26 Boston College International and Comparative Law Review, S. 1ff.

Case, Denise R. (2002), The USA PATRIOT ACT: Adding Bite to the Fight Against Animal Rights Terrorism. In: 34 Rutgers Law Journal, S. 187ff.

Clark, Gerard J. (2002), Military Tribunals and the Separation of Powers. In: 63 University of Pittsburgh Law Review, S. 837ff.

Cole, David (2003), The New McCarthyism, Repeating History in the War on Terrorism. In: 38 Harvard Civil-Rights-Civil Liberties Law Review, S. 1ff.

Decker, John F. (1999), Emergency Circumstances, Police Response, and Fourth Amendment Restrictions. In: 89 The Journal of Criminal Law and Criminology, S. 433ff.

Dowley, Michael F. (2002) (Note), Government Surveillance Powers Under the USA PATRIOT Act: Is It Possible to Protect National Security and Privacy at the Same Time? A Constitutional Tug-of-War. In: 36 Suffolk University Law Review, S. 165ff.

Ellmann, Stephen J. (2003), Racial Profiling and Terrorism. In: 19 New York Law School Journal of Human Rights, S. 305ff.

Evans, Jennifer C. (2002) (Note), Hijacking Civil Liberties: The USA PATRIOT Act of 2001. In: 33 Loyola University Chicago Law Journal, S. 933ff.

Galloway, Heath H. (2002) (Note), Don't Forget What We're Fighting For: Will the Fourth Amendment Be a Casualty of the War on Terror? In: 59 Washington and Lee Law Review, S. 921ff.

Goldstein, Gerald/Orr, Cynthia Hujar (2003), Application of the U.S.A. Patriot Act to Criminal Investigations Violates the First and Fourth Amendment. In: 66 Texas Bar Journal, 1, S. 40ff.

Gormley, Ken (1992), One Hundred Years of Privacy. In: Wisconsin Law Review, S. 1335ff.

Guerra Thompson, Sandra (2001–2002), Did the War on Drugs Die with the Birth of the War on Terrorism? In: 14 Federal Sentencing Reporter, S. 147.

Haglund, Rich (2003), Applying Pen Register and Trap and Trace Devices to Internet Communications: As Technology Changes, Is Congress or the Supreme Court Best-Suited to Protect Fourth Amendment Expectations of Privacy? In: 5 Vanderbilt Journal of Entertainment Law and Practice, S. 137ff.

Hardin, David (2003) (Note), The Fuss over Two Small Words: The Unconstitutionality of the USA PATRIOT Act Amendments to FISA Under the Fourth Amendment. In: 71 George Washington Law Review, S. 291ff.

Henderson, Nathan C. (2002) (Note), The Patriot Act's Impact on the Government's Ability to Conduct Electronic Surveillance of Ongoing Domestic Communications. In: 52 Duke Law Journal, S. 179ff.

Hitz, Frederick P. (2002), Unleashing the Rogue Elephant: September 11 and Letting the CIA Be the CIA. In: 25 Harvard Journal of Law & Public Politics, S. 765ff.

LaFave, Wayne R./Israel, Jerold H./King, Nancy J. (2000), Criminal Procedure. 3. Aufl., St. Paul, Minnesota (Pocket Part 2002/2003).

LaFave, Wayne R. (2003), Search and Seizure. 3. Aufl., (Stand: Supplement 2003), St. Paul, Minnesota

Lebowitz, Lawrence M./Podheiser, Ira L. (2002), A Summary of the Changes in Immigration Politics and Practices after the Terrorist Attacks of September 11, 2001: The USA Patriot Act and Other Measures. In: 63 University of Pittsburgh Law Review, S. 873ff.

Lobel, Jules (2002), The War on Terrorism and Civil Liberties. In: 63 University of Pittsburgh Law Review, S. 767ff.

McCarthy, Michael T. (2002) (Note), USA Patriot Act. In: 39 Harvard Journal on Legislation, S. 435ff.

McGinty Borg, Molly (Note), Freedom from the Deprivation of Liberty: The Supreme Court Imposes.

Motomura, Hiroshi (2003), Immigration and We the People after September 11. In: 66 Albany Law Review, S. 413ff.

Murphy, Peter (2002) (Note), An Examination of the United States Department of Justice's Attempt to Conduct Warrantless Monitoring of Computer Networks through the Consent Exception to the Wiretap Act. In: Connecticut Law Review 34, S. 1317ff.

O'Laughlin, Matt J. (2002) (Note), Exigent Circumstances: Circumscribing the Exclusionary Rule in Response to 9/11. In: 70 UMKC Law Review, S. 707ff.

Pallasky, Ansgar (2002), USA PATRIOT ACT: Neues Recht der TK-Überwachung. In: Datenschutz und Datensicherheit (DuD), S. 221ff.

Pringle, Heather (1999), Kicking in the Castle Doors: The Evolution of Exigent Circumstances. In: 43 Criminal Law Quarterly, S. 86ff.

Rackow, Sharon H. (2002) (Note), How the USA Patriot Act will permit governmental infringement upon the privacy of Americans in the name of "intelligence" investigations. In: 150 University of Pennsylvania Law Review, S. 1651ff.

Rehnquist, William H. (1998), All The Laws But One. New York/Toronto.

Rindskopf Parker, Elizabeth (2003), September 11: Responses and Responsibilities. In: The Judges' Journal, Winter, S. 5ff.

Robinson, Gerald H. (2000), We're Listening! Electronic Eavesdropping, FISA, and the Secret Court. In: 36 Willamette Law Review, S. 51ff.

Rudstein, David S./Erlinder, C. Peter/Thomas, David C. (2000), Criminal Constitutional Law. In: Loseblatt, Stand 11.

Schemmel, Tammy J. (2003), WWW.STOPCYBERCRIME.COM: How the USA Patriot Act Combats Cyber-Crime. In: 29 William Mitchell Law Review, S. 921ff.

Schild, Georg (2003), Bürgerrechte in Zeiten der Bedrohung. In: Der Staat, S. 329ff.

Sinnar, Shirin (2003) (Note), Patriotic or Unconstitutional? The Mandatory Detention of Aliens under the USA Patriot Act. In: 55 Stanford Law Review, S. 1419ff.

Sloan, Lawrence D. (2001) (Note), ECHELON and the Legal Restraints on Signals Intelligence: A Need for Reevaluation. In: 50 Duke Law Journal, S. 1467ff.

Slobogin, Christopher (1997), Technologically-Assisted Physical Surveillance: The American Bar Association's Tentative Draft Standards. In: 10 Harvard Journal of Law and Technology, S. 383ff.

Stichter, Charlotte (2002), Homeland Security meets Immigration: A Review of Recent Governmental Activity and Pending Legislation. In: 2 Immigration Briefings, October, S. 1ff.

Strum, Philippa (1998), Privacy: The Debate in the United States Since 1945. New York.

Stuntz, William J. (1991), Warrants and Fourth Amendment Remedies. In: 77 Virginia Law Review, S. 881ff.

Stuntz, William J. (2002),Terrorism, Federalism, and Police Misconduct. In: Harvard Journal of Law & Public Policy 25, S. 665ff.

Administrative Office of the United States Courts, 2002 Wiretap Report

Turner, Robert F. (2003), It's Not Really "Assassination": Legal and Moral Implications of Intentionally Targeting Terrorists and Aggressor-State Regime Elites. In: 37 University of Richmond Law Review, S. 787ff.

Whitehead, John W./Aden, Steven H. (2002), Forfeiting "Enduring Freedom" for "Homeland Security": A Constitutional Analysis of the USA PATRIOT Act and the Justice Departments Anti-terrorism Initiatives. In: 51 The American University Law Review, S. 1081ff.

Wright, Ronald F. (2001–2002), Are the Drug Wars De-Escalating. In: 14 Federal Sentencing Reporter 14, no. 3–4, S. 141ff.

Young, Mark J. (2001) (Note), What Big Eyes and Ears You Have!: A New Regime for Covert Governmental Surveillance. In: 70 Fordham Law Review, S. 1017ff.

Christoph Gusy

Präventionsstaat zwischen Rechtsgüterschutz und Abbau von Freiheitsrechten in Deutschland

Demokratische Staatsgewalt ist unter Kontrolle des Volkes bzw. des Parlaments ausgeübte öffentliche Gewalt. Rechtsstaatliche Staatsgewalt ist unter Kontrolle der Gerichte bzw. gleichwertiger Instanzen ausgeübte öffentliche Gewalt. Punktuelle Verschiebungen in diesem System tangieren nicht nur – im engeren Sinne – Details der Rechtsordnung oder auch – im weiteren Sinne – die Architektur der Sicherheitsbehörden, sondern auch die fein austarierte Architektur des Staates des Grundgesetzes. Das gilt nicht nur für grundsätzliche Fragen wie etwa das Thema „Freiheit und Sicherheit". Das gilt auch für legislative Maßnahmen zur Stärkung und Durchsetzung der öffentlichen Sicherheit – wie etwa auch bei der Abwehr terroristischer Gefahren.

I. Sicherheitspolitik und Terrorismusprävention

In der Bundesrepublik Deutschland[1] gilt – namentlich seit Dezember 2001 – eine Flut von Gesetzen präventiven Inhalts, welche mit dem Zweck der Terrorismusprävention begründet wurden und werden. Dies betrifft nicht nur die großen Gesetzespakete – und mehrere Einzelgesetze – des Bundes, sondern eine noch wesentlich größere Zahl von Landesgesetzen, die geändert bzw. an bundesrechtliche Rahmenbedingungen angepasst wurden[2] bzw. noch werden müssen. Jene Entwicklung ist augenscheinlich noch nicht abgeschlossen: Das Thema ist weiterhin jedenfalls auf der Agenda der Gesetzgebungsorgane.[3]

Doch kann jene Aufgabe nicht einfach isoliert betrachtet werden. Neben die „neueren" Bedrohungsszenarien treten die „alten", welche zum Teil in veränderter, zu einem erheblichen Teil aber auch in unveränderter Form weiter existieren: Rechtsextremismus, Rüstungsproliferation, Korruption, „Organisierte Kriminalität" usw. Eine einseitige Fokussierung der Sicherheitspolitik auf das Feld der Terrorismusbekämpfung wäre daher schon im An-

1 Zum Recht der USA ebenso grundlegend wie detailliert Clemens Arzt (2004) und Ders., „Präventionsstaat zwischen Rechtsgüterschutz und Abbau von Freiheitsrechten in den USA" in diesem Band (S. 241ff.). Zu Großbritannien s. Rainer Grote in diesem Band (S. 227ff.).

2 Aus jüngerer Zeit etwa: Entwurf eines Gesetzes zur Änderung verfassungsschutzrechtlicher Vorschriften und zur Stärkung des Verfassungsschutzes Sachsen-Anhalt vom 27.06.2005, LT-Drs. 4/2114.

3 Koalitionsvereinbarung vom 11.11.2005, S. 116ff.

satz verfehlt. Im Gegenteil: Risiken für die freiheitliche Demokratie sind keine neuartige Erscheinung. Namentlich der Gesetzgebung stellt sich die Aufgabe, diesen Kontext bei Aufgaben- und Befugnisdefinitionen stets mit zu berücksichtigen. Neue Gesetze reagieren also nicht stets auf „neue" Gefahren, sondern nicht selten auch auf ältere Herausforderungen, insbesondere dann, wenn diese sich in verändertem Umfeld darstellen. Unter diesem Aspekt wäre es verfehlt, die jüngere Sicherheitspolitik ausschließlich auf das Feld der Terrorismusprävention zu verengen. Sie ist ein wichtiges, aber eben nur ein Aufgabenfeld unter anderen.

1. Gesetzgebung

Nach einem viel zitierten Ondit soll nach dem 11. September 2001 alles anders geworden sein als zuvor. Der Wahrheitsgehalt dieses Satzes ist schwerlich zu überprüfen. Fest steht aber: Jedenfalls zahlreiche Sicherheitsdiskurse haben sich in hohem Maße verändert. Das neue Paradigma ist weniger der Terrorismus selbst – ihn gab es schon früher – als vielmehr dessen Internationalität; ein Aspekt, an welchen sich – schon mangels näherer Informationen – die unterschiedlichsten Spekulationen knüpften und knüpfen: Die Vorstellung von Organisationen, welche einerseits hierarchisch organisiert, andererseits aber gleichsam ortlos eine bloß virtuelle Existenz aufweisen und daher zugleich überall und nirgends wirksam abgewehrt werden können, war und ist ebenso wirkmächtig wie gegenstandslos. Aber worin liegt dann das Spezifikum – und erst recht die spezifische Gefährlichkeit – gerade unter dem Aspekt seiner Internationalität? Dies lenkt den Blick nicht nur, aber auch auf die Ursachen des jüngeren Terrorismus; eine Diskussion, die aber jedenfalls in der Öffentlichkeit nach kurzem Aufflackern[4] weitgehend wieder eingestellt worden ist. Die Konzentration auf die Folgen statt auf die Ursachen schien politisch aussichtsreicher und insbesondere kurzfristig erfolgsträchtiger: Sie kann im politischen Wettlauf um Themen, Aufmerksamkeit und Wählerstimmen als Zeichen staatlicher Handlungsbereitschaft und Handlungsfähigkeit zur Stärkung der öffentlichen Sicherheit oder auch der individuellen Sicherheitsgefühle angeboten, gedeutet und nachgefragt werden. Unter diesem Aspekt liegt es nahe, dass die Gesetzgeber in Regierungen, Parlamenten und Parteien eher einer „end of pipe"-Strategie folgten, welche an der möglichst frühzeitigen Erkenntnis konkreter Risiken ansetzte und das Problem so auf den Sektor der Innen- und Rechtspolitik fokussierte. Eine solche Perspektive mündete in zahlreiche Gesetzesänderungen, welche eher auf eine Änderung schon früher geltender Gesetze als auf völlig neuartige legislative Wege abzielten. Ungeachtet der vielfach als „neuartig" empfundenen und diskutierten Gefahren folgte ihre Abwehr eher tradierten Pfaden gesetzlicher Gefahrenprävention. Jene Pfade wurden eher weitergegangen als verlassen.[5]

4 Münkler (2004), S. 29ff.; Waldmann (2004), S. 44ff.

5 Darauf weist zu Recht Hoffmann-Riem (2002), S. 497 und 498, hin. Inhaltlich zeigen sich erhebliche Kontinuitäten der Sicherheitsdiskussion angesichts diskontinuierlicher Herausforderungen. Das gilt seit der Zeit der Außerparlamentarischen Opposition, soweit diese auch als behördlich zu bekämpfendes Sicherheitsproblem wahrgenommen wurde, über die Zeiten der RAF, also eines innen-

Legislative Terrorismusprävention findet sich sowohl auf Bundes- als auch auf Länderebene.[6] Ein Überblick[7] zeigt ohne Anspruch auf Vollständigkeit:

- bundesgesetzliche Änderungen im Nachrichtendienst, also der Verfassungsschutz-, BND- und MAD-Gesetze zur verbesserten Aufklärung der organisatorischen und planerischen Hintergründe einzelner Anschläge, namentlich durch Kontenabfragen bei Banken sowie Abfragen personenbezogener Daten bei Luftfahrt-, Post- und Telekommunikationsunternehmen;[8]
- bundes- und landesgesetzliche Änderungen von Polizeigesetzen mit dem Ziel verstärkter Eingriffsbefugnisse namentlich zur Informationserhebung; dazu zählen neu geregelte, aber selbst nicht neue Instrumente der Telekommunikationsüberwachung (Verbindungsabfragen, IMSI-Catcher) sowie verstärkte Rasterfahndung, Videoüberwachung, Verkehrsüberwachung u. ä.;[9]
- Änderungen des Zuwanderungs- und Aufenthaltsrechts, namentlich mit dem Ziel einer verstärkten Nutzung erhobener Daten zur Einreise- bzw. Einwanderungskontrolle;[10]
- das neue Luftsicherheitsrecht mit der überaus umstrittenen Ermächtigungsnorm des § 14 LuftSiG, welche noch vom Bundesverfassungsgericht auf seine Grundgesetzkonformität geprüft werden muss;[11]
- Neuerungen im Ausweis- und Passrecht, namentlich durch die Einführung (zusätzlicher) biometrischer Merkmale vor dem Hintergrund europarechtlich inspirierter Harmonisierungsbemühungen zur Vereinfachung des Reiseverkehrs mit den USA.[12] Die europäischen Initiativen, deren Zustandekommen auch auf maßgebliche Beteiligung der Bundesregierung zurückzuführen ist, ließen insbesondere mögliche Restriktionen in § 4 PassG – welches seinerseits als Folge der Anschläge vom 11.09. intensiv diskutiert

politisch motivierten, überwiegend innerstaatlich radizierten Terrorismus, über die Diskussion zu der sog. „Organisierten Kriminalität“, welche auch grenzüberschreitende Züge aufwies, bis hin zum „Internationalen Terrorismus“. In der Diskussion um die Bekämpfung dieser Herausforderungen wurde regelmäßig ein abgegrenzter Set von Instrumenten vorgeschlagen, diskutiert, ggf. verworfen und dann erneut eingeführt. Eine Geschichte dieser Entwicklung von trial and response ist noch nicht geschrieben. Umgekehrt fehlt es aber auch an einer wirksamen Evaluation geltender Instrumente, die, einmal eingeführt, nicht ganz selten als Reserveinstrumente für unabsehbare Notfälle beibehalten werden.

6 Zur daneben gleichfalls wichtigen europäischen Ebene s. näher Gusy (2005), S. 215.

7 Siehe auch Nehm (2002), S. 2665.

8 Rechtsgrundlagen finden sich hierzu namentlich im 2. Sicherheitspaket des Bundes vom 09.01.2002, BGBl. I S. 361. Zum konkretisierenden bzw. ausführenden Landesrecht jüngst etwa Entwurf Sachsen-Anhalt (Anm. 2).

9 Etwa: §§ 7ff. HH Gesetz über die Datenverarbeitung der Polizei i. d. F. vom 09.06.2005, GVBl. I S. 233.

10 Dazu näher Davy (2003), S. 43; jüngst Davy/Weber (2006).

11 Dazu in jüngerer Zeit einerseits etwa Baldus (2004), S. 1278; andererseits Höfling (2005), S. 1080 (Nachw.).

12 Zuletzt: Zweite Verordnung zur Änderung passrechtlicher Vorschriften vom 08.08.2005, BGBl. I S. 2306.

und im Kompromisswege neu gefasst worden war – gegenüber Pässen mit zusätzlichen biometrischen Merkmalen obsolet werden.[13]

Diese Neuerungen waren nicht die einzigen, doch waren sie im hier zu erörternden Kontext die wichtigsten. Zahlreiche weitere Einzelregelungen auf Bundes- und Landesebene können hier daher unerörtert bleiben.

2. *Drei materiell-rechtliche Grundformen legislativer Terrorismusprävention*

Das materielle Recht der Terrorismusprävention folgt grundsätzlich der Logik polizeirechtlicher Gefahrenprävention.[14] Deren Tatbestände können an unterschiedliche Arten gefahrbegründender Indizien anknüpfen. Die jüngere Polizeigesetzgebung lässt drei Grundformen erkennen:

- *Maßnahmen gegen überführte Störer bzw. Straftäter*. Derartige Instrumente sind Bestandteile der Gesetze zum Straf-[15] und Ordnungswidrigkeitsrecht. Auch in der Gesetzgebung zur Terrorismusprävention finden sich vereinzelt derartige Regelungen, etwa durch die Einführung des § 129 b StGB[16] oder die Schaffung einer Verbotsmöglichkeit auch gegen religiöse Vereine.[17] Doch standen solche Maßnahmen insgesamt nicht im Vordergrund. Als zentrales Anliegen der Sicherheitspakete gilt nicht die Frage, wie man mit überführten Terroristen umgeht – hierfür reicht das vorhandene gesetzliche Instrumentarium weitgehend aus –, sondern eher die Frage, wie und zu welchem Zeitpunkt man potentielle Terroristen erkennen und ihre geplanten Aktivitäten rechtzeitig verhindern kann. Von daher finden sich in- und außerhalb der Gesetzespakete auch nur punktuelle Maßnahmen gegen überführte Personen.
- *Maßnahmen gegen mutmaßliche Störer*, d.h. gegen Personen, hinsichtlich derer hinreichende Anhaltspunkte dafür vorliegen, dass von ihnen eine konkrete Gefahr ausgehen kann.[18] Solche Ermächtigungsgrundlagen finden sich im Bundesrecht namentlich in neuen Ermittlungsbefugnissen der Nachrichtendienste, in neu geplanten Gefahrenabwehrbefugnissen des Bundeskriminalamtes und einzelnen Regelungen der Landespolizeigesetze.
- *Maßnahmen gegen jedermann* ohne Rücksicht auf individuell vorliegende Gefahrindizien. Solche (strafprozessrechtlich gesprochen) Verdachtsgewinnungseingriffe bzw. (po-

13 Das Verfahren zum Erlass dieser Verordnung wirft eine Reihe bislang ungeklärter Rechtsfragen sowohl auf der Ebene des Europa- wie auch des Bundesrechts auf.

14 Dazu eingehend Gusy (2003), Rn. 193ff.

15 Grundlegend BVerfGE 109, 133; 190.

16 BundesG v. 22.08.2002, BGBl. I S. 3390.

17 BundesG v. 09.01.2002, BGBl. I S. 361. Dazu etwa Kathrin Groh, Das Religionsprivileg des Vereinsgesetzes, in: *Kritische Vierteljahresschrift für Gesetzgebung und Rechtswissenschaft* 2002, S. 39.

18 Zu dieser Formel jüngst konkretisierend BVerfG, in: *Neue Juristische Wochenschrift* 2005, S. 2603, 2607ff.; dazu Christoph Gusy (2006).

lizeirechtlich gesprochen) Anhaltspunktsgewinnungseingriffe stellen ein zentrales Anliegen der neueren Gesetzgebung zur Terrorismusprävention dar. Videoüberwachung[19] (nun auch des fließenden Straßenverkehrs), Kontrollstellen,[20] Rasterfahndung,[21] strategische Fernmeldeüberwachung[22] und demnächst möglicherweise auch die Nutzung der Mauterfassungsstellen für Zwecke der Terrorismusbekämpfung indizieren das Bestreben, überhaupt erst einmal Informationen über potentielle Bedrohungsherde zu erlangen, welche erst danach mit den Mitteln individualbezogener Gefahrenabwehr (s. o. 2) oder gar mit Sanktionen gegen überführte Terroristen (s. o. 1) konkretisiert, intensiviert und zu einem Abschluss gebracht werden können.

Die jüngere Antiterrorismusgesetzgebung enthält eine deutliche Akzentuierung der zuletzt genannten Gruppe von Aufklärungsermächtigungen. Dies ist nicht grundsätzlich neu: Vielmehr setzen sich hier die Tendenzen der Polizeigesetzgebung aus den letzten Jahrzehnten fort: Die gesetzliche Vorverlagerung einzelner Eingriffsbefugnisse auf Unverdächtige bzw. Nichtstörer oder bestimmte Gruppen unter ihnen – etwa sog. „Kontakt-" oder „Begleitpersonen" – hat schon zuvor nicht selten Rechtsprechung[23] und Rechtswissenschaft[24] beschäftigt. Jene bereits in der Vergangenheit diagnostizierten legislativen Tendenzen haben sich in den Antiterrorismusgesetzen und den teils in ihrer Folge, teils begleitend durchgeführten polizeilichen Fahndungsmaßnahmen sowohl fortgesetzt als auch verstärkt.

3. *Organisationsformen der Terrorismusprävention*

Terrorismusprävention kann nur wirksam sein, wenn ihr nicht nur ein angemessenes materielles Recht zur Verfügung steht, sondern auch die Behördenorganisation aufgabenadäquat ist. Hier ist die Anti-Terrorismusgesetzgebung geeignet, teils schon vorher erkennbare Tendenzen fortzuführen, teils aber auch solche Trends zu beschleunigen bzw. in ihrer Richtung nachzujustieren. Haupttendenzen sind hier:

19 Dazu eingehend BWVGH v. 21.07.2003, in: *Baden-württembergische Verwaltungsblätter* 2004, 20; VG Karlsruhe, in: *Neue Zeitschrift für Verwaltungsrecht* 2002, S. 117; VG Halle, in: *Landes- und Kommunalverwaltung* 2000, S. 164; Fischer (2002), S. 89f.; Möller/v. Zezschwitz (2000); Rachor (2001), F Rn. 117ff.; Röger (2003), S. 103; Schmitt Glaeser (2002), S. 584; Vahle (2001), S. 165; Waechter (2001), S. 77; Schwabe (2002), S. 39; Überblick bei Büllesfeld (2002); Roggan (2003), S. 105ff.

20 Hierzu näher MVVfGH, in: *Die öffentliche Verwaltung* 2000, S. 71, 72ff., LSAVfGH, in: *Neue Zeitschrift für Verwaltungsrecht* 2002, S. 1370; Denninger (2003), S. 15; Möllers (2000), S. 382; Waechter (1999), S. 138; Überblick bei Castillon (2003); Roggan (2003), S. 139ff.

21 Überblick bei Gusy (2002a), S. 474 (Nachw.).

22 Dazu BVerfGE 100, S. 313ff.

23 Etwa BVerfG, in: *Neue Juristische Wochenschrift* 2005, S. 2603, 2611; BbgVfGH, in: *LKV* 1999, S. 450, MVVfGH, in: *LKV* 2000, S. 345; schon früher SächsVfGH, in: *Juristenzeitung* 1996, S. 957.

24 Etwa Albers (2001), S. 282ff., 290ff. (Nachw.).

- *die Schwerpunktsetzung auf Maßnahmen der Gefahrinformation,* weniger hingegen auf Gefahrenabwehr. Dieser Ausbau der Informationserhebungs- und -verarbeitungskompetenzen bedingt eine Stärkung der mit der Datenspeicherung, Datenverarbeitung und dem Datenaustausch befassten Stellen. Das Ziel dieser Stellen muss nicht sein, Informationen irgendwo im Behördenapparat zu besitzen, als vielmehr, sie zur richtigen Zeit am richtigen Ort verfügbar zu haben oder zu machen. Die Informatisierung der Informationstätigkeit von Sicherheitsbehörden erhält so einen weiteren Schub.
- *die Verlagerung der Informationserhebungs- und -verarbeitungskompetenzen in das Vorfeld von Gefahren bzw. Straftaten.* Damit einher geht eine überproportionale Stärkung der Nachrichtendienste, die zentral mit Vorfeldaufgaben befasst sind.[25] Sie dürfen losgelöst vom Anfangsverdacht oder tatsächlichen Anhaltspunkten für das Vorliegen konkreter Gefahren tätig werden und erlangen in einer Sicherheitsarchitektur, welche immer stärker auf frühzeitige Erkenntnisgewinnung über potentielle Straftäter oder Störer ausgelegt ist, gleichsam naturwüchsig steigende Bedeutung. Das gilt namentlich dann, wenn dem zu bekämpfenden Terrorismus zugleich politische Dimensionen zukommen, die sich auch gegen Bestand oder Sicherheit des Bundes oder eines Landes oder deren freiheitliche demokratische Grundordnung richten können. Hier ist zentral der Aufklärungsbereich der inlands- wie auslandsbezogenen Nachrichten einschlägig. In diesem Sinne wirkte tatsächlich der 11. September 2001 und die durch ihn ausgelösten Beobachtungs- und Fahndungsaktivitäten wie eine „Stunde der Nachrichtendienste".[26]
- *ein Zentralisierungsschub bei den Sicherheitsbehörden*: Der Ausbau von Kompetenzen und Kapazitäten der Informationserhebung und -verarbeitung kam ganz überwiegend den Stellen des Bundes zugute. BKA, BND und BfV erhielten neue Befugnisse, zusätzliche Mittel und zusätzliches Personal, welches den Behörden „vor Ort" jedenfalls nicht in proportional vergleichbarem Umfang zugute kam. Dies folgt insbesondere der Logik der Informationskapazitäten, welche in den Zentralen tendenziell besser ausgebaut sind und zugleich das Maß an Zugänglichkeit und Verfügbarkeit der gespeicherten Daten weiter streut. Verstärkt wurde diese Entwicklung noch durch die Intensivierung der zwischenstaatlichen Zusammenarbeit sowohl innerhalb als auch außerhalb der EU. Hier sind die Stellen des Bundes die nationalen Ansprechpartner und bedürfen der zur Wahrnehmung solcher Aufgaben notwendigen Befugnisse.[27] Zwischenstaatliche Kooperation begünstigt innerstaatliche Zentralisierung und bringt ihrerseits auf supra- bzw. internationaler Ebene neue Zentralisierung hervor.

25 Dazu näher Gusy (1983), S. 60, 62f.

26 Neben den im Text dargestellten Tendenzen finden sich weitere Ursachen, etwa der Kompetenzwettbewerb zwischen Innen- und Justizbehörden um Terrorismusaufklärung bzw. -prävention; daneben aber auch Konkurrenzen um rechtliche Instrumentarien, Haushaltsmittel und das sogleich im Text noch zu beschreibende Konkurrenzverhältnis zwischen Bund und Ländern bei der Polizei einerseits und den Nachrichtendiensten andererseits.

27 Zu dieser Tendenz anhand des Beispiels der Kooperation des BKA mit EUROPOL und dem Schengener Informationssystem SIS näher Lange (1999), S. 133ff., 212ff.

- *die Schaffung neuer Kooperations- und Koordinationsstellen.* Wo die Sicherheitsbehörden – teils aus Gründen des Föderalismus, teils aus Gründen des Trennungsgebots[28] – einerseits getrennt sein müssen und andererseits zusammenarbeiten müssen, bedarf dies eines gewissen Maßes an Kooperation und Koordination. Die dafür erforderlichen Leistungen werden in Ministerien, gemeinsamen Lage- oder Koordinationsstäben oder -zentren erbracht. Sie bewirken – ihre grundsätzliche Zulässigkeit unterstellt – Zentralisierung und Vernetzung zugleich und damit Kontroll- und Legitimationsprobleme, welche aus anderen Kontexten kooperativer Vernetzungs- und Verflechtungsverhältnisse zwischen politischen Akteuren bekannt sind. Diese werden noch potenziert durch das im Sicherheitsbereich vorhandene hohe Maß an Vertraulichkeit und somit Kontrollimmunität.

II. Gesetzgebung auf Probe – ohne wirksame Evaluation?

Die Gesetzesänderungen zur Terrorismusprävention sind ganz überwiegend unbefristet verabschiedet worden. Das gilt für die Mehrzahl der Bundes- und nahezu sämtliche Landesgesetze. Verabschiedung auf unbestimmte Dauer war also die Regel, Verabschiedung auf bestimmte Dauer und damit auf Probe die Ausnahme. Befristet waren insbesondere bundesrechtliche Änderungen der Nachrichtendienstgesetze, also des BundesverfassungsschutzG, des MAD- und des BNDG, des BKAG, des Gesetzes zu Art. 10 GG und des SicherheitsüberprüfungsG (s. Art. 22 Abs. 2 TerrorismusbekämpfungsG).

1. *Gesetzgebung auf Probe und Evaluationsauftrag*

Die Befristung von Gesetzen, welche schwerwiegende Grundrechtseingriffe mit schwierig prognostizierbaren Erfolgsaussichten bewirken können, ist stets ein zentrales Anliegen vielfältiger Forderungen aus Verfassungsrechts- und Gesetzgebungswissenschaft gewesen.[29] Eine derartige Regelungstechnik sollte eine Art *Gesetzgebung auf Probe* ermöglichen, welche innerhalb ihrer Geltungsdauer Anschauungsmaterial liefern sollte, um eine wirksame Begleitforschung mit dem Ziel einer Evaluation zu initiieren. Letztere sollte sodann die Basis für verbesserte Wirksamkeitseinschätzungen und damit für zuverlässigere Aussagen über Geeignetheit, Erforderlichkeit und Verhältnismäßigkeit der mit den Grundrechtseinschränkungen verfolgten Ziele darstellen.[30] Auf ihrer Grundlage sollte sodann die Entscheidung über eine mögliche Verlängerung der Geltungsdauer ursprünglich befristeter Gesetze erfolgen.

28 Dazu näher GUSY (1987), S. 45; DERS. (1989), S. 628; DERS. (1991), S. 467; DERS. (1994), S. 242.

29 S. dazu etwa SCHAEFFER/TRIFFTERER (1984).

30 Dazu aus jüngerer Zeit unter verschiedenen Aspekten BVerfGE 95, 314f.; 97, 292f.; 108, 218ff.; 110, 33, 52ff. Hier kann und soll die Frage offen bleiben, ob die Affinität zu einzelnen Verfassungsgrundsätzen die prozeduralen Evaluationspflichten selbst mit Verfassungsrang ausstattet oder aber diese eher als zwar verfassungsmotivierte, aber inhaltlich eher politische Beobachtungspflichten ausgestaltet. Dazu etwa GUSY (1985), S. 291.

So richtig und wichtig derartige Anliegen sind, zeigen sich doch in ihrer Durchführung in allen Bereichen nach wie vor unübersehbare Schwächen. Zwar finden sich inzwischen mancherorts Ansätze zu einer Wirksamkeitsforschung von Gesetzen. Sie ist in Bund und Ländern jedoch unterschiedlich organisiert und arbeitet auf durchaus heterogene Weise. So ist sie etwa partiell eher rechtswissenschaftlich, partiell jedenfalls auch sozialwissenschaftlich orientiert. Solche Unterschiede sind durchaus geeignet, sich auf Fragestellungen, Methoden und Ergebnisse derartiger Gesetzesfolgenanalyse und -abschätzung auszuwirken. Zwar hat sich inzwischen eine durchaus etablierte Evaluationsforschung entwickelt.[31] Doch weist jedenfalls deren Zweig der Gesetzesevaluation noch unübersehbare Defizite auf. Es fehlen hinreichend konsentierte Methoden und Maßstäbe; partiell aber auch noch hinreichend erprobte Instrumente, solche hervorzubringen.[32] Einzelne Bausteine hierzu sind nach den fachwissenschaftlichen Erkenntnissen insbesondere

- das *Stattfinden einer unabhängigen Begleitforschung*: Evaluation ist mehr und anderes als Einschätzungen beteiligter oder betroffener Kreise. Es geht vielmehr darum, solche Einschätzungen zunächst einmal objektiv nachprüfbar zu machen und so subjektive Erfolgs- oder Misserfolgserlebnisse und objektivierbare Fakten in Übereinstimmung zu bringen. Sodann müssen aber auch die unterschiedlichen Erfahrungshorizonte von Gesetzesverfassern, -anwendern und -betroffenen zusammengeführt werden, um kein einseitiges, sondern ein möglichst umfassendes Bild zu erlangen. Dies setzt das Vorhandensein unabhängiger, neutraler und methodisch hinreichend differenzierter Begleitforschung voraus.
- eine *hinreichende zeitliche und empirische Basis für die Gesetzesevaluation*. Sie muss genügend Anschauungs- und Fallmaterial zugrunde legen können, um überhaupt Wirkungen von Gesetzen erkennen zu können. Dazu kann etwa ein Vorher-Nachher-Vergleich zählen, aber auch ein Vergleich von Ländern mit und ohne Gesetzesänderung. Dies setzt jedoch eine ausreichend lange Dauer des Evaluationszeitraums voraus, um sicherzustellen, dass das Gesetz in seinem Geltungsbereich überall angewandt worden ist – diese Zeitspanne beginnt nicht oder jedenfalls nicht notwendig mit dem Zeitpunkt des In-Kraft-Tretens einer Norm – und um mögliche Wirkungen von Gesetz und Gesetzesanwendung hinreichend stabil beurteilen zu können. Zum ausreichenden Beobachtungszeitraum muss eine ausreichende Fallzahl von Anwendungsbeispielen treten, um diese zur Basis einer systematischen Wirkungsforschung nehmen zu können. Ob einzelne Fälle Ausreißer oder Normalfälle sind, lässt sich erst feststellen, wenn sich hinreichend Routinen, Praktiken und Erfahrungswerte gebildet haben.

31 Zur Evaluationsforschung allgemein Überblicke etwa bei HOLLING (1999); STOCKMANN (2000). Überblick zur Evaluation von Gesetzen bzw. Gesetzesprojekten etwa bei WAGNER (2004), S. 8. Beispiele bei LYNEN V. BERG/PALLOCKS (2004), S. 41; BANNENBERG (2003), S. 53; ausführlich RÖSSNER/BANNENBERG/COESTER (2002).

32 Sehr fortgeschritten sind die Methoden etwa bei BOERS (2004); RÖSSNER/BANNENBERG/COESTER (2002).

- ausreichende Möglichkeiten zur *Kausalitätsforschung* anhand empirisch verifizierbaren Vergleichsmaterials: Ein solcher Vergleich kann über Gesetzeswirkungen allerdings lediglich dann Aussagen treffen, wenn er hinreichende Kausalitätsaussagen ermöglicht. Inwieweit eine vom Gesetzgeber intendierte Wirkung eingetreten ist, kann im Einzelfall sowohl durch das Gesetz als auch durch sonstige Umstände verursacht sein. Die Feststellung einer Entwicklung ist insoweit weder mit der Feststellung ihrer Ursachen noch gar mit derjenigen der Wirkungen eines bestimmten Gesetzes identisch. Solche Forschungen sind umso anspruchsvoller, je komplexer und dynamischer die geregelte Wirklichkeit, je indirekter der gesetzlich intendierte Steuerungseffekt und je geringer sich die Möglichkeit zur Erlangung aussagekräftiger Vergleichsdaten gestaltet – etwa, weil ein Gesetz bundesweit gilt und daher Vergleichsdaten ohne Gesetz gar nicht zu erlangen sind.
- *hinreichendes Wissen über Geeignetheit („was nutzt das?"), Erforderlichkeit („braucht man das?") und Verhältnismäßigkeit* (Kosten-Nutzen-Relation) der gesetzlichen Maßnahmen einschließlich der durch sie intendierten Ziele im Vergleich zu den Effekten des Gesetzes oder zu alternativen, hypothetisch gleichfalls möglichen Maßnahmen. Hier – aber wohl nur hier – ist nicht allein sozialwissenschaftliche, sondern auch juristische Evaluationsforschung gefragt. Dabei geht es im Einzelfall nicht um die grundsätzliche Fragestellung „Freiheit oder Sicherheit?", sondern eher um konkrete Abwägung einzelner Maßnahmen zur Förderung von Sicherheit und eine Abwägung mit deren konkreten Rückwirkungen auf die individuelle Freiheit. Es geht also weniger um Grundlagenforschung als um Fragestellungen und Antwortmöglichkeiten mittlerer Höhe und Reichweite. Dabei ist die Argumentationslast vom Grundgesetz vorgegeben: Freiheit ist nicht begründungsbedürftig; rechtfertigungsbedürftig ist hingegen der Freiheitseingriff.[33]

2. Besonderheiten im Sicherheitsbereich – Ausnahme oder Modifikation der Gesetzesevaluation?

An dieser Stelle ist daran zu erinnern: Es waren namentlich schwerwiegende, in ihren Wirkungen aber wenig abschätzbare Grundrechtseingriffe, welche die Forderungen nach Befristung, Gesetzesevaluation und Folgenabschätzung motiviert haben. Solche Situationen werden im Bereich der Eingriffsverwaltung – und hier namentlich im Zuständigkeitsbereich der Sicherheitsbehörden – tendenziell wahrscheinlich häufiger auftreten als in anderen Verwaltungssektoren. Zugleich ist aber festzuhalten: So wenig entwickelt jene Evaluationsinstrumente bislang im Bereich der allgemeinen Gesetzgebung sind,[34] so sehr bleibt der Bereich des Sicherheitsrechts nach wie vor selbst hinter jenen Einsichten zurück. Dafür ist ein Bündel von Ursachen ausschlaggebend. Da ist zunächst die hier stärker als sonst empfundene Notwendigkeit der Geheimhaltung, welche nicht nur Auskunft, Akteneln-

33 Gusy (2003a), S. 153, 180ff. (Nachw.).

34 Zum Stand der Gesetzesfolgenabschätzung Böhret/Konzendorf (2001); Köck (2002), S. 1; Brocker (2002), S. 462 (alle m. w. N). Zu Leistungsfähigkeit und Grenzen zwischen Zurückhaltung und Skepsis Schulze-Fielitz (1988), S. 454ff.

sicht und Rechtsschutz, sondern eben auch die Begleitforschung erschwert. Das gilt umso mehr, wenn diese nicht von den Behörden selbst, sondern von unabhängigen Stellen vorgenommen werden soll. Soweit dies die Kenntnisnahme von sicherheitsrelevanten, ggf. auch noch personenbezogenen Informationen erfordert, ziehen Gesetze, Verwaltungen und Gerichte enge Grenzen für Auskunftserteilung und Einsichtnahme. *Wo aber die Informationserhebung durch Evaluatoren ausgeschlossen oder stark eingeschränkt ist, ist eine neutrale Wirkungsforschung, welche auch nur den Mindeststandards der zuvor skizzierten Anforderungen genügen kann, selbst weitgehend ausgeschlossen.*

Aus diesem Ausgangsbefund können theoretisch drei unterschiedliche Konsequenzen gezogen werden:

- Entweder wird für den Bereich der Sicherheitsbehörden überhaupt auf das Erfordernis einer Evaluation verzichtet. Dies allerdings würde den eingangs genannten Forderungen nach Befristung und Wirksamkeitsprüfung gerade in ihrem zentralen Anwendungsbereich – nämlich der Eingriffsverwaltung durch Sicherheitsbehörden – widersprechen.
- Oder aber es werden andere Formen der Informationserhebung für Evaluationszwecke gesucht. Soweit eine unmittelbare Informationserhebung durch Dritte bei den Sicherheitsbehörden nicht möglich ist, könnte dem partiell durch die Übermittlung (zumindest aggregierter) Informationen durch die Behörden selbst unter Ermöglichung mindestens stichprobenhafter Nachprüfung durch neutrale Instanzen begegnet werden. Ein solches Verfahren wäre allerdings mit dem Risiko erheblicher Qualitätseinbußen bei der Auswahl und Gewinnung der Informationen verbunden. Sie folgen nicht zuletzt aus der Tatsache, dass die unabhängigen Informationsempfänger wegen der Eigenart der Informationsgewährung nur eingeschränkte Möglichkeiten erlangen, Zusatzinformationen, ungewöhnliche Verknüpfungen von Informationen oder auch Valenzprüfungen übermittelter Informationen vorzunehmen. Ansatzmöglichkeiten solcher Prüfungen ergeben sich jedenfalls nicht allein aus deren Inhalt, sondern vielmehr nicht selten auch aus der Art ihrer Gewinnung, ihren Quellen und sonstigen Zusammenhängen, die erst bei dem Studium der Originalmaterialien erkennbar werden. Wer davon abgeschnitten ist, ist damit zugleich von wesentlichen Zusatzinformationen abgeschnitten, welche für eine Gesetzesevaluation zumindest bedeutsam sein können. Dies schränkt Qualität und Valenz der Forschungsergebnisse mindestens ein.
- Oder aber die unabhängige Gesetzesevaluation wird durch eine behördliche Evaluation ersetzt. Der Wert einer solchen Selbstevaluation bleibt allerdings hinter demjenigen einer unabhängigen Wirkungsforschung notwendig zurück. Dafür gibt es mehrere Gründe. Zunächst sind die beteiligten Exekutiven regelmäßig schon am Gesetzgebungsverfahren im Stadium der Einbringung (Art. 76 GG) beratend, redigierend und entwerfend beteiligt, so dass sie selbst an der Ausgestaltung der Gesetze mitgewirkt haben, welche sie später evaluieren sollen. Sodann hängen die Wirkungen eines Gesetzes wesentlich von dessen Vollzug ab, der seinerseits von den Behörden geleistet wird, welche später evaluierend tätig werden sollen. Insoweit bestimmen sie in mehrfacher Hinsicht das Evaluationsobjekt mit. Zudem ist aus ihrer Sicht Gesetzesfolgenforschung stets auch Erforschung des eigenen Verhaltens. Selbstevaluation ist allerdings stets etwas anderes

als Fremdevaluation.[35] Wenn man also im Sicherheitsbereich statt neutraler auch behördliche Gesetzesevaluation für ausreichend halten will, müssen daran besonders strenge Qualitätsanforderungen gestellt werden.[36]

3. *Behördlicher Erfahrungsbericht statt Gesetzesevaluation?*

Soweit die Antiterrorgesetzgebung befristet war,[37] sollte sie evaluiert werden, um sodann über ihre mögliche Verlängerung zu entscheiden. Lange vor Ablauf der gesetzlich vorgesehenen Frist wurde ein „Bericht der Bundesregierung zu den Auswirkungen der nach Art. 22 Abs. 2 des Terrorismusbekämpfungsgesetzes befristeten Änderungen des Bundesverfassungsschutzgesetzes, des MAD-Gesetzes, des BND-Gesetzes, des Artikel 10-Gesetzes, des Sicherheitsüberprüfungsgesetzes und des § 7 Abs. 2 des BKA-Gesetzes" vom 11.05.2005 vorgelegt. Der vom Bundesministerium des Innern in das Internet gestellte Bericht[38] stellt eine wesentliche Neuerung dar: Diesseits gesetzlicher Berichtspflichten (etwa nach Art. 13 Abs. 6 GG)[39] ist ein derart detaillierter Erfahrungsbericht über Vollzug und Auswirkungen eines Gesetzes insbesondere im Bereich der Innenpolitik geradezu ein Musterbeispiel an Transparenz. Der Bericht selbst bringt diese Besonderheit auch zum Ausdruck. Nach dem beigefügten Ausblick[40] seien gesetzliche Evaluierungsmaßnahmen und Befristungen „im Terrorismusbekämpfungsgesetz ... als Korrektiv zum sehr beschleunigten Gesetzgebungsverfahren, gleichsam als Übereilungsschutz, aufgenommen worden. Als generelle Maßgaben zu gesetzlichen Neuregelungen erscheinen sie dagegen nicht veranlasst."[41] Das mag für das hier speziell gewählte Verfahren und die dadurch eingeschlagene Form der Berichterstattung gelten. Ob dies allgemein für (andere) befristete Gesetze gelten kann und soll, mag hier offen bleiben.

Der Bericht verfährt nach folgendem Gliederungsprinzip: In einer allgemeinen Einleitung, welche kurz Auftrag und Anlass der Berichterstattung darstellt, werden zugleich

35 Die meisten Verfahren der Selbstevaluation sind daher auch zweistufig organisiert, wobei nach der Phase des Selbstberichts eine weitere Phase vorgesehen ist, in welcher externe Sachverständige den Selbstbericht begutachten bzw. zertifizieren. Sie sind eben jedenfalls insoweit nicht nur Selbst-, sondern auch Drittevaluation.

36 Doch finden sich dafür bislang – soweit ersichtlich – im Bereich der Gesetzesevaluation noch nicht einmal Vorarbeiten. Von der Formulierung einigermaßen konsentierter Anforderungen an solche Selbstevaluation sind Rechtswissenschaft und Evaluationsforschung daher noch weit entfernt.

37 S. o. II vor 1.

38 Er steht dort unter http://www.bmi.bund.de/cln_028/Internet/Content/Common/Anlagen/Themen/Terrorismus/Bericht__BReg__Auswirkung__Terrorismusbekaempfungsgesetz. Er findet sich dort allerdings nicht vollständig; ein Anhang „Statistische Auswertung und Kosten im BfV zu Maßnahmen nach dem Sicherheitsüberprüfungsgesetz" wurde aus Geheimschutzgründen nicht veröffentlicht.

39 S. dazu etwa Berichte der Bundesregierung 14/245; 14/3998; 14/6778; 14/8155.

40 Bericht der Bundesregierung (Fn. 39), S. 53.

41 Immerhin wird in diesem Kontext festgehalten, dass „auch neue Regelungen ... im Hinblick auf ihre Praxisbewährung zu beobachten sein (werden), wie dies bei der Gesetzgebung allgemein der Fall ist, ohne dass dazu spezielle gesetzliche Maßgaben erforderlich wären."

die Ergebnisse zusammengefasst. Danach hätten sich die neuen Gesetze ganz überwiegend bewährt. In Einzelfällen habe sich aber auch ein vergleichsweise hoher Verwaltungsaufwand ergeben, welcher zu den angestrebten Zwecken nicht stets in einem angemessenen Verhältnis gestanden habe. Auch hätten sich nachträglich einzelne Befugnislücken gezeigt. Sodann folgt der Einzelbericht, welcher anhand der zu evaluierenden gesetzlichen Neuregelungen gegliedert ist und zu jeder Bestimmung eigenständig Stellung nimmt. Dies erfolgt in der Art und Weise, dass nach einem kurzen Referat des wesentlichen Inhalts der Einzelbestimmungen

- zunächst unter der Überschrift „Auswertung“ die „Informationsgewinnung“ dargestellt wird. Hier wird zunächst dargelegt, in wie vielen Fällen oder gegenüber wie vielen Betroffenen von der Ermächtigung Gebrauch gemacht worden sei und zu welchen weiteren Erkenntnissen bzw. Maßnahmen diese Informationsnutzung geführt habe. Dabei stehen Bundesbehörden im Vordergrund, da ihnen durch die meisten Gesetzesänderungen neue oder zusätzliche Befugnisse verliehen worden sind. Soweit Landesbehörden ermächtigt wurden, findet sich eine vergleichsweise ausführliche Darstellung anhand von Material aus zwei ausgewählten Bundesländern (Berlin, NRW). Im Anschluss an jene Berichte finden sich gelegentlich auch Ausführungen zu Grundrechtseingriffen und dadurch aufgeworfenen Rechts- und Zweckmäßigkeitsfragen;
- sodann, soweit erkennbar, auf die dadurch verursachten Kosten für die öffentlichen Haushalte eingegangen wird;
- weiter teilweise ausgeführt ist, dass Gerichte mit der Überprüfung getroffener Maßnahmen nicht befasst waren: In solchen Fällen konnte zum Ausgang von Gerichtsverfahren konsequent nichts berichtet werden;
- zuletzt eine „Schlussfolgerung“ gezogen wird, welche teils das Berichtete bewertet, teils Empfehlungen an den Gesetzgeber enthält, die einzelnen thematisierten Bestimmungen beizubehalten oder zu überdenken.

Der Bericht ist auf die Gesetzesanwendung durch die dazu ermächtigten Behörden fokussiert. Er bilanziert die Gesetzesanwendung und die dabei gewonnenen Erfolge und Erfahrungen in der Zeit des In-Kraft-Tretens der Regelungen bis zum 31.12.2004. Misserfolge oder negative Erfahrungen werden kaum berichtet; sie finden sich am ehesten bei der Darstellung von als übermäßig empfundenem Verwaltungsaufwand.

Der Bericht nennt seinen Gegenstand selbst „Evaluierung“ und scheint damit davon auszugehen, dass er die Erfüllung des Evaluationsauftrages des Gesetzgebers leistet. In diesem Sinne wird offenbar auch in der Koalitionsvereinbarung der Großen Koalition vom 11.11.2005 auf ihn Bezug genommen.[42] So wichtig und nützlich der Erfahrungsbericht ist, so deutlich ist doch daran festzuhalten: Der Status einer Evaluation im Sinne wissenschaftlicher Evaluationsforschung kann ihm nicht zukommen. Dagegen sprechen zahlreiche Anhaltspunkte. Das Fehlen einer neutralen Evaluationsinstanz ist ebenso sinnfällig

42 S. etwa Koalitionsvertrag ebd., S. 116: „Wir werden die erforderlichen Konsequenzen aus dem Evaluierungsbericht zur Terrorismusbekämpfungsgesetz ziehen.“ S. a. ebd., S. 121.

wie die Tatsache, dass der Bericht bereits erhebliche Zeit vor Ablauf der Überprüfungsfrist vorlag. Obwohl das Gesetz bis Januar 2007 befristet ist, endet der Berichtszeitraum bereits mit dem Jahr 2004, also nach über etwas mehr als der Hälfte der Laufzeit des Gesetzes. Aber auch inhaltlich stellen sich Fragen:

- Die Darstellung der Gesetzesanwendung nennt eine je unterschiedliche Zahl von Fällen, in welchen die Eingriffsermächtigungen genutzt wurden, sowie Hinweise auf „aufgabendienliche Erkenntnisse", welche dadurch gewonnen worden sind. So wichtig diese Angabe ist, stellen sich weitere Fragen: Nach dem Bericht selbst haben nicht alle Eingriffmaßnahmen zu den beschriebenen Erkenntnissen geführt. Dies ist bei staatlichen Aufklärungseingriffen normal und der Verdachtssituation bei Einleitung der Maßnahme geschuldet. Doch wie hoch war der Anteil der erkenntnisrelevanten, wie hoch der Anteil der offenbar hierfür nicht relevanten Grundrechtseingriffe? Sofern nur einer oder einzelne der vorgenommenen Eingriffe erkenntnisrelevant waren, stellt sich die Frage nach der Berechtigung der Eingriffsbefugnis jedenfalls dann, wenn die Misserfolgsquote im Vergleich zu sonstigen Aufklärungsmaßnahmen ungewöhnlich hoch gewesen sein sollte.
- Weiter stellt sich die Frage, ob die erzielten „aufgabendienlichen Erkenntnisse" nicht auch auf der Grundlage anderer, schon vorher vorhandener Aufklärungsbefugnisse hätten erzielt werden können. Nur wenn dies ausgeschlossen wäre, wären die neue Eingriffsbefugnisse wirklich notwendig gewesen. Das gilt insbesondere dort, wo den neuen Maßnahmen attestiert wird, sie hätten vorhandene Anhaltspunkte bestätigt oder bekräftigt. Worin lag dann der zusätzliche Effekt, welcher die Anwendung der neuen Befugnisnormen rechtfertigte oder erforderlich machte? Wenn hierzu etwa ausgeführt wird: „Auf der Grundlage der gewonnenen Informationen wurden zudem konkrete Bekämpfungsmaßnahmen (etwa: Vereinsverbote) möglich", so bleibt doch ganz offen, ob die „gewonnenen Erkenntnisse" gerade und nur unter Nutzung der neuen Befugnisse gewonnen worden sind und welche Bedeutung sie im Verbotsverfahren erlangten.[43] Wenn zusätzlich darauf hingewiesen wird, dass Verwaltungs- oder Gerichtsverfahren, in welchen Informationen herangezogen würden, noch nicht abgeschlossen seien, so hätte hier eine – rechtlich durchaus zulässige – spätere Wahl des Berichtszeitpunkts verlässlichere Informationen ermöglicht.
- Der Hinweis auf die (ausbleibende) gerichtliche Überprüfung der getroffenen Maßnahmen bleibt insoweit wenig aussagekräftig, als die meisten Ermittlungsbefugnisse sich auf geheime Grundrechtseingriffe beziehen, welche schon faktisch gerichtlich kaum angreifbar sind.

43 Ähnliches gilt für die Formulierung, wonach „auch für die von den zuständigen Landesbehörden vorgenommenen Vollzugs- und weiteren vereinsrechtlichen Ermittlungsmaßnahmen … auf die Erkenntnisse des BfV aus der Beobachtung der Organisation zurückgegriffen" wurde. Wurde diese Beobachtung erst und gerade nur durch die neuen Befugnisnormen ermöglicht? Und waren die Erkenntnisse rechtlich notwendige Bedingungen jener weiteren Maßnahmen?

- Zudem fehlen z.T. Aussagen über die zeitliche Entwicklung der Nutzung der neuen Instrumente, während sie an anderen Stellen vorhanden sind. Hieran könnte abgelesen werden, ob die Nutzungshäufigkeit nur auf Anfangserwartungen basierte, welche dann nach ersten Erfahrungen zu einem starken Rückgang oder gar völligen Erliegen der entsprechenden Eingriffstätigkeit wurde. Auch könnte sich zeigen, ob eine geringe Nutzung eines Instruments vielleicht daran lag, dass es erst nach einer gewissen Einführungs- und Gewöhnungsphase herangezogen wurde, weil etwa die erforderliche personelle oder sachliche Ausstattung in der Anfangszeit gar nicht zur Verfügung stand. In solchen Fällen einer zeitlich ungleichen Verteilung der vorgenommenen Eingriffe würde sich alsdann die Frage stellen, ob die im Bericht angeführten Gesamtzahlen für die Zukunft überhaupt prognosefähige Aussagen ermöglichen.
- Schließlich zeigen sich aber auch erhebliche Unsicherheiten bei der Bewertung der Befunde und der daraus zu ziehenden gesetzgeberischen Konsequenzen. Wurde von einer Regelung intensiver Gebrauch gemacht, lautet die „Schlussfolgerung" regelmäßig so oder ähnlich: „Die Befugnis hat aufgabendienliche Erkenntnisse erbracht, ohne dass damit unangemessen breite Überwachungsfolgen verbunden waren. Sie sollte beibehalten werden." Wurde kaum oder kein Gebrauch gemacht, heißt es etwa: „(Auch) für die Zukunft ist zu erwarten, dass – in begrenztem Umfang – Bedarfsfälle auftreten. Die Regelung sollte deshalb beibehalten werden, um neben dem engeren Schutz sicherheitsempfindlicher Stellen auch im Übrigen zur Vorbeugung von Sabotagerisiken bei lebens- oder verteidigungswichtigen Einrichtungen beizutragen".[44] Hier koinzidieren Nachteile aus einem kurz gewählten Erfahrungszeitraum und aus Unsicherheiten bei der Einschätzung der Geeignetheit, Erforderlichkeit und Verhältnismäßigkeit des Gesetzes im Bericht. Unter welchen Voraussetzungen eine Vollzugspraxis aussagekräftige Hinweise für die (fortdauernde) Notwendigkeit einer Regelung aufweist, ist offenbar zu wenig diskutiert und auch nicht einfach mit bloß formelhaften Hinweisen auf möglicherweise eintretende zukünftige Anwendungsfälle zu belegen.

Der vorgelegte Erfahrungsbericht enthält nützliche und weiterführende Informationen. Insbesondere zeigt er, dass jedenfalls in der Vergangenheit die neuen Eingriffsbefugnisse zu Zwecken der Terrorismusprävention nicht zu einer Explosion der behördlichen Überwachungstätigkeit oder erheblichen Wirksamkeitsverlusten des Grundrechtsschutzes geführt haben. Er ist als Beispiel amtlicher Öffentlichkeitsarbeit von hohem Wert. Doch bleibt zugleich festzuhalten: Eine den Qualitätsanforderungen der Evaluationsforschung standhaltende Gesetzesevaluation enthält der Bericht nicht. Er kann daher auch für die zukünftige Diskussion um die wissenschaftliche Evaluation von Gesetzesfolgen in anderen Politikfeldern keine Vorbildwirkung erlangen.

44 In anderen Fällen geringer oder fehlender Praxisrelevanz einer Bestimmung erwies sich die Vorschrift hingegen aus Behördensicht als unvollziehbar oder überflüssig. In solchen Fällen wird ihre Änderung oder Aufhebung angeregt.

III. Haben die neuen Gesetze „gerichtsfreie Räume" geschaffen?

Ein *expliziter Ausschluss von Rechtswegen*, gerichtlichen Nachprüfungskompetenzen u. a. ist in den neuen Gesetzen *nicht enthalten*. Insoweit wird die Rechtsschutzgarantie formell nicht eingeschränkt.

Des ungeachtet haben die neuen Gesetze zumindest faktische Rückwirkungen auf die Möglichkeit der Erlangung gerichtlichen Rechtsschutzes.[45] Hier finden sich mindestens drei Problemdimensionen.

1. Zugangsprobleme zum Gericht

Die Terrorismusbekämpfungsgesetze verstärken Befugnisse zur heimlichen Datenerhebung bzw. zur heimlichen Datenverarbeitung. Wie auch sonst im Polizei- und Nachrichtendienstrecht haben die Betroffenen normalerweise keine Kenntnis von dem Umstand, dass sie von eingreifenden staatlichen Maßnahmen betroffen sein können. In solchen Fällen sind sie gem. Art. 19 Abs. 4 S. 1 GG zwar berechtigt, den Rechtsweg zu beschreiten; doch ist ihnen dieses mangels Kenntnis der sie betreffenden Grundrechtseingriffe jedenfalls faktisch nicht möglich. Solche Konstellationen haben die Rechtsprechung vielfach beschäftigt.[46] Das Bundesverfassungsgericht geht hierzu davon aus, dass der faktische Verlust gerichtlicher Kontrollmöglichkeiten nicht automatisch zur Entstehung kontrollfreier Räume führen darf. In unterschiedlichen Fallkonstellationen fordert es daher entweder

- Schutz des Betroffenen im Verfahren durch interne[47] und externe Kontrollen, letztere entweder in der Form des Richtervorbehalts[48] oder aber gleichwertiger sonstiger Kontrollinstrumente;[49] oder
- effektiven nachträglichen Rechtsschutz[50] durch nachträgliche Bekanntgabe des Eingriffs, sofern nicht ausnahmsweise im Einzelfall überwiegende gesetzliche Belange entgegenstehen.[51]

Die Problematik ist nicht neu, erscheint aber durch jede Zunahme staatlicher Befugnisnormen zur Vornahme heimlicher oder verdeckter Grundrechtseingriffe in gewandelter und erweiterter Dimension. In den Terrorismusbekämpfungsgesetzen wird diesem Aspekt in den überkommenen Bahnen Rechnung getragen. Das G-10 erkennt inzwischen explizit die Kontrollkompetenz der G-10-Kommission für die gesamte Verarbeitung – also nicht

45 Zum Folgenden ausführlich Gusy (1998), S. 182.
46 Seit BVerfGE 30, 1, 17ff.
47 BVerfGE 100, 313, 396ff.
48 S. zu Art. 13 GG BVerfGE 103, 142, 150 ff.; zu Art. 10 GG BVerfGE 107, 299, 325f.
49 BVerfGE 30, 1, 27ff.
50 Dazu BVerfGE 96, 27.
51 BVerfGE 30, 1, 17ff., 31ff.

allein den Erhebungsvorgang – der nach diesem Gesetz erhobenen Daten an.[52] Die Bedeutung dieses Verfahrens ist dadurch noch erweitert worden, dass nunmehr auch einzelne neue Ermittlungsbefugnisse der Nachrichtendienste – namentlich Auskunftsansprüche gegenüber Banken und bestimmten Unternehmen über Dritte (s. etwa § 8 Abs. 5–8 BVerfSchG) – gleichfalls dem G-10-Verfahren unterworfen worden sind (s. § 8 Abs. 9 BVerfSchG).[53]

Wenig ausgeprägt ist in diesem Kontext nach wie vor die Neigung, stattgefundene Eingriffsmaßnahmen den Betroffenen nachträglich mitzuteilen. Die Zahl der Mitteilungen ist außerordentlich gering, da bei den oft langfristig angelegten Ermittlungen der Nachrichtendienste offenbar vielfach die Versagungstatbestände des § 11 Abs. 1 S. 3 G-10 angenommen werden. In solchen Fällen ist auch nachträglicher Gerichtsschutz faktisch ausgeschlossen. Anders ausgedrückt: Die Entscheidung über das Absehen von der nachträglichen Mitteilung ist in solchen Fällen nahezu identisch mit der Entscheidung, dem Betroffenen eine gerichtliche Nachprüfung zu ermöglichen. Daher muss auch diese Entscheidung mit besonderen Schutzvorkehrungen zugunsten seiner Rechtssphäre ausgestaltet sein.[54] Versuche, derartige Schutzvorkehrungen einzuschränken,[55] sind daher besonders sorgfältig auf ihre Verfassungskonformität zu prüfen.

2. *Zugangsprobleme zu Informationen im gerichtlichen Verfahren*

Rechtsschutzprobleme gegenüber Sicherheitsbehörden können sich aber auch dann ergeben, wenn der von einem Eingriff Betroffene Zugang zum Gericht erlangt hat. Denn der Zugang des Gerichts zu den relevanten Informationen ist gleichfalls nicht frei von Restriktionen. Zwar begründet § 99 VwGO die Verpflichtung der Behörden zur Vorlage von Akten und zur Erteilung von Auskünften. Doch ist diese Pflicht gem. § 99 Abs. 1 S. 2 VwGO eingeschränkt, wenn das Bekanntwerden der Informationen im Prozess – sei es gegenüber dem Kläger, sei es gegenüber sonstigen Personen im Rahmen der Verfahrensöffentlichkeit – dem Wohl des Bundes oder eines Landes Nachteile bereiten würde oder wenn die Vorgänge nach einem Gesetz oder ihrem Wesen nach geheim gehalten werden müssen. Das Vorliegen dieser Tatbestandsmerkmale wird bei Auskünften, Unterlagen oder Akten von Sicherheitsbehörden besonders häufig bejaht.[56] Ähnlich lautende Regelungen gelten etwa nach § 96 StPO auch für das Strafverfahren. Ein Ausgleich zwischen den

52 Die hier früher vorhandenen Kontrolllücken – dazu GUSY (1998), S. 206f., sind durch die neuere Gesetzgebung inzwischen geschlossen.

53 Wie weit in jenem Rahmen die Kontrollbefugnisse der Kommission in den einzelnen Phasen der Informationsverarbeitung reichen, ist allerdings noch nicht in allen Einzelheiten geklärt.

54 Derartige Entscheidungen ergehen in Bund (§ 11 Abs. 1 S. 3 G-10) und Ländern regelmäßig mit Zustimmung der G-10-Kommission.

55 Etwa durch Herabsetzung des Mehrheitsquorums für Versagungsentscheidungen u. a.

56 Dazu GUSY (1998), S. 212ff. Nach der Rechtsprechung können die Behörden die Vorlage von Beweismitteln verweigern zum Schutz von Bestand und Sicherheit von Bund oder Land, der Arbeitsweise von Sicherheitsbehörden (jedenfalls dann, wenn Operationen im entsprechenden Milieu noch nicht abgeschlossen sind), oder zur Sicherheit von V-Leuten oder sonstigen Mitarbeitern, Anzeigeerstattern u. ä.

Sicherheitsinteressen von Staat und Dritten einerseits und den Rechtsschutzinteressen andererseits kann hier auf zweifache Weise versucht werden.

Das BVerfG präferiert hier primär eine verfahrensrechtliche Lösung.[57] Danach soll der durch die Auskunftsverweigerung bewirkte Eingriff in den Rechtsschutz Betroffener dadurch minimiert werden, dass nach Möglichkeit zwar nicht der Kläger selbst, wohl aber das Gericht – ohne den Kläger – Kenntnis von Gründen der Geheimhaltung erhält, um zumindest deren Berechtigung nachzuprüfen. Dies kann im Einzelfall mit einer Kenntnisnahme des Gerichts von den geheim gehaltenen Informationen zusammenfallen. Ein solches „in-camera"-Verfahren[58] kann den Zugang zum Rechtsschutz wahren, schränkt allerdings seinerseits das Recht des Klägers auf rechtliches Gehör im gerichtlichen Verfahren ein: Wie sollte er sich auch zu den geheim gehaltenen Tatsachen oder auch nur den Gründen ihrer Geheimhaltung äußern können, wenn er von ihnen nichts erfährt? Dieser Effekt wird vom BVerfG hingenommen, wenn das in-camera-Verfahren einerseits den Rechtsschutz des Bürgers verbessert und andererseits gerade diese Verbesserung im Einzelfall den „begrenzten Verzicht" auf die Gewährung rechtlichen Gehörs erfordert.[59]

Daneben und darüber hinaus werden allerdings auch materiell-rechtliche Konfliktlösungen erwogen. Sie beziehen sich namentlich auf Fälle, in welchen das in-camera-Verfahren nicht anwendbar ist,[60] im Einzelfall nicht stattfinden kann oder aber sonst versagt. Die Folgen eines solchen Verhaltens beschreibt der BGH für das Strafverfahren so: „Geheimhaltungsinteressen des Staates dürfen sich im Strafprozess nicht nachteilig für den Angeklagten auswirken. Kann ein Beweis, der potentiell zur Entlastung des Angeklagten hätte beitragen können, aufgrund von Maßnahmen der Exekutive nicht in die Hauptverhandlung eingeführt werden, obwohl seine Erhebung ein Gebot der Aufklärungspflicht gewesen wäre, ist die hierdurch bedingte Verkürzung der Beweisgrundlage und der Verteidigungsmöglichkeiten des Angeklagten zur Sicherung einer fairen Verfahrensgestaltung durch eine besonders vorsichtige Beweiswürdigung und ggf. die Anwendung des Zweifelssatzes auszugleichen."[61] Diese Lösung, welche nicht auf die formelle Beweislast, sondern

57 BVerfGE 101, 106, 128ff.

58 Zahlreiche Einzelheiten dieses in-camera-Verfahrens sind allerdings auch nach der grundlegenden Entscheidung des BVerfG offen; dazu etwa Beutling (2001), S. 1252; Margedant (2001), S. 759; Redeker/Kohte (2002), S. 313; Winkler (2000), S. 552.

59 BVerfGE 101, 106, 130; s. a. ebd., 129: „Indessen dürfen Art. 19 Abs. 4 und Art. 103 Abs. 1 GG nicht in Gegensatz zueinander gerückt werden."

60 Nach BGH, in: *Neue Juristische Wochenschrift* (2000), S. 1661, 1662f., soll dies etwa im Anwendungsbereich des § 96 StPO gelten. Ein wesentlicher Grund dafür mag der Stellungnahme des Vorsitzenden des 4. Strafsenats gegenüber dem BVerfG zu entnehmen sein, wonach „Geheimhaltungsinteressen der Exekutive im Strafverfahren in dubio pro reo" wirken; s. BVerfGE 101, 106, 129f. Ob dies auch in der sonstigen Entscheidungspraxis stets der Fall ist, kann hier nicht untersucht werden.

61 BGH, in: *Juristenzeitung* (2004), S. 922 (Ls.), 923; zustimmend Henning Ernst Müller, Beweiswürdigung im Strafprozess und Geheimhaltungsinteressen des Staates, in: *Juristenzeitung* (2004), S. 926f.

auf die Informationsherrschaft und deren (durchaus rechtmäßige) Ausübung vor Gericht abstellt,[62] beansprucht über den Strafprozess hinaus Anwendung.[63]

3. Bestimmtheitsprobleme bei Kontrollmaßstäben

Jede Gefahrenprävention setzt Prognosen voraus, die ihrerseits auf Tatsachen gestützt sein müssen. Die Gesetze formulieren sowohl die Anforderungen an die Faktenbasis als auch diejenigen an die Prognose überaus unterschiedlich. Ungeachtet solcher Einzelheiten stellen sich dem Gesetzgeber jedoch mehrfache Anforderungen. Das rechtsstaatliche Bestimmheitsgebot ebenso wie das Übermaßverbot verlangen, dass die von den Behörden im Einzelfall zu treffende Entscheidung keine beliebige, willkürliche, sondern eine gesteuerte, voraussehbare ist.[64] Hierzu muss das Gesetz Maßstäbe enthalten namentlich zu folgenden Fragen:

- Müssen im Einzelfall überhaupt tatsächliche Anhaltspunkte für eine Gefahr vorliegen? Und welcher Art können oder müssen diese Anhaltspunkte sein?
- Welcher Verdachtsgrad muss daraus herzuleiten sein?
- Und gegen welche Person darf aufgrund solcher Anhaltspunkte vorgegangen werden? Nur gegen Verantwortliche? Oder auch gegen sonstige, etwa Kontakt- oder Begleitpersonen? Oder gar gegen jedermann, also auch gegen Nichtverantwortliche?
- Wie können das Prognose- und das Irrtumsrisiko angemessen verteilt werden?

Gerade im Präventionsrecht findet sich hier nicht erst seit den neuen Regelungen zur Terrorismusbekämpfung – schon wegen der Eigenart der meisten Präventionseingriffe, die eher Gefahraufklärungs- als Gefahrbeseitigungsermächtigungen enthalten – ein vergleichsweise geringes Maß an Bestimmtheit. Es kann sich namentlich beziehen

- auf normative Unbestimmtheit,[65]
- auf den prognostischen Einschlag der Verwaltungsentscheidungen, namentlich auf Fragen des Prognose- und des Irrtumsrisikos,[66]
- auf Verantwortlichkeits- und Zurechnungsfragen: Wer hat mit wem in welchem Vorbereitungsstadium welchen Kontakt, der bereits polizeiliche Eingriffshandlungen rechtfertigen kann?[67]

Das Bundesverfassungsgericht betrachtet dies in seiner jüngeren Rechtsprechung einerseits als ein Problem der Handlungsmaßstäbe und andererseits als ein solches der Kontrollmaß-

62 Auch hier sind selbstverständlich zahlreiche Einzel- und Folgefragen noch offen.

63 Gusy (1998), S. 218ff. (Nachw.).

64 Zu den Funktionen und Anforderungen des Gesetzesvorbehalts näher Gusy (2002), S. 610.

65 Exemplarisch BVerfGE 110, 33.

66 Exemplarisch BVerfG, in: *Neue Juristische Wochenschrift* (2005), S. 2603, 2607ff.

67 Siehe oben 1.3 a. E.

stäbe. Gesetze müssen der Verwaltung ex ante ausreichende Handlungsaufträge erteilen bzw. -grenzen ziehen. Und sie müssen ex post den Gerichten ausreichende Maßstäbe für die Abgrenzung rechtmäßigen und rechtswidrigen Verhaltens liefern. In diesem Sinne setzt gerichtliche Überprüfbarkeit administrativen Handelns die hinreichende Unterscheidbarkeit rechtmäßiger von rechtswidrigen Handlungen voraus. In diesem Sinne sind *Rechtsschutzfragen bei präventivpolizeilichem Handeln eben nicht allein Zugangsprobleme zu den Kontrollinstanzen, sondern auch Maßstabsprobleme für die Kontrollinstanzen*. Solche Probleme stellen sich primär als Aufgaben für den Gesetzgeber, der durch den Gesetzesvorbehalt verpflichtet ist,

- die *erforderlichen gesetzlichen Regelungen selbst zu treffen* und nicht auf andere Instanzen – etwa exekutive Selbstprogrammierung oder Richterrecht intra legem – abzuschieben. Auch darf er sich seiner Aufgabe nicht einfach durch Verweisungen auf andere Rechtsgebiete entledigen;[68]
- *hinreichend bestimmte Regelungen* zu treffen: Es genügen nicht irgendwelche Bestimmungen. Sie müssen auch das Wesentliche hinreichend klar und bestimmt selbst regeln. Bestimmungen, die nur noch wenige Experten verstehen können, reichen dafür nicht aus;
- dem jeweiligen Eingriffsinstrumentarium angemessene Regelungen zu treffen: Je höherrangig das betroffene Rechtsgut oder je schwerwiegender der Eingriff ist, desto genauer müssen die Eingriffsvoraussetzungen beschrieben und begrenzt sein.[69] Insbesondere genügen nicht schematische Tatbestandsformulierungen, um Eingriffe ganz unterschiedlicher Art und Tiefe zu rechtfertigen;
- notwendige Eingriffsgrenzen und Ausnahmetatbestände explizit zu formulieren: Sie ermöglichen erst eine genaue Umschreibung der Eingriffsgrenzen und dürfen daher nicht erst der Rechtsanwendung oder Rechtsprechung zur Formulierung überlassen bleiben.[70] Es bleibt dabei: Hinreichend bestimmt sein muss das ermächtigende Gesetz, nicht (allein) das Grundgesetz;
- angemessene Kontrollmechanismen und -verfahren innerhalb und außerhalb der Behörden vorzusehen, welche rechtlich notwendige Vorkehrungen zum Schutz der Rechte Betroffener leisten können;[71]
- im Falle der Zulassung grundrechtseingreifender Maßnahmen zur Informationserhebung zugleich zureichende Maßstäbe für die Informationsverwendung zu treffen.[72]

Hier hat sich eine neue Rechtsprechungstradition[73] herausgebildet, die neue Diskussionen aufwirft. Es geht stärker um die demokratische und rechtsstaatliche Qualität, nicht hingegen überwiegend um die Quantität von Regelungen.

68 BVerfGE 110, 33, 62ff.
69 BVerfG, in: *Neue Juristische Wochenschrift* (2005), S. 2603, 2607.
70 BVerfGE 109, 279, 327ff., 335.
71 BVerfGE 100, 313, 393ff.; 109, 279, 357ff.
72 BVerfGE 110, 33, 70ff.
73 Seit BVerfGE 100, 313.

IV. Ergebnis

Durch die neuen Gesetze zur Terrorismusprävention wurden – soweit ersichtlich – rechtsweg- oder rechtsschutzfreie Räume nicht geschaffen. Doch haben die neuen Gesetze erhebliche mittelbare Auswirkungen auf Gerichte und Rechtsschutz. Mit den Folgerungen arbeitet sich die jüngere Rechtsprechung noch ab. Explizit terrorismusbezogene Regelungen sind noch nicht für grundgesetzwidrig erklärt worden. Sie sind aber auch noch nicht sämtlich an den inzwischen klarer erkennbaren Maßstäben überprüft worden.

Literatur

Albers, Marion (2001), Die Determination polizeilicher Tätigkeit in den Bereichen der Straftatenverhütung und der Verfolgungsvorsorge. Berlin.

Arzt, Clemens (2004), Polizeiliche Überwachungsmaßnahmen in den USA. Frankfurt a. M.

Baldus, Manfred (2004), Streitkräfteeinsatz zur Gefahrenabwehr im Luftraum – Sind die neuen luftsicherheitsgesetzlichen Befugnisse der Bundeswehr kompetenz- und grundrechtswidrig. In: Neue Zeitschrift für Verwaltungsrecht, S. 1278ff.

Bannenberg, Britta (2003), Strategies for Effect-Oriented Crime Prevention. In: Deutsche Zeitschrift für Kommunalwissenschaft, S. 53ff.

Beutling, Alexander (2001), Neue Wege im Verwaltungsprozess – Das „in-camera"-Verfahren. In: Deutsches Verwaltungsblatt, S. 1252ff.

Boers, Klaus (2004), Polizeiliche Videoüberwachung in Bielefeld. Münster.

Böhret, Carl/Konzendorf, Götz (2001), Handbuch Gesetzesfolgenabschätzung. Baden-Baden.

Brocker, Lars (2002), Gesetzesfolgenabschätzung – ein Überblick. In: Deutsche Richterzeitung, S. 462ff.

Büllesfeld, Dirk (2002), Polizeiliche Videoüberwachung öffentlicher Straßen und Plätze zur Kriminalitätsvorsorge. Freiburg i. Br.

Castillon, Nicole (2003), Dogmatik und Verfassungsmäßigkeit neuer Befugnisse zu verdachts- und anlassunabhängigen Polizeikontrollen. Frankfurt a. M.

Davy, Ulrike (2003), Terrorismusbekämpfung und staatliche Schutzgewährung. In: Zeitschrift für Ausländerrecht und Ausländerpolitik, S. 43ff.

Davy, Ulrike/Weber, Albrecht (Hrsg.) (2006), Einwanderungsrecht mit neuem Paradigma. Baden-Baden.

Denninger, Erhard (2003), Schleierfahndung im Rechtsstaat?. In: Frank, Götz/Faber, Heiko (Hrsg.), Festschrift für Ekkehart Stein. Tübingen, S. 15ff.

Gusy, Christoph (1983), Der militärische Abschirmdienst. In: Die öffentliche Verwaltung, S. 60–66.

Gusy, Christoph (1985), Das Grundgesetz als normative Gesetzgebungslehre? In: Zeitschrift für Rechtspolitik, S. 291–299.

Gusy, Christoph (1987), Das verfassungsrechtliche Gebot der Trennung von Polizei und Nachrichtendiensten. In: Zeitschrift für Rechtspolitik, S. 45–52.

Gusy, Christoph (1989), Informationelle Zusammenarbeit zwischen Sicherheitsbehörden. In: Contracting und Recht, S. 628–636.

Gusy, Christoph (1991), Das gesetzliche Trennungsgebot zwischen Polizei und Verfassungsschutz. In: Die Verwaltung, S. 467–490.

Gusy, Christoph (1994), Polizei und Nachrichtendienste im Kampf gegen die Organisierte Kriminalität. In: Kritische Vierteljahresschrift für Gesetzgebung und Rechtspolitik, S. 242–251.

Gusy, Christoph (1998), Richterliche Kontrolle des Verfassungsschutzes. In: Bundesministerium des Inneren (Hrsg.), Verfassungsschutz: Bestandsaufnahme und Perspektiven. Berlin, S. 182–223.

Gusy, Christoph (2002), Gesetzesvorbehalte im Grundgesetz. In: Juristische Arbeitsblätter (JA), S. 610–616.

Gusy, Christoph (2002a), Rasterfahndung nach Polizeirecht. In: Kritische Vierteljahresschrift für Gesetzgebung und Rechtswissenschaft, S. 474–490 (Nachw.).

Gusy, Christoph (2003), Polizeirecht. 5. Aufl., Tübingen.

Gusy, Christoph (2003a) Gewährleistung von Freiheit und Sicherheit im Lichte unterschiedlicher Staats- und Verfassungsverständnisses. In: Veröffentlichungen der Vereinigung der Deutschen Staatsrechtslehrer (VVDStRL), Bd. 63, S. 153–188 (Nachw.).

Gusy, Christoph (2005), Möglichkeiten und Grenzen einer europäischen Antiterrorpolitik. In: Goltdammers Archiv, Heft 4, S. 215–227.

Gusy, Christoph (2006), Telekommunikationsüberwachung nach Polizeirecht? In: Niedersächsische Verwaltungsblätter (NdsVBl), Heft 3, S. 65–70.

Hoffmann-Riem, Wolfgang (2002), Freiheit und Sicherheit im Angesicht terroristischer Anschläge. In: Zeitschrift für Rechtspolitik 35, S. 497ff.

Höfling, Wolfram (2005), Luftsicherheit, Grundrechtsregime und Ausnahmezustand. In: Juristenzeitung, S. 1080ff. (Nachw.).

Holling, Heinz (1999), Evaluationsforschung. Göttingen.

Köck, Wolfgang (2002), Gesetzesfolgenabschätzung und Gesetzgebungsrechtslehre. In: Verwaltungsarchiv, S. 1ff.

Lange, Hans-Jürgen (1999), Innere Sicherheit im Politischen System der Bundesrepublik Deutschland. Opladen.

Lynen v. Berg, Heinz/Pallocks, Kerstin (2004), Die Evaluierung eines Programms zur Stärkung der Zivilgesellschaft. In: Journal für Konflikt- und Gewaltforschung 6, 1, S. 41–69.

Margedant, Udo (2001), Zur Rechtsprechung – Das „in-camera"-Verfahren. In: Neue Zeitschrift für Verwaltungsrecht, S. 759ff.

Möller, Klaus-Peter/v. Zezschwitz, Friedrich (2000), Videoüberwachung – Wohltat oder Plage? Baden-Baden.

Möllers, Christoph (2000), Polizeikontrollen ohne Gefahrverdacht – Ratio und rechtliche Grenzen der neuen Vorsorgebefugnisse. In: Neue Zeitschrift für Verwaltungsrecht, S. 382–387.

Müller, Ernst Henning (2004), Beweiswürdigung im Strafprozess und Geheimhaltungsinteressen des Staates. In: Juristenzeitung (JZ), 926f.

Münkler, Herfried (2004), Ältere und jüngere Formen des Terrorismus, Strategie und Organisationsstruktur. In: Weidenfeld, Werner (Hrsg.), Herausforderung und Terrorismus. Wiesbaden, S. 29–43.

Nehm, Kai (2002), Ein Jahr danach – Gedanken zum 11. September 2001. In: Neue Juristische Wochenschrift 55, S. 2665–2671.

Rachor, Frederik (2001), in: Lisken, Hans/Denninger, Erhard (Hrsg.), Handbuch des Polizeirechts. München 3. Aufl., F Rn. 117ff.

Redeker, Martin/Kohte, Peter (2002), Die Neuregelung zur Überprüfung verweigerte Aktenvorlage im Verwaltungsprozess. In: Neue Zeitschrift für Verwaltungsrecht, S. 313ff.

Röger, Ralf (2003), Die Videoüberwachung öffentlicher Räume zur Gefahrenabwehr und zur Wahrnehmung des Hausrechtes – Eine Analyse der polizeirechtlichen sowie der landes- und bundesdatenschutzrechtlichen Vorgaben am Beispiel Nordrhein-Westfalens. In: Martin Zilkens (Hrsg.), Datenschutz in der Kommune. Berlin, S. 103ff.

Roggan, Frederik (2003), Handbuch zum Recht der inneren Sicherheit. Bonn.

Rössner, Dieter/Bannenberg, Britta/Coester, Marc (2002), Düsseldorfer Gutachten: Leitlinien wirksamer Kriminalprävention. Düsseldorf.

Schaeffer, Heinz/Triffterer Otto (Hrsg.) (1984), Rationalisierung und Gesetzgebung. Baden-Baden.

Schmitt Glaeser, Alexander (2002), Videoüberwachung öffentlicher Räume. In: Bayerische Verwaltungsblätter, Vol. 133, Nr. 19, S. 584–591.

Schulze-Fielitz, Helmuth (1988), Theorie und Praxis parlamentarischer Gesetzgebung. Berlin.

Schwabe, Jürgen (2002), Zur Rechtmäßigkeit von Beobachtungseingriffen. In: Niedersächsische Verwaltungsblätter, S. 39ff.

Stockmann, Reinhard (2000), Evaluationsforschung. Opladen.

Vahle, Jürgen (2001), Vorsicht, Kamera! Anmerkung zur „Video-Novelle" im nordrhein-westfälischen Polizeigesetz. In: Neue Zeitschrift für Verwaltungsrecht, S. 165–167.

Waechter, Kay (1999), Die Schleierfandung als Instrument der indirekten Verhaltenssteuerung durch Abschreckung und Verunsicherung. In: Die öffentliche Verwaltung (DÖV), S. 13–147.

Waechter, Kay (2001), Videoüberwachung öffentlicher Räume und systematischer Bildabgleich. In: Niedersächsische Verwaltungsblätter, S. 77–86.

Wagner, Ulrich (2004), Ansätze und Ergebnisse von Projektevaluation: Einige Überlegungen zu Präventionsprogrammen gegen Fremdenfeindlichkeit. In: Journal für Konflikt- und Gewaltforschung, S. 8–18.

Waldmann, Peter (2004), Der internationale Terrorismus in der Bundesrepublik Deutschland. In: Weidenfeld, Werner (Hrsg.), Herausforderung und Terrorismus. Wiesbaden, S. 44ff.

Winkler, Markus (2000), Aktenvorlage und Akteneinsicht im Streit um einen Auskunftsanspruch. In: Juristische Arbeitsblätter (JA), S. 552ff.

VI. Wie weit reicht das Sicherheitsversprechen des Staates an seine Bürger?

Ernst Uhrlau

Einleitung

Zusammenfassung

Wie weit reicht das Sicherheitsversprechen des Staates gegenüber seinen Bürgern – wie weit kann es reichen angesichts der aktuellen sicherheitspolitischen Bedrohungslage? Wie weit darf es reichen, wenn für dieses Versprechen von Sicherheit gleichzeitig Freiheitsrechte der Bürger eingeschränkt werden müssen?

Die Beiträge dieses Kapitels liefern aktuelle Denkanstöße zu diesen Fragen, die in ihrer Grundsätzlichkeit bereits die Vertragstheoretiker Thomas Hobbes, John Locke und Jean-Jacques Rousseau kontrovers diskutierten. Spätestens seit Kant galt: Mensch vor Staat, Freiheit vor Sicherheit.

Kann dieses Bekenntnis heute noch Bestand haben? Die Terroranschläge des 11. September 2001 haben auf drastische Weise die Verwundbarkeit moderner Gesellschaften durch asymmetrische „Kriegsführung" demonstriert. Wie der Rechtsstaat auf die neue Qualität der Bedrohung zu reagieren hat, ist seither Gegenstand kontroverser Debatten in Politik, Wirtschaft, Wissenschaft und Gesellschaft. Die Diskussionen zum Spannungsverhältnis zwischen Sicherheit und Freiheit haben angesichts der Bedrohung durch den internationalen islamistischen Terrorismus und der daraus resultierenden Frage, wie wir dieser am besten begegnen können, neuen Stoff erhalten.

In der Tat konfrontiert uns der transnationale Jihad-Terrorismus mit einer neuen totalitären Bedrohung. Seine Kennzeichen sind asymmetrische Kriegsführung und die universelle Bedrohung der internationalen Ordnung. Diese Form des Terrorismus verfolgt das strategische Ziel, westliche und bisher gemeinhin als universal anerkannte Werte zurückzudrängen, moderate islamische – in den Augen der Terroristen ungläubige – Regime zu schwächen und an deren Stelle eine fundamentalistische Ordnung zu errichten. Es ist ein Kampf gegen westliche Lebensformen und gegen muslimische Aufklärung.

Die ideologische Zweiteilung der Welt in „Gläubige" und zu bekämpfende „Ungläubige" dient zur Rechtfertigung des ausschließlich in Form von Gewalt interpretierten Jihad gegen jedes als „ungläubig" identifizierte Ziel. In diesem Sinne geraten also insbesondere die USA, Großbritannien und natürlich Israel, aber auch deren „Unterstützer" wie z. B. Spanien und Italien und eben auch vermeintlich ungläubige muslimische Staaten wie Saudi-Arabien und Jordanien als legitime Ziele ins Visier.

Der Jihad-Terrorismus bedroht alle offenen Gesellschaften – auch uns. Der kaum einzugrenzende Operationsraum, die quasi weltweiten Unterstützerstrukturen, die breite Feindkategorie als Kern einer äußerst flexiblen Gewalt-Doktrin machen diese Form der Bedrohung präzedenzlos.

Bei der Betrachtung des islamistischen Terrorismus sind über die letzten Jahre Veränderungen erkennbar, die zu charakterisieren sind als Dezentralisierung in operativer Hinsicht bei gleichzeitiger Ideologisierung in globalem Rahmen.

Was heißt das?

Es heißt zum einen, dass international operierende islamistische Terrorgruppierungen strukturell zunehmend gekennzeichnet sind durch autonom operierende Zellen. Eine echte zentrale Steuerung der terroristischen Operationen weltweit ist derzeit nicht zu beobachten.

Die Kern-al-Qa'ida um Usama bin Ladin und Dr. Zawahiri fungiert in erster Linie als Propaganda-Organ für einen „globalen Jihad". Sie inspiriert und motiviert regionale Gruppierungen und lokale Zellen, deren spezifische Agenda dadurch den Anstrich einer universellen Programmatik erhält. Dies wurde bereits sichtbar bei den Anschlägen in Madrid und London 2004 bzw. 2005. Die breit angelegte Ideologie des „Global Jihad" gegen die Bedrohung des Islam durch die Ungläubigen fungiert also gleichzeitig als Bindeglied und als Identitätsstifter.

Darüber hinaus ist die Absicht erkennbar, eine globale islamistische Massenbewegung auszulösen. Dieses Projekt wird mit geschickter Nutzung moderner Publikationsforen wie Internet und Satelliten-Fernsehen und dem zunehmend appellativen Charakter der Botschaften von der al-Qa'ida Führung umgesetzt. Eine im Hinblick auf die Hauptzielgruppe – islamische Jugendliche weltweit – äußerst geschickte Strategie: eine Verbindung von Zeitgeist und Geschichte: traditionell-historisch anmutende Lehren und Glaubensinhalte kommen im Gewand der Instrumente der Moderne daher und bringen die Botschaft in ansprechender Form direkt an den Mann.

Der internationale Terrorismus wird auf absehbare Zeit eine der größten unmittelbaren Gefahren für unsere Sicherheit bleiben. Trotz zahlreicher Fahndungserfolge hat sich die terroristische Bedrohungslage nicht wirklich entspannt. Schon in der Vergangenheit haben die transnationalen islamistischen Terrornetzwerke ihre hohe Regenerationsfähigkeit unter Beweis gestellt. Mehr denn je steht Europa als Gefahrenraum im Visier – die Anschläge von Madrid (März 2004) und London (Juli 2005) haben auf dramatische Weise demonstriert, dass Europa nicht mehr nur Rekrutierungs- und Finanzierungsraum, sondern selbst Ziel des islamistischen Terrorismus ist. Deutschland rückt aufgrund seines markanteren außen- und militärpolitischen Profils – z. B. aufgrund des Bundeswehr-Engagements in Afghanistan oder der deutschen Ausbildung irakischer Polizisten – verstärkt ins Zielspektrum terroristischer Anschläge.

Angesichts dieser präzedenzlosen Bedrohung der Sicherheit durch den internationalen islamistischen Terrorismus muss der Staat seiner Aufgabe gerecht werden und sein Möglichstes tun, um die Sicherheit seiner Bürger zu gewährleisten. Wenn wir heute nach den Staatszielen und Staatsaufgaben fragen, leiten wir aus der Verfassung entsprechende Handlungspflichten des Staates ab. In einer rechtsstaatlichen Demokratie lauten die zentralen Fragen:

Welches Maß an Sicherheit können Regierungen ihren Bürgern gewährleisten?

Und:

Kann die Politik ein Gleichgewicht von Sicherheit und Freiheit wahren?

Zur ersten Frage:

Hans Peter Bull konstatiert in seinem Beitrag zu Recht: Ein weitgehend uneingeschränktes Sicherheitsversprechen kann der Staat nicht geben. Die Garantie von Sicherheit war schon vor der Ära des internationalen Terrorismus utopisch, realistisch war und ist lediglich eine Reduktion von Unsicherheit. Aufklärung und Bekämpfung terroristischer Anschläge werden immer höchste Priorität unter den Sicherheitsaufgaben haben, aber der Erfolg dieser Bemühungen, also die Verhinderung derartiger Vorhaben, kann dem Bürger unmöglich versprochen werden.

Die Anschläge von Madrid und London haben gezeigt: Gegen solche Attacken gibt es letztlich keinen absoluten Schutz. Dirk Lammer konkretisiert dies anschaulich anhand des folgenden Beispiels: Auch die in Großbritannien deutlich extensivere Videoüberwachung öffentlicher Plätze konnte die Anschläge in London nicht verhindern, sie ermöglichte lediglich die schnellere Aufklärung der Taten. Die Täter selbst haben sich von der Tatsache der umfassenden Videoüberwachung nicht abschrecken lassen.

Trotz der faktischen Unmöglichkeit einer Sicherheitsgarantie bleibt für den Staat die drängende Aufgabe, Sicherheit für die Bürger herzustellen: Moderne Gesellschaften und ihre Infrastrukturen sind in hohem Maße verwundbar. Dabei besteht, wie Martin Klingst in seinem Beitrag ausführt, grundsätzlich die Gefahr, dass Präventions- und Sicherheitsmaßnahmen, wenn sie zu intensiv sind, die liberalen Demokratien auch beschädigen. Das kann zum Beispiel dann geschehen, wenn die Sicherungsmaßnahmen den Behörden zu große Durchgriffsrechte gegenüber dem Bürger gestatten. Damit dies nicht geschieht, sind in einer Demokratie Sicherheitsbehörden in der Regel einer besonderen Kontrolle unterworfen – so auch in Deutschland. Die Beschränkungen, denen der Sicherheitsapparat unterliegt, dienen dazu, die Bürger vor dem Machtmissbrauch durch staatliche Stellen zu schützen.

Zur zweiten Frage:

Wie weit dürfen Freiheitsrechte eingeschränkt werden, um dem transnationalen Terrorismus, der größten Bedrohung unserer Sicherheit, entgegen zu treten? Grundsätzlich gilt: Der Schutzanspruch der Bürger gegen den Staat muss mit den Freiheitsrechten derer in Einklang gebracht werden, die durch die staatlichen Maßnahmen der Gefahrenabwehr betroffen werden. Martin Klingst nennt die maßgeblichen Prinzipien: Verhältnismäßigkeit und Übermaßverbot. Der Rechtsstaat darf nicht vom Ziel auf die Mittel schließen, sondern muss stets die Verhältnismäßigkeit wahren; gerade in der Unangemessenheit des Mittels zu dem an sich gebilligten Ziel liegt regelmäßig das Problem. Es gilt, die schwierige Bilanz zwischen Sicherheitsbedürfnis und Rechtsstaat auszutarieren und nicht populistischen Forderungen nach mehr Sicherheit aufzusitzen und rechtsstaatliche Prinzipien einfach außer acht zu lassen. Ziel muss sein, die Effizienz der Sicherheitsarchitektur zu erhöhen, ohne den Rechtsstaat zu gefährden.

Die Bundesregierung hat nach dem 11. September 2001 eine Reihe von Maßnahmen ergriffen, um die Bürger vor der terroristischen Bedrohung zu schützen. Der Deutsche Bundestag verabschiedete zwei Gesetzespakete – die sogenannten „Anti-Terror-Gesetze“ –, gleichzeitig wurde eine intensive Diskussion über Zweck, Nutzen und Verfahren bei der Terrorismusbekämpfung geführt.

Die Bekämpfung aktiver Terror-Gruppierungen ist das Ressort der Sicherheitsbehörden, wobei zwei Aspekten besondere Bedeutung zukommt: erstens der nachrichtendienstlichen Aufklärung – bei Selbstmordattentätern versagt die Repression! –, zweitens der internationalen Zusammenarbeit aller Sicherheitsbehörden, da nur so der transnationale Aktionsraum der Terroristen adäquat aufgeklärt werden kann.

Die Auseinandersetzung mit dem islamistischen Terrorismus muss in einem sehr frühen Stadium einsetzen. Sie muss bereits dann anfangen, wenn repressive Mittel der Bekämpfung noch keine Wirkung entfalten können. Die Aufklärung der vielfältigen Ursachen sowie konkreter Anschlagsplanungen setzt am wirkungsvollsten zu einem Zeitpunkt ein, der weit vor der eigentlichen Strafverfolgung liegt. Denn wenn diese greift, stehen wir bereits kurz vor einem Anschlag, im schlimmsten Fall sind wir bereits Opfer eines erfolgreichen Attentats geworden.

Die Aufklärung des Terrorismus in diesem frühen Stadium, in dem sich Infrastruktur und Netzwerke erst bilden, Anschlagsideen gerade erst geboren werden, diese Aufklärung ist unzweifelhaft Aufgabe der Nachrichtendienste. Sie ist wichtiger Schwerpunkt der Arbeit des Bundesnachrichtendienstes.

Für den Bundesnachrichtendienst ist die Beschäftigung mit Formen des internationalen Terrorismus nicht neu – Erkenntnisse über international operierende Terrorgruppierungen sind in besonderem Maße von außen- und sicherheitspolitischer Bedeutung für die Bundesrepublik Deutschland. Die Sammlung und Auswertung entsprechender Informationen gehört daher zum Kernauftrag des BND.

Terrorbekämpfung ist aber auch die Aufgabe von Bundespolizei, Polizei und den Verfassungsschutzämtern von Bund und Ländern. Aufgrund der außerordentlichen Komplexität des internationalen Terrorismus ist eine effiziente Zusammenarbeit aller Sicherheitsbehörden zwingend erforderlich. Das Trennungsgebot verbietet eine organisatorische und befugnismäßige Zusammenlegung von polizeilichen und nachrichtendienstlichen Behörden, nicht aber eine sachlich gebotene Zusammenarbeit. Entscheidend war, die Abgrenzungen zwischen den Sicherheitsinstitutionen durchlässiger zu machen, ohne sie verfassungsmäßig auszuhöhlen. Informationsgrenzen sollten fallen, Kompetenzgrenzen aber erhalten bleiben. Eine verbesserte Kooperation zwischen den Sicherheitsbehörden sowohl horizontal, auf Bundes- und Länderebene, als auch vertikal, also zwischen Institutionen des Bundes und der Länder, erschien dringend erforderlich, um die zur Verfügung stehenden Ressourcen effizient einzusetzen.

Ziel des am 14. Dezember 2004 ins Leben gerufenen Gemeinsamen Terrorabwehrzentrums (GTAZ) in Berlin ist weniger eine gemeinsame Analyse terrorrelevanter Sachverhalte, sondern eine rasche und intensive Informationszusammenführung, eine Verkürzung der Informationswege, arbeitsteilige Bekämpfungsansätze und eine Abstimmung operativer Maßnahmen. Das Zentrum bietet die Möglichkeit, die Stärken der unterschiedlichen Institutionen, sei es mit nationaler oder internationaler Ausrichtung, mit dem Ziel der Gefahrenabwehr in Deutschland zusammenzuführen. Hier treffen sich täglich Repräsentanten der verschiedenen Sicherheitsbehörden in Deutschland, um lagerelevante Informationen zum Thema Internationaler Terrorismus auszutauschen.

Diese auf den ersten Blick schwerfällige Konstruktion ist angesichts der verfassungsrechtlichen Schranken die einzig praktikable Lösung. Auf diese Weise bleibt das Trennungsgebot zwischen polizeilichen und nachrichtendienstlichen Tätigkeiten gewahrt: Es kommt zu keiner Verwischung der Aufgabenbereiche, wohl aber zu einem weitgehend reibungslosen Austausch von Erkenntnissen und Bewertungen. Die oberste Devise dieser Maßnahmen lautet: Dem Netzwerk des Terrors ein Netzwerk der Information und der operativen Gegenmaßnahmen entgegenstellen. Dabei kommt es darauf an, Wissen möglichst früh, umfassend und gesichert zu erlangen.

Mit dem Gesetz zur Bekämpfung des internationalen Terrorismus hat der Bundesnachrichtendienst – wie auch die anderen Dienste in Deutschland – neue Befugnisse erlangt, die ein effektiveres Vorgehen gegen den Terrorismus ermöglichen sollen. Sie sollen helfen, terroristische Strukturen besser aufzuklären, den Terrorismus bereits im Vorfeld abzuwehren und die Bevölkerung zu schützen. Die neuen Regelungen sind geleitet von der Einsicht, dass eine effektive Terrorismusbekämpfung eine freiheitssichernde Aufgabe des Staates ist, die aber auch Eingriffe in Grundrechte erfordert. Diese Eingriffe stehen aber immer unter dem strikten Vorbehalt der Erforderlichkeit und Verhältnismäßigkeit und unterliegen der Maßgabe: möglichst viel Sicherheit bei möglichst geringer Beeinträchtigung der Freiheitsrechte.

Dies wird deutlich bei der Betrachtung der erweiterten Eingriffsbefugnisse, die das Terrorbekämpfungsgesetz dem Bundesnachrichtendienst einräumt:

Der BND ist in Einzelfällen berechtigt, bei Kreditinstituten, Finanzdienstleistungsinstituten und Finanzunternehmen Auskünfte zu Konten, Kontoinhabern sowie Geldbewegungen einzuholen. Die Ausübung dieser Befugnis hat der Gesetzgeber an strenge Voraussetzungen geknüpft: So muss das Einholen der Auskunft zur Sammlung von Informationen über bestimmte Gefahrenbereiche erforderlich sein, und es müssen tatsächliche Anhaltspunkte für eine schwerwiegende Gefahr für außen- und sicherheitspolitische Belange der Bundesrepublik Deutschland vorliegen. Der Auskunftsbefugnis ist ein vergleichsweise aufwendiges Antragsverfahren vorgeschaltet.

Zudem hat der BND durch das Terrorbekämpfungsgesetz die Befugnis erhalten, im Rahmen seines Auftrags bei Unternehmen, die geschäftsmäßig Telekommunikationsdienste erbringen, Auskünfte über Telekommunikationsverbindungsdaten oder Teledienstnutzungsdaten einzuholen.

Der Gesetzgeber hat die neuen nachrichtendienstlichen Befugnisse aufgrund der Grundrechtseingriffe als besonders sensibel erachtet und zunächst bis zum 11. Januar 2007 befristet, um eine Evaluierung sicherzustellen. Das Terrorbekämpfungsgesetz schreibt vor, dass die Neuregelungen vor Ablauf der Befristung insbesondere hinsichtlich ihrer Praktikabilität und der Erreichung der gesetzgeberischen Ziele überprüft werden, um über Fortgeltung oder Änderungen entscheiden zu können. In diesem Sinne hat die Bundesregierung im Mai 2005 einen Evaluierungsbericht zu den befristeten Regelungen vorgelegt. Dieser kommt zu dem Schluss, dass die erweiterten Befugnisse des BND aufgabendienliche Erkenntnisse erbracht haben und von den Befugnissen zurückhaltend und verantwortungsvoll Gebrauch gemacht wurde, so dass damit keine unangemessen breiten Überwachungsfolgen verbunden gewesen seien. Es wurde daher empfohlen, sie beizubehalten.

Anhand der Anti-Terrorgesetzgebung wird deutlich: Selbstverständlich muss der Staat auf die veränderte Bedrohungslage durch den islamistischen Terrorismus reagieren und entsprechende Maßnahmen ergreifen, um seine Bürger möglichst effektiv zu schützen. Alle Maßnahmen müssen sich jedoch an der strikten Maßgabe der Verhältnismäßigkeit messen lassen entsprechend dem Ziel: möglichst hohe Sicherheit bei gleichzeitig möglichst geringer Beschränkung der Grundrechte.

Eine effektive Terrorismusbekämpfung kann sich jedoch nicht ausschließlich im Bereich der Polizeibehörden oder der Nachrichtendienste abspielen, sondern muss einen Mix aus politischen, ökonomischen, militärischen, nachrichtendienstlichen und polizeilichen Maßnahmen umfassen. Der islamistische Terrorismus ist in seinen Ursachen und Ausprägungen außerordentlich komplex – seine Bekämpfung erfordert daher einen holistischen Ansatz, bestehend aus polizeilich-exekutiven und politisch-strategischen Maßnahmen als den zwei wesentlichen Grundkomponenten. Nachrichtendienste spielen sicherlich eine wichtige Rolle im Kampf gegen den Terrorismus, da sie darauf abzielen, Gefahren bereits im Vorfeld wahrzunehmen und so eine präventive Sicherheitspolitik ermöglichen, langfristig ist das Problem jedoch nur durch einen ganzheitlichen Ansatz zu bewältigen. Erforderlich sind komplexe Lösungsansätze, die Instrumente der Außen-, Sicherheits-, Entwicklungs-, Kultur- und Rechtspolitik eng miteinander verzahnen. Gefragt sind enge nationale und internationale Koordination. Internationaler Terrorismus macht vor Staatsgrenzen nicht Halt, er kann deshalb auch nur durch eine effiziente transnationale Kooperation bewältigt werden.

Schritte zur praktischen Gefahrenabwehr sind wichtig und unerlässlich. Entscheidend aber wird sein, die Köpfe und Herzen der Menschen in der islamischen Welt zu gewinnen und einer verunsicherten Jugend echte Perspektiven zu geben. Letztlich geht es darum zu verhindern, dass vermeintliche Globalisierungsverlierer anfällig werden für eine intolerante, extremistische, Hass säende Weltsicht.

Hans Peter Bull

Wie weit reicht das Sicherheitsversprechen des Staates gegenüber seinen Bürgern?

I. Sicherheit als Staatszweck und Staatsaufgabe

„Die Absicht und Ursache, warum die Menschen bei allem ihrem natürlichen Hange zur Freiheit und Herrschaft sich dennoch entschließen konnten, sich gewissen Anordnungen, welche die bürgerliche Gesellschaft erfordert, zu unterwerfen, lag in dem Verlangen, sich selbst zu erhalten und ein bequemeres Leben zu führen, oder mit anderen Worten, aus dem elenden Zustande eines Krieges aller gegen alle gerettet zu werden. Dieser Zustand ist aber notwendig wegen der menschlichen Leidenschaften mit der natürlichen Freiheit so lange verbunden, als keine Gewalt da ist, welche die Leidenschaft durch Furcht vor Strafe gehörig einschränken kann und auf die Haltung der natürlichen Gesetze und der Verträge dringt".

So sagt es Thomas Hobbes im „Leviathan",[1] und so begründet er Zweck und Notwendigkeit des Staates und weist ihm die wesentliche Aufgabe zu: Sicherheit herzustellen und zu bewahren. Das Individuum hat allerdings bei Hobbes kein Recht gegen den Staat, keinen Anspruch auf Schutz; es ist vielmehr der totalen Herrschaft unterworfen, untertan im strengsten Sinne.[2] Dem entspricht es, dass das Friedens- und Schutzziel den Einsatz aller dazu für erforderlich gehaltenen Mittel rechtfertigt. Wörtlich sagt Hobbes:

„Das Recht auf den Zweck aber gibt auch das Recht auf die Mittel, und wenn also einem einzelnen Menschen oder einer Gesellschaft die höchste Gewalt übertragen ist, so hat man ihm oder ihr zugleich die freie Beurteilung der Mittel zum Frieden und Schutz überlassen; folglich auch das Recht, sowohl in der Gefahr selbst wie zur Abwendung derselben schon vorher das Nötige zu veranstalten, damit die Bürger im Innern und von außen her in Sicherheit leben und dem Staate jeder schon erlittene Schaden ersetzt werden möge".[3]

Von anderer Warte aus und mit anderem Akzent sprechen andere, z. B. John Locke, von Sicherheit durch den Staat. Er leitet aus dem Naturrecht das Recht jedes Einzelnen auf

1 II. Buch, § 17; hier zitiert nach Bergsträsser/Oberndörfer (1962), S. 173.

2 Vgl. Maier (1968), S. 266ff. (277).

3 Thomas Hobbes, Leviathan II, 18, bei Bergsträsser/Oberndörfer (1962), S. 176. Diese Folgerungsweise wird in der Literatur als „polizeistaatlich" bezeichnet.

Selbsterhaltung her. In dem Gesellschaftsvertrag übertragen die Menschen zwar ihre natürliche Gewalt auf die Gemeinschaft, aber sie tun dies zum Schutze ihres „Eigentums, d. h. Leben, Freiheit und Besitz", und sie behalten das Recht zum Widerstand gegen eine tyrannische Regierung.[4] Schon Locke hat also dem Sicherheitsdenken das Denken in Rechten des Individuums, die Gemeinwohlbindung und die Gewaltenteilung entgegengesetzt.[5] Lockes Vorstellungen haben wohl auch Einfluss auf die Ideen der amerikanischen Revolution gehabt: Reinhold Zippelius zitiert in seiner Geschichte der Staatsideen in dem Abschnitt über Locke die Bill of Rights of Virginia von 1776, in der die angeborenen und unveräußerlichen Rechte der Menschen hervorgehoben sind, nämlich die Rechte „auf Genuss des Lebens und der Freiheit und darauf, Eigentum zu erwerben und besitzen und Glück und Sicherheit erstreben und erlangen zu können" (Art. 1).[6]

„Bewahrung von Recht und Frieden" ist auch schon viel früher als Zweck des Staates – soweit man eben davon schon sprechen konnte – bzw. seiner Vorformen bezeichnet worden, oft als „Hauptzweck" oder gar einziger Zweck.[7] „Sicherheit der Rechte", also „Rechtssicherheit" ist die etwas nüchternere Formulierung desselben Ziels. In der neuzeitlichen Literatur wird hier regelmäßig an Wilhelm von Humboldt angeknüpft, der in seinen „Ideen zu einem Versuch, die Gränzen der Wirksamkeit des Staats zu bestimmen"[8] ein radikal liberales Staatsbild entworfen hat. Danach soll der Staat nur „Sicherheit suchen", und diesen Begriff setzt er „allen übrigen möglichen Zwecken, unter dem Namen des positiven Wohlstands vereint", entgegen;[9] der Staat „gehe keinen Schritt weiter, als zu ihrer [der Bürger] Sicherstellung gegen sich selbst und gegen auswärtige Feinde notwendig ist; zu keinem andren Endzwecke beschränke er ihre Freiheit".[10]

Neoliberale Theorien, wie sie insbesondere im angelsächsischen Staatsdenken entwickelt worden sind, propagieren auch heute den „minimalen Staat", der sich darauf beschränkt,

4 John Locke, Zwei Abhandlungen über die Regierung, II. Buch, § 87f. und §§ 202ff.; zitiert nach Bergsträsser/Oberndörfer (1962), S. 189, 209f.; s. a. die Ausgabe von Walter Euchner, Frankfurt/Main 1969, S. 256f. und 337ff.

5 John Locke, II. Buch, § 131; bei Bergsträsser/Oberndörfer (1962), S. 193f.; Euchner (Fn. 4) S. 286.

6 Zippelius (1985), S. 120.

7 Nachweise bei Bull (1977), S. 347f.

8 Geschrieben 1792, aber erst nach seinem Tode (1835) vollständig veröffentlicht. Siehe dazu Dietrich Spitta, Nachwort, in der Ausgabe Stuttgart 1962 von Humboldts Schrift, S. 177.

9 Spitta, a. a. O., S. 26.

10 Spitta, a. a. O., S. 44. Dass Humboldt in der praktischen politischen Tätigkeit als Bildungsreformer diesen Ideen keineswegs treu geblieben ist, steht auf einem anderen Blatt. Spitta versucht die beiden Ansätze miteinander zu vereinbaren, indem er betont, dass Humboldt es auch für eine Aufgabe des Staates gehalten habe, „für Sicherheit innerhalb des geistigen und wirtschaftlichen Lebens zu sorgen". Als Beleg dafür wird Humboldts Äußerung zitiert, der Staat habe durch entsprechende Gesetze auch vor einem Missbrauch der Pressefreiheit zu schützen (so in der Denkschrift „Über Pressefreiheit" vom 9. Januar 1816, Gesammelte Schriften, Band 12, S. 40ff.). Spitta fasst zusammen: „Der Staat soll also nicht selbst für das physische und moralische Wohl seiner Bürger sorgen, wohl aber für ihre Sicherheit, wenn diese sich im wirtschaftlichen und geistigen Leben betätigen." (a. a. O., S. 175).

den Rahmen für selbstbestimmtes Handeln der Individuen festzulegen und für seine Einhaltung zu sorgen.[11] Doch weist das Sicherheitsdenken in der zeitgenössischen Debatte wiederum andere Facetten auf. Wir sehen die Menschen und die Staaten vor früher unbekannte Sicherheitsrisiken gestellt, die aus der ungeheuren und ungeheuerlichen Entwicklung der Werkzeuge (und „Denkzeuge") entstehen, mit denen der Mensch sich heute umgibt und die er ungehemmt zu nutzen scheint. Es entstehen starke Tendenzen zu intensiver *Prävention*. Auf der Seite der Staatstheorie sind die noch recht abstrakten Staatszwecklehren in den Hintergrund getreten; wir fragen eher nach „Staatszielen" und „Staatsaufgaben" und leiten aus der Verfassung entsprechende Handlungspflichten des Staates her. Damit kommen wir zugleich einem veränderten Verständnis der *Grundrechte* entgegen. Beides, die aktuelle Sicherheitslage und die verfassungsrechtliche Beurteilung müssen neu untersucht werden.

Ich kann hier schon aus Zeitmangel keine Analyse der Situation liefern, werde jedoch auf wichtige tatsächliche Aspekte implizit eingehen, insbesondere bei der Konkretisierung des staatlichen Sicherheitsversprechens; es ist ja selbstverständlich, dass Quantität und Qualität der Maßnahmen auf die wirklichen Gefahren abgestimmt werden müssen.

II. Der verfassungsrechtliche Schutzanspruch des Einzelnen gegen den (heutigen) Staat

1. Die Herleitung dieses Anspruchs aus den Grundrechten

Vor bald 30 Jahren, am 15./16. Oktober 1977, standen die Richter des Bundesverfassungsgerichts vor der vermutlich schwersten Entscheidung, die das Gericht jemals zu treffen hatte: Die Familie des von Terroristen entführten Hanns-Martin Schleyer beantragte, die Regierungen von Bund und Ländern[12] zur Entlassung der inhaftierten Terroristen zu verpflichten, was die Entführer zur Bedingung der Freilassung von Schleyer gemacht hatten. Die Richter urteilten, dass der Staat aufgrund von Art. 2 Abs. 2 GG, des Grundrechts auf Leben, „eine „umfassende" Pflicht habe, „jedes menschliche Leben zu schützen", „sich schützend und fördernd vor dieses Leben zu stellen", und das heiße „vor allem, es auch vor rechtswidrigen Eingriffen von Seiten anderer zu bewahren"[13]. Das BVerfG hatte dies schon in anderen Zusammenhängen ausgesprochen und hat es später häufig wiederholt, so in den Urteilen zur Schwangerschaftsunterbrechung[14], zum Bau von Kernkraftwerken[15] und zum

11 Vgl. etwa Nozick (1974); Hayek (1991) u. a.

12 Antragsgegner waren der Bundeskanzler und der Bundesminister der Justiz sowie als Verantwortliche für Haftanstalten die Landesregierungen von Baden-Württemberg, Bayern, Nordrhein-Westfalen und Hamburg.

13 BVerfGE 46, 160 (164).

14 BVerfGE 39, 1 (42); 88, 203 (251ff.).

15 BVerfGE 49, 89 (141); 53, 30 (57).

Umweltschutz.[16] Aber *wie* „die staatlichen Organe ihre Verpflichtung zu einem effektiven Schutz des Lebens erfüllen, ist von ihnen“ nach der – m. E. zutreffenden – Ansicht des BVerfG – „grundsätzlich in eigener Verantwortung zu entscheiden. Sie befinden darüber, welche Schutzmaßnahmen zweckdienlich und geboten sind, um einen wirksamen Lebensschutz zu gewährleisten“.[17] Deshalb hat das BVerfG es im Fall Schleyer den staatlichen Organen *nicht* untersagt, die Forderung der Geiselnehmer abzulehnen, obwohl damit das Leben der Geisel in höchstem Maße gefährdet wurde; Schleyer ist ja tatsächlich ermordet worden.

In den Urteilen zu § 218 StGB hat das Gericht die anderen Staatsgewalten jedoch zum Schutz des ungeborenen Lebens stärker in die Pflicht genommen. Es hat erklärt, der Staat müsse „zur Erfüllung seiner Schutzpflicht ausreichende Maßnahmen normativer und tatsächlicher Art ergreifen, die dazu führen, dass ein – unter Berücksichtigung entgegenstehender Rechtsgüter – angemessener und als solcher wirksamer Schutz erreicht wird“. Es gelte also ein „Untermaßverbot“, und es bedürfe eines *Schutzkonzepts*, das Elemente des präventiven wie des repressiven Schutzes miteinander verbindet.[18]

Stellt man sich vor, das BVerfG werde einmal wegen angeblich zu nachlässiger Bekämpfung von Schwerkriminalität angerufen, so kann es wohl wirklich geschehen, dass die „säumigen“ staatlichen Organe wegen Verletzung ihrer Schutzpflicht gerügt werden. Dabei ist zu beachten, dass Schutzpflichten nicht nur zugunsten von Leben und körperlicher Unversehrtheit bestehen, sondern dass auch andere hochrangige Rechtsgüter auf diese Weise der staatlichen Obhut anvertraut sind.[19] Die grundrechtlichen Schutzpflichten werden als „Herzstück“ der staatlichen Sicherheitsgarantie und als Basis für die „Wiederentdeckung“ des „Grundrechts auf Sicherheit“ angesehen.[20]

2. *Umfang und Intensität des Schutzanspruchs*

Wie weit diese Schutzpflichten und das (umstrittene) „Grundrecht auf Sicherheit“ gehen, ist noch ziemlich ungeklärt. Deshalb will ich zunächst einmal den Versuch unternehmen, die *faktischen* Grenzen staatlicher Sicherheitspolitik zu bezeichnen, also von dem Wünschenswerten das *Mögliche* abzuschichten. Dazu bedarf es auch begrifflicher Klärungen. Was ist mit „Sicherheit“ gemeint, wenn es nicht um so dramatische Fälle wie die Schleyer-Entführung geht?

Wir sprechen von „äußerer“ und „innerer“ Sicherheit, genauer: Sicherheit gegen Angriffe von außen und Sicherheit im Innern des Staates. Die äußere Sicherheit ist noch weniger einklagbar als die Sicherheit gegen Kriminalität im Lande selbst, weil eventuelle Angriffspläne von außen noch schwerer zu beeinflussen sind als Attacken innerhalb des

16 BVerfGE 56, 54 (73).

17 BVerfGE 46, 160 (164f.).

18 BVerfGE 88, 203 Leitsatz 6 und S. 254.

19 Vgl. etwa zum Eigentumsschutz Joachim Wieland, in: Horst Dreier, *Grundgesetz-Kommentar*, Art. 14 Rn. 145 (mit Beispielen).

20 Möstl (2002), S. 25 m. w. N.

Staatsgebiets. Bei der Betrachtung des Inlandes kann man wiederum zwischen materieller und bloß formeller Sicherheit unterscheiden, so wie man in den französischen Religionskriegen vom „formellen Frieden" sprach als der Abwesenheit von Krieg: Die „Politiques", die „staatsbezogenen französischen Juristen" des 16./17. Jahrhunderts, verstanden darunter „das Schweigen der Waffen, die äußere Ruhe und Sicherheit des Lebens".[21] Dieser formelle Frieden erschiene uns heute deutlich zu wenig. Die Bewohner der modernen demokratischen Staaten erheben höhere Ansprüche an die staatlichen Instanzen, was den Schutz ihrer Lebensbedingungen angeht; sie wollen möglichst weitgehend von Straftaten aller Art und auch von bloßen Belästigungen freigehalten werden. Sie wollen nicht nur ihres Lebens sicher sein, sondern auch ihren Besitz ungestört nutzen.

Darüber hinaus wird – mit guten Gründen – auch wirtschaftliche und soziale Sicherheit gefordert. Auch aus der Sicht der verantwortlichen Staatsorgane ist der Zusammenhang klar: Wenn eine große Zahl von Menschen ohne regelmäßiges Erwerbseinkommen ist und am Rande der Armut lebt, wächst die Neigung dazu, sich den eigenen Anteil am Wohlstand der Gesellschaft auf unerlaubte, kriminelle Weise zu holen. Kriminalpolitik ist auch Sozialpolitik. Ich kann diesen Aspekt hier nicht vertiefen, sondern will Sicherheitspolitik enger verstehen als das Bemühen der speziell zuständigen Stellen – also vor allem Polizei und Nachrichtendienste – um einen Zustand, in dem möglichst wenig Straftaten begangen und die dennoch begangenen sanktioniert werden. Dabei muss man freilich immer im Bewusstsein behalten, dass die Ursachen von Straftaten mit den Instrumenten der Sicherheitsbehörden vielfach nicht beseitigt werden können.

Ich gehe aus von dem traditionellen polizeirechtlichen Begriff der „öffentlichen Sicherheit", in dem die Schutzgüter des Einzelnen und der Allgemeinheit zusammengefügt sind; er wird definiert als die Unverletztheit der objektiven Rechtsordnung, der subjektiven Rechte und Rechtsgüter des Einzelnen sowie der Einrichtungen und Veranstaltungen des Staates und der sonstigen Träger der Hoheitsgewalt.[22] Nachdem lange Zeit gegolten hat, dass der Schutz privater Rechte der Polizei nur subsidiär obliegt, ist inzwischen anerkannt, dass der Einzelne einen Anspruch auf Einschreiten der Ordnungsmacht haben kann, wenn andere Hilfe nicht rechtzeitig oder nicht effektiv erlangt werden kann.[23]

Dieser Anspruch ist aber in vielen Fällen schwer erfüllbar. Schon weit unterhalb der Schwelle des Terrorismus ist der Staat oft vollkommen überfordert. So kann die enorme Zahl der Diebstähle und Betrügereien, die alltäglich begangen werden, nicht aufgeklärt werden; in diesem Bereich schrecken Polizei und Justiz die potentiellen Täter kaum von ihren Absichten ab. Dasselbe gilt von einigen anderen Straftatarten wie Graffiti-Malereien und leichten Körperverletzungen. Das Dunkelfeld ist bekanntlich in bestimmten Krimina-

21 Böckenförde (1976), S. 42ff. (51). S. a. Böckenfördes Bemerkungen zu dem Begriff des Friedens bei Hobbes („Sicherung der Erhaltungsbedingungen des bürgerlichen Lebens und Ermöglichung der Befriedigung der individuellen Lebensbedürfnisse durch die Bürger") (ebd., S. 54).

22 So etwa Götz (1995), § 6 Rn. 89 in Anlehnung an § 2 Nr. 2 Bremer Polizeigesetz, § 3 Nr. 1 SOG Sachsen-Anhalt und § 54 Thüringer OBG. Ich habe allerdings den Begriff „Unverletzlichkeit" durch „Unverletztheit" ersetzt.

23 S. schon BVerwGE 11, 95.

litätsbereichen sehr groß. Deshalb ist es auch nicht möglich, etwa eine Kriminalitätsquote zu nennen, von der an man von „Unsicherheit" sprechen müsste. Selbst die Zunahme oder Abnahme bestimmter Delikte in der Kriminalpolizeilichen Statistik oder die Entwicklung der Aufklärungsquote erlauben keine genauen Aussagen über die wirkliche Kriminalitätsentwicklung. Bei den sogenannten „Kontrolldelikten" (die nur infolge verstärkter polizeilicher Aktivität bekannt werden) kann die höhere Zahl der registrierten Taten sogar einen Erfolgsnachweis der Polizei darstellen; umgekehrt kann auch der Rückgang bestimmter Straftaten auf deren intensivere Bekämpfung zurückzuführen sein (so wenn die Polizei sich zeitweise besonders auf die Aufdeckung von Raubtaten konzentriert).

Ein „weitgehend uneingeschränktes Sicherheitsversprechen" kann der Staat also aus mehreren Gründen nicht geben.[24] Eine „Garantie von Sicherheit" war immer utopisch; realistisch ist in der Tat, wie das Konzeptpapier sagt, die „Reduktion von Unsicherheit". Dies freilich klingt wiederum angesichts der dennoch gegebenen Befugnisse und Kräfte des Staates zu pessimistisch. Die staatlichen Sicherheitsorgane müssen ihre Machtmittel einsetzen und dabei Schwerpunkte bilden, sie können nicht alle begangenen oder bevorstehenden Straftaten in gleich intensiver Weise bekämpfen bzw. aufklären, und der Sicherheitsanspruch der Bürger kann nicht weiter gehen als die Möglichkeiten einer effektiven Sicherheitspolitik. Die Aufklärung und Bekämpfung terroristischer Anschläge wird zwar immer höchsten Vorrang vor anderen Sicherheitsaufgaben haben, aber der Erfolg dieser Bemühungen, also die Verhinderung solcher Vorhaben, kann unmöglich versprochen werden.

III. Die verfassungsrechtlichen Grenzen der Sicherheitspolitik

Die Dinge sind aber noch schwieriger, weil der Schutzanspruch gegen den Staat mit den Freiheitsrechten derer in Einklang gebracht werden muss, die durch staatliche Maßnahmen der Strafverfolgung oder Gefahrenabwehr betroffen werden. Der Rechtsstaat darf nicht von dem Ziel auf die Mittel schließen; gerade in der Unangemessenheit des Mittels zu dem an sich gebilligten Ziel liegt regelmäßig das Problem. Das heißt u. a.: Solange jemand nicht als Straftäter verurteilt ist oder seine Eigenschaft als Störer der öffentlichen Sicherheit feststeht, muss sorgfältig darauf geachtet werden, dass die Gemeinschaft dem Betroffenen nicht mehr abverlangt als in einer freiheitlichen Ordnung angemessen ist.

Die Thematik lässt sich gut unter den im Konzeptpapier formulierten Fragen behandeln:

1. Welche Opfer darf ein freiheitlicher, demokratischer Rechtsstaat im Unterschied zum autoritären Staat von seinen Bürgern verlangen?

Es geht nicht ohne Opfer, wenn der Staat seine Aufgaben effektiv erfüllen will. Der autoritäre Staat grenzt die Methoden seiner Sicherheitspolitik nicht (hinreichend) ein; der Zweck bestimmt die Mittel. Für den freiheitlichen Staat jedoch gilt, dass er von den Men-

24 In dem Konzeptpapier der Initiative heißt es, ein solches Sicherheitsversprechen sei „nicht mehr aufrecht zu erhalten". Ich bezweifle, dass es jemals mit Überzeugungskraft ausgesprochen werden konnte.

schen Opfer nur nach Maßgabe klarer gesetzlicher Bestimmungen verlangen darf; selbst in Fällen des Notstands muss er sich auf das Gesetz stützen können. Inhaltlich kann der Staat von seinen Einwohnern (nicht nur von den Bürgern) verlangen, dass sie Maßnahmen zur Aufklärung von Straftaten oder zur Abwehr bevorstehender Störungen der öffentlichen Sicherheit erdulden, und zwar bis zu einem gewissen Grade selbst dann, wenn sie keinen Anlass dazu gegeben haben (wiederum ein Notstandsfall; er ist im Polizei- und Ordnungsrecht ausdrücklich geregelt, und der staatliche Eingriff ist entschädigungspflichtig). Die Duldungspflicht kann bis zur vorübergehenden Inhaftierung (polizeilicher Gewahrsam oder Untersuchungshaft) gehen. Entgegen einer verbreiteten Ansicht[25] gilt nicht, dass der Staat sich für denjenigen, der sich gesetzeskonform verhält, gar nicht interessieren darf; oft genug ist eben dies für die staatliche Seite ungewiss, und der Staat muss – unter bestimmten Bedingungen – das Recht zu entsprechender Aufklärung haben.

Die Abwägung ist oft so schwierig, weil den konkret betroffenen Individualrechten ziemlich abstrakte Gemeinwohlbelange gegenüberstehen. Der Eingriff in die Sphäre des Individuums (Abhören, Belauschen, heimliches Photographieren oder gar Inhaftierung etc.) ist sichtbar, spürbar oder jedenfalls nachvollziehbar, während auf der anderen Seite nur das Interesse erkennbar ist, im einzelnen noch unbekannte Absichten zu verhindern oder Verursacher zu identifizieren und Sanktionen vorzubereiten. Die staatlichen Akteure wissen noch nicht, ob die Betroffenen Straftäter oder Störer sind; deshalb können sie allenfalls als Verdächtige behandelt werden. Der Gesetzgeber muss abwägen, ob die *generelle* Eignung und Nützlichkeit bestimmter Maßnahmen ihre Zulassung rechtfertigt, obwohl damit auch (mehr oder weniger zahlreiche) „Unschuldige" bis hin zu vollkommen Unbeteiligten getroffen werden können.

2. *Gelten für die Terrorismusbekämpfung andere Regeln?*

Autoritäre Staaten wenden auf die Bekämpfung des Terrorismus Kriegsrecht an und scheuen sich häufig nicht, Täter auf der Flucht oder vor oder während der Tatausführung zu erschießen. Der Rechtsstaat betrachtet die Terrorismusbekämpfung nicht als Krieg, sondern wendet das Recht an, auf dessen Grundlage er auch sonst Gefahren abwehrt, Straftaten aufklärt und die Täter der Bestrafung zuführt. Bei all seinen Aktionen wägt der Rechtsstaat zwischen den verschiedenen beteiligten Interessen ab und ist bestrebt, eine praktische Konkordanz herzustellen.

Das bedeutet, dass im Ansatz kein Unterschied zu machen ist zwischen der Terrorismusbekämpfung und der Bekämpfung anderer Formen schwerer Kriminalität. Mag auch die Strafe für terroristische Taten höher ausfallen – während der Ermittlungen können sich die Behörden gar nicht anders verhalten als in anderen Fällen. Unschuldsvermutung und Folterverbot gelten ohnehin uneingeschränkt;[26] die Voraussetzungen der Inhaftierung richten

25 Vgl. z. B. Grimm (1991), S. 397 (418): „Der Einzelne kann den Staat nicht mehr durch legales Betragen auf Distanz halten". Das konnte er nie vollständig.

26 Art. 1 Abs. 1 GG; Art. 6 Abs. 2 und Art. 3 EMRK; UN-Konvention gegen Folter und andere grausame, unmenschliche oder erniedrigende Behandlung oder Strafe v. 10. 12. 1984.

sich nach den allgemeinen Vorschriften, und auch die Ermittlungsbefugnisse sind grundsätzlich dieselben wie bei anderen Formen der Schwerkriminalität. Zur verfassungsrechtlichen Eingrenzung des staatlichen Eingriffsrechts ist auf die umfangreiche und facettenreiche Rechtsprechung der Verfassungs- und Verwaltungsgerichte zu verweisen.[27] Darin wird insbesondere immer wieder die Bestimmtheit der gesetzlichen Grundlagen angemahnt, und es wird kritisch geprüft, ob das Verhältnis zwischen Zweck und Mittel angemessen ist, wozu auch die Bestimmung der Eingriffsschwelle und des Betroffenenkreises gehört.

Gegen den Einsatz von Ermittlungstechnik an sich haben die Gerichte keine Bedenken geäußert. Man wird sogar sagen müssen: Der staatliche Schutzauftrag für die hochrangigen Rechtsgüter begründet eine Rechtspflicht zur Nutzung modernster Technik. Die Eingrenzung setzt anderswo an, eben bei den Tatbestandsvoraussetzungen der Befugnisnormen, und sie erfordert die Abwägung der Interessen; dazu wiederum kann es auf die Wirkungen der jeweiligen Technik ankommen, z. B. auf die Betroffenheit von Personen, die keinen Anlass zu Nachforschungen gegeben haben (dazu aber auch oben III. 1.).

IV. Welche Mittel sind zulässig?

1. Das Handlungsfeld der Polizei

Es ist behauptet worden, die Polizei dürfe den Bürgern nur „mit offenem Visier" entgegentreten,[28] geheime Ermittlungen seien den Geheimdiensten vorbehalten. Wäre dies geltendes Verfassungsrecht, müsste die Polizei in unzähligen Fällen gewöhnlicher Kriminalität und erst recht bei der Terrorismusbekämpfung frühzeitig resignieren. Tatsächlich haben Bundes- und Landesgesetzgeber eine ganze Reihe von Befugnissen zu geheimer Informationsgewinnung festgelegt, und die Verfassungsgerichte haben diese Vorschriften nur in einzelnen Beziehungen – z. B. wegen Unbestimmtheit verwendeter Begriffe – für verfassungswidrig erklärt. Richtig ist nur, dass einige dieser Methoden mit erheblichen Risiken für die handelnden Beamten verbunden sind, weil sie sich tief in das kriminelle Milieu hinein begeben müssen („verdeckte Ermittler", Anbringen von Abhöreinrichtungen in fremden Räumen u. ä.). Der Rückgriff auf „V-Personen" führt ebenfalls zu einem Eindringen in die

27 Das BVerfG hat sich u. a. befasst mit der Zulässigkeit der Untersuchungshaft (BVerfGE 19, 342; 53, 152), der lebenslangen Freiheitsstrafe (BVerfGE 45, 187; s. a. 86, 288) und der Sicherungsverwahrung (BVerfGE 109, 190 [236]), mit den Anforderungen an einen Durchsuchungsbefehl (BVerfGE 42, 212; 44, 353) und mehrfach mit der Überwachung der Telekommunikation – beginnend mit dem grundlegenden Abhör-Urteil BVerfGE 30, 1 über die Entscheidungen zur „strategischen Überwachung" (BVerfGE 67, 157) und die erweiterten Befugnisse des BND zur Kriminalitätsbekämpfung (BVerfGE 100, 313) bis zu den Urteilen über die Überwachung durch das Zollkriminalinstitut (BVerfGE 110, 33) und die Polizei (BVerfGE 113, 348). Zur „akustischen Wohnraumüberwachung", dem „Großen Lauschangriff": BVerfGE 109, 279; zur Rasterfahndung: BVerfGE 115, 320.

28 Lisken (2001), C 61f. m. w. N. („prinzipielle Offenheit staatlichen Eingriffshandelns"); Lisken (1994), S. 264 (266f.); s. a. Staff (1992), S. 384 (386ff.).

kriminelle Szene und damit in ein Zwielicht, in dem die Prinzipien des Rechtsstaates in Gefahr geraten, übersehen zu werden. Deshalb sind solche Methoden nur unter strenger Aufsicht der übergeordneten Behörden erträglich; der Gesetzgeber kann insofern kaum mehr tun als er getan hat.

Der „Lauschangriff" ist auch unter anderen Aspekten fragwürdig: Er bedeutet einen Eingriff in die engste räumliche Privatsphäre und u. U. sogar in die Intimsphäre und damit eine Missachtung der Menschenwürde.[29] Die Telekommunikationsüberwachung hingegen ist ein verfassungsrechtlich im Kern zulässiges Instrument der Strafverfolgung, weil die Benutzer dieser Techniken sich eben aus ihrer besonders geschützten Sphäre im übertragenen Sinne „hinausbegeben". Die gesetzlichen Regelungen müssen aber so gestaltet sein, dass flächendeckende Überwachung ausgeschlossen ist und die zuständigen Behörden unter strenger Aufsicht handeln. In der Praxis ist die Telekommunikationsüberwachung ein kaum noch verzichtbares Mittel der Polizei geworden; sie führt zu Fahndungserfolgen in verschiedenen Bereichen der organisierten Kriminalität, vor allem im Drogenhandel.

Videoüberwachung öffentlicher Räume ist im Bundesdatenschutzgesetz (§ 6 b) und in Polizeigesetzen der Länder unter bestimmten Voraussetzungen zugelassen. Von dieser Überwachung sind sehr viele Personen – und zwar zunächst ganz überwiegend „Unschuldige" – betroffen, aber in den allermeisten Fällen bleibt nur ein ganz flüchtiger Eingriff ohne irgendwelche nachteiligen Folgen. Sofern Aufzeichnungen angefertigt werden, ist die nachträgliche Identifizierung von Straftätern möglich – man erfährt davon in spektakulären Einzelfällen, aber wie bedeutsam dieses Instrument tatsächlich ist, wird nicht recht klar. Zur Abwehr bevorstehender Taten trägt die Videoüberwachung bisher offenbar wenig bei, weil die Polizei meist nicht schnell genug eingreifen kann, wenn eine Überwachungskamera Verdächtiges in die Zentrale übermittelt; vielfach fehlt es an Personal zum schnellen Eingreifen. So hat diese Form der öffentlichen Überwachung auch den Charakter symbolischer Aktivität.

Eine neue Form technischer Verbrechensverhinderung besteht darin, dass Telekommunikationsverbindungen Verdächtiger von der Polizei unterbrochen oder verhindert werden (so nach dem neuen Hamburger Polizeigesetz von 2005 § 10 a Abs. 3). Für Verbindungen Dritter gilt dies nur, wenn es „zur Abwehr einer unmittelbar bevorstehenden erheblichen Gefahr für den Bestand oder die Sicherheit des Bundes oder eines Landes oder für Leib, Leben oder Freiheit einer Person erforderlich ist" (ebd. S. 2). Gedacht ist z. B. daran, dass die Fernzündung einer Bombe verhindert werden soll. Aber schon die Ortung eines Mobilfunkgerätes kann für polizeiliche Zwecke sehr hilfreich sein (Drogendealer!). Übrigens ist nach dem genannten Hamburger Gesetz das „durch Berufsgeheimnis geschützte Vertrauensverhältnis im Sinne der §§ 53 und 53a der Strafprozessordnung" zu respektieren (§ 10 a Abs. 1 S. 3).

Wieder anders ist die (in Ansätzen bereits praktizierte) automatisierte Kennzeichenkontrolle an öffentlichen Straßen zu beurteilen. Sie kann ein nützliches Hilfsmittel zur Fahn-

29 S. insbes. das Abweichende Votum der Richterinnen Jaeger und Hohmann-Dennhardt zu der Entscheidung über die akustische Wohnraumüberwachung aufgrund von Art. 13 Abs. 3–6 GG und §§ 101 c und d StPO, BVerfGE 109, 279, 382ff.

dung nach gesuchten Kraftfahrzeugen sein – seien es gestohlene Wagen, seien es Fluchtfahrzeuge. Dabei kann zuverlässig zwischen Gesuchten und Dritten unterschieden werden. Allerdings muss dafür gesorgt werden, dass die Zweckbegrenzung eingehalten wird, weil die Kfz-Überwachung das Potential besitzt, zu einer fast vollständigen Volksüberwachung zu werden.

An die Grenzen dessen, was der Staat darf, oder vielmehr schon über diese Grenze hinaus führt die Ermächtigung in § 14 des neuen Luftsicherheitsgesetzes, von Terroristen entführte Flugzeuge abzuschießen.[30]

2. Die Rolle der Nachrichtendienste

Den „Geheimdiensten" traut die Öffentlichkeit alles Mögliche zu – einschließlich gezielter Tötungen, wie sie einige fremde Dienste wohl tatsächlich begangen haben oder noch begehen. Die deutschen Nachrichtendienste haben keine Befugnisse zu Eingriffen in Rechte von Individuen, ausgenommen in das Recht auf informationelle Selbstbestimmung. Sie sind nach ihrer Aufgabe, ihrem Personal und ihren Arbeitsweisen weit entfernt von allem, was sich Verschwörungstheoretiker vorstellen. In der Vergangenheit sind die Verfassungsschutzbehörden von Regierungen dazu benutzt – man kann auch sagen: missbraucht – worden, radikal-oppositionellen Personen den Weg in den öffentlichen Dienst zu versperren – mit geringem Erfolg, weil die wirklich gefährlichen Staatsfeinde sich nicht um Beamtenstellen beworben haben und weil die Gesellschaft darauf geachtet hat, dass keine unmäßige Hetze gegen politische Randgruppen aufkam. (Die Diskussion um „innere Sicherheit" als Komplementärbegriff zur traditionellen „öffentlichen Sicherheit" kann hier nicht nachgezeichnet werden.)

Soweit die Nachrichtendienste an der äußeren Sicherheitspolitik beteiligt sind, spielen sie eine ganz andere Rolle. Schon ihre Aufgabe unterscheidet sich deutlich von derjenigen der Polizei. Sie sollen „Bestrebungen" und Pläne beobachten, die sich gegen die äußere Sicherheit der Bundesrepublik richten, und die Beobachtung einzelner Straftäter ist nur ein Nebenprodukt ihrer Tätigkeit – die entsprechenden Informationen haben sie an die Gefahrenabwehr- und Strafverfolgungsbehörden weiterzugeben. Dass der Gesetzgeber dem BND die Aufgabe gestellt hat, an der Bekämpfung der organisierten Kriminalität mitzuwirken, hat zu den erwartbaren verfassungsrechtlichen Streitigkeiten geführt.[31] Völlig unangebracht wäre die Einbeziehung des Verfassungsschutzes in die Bekämpfung der organisierten Kriminalität; denn dafür sind Verfassungsschutzbeamte nicht ausgebildet, und ihre „Klientel" ist eine ganz andere.

Die extremistischen Bestrebungen, um die sich der Verfassungsschutz zu kümmern hat, sind von durchaus unterschiedlicher Bedeutung und Wirkungsmöglichkeit; dementsprechend müssen auch die Eingriffe des Verfassungsschutzes in die Sphäre der Betroffenen beschränkt sein. Umgekehrt sind die Nachrichtendienste gehalten, ihre Informationsmög-

30 So jetzt auch BVerfGE 115, 118. Vgl. u. a. ferner Reinhard Merkel, Wenn der Staat Unschuldige opfert, in: *DIE ZEIT* vom 8 Juli 2004, S. 33f.; Krings/Burkiczek (2004), S. 249ff.

31 Vgl. BVerfGE 100, 313.

lichkeiten so weit wie möglich auszuschöpfen, wenn es um die Abwehr schwerer Gefahren für den Bestand oder die Sicherheit des Staates geht. Auch hier ist also kluge Abwägung nötig – Übermaß schadet, aber auch Untermaß ist falsch.

Die Nachrichtendienste arbeiten grundsätzlich geheim, besitzen aber keine Befugnisse zu Eingriffen in die Sphäre der Beobachteten, während die Polizei nur ausnahmsweise im geheimen ermittelt und statt dessen zu Festnahme, Durchsuchung und Beschlagnahme befugt ist und auf diesem Wege an Informationen gelangt, die sich Geheimdienste allenfalls durch Tricks oder für Geld beschaffen können. Die Gesetze über die Nachrichtendienste des Bundes lassen „nachrichtendienstliche Mittel" zu und grenzen diese im allgemeinen durch formelle Vorschriften ein. Gemeint sind Observation und V-Leute, für die Telekommunikation – die vermutlich wie für die Polizei auch für die Dienste eine wichtige Quelle darstellt – gelten spezielle Normen, die wiederum verfahrensmäßige Kautelen vorsehen.

V. Sicherheitspolitische Schlussfolgerungen

1. Gibt es ein „Selbsterhaltungsrecht" des freiheitlichen und demokratischen Staates gegen die Rechte seiner Bürger?

Die Antwort ist: ja und nein. Wollten sich staatliche Stellen nur auf den „Eigenwert" des Staats berufen und die Erhaltung des konkreten Staates Bundesrepublik Deutschland über die Bewahrung der Rechte der in diesem Staat lebenden Menschen stellen, so wäre dies Hybris. Ich erinnere an das Einstein-Wort, das derzeit das Bundeskanzleramt ziert: „Der Staat ist um des Menschen willen da, nicht der Mensch um des Staates willen". Aber weil und soweit der Staat die Rechte und Interessen seiner Menschen wahrnimmt, muss er funktionsfähig und effektiv bleiben. Im Konfliktfall kann das bedeuten, dass der Staat zwar in die Rechte einzelner Bürger eingreift, damit aber zugleich die Rechte anderer Bürger schützt – und wiederum kommt es auf die Abwägung an, ob die beeinträchtigten Rechte etwa höherrangig sind als die Durchsetzung der damit konfligierenden Positionen. Das Aufspüren von Terroristen ist für sich genommen kein Akt der Staatserhaltung, aber ein Beitrag zur Sicherheit der Menschen, der gewisse Opfer anderer Menschen rechtfertigt (s. oben III.1).

2. Wie kann der „Sicherheitsstaat" freiheitlich bleiben?

Ein freiheitliches Klima kann auch in einem „starken" Staat herrschen – wenn nämlich die Eingriffsbefugnisse überlegt ausgeübt werden, wenn insbesondere die notwendigen Überwachungsbefugnisse nicht zur Einschüchterung politisch Oppositioneller benutzt werden und wenn die Gerichte (und sonstigen Kontrollinstanzen wie die Datenschutzbeauftragten) ihr Funktion in wirklicher Unabhängigkeit erfüllen. Wichtig ist auch die genaue und restriktive Formulierung der Eingriffsbefugnisse. Diese muss von Fall zu Fall neu erarbeitet werden; denn es gibt keine Universalformel, aus der wir die Lösungen ohne weiteres ableiten könnten. Und schließlich: Das Vertrauen auf „gute" Gesetzgebung reicht nicht aus. Die Demokratie lebt von dem demokratischen Geist der Bürger, von ihrem Vertrauen auf die eigene Kraft und den eigenen Verstand und von ihrem Vertrauen auf die Klugheit und die Gewissenhaftigkeit der politischen Entscheider. Um dieses Vertrauen zu gewinnen und zu bewahren, ist zu allererst Wahrhaftigkeit geboten. Politik, Wissenschaft und Medien sind aufgerufen, die Lage so realistisch und nüchtern wie möglich zu beschreiben und nicht zuviel zu versprechen. Einmal mehr tut Aufklärung not.

Literatur

Bergsträsser, Arnold/Oberndörfer, Dieter (Hrsg.) (1962), Klassiker der Staatsphilosophie. Stuttgart.
Böckenförde, Ernst-Wolfgang (1976), Die Entstehung des Staates als Vorgang der Säkularisation. In: Ders., Staat, Gesellschaft, Freiheit. Studien zur Rechtsphilosophie, Staatstheorie und Verfassungsgeschichte. Frankfurt a. M., S. 42–64.
Bull, Hans Peter (1977), Die Staatsaufgaben nach dem Grundgesetz. 2. Aufl., Kronberg/Ts.
Götz, Volkmar (1995), Allgemeines Polizei- und Ordnungsrecht. 12. Aufl., Göttingen.
Grimm, Dieter (1991), Die Zukunft der Verfassung. In: Ders., Die Zukunft der Verfassung. Frankfurt a. M., S. 397–437.
Hayek, Friedrich A. (1991), Der Weg zur Knechtschaft. München.
Krings, Günter/Burkiczek, Christian (2004), Sicherer Himmel per Gesetz? – Zum Regierungsentwurf für ein Luftsicherheitsgesetz. In: Nordrhein-Westfälische Verwaltungsblätter, S. 249ff.
Lisken, Hans (1994), Vorfeldeingriffe im Bereich der „Organisierten Kriminalität" – Gemeinsame Aufgabe von Verfassungsschutz und Polizei? In: Zeitschrift für Rechtspolitik, S. 264–270.
Lisken, Hans/Denninger, Erhard (2001), Handbuch des Polizeirechts. 3. Aufl., München.
Maier, Hans (1968), Hobbes. In: Maier, Hans/Rausch, Heinz/Denzer, Horst (Hrsg.), Klassiker des politischen Denkens. München.
Möstl, Markus (2002), Die staatliche Garantie für die öffentliche Sicherheit und Ordnung. Tübingen.
Nozick, Robert (1974), Anarchy, State, and Utopia. New York.
Staff, Ilse (1992), Öffentlichkeit als Verfassungsprinzip. In: Zeitschrift für Rechtspolitik, S. 384–389.
Zippelius, Reinhold (1985), Geschichte der Staatsideen. 5. Aufl., München.

Dirk Lammer

Wie weit reicht das Sicherheitsversprechen des Staates?

I. Einleitung

Die Evolutionstheorie von Charles Darwin wurde zu Recht als die größte Einzelidee der Menschheitsgeschichte bezeichnet.[1] Sie wird heute als grundsätzlicher Mechanismus in weiten Bereichen der Wirklichkeit diskutiert, glücklicherweise aber nicht mehr in der Form des inhumanen Sozialdarwinismus eines Herbert Spencer oder Houston Chamberlain. Manche Kosmologen sprechen mittlerweile sogar von einer Evolution des Universums.

Ein wesentliches Element evolutionärer Veränderung ist das Prinzip der Anpassung von Systemen an jeweils aktuelle Lagen. Es ist deshalb nicht verwunderlich, wenn man feststellt, dass auch die Entwicklung des Staates und der diesem zugewiesenen Aufgaben einen evolutionären Verlauf aufweist und zwar hin zu größerer Differenzierung, Effektivität und, für unsere Frage von entscheidender Bedeutung, Akzeptanz und Vertrautheit auf Seiten der Staatsbürger.

Ich will die Phasen dieser Evolution kurz darstellen. Dies kann zur Beantwortung der aufgeworfenen Fragen führen und den Blick freimachen für eine mögliche Antwort auf die Frage des Verhältnisses von Freiheit und Sicherheit oder, um es gleich vorweg zu sagen, des Verhältnisses von „Freiheitlichkeit" und „Sicherheitsstaatlichkeit", wie Hans Peter Bull dies zu Recht im Rahmen der Diskussion bei der Tagung der Vereinigung der deutschen Staatsrechtslehrer vorgeschlagen hat.[2]

II. Evolution von Staatstheorie und Staatsaufgaben

1. Vormoderne Betrachtungsweisen

Betrachtet man kurz vormoderne Sichtweisen von Freiheit und Sicherheit, so lässt sich feststellen, dass seit dem römischen Begriff der pax romana durchgängig die Schaffung von

1 Dennet (1997), S. 23.
2 Bull (2004), S. 191.

Frieden, die Herstellung des Landfriedens, Schutz von Leib und Leben, Schutz des Besitzes und die Erhaltung der Lebensgrundlagen die zentralen Aufgaben des Herrschers im Verhältnis zu seinen Untertanen waren, die ihm im Gegenzug wiederum zu Treue und Diensten verpflichtet waren.[3] Allerdings ist dieses Pflichtenverhältnis extrem statisch und wurzelt letztlich in der Vorstellung einer unabänderlichen und möglichst umfassend zu verwirklichenden göttlichen Ordnung, die objektiv vorgegeben ist.

Festzuhalten ist aber, dass Herrschaft schon immer nicht als willkürliche Tyrannei gerechtfertigt erschien, sondern nur, wenn der herrschaftlichen Machtfülle ihr korrespondierende Schutzpflichten für die Untertanen, sogenannte Fürstentugenden, immanent waren. Der vormoderne Leviathan erscheint deshalb in der Gestalt des von Gott eingesetzten guten Hirten, der seine Schafe zwar hüten muss, sie aber auch (mindestens) einmal im Jahr scheren darf.

2. Moderne Staatszwecklehren

Nimmt man die Entwicklung der Gesellschaftsvertragstheorien in den Blick, verdeutlicht sich der evolutionäre Charakter der jeweiligen Begründungen für die Rechtfertigung des Staates und der ihm obliegenden Aufgaben. All diesen Theorien ist gemeinsam, dass sie sich mit dem vernunftgebotenen Übergang der Gesellschaft von einem als solchem erkannten Naturzustand in eine politische Ordnung befassen. Der Staat ist damit ein Optimierungsinstrument für die conditio humana. Bereits hier wird deutlich, dass der Inhalt des jeweiligen Gesellschaftsvertrages maßgeblich von der Einschätzung des zu überwindenden Naturzustandes abhängt. Gleichzeitig steckt in der Idee der Verbesserung der Lebensbedingungen der Keim einer Dynamisierung und Subjektivierung von Ansprüchen des Individuums gegenüber dem Gemeinwesen.

Zusammengefasst wird oftmals gesagt, dass bei Hobbes der Staat in erster Linie dem Lebensschutz diente und Instrument zur Zähmung der Bestie Mensch war, bei Locke die Sicherung des Eigentums als Existenzgrundlage hinzutrat, Rousseau die Idee repräsentativer Machtausübung und damit das Demokratieprinzip einbrachte, während schließlich Kant die menschenrechtlich vorgegebene Freiheit des Individuums betonte.[4]

Hierauf soll jetzt im einzelnen nicht eingegangen werden, nur soviel sei festgestellt: Der durch den Gesellschaftsvertrag zu überwindende Naturzustand wird von Hobbes, einem Betroffenen der Katastrophe des Dreißigjährigen Krieges bis zu Kant immer ungefährlicher, das Bild vom Krieg aller gegen alle verblasst, das Menschenbild wird zunehmend positiver, aus existenzieller Bedrohung und Unsicherheit wird letztlich Rechtsunsicherheit, die es zu überwinden gilt. Der Staat wird vom Souverän, dem sich die Individuen in einem kurz als demokratisch aufflackernden Unterwerfungsakt auf Gedeih und Verderb anvertrauen, zum gleichgeordneten Vertragspartner und schließlich zu einer Ordnung, die vorgegebenen Menschenrechten und der Autonomie des Einzelnen nachgeordnet ist.

3 Vgl. die eingehende Darstellung bei Brugger (2004), S. 103ff.

4 Bull (1977), S. 22f.

Gleichzeitig wird der Staat vom Garanten der Sicherheit, die zunehmend verwirklicht erscheint, zum Bedroher der Freiheit des Individuums, ein Gedanke, der schon bei Hobbes kurz aufscheint, wenn er ausführt, dass wer die Macht hat, alle zu schützen, auch die Macht hat, alle zu unterdrücken.

In diesem Verständnis ist der Staat dann das Instrument der Sicherheit des Menschen vor dem Menschen, in der Ausprägung als Rechtsstaat ist er das Instrument der Sicherheit des Menschen vor dem Staat[5] oder zusammengefasst: Sicherheit ist Verfassungsvoraussetzung, Freiheit ist Verfassungsinhalt.[6]

Zwar wird deutlich erkannt, dass die Gewährleistung von Sicherheit eine Voraussetzung der Freiheit ist.[7] Jedoch erscheint die Zuständigkeit des Staates prinzipiell begrenzt, die Freiheit des Individuums dagegen prinzipiell unbeschränkt. Spätestens seit Kant galt: Mensch vor Staat, Autonomie vor Heteronomie, Freiheit vor Sicherheit.

3. *Staatliche Ordnung als Organisationsprinzip*

a) Verbesserung der conditio humana als Staatszweck

Die Idee einer Verbesserung der Lebensbedingungen des Menschen zeigt deutlich, dass die Begründung für die Staatsbildung ein Optimierungsgebot ist. Dies ist normtheoretisch gesehen ein Prinzip, also die Forderung nach bestmöglicher Verwirklichung einer Norm. Nun sind aber die Lebensbedingungen praktisch immer verbesserungsfähig, ein Zustand allgemeiner Glückseligkeit ist nicht absehbar.

b) Dynamisierung der Staatsaufgaben

Ausgehend hiervon zeigt sich schnell, dass die mit dem Gesellschaftsvertrag jeweils bezweckte Überwindung des angenommenen Naturzustandes letztlich nur eine vorläufige und niemals eine endgültige Zweckerfüllung des Vertrages bedeutet. Der prinzipielle Charakter führt vielmehr dazu, dass das Gebot der Verbesserung der Lebensbedingungen unvermindert Geltung beansprucht. Dies führt notwendig zur Fortschreibung der Staatsaufgaben, wobei es gleichgültig ist, ob man den erreichten Grad der politischen Ordnung als neuen, nunmehr zu überwindenden Naturzustand begreift, zu welchem Zweck ein neuer modifizierter Gesellschaftsvertrag abgeschlossen wird oder ob man kontinuierlich eine Modifikation der ursprünglichen Geschäftsgrundlage und damit eine Vertragsanpassung annimmt.

Diese Dynamik ist auch folgerichtig. Der Staat ist keine Vertragspartei, die dem Bürger gegenübersteht und sich etwa weigern könnte, bestimmte Aufgaben zu erfüllen, weil diese nicht Gegenstand des ursprünglichen Gesellschaftsvertrages waren. Der Staat ist ein Organisationsprinzip, über dessen Reichweite stets neu gestritten werden muss.

5 Volkmann (2004), S. 697.
6 Vgl. Gusy (2004), S. 154.
7 Humboldt (1792), S. 129.

Beispielhaft hierfür sei etwa auf die Diskussionen der Ökonomen nach dem Zweiten Weltkrieg hingewiesen und auf den Streit zwischen Keynesianern und liberalen Theoretikern über die Notwendigkeit staatlicher Steuerungsmaßnahmen.

Der Staat bearbeitet die Problemfelder, die ihm die Mehrheit zuweist, der staatliche Aufgabenbereich wird in einem demokratischen Prozess fortgeschrieben und erweitert. Vertragsparteien sind die Bürger untereinander. Wer meint, der Staat solle auf seine ursprüngliche Aufgabe beschränkt bleiben, muss die Mehrheit von den Vorteilen hiervon überzeugen.

4. Vom liberalen Paradigma über das sozialstaatliche Paradigma zum Vorsorgeparadigma

Dieser deutlich erkennbare Evolutionsprozess lässt sich anhand der jeweils zu beobachtenden Schwerpunkte staatlicher Aufgaben dahin einteilen, dass einem „klassisch" liberalen Staatsverständnis mit einer Betonung der Freiheit des Individuums eine zunehmend sozialstaatliche Sichtweise der Staatsaufgaben folgte, bei der der Freiheitsgedanke zugunsten weit reichender Gerechtigkeitserwägungen in den Hintergrund trat. Seit einiger Zeit lässt sich eine Entwicklung beobachten, die sich am besten als Übergang zum Vorsorgeparadigma bezeichnen lässt.[8] Die größten Gefahren für die menschliche Existenz durch Krieg, Armut, Krankheit, Alter, Arbeitslosigkeit usw. erscheinen beherrschbar und überschaubar, das Schutzinteresse der Bürger hat sich vorverlagert. An die Stelle der Bekämpfung realer Missstände und der Abwehr konkreter Gefahren ist das Bemühen um eine allgemeine Risikosteuerung getreten, also das Bemühen, Risiken von vornherein zu vermeiden.

III. Das Vorsorgeparadigma am Beispiel der Entwicklung des Strafrechts und Strafverfahrensrechts

Diese Entwicklung lässt sich beispielhaft an den jüngeren Entwicklungen im Bereich der Strafrechts- und Strafverfahrensrechtsentwicklung verdeutlichen.

1. Materielles Strafrecht

In den letzten 30 bis 20 Jahren zeichnet sich bei der Schaffung neuer Straftatbestände eine klare Tendenz des Gesetzgebers dahingehend ab, nicht mehr klassische Verletzungsdelikte, die die tatsächliche Verletzung eines konkreten Rechtsgutes beinhalten, zu schaffen, sondern bereits die Schaffung einer abstrakten Gefahr zu pönalisieren. Strafwürdig ist bei diesen sogenannten abstrakten Gefährdungsdelikten nicht die Verletzung eines Rechtsguts, sondern die Feststellung einer noch nicht einmal konkret in Erscheinung tretenden lediglich abstrakten Gefahr. Menschen sollen ihr Verhalten nicht lediglich so einrichten, dass sie

8 Vgl. hierzu im einzelnen VOLKMANN (2004), S. 696ff.

keine Rechtsgüter verletzen, sie sollen bereits jedes Risiko für Rechtsgüter vermeiden. Typisches Beispiel für diesen Gedanken ist etwa die Ausweitung im Bereich des Schadensbegriffs, für den auch schon Vermögensgefährdungen ausreichen sollen. Im Bereich der Untreue, die als besonders konturlos erscheint, ist für den Geschäftsführer einer wirtschaftlich in Bedrängnis geratenen Gesellschaft kaum noch einzuschätzen, ob seine Aktivitäten als unzulässige Risikogeschäfte oder mutige Sanierungsbemühungen bewertet werden.

Gleichzeitig nimmt der Gesetzgeber immer häufiger Bezug auf vage und universal formulierte Rechtsgüter wie beispielsweise die Funktionstüchtigkeit des Kapitalmarktes im Wirtschaftsstrafrecht.[9] Zum strafrechtlich schützenswerten Rechtsgut kann alles mögliche werden.

Auch eine Ausweitung der Unternehmensdelikte ist zu beobachten, also von Tatbeständen, bei denen Versuch und Vollendung nicht differenziert werden. War es früher bei Submissionsabsprachen häufig schwierig, einen Betrugsschaden nachzuweisen, reicht seit einigen Jahren bereits die Abgabe eines auf einer rechtswidrigen Absprache beruhenden Angebots zur Vollendung des Submissionsbetruges aus (§ 298 StGB).

2. *Strafverfahrensrecht*

Auch im Strafverfahrensrecht zeigt sich eine erhebliche Vorverlagerung der staatlichen Defensionsmöglichkeiten. Strafrechtliche Ermittlungen lösen sich vom Anfangsverdacht einer begangenen Straftat hin zu „verdachtsschöpfenden Ermittlungen" und schließlich reinen Vorfeldermittlungen, die der Aufklärung kriminogener Bereiche dienen.

Ausdrücklich als Instrument der „Vorsorge für künftige Strafverfolgungen" ist die Schaffung einer DNA-Datenbank zu sehen, die keinen anderen Zweck hat, als die Aufklärung zum Zeitpunkt der Datenspeicherung noch gar nicht begangener Straftaten zu ermöglichen. Heimliche Ermittlungsmethoden treffen zunehmend auch völlig unverdächtige Bürger, etwa bei Observation oder Telekommunikationsüberwachung. In der Diskussion ist auch die Schaffung einer rechtlichen Grundlage für Massen-DNA-Untersuchung bei der Aufklärung etwa von Sexualstraftaten.

3. *Europäisches Sicherheitsrecht – EU-Verfassungsvertrag*

Auf europäischer Ebene droht ohnehin ein völliges Verschwimmen von Repression und Prävention. In Überlegungen zur Schaffung eines Europol-Gesetzes wird die Trennung zwischen Prävention und Repression bewusst aufgegeben. Betrachtet man die einschlägigen Kriminalitätsbereiche, erscheint dies auch nachvollziehbar, da diese durchweg als Dauergefahren imponieren. Es geht im Kern nicht um die Aufklärung einzelner Straftaten, sondern um die Aufklärung und Zerstörung auf Dauer angelegter krimineller Strukturen, um die Bekämpfung von Kriminalität und um die Abwehr der von organisierter Kriminalität ausgehenden Gefahren für das europäische Gemeinwesen. Es wundert dann auch

9 Hierzu Hassemer (2005), S. 313.

nicht mehr, wenn das Zweckbindungsgebot bei der Datenverarbeitung als künstliches Sich-dumm-Stellen denunziert wird und das Gebot der organisatorischen Trennung der Sicherheitsbehörden hinsichtlich der präventiven und repressiven Aufgaben zunehmend in Frage gestellt wird.[10]

IV. Sicherheit und Sicherheitsgefühl in der offenen Gesellschaft

Immer wieder wird betont, dass das größte Sicherheitsrisiko die Freiheit sei.[11] Wenn es also Aufgabe des Staates ist, ein Rundum-sorglos-Paket zu schnüren, wenn es eine Aufgabe des Staates sein soll, den Bürgern eine angstfreie Daseinsgewissheit zu verschaffen, wenn es um eine umfassende Risikosteuerung geht, muss dies zwingend zu Freiheitseinschränkungen führen. Es kommt also tatsächlich zum Tausch von Freiheit gegen Sicherheit.

1. Dynamik von Risikolagen

Es ist unverkennbar, dass sich die Sicherheitsdiskussion mehr und mehr dem Tagesgeschehen anpasst. Man wird sicherlich zum einen feststellen können, dass es eine tatsächliche Dynamik von Risikolagen gibt, dass sich bestimmte Risiken verändern, verstärken, abschwächen. Andererseits ist aber auch eine diskursive Dynamik von Risikolagen festzustellen, nämlich der Umstand, dass äußere Anlässe (Sexualmord, Terroranschlag etc.) die Themen der Sicherheitsdiskussion bestimmen.

Zu dieser Sicherheitsdiskussion ist zunächst anzumerken, dass sie von einem Verlust rechtsstaatlicher Geduld geprägt ist.[12] Es besteht ein Drang zu sofortiger, notfalls radikaler Problemlösung, die sich, etwa bei der Folterdebatte, häufig als äußerst kurzsichtig erweist. Gleichzeitig geht das Gefühl dafür verloren, dass Sicherheit ihren Preis hat und die Kosten bei der Freiheit anfallen.[13]

2. Autoritärer Staat und offene Gesellschaft

Letztlich stellt sich die Frage, wer bestimmen soll, welche Risiken relevant sind und der Steuerung durch den Staat bedürfen. Hier zeigt sich dann, dass diese Festlegungen in der offenen Gesellschaft dem Diskurs der gesellschaftlichen Kräfte überlassen bleiben müssen.

Der autoritäre Staat zeichnet sich durch die Struktur der Entscheidungsfindung aus. Er ist verordnend, entmündigt den Bürger, entscheidet in dessen wohlverstandenem Interesse und aus der Perspektive einer Informationsüberlegenheit. Wenn sich der totale Staat dadurch auszeichnet, dass er auf jeden Lebensbereich zugreift, eine allumfassende Aufgabenzuständigkeit hat und von der Aktualisierung aller Potenzen des Staates gekennzeichnet ist,

10 Vgl. zu letzterem Bull (2005), S. 341ff.
11 Vgl. etwa Haffke (2005), S. 20.
12 Hassemer (2005), S. 315.
13 Siehe auch Hetzer (2005), S. 132ff.; ders. (2005a), S. 318ff.

erscheint die Gefahr der Herausbildung eines totalitären Staates als Kombination des totalen und des autoritären Staates dann nicht fernliegend, wenn die Bestimmungen relevanter Risiken dem Staat überlassen bleibt und diesem gleichzeitig eine allumfassende Risikobekämpfung auferlegt wird.

Es muss also dabei bleiben, dass in der offenen Gesellschaft die Bürger im Wege des Diskurses über relevante Sicherheitsfragen Einigung erzielen.

3. *Sicherheitsgefühl*

Damit tritt letztlich der Aspekt des Sicherheitsgefühls der Bevölkerung ins Blickfeld. Es kann nach meiner Auffassung letztlich dahingestellt sein, ob die Herstellung eines Sicherheitsgefühls eine staatliche Aufgabe ist. Zutreffend ist sicherlich, dass Maßnahmen zum Schutz des Sicherheitsgefühls keine Befugnis für Freiheitseingriffe sein können.[14]

Die politische Relevanz des Sicherheitsgefühls ist ohnehin nicht zu übersehen, wenn man die Ergebnisse von Landtagswahlen aus jüngerer Zeit betrachtet, bei denen sich immer wieder Parteien, die letztlich die innere Sicherheit zu ihrem einzigen Thema gemacht hatten, mit nicht unerheblichem Stimmengewinnen in Szene setzen konnten.

4. *Recht auf Risiko-Informationen*

Dreh- und Angelpunkt des Risiko- und Sicherheitsdiskurses in der Gesellschaft ist die Frage, ob objektive Sicherheitslage und Sicherheitsgefühl übereinstimmen oder auseinander fallen. Ideal wäre natürlich eine weitestgehende Kongruenz von Sicherheitslage und Sicherheitsgefühl. Einziges Mittel zur Herstellung dieser Kongruenz ist jedoch eine möglichst umfassende und objektive Information der Bürger.

In diesem Zusammenhang drängt sich noch einmal Rousseau auf, nämlich mit seinen Überlegungen dazu, ob die volonté generale irren kann oder nicht.

Rousseau schreibt dazu, dass der Gemeinwille immer auf dem rechten Weg sei, woraus allerdings nicht folge, dass die Beschlüsse des Volkes immer gleiche Richtigkeit haben. Zwar wolle man immer sein Bestes aber man sehe es nicht immer. Verdorben werde das Volk niemals, aber oft werde es irregeführt.[15]

Dabei ergibt sich für den interessierten Bürger immer wieder das Gefühl, im Rahmen der öffentlichen Diskussion über Sicherheitsfragen häufig gezielten Versuchen der Irreführung ausgesetzt zu sein.

Wichtiger als ein Grundrecht auf Sicherheit erscheint deshalb ein „Grundrecht" auf umfassende Information, ein Grundrecht auf Schutz vor Panikmache, Desinformation und staatlicher Geheimniskrämerei.[16]

14 Gusy (2004), S. 182.

15 Rousseau (1762).

16 Zur Bedeutung von Transparenz und Durchblick für die demokratische Gesellschaft auch Hassemer (2005), S. 315.

V. Anforderungen an rechtliche Steuerungsinstrumente

Die Offenheit des Sicherheitsdiskurses, die Dynamik von Risikolagen und das grundsätzlich gegebene Risiko von Fehleinschätzungen müssen Konsequenzen auf das Vorgehen des Gesetzgebers haben. Gleichzeitig sind einige gute rechtsstaatliche Errungenschaften zur Umhegung der Freiheit in Erinnerung zu rufen.

a) Beweislast

Wenn man Freiheit so definiert, dass von ihr nur risikofreies Verhalten erfasst ist, führt dies letztlich zu einer Umkehr der Beweislast. Das Individuum muss die Risikofreiheit seines Verhaltens beweisen, nicht umgekehrt der Staat das Risiko des Verhaltens, das er regulieren möchte. Die Rechtfertigungslast wird vom Staat auf den Bürger übertragen, Heteronomie geht vor Autonomie, Sicherheit vor Freiheit.[17]

Diese Beweislastumkehr ist aus guten Gründen und mit Hinweis auf das gewachsene Verfassungs- und Freiheitsverständnis abzulehnen.

b) in dubio pro libertate

Aus dem Vorgenannten folgt dann auch gleich, dass Zweifelsfragen immer zugunsten der Freiheit zu entscheiden sind. Allein diese Vorgehensweise zwingt zu einer umfassenden und konkreten Bestimmung von Risiken und verhindert den Weg hin zu einer „vorsorglichen Vorsorge".

c) Befristung von Sicherheitsgesetzen

Die Offenheit des Sicherheitsdiskurses, die Veränderung von Risikolagen und die Gefahr von Fehleinschätzungen müssen zu einer grundsätzlichen Befristung von Sicherheitsgesetzen führen. Als Risikosteuerungsinstrumente können solche Gesetze per se keinen „Ewigkeitsanspruch" haben.

d) Evaluierung

Eng verbunden mit dieser Forderung ist eine permanente Evaluierung von Sicherheitsgesetzen. Diese müssen also ausreichend auf ihre tatsächliche Wirksamkeit und Effizienz hin überprüft werden. Nur auf dieser Grundlage kann dann etwa über eine Verlängerung von Gesetzen entschieden werden. Auf dieser Grundlage können und müssen dann auch Gesetze, die sich als ineffektiv erwiesen haben, nach Fristablauf oder gegebenenfalls auch schon früher ausgemustert werden.[18]

e) Übermaßverbot

Auch das Übermaßverbot bedarf einer gewissen Renaissance. Gemeint ist damit, dass vor Erlass eines Gesetzes jeweils ein tatsächlich prognostizierbarer Zusammenhang zwischen

17 Hierzu etwa Volkmann (2004), S. 702; Gusy (2004), S. 180f.

18 Zur Bedeutung von Befristung und Evaluation auch Gusy (2004), S. 182f.

der geplanten Regelung und dem Verhalten des Adressatenkreises festgestellt werden kann. Welche Sicherheitsgesetze verhindern Selbstmordanschläge auf das öffentliche Verkehrssystem?

VI. Schlussbemerkung

1. Islamistischer Terror

Oftmals wird schlicht weg erklärt, dass der islamistische Terror in seinem Gepräge der Anschläge vom 11.09.2001 und nun auch der Anschläge in Madrid und London ein Terrorismus von neuer Qualität sei. In der Tat sucht sich dieser Terrorismus seine Opfer willkürlich und wahllos unter der Zivilbevölkerung.

Die Masse möglicher „weicher Ziele" lässt wenig Hoffnung auf sicheren Schutz.

Andererseits scheint aber auch die These vertretbar, dass die neue Form des Terrorismus nichts anderes als das Spiegelbild der globalisierten Gesellschaft ist.

2. Die Terroranschläge von London

Die Terroranschläge auf die Londoner U-Bahn vom Juli 2005 haben eine erschreckende Erkenntnis gebracht. Die Attentäter stammten mitten aus der englischen Gesellschaft, sie erschienen integriert, niemand, der Umgang mit ihnen hatte, hätte ihnen die Planung und Durchführung derartiger Verbrechen zugetraut.

Die Anschläge haben auch gezeigt, dass es gegen solche Attacken letztlich keinen Schutz gibt. Auch die in Großbritannien schon sehr viel weiter ausgebaute Videoüberwachung öffentlicher Plätze konnte die Anschläge nicht verhindern, sie hat nur die schnellere Aufklärung der Taten mit Hilfe von Videobändern ermöglicht. Die Täter selbst, die mit ihrem Leben ohnehin abgeschlossen hatten, haben sich von der Tatsache der umfassenden Videoüberwachung naturgemäß nicht abschrecken lassen.

3. Primat der Ursachenbekämpfung

Die gerade dargestellte Erkenntnis lässt letztlich nur einen Schluss zu. Wichtiger als der „Krieg gegen den Terrorismus" ist der „Krieg gegen die Ursachen des Terrorismus". Diese Ursachen müssen analysiert werden und man muss nach Mitteln und Wegen suchen, sie zu beseitigen.

Natürlich müssen Anschläge wie die von New York, Madrid oder London möglichst verhindert werden, langfristig erscheint jedoch eine Beschränkung der Abwehrstrategie auf den Ausbau einer Festung Europa teurer als eine Analyse der Ursachen des Terrorismus und deren Bekämpfung.

Literatur

Bull, Hans Peter (1977), Die Staatsaufgaben nach dem Grundgesetz. 2. Aufl. Kronberg/Ts.

Bull, Hans Peter (2004), Diskussionsbeitrag in: Veröffentlichungen der Vereinigung der Deutschen Strafrechtler (VVDStRL) 63, S. 191.

Bull, Hans Peter (2005), Trennungsgebot und Verknüpfungsbefugnis. Zur Aufgabenteilung der Sicherheitsbehörden. In: Hendler, R./Ibler, M./Soria, J. M. (Hrsg.), Für Sicherheit, für Europa. Festschrift für Volkmar Götz zum 70. Geburtstag. Göttingen, S. 341–358.

Brugger, Winfried (2004), Gewährleistung von Freiheit und Sicherheit im Lichte unterschiedlicher Staats- und Verfassungsverständnisse. In: VVDStRL 63, S. 101–150.

Dennet, Daniel C. (1997), Darwins gefährliches Erbe. Die Evolution und der Sinn des Lebens. Hamburg.

Gusy, Christoph (2004), Gewährleistung von Freiheit und Sicherheit im Lichte unterschiedlicher Staats- und Verfassungsverständnisse. In: VVDStRL 63, S. 153–188.

Haffke, Bernhard (2005), Vom Rechtsstaat zum Sicherheitsstaat? In: Kritische Justiz (KJ) 38/1, S. 17–35.

Hassemer, Winfried (2005). Sicherbedürfnis und Grundrechtsschutz: Umbau des Rechtsstaats? In: Strafverteidigerforum (StraFo), S. 312–318.

Hetzer, Wolfgang (2005), Terrorabwehr im Rechtsstaat. In: Zeitschrift für Rechtspolitik (ZRP) 38, S. 132–135.

Hetzer, Wolfgang (2005a), Die Flucht des Gesetzgebers in die polizeirechtliche Prävention. In: Strafverteidiger Forum (StraFo), S. 318–324.

Humboldt, Wilhelm von (1792, Erstdruck 1851), Ideen zu dem Versuch, die Gränzen der Wirksamkeit des Staates zu bestimmen. In: Wilhelm von Humboldts Werke, Erster Band. 1785–1795, hrsg. von Albert Leitzmann. Berlin 1903, S. 97–254.

Rousseau, Jean Jacques (1762), Vom Gesellschaftsvertrag oder Grundsätze des Staatsrechts. Stuttgart 1986.

Volkmann, Uwe (2004), Sicherheit und Risiko als Probleme des Rechtsstaats. In: Juristenzeitung (JZ), 59, S. 696–703.

Martin Klingst

Alle Macht dem Präventionsstaat?

Wie sich nach den Anschlägen vom 11. September allmählich die Grenzen des Rechtsstaats verschieben

Meine Aufgabe ist es, folgender Frage nachzugehen: Gefährdet der Kampf gegen den Terrorismus den Rechtsstaat? Welche Probleme wirft dieser Kampf auf?

Bevor ich auf die Veränderungen und die Gefahren im Einzelnen eingehe, möchte ich zwei grundsätzliche Beobachtungen herausstreichen:

1. Selbstverständlich stellt der neue Terrorismus die Arbeit der Sicherheitsbehörden vor neue Aufgaben: Es geht, mehr als zuvor, um die frühzeitige Erkennung und Beobachtung gewaltbereiter beziehungsweise Gewalt vorbereitender Gruppen. Diese Gruppen arbeiten völlig unterschiedlich, aber gemein sind ihnen die grenzüberschreitenden Beziehungen. Entweder weil sie Kontakte ins Ausland halten, weil sie von außen inspiriert werden – oder weil sie zwar Einheimische sind, aber einen ursprünglich ausländischen Hintergrund haben. Wie die Anschläge in London oder die terroristischen Planungen in den Niederlanden gezeigt haben, beteiligt sich auch mehr und mehr die dritte Generation von Einwanderern an terroristischen Straftaten.
2. Die Beobachtung dieser Gruppen ist schwierig: Weil sie sich kulturell abschotten. Weil sie oft eine Sprache sprechen, die unseren Sicherheitsbehörden nicht geläufig ist. Weil sie uns oft fremde Verhaltensweisen ausüben.
3. Ziel der Sicherheitsbehörden ist es – und muss es auch sein, möglichst rechtzeitig die Planung von Gewalttaten aufzudecken. Denn die geplanten Anschläge gefährden ungezählte Menschenleben und das staatliche Gemeinwesen. Wir haben es mit Sabotageakten von innen und von außen zu tun. Wer Gefahrenquellen frühzeitig erkennen will, braucht vor allem eines: viele Informationen. Wer viele Informationen braucht und aus ihnen das Wissenswerte herausfiltern will, muss den Kreis der Informationen weit ziehen – das heißt: zwangsläufig geraten auch Unverdächtige ins Visier; es geht nicht mehr um konkrete Gefahren im Polizeirecht oder um einen konkreten Anfangsverdacht im Strafprozess. Wer weit im Vorfeld einer Straftat oder einer konkreten Gefahr fischt, fischt im Vagen, im Ungefähren. Deshalb heißt die Herausforderung an uns heute: der Präventionsstaat darf den Rechtsstaat nicht aushebeln, es geht darum, eine

feine, aber schwierige Grenze zwischen einem Präventions- und einem Rechtsstaat zu ziehen.

Der Terrorismus ist für den deutschen Gesetzgeber nicht erst seit den Anschlägen vom 11. September 2001 ein Thema. Bereits in den 70er Jahren, zur Zeit der Roten Armee Fraktion, wurden beispielsweise Gesetze zur Rasterfahndung und zur Kontaktsperre erlassen. Gewalttätige Kurden sorgten für Verschärfungen vor allem des Ausländergesetzes, des Vereins- und Versammlungsgesetzes, aber auch der Polizeigesetze der Länder. In den 90er Jahren, nach dem Fall der Mauer, wurde die Organisierte Kriminalität (OK) der terroristischen Bedrohung gleich gestellt; sie führte zur Erweiterung der Telefonüberwachung durch die Polizei, zu vermehrten geheimen Operationsmöglichkeiten der Polizei, zu einem größeren Datenaustausch zwischen den Ämtern für Verfassungsschutz, den Polizeien und der Justiz, zu weiteren Verschärfungen im Ausländer- und Asylgesetz. Sie führte ebenso zur Überwachung des internationalen Telefonverkehrs durch den BND – auch im Hinblick auf die Gewinnung von Erkenntnissen im OK-Bereich – und letztlich zur Einführung des so genannten Großen Lauschangriffs.

Nach dem 11. September 2001 ging es so weiter: Eine Vielzahl neuer oder verschärfender Gesetze wurde erlassen, unter anderem im Straf- und Strafprozessrecht, im Vereins- und Versammlungsrecht, im Ausländer- und Asylrecht, im Asylverfahrensgesetz, in den Regelungen zur Visa- und Passvergabe, im Bundesverfassungsschutzgesetz, im BKA-Gesetz, in den Polizeigesetzen der Länder und so weiter.

Ich möchte beispielhaft einige Veränderungen aufzählen:

Etwa im Bereich der Verbesserung der Luftsicherheit gibt es inzwischen:

- verschärfte Zuverlässigkeitsüberprüfungen des Flug- und Bodenpersonal;
- verschärfte Passagierkontrollen – bis hin zu Nachfragen bei Reiseunternehmen, Banken und der Einführung biometrischer Daten im Reisepass;
- das neue Luftverkehrsgesetz, das erlauben soll, entführte Flugzeuge abzuschießen, die das Leben von Menschen am Boden bedrohen. Damit wäre zum ersten Mal die Abwägung des Lebens unschuldiger Menschen im Flugzeug gegen das Leben unschuldiger Menschen auf dem Boden gestattet. (Das Bundesverfassungsgericht wird bald darüber verhandeln und entscheiden.)

Inzwischen fallen auch Religionsgemeinschaften unter das Vereinsgesetz, das Religionsprivileg wurde abgeschafft. So können auch als Religionsgemeinschaften getarnte Ausländervereine verboten werden, die z. B. im Bundesgebiet Spenden für ausländische terroristische „Heimatorganisationen" sammeln, Kämpfer rekrutieren oder die ausländische Organisation auf andere Art und Weise unterstützen. Verboten wurde unter anderen inzwischen der Kalifatsstaat, der Spendensammelverein al Aqsa, die Gruppe Hizb al-Tahrir.

Überdies:

- Das Bundesamt für Verfassungsschutz (und auch die Landesverfassungsschutzämter) hat das Recht erhalten, auch solche Bestrebungen zu beobachten, die sich gegen den Gedanken der Völkerverständigung richten.
- Das Bundesamt für Verfassungsschutz kann zur Erforschung terroristischer Vereinigungen und deren Hintermänner Informationen bei Banken und Finanzunternehmen über Konten und Konteninhaber einholen. Anders als bei der Polizei unterliegt das Recht zur Informationsbeschaffung kaum Voraussetzungen, es muss keinen Anfangsverdacht auf eine Straftat geben. Die Geheimdienste müssen keine Gründe nennen, eine juristische Überprüfung findet nicht statt. Die Betroffenen erfahren von den gegen sie eingeleiteten Maßnahmen nichts.
- Unter bestimmten Voraussetzungen werden die Informationen der Geheimdienste und der Polizeien in Sachen Terrorismus zusammengeführt.
- Es sind Auskunftsbefugnisse gegenüber Postdienstleistern, Luftverkehrsunternehmen, Telekommunikations- und Telediensteistern vorgesehen.
- Die originäre Ermittlungskompetenz des BKA wurde erweitert – etwa bei Computer-Sabotageakten. Und das BKA darf in seiner Funktion als Zentralstelle für bestimmte Straftaten, zu denen auch terroristische Delikte zählen, aus eigenem Recht zusätzliche Informationen sammeln, ohne, wie früher, klären zu müssen, ob die Polizeien der Länder nicht schon über diese Informationen verfügen.
- Der Bundesgrenzschutz darf im Rahmen seiner Zuständigkeit auch Ausweispapiere überprüfen.
- Neben dem Lichtbild darf ein biometrisches Merkmal (auch in verschlüsselter Form) in den Pass und Personalausweis aufgenommen werden.
- Die Telekommunikationsüberwachung wurde ausgedehnt.
- Zur Rasterfahndung dürfen auch Sozialdaten herangezogen werden.
- Das Recht zu verdachtsunabhängigen Kontrollen wurde erweitert.
- Im Visaverfahren wurden bereits biometrische Daten eingeführt.

Auf der Tagesordnung von Otto Schily – und erst recht auf der Tagesordnung einer großen Koalition werden weitere Verschärfungen stehen:

- die Möglichkeit, so genannte Hassprediger auszuweisen und die erweiterte mögliche Verdachtsausweisung von Ausländern;
- die Verhängung eines Sicherheitsgewahrsams. Das heißt: die Möglichkeit, gefährliche Ausländer, denen man eine Straftat nicht nachweisen konnte, auf unbestimmte Zeit hinter Gitter zu bringen – bis sie in ihre Heimat oder ein Drittland abgeschoben werden können;
- weitere Initiativermittlungsrechte des BKA und das Recht, Daten – ohne einen konkreten Tatverdacht – „zu Zwecken der Auswertung" zu erheben. Zudem: Ausdehnung des Beobachtungsraumes;
- einheitliche Dateien von Geheimdienst und Polizei in Sachen Terrorismus – und nicht nur ein gemeinsames Informationsboard;
- möglicher Einsatz der Bundeswehr im Innern – vor allem zur Entlastung der Polizeien (Schäuble-Idee).

Warum zähle ich das alles auf? Um damit Folgendes deutlich zu machen:

Der Schwerpunkt der Politik der inneren Sicherheit – und damit auch der Schwerpunkt der Gesetzgebung – liegt vor allem auf dem Feld der Informationsgewinnung:

Um eine Gefahr für Leib und Leben und für das Eigentum rechtzeitig zu erkennen und auszuräumen, um zu verhindern, dass es überhaupt zu einer terroristischen Straftat kommen kann, brauchen die Sicherheitsbehörden vor allem eins: Informationen. Sie müssen möglichst viel über die Bürger, Touristen, Einwanderer, über potentielle Gefahrenquellen wissen. Sie müssen deshalb möglichst geheim arbeiten, Informationen sammeln, filtern und auswerten. Der moderne Sicherheitsstaat ist deshalb vor allem ein Präventionsstaat.

Die Folge: Der traditionelle Rechtsstaat steht in einem ernsten Konflikt mit diesem präventiven Sicherheitsstaat. Was besagt dieser Rechtsstaat? Wir haben ihn in den Jahrzehnten nach 1949 vervollkommnet:

1. Das *Trennungsgebot* zwischen Polizei und Verfassungsschutz bedeutet, dass sie sich nicht aus gemeinsamen Quellen speisen sollen. Es sieht vor, dass grundsätzlich nur die Geheimdienste zum Schutz des Verfassungsstaats geheim operieren dürfen und deshalb auch keine exekutiven Befugnisse besitzen. Die Polizei, die als Exekutive durchsuchen, beschlagnahmen, verhaften darf, soll gerade deshalb mit offenem Visier arbeiten.
2. Das *Grundrecht auf informationelle Selbstbestimmung* besagt, dass jedermann grundsätzlich über seine Daten verfügt. Die Freiheitsrechte des Einzelnen wurden im Laufe der Jahrzehnte durch die Gerichte gestärkt, sei es das Recht auf Unverletzlichkeit der Wohnung, das Persönlichkeitsrecht, die Meinungs- und Versammlungsfreiheit, das Recht auf Rechtsschutz und ein faires Verfahren und so weiter.
3. *Rechtsstaat und Unschuldsvermutung* besagen, dass bei polizeilichem Vorgehen zur Gefahrenabwehr eine konkrete Gefahr vorliegen muss. Und dass die Polizei zum Zwecke der Strafverfolgung nur bei einem auf Tatsachen beruhenden Anfangsverdacht agieren darf. Dass freiheitsbeschränkende Maßnahmen, wie die Anordnung einer Haft oder die Ausweisung eines Ausländers, nicht auf einem bloßen Verdacht beruhen dürfen.

Geändert hat sich nicht erst seit dem 11. September 2001 aber auch die Bedrohung: Die Polizei hat es nicht mehr nur mit einer sichtbaren, zeitlich abschätzbaren, individualisierbaren konkreten Gefahr zu tun. Sondern mit einer unabsehbaren Zahl einzelner, unsichtbarer, unbekannter, gewaltiger Risiken – oder besser gesagt: Risikoquellen. Diese Quellen können über lange Zeit völlig unauffällig vor sich hin vegetieren – und auf einmal von einem Moment zum anderen eine riesige zerstörerische Kraft entfalten. Zwangsläufig gerät die traditionelle Polizeiarbeit hier an Grenzen – wegen der Gefahrenart und wegen des Tätertyps. Wer, wie manche Terroristen, bereit ist, sein Leben zu opfern, schreckt vor Strafdrohungen nicht zurück.

Der Gesetzgeber hat daraus die Konsequenzen gezogen und die Polizeiarbeit Schritt für Schritt verändert. Darin stecken aber auch etliche Gefahren. Einige habe ich bereits erwähnt:

Die Erosion von Rechtsprinzipien und fundamentalen Rechten:

- Unsere Verfassung und die Menschenrechtserklärungen und -konventionen kennen alle das *Folterverbot*: Seit dem 11. September 2001 erodiert dieses Prinzip. Der Fall des Stellvertretenden Frankfurter Polizeichefs Daschner wäre ohne die Debatten und Veränderungen nach dem 11. September nicht möglich gewesen. Genauer gesagt: Vielleicht hätte es den Fall gegeben – aber ohne den 11. September wäre die öffentliche und juristische Debatte danach anders und ablehnender verlaufen. Es hat mich erstaunt und entsetzt, wie viele bereit waren, die Unantastbarkeit der Menschenwürde aufs Spiel zu setzen.
- In dieser Debatte ging es nicht darum, ob Daschner womöglich „nicht schuldhaft" handelte. Nein, seine Tat wurde in der Debatte gerechtfertigt. Sogar die Neukommentierung des führenden Grundgesetzkommentars Maunz-Dürig-Herzog relativierte die Menschenwürde und konstruierte Rechtfertigungsgründe für Folter in Entführungs- und Terrorismusfällen. Soweit war in den 70er Jahren nicht einmal Ernst Albrecht gegangen. Der niedersächsische Ministerpräsident hatte in einem Buch in Extremfällen Verständnis für Folter und Folterdrohung aufgebracht – aber gleichzeitig die Bestrafung gefordert.
- Die *Unschuldsvermutung* erodiert. Der Trend, frühzeitig Informationen zu sammeln und zu speichern, führt zu Verdachtsdateien. Die Debatte über DNS-Dateien wäre vor einiger Zeit in diesem Ausmaß noch nicht möglich gewesen. Es gibt heute sogar die Forderung, doch gleich jeden Neugeborenen zu speichern, von jedem Einreisenden eine Gendatei anzulegen, weil das die Suche nach Straftätern erleichtern würde.
- Das Vorfeld strafrechtlich relevanten Verhaltens ist weit. Es ist nicht unbedingt Aufgabe der Polizei, Überzeugungen und Gesinnungen zu erforschen, solange diese nicht in konkrete Taten münden. Tat- und Gesinnungsverdacht geraten hier durcheinander. Wer sich einen Bart wachsen lässt und in die Moschee geht, ist nicht gleich ein Terrorist. Wer sich Pornohefte kauft, ist nicht gleich ein Kinderschänder oder Prostituiertenmörder.
- In Konflikt mit der Unschuldsvermutung gerät auch die Ausdehnung verdachtsunabhängiger Kontrollen. Der alte freiheitliche Satz: Der rechtschaffene Bürger kann sich den Staat vom Hals halten!, gilt längst nicht mehr. Immer mehr Unschuldige geraten in Routineüberprüfungen, Rasterfahndungen, Telefon- und Kommunikationsüberwachungen.
- Die *Gleichheit vor dem Gesetz* wankt, indem ernst zu nehmende Rechtswissenschaftler ein Feindstrafrecht fordern. Das dahinter stehende Anliegen ist hehr: Weil die Freiheitsrechte im präventiven Sicherheitsstaat in Gefahr geraten, will man für Terroristen ein eigenes Recht mit verschärften Bedingungen schaffen. Mit anderen Worten: im Normalfall soll das liberale Recht mit seinen Freiheitsgarantien gelten. Nur für Terroristen soll es eine Ausnahme geben. Amerika macht es vor. Nur wer ein System schafft, in dem erlaubt sein soll, was ansonsten verboten ist, infiziert auch die anderen Bereiche. Dieses Feindstrafrechts-Modell ist teuflisch: Es räumt auf mit dem Folterverbot, der Unschuldsvermutung, der Geltung internationalen Rechts, dem fairen Prozess. Der Feind darf nicht erwarten, dass er wie ein Bürger behandelt wird.

- *Der faire Prozess* gerät in Gefahr: Ohne den 11. September und seine Folgen, wäre es auch nicht möglich gewesen, dass der Bundestag den europäischen Haftbefehl ohne Einschränkungen akzeptiert. Danach darf ein Deutscher ausgeliefert werden, ohne dass ein deutsches Gericht prüft, ob die dem Haftbefehl zu Grunde liegende Straftat auch hierzulande unter Strafe steht, und ob dem Auszuliefernden im fremden Staat ein fairer Prozess geboten wird – wozu auch menschenwürdige Haftbedingungen gehören. Hier hat das Bundesverfassungsgericht glücklicherweise einen Riegel vorgeschoben.

Und nicht nur hier: Ob beim Großen Lauschangriff oder der Telefonüberwachung nach den Polizeigesetzen der Länder – Karlsruhe schafft immer wieder Korrekturen nach einem überragenden Prinzip: dem *Verhältnismäßigkeitsprinzip* und dem *Übermaßverbot*.

In Deutschland tun wir uns immer wieder schwer, Freiheitseingriffen nötige Riegel vorzuschieben. Wenn ein Grundrecht eingeschränkt wird, dann soll diese Einschränkung auch möglichst einfach handhabbar sein. Wer beim großen Lauschangriff zum Beispiel stärkere richterliche Kontrolle verlangte, zum Beispiel einen Rechenschaftsbericht des ermächtigenden Richters, der kriegte gleich zu hören: Dann könne man die elektronische Überwachung gleich sein lassen, denn die Polizeiarbeit würde an den bürokratischen Hürden zu Grunde gehen.

Lassen Sie mich zu meiner Schlussbemerkung kommen: Meiner Meinung nach kranken wir in Deutschland an zweierlei: Erstens, an dem mangelnden Verständnis über grundlegende, unverrückbare Prinzipien. Und zweitens an einem Mangel an Mittel und Maß:

Zu Punkt 1:

Über die Reichweite der Grundrechte lässt sich lange und trefflich streiten. Wir haben das beim Asylrecht getan und beim Recht auf Unverletzlichkeit der Wohnung. Aber unumstritten sollte sein, dass die Menschenwürde unantastbar ist. Das heißt: Das Folterverbot gilt absolut und ist nicht relativierbar (unbeschadet dessen, was das einzelne Strafgericht im Rahmen der Schuld befindet). Das heißt auch: lebensverrechnende Kalküle sind ausgeschlossen. Niemand, der ein Grundrecht auf Leben hat, muss dieses Leben zugunsten anderer, denen er nichts angetan hat und nichts tun will, die er nicht bedroht, ja nicht einmal kennt, opfern lassen.

Mit anderen Worten: Wir müssen auch die Grenzen des Rechts, das heißt, die Grenzen, was sich rechtlich regeln beziehungsweise nicht regeln lässt, akzeptieren. Wer für den Katastrophenfall des 11. September eine hieb- und stichfeste rechtliche Regelung einführen will, gerät ins Schleudern. Wir müssen einsehen, dass dieser Fall sich nicht regeln lässt. Dass am Ende der Verteidigungsminister eine Gewissensentscheidung treffen muss, indem er zum Beispiel den Schießbefehl erteilt und tags darauf zurücktritt. Indem der Pilot auf Weisung, aber ohne gesetzliche Grundlage handelt – und dafür möglicherweise vor Gericht gestellt, aber entschuldigt wird. Das Gesetz kennt zudem den übergesetzlichen Notstand.

Zu den grundlegenden Prinzipien gehört für mich auch die Unterscheidung zwischen einem Rechts- und einem Präventionsstaat. Selbstverständlich ist ein Rechtsstaat auch ein Präventivstaat. Das heißt: Die Sicherheitsbehörden eines Rechtsstaats müssen auch präventiv arbeiten, sonst gerät der Rechtsstaat selber in Gefahr. Aber ein Präventivstaat ist nicht notwendigerweise ein Rechtsstaat, entledigt er sich doch eben grundlegender Prinzipien wie der Unschuldsvermutung, dem Recht auf Privatheit. Er arbeitet nach der Devise: Schau'n wir mal, dann seh'n wir schon. Seine Maxime ist die optimale Effizienz und Sicherheit. Er braucht keinen Anfangsverdacht.

Zu Punkt 2 – Mangel an Maß und Mittel:

Wir neigen in diesem Land dazu, viele Verfassungsgebote unbesehen für sakrosankt zu erklären, zum Beispiel das Trennungsgebot zwischen Polizei und Geheimdiensten oder die Unverletzlichkeit der Wohnung. Wir müssen diese Freiheitsrechte auch für prinzipiell unverletzlich erklären, denn die Erfahrung in diesem Land lehrt: In dem Moment, da man diese Freiheitsrechte auch nur einen Millimeter weit preis gibt, gibt es kein Halten mehr, gerät alles ins Rutschen. Warum? Weil jene, die mehr Rechte für den Sicherheitsapparat fordern, diese Rechte immer ohne große Einschränkung wollen. Ihr Kampf geht immer aufs Ganze. Der Sinn für die Balance ist in dieser Gesellschaft noch zu wenig ausgeprägt.

Wer Freiheitsrechte einschränkt, muss im Verfahren für Ausgleich sorgen – Grundrechtssicherung durch Verfahren – dieser Satz ist nicht in Fleisch und Blut übergegangen. Es besteht wenig Verständnis für die Prämisse: Macht den Sicherheitsbehörden ihren Eingriff in die Freiheitsrechte schwer und unbequem: indem ihr hohe Hürden legt, indem ihr die Polizeien und die Justiz zur Überwachung und zur Rechtfertigung ihrer Freiheitseingriffe zwingt.

VII. Zivilgesellschaft und Friedensstaatlichkeit

Julia Eckert

Zivilgesellschaft und Friedensstaatlichkeit: Herausforderungen der neuen Sicherheitspolitik

Einleitung

Die Entwicklungen in der gegenwärtigen Sicherheitspolitik stellen die Zivilgesellschaft vor neue Herausforderungen. Die möglichen Gefährdungen der bürgerlichen Rechte durch die neuen Befugnisse der staatlichen Agenturen sind viel diskutiert. Weniger beachtet sind bisher die Konsequenzen, welche die Sicherheitspolitik im Zuge des ‚Krieges gegen den Terrorismus' für den sozialen Zusammenhalt der Zivilgesellschaft hat. Mit den Sicherheits- und Bedrohungsszenarien geht eine Aufspaltung der Zivilgesellschaft in Gefährdete und potentiell Gefährliche, in Eigene und Fremde oder auch in Freund und Feind einher. Diese Aufspaltung wird durch die Wechselwirkung zwischen diffuser gesellschaftlicher Angst und ihrer Repräsentation in der Sicherheitspolitik befördert. Staatliche und gesellschaftliche Kategorien des Gefährlichen bedingen sich gegenseitig. Bedrohungsszenarien entheben die Konfliktbearbeitung der zivilgesellschaftlichen Kompetenz. Zivilgesellschaftliche Positionen scheinen von der Politik der Angst und des Unbehagens[1] geprägt zu sein. Dies betrifft insbesondere die Einwanderungsgesellschaften des Westens. Hier können Konstruktionen des ‚gefährlichen Anderen' alltägliche Abgrenzungstendenzen verschärfen.

So hat die Sicherheitspolitik im Zuge des ‚Krieges gegen den Terrorismus' Auswirkungen auf das Selbstverständnis der Zivilgesellschaft, auf ihre Zugehörigkeitskriterien, ihre Vorstellung dessen, was sie schützt und was sie bedroht. Dadurch haben die Sicherheitsmaßnahmen Folgen für die Zivilgesellschaft, die deren Integrationspotentiale und die ihr eigenen Institutionen der Konfliktbearbeitung betreffen.

Risikowahrnehmung

Die gegenwärtige Sicherheitspolitik geht von einer diffusen Bedrohung aus. Es kursieren unterschiedliche Kriminologien des islamistischen Terrorismus. Viele identifizieren islamischen Fanatismus, manche den ‚Kampf der Kulturen' oder einen grundlegenden Okzidentalismus, also das Feindbild ‚Westen'[2] als Wurzel der Militanz. Andere wiederum verweisen

1 Bigo (2002).
2 Buruma/Margalit (2004).

auf den ungelösten Palästina-Konflikt, auf die undemokratischen Strukturen in vielen Ländern des Nahen Ostens, auf die imperialistischen Attitüden der USA und freilich heute vermehrt auf den Krieg im Irak. Die konkreten Sicherheitsmaßnahmen haben aber letztlich keinen Bezug zu diesen unterschiedlichen Vermutungen über die Ursachen des Terrorismus, noch sind sie darauf angelegt, diese Ursachen zu beseitigen. Vielmehr gehen sie von einer bestimmten Gefahren- und Risikowahrnehmung aus. Der sogenannte ‚neuen Terrorismus' wird als allgegenwärtig und zugleich als ‚flüchtig' gesehen. Er ist gekennzeichnet durch seine angebliche Deterritorialisierung.[3] Der Schaden, den terroristische Anschläge verursachen könnten, wird als potentiell immens betrachtet, doch die Akteure sind verstreut und wenn überhaupt, dann nur lose mit einem internationalen Netzwerk verbunden. Diese nur lose verknüpften ‚Schläfer'-Zellen sind zudem unsichtbar, denn genau die Unsichtbarkeit, das Verschwinden in der Gesellschaft, die sie als Ziel und Opfer ausgemacht haben, kennzeichnet den Schläfer. Schließlich, so wird angenommen, sind die Akteure des ‚neuen Terrorismus' Verhandlungen unzugänglich und für Abschreckung unempfänglich. Zum Selbstmord bereite Täter machen Abschreckung unmöglich.

Diese Gefahrenwahrnehmung beinhaltet eine Konstruktion des ganz Anderen; es wird ein Bild vom religiös motivierten, seinem Glauben bedingungslos ergebenen, letztlich ‚irrationalen' und deswegen für rationale Argumente unempfänglichen Muslim beschworen.[4] Dem entspricht eine Sicherheitstechnologie, welche die Gefahr als technisches Problem der Prävention, und weniger als politische oder soziale Frage behandelt. In diesem Szenario geht die Gefahr nicht von konkreten Handlungen einzelner Individuen aus, sondern von einer generellen Bedrohungssituation,[5] die von einem losen Netzwerk, dessen man nicht habhaft werden kann, verursacht wird. „Wir wissen nicht wo und genau wer der Täter ist", meinte ein EU-Parlamentarier.[6] Diese entindividualisierte Bedrohung[7] rechtfertigen Maßnahmen, die davon ausgehen, dass der Täter jederzeit überall und – fast – jedermann sein könnte.

Es soll hier nicht die Frage diskutiert werden, wieweit der ‚neue Terrorismus' dieser Charakterisierung tatsächlich entspricht, sondern welche Folgen die Maßnahmen haben, die der so wahrgenommenen Gefahr begegnen sollen, unabhängig davon, wie realistisch diese Wahrnehmung ist.

3 Diner (2004). Dem entgegen siehe z. B. Steinberg (2005), der auf die deutlichen territorialen Ziele des transnationalen islamistischen Terrorismus, wie die Vertreibung der US-Armee aus Saudi-Arabien und neuerdings aus dem Irak, sowie die Zerstörung Israels, verweist.

4 Siehe auch Mamdani (2004).

5 Lepsius (2004), S. 66, 67, 83; Bender (2003), S. 138, 139.

6 Mogens Camre, Dänischer Abgeordneter der Union für ein Europa der Nationen (UEN) in einer Debatte des Europäischen Parlaments am 06. 02. 2002, zitiert aus Tsoukala (2004), S. 6.

7 Lepsius (2004), S. 66.

Der Präventivstaat

Die Vorstellung einer allgegenwärtigen aber diffusen Bedrohung hat Sicherheitsmaßnahmen insofern geprägt, als sie dem Verdacht und der Vorbeugung, bzw. der auf Verdacht begründeten Vorbeugung eine neue Rolle zukommen lassen. „Weil ‚das Risiko' immer und überall existiert, wird es zur Normalität; ungefährlich zu sein, ist dann die Ausnahme, die von jeder Person für sich bewiesen werden muss."[8]

Doch nicht jeder ist gleichermaßen verdächtig, potentiell eine Gefahr darstellen zu können. Da die Gefahr nicht mehr konkreten Handlungen konkreter Individuen zuzuordnen ist, operiert der Kampf gegen den Terrorismus mit Kategorien, die auf askriptiven Merkmalen beruhen. Das heißt, Verdacht besteht gegenüber Menschen spezifischen religiösen oder nationalen Hintergrunds und Angehörigen bestimmter ethnischer Gruppen. ‚Männlich, 18–40 Jahre, (ehemaliger) Student, islamischer Religionszugehörigkeit, Geburtsland' zitiert das Bundesverfassungsgericht die Kriterien der Rasterfahndung in manchen Ländern der BRD in seiner Pressemitteilung.[9] Diese Merkmale bilden die Grundlage für Datenerhebung und Überwachungsmaßnahmen, für verdachts-unabhängige Kontrollen, stop and search-Praktiken, Anfragen bei den Verfassungsschutzbehörden oder den vergleichbaren inneren Geheimdiensten nicht nur in der BRD, sondern auch in anderen europäischen Ländern, den USA, Kanada und Australien. Nach ihnen werden Einbürgerungsanträge, Bewerbungen um öffentliche Gelder, Zulassungen zu öffentlichen Einrichtungen etc. entschieden.

Diese Kriterien sind relativ breit und unspezifisch, grenzen aber dennoch bestimmte Bevölkerungsgruppen klar ab, die durch ihre Biographie (Migration), ihre Religionszugehörigkeit, oft auch ihren Rechtsstatus gekennzeichnet sind. Wie auch das Bundesverfassungsgericht in seinem Urteil zur Rasterfahndung vom 04.04.2006 feststellte, sind die Maßnahmen, die sich an solch relativ vagen Kriterien festmachen, dazu geeignet, ganze Gruppen zu stigmatisieren.

Besonders in der BRD, aber auch in anderen EU-Ländern und den USA ist zudem das Ausländerrecht zu einer Waffe gegen Verdächtige und kategorisch potentiell Gefährliche geworden.[10] Der ‚Migrant', insbesondere der muslimische, wird zur Quelle der Gefahr.[11] Mit dem Verweis auf die Belange der nationalen Sicherheit wird das Ausländerrecht, das der Schutzmerkmale des Strafrechts entbehrt, dann gegenüber den als gefährlich Kategorisierten angewandt, wenn das Strafrecht nicht greift. Dies ist eben dann der Fall, wenn sich die Maßnahmen nicht auf begangene Straftaten oder kriminelle Aktivitäten beziehen, sondern auf eine vermutete potentielle Gefährdung.

Obwohl im ‚Krieg gegen den Terror' immer wieder betont wird, dass die Gefahr des neuen Terrorismus keine Grenzen mehr kennen würde und deswegen ihre Bekämpfung

8 Denninger (2001), S. 472.
9 Bundesverfassungsgericht, Pressestelle, Pressemitteilung Nr. 40/2006 vom 23. Mai 2006.
10 Bender (2003); Cole (2002).
11 Bigo (2002).

global sein müsse, wird die Abschiebung, Ausweisung oder schlicht das Einreiseverbot auf das eigene Territorium zu einer der Strategien, der Gefahr zu begegnen. Die Maßnahmen zielen also nicht auf die Rehabilitation oder Reintegration der als gefährlich Kategorisierten, sondern auf deren Entfernung. Solche Maßnahmen können freilich eine erheblich schwerere Strafe bedeuten und das Leben des Verdächtigen erheblich stärker beeinträchtigen, als es herkömmliche, im Strafrecht vorgesehene Strafmaßnahmen täten.[12]

Die Bannung der Gefahr ist die Kernidee des Präventivstaates. Hier geht es darum, Gefahren zu verhindern. Das hat Bezüge zu dem, was Garland in Bezug auf die Entwicklung der Verbrechensbekämpfung im Neoliberalismus als ‚Kultur der Kontrolle' beschrieben hat, die Verbrechen ent-sozialisiert, auf Rehabilitation verzichtet und sich auf ‚retribution, incapacitation and the management of risk'[13] beschränkt. Der Kriminelle, und der ‚Feind' allzumal, erscheinen als unerreichbar für Reform und Reintegration, weil sein Tun nicht in seinen sozialen Umständen, sondern in seinem Charakter und seiner Natur[14] begründet ist.

> Intrinsic evil defies all attempts at rational comprehension or criminological explanation. There can be no mutual intelligibility, no bridge of understanding, no real communication between 'us' and 'them'. To treat them as understandable (...) is to bring criminals into our domain, to humanise them, to see ourselves in them and them in ourselves.[15]

Eine solche Verfremdung des ‚gefährlichen Anderen' ist umso plausibler, je mehr, wie im ‚Krieg gegen den Terror', Differenz über Kultur und religiöse Überzeugung erklärt wird. Weil der potentiell Gefährliche über Kategorien identifiziert wird, die gleichzeitig auf seine grundlegende Andersartigkeit verweisen, wird er als letztlich unveränderbar und somit nicht für Integration offen dargestellt und muss vornehmlich ausgeschlossen werden. So verschmelzen Vorstellungen der Andersartigkeit mit letztlich administrativ-rechtlichen Ausschluss-Verfahren.

Cole folgert denn auch für die Veränderungen, denen die bürgerlichen Freiheiten (in den USA) ausgesetzt sind: „While there has been much talk about the need to sacrifice liberty for a greater sense of security, in practice we have selectively sacrificed *non-citizens'* liberties while retaining basic protections for citizens."[16] Vom Präventivstaat ist also nicht jeder gleichermaßen betroffen. Auch wenn durch die neue Gesetzeslage und die neuen Befugnisse staatlicher Agenturen manche Freiheitsrechte, wie der Datenschutz, allgemein eingeschränkt werden, ist es doch zuerst die Gleichheit vor dem Recht, die durch die Rechtsanwendung zu leiden scheint.

12 Bender (2003), S. 132.
13 Garland (2001), S. 8.
14 Ebd., S. 181.
15 Ebd., S. 184.
16 Cole (2002), S. 955.

Der gefährliche Andere

Während Ausgrenzungsverfahren über Sicherheitsmaßnahmen, die sich an Kategorien von potentiell Gefährlichen ausrichten in staatliches Handeln Einzug halten und u.a. die Gleichheit vor dem Recht einschränken, sind zivilgesellschaftliche Prozesse von der Konstruktion des ganz Anderen gekennzeichnet. Beide Prozesse sind auf komplexe Art verknüpft und verstärken sich gegenseitig: Die Politik der Angst führt zu einer lauteren Nachfrage nach Sicherheitsgarantien. Sie befördert das Vertrauen in Sicherheitsexperten und ihre letztlich technologischen Antworten auf die wahrgenommene Gefahrenlage. Die Bedrohungsszenarien, die von den Sicherheitsexperten produziert werden, schaffen für die zivilgesellschaftlichen Feindbilder kategoriale Klarheit.

Obwohl auf allen Ebenen der Unterschied von Islam und Islamismus beschworen wird, und ‚gute' von ‚schlechten' Muslimen unterschieden werden, so betrifft doch die Kategorisierung des potentiell Gefährlichen alle Muslime. Trotz Referenzen an die Gemeinsamkeiten der monotheistischen Religionen dominieren Bilder des Islam als statisch,[17] prä- und darüber auch anti-modern,[18] als unfähig zur Trennung von Staat und Religion und als inkompatibel mit westlichen Wertvorstellungen und somit auch anti-westlich.

Der ‚Schläfer' als unentdeckter Anderer hat das Verhältnis von Fremdheit und Assimilation weiter verkompliziert: Der Begriff ‚Schläfer' bezeichnet denjenigen, der seine fundamentale Andersartigkeit mit böser Absicht hinter einer Façade der Gleichheit versteckt. Während Embleme der grundlegenden Andersartigkeit, wie die Symbole des islamischen Glaubens, das Kopftuch, der Bart oder die Mütze Misstrauen begründen, so ist der wirklich Gefährliche heute unsichtbar. Dies mindert nicht den Verdacht gegenüber denjenigen, die ihre religiöse Identität eindeutig markieren. Doch dehnt es das Misstrauen auf Gruppen aus, die nur qua breiter Merkmale wie ethnischer oder nationaler Zugehörigkeit, Biographie (Migration) abzugrenzen sind. Der Schläfer unterläuft Kriterien der Ähnlichkeit und Andersartigkeit, die sich an Lebensstilen festmachen, und führt zurück zu solchen der Abstammung, um zwischen dem Eigenen und dem Fremden zu unterscheiden.

In den Leitkulturdebatten vieler Länder werden essentialisierte Vorstellungen der eigenen Kultur und Gesellschaft laut; dies auch dort, wo Kultur über Rechtsvorstellungen definiert wird, insofern solche Rechtsnormen kulturalistisch bestimmten Zivilisationen zugeordnet werden. Der homogene Nationalstaat erscheint als Sicherheitsgarant und kulturelle Homogenität an sich als sicherheitsstiftendes Element. Dieser Rückgriff auf ein kulturalistisches Verständnis von Identität definiert gleichzeitig die Rechtmäßigkeit von Ansprüchen auf Zugehörigkeit neu.

Manche Formen der Differenz, insbesondere die ethnische und religiöse Differenz, werden verstärkt als Problem wahrgenommen. Die Wahrnehmung von Fremden als Problem ist freilich nicht neu, sondern eingebettet in die Vorstellungen vom Eigenen und Fremden wie sie seit der Konsolidierung der europäischen Nationalstaaten Identitäten bestimmen.

17 Lewis (2002).
18 Siehe auch Mamdani (2004), S. 18–19.

Doch erfahren diese Formen der Differenz vor der Matrix des ‚Kampfes der Zivilisationen' den Nimbus des gänzlich Gegensätzlichen. Sie sind auf andere Weise anders, als die vielfältigen Formen der Heterogenität, welche die moderne Gesellschaft kennzeichnen. Manche Formen der Differenz sind somit nicht Fragen von Verschiedenheit oder Vielfalt, sondern Zeichen des Gegensatzes.

Mit dieser Essentialisierung der Andersartigkeit erfährt die Gefahr eine Kulturalisierung, die freilich in der Rede vom ‚Kampf der Kulturen' seit langem vorbereitet war. Eine solche Kulturalisierung des Gefährlichen entpolitisiert den Konflikt ähnlich wie die sicherheitstechnischen Antworten auf die Wahrnehmung der allgegenwärtigen, aber diffusen Gefahr und die Naturalisierung von Devianz in der neoliberalen Kultur der Kontrolle.

Eine solche Naturalisierung, die im Fall des ‚neuen Terrorismus' nicht von charakterlichen, sondern von quasi-natürlichen kulturellen Dispositionen ausgeht, verhindert auch die Identifikation mit dem angeblich ganz Anderen. Dies mindert auch die für jede Konfliktregelung so zentrale Fähigkeit zur Perspektivübernahme.[19]

Reaktionen

Die Auswirkungen dieser Aufspaltung der Zivilgesellschaft sowohl in Hinblick auf die Beziehungen zwischen Mehrheitsbevölkerung und muslimischer Minderheit als auch auf die Strukturen innerhalb der Gruppierungen der muslimischen Bevölkerung sind bisher nur in Anfängen erforscht.

Augenscheinlich ist, dass die sicherheitspolitischen Maßnahmen, die Bürgerrechte durchaus einschränken, auf keinen breiteren Protest stießen.[20] Wie in vielen Phasen der Ausdehnung staatlicher Befugnisse gegenüber Eingriffen in die bürgerlichen Freiheiten, die von starken gesellschaftlichen Polarisierungen getragen wurden, scheinen sich breite Teile der Mehrheitsbevölkerung von den Sicherheitsmaßnahmen selbst nicht betroffen zu sehen. Das Unsicherheitsempfinden, bzw. die Bedrohung, die im islamistischen Terrorismus gesehen wird, führt zu einer weitgehenden Bejahung der Maßnahmen in der Mehrheitsgesellschaft – und der Sicht, dass betroffen eben nur die potentiellen Täter sein könnten, die qua ihres nationalen und religiösen Hintergrunds identifizierbar sind. Dies entspricht freilich der gegenwärtigen Praxis, mit der die meisten Maßnahmen der Sicherheitspolitik angewandt werden, nicht aber den potentiellen Anwendungen der erweiterten staatlichen Eingriffsbefugnisse. Durch diese Externalisierung des Gefährlichen, d. h. der Ausgrenzung derjenigen, die als potentielle Bedrohung wahrgenommen werden, aus der Gemeinschaft, zu der man sich zugehörig fühlt, schmilzt auch die Identifikation mit ihnen. Dies öffnet auch der Akzeptanz solcher Straf- und Sicherheitsmaßnahmen Tür und Tor, die in anderen Fällen zivilgesellschaftlichen Widerstand provoziert hätten.[21]

19 Eckert/Willems (1992).

20 Siehe Hoffmann-Riem (2002), S. 498; Hirsch (2002), S. 6.

21 Drastisches Beispiel dieser neuen Befindlichkeit war der Protest gegen das erste Sicherheitsgesetz

Die Dichotomisierung in Gefährliche und Gefährdete, in Freund und Feind führt dazu, dass Muslime und ihre Organisationen gar nicht mehr erst als Teil der Zivilgesellschaft wahrgenommen werden, sondern als ‚Fremde'. Dies kann sich als eine sich selbst erfüllende Prophezeiung erweisen. Fremdheit ist wahrscheinlich keine Ursache der Bedrohung, könnte aber zur Folge von Sicherheitsmaßnahmen werden und damit neue Unsicherheiten generieren.

Verschiedene Reaktionen von Seiten der von den Sicherheitsmaßnahmen betroffenen Gruppen sind denkbar. Die Hoffnung der Sicherheitsexperten ist, gewaltbereite Extremisten von einem potentiellen Umfeld zu separieren. Dies dürfte jedoch auf Grund der Breite der Verdachtskriterien und der unspezifischen Ausrichtung der Kontrollmaßnahmen unwahrscheinlich sein. Vielmehr wird durch die Kriterien der selektiven Überwachung ein bisher nicht notwendig plausibler Bezug zwischen den Anliegen des militanten Islamismus und den Belangen der von den Sicherheitsmaßnahmen betroffenen aber noch nicht radikalisierten Bevölkerungsteile hergestellt. Wahrscheinlicher ist deswegen ein neuer Bezug auf die Gemeinschaft.

Die Vorwürfe, die an Muslime gemacht werden, könnten über deren Reaktion zur self-fulfilling prophecy werden: Die Erfahrung von 'labelling', 'ethnic profiling' und der ungleiche Zugang zu Rechtsinstanzen (der z. B. durch die Nutzung des Ausländerrechts in strafrechtlichen Fragen geschaffen wird), die viele Muslime heute machen, können dazu beitragen, dass die Identifikation mit den Institutionen des Staates und der Gesellschaft schwindet. Diejenigen, die vom Zugang zu rechtsstaatlichen Institutionen ausgeschlossen bleiben, mögen diese irgendwann als Schein und Trug ablehnen.

Es könnte unter den Erfahrungen von Ausgrenzung, Misstrauen und Überwachung zu einer Radikalisierung von Seiten der Minderheiten kommen. Erfahrungen der Entfremdung und Segregation, so hat die Forschung zu kollektiven Identitäten gezeigt, können leicht zu Militanz und anti-systemischer Gewalt führen.[22]

Die sozialen Kosten der Radikalisierung dürften augenscheinlich sein. Weniger offensichtlich sind die Folgen von einem Rückzug in die Gemeinschaft und der Resignation. Ein Rückzug in die Gemeinschaften, wie er ansatzweise zu beobachten ist, könnte eine weitere Aufsplitterung der Zivilgesellschaft zur Folge haben. Die wenigen zivilgesellschaftliche Institutionen der Konfliktregelung, die es zwischen Mehrheitsbevölkerung und muslimischer Minderheit derzeit gibt, geteilte Institutionen also, würden an Relevanz verlieren oder gänzlich abgebaut. Wenn diese aber nicht mehr verfügbar sind, treten andere, gruppeneigene Institutionen an ihre Stelle. Dies bedeutet aber auch, dass auch solche zivilgesellschaftlichen Konflikte, die außerhalb des eigentlichen Bedrohungsszenarios des islamischen Terrorismus angesiedelt sind, wie die Konflikte um den Bau von Moscheen, Konflikte in Schulen etc. nicht mehr verhandelt werden könnten. Der Mangel an Institutionen, in de-

in Großbritannien, der nicht der unbegrenzten Festnahme an sich galt, sondern dem Beschluss des britischen Oberhauses, der diese Möglichkeit auf alle britischen Staatsbürger ausdehnen wollte, um dem Gesetz die diskriminierende Note zu nehmen (Large 2005, S. 3).

22 Siehe z. B. Gurr (1970); Heitmeyer (2005).

nen Konflikte ausgefochten werden können, führt aber oft zu einer Eskalation von Konflikten, bzw. zur Verwendung gewalttätiger Mittel.[23] Dies kann zu einer weiteren Verschärfung von Spannungen führen.

Ein Rückzug der mit Misstrauen Betrachteten auf die Gemeinschaft könnte zudem die sozialen Strukturen unter den Ausgegrenzten verändern. Organisationen, die kriminalisiert werden, können untertauchen. Im Untergrund bilden sich häufig neue Organisationsstrukturen. Vertrauensnetzwerke werden enger und strenger, Hierarchien werden steiler, andere Führungspersönlichkeiten etablieren sich. Neue ideologische Standpunkte insbesondere hinsichtlich der Fragen von Integration oder Abgrenzung gewinnen an Raum. Die Identifikation mit der Gruppe wird vielfach exklusiver. Unter Umständen werden hier die viel beschworenen Parallelgesellschaften erst geschaffen.

Es stellt sich also die Frage, inwieweit diese Sicherheitsphilosophie und die aus ihr begründeten Maßnahmen tatsächlich Sicherheit schaffen, oder ob sie dazu geeignet sind, neue Unsicherheiten zu generieren, indem sie Gruppengrenzen verfestigen, dazu beitragen, dass Institutionen des Austauschs und der Konfliktregelung abgebaut werden, das Vertrauen in rechtsstaatliche Mechanismen verloren geht und sie damit u. U. Radikalisierungsprozessen Vorschub leisten.

Antworten

Es stellt sich weiterhin die Frage, wie die Zivilgesellschaft diesen Herausforderungen begegnen kann. Freilich wird eine Zivilgesellschaft solchen Prozessen anders begegnen, wenn sie schon in sich dichotomisiert ist und scheinbar eindeutige Vorstellungen von Freund und Feind, von Zugehörigen und Außenseitern hat. So scheint es die vordringlichste Aufgabe zivilgesellschaftlicher Organisationen, den Kategorien der Gefahr entgegenzuwirken, den Orientalismen und Okzidentalismen eine sachliche Verständigung über tatsächlich bestehende Konflikte entgegenzusetzen. An die Stelle der Politik der Angst und des Unbehagens,[24] die über mediale und Experten-gestützte Bedrohungsszenarien operiert, müsste eine Politik des Konflikts im Sinne Dubiels (1992) und Hirschmans (1994) treten, die darauf vertraut, dass nicht normative Übereinstimmung, sondern gerade gemeinsam durchstandene Konflikte Vertrauen in geteilte Institutionen begründen. Nur so scheint es möglich, die Fundamentalopposition unplausibel zu machen, und Verständigungs- und Regelungsmöglichkeiten für Differenzen zu suchen.

23 Elwert (2004).
24 Bigo (2001).

Literatur

Bender, Dominik (2003), ‚Verpolizeilichung' des Ausländerrechts? Die ausländerrechtlichen Maßnahmen des Gesetzgebers nach dem 11. September 2001. In: Kritische Justiz 36, S. 130–145.

Bielefeldt, Heiner (2004), Freiheit und Sicherheit im demokratischen Rechtsstaat. Berlin: Deutsches Institut für Menschenrechte.

Bigo, Didier (2002), Security and Immigration: Toward a Critique of the Governmentality of Unease. In: Alternatives 27, Special Issue, S. 63–92.

Buruma, Ian/Margalit, Avishai (2004), Occidentalism; the West in the Eyes of its Enemies. New York.

Cole, David (2002), Enemy Aliens. In: Stanford Law Review, Vol. 54, S. 953–1004.

Denninger, Erhard (2001), Freiheit durch Sicherheit? In: Kritische Justiz 4, S. 467–478.

Diner, Dan (2004), Steht das jus in bello in Frage? Über Regulierung und Deregulierung der Anwendung von Gewalt. In: Jahrbuch für Internationale Sicherheitspolitik, S. 59–71.

Dubiel, Helmut (1992), Konsens oder Konflikt – die normative Integration des demokratischen Staates. In: Kohler-Koch, Beate (Hrsg.), Staat und Demokratie in Europa. Opladen, S. 130–137

Eckert, Roland/Willems, Helmut (1992), Konfliktintervention – Perspektivenübernahme in gesellschaftlichen Auseinandersetzungen. Opladen.

Elwert, Georg (2004), Anthropologische Perspektiven auf Konflikt. In: Eckert, Julia (Hrsg.), Anthropologie der Konflikte. Bielefeld, S. 26–38.

Garland, David (2001), The Culture of Control. Oxford/New York.

Heitmeyer, Wilhelm (2005), Gruppenbezogene Menschenfeindlichkeit. Gesellschaftliche Zustände und empirische Ergebnisse aus 2002 bis 2005. In: Ders., Deutsche Zustände, 4, Frankfurt a. M.

Hirsch, Burkhard (2002), Der attackierte Rechtsstaat: Bürgerrechte und „Innere Sicherheit" nach dem 11. September. In: Vorgänge 3, S. 5–9.

Hirschman, Albert O. (1994), Wieviel Gemeinsinn braucht die Gesellschaft. In: Leviathan 22 (2), S. 293–304.

Hoffmann-Riem, Wolfgang (2002), Freiheit und Sicherheit im Angesicht terroristischer Anschläge. In: Zeitschrift für Rechtspolitik, S. 497–501.

Gurr, Ted Robert (1970), Why Men Rebel. Princeton.

Large, Judith (2005), Democracy and Terrorism, Paper presented at the International Summit on Democracy, Terrorism and Security, 8th–11th March 2005, Madrid, at: http://english.safe-democracy.org

Lepsius, Oliver (2004), Freiheit, Sicherheit und Terror: Die Rechtslage in Deutschland. In: Leviathan 32 (1), S. 64–88.

Lewis, Bernard (2002), What went wrong? Western Impact and Middle Eastern Response. Oxford/New York.

Mamdani, Mahmood (2004), Good Muslim, Bad Muslim. New York.

Steinberg, Guido (2005), Entwicklungstendenzen im militanten Islamismus. In: Islamismus: Diskussion um ein vielschichtiges Phänomen. Senatverwaltung für Inneres, Abteilung Verfassungsschutz, Berlin, S. 44–59.

Tsoukala, Anastassia (2004), Democracy and Security: the debates about Counter Terrorism in the European Parliament, September 2001–June 2003, at: http://www.libertyandsecurity.org/article137.html

Lothar Brock

Internationale Gefährdungen der Demokratie: Eine sich selbst erfüllende Prophezeiung?[1]

Spätestens seit Max Weber wissen wir, dass Politik ein schwieriges Geschäft ist. Das von ihm so bezeichnete „beharrliche Bohren dicker Bretter mit Augenmaß“ verweist auf die Ausdauer und den Realitätssinn, die erforderlich sind, um in der Politik etwas bewirken zu können. Aber die Widerständigkeit der Verhältnisse ist auch ein Produkt der Politik selbst. Denn die Politik arbeitet sich nicht einfach an „tatsächlichen Verhältnisse[n] des Lebens der Staaten und der Einzelnen“ ab, wie man das früher (z. B. in der 6. Auflage von Meyers Konversationslexikon von 1909) noch ganz unbefangen gesehen hat, sondern an ihren *Annahmen* über diese Verhältnisse. Und diese Annahmen tendieren immer wieder dahin, sich selbst zu bestätigen. Die Annahmen können unzutreffend sein und erweisen sich doch als „wahr“, weil sich die Politiker so verhalten, als ob sie es wären. Das gilt in besonderem Maße für die internationale Sicherheitspolitik, die sich immer wieder im *circulus vitiosus* von Gewalterwartung und Gewaltproduktion verrennt.

Ein besonders eindrucksvolles und gefährliches Beispiel dafür bot das nukleare Wettrüsten im Ost-West-Konflikt, das bis an den Rand eines Dritten Weltkrieges führte. Noch Anfang der 1980er Jahre lebten die Menschen im mittleren Deutschland („Fulda-Gap“) in der Furcht, die ersten Opfer einer solchen Weltkatastrophe zu werden. Der Wahnsinn fand im Untergang des Realsozialismus sein Ende. Die Feindbilder, die dem Ost-West-Konflikt zugrunde lagen, und die aus ihnen abgeleiteten Bedrohungsvorstellungen wurden gegenstandslos. Diese für fast alle Zeitgenossen überraschende Entwicklung führte zu dem von Ulrich Beck so genannten Phänomen der „feindlosen Gesellschaft“ und eröffnete damit die historische Chance, den Teufelskreis von Gewalterwartung und Gewaltproduktion in einen Engelskreis von Kooperationserwartungen und tatsächlicher Kooperation zu verwandeln.

Aus heutiger Sicht scheint diese Chance weitgehend vertan. Der Ausbau der kollektiven Handlungsfähigkeit der Staatengemeinschaft hat mehr Rück- als Fortschritte gemacht, die dritte Welle der Demokratisierung ist zu einem Stillstand gelangt. Vor allem aber: die „feindlose Gesellschaft“ hat wieder Feinde, und wieder wirken sie von außen und innen: früher als nukleares Gegenüber und fünfte Kolonne, heute als „rogue states“ und „Schläfer“

1 Für hilfreiche Zuarbeit bei der Materialbeschaffung danke ich Tina Sattler.

im Dienste des transnationalen Terrorismus. Die neuen Feindbilder beruhen nicht bloß auf Erfindungen, mit denen Machtinteressen befördert werden, sondern auf Erfahrungen von Gewalt. Die Frage ist, wie mit diesen Erfahrungen umgegangen wird. Sind die liberalen Demokratien dabei, im Kampf gegen den Terror einen neuen *circulus vitiosus* von Gewalterwartung und Gewaltproduktion in Gang zu setzen – einen Teufelskreis, der alle Probleme der sich selbst erfüllenden Prophezeiung wieder aufwirft, der zu einer rückwärtsgewandten Völkerrechtspolitik, zur Enttabuisierung des Militärischen, zum Ausbau demokratisch nicht mehr kontrollierbarer Sicherheitsapparate, zur weiteren Entmachtung der Parlamente und damit zur Verwandlung demokratischer Selbstverteidigung in eine Selbstgefährdung der Demokratien führt? „Home Defense" und „Schilys Liste", „Guantánamo" und das Spiel mit dem übergesetzlichen Notstand sind gleichermaßen Ausdruck der Wehrhaftigkeit der Demokratie wie der Neigung der Demokratien, sich in der Stunde der Gefahr selbst zu demontieren. Der Weg, den die Demokratien in den vergangenen Jahren gegangen sind, ist von entsprechenden Wegmarken markiert: erst sprachen wir von humanitärer Intervention, dann vom gerechten Kriege; erst sahen wir uns mit der Frage konfrontiert: „Wen müssen wir schützen?", dann hieß es: „Wen dürfen wir bombardieren?", und heute wird darüber debattiert, wie man Menschen foltern kann, ohne die Anti-Folter-Konvention zu verletzen: Hier *droht* nicht nur eine Preisgabe demokratischer Errungenschaften im Namen des Schutzes der Demokratie, sie vollzieht sich bereits![2]

Was ist zu tun?

Ich will mich zu dieser Frage aus der Sicht der Lehre von den internationalen Beziehungen äußern und dabei die internationale Menschenrechtsproblematik zum Ausgangspunkt nehmen.

Ausgangsüberlegungen

Auf der Wiener Menschenrechtskonferenz von 1993 wurden die Unteilbarkeit und die Universalität der Menschenrechte anerkannt und als staatenübergreifender Konsens festgeschrieben. Dies stellte einen Kompromiss zwischen Nord und Süd in der Menschenrechtspolitik dar. Die Wiener Konferenz überwand insofern nicht den interessenpolitischen Bezug der internationalen Menschenrechtspolitik, sondern war von ihm geprägt. Das stellt die Menschenrechtspolitik jedoch keineswegs a priori in Frage; denn die Menschenrechte sind nur insoweit politisch interessant, wie sie von der jeweiligen innerstaatlichen und der internationalen Öffentlichkeit als Ausdruck einer universellen Ethik, die partikulare Interessen bindet, wahrgenommen werden – wie rudimentär auch immer diese Bindung sein mag. Das Sprechen in Kategorien der Menschenrechte stellt insofern immer auch eine politisch nutzbare Selbstbindung an die Menschenrechte dar.[3] Dass China die Inspektion seiner Polizeistationen und Strafanstalten durch einen UN-Berichterstatter über Folter zu-

2 Mannitz (2005).
3 Brock (2004), S. 8.

gelassen hat, mag ebenso als neuestes Indiz hierfür gelten wie der Rückzug der offiziellen US-Politik auf einen Folterbegriff, der dem Völkerrecht entspricht. Die Menschenrechte schlagen in diesem Sinne auch auf die Eingrenzung dessen durch, was jeweils als *domaine réservé* der Staaten gilt; denn was zu den inneren Angelegenheiten zählt, ist keinesfalls ein für alle Mal festgeschrieben, sondern verändert sich fortlaufend mit der Ausdifferenzierung der materiellen Rechtsnormen, zu denen sich die „internationale Gemeinschaft" als Mindeststandards für die Regelung der Beziehungen zwischen Staat und Bürger bekennt.

Die Menschenrechte sind dementsprechend zu Standards eines angemessenen Verhaltens geworden, die zwar von Staaten formuliert werden, ihnen aber im Maße der öffentlichen Anerkennung dieser Standards als externe Verhaltensanforderungen entgegentreten.[4] Sie stellen heute ein unmittelbar bindendes Recht dar (*ius cogens*), dem auch die Staaten unterworfen sind, die die derzeitigen Instrumente zum Schutz der Menschenrechte nicht ratifiziert haben (*erga omnes*). Die Verletzung der Menschenrechte durch einen Staat gilt deshalb als eine Rechtsverletzung gegenüber allen Staaten. Alle Staaten sind gehalten, auf die Rechtsverletzung zu reagieren. Insofern besteht eine „responsibility to protect".[5] Dass alle Staaten dieser Pflicht unterworfen sind, wird heute kaum noch bezweifelt. Strittig ist, wieweit der internationale Schutz der Menschenrechte reicht, ob er auch die Ausübung von Zwang einschließt und wer diesen Zwang ausüben darf.[6]

Diese Problematik gewinnt in dem Maße an Bedeutung, in dem die Ausdifferenzierung substantieller Normen des Völkerrechts im Rahmen der Menschenrechte und darüber hinaus weiter fortschreitet. Bemerkenswert sind in diesem Zusammenhang nicht nur die Bemühungen um die Einführung von Sozial- und Umweltstandards (z. B. in Handelsverträgen), sondern auch Bestrebungen, ein Recht auf Demokratie durchzusetzen.[7] Diese Bestrebungen haben inzwischen, wenn auch nur als heftig umstrittene Überschrift, in eine Resolution der UN-Menschenrechtskommission von 1999 Eingang gefunden.[8] Mit diesem Fortschritt wird aber zugleich auch die Problematik einer immer weiteren Ausdifferenzierung substantieller Völkerrechtsnormen deutlich. Die Weiterentwicklung von Verfahrensvorschriften für den Schutz bzw. die Durchsetzung materieller Normen bleibt hinter der Ausdifferenzierung dieser Nomen zurück. Angesichts dieses Sachverhalts schafft die Verrechtlichung der internationalen Beziehungen immer neue Vorwände für eine interventionistische Politik. Bekanntlich haben die USA den Irak-Krieg als Kampf gegen die Verbreitung von Massenvernichtungswaffen gerechtfertigt. Als keine gefunden wurden, schaltete die Bush-Jr.-Administration anscheinend mühelos auf eine Rechtfertigung des Krieges als Demokratisierungsmaßnahme um. Die Folgen des Krieges sind verheerend: der internationale Terrorismus wurde gestärkt, der Respekt vor dem Völkerrecht geschwächt,

4 Fischer-Lescano (2005). Vgl. den eher moraltheologischen Ansatz von Hasenclever (2000).

5 International Commission on Intervention and State Sovereignty (2001).

6 Brock (2006), S. 100–114; ein Plädoyer, sich in dieser Frage eher auf Thomas von Aquin als auf Kant zu beziehen, liefert Gerhard Beestermöller.

7 Franck (1992), S. 46–91; Reisman (2000), S. 239–258.

8 Fox/Roth (2000), Introduction: The Spread of Liberal Democracy and its Implications for International Law, S. 1–24, hier S. 3.

und im Gefolge beider nehmen die Abgrenzungstendenzen insbesondere zwischen muslimischer und christlicher Bevölkerung in den Demokratien zu. Der „Clash of Civilizations" droht zu einer sich selbst erfüllenden Prophezeiung zu werden. Der Irak-Krieg ist deshalb (von Martin van Creveld) zu Recht als der dümmste Krieg seit dem Germanenfeldzug des Augustus im Jahre 9 n. Chr. bezeichnet worden.

Es geht hier jedoch nicht nur um die Dummheit oder die imperialen Ambitionen einer bestimmten Regierung, sondern um ein grundlegendes Problem, nämlich wieweit eine territorialstaatliche politische Ordnung an die komplexe Verflechtung aller Lebensverhältnisse im Zeichen der Globalisierung angepasst werden kann.

Immanuel Kant sah in der Herausbildung eines globalen Rechtsbewusstseins ein Fundament des Friedens. Wie sich heute zeigt, kann die Berufung auf universelle Rechte (und auf die Notwendigkeit, die ihnen entsprechenden Rechtsgüter zu schützen) auch eine Quelle der Gewalt sein. Kant hat das vorausgesehen. Er forderte deshalb eine Reduzierung des Völkerrechts auf ein allgemeines Gastrecht, das die Gefahr konfliktträchtiger Verstrickungen reduzieren sollte. Diese Forderung ergänzte er durch das Gebot der Nichteinmischung. Die heutige Entwicklung deutet in die entgegengesetzte Richtung. Auf der einen Seite gibt es immer mehr Völkerrechtsnormen, die die Staaten binden, unabhängig davon, ob sie sich diesen Normen ausdrücklich unterwerfen oder nicht (s. o.); andererseits beharren gerade jene Staaten auf ihrer souveränen Handlungsfreiheit, die die Ausweitung der einzelstaatlichen Pflichten gegenüber der internationalen Gemeinschaft befürworten. Das Ergebnis ist eine brisante Mischung, die durch den Rückgriff auf die Denkfiguren der humanitären Intervention und des gerechten Krieges noch an Sprengkraft gewonnen hat.

Der Clou dieser Denkfiguren ist, dass sie die Entscheidungsbefugnis für die Anwendung von Gewalt zur Durchsetzung von materiellen Völkerrechtsnormen auf den Einzelstaat zurückverlagern – gegen die Intention der UN-Charta, die darauf abzielt, Partikularinteressen bei der Anwendung von Zwangsgewalt zurückzudrängen und der Willkür der Gewaltanwendung durch eine verfahrensrechtlich geregelte Kollektiventscheidung entgegenzuwirken.[9] Das ist der Sinn der Kombination des allgemeinen Gewaltverbots der UN-Charta (Art. 2/4) mit den Vorkehrungen für kollektive Friedenssicherung nach Kapitel VII der Charta. Das Recht auf Selbstverteidigung nach Art. 51 ist dabei als Residualkategorie der Völkerrechtsordnung zu betrachten, wie sie vor Verabschiedung der UN-Charta bestand; entsprechend eng wird das Recht auf Selbstverteidigung in der Charta formuliert. Es darf nur im Falle eines bewaffneten Angriffs in Anspruch genommen werden und dies nur solange, bis der Sicherheitsrat sich der Sache annimmt. Entgegen dieser Regelung drängen insbesondere die USA dahin, den Art. 51 wie schon zu Zeiten des Ost-West-Konfliktes erneut in den Mittelpunkt der Sicherheitspolitik zu stellen – diesmal sogar in Verbindung mit einer Ausweitung des Begriffs der Selbstverteidigung, die unter Berufung auf einen Präzedenzfall aus dem Jahre 1837 alle zwischenzeitlichen Errungenschaften des Völkerrechts vom Tisch fegt. Schon die *präventive* Verteidigung als Maßnahme, einem unmittelbar drohenden Angriff zuvor zu kommen, ist problematisch. Das vermeintliche Recht auf

9 Denninger (2005), S. 117–132, hier S. 130.

„pre-emptive defence“, das die USA in ihrer Sicherheitsstrategie vom September 2002 in Anspruch nehmen, geht weit darüber hinaus. Es würde erlauben, Maßnahmen – auch militärischer Art – zu ergreifen, um der Entstehung einer Gefahr vorzubeugen. Im Klartext hieße das, dass die Bombardierung der Atomanlagen im Iran nur eine Frage der Opportunität, aber nicht des Rechts wäre. Kein Wunder, dass so viele Menschen in den islamischen Ländern offenkundig hinter der hartnäckigen Haltung der gegenwärtigen iranischen Regierung stehen, was diese wiederum ermutigen könnte, die Pläne für die Nutzung der Atomtechnologie – zweifellos mit einer militärischen Option – voranzutreiben.

Die UN-Charta kann als zwischenstaatliche Vereinbarung verstanden werden, die „ein Verfahren für die Organisation des Zusammenlebens unterschiedlicher Gemeinschaften“ bietet.[10] Diesem Verständnis der UN-Charta steht ein „anti-pluralistischer Liberalismus“ entgegen,[11] der mit dem Prinzip der souveränen Gleichheit aller Staaten bricht und stattdessen die Idee einführt, dass wir es nicht nur realpolitisch, sondern auch im rechtlichen Sinne mit unterschiedlichen Staaten zu tun haben, auf die unterschiedliche Rechtsgrundsätze zutreffen.[12] So erscheint die volle Ausübung der Souveränität den liberalen Demokratien vorbehalten, die ihrerseits Gewalt anwenden dürfen, um einer *aus ihrer Sicht* gegebenen Missachtung des Völkerrechts zu begegnen. Hierzu würde dann der internationale Schutz der Menschenrechte und die Durchsetzung demokratischer Selbstbestimmung durch Intervention von außen – gegebenenfalls unter Anwendung von Gewalt – zählen.[13] Von den Befürwortern dieser Sichtweise wird zwischen liberalen und illiberalen Staaten[14] oder zwischen liberalen, stabilen und *outlaw*-Staaten[15] unterschieden. Diese Unterscheidungen korrespondieren unmittelbar mit der Identifizierung von „rogue states“ durch die gegenwärtige US-Administration. Die „Schurkenstaaten“ sind also keine Erfindung der Neo-Konservativen, die Ausgliederung bestimmter Staaten aus der internationalen Gemeinschaft hat schon vorher in einem Teil der Wissenschaft Wurzeln geschlagen.

Im Endeffekt haben wir es hier mit einem Prozess der (prozeduralen) Entrechtlichung der internationalen Beziehungen durch deren (substantielle) Verrechtlichung zu tun. Das kann nicht ohne Folgen für die Bedeutung der Verrechtlichung selbst, also vor allem für die Menschenrechte, das Verbot der Folter, die Anerkennung der Unantastbarkeit der Menschenwürde, bleiben: Die Demokratie als normative Aspiration verliert an Überzeugungskraft, der Universalismus – die Idee, dass ein Rechtsdenken, das in spezifischen historischen Kontexten zustande kommen ist, gleichwohl zu einer Errungenschaften werden kann, die die Menschheit eint – die Idee eines solchen Universalismus gerät in Bedrängnis. Fundamentalistische Partikularismen treten an ihre Stelle, wobei sich die Fundamentalismen des Ostens und des Westens offensichtlich wechselseitig aufschaukeln. Die internationale und die innerstaatliche Entwicklung scheinen sich in diesem Punkt weitgehend zu entsprechen.

10 Simpson (2001), S. 537–571, hier S. 539.
11 Ebd., S. 537.
12 Rawls (1996), S. 53–103; Slaughter (1995), S. 503–538.
13 Reisman (2000).
14 Slaughter (1995).
15 Rawls (1996).

Der Pluralismus ist in der Defensive, national wie global. Das ist eine bittere Erkenntnis fünfzehn Jahre nach dem Ende des Ost-West-Konflikts, mit dem sich die Hoffnung auf einen globalen Siegeszug des pluralistischen Universalismus verband.

Damit zu einigen Einzelaspekten der hier zu verhandelnden Sachproblematik:

Die Sicherung von Friedensstaatlichkeit

Der erste Aspekt betrifft die Rolle der liberalen Demokratien in den „langen Kriegen“ der Gegenwart. Wie gehen die liberalen Demokratien mit Staatszerfall, Völkermord und Terrorismus, von dem sie in zunehmendem Maße selbst betroffen sind, um, und inwieweit bleiben sie dabei den Grundsätzen der friedlichen Konfliktbearbeitung (Kapitel VI UN-Charta) bzw. der kollektiven Friedenssicherung (Kap. VII UN-Charta) treu?

Kant ging davon aus, dass jede Gesellschaft sich selbst emanzipieren, also von despotischer Herrschaft befreien müsse. Anders könne sich demokratische Selbstbestimmung nicht vollziehen. Daher das Gebot der Nichtintervention. Im Zeichen von Staatsversagen und Staatszerfall, Völkermord und Terrorismus auf der einen Seite, der globalen Verflechtung aller Lebenszusammenhänge auf der anderen, stellt sich die Frage demokratischer Selbstbestimmung neu. Zum einen ist sie um die Dimension der menschlichen Sicherheit und einer dem entsprechenden „duty to protect“ zu erweitern. Zum zweiten kommt es darauf an, die Pflichten der internationalen Gemeinschaft so in Verfahrensweisen einzubinden, dass sie im Einklang mit dem Recht auf Selbstbestimmung wahrgenommen werden können. Dafür ist eine Bekräftigung des Gewaltverbots nach Art. 2/4 UN-Charta erforderlich. Denn das Gewaltverbot stellt eine „unhintergehbare Voraussetzung des friedlichen Zusammenlebens“[16] dar. Aber Gewalt kann man nicht einfach verbieten. Deshalb kombiniert die UN-Charta das Gewaltverbot mit der kollektiven Friedenssicherung. Der Sündenfall der liberalen Demokratien besteht darin, dieses Wechselspiel von Gewaltverbot und kollektiver Friedenssicherung zu unterlaufen. Dies geschieht durch eine Relativierung des Gewaltverbots mit dem Argument, dass nur jene Gewalt verboten sei, die mit den Zielen der Charta unvereinbar sei, dies aber auf den Einsatz von Gewalt zum Schutz von Menschen in Konflikten nicht zuträfe.[17] Diese Argumentation verbindet sich wie schon ausgeführt mit einem weiten Begriff der Selbstverteidigung. Beides zusammen ist geeignet, einer zentralen Zielsetzung der Charta zu widersprechen, nämlich der Beschränkung internationaler Gewaltanwendung auf die kollektive Friedenssicherung nach Kapitel VII. Jegliche Anstrengung, die Friedensstaatlichkeit liberaler Demokratien zu erhalten, muss dementsprechend darauf gerichtet sein, das Projekt der ***kollektiven*** Friedenssicherung auszubauen – gegen alle Versuchungen, das Völkerrecht auf ein Hilfsmittel nationaler In-

16 Maraun (2004), S. 299–313, hier S. 312.
17 Téson (1988).

teressenpolitik zu reduzieren oder es dort, wo es sich dem manipulativen Zugriff entzieht, für inexistent zu erklären.[18]

Das Völkerrecht ist stets umkämpft gewesen. Ihm ist stets der Stempel der führenden Staaten einer Epoche aufgedrückt worden. Aber es hat auch gegenüber den jeweiligen Hegemonialmächten (die ja gerade das nie auf Dauer geblieben sind) seinen Eigensinn behauptet. Das ist heute nicht anders als zu Zeiten der spanischen, französischen oder englischen Epoche des Völkerrechts. Hierin liegt aus meiner Sicht die Begründung der Forderung, das Völkerrechts im Einklang mit den Zielen der Charta weiterzuentwickeln und dies zu einem Eckpunkt der Bemühungen um die Erhaltung oder Wiederherstellung von Friedensstaatlichkeit und Freiheitlichkeit zu machen. Der Kantianische Rechtspazifismus[19] ist nicht tot. Aber es besteht eine gewisse Neigung, ihn für tot zu erklären, weil andere Weltordnungsmodelle, z. B. eine imperiale Weltordnung unter Führung der USA, (noch) mehr Faszination entfaltet als das, was als alteuropäische Betulichkeit im Umgang mit der Gewalt erscheint.[20] Angesichts solcher Rückschläge, wie sie das imperiale Weltordnungsdenken im Irak erlebt, und mit Blick auf den Aufstieg neuer Aspiranten auf eine hegemoniale Position im Weltstaatensystem könnte das alteuropäische Rechtsdenken aber doch wieder neues Interesse wecken.

Das Projekt des Kantianischen Rechtspazifismus voranzutreiben, ist deshalb nicht hoffnungslos. Es erfordert aber nicht nur eine stärkere Selbstbindung der Demokratien an die UN-Charta, sondern auch eine Umsteuerung zivilgesellschaftlicher Politikdiskurse. Es besteht kein Grund, eine militärische Intervention wie im Falle Afghanistans, die die Souveränitätsansprüche der betroffenen Staaten ignoriert, zu Sternstunden eines völkerrechtlichen Paradigmenwechsels hochzujubeln,[21] wie diejenigen es nahe legen, die die Zwei-Reiche-Lehre eines Augustinus in eine Zwei-Souveränitäten-Lehre nach dem von John Rawls angebotenen Muster umwandeln und dabei die Möglichkeit eröffnen, die Unterscheidung zwischen Recht und Unrecht gleich noch um die Alternative „Nichtrecht" zu bereichern – ein „Nichtrecht", das es erlaubt, die Gefangenen in Guantánamo und wahrscheinlich auch andernorts als Gefangene in einem Krieg (nämlich dem Krieg gegen den Terror) aber gleichwohl nicht als Kriegsgefangene zu behandeln, eine Praxis, die Schule machen könnte. Schon das britische Antiterrorgesetz von 2001 sieht vor, dass Ausländer, die des Terrorismus verdächtig sind, aber nicht abgeschoben werden können, unbefristet und ohne Anklage oder Verfahren inhaftiert werde können.

Es besteht auch kein Grund, der heute von ganz unterschiedlichen Akteuren betriebenen Ausweitung von Bedrohungsszenarien zu folgen. Zwar mag man hoffen, Armut, Hunger und neue Krankheiten politisch aufzuwerten, indem man sie als Bedrohung und damit als Sicherheitsproblem definiert. Unter dem Strich weitet man jedoch das Spektrum allgemei-

18 Wie GLENNON (2002), S. A 33 dies tut.

19 EBERL (2004), S. 199–210; BROCK (2004).

20 Zur Logik hegemonialer Politik siehe MÜNKLER (2005).

21 Dazu kritisch (bezogen auf die Thesen von Anne Marie Slaughter) FISCHER-LESCANO (2005a), S. 335–364.

ner Bedrohungsvorstellungen aus, schürt diffuse Ängste und fördert damit die Akzeptanz von Notstandsdenken. Das kann dann auch die Tore gesellschaftlicher Unterstützung für den nächsten „dummen Krieg" öffnen.

Verrechtlichung der internationalen Beziehungen

Die brisante Lücke zwischen der fortschreitenden Ausdifferenzierung substantieller Normen und dem relativen Stillstand bei den Verfahrensvorschriften, die deren Umsetzung regeln, kann auf zweierlei Weise geschlossen werden: Entweder man bremst bei den substantiellen Normen und verzichtet z. B. auf die Ausformulierung eines Rechts auf Demokratie. Oder man treibt die prozedurale Verrechtlichung der internationalen Beziehungen voran. Das betrifft zum einen die Entscheidungsfindung im Sicherheitsrat selbst (Ausweitung der Konsultation, erhöhte Transparenz, Einschränkungen im Gebrauch des Vetos sowie Rückführung des Rechts auf Selbstverteidigung auf die Charta-Bestimmungen), zum zweiten die Verzahnung von Aktivitäten der UNO mit Regionalorganisationen (EU, OAS, AU) und zum dritten den Ausbau des internationalen Gerichtswesens. Zu Letzterem gehört der Kampf um die Konsolidierung des Internationalen Strafgerichtshofs ebenso wie eine verstärkte Inanspruchnahme des Internationalen Gerichtshofs durch den Sicherheitsrat und die konsequente Unterwerfung von Einzelstaaten unter die Jurisdiktion von internationalen Gerichten und Schiedsstellen.

Internationale Verrechtlichung und die Internationalisierung der Justiz sind freilich keine Allheilmittel und werfen gerade unter dem Gesichtspunkt demokratischer Selbstbestimmung schwierige Fragen auf. Unter der gegebenen territorialstaatlichen Ordnung des internationalen Systems ist schwer zu entscheiden, ob die internationale Verrechtlichung sich als Konstitutionalisierung des Völkerrechts vollzieht oder darauf hinausläuft, die Autonomie staatlicher Bürokratien gegenüber der Gesellschaft gegen wachsende Mitwirkungsansprüche der Gesellschaft zu festigen („neue Staatsräson").[22] Unterhalb dieser Ebene kann die Verrechtlichung zu Kollisionen mit demokratisch zustande gekommenem nationalem Recht führen. Das hat sich jüngst (2005) am Tauziehen über die Auslieferung eines Terrorismusverdächtigen an Spanien erwiesen. Das Bundesverfassungsgericht entschied, dass die Einschränkung des Grundrechts auf Auslieferungsfreiheit durch das Auslieferungsgesetz, mit dem die Bundesregierung dem Kooperationsgebot im Rahmen der Europäischen Strafverfolgung entsprechen wollte, unverhältnismäßig sei. Die Problematik dieser Entscheidung, die u. a. auch auf die Wahrung der nationalen Identität und Staatlichkeit in einem einheitlichen Europäischen Rechtsraum abhebt, zeigt sich darin, dass es im zweiten Senat des BVerfG einen fulminant ausgetragenen Dissens gab und die Entscheidung mit knappster Mehrheit zustande kam. Inzwischen hat die Bundesregierung hier durch eine Gesetzesänderung Abhilfe geschaffen.

22 Wolf (2000).

Globale Rechtsdiskurse

Was hier gegen eine Ausweitung von Sicherheits- qua Bedrohungsdiskursen gesagt wurde, verleugnet nicht, dass Gewalt auf Gewalt reagiert, die Staatsgewalt also immer auch als Gegengewalt qualifiziert werden kann. In diesem Sinne wäre die Anwendung von Gewalt als Gefahrenabwehr zu verstehen, die eine zentrale Aufgabe des Staates darstellt. Genauso zentral ist die rechtliche Würdigung von Straftaten. Gefahrenabwehr und Rechtsfindung können sich aber gegenseitig behindern, wobei im Kampf gegen den Terror der Gefahrenabwehr offenbar Vorrang gegenüber der Rechtsfindung eingeräumt wird. Im Falle der Hamburger Terrorprozesse hat das zur Behinderung der Justiz geführt. Aus Gründen der Gefahrenabwehr wurden der Justiz Beweismittel (von Seiten der USA) vorenthalten. Dieser Konflikt verweist ebenso wie die Kontroverse um die parlamentarische Kontrolle der Geheimdienste auf die Notwendigkeit, auch und gerade im Umgang mit Gefahren für die Demokratie das System der *Checks and Balances* zu stärken. Das gilt auch für die internationale Ebene. Unter diesem Gesichtspunkt ist es zu begrüßen, wenn Nichtregierungsorganisationen eine kritische Öffentlichkeit für das Spannungsverhältnis zwischen einer vom Staat in Anspruch genommenen Gefahrenabwehr und der im selben Konfliktfeld anstehenden Rechtsfindung herstellen. Dazu trägt z. B. das *Ständige Tribunal der Völker* bei, auch wenn es sich dabei um eine Intellektuellenveranstaltung und nicht um eine Veranstaltung *der Völker* handelt. Dieses Forum eines transnationalen Rechtsdiskurses steht in der Tradition des *Bertrand Russell-Tribunals*. Es wurde 1979 von der Lelio Basso-Stiftung gegründet und ist sowohl beim UN-Economic & Social Council (UN-ECOSOC) als auch bei der Genfer Menschenrechtskommission vertreten. Schon vom Namen her stellt das Tribunal zwar eine Anmaßung dar. In einer Welt voller Anmaßungen kann es aber aufgrund der selbstgesetzten Standards dahin wirken, ein Gegengewicht zur staatlichen Rechtspolitik zu schaffen. Internationale Tribunale, Kampagnen und Protestaktionen, wie sie im Zusammenhang mit dem Irakkrieg zustande kamen, zeigen, dass die Politik „nicht Herr über die rechtliche Begriffwelt ist, weil (sie, L. B.) mit globalen kommunikativen Rechtsprozessen konfrontiert ist, die (sie, L. B.) nicht steuern kann. Weltgesellschaftliches Erwarten entsteht nicht nur exklusiv innerhalb der Staatenwelt durch politische Rechtssetzung, sondern auch in anderen Funktionssystemen, speziell im System der Massenmedien. Die Rolle der Non-Governmental Organizations (NGO) in diesen Prozessen ist nicht zu unterschätzen.“[23]

Dieses Argument verweist auch auf eine Pluralisierung von Völkerrechtsquellen, zumindest in der Form, dass das „invisible college“ der Völkerrechtler ja seinerseits auf die Skandalisierung von politischen Entscheidungen, die sich auf das Recht berufen, reagiert und sie gegebenenfalls in der Rechtsprechung zur Geltung bringt.

23 Fischer-Lescano/Liste (2005), S. 209–250, hier S. 233.

Demokratische Kontrolle neuer Sicherheitsarchitekturen

Das Spannungsverhältnis zwischen Gefahrenabwehr und Rechtsfindung wird durch die Einschränkung parlamentarischer Handlungsfähigkeit zugunsten der Exekutive verschärft. Schon auf einzelstaatlicher Ebene ist das Verhältnis von Parlament und Regierung äußerst gespannt, wenn es um die Abwehr von Gefahren für die innere Sicherheit geht. Dieser Sachverhalt spitzt sich bei der internationalen Bedrohung der inneren Sicherheit eines Landes z. B. durch den Terrorismus und/oder die organisierte Kriminalität enorm zu. Auf europäischer Ebene mündete die internationale Zusammenarbeit zur Gefahrenabwehr in die Einrichtung von Europol. Europol soll zwar lediglich den Polizeibehörden der Mitgliedsstaaten zuarbeiten, stellt also kein europäisches FBI dar. Gleichwohl erschwert es die Kontrolle der nationalen Sicherheitsbehörden durch die Parlamente. Ähnlich sieht es mit der Tendenz aus, ein teilweises Outsourcing von Militäreinsätzen an private Sicherheitsfirmen zu betreiben. Das hat zur Folge, dass bestimmte Aspekte solcher Militäreinsätze (einschließlich der Informationsbeschaffung) durch die Zwischenschaltung von privaten Firmen der parlamentarischen Kontrolle entzogen werden, bzw. eine solche Kontrolle erschwert wird.

Die Problematik, die sich hier ergibt, sei anhand der gegenwärtigen Debatte in der Bundesrepublik Deutschland über eine neue Sicherheitsarchitektur erläutert. Sie würde durch Zentralisierung und Kompetenzerweiterung auf Bundesebene die Exekutive gegenüber der Legislative und den Bund gegenüber den Ländern stärken. Wie Hans-Jürgen Lange hierzu anmerkt, wird die Notwendigkeit einer neuen Sicherheitsarchitektur mit Gefahrenszenarien begründet, die die „Grenzziehungen zwischen äußerer und innerer, zwischen privater und staatlicher, zwischen rechtsstaatlicher und sozialer, zwischen ökonomischer und ökologischer Sicherheit" zunehmend verschwimmen lassen. „Die Arbeit der unterschiedlichen Behörden, seien es Polizei oder Militär oder Umwelt- oder Entwicklungshilfeeinrichtungen, sie alle müssen lernen, ‚zusammenhängend' und ‚ganzheitlich' zu denken. Es ist der alles berücksichtigende Präventionsstaat, der empfohlen wird."[24] Das knüpft an Erhard Denningers gleichlautende Kritik an und unterstreicht die politische Ambivalenz eines erweiterten Sicherheitsbegriffs.[25] In seiner problematischen Dimension dient der erweiterte Sicherheitsbegriff im Zusammenhang mit der Debatte über eine neue Sicherheitsarchitektur als „Einfallstor für immer neue Ausweitungen des Einsatzes von Militär im Inneren". Das Ergebnis könnte eine Militarisierung der Innenpolitik sein, die „mit einem freiheitlichen Rechtsstaat unvereinbar" wäre.[26]

Was die Zusammenarbeit auf europäischer Ebene betrifft, so führt der Amsterdamer Vertrag (der 1999 in Kraft trat) eine Konsultationspflicht des Europäischen Rates gegenüber dem Europäischen Parlament ein. Das Europäische Parlament hat dementsprechend eine Stellungnahme zur Ausweitung des Europol-Mandats, zur Einrichtung gemeinsamer

24 Lange (2005), S. 30; zur Situation in den USA Braml (2004), S. 6–15.

25 Brock (2005), S. 323–344; Conze (2005), S. 11.

26 Lange (2005), S. 30.

Ermittlungsteams und zur Änderung der Europol-Konvention abgeben.[27] Umfassender sind die parlamentarischen Kontrollrechte, die im Konvent zur Europäischen Verfassung erarbeitet wurden. Dazu gehört vor allem die Kopplung der Mitwirkungsmöglichkeiten der nationalen Parlamente und des Europäischen Parlaments. Aber der Verfassungsvertrag liegt auf Eis, von polnischer Seite ist er jüngst wieder als obsolet bezeichnet worden. Die Verschiebung der Balance zwischen Exekutive und Legislative in der Gefahrenabwehr zugunsten der Exekutive bleibt also bestehen. Hier zeigt sich, dass die Schaffung neuer, aber nicht voll ausgebildeter Rechtsräume auf internationaler Ebene, die als Schritt zur Integration zu begrüßen sind, zu einer Einschränkung demokratischer Kontrollmöglichkeiten führen kann. Das Demokratiedefizit der EU wird in diesem Zusammenhang zu Recht beklagt.

Die Rolle einer universellen Ethik

Das Ende des Ost-West-Konflikts, so habe ich einleitend gesagt, bot die Chance, den *circulus vitiosus* von Gewalterwartung und Gewaltproduktion zu durchbrechen. Das ist nicht gleichbedeutend mit einem Verzicht auf jegliche militärische Gewaltanwendung. Diese muss aber – nach Kapitel VII UN-Charta – als einhegende Gewalt wirken – als *potestas*, die der *violentia* Schranken setzt und den Weg zu einer zivilen Konfliktbearbeitung öffnet oder diese unterstützt. Inzwischen besteht die Gefahr, dass die *potestas*, die einhegende Gewalt, gegenüber der zivilen Konfliktbearbeitung in den Vordergrund tritt, diese womöglich behindert und selbst mehr zur Entgrenzung als zur Einhegung von Gewalt beiträgt. Das gilt für die internationale wie für die innerstaatliche Ebene. So beklagt Volkmar Deile in einem Länderbericht über weltweite Maßnahmen, die dem Terrorismus Einhalt gebieten sollen, die Dominanz polizeilicher und militärischer Maßnahmen.[28] „Die Stärkung von Sicherheits- und Geheimdiensten ist flächendeckend", schreibt Deile. „Eine Reihe von Staaten verspricht den Sicherheitskräften Straffreiheit beim Kampf gegen Terrorismus." Dabei wird der Kampf gegen den Terrorismus vielenorts als Vorwand zur Beseitigung unliebsamer Kritiker und Oppositioneller genutzt.

Alle Augenzeugen der Massaker, Genozide und Kriege der Gegenwart berichten übereinstimmend darüber, wie rasend schnell die zwischenmenschlichen Beziehungen in Konfliktsituationen zusammenbrechen. Nachbarn, ehemalige Freunde, Verwandte berauben, erschlagen, verstümmeln sich gegenseitig oder sehen solchem Treiben zu. „Wie kann das kommen?" wurde kürzlich Harald Welzer gefragt, der das Zentrum für Interdisziplinäre Erinnerungsforschung am Kulturwissenschaftlichen Institut in Essen leitet. Welzers Antwort: „Viel leichter, als das wohl die meisten Leute für möglich halten würden. ... man muss nur eine einzige soziale Koordinate verschieben. Alles andere ist dann nur noch eine Frage der Technik." Welche Koordinate? „Es muss zwischen zwei Personengruppen eine

27 Hierzu Wagener (2004), S. 16; Ders. (2006), S. 200–216; Müller (2003).
28 Deile (2004), S. 116.

ganz radikale Trennung konstruiert werden ... Die Täter müssen diese Trennung so stark empfinden, dass sie die Vertreter der anderen Gruppe nicht mehr als Menschen wahrnehmen. Das klingt nach viel Aufwand. Aber das Erschreckende ist, das sich solche Differenzen durch geschickte Propaganda und Praxis alltäglicher Ausgrenzung relativ schnell und leicht aufbauen lassen."[29] Die Gefahr, dass der Clash of Civilizations in dieser Weise zu einer sich selbst erfüllenden Prophezeiung wird, ist also real.

Diese Gefahr sollte uns – um mit Guy Kirsch zu reden – das Fürchten lehren, aber sie sollte nicht dazu herhalten, Angst zu verbreiten. Denn diffuse Angst schwächt den Verstand, auf den es mehr denn ja ankommt. Kommt es auf ihn an? Kant ging bekanntlich davon aus, dass der Ewige Friede keineswegs den guten Menschen voraussetze, sondern auch in einer Welt von Teufeln möglich sein müsse, sofern diese nur ihren Verstand benutzten. Die Chancen dafür sah er in einer Demokratie („Republik") eher gegeben als in einem autoritären System, da in der Demokratie diejenigen, die die Lasten des Krieges zu tragen hätten, an der Entscheidung darüber mitwirkten, ob er stattfinden solle, und sich deshalb „sehr bedenken" würden, ein solch schlimmes Spiel zu beginnen. Aber Kant wusste auch, dass selbst die raffiniertesten Teufel, alias Menschen, nicht immer das tun, was die Vernunft ihnen gebietet. Ergo trat er für eine gute Verfassung ein, die die Menschen zu vernunftbegabtem Handeln befähigte, und er trat für einen internationalen Bund ein, der die gleiche Wirkung auf die Staaten hätte, nämlich sie zu angemessenem Verhalten zu erziehen. Kant vertraute also nicht auf eine rationale Wahl im Rahmen eines Kosten-Nutzen-Kalküls, aufgrund dessen der Krieg sich als unrentabel (oder auch nicht) erweisen würde. Seiner Argumentation liegt vielmehr die Vorstellung zugrunde, dass der Friede Ausdruck der wechselseitigen Verpflichtung der Menschen sei, den Naturzustand zu überwinden und auf diesem Wege von der Willkür zur Freiheit als regulativem Prinzip der Sozialbeziehungen zu gelangen.

Die Zivilgesellschaft tut deshalb gut daran, ihre Sicherheitsdiskurse nicht auf einen platten Utilitarismus zu reduzieren, demzufolge es im eigenen Sicherheitsinteresse läge, Armut und Not andernorts zu überwinden. Selbst christliche Hilfeorganisationen und ihre Fürsprecher sind vor dieser Versuchung nicht gefeit. So warnte Helmut Gollwitzer, als er die erste Spendenaktion von „Brot für die Welt" im Jahre 1958 eröffnete, vor der Rache der Parias, die über uns kommen würde, wenn wir uns dem Gebot der Gerechtigkeit verschlössen. Ebenso versuchte der Brandt-Bericht die Industrieländer mit dem Argument zu einer gerechteren Nord-Süd-Politik zu animieren, dass ihr Überleben von dem der Entwicklungsländer abhinge. Heute bedient sich die Zivilgesellschaft dieser Sprache, wenn sie die „nicht-militärischen Friedensgefährdungen" hervorhebt. Zwar soll die Beschwörung drohender Gewalt gerade dazu dienen, den Teufelskreis von Gewalterwartung und Gewaltproduktion zugunsten ziviler Konfliktbearbeitung zu durchbrechen. Die Warnung vor neuen Gefahren, die vom Zerfall von Staaten, vom Terrorismus, der Armut und dem Klimawandel gleichermaßen ausgehen, bedeutet jedoch nicht, dass damit automatisch die Bereit-

29 „Ohne Moral lässt sich kein Genozid durchführen". Ein Gespräch mit dem Sozialpsychologen Harald Welzer über die Frage, wie aus normalen Menschen Massenmörder werden; Welzer (2005), S. 69.

schaft zu ziviler Konfliktbearbeitung wächst. Die neuen Sicherheitsdiskurse gehen vielmehr mit einer Globalisierung der Militärpolitik, einer Differenzierung militärischer Einsatzoptionen, einer erneuten Zunahme der Weltrüstungsausgaben, der von Volkmar Deile beklagten Stärkung der Sicherheits- und Geheimdienste, wenn nicht sogar mit einem zunehmenden inner- und transgesellschaftlichen Misstrauen zwischen Gruppen mit unterschiedlichem kulturellem Hintergrund einher. Ich behaupte nicht, dass hier eine Kausalbeziehung besteht, wohl aber, dass der erweiterte Sicherheitsdiskurs auch neue Legitimationsquellen für eine militärische Konfliktbearbeitung bietet. Das gilt möglicherweise auch für die zivil-militärische Kooperation in Konfliktsituationen, deren Wirkung ebenfalls ambivalent ist. Sie kann von der zivilen Seite zur Effektivitätssteigerung der eigenen Arbeit, vom Militär aber auch für die Ausweitung der eigenen Handlungsoptionen genutzt werden. Soll also die zivile Konfliktbearbeitung gegenüber der polizeilich-militärischen Gefahrenabwehr gestärkt werden, muss die Zivilgesellschaft ihren additiven Sicherheitsbegriff aufgeben, unter dem ganz unterschiedliche Probleme subsumiert werden. Im Kern geht es um die Einhegung rechtloser Gewalt, nicht um eine umfassende Daseinsvorsorge. Die Einhegung rechtloser Gewalt betrifft den Terror ebenso wie eine Gegengewalt, die als *potestas* (Friedenssicherung) auf den Plan tritt, sich aber als *violentia* (Krieg) entfaltet.

Eckart Conze hat Recht: „Im Zeitalter globaler Information wachsen Unsicherheiten, weil Handlungsräume und Handlungsmöglichkeiten nicht mehr mit Informationsräumen und Informationsmöglichkeiten übereinstimmen."[30] Dem kann aber durch die bloße Erweiterung des Sicherheitsbegriffs nicht begegnet werden; die Erweiterung des Sicherheitsbegriffs kann vielmehr selbst zur Quelle subjektiver Unsicherheiten werden, die dann wieder denen zugute kommt, die dem Krieg gegen den Terror mehr zutrauen als den Bemühungen um zivile Formen der Konfliktbearbeitung. Hier besteht also Anlass zu einem eher kritischen als euphorischen Umgang mit dem Sicherheitsbegriff. Der Bezug auf die Sicherheit ist deshalb so attraktiv, weil er allgemein konsensfähig zu sein scheint. Aber das ist ein Trugschluss. Man hat es stets und ständig mit rivalisierenden Sicherheitsansprüchen zu tun, die durch eine additive Erweiterung des Sicherheitsbegriffs nicht aufgelöst werden können.

Die Ambivalenzen der Sicherheitsdiskurse verweisen darauf, dass es ohne Friedensethik nicht geht – eine Friedensethik, die uns hilft, die Welt so zu sehen, dass wir tun können, was im Kantianischen Sinne vernünftig ist. Elemente einer solchen universellen Ethik zeichnen sich in der Ausdifferenzierung substantieller Normen des Völkerrechts ab. Freilich können diese Normen selbst Unfrieden stiften, wenn sie zur Begründung von Interventionsansprüchen dienen, die der Umwandlung europäischer Emanzipationserfahrungen in ein gemeinsames Erbe der Menschheit zuwiderlaufen. Ein Teil der Friedensethik hat im Rückgriff auf die Lehre vom gerechten Krieg versucht, Kriterien für eine legitime Gewaltanwendung zu entfalten. Sie hat damit aber den Kompetenzanspruch einzelner Staaten, selbst über die Anwendung von Gewalt zu entscheiden, gestärkt. Der Versuch, die Kriterien des gerechten Krieges zu Kriterien legaler Gewaltanwendung nach Kapitel VII UN-

30 Conze (2005).

Charta zu machen, überzeugt so lange nicht, wie die Denkfigur des gerechten Krieges nicht aufgegeben wird. Das ist meines Erachtens überfällig. Denn der Rückgriff auf die Denkfigur des gerechten Krieges schürt die Gefahr, dass Freiheit als Willkürfreiheit der Mächtigen praktizierte wird. So weit das geschieht, begräbt sie sich selbst. Insofern bleibt es dabei, dass Kant uns mehr zu sagen hat, wenn es um die Sicherung von Freiheit und Frieden geht, als Thomas von Aquin. Das schließt nicht aus, dass man Kants Beitrag erst zu würdigen weiß, wenn man sich mit Thomas der Erkenntnis stellt, dass jede Form der Gewaltanwendung – auch die prozedural eingehegte – begründungsbedürftig ist.

Literatur

Braml, Josef (2004), Vom Rechtsstaat zum Sicherheitsstaat? Die Einschränkung persönlicher Freiheitsrechte durch die Bush-Administration. In: Aus Politik und Zeitgeschichte B 45, S. 6–15.

Brock, Lothar (2006), Die Gewalt der Gegengewalt. Überlegungen zum Schutz der Menschenrechte mit militärischen Mitteln. In: Jahrbuch Menschenrechte, S. 100–114.

Brock, Lothar (2005), Der erweiterte Sicherheitsbegriff. Keine Zauberformel für die Begründung ziviler Konfliktbearbeitung. In: Die Friedens-Warte, 79, S. 323–344.

Brock, Lothar (2004), Frieden durch Recht. In: Hessische Stiftung Friedensforschung und Konfliktforschung (HSFK) Standpunkte 3.

Conze, Eckart (2005), Unsere Sicherheit, in: Frankfurter Allgemeine Zeitung vom 31.10.2005, S. 11.

Deile, Volkmar (2004), Kein Anti-Terrorrabatt bei Menschenrechtsverletzungen? In: Jahrbuch Menschenrechte 2005, S. 93–123.

Denninger, Erhard (2005), Recht und rechtliche Verfahren als Klammer in einer multikulturellen Gesellschaft. In: Kiesow, Rainer Maria/Ogorek, Regina/Simitis, Spiros (Hrsg.), Summa. Dieter Simon zum 70. Geburtstag. Frankfurt a. M., S. 117–132.

Eberl, Oliver (2004), Realismus des Rechts. Kants Beitrag zum internationalen Frieden. In: Blätter für deutsche und internationale Politik 49 : 2, S. 199–210.

Fischer-Lescano, Andreas (2005), Globalverfassung. Die Geltungsbegründung der Menschenrechte. Weilerswist.

Fischer-Lescano, Andreas (2005 a), Redefining Sovereignty via International Constitutional Moments? The Case of Afghanistan. In: Bothe, Michael/O'Connel, Mary Eellen/Ronzitti, Natalino (Hrsg.), Redefining Sovereignty. Adrsley, N.Y., S. 335–364.

Fischer-Lescano, Andreas/Liste, Philip (2005), Völkerrechtspolitik. Zur Trennung und Verknüpfung von Politik und Recht der Weltgesellschaft. In: Zeitschrift für Internationale Beziehungen 2, S. 209–250.

Fox, Gregory H./Roth, Brad R. (Hrsg.) (2000), Democratic Governance and International Law. Cambridge, U.K., S. 239–258.

Franck, Thomas (1992), The Emerging Right to Democratic Governance. In: American Journal of International Law, 86/1, S. 46–91.

Glennon, Michael J. (2002), How War Left the Law Behind. In: New York Times vom 21. Nov. 2002, S. A 33.

Hasenclever, Andreas (2000), Die Macht der Moral in der internationalen Politik. Frankfurt a. M.

International Commission On Intervention und State Sovereignity (2001), The Responsibility to Protect. Ottawa.

Lange, Hans-Jürgen (2005), Eckpunkte einer veränderten Sicherheitsarchitektur für die Bundesrepublik, (Gutachten, durchgesehene und erweiterte Fassung) Marburg, 17.09.2005, S. 30.

Mannitz, Sabine (2005), Kollateralschaden Menschenwürde? Wider die Bagatellisierung von Menschenrechtsverletzungen durch demokratische Sicherheitskräfte. In: HSFK-Standpunkte 5.

Maraun, Thilo (2004), Der Aktionsplan Krisenprävention der Bundesregierung aus völkerrechtlicher Perspektive. In: Die Friedens-Warte 79, S. 299–313.

Müller, Harald (2003), Reformziel verfehlt, aber Exekutive gestärkt. Zu den neuen ‚Verteidigungspolitischen Richtlinien'. In: HSFK Standpunkte 4.

Münkler, Herfried (2005), Imperien. Logik der Weltherrschaft vom Alten Rom bis zu den Vereinigten Staaten. Reinbek bei Hamburg.

Reisman, W. Michael (2000), Sovereignty and Human Rights in Contemporary International Law. In: Fox, Gregory H./Roth, Brad R. (Hrsg.), Democratic Governance and International Law, Cambridge, U.K., S. 239–258.

Rawls, John (1996), Das Völkerrecht. In: Shute, Stephen/Hurley, Susan (Hrsg.), Die Idee der Menschenrechte. Frankfurt a. M., S. 53–103.

Simpson, Garry (2001), Two Liberalisms. In: European Journal of International Law 12, S. 537–571.

Slaughter, Anne-Marie (1995), International Law in a World of Liberal States. In: European Journal of International Law 6, S. 503–538.

Teson, Fernando R. (1988), Humanitarian Intervention: An Inquiry into Law and Morality. New York.

Wagener, Wolfgang (2004), Halt, Europol! Problem der europäischen Polizeikooperation für parlamentarische Kontrolle und Grundrechtsschutz. In: Hessische Stiftung Friedensforschung und Konfliktforschung (HSFK)-Report 15.

Wagener, Wolfgang (2006), The Democratic Control of Military Power Europe. In: Journal of European Public Policy 13:2, S. 200–216.

Wolf, Klaus Dieter (2000), Die Neue Staatsräson – Zwischenstaatliche Kooperation als Demokratieproblem in der Weltgesellschaft. Baden-Baden.

Welzer Harald (2005), Ohne Moral lässt sich kein Genozid durchführen. In: Frankfurter Allgemeine Sonntagszeitung vom 04. 09. 2005, S. 69.

Werner Schiffauer

Nicht-intendierte Folgen der Sicherheitspolitik nach dem 11. September

Die Frage

Nach dem 11. September kam es zu einer deutlichen Reakzentuierung der Sicherheitspolitik der Bundesregierung. Besonders deutlich war eine Tendenz zu beobachten, sogenannte „repressive Maßnahmen" um „präventive" Maßnahmen zu erweitern. In der Diktion der Sicherheitsbehörden sind „repressive" Maßnahmen solche, die – wie die im ersten Sicherheitspaket verabschiedeten Gesetze zur Erhöhung der Sicherheit im Luftverkehr – auf die direkte Verhinderung von Straftaten bzw. auf die Verbesserung von Strafverfolgung abzielen. Soweit hier Maßnahmen im Vorfeld getroffen werden, dienen sie der Abwehr einer unmittelbaren Gefahr. Präventive Maßnahmen beziehen sich dagegen auf eine abstrakte Gefahrenlage. Bei ihnen wird das Vorfeld und Umfeld von möglichen Straftaten wesentlich weiter gefasst. Präventive Maßnahmen beziehen sich nicht auf Straftäter bzw. Straftaten, sondern auf „Extremisten", von denen man annimmt, dass sie potentielle Straftäter werden könnten; auf „Milieus", die Straftäter produzieren oder in denen sie untertauchen könnten; und auf Diskurse", die Straftaten nahelegen könnten. Das Gewicht, das in letzter Zeit auf derartige Maßnahmen gelegt wird, ist Ausdruck eines „umfassenden Ansatzes von innerer Sicherheit, der sich nicht auf repressive Intervention beschränkt" bzw. eines „ganzheitlichen" Sicherheitsverständnisses.[1]

In diesem Text möchte ich die Auswirkungen der präventiven Sicherheitspolitik auf islamische Gemeinden[2] untersuchen. Dabei soll an einem Beispiel überprüft werden, wie stichhaltig die Vorfeldkonstruktion ist. Mit welchen Argumenten werden Gemeinden, wie die Milli Görüş oder die Islamische Gemeinde Deutschlands dem Vorfeld von „radikalislamistischen" Gruppierungen zugeordnet? Mein besonderes Interesse gilt der Plausibilität

1 Volker Homuth, Leiter des Niedersächsischen Amts für Verfassungsschutz, anlässlich einer Tagung der Evangelischen Akademie Loccum 15.–17. 04. 2005.

2 Ich beobachte die Entwicklungen in den islamischen Gemeinden türkischer Arbeitsmigranten seit der Mitte der achtziger Jahre. Meine Untersuchungen zum Kalifatsstaat des Cemaleddin Kaplan und seines Sohns Metin sind 2000 erschienen (Schiffauer, 2000). Gegenwärtig arbeite ich insbesondere zu Gemeinden der Milli Görüş in Deutschland und zu Entwicklungen des Islam bei der zweiten Generation.

von Radikalisierungsszenarien, die das Kernstück dieser Vorfeldkonstruktion darstellen. In einem zweiten Schritt sollen die Konsequenzen erörtert werden, die sich ergeben, wenn eine Gemeinde in den Verdacht gerät, „Vorfeld des Terrorismus" zu sein. Welche Auswirkungen hat dies in Bezug auf die Binnenstruktur, auf die geistige Entwicklung und das Verhältnis zur Mehrheitsgesellschaft? Die These dieses Textes ist, dass die sicherheitspolitischen Maßnahmen nicht nur nicht halten, was sie versprechen, sondern wegen der performativen Wirkung, die sie entfalten, sogar dazu beitragen, das Sicherheitsrisiko zu erhöhen.

Es liegt in der Natur der Sache, dass die Überprüfung der Argumentation der Sicherheitsdienste nur am Einzelfall erfolgen kann. Damit ist natürlich eine Grenze markiert: Was im Folgenden für die Gemeinden der Islamischen Gemeinschaft Milli Görüş ausgeführt wird, kann selbstverständlich nicht ohne weitere Prüfung auf andere Gemeinden übertragen werden. Der Wert dieses Textes liegt in einem skeptischen Einspruch: Wenn man an einem Einzelfall zeigen kann, wie schnell eine Organisation in den Vorfeldverdacht geraten kann, wird man auch in anderen Fällen vorsichtiger sein, die Einschätzungen des Amtes für Verfassungsschutz unkritisch zu übernehmen – vor allem angesichts der weitgehenden Folgen, die dies für die Betroffenen hat.

Die Konstruktion des Vorfelds

Die Verfassungsschutzämter spielen eine entscheidende Rolle bei der Bereitstellung des Wissens, das der präventiven Sicherheitspolitik unterliegt. In Bezug auf die islamischen Gemeinden operieren die Ämter mit der kategorialen Unterscheidung von Islam als Religion und dem „Islamismus" als politischer Ideologie.[3] Innerhalb des Islamismus werden weitere Unterkategorien gebildet. Eine erste Gruppe besteht aus Gemeinden des „legalistischen Islamismus", die mit politischen Aktivitäten islamistische Positionen auch im gesellschaftlichen Leben der Bundesrepublik durchsetzen oder Freiräume für organisierte islamistische Betätigung erlangen wollen. Sie sind insofern „legalistisch", als sie sich „öffentlich als auf dem Boden der freiheitlich demokratischen Grundordnung stehende integrationsbereite Organisation(en)"[4] darstellen. Als Beispiele werden die „Islamische Gemeinschaft Milli Görüş" (IGMG) und die „Islamische Gemeinde Deutschlands" (IGD) genannt. Eine zweite Gruppe bilden die Gemeinden des revolutionären Islamismus, die einen grundsätzlichen Konflikt zwischen Islam und Westen sehen, die Demokratie ablehnen und im wesentlichen eine auf die Heimatländer bezogene Politik mit dem Ziel der Einrichtung eines islamischen Staats verfolgen. Beispiele sind die seit 2001 verbotenen Gemeinden des Kalifatsstaats des Metin Kaplan oder der Hizb al-Tahrir. Die dritte Gruppe

3 Siehe unter anderem: Bundesamt für Verfassungsschutz, Ausstellung des Bundesamtes für Verfassungsschutz zum Thema „Islamismus in Deutschland" – Vorüberlegungen. Positionspapier o. J.; Puschnerat (2006), S. 218.

4 Ebd., S. 229.

bilden die jihadistischen Gemeinden, die den Terrorismus als Waffe akzeptieren und weltweit operieren.

Nach der Logik der Klassifikation sind die legalistischen Gemeinden, wie die „Islamische Gemeinschaft Milli Görüş" und die „Islamische Gemeinde Deuschlands" als Vorfeld zu den radikaleren Stufen zu betrachten. So schreibt Tania Puschnerat, die Islamismus-Expertin des nordrhein-westfälischen Amts für Verfassungsschutz, dass die „anti-integrativen ‚Identitätspolitiken' (Johannes Kandel)" dieser Gemeinden „die Entstehung islamistischer Parallelgesellschaften und Radikalisierung i. S. einer Sozialisation in den politischen Extremismus – Islamismus – hinein befördern."[5] Der Prozess der Radikalisierung wird in diesem Zusammenhang folgendermaßen charakterisiert:

> „Radikalisierung soll hier als umfassender Prozess einer – mehr oder minder zügigen – in der Regel von islamistischen Multiplikatoren/Akteuren geleiteten ideologisch-politischen Sozialisation verstanden werden, der über eine sich verfestigende Segregation von der westlichen Mehrheitsgesellschaft zunächst zur ‚islamisch' begründeten Ablehnung der Institutionen und Werte des demokratischen Staats- und Gesellschaftssystems führt. Der islamistische Radikalisierungsprozess kann – muss jedoch nicht – auf einer weiteren Stufe zur Verfestigung dieser Ablehnung zu offener Feindseligkeit und zur zunehmenden Bereitschaft führen, das verurteilte System mit gewaltsamen Mitteln zu bekämpfen, sich also aktiv am Jihad zu beteiligen oder ihn zu unterstützen."[6]

Auch wenn die Gemeinden des legalistischen Islamismus im Rahmen der Gesetze operieren und Gewalt verurteilen, findet über sie nach Auffassung des Amtes der Einstieg in Karrieren statt, die im (seltenen) Grenzfall im Terrorismus enden. Dabei wird keine Zwangsläufigkeit unterstellt, aber es wird ein kontinuierlicher Radikalisierungsprozess nahegelegt. Die Mitgliedschaft in einer Gemeinde des legalistischen Islam ist gleichsam der erste Schritt auf einer schiefen Bahn bzw. (um eine in diesem Zusammenhang gelegentlich gebraucht Metapher anzuführen) eine „Einstiegsdroge". Anders formuliert: Eine Radikalisierung ist wahrscheinlicher bei Mitgliedern von Gemeinden des legalistischen Islam als bei anderen.

Es hat weitgehende Folgen, wenn Gemeinden in den Verdacht geraten, derart als Vorfeld zum revolutionären oder terroristischen Islamismus zu dienen. Die Mitglieder der im Verfassungsschutz aufgeführten Gemeinden müssen mit der Ablehnung von Anträgen auf Staatsbürgerschaft, und – was besonders folgenreich ist – mit der Ablehnung von Aufenthaltsberechtigungen, d. h. mit Abschiebung rechnen. Die fraglichen Organisationen haben Probleme, Räume für Veranstaltungen anzumieten. Sie werden systematisch aus Diskussionen ausgegrenzt. Sie sehen sich zunehmender Überwachung – etwa durch Razzien und verdachts- und ereignisunabhängigen Kontrollen – ausgesetzt. In zunehmendem Maß kommt außerdem das Ausländerrecht in Anschlag, um gegen Prediger vorzugehen, denen

5 Ebd., S. 218, 223.
6 Ebd., S. 222.

zwar strafrechtlich nichts vorzuwerfen ist, die aber als problematisch gelten – so im Fall des Berliner „Hasspredigers“ Ibrahim Tasci.

Es steht außer Zweifel, dass derartige Maßnahmen gegen Mitglieder legaler Gemeinden rechtsstaatlich problematisch sind. Von ihnen sind Personen betroffen, die sich rechtlich nichts haben zuschulden kommen lassen. Allerdings kann man argumentieren, dass angesichts der Größe der terroristischen Gefahr eine Abwägung der Rechtsgüter vorzunehmen sei. Die Einschränkung der Freiheit einer Bevölkerungsgruppe kann dann hingenommen werden, wenn damit ein weit größeres Rechtsgut – nämlich die körperlich Unversehrtheit – bewahrt werden kann. Wenn also tatsächlich in den Gemeinden der Einstieg in den gewaltbereiten Islamismus erfolgt, wäre eine Präventionspolitik auch rechtsstaatlich vertretbar. Die Frage ist aber, ob das Szenario des Verfassungsschutzes trägt.

Zur Plausibilität der Radikalisierungsszenarien

Die Frage lässt sich weiter präzisieren, wenn man die Gefährdungslage rekapituliert, über die weitgehend Einverständnis existiert. Junge Muslime der zweiten und dritten Generation scheinen ebenso – und möglicherweise in einer vergleichbaren Größenordnung – „terrorismusgefährdet“ zu sein, wie es junge deutsche Akademiker zu Beginn der siebziger Jahre in Berlin oder Frankfurt waren. Sie teilen mit ihnen zahlreiche Züge: Zu nennen sind: 1. Ein zugespitztes Empfinden über globales Unrecht – das sich damals am Vietnamkrieg, heute am Unrecht an Muslimen im Irak, Palästina, Tschetschenien oder Bosnien festmacht, wobei es dahingestellt bleiben kann, ob dies objektiv zutrifft oder nur subjektiv empfunden wird. 2. Eine insbesondere für studentische Jugendbewegungen in der Moderne kennzeichnende Neigung zu utopischem Denken[7] und – damit einhergehend – eine revolutionäre Hoffnung auf einen grundlegenden gesellschaftlichen Wandel. 3. Ein Unbehagen angesichts einer eigenen relativ privilegierten Situation im Vergleich zu Personen in der dritten Welt und ein damit zusammenhängendes Gefühl, eine Verpflichtung gegenüber den Unterprivilegierten zu haben. Bei den jungen Muslimen in Europa tritt im Unterschied zu den Bürgerkindern der siebziger Jahre allerdings noch die Erfahrung von Diskriminierung hinzu – eine Erfahrung, die gerade auch von Akademikern besonders leidvoll empfunden wird. Sie erleben die Versagung des an diese Stellung geknüpften Anerkennungsversprechens oft besonders intensiv. All dies führt nicht selten zum Zorn auf die „westliche“ Mehrheitsgesellschaft. Diese Disposition kann sich in einer Vielzahl von Formen artikulieren – von Rückzug, allgemeiner Gesellschaftskritik, revolutionärem Engagement bis hin zu Gewaltbereitschaft. Welche dieser Ausdrucksformen des Zorns nun gefunden wird, hängt wesentlich von den Gemeinschaften ab, in denen sich der junge Muslim bewegt.

Eine wichtige Rolle spielen die Gemeinden des revolutionären Islam, wie die Hizb al-Tahrir oder der Kalifatssaat. Sie haben viele Ähnlichkeiten zu den studentisch-revolutio-

7 Eckert (1999), S. 487–508.

nären Kreisen der siebziger Jahre.[8] Obwohl sie selbst kaum gewaltbereit sind, zeichnen sie doch revolutionäre Schwärmerei aus, wenn auch weitgehend einem Verbalradikalismus gehuldigt wird. Dennoch gibt es Vernetzungen mit Gewalt bereiten jihadistischen Gruppen. Hier existiert tatsächlich die Möglichkeit von Radikalisierungen.

Welche Rolle spielen aber nun die Gemeinden des „legalistischen Islamismus" in diesem Zusammenhang? Werden hier junge Menschen mit den Grundzügen eines revolutionären Programms vertraut gemacht – so dass es nur konsequent ist, wenn Einzelne sich dann radikaleren Schritten zuwenden? Oder wird hier ein reformistisches Gegenprogramm zur islamischen Revolution entwickelt? Eine zweite Frage betrifft die Querverbindungen von revolutionären Gemeinden zu denen des legalistischen Islamismus. Gibt es übergreifende Netzwerke, über die dann die Rekrutierung besonders geeigneter junger Menschen stattfinden kann? Die Antwort auf diese Fragen wird es erlauben, zu klären, wie wahrscheinlich es ist, dass eine terroristische Karriere in den Gemeinden des „legalistischen Islamismus" ihren Ausgangspunkt hat.

Untersuchen wir dies zunächst auf der Ebene der Ideologie und Weltbilder, also der Sozialisation in ein „islamistisches" Weltbild. Es ist unbestreitbar, dass man in den Gemeinden des „legalistischen Islamismus" auch mit islamistischem Gedankengut in Berührung kommt: So wird in den Gemeinden der Milli Görüş die im engen Umkreis des spirituellen Führers Necmettin Erbakan herausgegebene Zeitschrift „Milli Gazete" von vielen (meist älteren) Gemeindemitgliedern gelesen. Auch liegt in den Buchhandlungen der Moscheen Literatur mit islamistischem Inhalt aus. Über diese Quellen können die jungen Leute mit Elementen islamistischer Weltanschauung (etwa einer Konstruktion des Feindbilds „Westen", einer allgemeinen „miseria Islamica", Antiamerikanismus und Antisemitismus) in Berührung kommen. Allerdings ist unübersehbar, dass in den Gemeinden des legalistischen Islamismus auch andere Zeitschriften und Bücher vertrieben werden und man mit Personen in Berührung kommt, die kritisch gegenüber dem klassischen Islamismus eingestellt sind. Neben Islamisten liegen in den Bücherstuben auch Autoren wie Tariq Ramadan aus, die zum reformerischen Flügel des Islam gezählt werden; neben der „Milli Gazete" wird auch die Zeitschrift „Milli Görüş Perspektiven" vertrieben, die für einen Integrationskurs in die europäischen Gesellschaften eintritt; zu den Iftar-Essen im Ramadan werden (zumindest in einigen Gemeinde) bewusst auch Vertreter der jüdischen Gemeinden eingeladen. Mit anderen Worten: In den „legalistischen" Gemeinden findet man ein relativ großes Meinungsspektrum – was sie signifikant von den wesentlich dogmatischeren revolutionären Gemeinden wie dem Kalifatsstaat unterscheidet. Während die ersteren „inklusivistisch" sind – d. h. alle möglichen Meinungen als legitim zulassen –, sind die letzteren exklusivistisch – d. h. sie betonen die Reinheit der Lehre.

Die Pluralität der Meinungen hat bei den intellektuelleren Gemeindemitgliedern zur Entfaltung einer weit lebendigeren Diskussionskultur geführt, als sie in anderen islamischen Gemeinden üblich ist. Bei Veranstaltungen der Milli Görüş wurde ich persönlich Zeuge von nächtelangen engagierten Diskussionen etwa über das Thema Europäischer Islam –

8 Schiffauer (2000), S. 13.

und ich hörte von mehreren islamischen Akademikern, dass der Reiz der Mitgliedschaft in der Milli Görüş gerade darin besteht, dass sie ein Ort für derartige Debatten sein kann.[9] Ein Resultat dieser Debatten ist, dass in ihnen Begriffe neu besetzt und anders gedacht werden. Dies betrifft etwa den Begriff der „Gerechtigkeit". Er steht für einige Mitglieder für das gesellschaftspolitische Programm der „Gerechten Ordnung", das von Necmettin Erbakan vertreten wurde;[10] von anderen wird der Begriff von dieser konkreten Utopie gelöst und verallgemeinert (etwa auf globale Verteilungsgerechtigkeit bezogen). Das übliche Argument von letzteren ist, dass ein Schlüsselbegriff der islamischen Soziallehre wie „Gerechtigkeit" „eigentlich" anders zu verstehen sei als bei Erbakan oder dass er heute anders interpretiert werden müsse als in den achtziger Jahren. In diesen Diskussionen werden also auch neue Lesarten „islamistischer Begriffe" vorgebracht und damit Begriffe tendenziell neu besetzt – selbstverständlich immer nur von einem Teil der Diskutanten. Einen Eindruck dieser Diskussionen vermittelt auch das Internetforum der IGMG .[11]

Ähnliches ergibt sich, wenn man die gesellschaftspolitische Vision der IGMG betrachtet, die Ende der neunziger Jahre entwickelt wurde. Während bis dahin die Rückkehr in die Türkei und ein Eintreten für die Islamisierung der türkischen Gesellschaft das zentrale Programm war, wurden ab 1999 Bekenntnisse zu Europa abgelegt. Muslime in Europa können sich als privilegiert empfinden: Die meisten Länder der islamischen Welt seien durch Krieg und Unterdrückung charakterisiert, während hierzulande Rechtsstaatlichkeit und Religionsfreiheit herrschen. Von Europa aus könne man wesentlich mehr für den Islam tun, als von irgendeinem Land der islamischen Welt aus. Der hier erworbene Wohlstand könne verwendet werden, um das Elend in der islamischen Welt zu mindern. Auch könne man als Minderheit in Europa politische Lobbyarbeit für den Islam betreiben. Kurzum: Das privilegierte Leben in Europa konstituiere auch eine besondere Verantwortung für die islamische Welt als Ganze. Aus dem Bejahen einer derartigen Verantwortung wurde abgeleitet, dass man sich auf die Einwanderergesellschaft einlassen müsse. Man müsse Sprache, Geschichte und Kultur Europas lernen, Staatsbürger werden und den Einfluss des Islam in Europa durch Missionierung ausbreiten.[12]

In der Auseinandersetzung über diese Position scheiden sich die Geister. Die Verfassungsschutzämter tendieren dazu, in ihr ein Bekenntnis zum Errichten von Parallelgesellschaften und zur Segregation zu sehen. Die Vertreter der Milli Görüş sehen dagegen in dieser Vision ein Bekenntnis zur Integration: Sie argumentieren, dass ihre Position zwar anti-assimilationistisch sei, insofern an einer Politik der Differenz festgehalten würde; dass sie aber ebenso anti-segregationistisch sei, weil die Mitglieder gerade aufgefordert würden,

9 Dies unterscheidet die Gemeinden der Milli Görüs auch von den Gemeinden, die dem staatlichen Amt für Glaubensangelegenheit unterstellt sind.

10 Die Vision der „Gerechten Ordnung" (Adil Düzen) sah eine korporatistisch organisierte Gesellschaft auf islamischer Grundlage vor.

11 http://www.igmg.de/marktplatz/forum

12 Eine ausführliche Darstellung der Entwicklung des Weltbilds der Islamischen Gemeinschaft Milli Görüş findet sich in SCHIFFAUER (2004), S. 67–96.

sich auf die Gesellschaft einzulassen und etwa die einheimischen höheren Schulen zu besuchen. Wie man dieses Programm gesellschaftspolitisch auch bewerten mag – es scheint klar zu sein, dass hier eine grundgesetzkonforme innergesellschaftliche Vision einer Aufgabe für die zweite und dritte Generation formuliert wird. Schließlich stehen weder politische Lobbyarbeit noch Missionierung im Widerspruch zur Verfassung. Eine derartige Politik zuzulassen (und nicht durch Ausgrenzung von vorne herein unmöglich zu machen) bedeutet, konservative Muslime in das politische Teilsystem zu integrieren – und darüber den Antagonismus zu überwinden, in den Islam und westliche Demokratie von seiten des klassischen Islamismus gesetzt werden. Anders formuliert: Auch wenn man die Vision der Milli Görüş für politisch bedenklich hält (wie es auch der Autor dieses Textes tut), kann man doch die Meinung vertreten, dass eine derartige reformistisch-islamistische Position prinzipiell zugelassen werden sollte. Dafür sprechen nicht zuletzt sicherheitspolitische Überlegungen. Mit der Position wird nämlich eine Antwort auf den aus islamistischen Kreisen erhobenen Einwand formuliert, das Bejahen des Lebens in Europa würde nichts anderes bedeuten, als sich der Verantwortung für den Islam zu entziehen und sich an den Fleischtöpfen der „Ungläubigen" gütlich zu tun. Wenn sich die Einsicht durchsetzt, dass ein würdevolles islamisches Leben auch außerhalb des islamischen Staats und/oder der islamischen Gesellschaft möglich ist – beziehungsweise, dass man auch in Europa wirkungsvoll für den Islam eintreten kann –, ist dem Islamismus die zentrale Argumentationsgrundlage entzogen. Wenn umgekehrt demokratiekonformes Engagement unterbunden wird, weil es den Vorstellungen der Mehrheitsgesellschaft nicht entspricht, dann besteht die Gefahr, dass diejenigen sich durchsetzen, die der Meinung waren, dass die „Demokratie nichts für Muslime" sei und dass das Gewicht derjenigen zunimmt, die in einer islamischen Revolution den einzig gangbaren Weg sehen.

Empirischen Studien in Gemeinden der Milli Görüş (zur IGD liegen keine Arbeiten vor) bestätigen diese Beobachtungen. Nikola Tietze hat junge männliche Gemeindeangehörige der IGMG-Moschee in Hamburg-Wilhelmsburg befragt[13]: Sie stellt bei ihnen vier Haltungen fest – je nachdem, ob die Religion primär im Zusammenhang mit einer apolitischen Alltagsgestaltung eine Rolle spielte („Ethisierung der Religion"); ob die religiöse Hinwendung Ausdruck einer spirituellen Suche war („Utopisierung des Religiösen"); ob sie in den Kontext einer kulturellen Verortung in der Mehrheitsgesellschaft gestellt wurde („Kulturalisierung der Religiosität") oder ob sie politisches Engagement begründete („Ideologisierung der Religion"). Festzuhalten ist zunächst, dass sich die Heterogenität der in der Moscheegemeinde insgesamt vertretenen Positionen auch in den Positionen der Gemeindemitglieder reflektiert. Interessant ist darüber hinaus im Zusammenhang mit dem Radikalisierungsprozess natürlich vor allem die „Ideologisierung der Religion". Bei Tietzes Gesprächspartnern führte diese Position zunächst zu einem erheblichen Engagement im Stadtteil Wilhelmsburg. Dies unterscheidet sich bemerkenswert von dem Interesse der jungen Anhänger des Kalifatsstaats, die sich mit „Bagatellen" wie Stadtteilarbeit nicht abgaben und sich eher an der islamischen Weltrevolution begeisterten.[14] Tietze notiert aller-

13 Tietze (2001).

14 Der Kalifatsstaat hat beispielsweise nie in Ausländerbeiräten mitgewirkt.

dings: „Die ‚Ideologisierung' der muslimischen Religion, die zur Gesellschaft hin offen ist und dazu dient, trotz aller Differenz Gleichstellung zu fordern, kann allerdings in Abschottung umschlagen, wenn das Individuum die seiner Differenz zugeschriebene Ungleichheit als besonders krass empfindet."[15] Der Befund ist also, dass die von einem Teil der Gemeindemitglieder vertretene politisch-islamische Position sich zunächst und in erster Linie innergesellschaftlich reformerisch artikuliert – aber bei Verhärtung der Haltung der Mehrheitsgesellschaft tatsächlich zur Radikalisierung führen kann. Die Beobachtungen von Frank Meng[16], der in Bremen Gruppeninterviews mit jungen Mitgliedern der IGMG-Gemeinde befragte, decken sich mit denjenigen von Tietze. Er stellte einen individuierten Zugang zur Religion durch eigenständige Aneignung der Quellen fest: „Für die organisierten Muslime der zweiten Generation zeigt sich in der persönlichen Einschätzung gegenüber ihren stark religiös geprägten Eltern eine steigende Relevanz der Religion, die sich nicht in einer rigoroseren Einhaltung der Handlungsvorgaben, sondern in einer verstärkten inhaltlichen und alltagsrelevanten Beschäftigung mit den Quellentexten äußert. Dieser Prozess kann als Ausdruck von Vergesellschaftung gedeutet werden."[17] In eine ähnliche Richtung deuten die Einzelfallstudien bei Nökel[18] und Klinkhammer[19]. In den Gemeinden des legalistischen Islamismus können interessierte junge Leute durchaus mit islamistischem Gedankengut in Kontakt kommen. Die politischen Gehalte – darin stimmen alle Beobachtungen überein – werden nicht in einer dogmatischen, autoritativen und zwingenden Form weitergegeben. Es gibt Aushandlungs- und Verhandlungsprozesse, die Meinungspluralität herstellen. Eine Radikalisierung zum revolutionären Islam wird nicht nahegelegt – kann jedoch auch nicht ausgeschlossen werden, wenn der gesellschaftliche Druck auf den Islam steigt. Dann kann die islamistische Lesart von Positionen gegenüber einer offenen Lesart von Positionen an Plausibilität gewinnen.

Eine andere Frage ist, ob in den Gemeinden „islamistische Multiplikatoren" aktiv sind, die als „Talentscouts" einzelne junge Menschen ansprechen. Dies erscheint, wenn auch nicht völlig ausgeschlossen, doch sehr unwahrscheinlich. Es gibt nämlich einen deutlichen soziologischen Unterschied zwischen den Gemeinden des „legalistischen Islamismus" und denen des „radikal-revolutionären Islamismus" (und wiederum des gewaltbereiten Islamismus). Während die Gemeinden des „legalistischen Islamismus" durch eine offene Netzwerkstruktur charakterisiert sind und mit den anderen islamischen Gemeinden Beziehungen pflegen (etwa Kooperation in Dachverbänden, gegenseitige Hilfe, gemeinsame Angebote, Kooperation in Ausländerbeiräten),[20] schotten sich revolutionäre Gemeinden ab und bilden sektenartigen Strukturen aus. Dabei spielen Abgrenzung von anderen Gemeinden, Elitarismus, die Ausprägung eines im Gegensatz zu anderen Gemeinden stehenden

15 Tietze (2001), S. 206.
16 Meng (2004).
17 Ebd., S. 109
18 Nökel (2002), insbesondere S. 171–178.
19 Klinkhammer (2000), insbesondere S. 122–139.
20 Zur Analyse der für islamische Gemeinden charakteristischen Netzwerkstruktur siehe Agai (2004).

Weltbilds, innerer Autoritarismus und Kult revolutionärer Reinheit ineinander. Dies führt zur Ausprägung weitgehend geschlossener *in-groups*, deren Mitglieder sich „in etwas hineinsteigern" und ein zunehmend deviant-nonkonformistisches Weltbild entwickeln. Bei meiner Untersuchung des Kalifatsstaats konnte ich beobachten, dass die Abgrenzung gegenüber Positionen, die eigentlich am nächsten standen, am deutlichsten war. Die Mitglieder des Kalifatsstaats sahen in den Gemeinden der Milli Görüş (von denen sie sich abgespalten hatten) die größten Feinde, nämlich diejenigen, die von der reinen Lehre abwichen – und die damit am nachdrücklichsten zu bekämpfen waren.[21] Die Verachtung seitens der Anhänger des Kalifatsstaats für die „Kompromissler" wurde auf der Seite der IGMG-Mitglieder erwidert: Sie sahen in den Anhängern des Kalifatsstaats nichts anderes als verblendete und gefährlich Spinner, die in wesentlichen Punkten (vor allem in punkto revolutionärer Intoleranz) von der islamischen Lehre abwichen. Die gegenseitigen Ressentiments führten dazu, dass die Gemeinden weitgehend den Kontakt zueinander mieden. Die Folge dieser soziologischen Unterschiede sind sehr divergierende Organisationskulturen: Während die Gemeinden des legalistischen Islam sich auf die Welt einlassen, realpolitisch agieren und deswegen prinzipiell zu Kompromissen bereit sind, sind die Gemeinden des radikal-revolutionären Islam weltfeindlich, gesinnungsethisch und pflegen eine Rhetorik der Kompromisslosigkeit. Mit anderen Worten: Zwischen den Gemeinden des „legalistischen Islamismus" und den revolutionär islamistischen Gemeinden gibt es kein Kontinuum einer „zunehmenden Verfestigung der Ablehnung" der Mehrheitsgesellschaft,[22] sondern einen deutlichen Bruch. Der Schritt von der einen Gemeinde in die andere ergibt sich nicht von selbst und bei vorliegender Chancenstruktur fast automatisch, sondern stellt einen erklärungsbedürftigen Prozess dar.

Zusammenfassend lässt sich sagen, dass es selbstverständlich nicht ausgeschlossen ist, dass aus dem legalistischen Islamismus Personen in den revolutionären Islam übertreten. Dies trägt jedoch dann den Zug einer regelrechten Konversion und geht damit einher, dass die bisherigen Beziehungen abgebrochen werden.[23] Wahrscheinlicher ist es, dass Personen durch die legalistischen Gemeinschaften von der Radikalisierung abgehalten werden. In der Regel gibt es nämlich in den Gemeinden des wertkonservativen Islam zumindest zwei Elemente, die der Radikalisierung entgegen wirken: 1. Es wurden intellektuelle Positionen entwickelt, die eine Alternative zu den islamistischen Lesarten zentraler Begriffe entwickeln. 2. Der hohe Grad an personaler Einbindung in die Gemeinden des konservativen Islam wirkt dem Abgleiten in den revolutionären Islam entgegen. Es ist deshalb nicht so, dass radikal-revolutionär gesinnte Muslime oder gar Jihadisten in konservativen Gemeinden schwimmen wie der maoistische Revolutionär im Volk. Wenn sie in die entsprechenden Moscheen gehen, dann allenfalls zum Beten und ohne sich zu erkennen zu geben.

21 Schiffauer (2000), S. 197.
22 Puschnerat (2006), S. 221.
23 Der umgekehrte Schritt ist einfacher. Hier haben wir es dann mit „Aussteigern" zu tun.

Nicht intendierte Konsequenzen

Die Tatsache, zum Vorfeld des revolutionären oder gar des gewaltbereiten Islamismus gezählt zu werden, hat weitgehende Auswirkungen auf eine Gemeinde. Ich möchte zeigen, dass die Präventionspolitik erhebliche nicht-intendierte Folgen zeitigt. Sie führt zu einer wachsenden Distanz zur Mehrheitsgesellschaft; sie untergräbt das Vertrauen in den Rechtsstaat; sie schwächt das Reformlager in den Gemeinden; und sie macht Integration durch Partizipation unmöglich.

1. Der wachsende Druck auf die konservativen Gemeinden führt zu einer wachsenden Distanz gegenüber der deutschen Gesellschaft. Als besonders problematisch werden die verdachts- und ereignisunabhängigen Kontrollen empfunden, die in einigen Bundesländern (Niedersachen, Rheinland-Pfalz, Baden-Württemberg) regelmäßig durchgeführt wurden. Bei diesen Kontrollen sehen sich die Gläubigen nach dem Moscheebesuch einem massiven Polizeiaufgebot gegenüber. Diese Maßnahmen treffen per definitionem unbescholtene Bürger, die zu einer bestimmten Personenkategorie gehören. Die Maßnahmen wurden deshalb von den Gläubigen als extrem diskriminierend und als Angriff auf den Islam empfunden. Dies trat aus Interviews deutlich hervor, in denen ich Augenzeugen bat, mir die Stimmung bei derartigen Einsätzen zu schildern. Unter anderem wurde mir von folgenden Äußerungen aus Kreisen der Gemeinde berichtet: „Sie werden erst zufrieden sein, wenn wir den Islam ganz beiseite lassen." „Die möchten den Leuten Angst machen, überhaupt in die Moschee zu kommen."[24]

   Besonders in kleineren Städten, wo man jahrelang um Anerkennung für seine Moscheegemeinde gekämpft hatte, empfand man es als peinlich und erniedrigend, nach dem Moscheebesuch für alle sichtbar auf offener Straße einer Kontrolle unterzogen zu werden.[25] „Wenn die Polizei einmal da ist – egal, ob man unschuldig ist, oder nicht – dann heißt es: die Polizei war bei einem da."[26] Besonders traumatisch waren die Untersuchungen für Personen, die in ihren Heimatländern politisch verfolgt waren: „Also die haben das schlimmste jetzt befürchtet – das kommt bei denen so zwangsläufig hoch. Und die musste man dann auch erst mal beruhigen. Da war so ein älterer Mann am Weinen und wollte nicht raus. Er hat die Polizei gesehen und ist sofort wieder reingegangen. Ein Mann, der so 50, 60 Jahre alt ist und heult er weil er Angst hat: Ich habe nichts gemacht, ich bin unschuldig, die sollen mich nicht mitnehmen und so."[27]

   Von den Razzien wird regelmäßig berichtet, dass ältere Gemeindeangehörige mäßigend auf jüngere Gemeindeangehörige einwirken müssen, um sie davon abzuhalten, die Konfrontation mit der Polizei zu suchen.[28] Aus den Gesprächen wird deutlich, dass ein

24 Mohammed Abdulazim, Interview mit dem Autor am 11.10.2005.
25 Gespräch mit Moscheeangehörigen in Waiblingen am 24.07.2004.
26 Mohammed Abdulazim s. o.
27 Mohammed Abdulazim s. o.
28 Gespräch mit Moscheeangehörigen in Braunschweig am 10.08.2004.

als diskriminierend empfundenes Verhalten seitens staatlicher Stellen in einem weit eingehenderen Maß als problematisch empfunden wird, als Diskriminierung aus der Zivilgesellschaft heraus.[29] „Es war so 'ne Wut und Ohnmacht gleichzeitig, weil man einfach nichts machen kann ... Man muss sich doch fragen, wie wirkt so was auf jemanden, der 15, 16, 17 ist ... wo man in einem Alter ist, wo man sich fragt: Wer bin ich, wo gehöre ich hin und so weiter ... und dann sehe, dass die Polizei mich durchsucht oder mich belästigt im Grunde genommen, nur weil ich gerade dabei bin, ein Freitagsgebet zu verrichten."[30]

Es gab immer schon Stimmen (vor allem von Gläubigen der ersten Generation) in den wertkonservativen Gemeinden, die diese als Burgen im Meer von Ungläubigen sahen. Es sah eine Zeitlang so aus, als ob eine zweite und dritte Generation in den Gemeinden dieses Weltbild überwunden hätte. Die Erfahrungen mit der Sicherheitspolitik haben diesen Prozess ins Gegenteil verkehrt. Im Augenblick nehmen die Anhänger eines Denkens, das eine unüberwindliche Kluft zwischen Mehrheit und islamischer Minderheit sieht, wieder zu. Sicherheitspolitisch ist dies vor allem problematisch, weil bei allen Grabenkämpfen der Loyalitätsdruck wächst. Auch wird mit der wachsenden Distanz zur Gesellschaft die Hemmung wachsen, mit Sicherheitskräften zu kooperieren.

2. Eine sehr problematische Konsequenz der gegenwärtigen Sicherheitspolitik ist, dass sie dazu angetan ist, das Vertrauen der muslimischen Einwanderer in den Rechtsstaat zu erschüttern. Dies ist vor allem deshalb wichtig, weil die Rolle der Rechtsprechung für die Identifikation mit dem Einwanderungsland und damit für die Integration kaum überschätzt werden kann. „In diesem Land sind die Gesetze und die Gerichte die Institution, der wir am meisten vertrauten und denen wir am meisten vertrauen müssen."[31] Tatsächlich war der Rechtsstaat auch für sogenannte „Islamisten" der ersten Generation ein hohes Gut. Dies bedeutet in der Regel nicht – wie häufig unterstellt wird –, dass man für sich Rechte beanspruchte, die man dann außer Kraft setzen würde, sobald man an der Macht war. Vielmehr kann man zeigen, dass der deutsche Rechts- und Sozialstaat maßgeblich jene Träume prägte, wie eine islamisch umgestaltete Türkei aussehen würde. In der Kritik am Heimatland wurde immer wieder argumentiert, dass das eigentlich „Islamische" hier im Land der Ungläubigen verwirklicht wurde. Man kann diese Argumentation natürlich als naiv belächeln – sie ist es ja auch –, der Punkt ist aber, dass in den Äußerungen eine tatsächliche (und nicht nur strategische) Wertschätzung der rechtsstaatlichen Institution deutlich wird.

29 Moussaoui (2002) berichtet, dass rassistisches Verhalten französischer Polizei ein einschneidendes Erlebnis für seinen Bruder war (S. 86ff.) und wesentlich zu seiner Radikalisierung beitrug. An der Entstehung der Rassenunruhen in den achtziger Jahren in Großbritannien haben nach Erkenntnis der dortigen Untersuchungskommissionen die „Stop and Search" Praktiken der britischen Polizei einen wesentlichen Anteil gehabt (Banton [1983], S. 309). Es ist auch kein Zufall, dass die Unruhen in den französischen Vorstädten 2005 ihren Ausgangspunkt in der tragisch endenden Flucht von Jugendlichen vor einer Polizeikontrolle hatten.

30 Mohammed Abdulazim s. o.

31 Ismail Kul in: *Zaman* vom 23.05.2005.

Die Identifikation mit dem Rechtsstaat wird heute in mehrfacher Hinsicht erschüttert. Das eine ist, dass die Verwaltungsgerichte häufig die Definitionen des Verfassungsschutzes übernehmen und darauf verzichten, sich eine eigene, auf den Einzelfall gerichtete Meinung zu bilden. Es ist auch für Muslime, die nicht zu den betreffenden Gemeinden gehören, nicht nachvollziehbar, wenn die Zugehörigkeit zu einer legalen Organisation zum Verweigern der Staatsbürgerschaft oder gar zur Ausweisung führt. Das Gefühl, dass hier Unrecht geschieht, wird dann besonders deutlich, wenn Personen, die sich nachweislich im Sinn des interreligiösen Dialogs und im Sinne der Integration engagiert haben, allein wegen ihrer Mitgliedschaft in der Milli Görüş rechtliche Nachteile erfahren.

Daneben ist wichtig, dass in den Verfassungsschutzberichten bei dem Bemühen, das Vorfeld zu identifizieren, nicht selten Verhalten, das völlig im Rahmen der Gesetze stattfindet, als Argument angeführt wird. Wenn etwa – wie oben zitiert – die Einrichtung einer Rechtsabteilung als Argument für den Wunsch, eine Parallelgesellschaft zu errichten, angeführt wird, dann ist es wenig überraschend, wenn Gemeindemitglieder zu dem Schluss kommen, dass an sie andere Maßstäbe angelegt werden als an andere. Hier wird mit der Verletzung des Gleichheitsgebots an einer der Säulen der Legitimität des Rechtsstaats gerüttelt.

Die meisten Zweifel an der Rechtsstaatlichkeit ergeben sich aus dem Verstoß gegen die Verhältnismäßigkeit. Dies kommt vor allem in der Kritik an Polizeieinsätzen in den Moscheen zum Tragen, es bestimmt jedoch vor allem die Reaktionen auf Ausbürgerungen. Auch diejenigen, die skeptisch gegenüber der IGMG eingestellt sind, haben das Gefühl, dass hier mit Kanonen auf Spatzen geschossen wird. Gefährlich wird es an dem Punkt, wo es denjenigen einfach gemacht wird, die argumentieren, dass die Religionsfreiheit nur eingeschränkt für Muslime gilt. Gerade die Verhältnismäßigkeit ist eine der stärksten Stützen für die Legitimität einer Ordnung.

3. Die Sicherheitspolitik unterminiert die Versuche der Führungsspitze in den Gemeinden der IGMG und IGD, Positionen zu entwickeln und die über Integration in die politischen, schulischen und ökonomischen Teilsysteme dieser Gesellschaft erhoffe Anerkennung zu finden. Der im Jahr 2000 von der Führungsspitze ausgegangene Appell an die Gemeindemitglieder, die deutsche Staatsbürgerschaft zu erwerben, ist am Misstrauen der deutschen Sicherheitsbehörden gescheitert, die darin einen bewussten Unterwanderungsversuch der deutschen Gesellschaft sahen. Der nicht minder vorgetragene Appell, die Kinder (explizit auch die Töchter) auf die weiterführenden Schulen zu schicken, und die flächendeckende Einrichtung von Nachhilfeunterricht wird nicht registriert. Versuche, sich als Dialog- und Ansprechpartner zu empfehlen, scheitern in den meisten Fällen an der Tatsache, dass Gespräche mit Organisationen, die im Verfassungsschutzbericht erwähnt werden, von vorne herein abgelehnt werden. Die Argumentation, mit der derartige Vorstöße seitens der Führungsspitze der IGMG zurückgewiesen werden lautet regelmäßig, dass es sich um strategische Manöver handele, mit der die eigentlich anti-integrationistischen Absichten verschleiert würden. Ich konnte dafür in meiner Feldforschung in den Gemeinden keinen harten Beleg finden.[32] Es ist aber ohnehin von einem soziologischen Standpunkt aus sekundär, ob derartige integrations-

freundliche Bekenntnisse aus strategischen Gründen entwickelt werden oder ob sie aus einer inneren Überzeugung heraus erwachsen. Viel entscheidender ist, dass hier Denkfiguren entfaltet wurden, die für die in den Gemeinden aufwachsenden Jugendlichen attraktiv waren – und zwar weil sie das Versprechen bargen, die Spannung zwischen den Lebensbereichen Gemeinde und weiterer Gesellschaft zu überwinden.

Im Augenblick befinden sich diejenigen, die in den islamischen Gemeinden für eine Integration über eine Politik der Differenz werben, in Argumentationsnöten. So argumentierte ein führendes Mitglied der IGMG mir gegenüber: „Auf die Frage: ‚Bist du wirklich der Überzeugung, dass durch Integration Gleichberechtigung zu erzielen ist?‘ lässt sich immer schwieriger eine überzeugende Antwort formulieren.“[33] Durch die gegenwärtige Politik fühlten sich diejenigen bestärkt, die immer schon gesagt hätten: „Was habt ihr denn gedacht? Mit Christen und Juden kann man einfach nicht zusammenleben.“

Der gesellschaftliche Druck führt noch in einer anderen Hinsicht zu einer Schwächung des Reformlagers. Inzwischen zieht sich ein Teil der Reformkräfte – vor allem junge Akademiker, die sich eine Zukunft in Deutschland erhofft haben – aus der IGD und der IGMG zurück, um ihre berufliche Zukunft nicht zu gefährden. Der Reformflügel wird also nicht nur ideologisch, sondern auch personell geschwächt.

4. Mit dem Verweigern des Dialogs mit dem Vertreter der Milli Görüş und der Islamischen Gemeinde in Deutschland verzichtet man auf einen der wirksamsten Integrationsmechanismen – nämlich auf die Integration durch Partizipation. Der Vergleich mit den Niederlanden ist bemerkenswert. Dort gilt die Milli Görüş-Gemeinde als einer der Hauptansprechpartner der Regierung und wurde darüber hinaus auf kommunaler und nationaler Ebene in den politischen Prozess integriert. Dies führte intern dazu, dass der Reformflügel gestärkt wurde und die IGMG-Nordholland sich als einer der liberalsten Landesverbände profilierte. Der Nutzen der Kooperation zeigte sich dann, als die Ereignisse nach der Ermordung von Van Gogh zu eskalieren drohten. Tatsächlich stärkt jedes Einbeziehen verantwortungsethische Positionen, während jede Ausgrenzung gesinnungsethischen Positionen Vorschub leistet. Je mehr man durch innergesellschaftliches Engagement an Kontakten, aber auch an Institutionen aufgebaut hat, desto weniger möchte man es durch Radikalismus gefährden. Das Verweigern des Dialogs hat jedoch noch eine zweite gewichtige Konsequenz. Sie tendiert dazu, die Orientierung und die Bindung an das Heimatland (bzw. die jeweiligen Partner- oder Mutterorganisationen) zu stärken.

32 Ein harter Beleg für ein derartig strategisches Vorgehen wäre es, wenn sich die gleichen Personen, die sich nach außen für Integration aussprechen, nach innen integrationsfeindlich äußern würden. Bei mehreren internen Treffen der IGMG, bei denen ich anwesend war, konnte ich dafür keinen Hinweis finden. Etwas anderes ist die Tatsache, dass sich ein konservativer Flügel über die Jahre hinweg gegen Integration ausgesprochen hat, weil er darin die Gefahr der Selbstaufgabe sah.

33 Mustafa Yeneroglu, Justiziar der IGMG, in einem Interview mit dem Autor am 16.05.2006.

Schluss

Man kann zum Abschluss ein Szenario entwickeln. Wenn die zurzeit verfolgte Präventionspolitik fortgesetzt wird, werden sich die Gemeinden des „legalistischen Islamismus" zunehmend verkapseln. Sie werden unter Umständen kleiner werden, weil vor allem bildungsbürgerliche Kreise sie verlassen. Es ist aber unwahrscheinlich, dass sie sich auflösen: Die durch die Gemeinden konstituierten Netze sind für die Gemeindemitglieder als Unterstützungsnetzwerke viel zu wichtig. Es wäre auch ein Novum in der Religionsgeschichte, dass eine religiöse Gemeinde auf Grund des politischen Drucks verschwindet. Vielmehr werden die Narrative in der Gemeinde an Bedeutung gewinnen, die eine Grundopposition von Islam und Westen postulieren. Der Staat und seine Akteure werden zunehmend als Feinde betrachtet; die Bereitschaft zur Kooperation wird sinken. Dies wird sich nicht auf die Gemeinden des „legalistischen Islamismus" selbst beschränken – auch in anderen konservativen Gemeinden wird man die Entwicklung mit Sorge betrachten und vor allem davon ausgehen, dass man das nächste Opfer sein wird. Die Rückbindung an die Türkei wird wachsen: Wenn die innenpolitischen Strategien alle wegfallen, wird die Unterstützung seitens der Türkei als umso wichtiger gelten. Schritte der Gemeindespitze auf die deutsche Gesellschaft zu, werden zunehmend mit dem Stigma des Anbiederns an einen gesellschaftlichen Gegner verstanden werden. Die Mehrzahl wird sich in eine innere Migration zurückziehen; einige werden sich weltflüchtigen Gemeinden zuwenden und eine kleine Gruppe wird sich radikalisieren. Es scheint mir mehr als zweifelhaft, dass damit der inneren Sicherheit ein guter Dienst erwiesen wird.

Literatur

Agai, Bekim (2004), Zwischen Netzwerk und Diskurs. Das Bildungsnetzwerk um Fethullah Gülen (geb. 1938): Die flexible Umsetzung modernen islamischen Gedankenguts. Schenefeld.

Banton, Michel B. (1983), Policies for Police-minority relations. In: Fried, Charles (Hrsg.), Minorities: Community and Identity. Berlin u. a., S. 299–314.

Eckert, Roland (1999), Das Bewusstsein bestimmt das Sein. Neue Soziale Bewegungen als Strukturelemente der entwickelten Moderne. In: Willems, Herbert/Hahn, Alois (Hrsg.), Identität und Moderne. Frankfurt a. M., S. 487–508.

Jonker, Gerdien (2005), The Mevlana Mosque in Berlin-Kreuzberg: An unresolved conflict. In: Journal of Ethnic and Migration Studies 31, S. 1067–1081.

Jonker, Gerdien (2006), The Generational Change in Milli Görüsh and Jamaatunnur. Religious Responses to the German Security Frame after 9/11. In: Jonker, Gerdien/Amiraux, Valérie (Hrsg.), Strategies of Visibility of young Muslims in European Public Spaces. Bielefeld.

Klinkhammer, Grit (2000), Moderne Formen islamischer Lebensführung. Marburg.

Meng, Frank (2004), Islam(ist)ische Orientierungen und gesellschaftliche integration in der zweiten Migrantengeneration – Eine Transparenzstudie. Bremen.

Moussaoui, Abd Samad (2002), Zacarias Moussaoui – Mein Bruder. Zürich.

Nökel, Sigrid (2002), Die Töchter der Gastarbeiter und der Islam. Zur Soziologie alltagsweltlicher Anerkennungspolitiken. Eine Fallstudie. Bielefeld.

Puschnerat, Tania (2006), Zur Bedeutung ideologischer und sozialer Faktoren in islamistischen Radikalisierungsprozessen – eine Skizze. In: Kemmesies, Uwe E. (Hrsg.), Terrorismus und Extremismus – der Zukunft auf der Spur. München, S. 217–237.

Schiffauer, Werner (2000), Die Gottesmänner. Türkische Islamisten in Deutschland. Eine Studie zur Herstellung religiöser Evidenz. Frankfurt a. M.

Schiffauer, Werner (2004), Die islamische Gemeinschaft Milli Görüş – Ein Lehrstück zum verwickelten Zusammenhang von Migration, Religion und sozialer Integration. In: Bade, Klaus/Bommes Michael/Münz, Rainer (Hrsg.), Migrationsreport 2004. Frankfurt a. M., S. 67–96.

Schiffauer, Werner (2004), Das Recht, anders zu sein. In: Die Zeit 48/2004, S. 1.

Schiffauer, Werner (2004), Vom Exil- zum Diaspora-Islam. Muslimische Identitäten in Europa. In: Soziale Welt – Zeitschrift für sozialwissenschaftliche Forschung und Praxis, Jg. 55, Heft 4, S. 347–368.

Schiffauer, Werner (2005), Verfassungsschutz und islamische Gemeinden. In: Kemmesies, Uwe E. (Hrsg.), Terrorismus und Extremismus – der Zukunft auf der Spur. München.

Sen, Faruk/Sauer, Martina/Halm, Dirk (2004), Euro-Islam. Eine Religion etabliert sich in Europa: Duisburg-Essen (Stiftung Zentrum für Türkeiforschung).

Tietze, Nikola (2001), Islamische Identitäten. Formen muslimischer Religiosität junger Männer in Deutschland und Frankreich. Hamburg.

VIII. Staatsräson in der Bundesrepublik Deutschland

Klaus Dieter Wolf

Staatsräson in der Bundesrepublik Deutschland[1]

Der Rekurs auf die „Staatsräson" stellt im politischen Diskurs einer Demokratie eine ganz besondere Herausforderung dar, weil die Räson („Vernunft") der rechtsstaatlichen Demokratie eigentlich ganz wesentlich das Recht selbst ist. Genau dessen Übertretung oder doch zumindest weitgehender Auslegung zur Erweiterung exekutiver Handlungsspielräume dient jedoch das „letzte" Argument, aus Gründen der Staatsräson müsse der Primat des Erhalts dieses Rechtsstaates in einer existenzbedrohenden Notstandssituation, auf die das Recht (noch) keine Antwort bereitstellt, eben auch unter Bruch rechtsstaatlicher Normen – als dem kleineren Übel – durchgesetzt werden können. In einem ganz fundamentalen Sinne stellt sich im Umfeld der Verwendung des Begriffes somit zumeist auch die Frage nach den Grenzen der Demokratie selbst, zu der die Rede von der Staatsräson als eine nach innen gerichtete Herrschaftstechnik in einem grundlegenden Spannungsverhältnis steht. Gibt es eine Staatsräson in der Demokratie, die sich außerhalb der Verfassung befindet? Wer disponiert über ihren Inhalt im Gewalten geteilten Staat? Begründet die Staatsräson eine Grundrechtsschranke? Im Folgenden werden einige Überlegungen darüber angestellt, die zur Beantwortung der Frage beitragen sollen, ob die Staatsräson mehr ist als ein politischer Kampfbegriff, als ein rhetorisches Werkzeug, um für bestimmte politische Ziele Zustimmung zu erringen, indem man sie durch „Veredelung" als nationales Interesse gegenüber damit implizit der Staatsschädigung bezichtigten Widerständen immunisiert und die exekutive Prärogative behauptet.[2] Dabei wird nach einem Vorschlag zur Unterscheidung verschiedener Verwendungsarten des Begriffs argumentiert, dass der Kontext des demokratischen Rechtsstaats dem Rekurs auf die Staatsräson einen besonderen Rechtfertigungsbedarf aufnötigt. Wenn der Verweis auf die Staatsräson beansprucht, ernst genommen zu werden, muss er sich begründen können.

1 Dieser Beitrag aktualisiert und führt Überlegungen zusammen, die der Autor bereits in früheren Veröffentlichungen (Wolf 1995 und 2000) vorgestellt hat.

2 Ein ähnliches Phänomen kennt die Politikwissenschaft aus der sogenannten *„Securitization"*-Debatte (dazu bereits Wæver 1995). Mit der Zurechtlegung *(„Framing")* eines politischen Problems als Sicherheitsproblem, für das klassisch die Exekutivzuständigkeit noch am uneingeschränktesten beansprucht werden kann, lässt sich die Exklusivität und Priorität der exekutiven Besetzung eines Themas sicherstellen.

Was ist Staatsräson?
Die soziale Konstruktion eines politischen Kampfbegriffs

Für die Annäherung an den Begriff und um unterschiedliche Verwendungsweisen und Verständnisse möglichst systematisch voneinander zu trennen, möchte ich drei Ausgangsfragen zu Hilfe nehmen:

1. Was ist die Funktion der Verwendung des Begriffs? Handelt es sich um eine politische Legitimationsfigur oder um ein anspruchsvolles analytisches Konzept?
2. Welche Verfahren zur Ermittlung des Inhalts der Staatsräson gibt es? Hier unterscheide ich zwischen einem deduktiven, einem induktiven und einem „common sense"-orientierten, des Weiteren zwischen einem staatszentriert-monologischen und einem gesellschaftszentriert-dialogischen oder diskursiven Verfahren.
3. Ist Staatsräson als Faktizität oder als soziale Konstruktion zu verstehen? Unter dieser Frage lassen sich objektivistisch-naturalistische von subjektivisch-sozialkonstruktivistischen Grundverständnissen voneinander unterscheiden.

Man möchte meinen, der obrigkeitsstaatliche Ballast, der dem Begriff der Staatsräson anhaftet, mache ihn im Zeitalter des demokratischen Verfassungsstaats eigentlich unbrauchbar. Aber ein Blick auf die Geschichte der Staatsräson zeigt, dass die Inanspruchnahme dieses Begriffs als Selbsterhaltungsstrategie der Inhaber staatlicher Gewalt gegenüber den Mitwirkungs- und Kontrollansprüchen anderer staatlicher Instanzen und gesellschaftlicher Gruppen eine ungebrochene Aktualität hat. Seit der ersten Verwendung des Begriffes gegen Ende des 16. Jahrhunderts haben sich zwar die Strategien der Staatsräson deutlich verändert, die Logik der Staatsräson ist davon jedoch in ihrem Kern unberührt geblieben: Beim Rekurs auf die Begründungsfigur der Staatsräson handelte es sich stets um eine nach innen gerichtete Herrschaftstechnik. Die Überzeugungskraft des Verweises auf die Staatsräson mag zumal im postnationalen Zeitalter brüchiger geworden sein, aber gerade die Internationalisierung der Politik macht die Praxis der Staatsräson aktueller denn je, weil sie ihr neue Instrumente und Spielräume eröffnen. Die Mehrebenenpolitik ermöglicht einer Politik der Staatsräson als Herrschaftstechnik die Auslagerung politischer Entscheidungsprozesse auf den intergouvernementalen Raum. Dort herrscht nach wie vor ein Organisationsvorsprung der Inter-Exekutiven-Beziehungen vor, der den nationalen Regierungen Möglichkeitsräume schafft, um sich der Kontrolle nationaler Instanzen zu entziehen oder äußeren Druck auf innenpolitische Gegner mit dem Ziel der Veränderung politischer Kräfteverhältnisse zu erzeugen – eine Strategie, die sich in den unterschiedlichsten Politikbereichen beobachten lässt, von der Zusammenarbeit zwischen den Geheimdiensten bis hin zur Internationalisierung der Hochschulpolitik.[3]

Der mit der Aufklärung verbundene Paradigmenwechsel zugunsten einer am Individuum und an der Gesellschaft orientierten Begründung von Politik macht diese von der

3 Ich habe dies an anderer Stelle als Politik der „Neuen Staatsräson" charakterisiert (Wolf 2000).

staatlichen Exekutive unter Verweis auf die Staatsräson beanspruchte, möglichst autonome und unbehinderte Wahrnehmung des „nationalen" Interesses erstmals fragwürdig, weil das darunter verstandene staatliche Selbsterhaltungsinteresse nun mit einer bürgerlichen Gesellschaft konfrontiert war, die ihrerseits Autonomie und Freiräume vom Staat beanspruchte.

Als nach innen gerichtete Herrschaftstechnik galt der Rekurs auf die Staatsräson ursprünglich vor allem der Ausschaltung von Rivalen um die Macht im Staate. Im sich demokratisierenden Staat dient sie dann dem strategischen Interesse der Inhaber der Staatsgewalt an der Wahrung bzw. der Herstellung von Autonomieräumen gegenüber dem politisch institutionellen und gesellschaftlichen Umfeld. Damit manifestiert sich nahezu zwangsläufig ein Demokratieproblem: In Reaktion auf die Auflösung des Konzepts des nationalen Interesses mit dem Entstehen liberaler Demokratien, in denen nun „different groups within the polity competed to claim it as a legitimizing symbol for their interests and aspirations",[4] bedient der Rekurs auf die Staatsräson die „staatlich organisierte(n) Herrschaftsinteressen, die sich selbst als ‚nationales Interesse' ausgeben".[5]

In der Vergangenheit wie in der Gegenwart soll die Staatsräson als sich selbst genügende Begründung – und damit als der entwaffnende Ersatz einer solchen – exekutive Entscheidungen als im tatsächlich oder vermeintlich übergeordneten Interesse des (das Gemeinwohl verkörpernden) Staates[6] liegend (und nicht nur gesellschaftliche Partikularinteressen dienend) unangreifbar machen. Diese Vorstellung von Staatsräson als nach innen gerichteter Herrschaftstechnik setzt Konstellationen voraus, in denen entweder von einem faktischen oder ständig möglichen Interessengegensatz zwischen Regierenden und Regierten, zwischen Staats- und Privatangelegenheiten, ausgegangen wird.[7] Das Aufkommen von Kontroll- und Partizipationsansprüchen seitens der der Gesellschaft an den Staat bildet einen solchen Kontext, in dem es darum geht, „(to) maintain or regain control over the domestic exchange process".[8]

Drei unterschiedlich seriöse Verwendungsformen lassen sich vor diesem Hintergrund im heutigen Gebrauch des Begriffs unterscheiden:

a) Staatsräson als rhetorischer Kampfbegriff in der politischen Auseinandersetzung

In dieser ihrer durchsichtigsten Variante werden Staatsräson und „nationales" Interesse als politische Legitimationsfloskeln missbraucht, um ein bestimmtes politisches Ziel vor Widerstand abzuschirmen und gegenüber Kritik zu immunisieren. In dieser platten Verwendung suggeriert das Konzept nicht nur die Unverzichtbarkeit einer jeweiligen poli-

4 George/Keohane (1980), S. 220.
5 Häckel (1993), S. 144.
6 Vgl. Quaritsch (1975), S. 53.
7 Maluschke (1975), S. 573.
8 Hudson/Sims/Thomas (1993), S. 53f.

tischen Forderung, sondern ersetzt zugleich deren Begründung. Es dient als rhetorisches Instrument der Gefolgschaftssicherung und Disziplinierung.

b) Staatsräson als „Common Sense"-Kategorie

Nicht viel überzeugender ist eine zweite Verwendungsart, nämlich die, all das als Staatsräson zu deklarieren, was man selbst als Frucht vermeintlich „nüchterner" und „unvoreingenommener" Überlegungen für die Wahrnehmung objektiv vorgegebener Grundinteressen hält. Als Staatsräson können dabei unter Appell an den gesunden Menschenverstand alle möglichen Zielsetzungen mit dem Sonderstempel des „nationalen Interesses" aufgewertet werden. Ungeachtet aller Selektivität wird keine Mühe auf eine nachvollziehbare Herleitung verschwendet, die die standortgebundene Relativität jeder solchen Zielveredelung und „Faktizitäten"-Auswahl offenbaren müsste.

c) Staatsräson im Verständnis des Politischen Realismus

Schließlich finden wir eine dritte Art der nun auch mit akademischen und theoriegeleiteten Ansprüchen auftretenden Begriffsverwendung vor, die sich von den beiden anderen durch einen offen gelegten und eben auch nachvollziehbaren Begründungszusammenhang im Sinne einer konsistenten Ableitung abhebt. Gemeint ist der Gebrauch des Begriffes aus dem Blickwinkel der Realistischen Schule, also des in der Linie Hobbes, Morgenthau[9] und Waltz[10] entwickelten Machtansatzes der internationalen Politik.

Da die beiden zuerst genannten Verwendungsarten als argumentative Grundlagen wenig tragfähig sind, um die staatliche Exekutive gewähren zu lassen, möchte ich im Folgenden den deutlich anspruchsvolleren Zugriff des Politischen Realismus als Ausgangspunkt verwenden, um unterschiedliche Wege zur Beantwortung einer weiteren Frage voneinander zu unterscheiden:

Wer disponiert über den Inhalt der Staatsräson im Gewalten geteilten Staat?

In der Variante des staatszentrierten politischen Realismus kann allein der kluge Staatsmann vernunftmäßig erfassen, was objektiv die Staatsräson determiniert. Als solcher erweist er sich eben dadurch, dass er den Mut hat, das nationale Interesse gegenüber partikularen gesellschaftlichen Widerständen zu behaupten. Bei der Erfassung dessen Inhalts wird er sich von Sachverhalten leiten lassen, aus denen eine generelle und eine spezifische Staats-

9 MORGENTHAU (1963).
10 WALTZ (1979) und DERS. (1959).

räson, die sich für jeden Staat aus vorgegebenen Konstanten ergibt, abgeleitet werden kann.[11]

Bei der für alle Staaten gleichen generellen Staatsräson wird vor allem die Machtstruktur des internationalen Systems als eine solche Konstante angesehen. Im Realismus, der nach wie vor – vielleicht weniger in der wissenschaftlichen Analyse, dafür aber um so mehr in der Publizistik und bei den außenpolitischen Praktikern – eine große Resonanz findet, bleibt die Maximierung von Macht so lange mit der Wahrnehmung des nationalen Interesses (der „Staatsräson") gleichbedeutend, wie die Erhaltung des Staates als politische Handlungseinheit im internationalen System im Rahmen eines allseitigen Überlebenskampfes von seinem relativen Gewicht im Konzert der Mächte abhängt. Ein für alle Staaten übergeordnetes Ziel wird von keinem Realisten bestritten: Das Streben nach einem hohen Machtrang, d. h. nach möglichst viel staatlicher Autonomie, stellt das oberste nationale Interesse eines jeden Staates dar. Damit impliziert der Verweis auf die Staatsräson zugleich ein Primat der Außenpolitik und kann auf diese Weise auch als Argument für die Zurückdrängung gesellschaftlicher Ansprüche verwandt werden.

Die für ein jeweiliges Land konkrete Staatsräson ergibt sich vor allem aus dessen geographischer Lage und naturräumlicher Ausstattung. Die dadurch bedingten Abhängigkeiten machen unterschiedliche politische Strategien erforderlich („Westintegration"/„Sicherung der Rohstoffzufuhr"). Das heißt, es kann mehrere Spielarten einer spezifischen Staatsräson geben, die aber immer noch an objektiven Rahmenbedingungen festzumachen sind – sowohl dauerhafte als auch raum-zeitlich gebundene, aus denen sich für jeden Staat in jeder Situation eine ideale Linie des Handels ergibt, eine ideale Staatsräson.[12]

Mit der inhaltlichen Füllung des Begriffs der Staatsräson haben Realisten vor allem deswegen keine grundsätzlichen Schwierigkeiten, weil das nationale Interesse vorgefunden werden kann. Wir haben es hier also mit einer objektivistisch-deduktiven Bestimmung des Staatsinteresses zu tun, die an materielle Konstanten geknüpft ist. Was im Sinne der Staatsräson zu tun ist, ist objektiv vorgegeben, relativ konstant und muss von den Staatslenkern nur richtig erkannt werden. Für Häckel ist diese realistische Variante der Staatsräson Ausdruck eines vordemokratischen Verständnisses vom Verhältnis zwischen Staat und Gesellschaft, einer Wahrnehmungswelt, für die die Notwendigkeit einer „hermetischen Abschirmung" der staatlichen Außenpolitik gegenüber gesellschaftlich definierten Bedürfnissen und Wertvorstellungen konstitutiv ist: L'état, c'est moi. Überlebenssicherung wird am Staat und nicht am Individuum festgemacht (national security, und nicht human security) und ist davon abhängig, dass sich dieser damit auch und gerade gegenüber gesellschaftlichen Partikularinteressen durchsetzen kann, wenn das Wohl des Ganzen (also sein Wohl) auf dem Spiel steht.[13]

Trotz dieser für ihre heutige Brauchbarkeit nicht gerade unerheblichen Einschränkung bleibt als eine Errungenschaft festzuhalten, dass die realistische Konzeption des „nationalen

11 Siehe dazu Link (1987), S. 400ff.

12 Meinecke (1924), S. 1.

13 Häckel, (1993), S. 145.

Interesses" und der ihm verpflichteten Staatsräson sich immerhin auf eine stimmige Ableitung von ausgewiesenen Prämissen gründet. Das unterscheidet sie von anderen, die nationale Interessen von vermeintlich „objektiven" Voraussetzungen herleiten und, ohne sich über die Standortgebundenheit solcher Voraussetzungen Rechenschaft abzulegen, vermeintliche „Axiome" als nicht bestreitbare Faktizitäten zu Ausgangspunkten für die inhaltliche Bestimmung von Staatsräson erklären. Die realistischen „Faktizitäten" wie Anarchie, Selbsthilfe und Sicherheitsdilemma sind jedoch ihrerseits ebenfalls nicht voraussetzungslos, sondern von der Vorentscheidung des realistischen Betrachters für den gewählten Wahrnehmungsraum „Staatenwelt" abgeleitet. Eben die Entscheidung für diesen Blickwinkel unterstreicht indes, dass es kein nationales Interesse, keine Staatsräson unabhängig vom Standpunkt des jeweiligen Betrachters gibt. Nicht nur könnten aus der Anarchieannahme unterschiedliche Handlungsimperative abgeleitet werden (siehe dazu richtungsweisend etwa Wendt 1992), sondern man könnte etwa auch die westlich-kapitalistische Zivilisation als Grundkontext staatlichen und gesellschaftlichen Verhaltens zugrunde legen, in dem es um die Bewahrung kultureller Identität ginge. Nationales Interesse würde und wird somit auch in anspruchsvolleren Begründungszusammenhängen immer vor dem Hintergrund bestimmter Vorentscheidungen über die Beschreibung des Kontextes definiert, aus denen heraus sich erst die Relevanzkriterien dafür bestimmten lassen, an welchen Zielen sich die Staatsräson zu orientieren hat. Das Konzept ist und bleibt damit „heavily value loaden".[14]

Es gibt also auch andere Blickwinkel, um zu einer inhaltlichen Bestimmung der Staatsräson zu kommen. Um dabei von einer vordemokratischen zu einer demokratischen Bestimmung zu gelangen, müssen gesellschaftliche Anliegen als Ausgangspunkt dienen. Im Unterschied zu der Prämisse des staatszentrierten Realismus, Staatsräson sei homogen und konstant, würde aus der Sicht eines gesellschaftszentrierten Pluralismus oder Liberalismus die Staatsräson (der Begriff selbst findet sich im Diskurs dieser Sichtweise aber praktisch nicht) allenfalls als eine induktive, an die gesellschaftliche Bedürfnisartikulation zurückgebundene Größe Sinn machen, die etwa in einer demokratisch zustande gekommenen Verfassung ihren Niederschlag finden kann. In jedem Fall muss der Souverän selbst darüber bestimmen und kontrollieren können, was als Staatsräson im nationalen (d. h. in seinem!) Interesse liegt, das heißt, die Staatsräson ist im Kontext der Demokratie nicht exogen und ohne die Gesellschaft begründbar. Diese definiert sie, die staatlichen Institutionen schützen sie, die Exekutive vertritt sie. Ein vom Staat als „nationales Interesse" zu vollziehender gesellschaftlicher Wille wird also nicht bereits vorgefunden. In der Demokratie ist es die Gesellschaft, die im Rahmen rechtsstaatlich fixierter Spielregeln verbindlich festlegt und jederzeit kontrollieren können muss – beispielsweise durch Einschaltung des Parlaments und der Gerichte –, was im nationalen Interesse geschehen soll. Die jeweilige Mehrheit verfügt über die Definitionsmacht und die verbindliche Interpretation des nationalen Interesses. Dies bedeutet auch, dass sich die in demokratischen Willensbildungspro-

14 GEORGE/KEOHANE (1980), S. 221.

zessen festgelegten nationalen Interessen je nach Kontext und dem relativen Durchsetzungsvermögen gesellschaftlicher Kräfte auch verändern können.

Die konzeptionelle Unterscheidung zwischen einer aus konstanten Faktizitäten deduzierbaren Staatsräson auf der einen und einer gesellschaftlich (sozial-)konstruierten auf der anderen Seite soll nicht behaupten, dass es nicht auch im zweiten Fall so etwas wie einen absehbar konstanten Katalog von Grundzielen gibt, von dem sich ableiten ließe, was im Sinne der Staatsräson zu tun und zu lassen sei. Dessen Autor wäre indes nicht der kluge Staatslenker, sondern der gesellschaftliche Souverän. Der Ort, an dem sich dieser Zielkatalog findet, ist die Verfassung eines Staates. Aus dieser Sicht würden sich Rechtsbruch und Verfassungsverstoß seitens der Exekutive einerseits und Handeln unter Verweis auf die Staatsräson gegenseitig ausschließen. Vielmehr wäre gerade die Sicherung der Werte der freiheitlich-demokratischen Grundordnung Gegenstand der Staatsräson.

Unter der Annahme, dass es sich beim Verweis auf die Staatsräson um eine Herrschaftstechnik handelt und dass Staatsräson und nationales Interesse immer soziale Konstruktionen sind, kann allein der Verweis darauf jedenfalls im demokratischen Rechtsstaat nicht mehr als Begründung für eine Grundrechtsschranke taugen.[15] Die aus sozialwissenschaftlicher Perspektive nicht mehr hintergehbare konstruktivistische Wende macht den Rekurs auf die Staatsräson zu einem Begründungsersatz, der dem Handeln derjenigen, die sich seiner bedienen, einen zusätzlichen Begründungsbedarf aufnötigt, den sie aus anderen Begründungsquellen decken müssen. Ein sozialkonstruktivistisch informierter Blick offenbart den Verweis auf die Staatsräson als einen brüchig gewordenen Begründungszusammenhang. Die Verwendung des Begriffs ist sowohl problematisch „as a criterion to assess what is at stake in any given situation and to evaluate what course of action is 'best'", als auch „as a justification for decisions taken".[16] Wenn man die Frage „Ist die Demokratie noch zeitgemäß?" angesichts existenzieller Sicherheitsherausforderungen wie der des grenzüberschreitenden Terrorismus nicht grundsätzlich verneinen möchte, wird man wohl aushalten müssen, dass die freiheitliche Demokratie sich nicht der gleichen Mittel bedienen kann wie ihre Feinde. Ihr werden die Hände immer wieder gebunden sein. Das erzeugt Kosten. Aber mit der „Entfesselung" exekutiver Macht würde sie sich selbst verlieren, indem sie sich ihrer Legitimation beraubt.

15 siehe Weldes (1996), S. 275–318.
16 George/Keohane (1980), S. 218.

Literatur

George, Alexander L./Keohane, Robert O. (1980), The Concept of National Interests: Uses and Limitations. In: George, Alexander L. (Ed.): Presidential Decisionmaking in Foreign Policy. Boulder, S. 217–237.

Häckel, Erwin (1993), Ideologie und Außenpolitik. In: Woyke, Wichard (Hrsg.): Handwörterbuch Internationale Politik. 7. Aufl. Bonn, S. 142–149.

Hudson, Valerie M./Sims, Susan M./Thomas, John C. (1993), The Domestic Political Context of Foreign Policy-Making: Explicating a Theoretical Construct. In: Skidmore, David/Hudson, Valerie M. (Hrsg.), The Limits of State Autonomy. Societal Groups and Foreign Policy Formulation. Boulder, S. 49–101.

Link, Werner (1987), Die außenpolitische Staatsräson der Bundesrepublik Deutschland. Überlegungen zur innerstaatlichen Struktur und Perzeption des internationalen Beziehungsfeldes. In: Funke, Manfred u. a. (Hrsg.), Demokratie und Diktatur. Geist und Gestalt politischer Herrschaft in Deutschland und Europa. Bonn, S. 400–416.

Maluschke, Günther (1975), Hegel und das Problem der Staatsräson. In: Schnur, Roman (Hrsg.), Staatsräson. Studien zur Geschichte eines politischen Begriffs. Berlin, S. 569–590.

Meinecke, Friedrich (1924), Die Idee der Staatsräson in der neueren Geschichte. München 1963.

Morgenthau, Hans J. (1963), Macht und Frieden. Gütersloh.

Quaritsch, Helmut (1975), Staatsraison in Bodins „République". In: Schnur, Roman (Hrsg.), Staatsräson. Studien zur Geschichte eines politischen Begriffs. Berlin, S. 43–63.

Schnur, Roman (Hrsg.) (1975), Staatsräson. Studien zur Geschichte eines politischen Begriffs. Berlin.

Wæver, Ole (1995), Securitization and Desecuritization. In: Lipschutz, Ronnie D. (Hrsg.): On Security, New York, S. 46–86.

Waltz, Kenneth N. (1959), Man, the State, and War. New York.

Waltz, Kenneth N. (1979), Theory of International Politics. Reading, Mass.

Weldes, Jutta (1996), Constructing National Interests. In: European Journal of International Relations 2:3, S. 275–318.

Wendt, Alexander (1992), Anarchy is What States out of It: The Social Construction of Power Politics. In: International Organization 46: 2, S. 391–425.

Wolf, Klaus Dieter (1995), Was sind „nationale Interessen"? Versuch einer begrifflichen Orientierungshilfe im Spannungsfeld von Staatsräson, vergesellschafteter Außenpolitik und transnationalen Beziehungen. In: Calließ, Jörg/Moltmann, Bernhard (Hrsg.), Die Zukunft der Außenpolitik. Deutsche Interessen in den internationalen Beziehungen. Rehburg-Loccum, S. 248–268.

Wolf, Klaus Dieter (2000), Die Neue Staatsräson. Zwischenstaatliche Kooperation als Demokratieproblem in der Weltgesellschaft. Baden-Baden.

Schlusswort

Kurt Graulich

Terrorismus und Terrorismusbekämpfung – Folgt der Auflösung der rechtlichen Angriffsform die Auflösung der rechtlichen Verteidigungsform?

I. Quod erat demonstrandum

Das Projekt „Justizgewährung, Staatsräson und Geheimdienste" hat sich eine Beschreibung an den Anfang gestellt und die darin enthaltenen Teilaufgaben abgearbeitet. Es soll vorliegend nicht unternommen werden, Punkt für Punkt die Erledigung oder Nicht-Erledigung dieses Pflichtenhefts zu überprüfen. Weitgehend sind die Aufgaben erfüllt worden. Weniger einfach ist die Frage zu beantworten, wie gut die Erledigung gelungen ist. Eine Menge an Reflexion über den Gegenstand ist zusammen gekommen. Die Vielfalt der fachlichen Ansätze hat hier Früchte getragen. Im vorliegenden Schlusswort wird vieles davon noch einmal angerissen und somit der inhaltliche Zusammenhang der einzelnen Beiträge aufgezeigt. Das Ergebnis des Projekts ist allerdings etwas anderes als eine bündige Sammlung von Handreichungen für die Staatspraxis, sei es in Gestalt von Gesetzgebung, Verwaltung oder Rechtsprechung. Diese Institutionen sind in Reaktion auf international operierende terroristische Vereinigungen ohnehin besonders aktiv. Es konnte daher in dieser praktischen Hinsicht eher nur um Vorschläge zur Verbesserung bereits vorhandener Strukturen und zu einer Erhöhung der Problemlösungsfähigkeit im demokratischen Rechtsstaat gehen.

Das Projekt hat nicht in einem ruhigen Winkel der Geschichte stattgefunden. Vielmehr ist der internationale Terrorismus unvermindert weiter aktiv gewesen und hat dementsprechend gesetzliche und sicherheitsbehördliche Reaktionen in den angegriffenen Ländern nach sich gezogen. Die in diesem Zusammenhang Krieg führenden Nationen – sei es in Afghanistan oder im Irak – haben sich nicht durchgängig als Aushängeschilder für rechtsstaatliche und dem internationalen Recht entsprechende Vorgehensweisen erwiesen. Das hat ihre militärische Effektivität nicht vermindert, aber den Glauben an die Legitimität und Moralität ihrer Sendung stark ramponiert. Die Beobachtung dieser Vorgänge spiegelt sich in den Beiträgen, die in den letzten zwei Jahren zu dem Gesamtthema entstanden sind. Die Schlussbetrachtung betont deshalb grundsätzlich den hohen Wert zivilgesellschaftlicher sowie rechtsförmlicher und rechtlich gesicherter Vorgehensweisen in Konflikten im Gegenzug zu vorrangig militärischen und anderen repressiven Maßnahmen. Denn der Auflösung der rechtlichen Angriffsform folgt sonst diejenige der rechtlichen Verteidigungsform und dieser folgt die Auflösung von Rechtsordnung überhaupt. Die Einhaltung des Rechtsstaatsprinzips im Rahmen des nationalen und internationalen Rechts muss daher gerade in turbulenten Zeiten umso mehr eingefordert werden.

II. Der Zusammenhang von Gewaltvermeidung und Rechtsentwicklung

Die beiden großen Kriege des 20. Jahrhunderts und die damit einher gehenden Grausamkeiten und Unrechtshandlungen haben weltweit, insbesondere aber in Europa eine Entwicklung in Gang gesetzt, deren Ziel es ist, die Austragung von gegensätzlichen Standpunkten mit friedlichen Mitteln und ohne Gewaltanwendung zum Grundsatz zu machen. Viele der gefundenen Ansätze müssen noch weiter entwickelt werden; wichtige Schritte auf dem Weg zu einer Art Weltrechtsordnung – bestehend aus völkerrechtlichen Verträgen und justizförmigen Institutionen – sind aber bereits unternommen worden. International und supranational lassen sich UNO und Europäische Union als maßgebliche Träger dieses Prozesses benennen. Innerstaatlich haben die meisten der westlichen Einzelgesellschaften sich inzwischen zu Typen freiheitlicher, demokratischer und rechtsstaatlicher Rechtsordnungen organisiert. Der insbesondere in den letzten fünfzig Jahren entstandene Umgang von ehemals kriegführenden Völkern und Gesellschaften miteinander lässt sich als Verrechtlichung ihrer Beziehungen bezeichnen. An die Stelle aufeinander gerichteter militärischer Aggressionspotentiale ist die materielle und institutionelle Rechtsform von Beziehungen getreten.

Europäer und Amerikaner waren lange Zeit davon überzeugt, mit ihrem Verständnis von Freiheit, Demokratie und Rechtsstaatlichkeit einen universell überzeugenden Entwurf für ein gedeihliches Zusammenleben gefunden zu haben. Es hat sich allerdings immer wieder gezeigt, dass sowohl innerhalb als auch außerhalb ihrer Gesellschaften fundamental anders denkende Gruppen sich in Opposition dazu begeben und ihre andersartigen Vorstellungen mit gewaltsamen Mitteln verfolgt haben. Summarisch werden diese Vorgehensweisen als Terrorismus bezeichnet, wenn „nicht-staatliche Akteure gezielte manifeste Gewalt gegen Zivilisten ausüben, um Angst und Schrecken zu verbreiten und dadurch einen Politikwandel des Staates herbeizuführen“[1]. Nur beispielhaft seien für solche innergesellschaftlichen Oppositionsgruppen die IRA in Nordirland, die Roten Brigaden in Italien, die RAF in Deutschland oder die ETA in Spanien genannt. Grenzüberschreitend haben seit langem palästinensische Widerstandsorganisationen gehandelt, durch deren Vorgehensweisen immer wieder Menschen zu Opfern wurden, die nicht unmittelbar zu einer Konfliktpartei gehörten.[2] In den neunziger Jahren des letzten Jahrhunderts ist dann mit dem sog. Netzwerk al-Qa'ida ein Phänomen aufgetreten, in dem sich politische, religiöse und militärische Aspekte zu einer virulenten Gewaltförmigkeit verbinden. Ein Merkmal bei der Vorgehensweise solcher religiös motivierten fundamental-oppositionellen Organisationen ist es, die Feindkategorie der „Ungläubigen“ über alle politisch-rationalen Kalküle hinaus

1 Daase (im vorliegenden Band S. 94).

2 Münkler (2002), S. 185.

fast beliebig auszudehnen,[3] ein anderes Moment ist die Ablehnung sämtlicher nationalen und internationalen Rechtsbindungen. Der terroristische Angreifer negiert die Gültigkeit jedweder rechtlichen Form.

Es gibt Anzeichen dafür, dass insbesondere in den rechtsstaatlich entwickelten Gesellschaften – als Reaktion auf diesen Umstand – sich eine Haltung breit macht, die Rechtsform beim sog. Krieg gegen den Terrorismus aus Gründen der sicherheitstechnischen Effektivität ebenfalls zurückstellen zu wollen. Lothar Brock sieht eine Neigung der Demokratien, sich in der Stunde der Gefahr selbst zu demontieren. „Der Weg, den die Demokratien in den vergangenen Jahren gegangen sind, ist [demnach] von entsprechenden Wegmarken markiert: erst sprachen wir von humanitärer Intervention, dann vom gerechten Kriege; erst sahen wir uns mit der Frage konfrontiert: ‚Wen müssen wir schützen?', dann hieß es: ‚Wen dürfen wir bombardieren?', und heute wird darüber debattiert, wie man Menschen foltern kann, ohne die Anti-Folter-Konvention zu verletzen: Hier *droht* nicht nur eine Preisgabe demokratischer Errungenschaften im Namen des Schutzes der Demokratie, sie vollzieht sich bereits!"[4] Diese Tendenz muss beunruhigen, denn sie könnte zum Einreißen wichtiger Mauern führen, aus denen das Gebäude einer friedlichen und gerechten Welt besteht. Der Zusammenhang von Recht und Gewaltfreiheit oder zumindest rechtlich verfasster Gewaltanwendung ist essentiell. Er soll daher seiner geschichtlichen Entstehung und dem erreichten Stand nach zunächst im Verhältnis zwischen den Staaten betrachtet werden (III.). Dann wird eine Einordnung des sog. Terrorismus – als Angreifer – in die Strukturen von internationalem Recht und Politik unternommen (IV.), und schließlich werden einige rechtliche Details in der Reaktion der angegriffenen Staaten und Gesellschaften beleuchtet (V.). Zum Schluss wird kein Patentrezept empfohlen, sondern eine Fortsetzung und Ausweitung rechtsförmlicher Konfliktbewältigung als dauerhaft allein wirksames Mittel gegen Gewaltförmigkeit (VI.). Dazu kann parallel zur Ausdehnung der polizeilichen Aufgaben von Geheimdiensten deren Unterstellung unter die justizielle Kontrolle dienen, wozu ein Vorschlag gemacht wird (VII.).

III. Angriff und Rechtsform

Die internationale ebenso wie die nationale deutsche Rechtssituation geht von der Friedlichkeit als Normalzustand aus. Konflikte sind grundsätzlich gewaltfrei zu lösen. Das Völkerrecht stellt zur Bestimmung der unzulässigen Einwirkungen im Konfliktfall einen vertraglich und gewohnheitsrechtlich geltenden Rahmen bereit, der auf den Begriffen Gewaltverbot und Interventionsverbot aufbaut. Mit dem absoluten Gewaltverbot nach Art. 2 Nr. 4 UN-Charta werden die Formen der bewaffneten Zwangsausübung und Zwangsandrohung geächtet. Nur unter den engen Voraussetzungen des Selbstverteidigungsrechts nach Art. 51 UN-Charta und den Maßnahmen der kollektiven Sicherheit nach Art. 39ff.

3 Neidhardt (im vorliegenden Band, vgl. S. 42).
4 Brock (im vorliegenden Band, vgl. S. 346).

der UN-Charta ist die Ausübung bewaffneter Gewalt zulässig.[5] Der Einsatz von Gewalt erscheint demnach als voraussetzungsschwerer und begründungsbedürftiger Ausnahmefall. Oder anders ausgedrückt in einer formelhaften Zweck-Mittel-Relation: Anstelle von „Erfolg durch Gewalt" ist „Frieden durch Recht" getreten.

Terrorismus erscheint als gravierender Verstoß gegen diesen Grundsatz, und seine Verdammung erscheint daher nicht nur gerechtfertigt aus Gründen der fehlenden Legalität, sondern auch der fehlenden Legitimität. Wer ein dermaßen sicheres Urteil abgeben will, muss aber die Festigkeit der eigenen Beurteilungsgrundlage überprüfen, d.h. den Zusammenhang von völkerrechtlichen Regeln und ihrer Einhaltung sowie Durchsetzung, und dies soll an Hand bekannter Beispiele geschehen. Um Leistungsfähigkeit und Leistungsgrenzen bei der Exekution von Völkerrecht beurteilen zu können, soll daher ein Blick in die Geschichte geworfen werden. Es macht nämlich keinen Sinn, die sog. Neuen Kriege und Terrorismus als einen ihrer Aspekt an Erwartungen zu messen, die möglicherweise selbst im Feld sog. traditioneller Kriege nicht ernsthaft eingehalten worden sind.

1. Völkerrechtliche Grundlagen

Die Grundlagen des positivierten Kriegsvölkerrechts finden sich in der Haager Landkriegsordnung von 1907.[6] Sie enthielt erstmals eine Auflistung wesentlicher Regeln des Kriegsrechts, angefangen von der Unterscheidung zwischen Kombattanten und Nichtkombattanten, über die Rechtsstellung der Kriegsgefangenen und die Zulässigkeit von Kampfmitteln bis hin zur Ausübung militärischer Gewalt im besetzten Gebiet. Zum katastrophalen Testfall für die Einhaltung dieser Rechtsregeln kam es sieben Jahre später im Ersten Weltkrieg, und die Ansichten über die Einhaltung des Völkerrechts während der vierjährigen Kampfhandlungen waren verschieden, die Vorwürfe von Regelverstößen gegenseitig. In der Zeit zwischen den beiden großen Kriegen wurden u.a. mit der Errichtung des Völkerbundes, dem Genfer Protokoll betreffend das Verbot der Anwendung von Giftgasen und bakteriologischen Mitteln vom 17.06.1925,[7] dem Briand-Kellogg-Pakt über die Ächtung des Krieges von 27.08.1928[8] u.a.m. zwar weitere Versuche unternommen, materielle und verfahrensförmige Regeln zur Vermeidung von Kriegen oder wenigstens ihrer Zähmung aufzustellen. Umstritten blieben aber die völkerrechtliche Immunität von Staatsoberhäuptern in Bezug auf internationale Kriegsverbrecherprozesse und überhaupt die Frage einer etwaigen völkerrechtlichen Befugnis zur Kriegsführung durch souveräne Staaten.[9] Den Test auf die Ernsthaftigkeit bei der Behandlung dieser Zweifelsfragen legten die vertraglichen Regeln und sonstigen Vorgehensweisen jeweils nach dem Ende des Ersten und Zweiten Weltkrieges ab. In der Zeit nach dem Zweiten Weltkrieg haben sich durch

5 Ipsen (2004), § 59 Rn. 1.
6 RGBl. 1910 II, 107.
7 RGBl. 1929 II S. 174
8 RGBl. 1929 II S. 27
9 Vgl. zur entsprechenden Position der amerikanischen Regierung unter Präsident Wilson Hankel (2003), S. 8.

die UN-Charta und mehrere Genfer Konventionen neue Regeln des Kriegsvölkerrechts ausgebildet, die noch zu betrachten sein werden.

2. *Fälle von Judizierung und Negierung des Kriegsvölkerrechts*

a) Versailler Vertrag und die sog. Leipziger Prozesse

Völkerrechtlicher Prototyp einer vertraglichen Friedensregelung waren der Versailler Vertrag vom 28. Juni 1919 sowie die daneben geschlossenen sog. Pariser Vorortverträge zur Beendigung des Ersten Weltkrieges. Wer den historischen Abschnitt vom Abschluss dieses Vertragssystems bis zum Zweiten Weltkrieg durchmisst, wird dafür kaum die Überschrift „Frieden durch Recht" wählen. Es hat zwar der Form nach Völkerrecht geschaffen, aber nicht versöhnend auf das Bewusstsein der Hauptkriegsbeteiligten gewirkt, sondern ist im Gegenteil für einen Teil der Besiegten der Stachel gewesen, der ihre Gesellschaften zu den Gewalttaten der folgenden fünfundzwanzig Jahre getrieben hat. Der Vertrag brachte keine Beruhigung, zeigte dem Besiegten keine erstrebenswerte Perspektive auf und schuf keinen haltbaren Rahmen für eine internationale Politik.[10] Dabei war der berühmte Art. 231, durch welchen dem Deutschen Reich die Alleinschuld am Krieg zugeteilt wurde, nur einer der unüberbrückt gebliebenen Gegensätze. Entscheidender für die fehlende Befriedungswirkung war der Eindruck auf Seiten der Besiegten, nicht zum Ergebnis eines ausgehandelten Vertrages, sondern zu einer aufgezwungenen Vereinbarung gelangt zu sein.[11]

Wichtig für den juristischen Gehalt des Friedensvertrages waren auch noch die Regelungen in Art. 227 bis 229. Sie standen im bewussten Gegensatz zu den in früheren Zeiten üblich gewesenen Amnestiebestimmungen im Rahmen von Friedensverträgen. Nach Art. 227 sollte vielmehr der abgedankte Kaiser Wilhelm II. „wegen schwerster Verletzung des internationalen Sittengesetzes und der Heiligkeit der Verträge" vor ein internationales Gericht gestellt werden; die Rechtslage war insofern vage, als ihm nicht die Verletzung eines konkreten Straftatbestandes vorgeworfen wurde; er entzog sich jeglichem Zugriff durch Aufsuchen seines niederländischen Exils. Was mit denjenigen geschehen sollte, die im Verdacht standen, Kriegsverbrechen begangen zu haben, war in den Art. 228 und 229 geregelt. Am 3. Februar 1920 verlangten die Alliierten die Auslieferung von etwa 900 Deutschen, darunter Offiziere aller Dienstgrade sowie einzelne Zivilpersonen.[12] Dieses Verlangen erwies sich angesichts deutscher Verweigerungshaltung als nicht durchsetzbar und führte zu der abgemilderten Forderung gegen die Beschuldigten in Deutschland selbst Verfahren durchzuführen.[13] Zu diesem Zweck erhielt die Reichsregierung am 7. Mai 1920 von den Alliierten eine Liste von 45 der Begehung von Kriegsverbrechen Beschuldigten, denen vor dem Reichsgericht in Leipzig der Prozess gemacht werden sollte.[14] In der Summe

10 Hankel (2003), S. 520.
11 Mommsen (2004), S. 201ff.
12 Hankel (2003), S. 29ff.
13 Hankel, a.a.O., S. 47.
14 Hankel, a.a.O., S. 56.

lässt sich feststellen, dass sieben davon zu Freiheitsstrafen zwischen sechs Monaten und fünf Jahren verurteilt, hingegen zehn freigesprochen wurden. Alle anderen Verfahren endeten mit einem Einstellungsbeschluss, der letzte erging im Jahre 1931.[15] Der Versailler Vertrag hat somit eine völkerrechtliche Grundlage zur Ahndung von verbrecherischen Kriegshandlungen geschaffen, sie letztlich aber mangels Akzeptanz nicht durchgesetzt.

b) Nürnberger Kriegsverbrecherprozesse

Auf die deutsche Kapitulation am Ende des Zweiten Weltkrieges folgten die sog. Nürnberger Kriegsverbrecherprozesse. Die vier alliierten Siegermächte hatten aus dem weitgehenden Scheitern der Kriegsverbrecher-Regelungen im Versailler Vertrag die Konsequenzen gezogen und die Sache selbst in die Hand genommen. Am 8. August 1945 schlossen sie das Londoner Abkommen über die Verfolgung und Bestrafung der Hauptkriegsverbrecher der europäischen Achsenmächte, in dessen Anhang sich das Statut des Internationalen Militärgerichtshofs befand. Neben Gerichtsverfahrens- und -verfassungsfragen waren darin als materiell strafrechtliche Tatbestände in Art. 6 aufgeführt „Verbrechen gegen den Frieden", „Kriegsverbrechen" und „Verbrechen gegen die Menschlichkeit".[16] Die juristische Denunzierung der Nürnberger Kriegsverbrecherprozesse ereignete sich kurz vor ihrem Beginn am 20. November 1945 aus betroffener Feder. In einer Abhandlung aus dem Sommer 1945 mit dem Titel „Das internationalrechtliche Verbrechen des Angriffskrieges und der Grundsatz ‚Nullum crimen, nulla poena sine lege'" bestritt Carl Schmitt dem Tribunal bereits die völkerrechtliche Legitimation, ansonsten aber den rechtlichen Ausgangspunkt: „Weder im bisherigen Völkerrecht noch im bisherigen Strafrecht war der Angriffskrieg als solcher eine mit krimineller Strafe bedrohte Handlung".[17] Mit den durch das Deutsche Reich organisierten Verbrechen gegen die Menschlichkeit setzte er sich darin wohlweislich nicht auseinander.[18]

Die Entscheidung für einen Prozess als Mittel der Wahl trägt hinsichtlich der Rollenverteilung beim Zustandekommen Züge einer Ironie von Geschichte. In Potsdam hatte sich Großbritannien, halbherzig von den USA unterstützt, für einen kurzen Prozess mit formloser Hinrichtung ausgesprochen. Demgegenüber bestand Stalin auf einer Gerichtsverhandlung, ohne die er als mögliches Strafmaß nur lebenslange Freiheitsstrafe anstelle von Exekution für legitim gehalten hätte.[19] Der Prozess gegen die sog. Hauptkriegsverbrecher betraf 21 ehemals führende Vertreter des Dritten Reiches und endete gegen 12 von ihnen

15 Hankel, a. a. O.

16 Ipsen (2004), § 42 Rn. 13ff.

17 Schmitt (1994), S. 17.

18 Am 28. April 1947, während seiner Nürnberger Untersuchungshaft, hat C. Schmitt in seiner Antwort an Kempner zwar das Thema „Verbrechen gegen die Menschlichkeit" angepeilt, sicher aber der Frage eines etwaigen eigenen Beitrages dazu entzogen unter Hinweis auf die entweder nicht erfolgte Anklage oder zumindest nicht erfolgte Verurteilung der Hauptkriegsverbrecher wegen dieses Aspekts (vgl. Schmitt [2000], hrsg. von Helmut Quaritsch, S. 83ff.).

19 Overy (2003), S. 446.

mit der Todesstrafe, 3 mal lebensländlich, 4 Zeitstrafen zwischen 10 und 20 Jahren sowie drei Freisprüchen. Trotz aller Kritik gegenüber dem Statut und dem auf seiner Grundlage durchgeführten Verfahren, hat es alles in allem nicht an Akzeptanz gefehlt, sicher auch deshalb, weil ein – hypothetisch – vor deutschen Richtern nach zur Tatzeit geltendem deutschen Recht durchgeführtes Verfahren aller Voraussicht nach ebenfalls zu ähnlich schweren Verurteilungen geführt hätte.[20]

Eine allgemeine Durchsetzung der in Nürnberg angewandten Grundsätze von Völkerstrafrecht hat sich als schwierig erwiesen; insbesondere ist dies nicht im Rahmen der UN-Organisation gelungen.[21] Dies zeigt sich bereits daran, dass die Alliierten völkerrechtswidrige Teile ihres eigenen Vorgehens keiner gerichtlichen Überprüfung unterzogen.[22] Dazu hätte Stalins Anteil an der polnischen Teilung aufgrund des deutsch-sowjetischen Pakts von 1939 gehört, aber auch das Massaker im Wald von Katyn von NKWD-Angehörigen an insgesamt 21.857 polnischen Soldaten, das in Nürnberg wahrheitswidrig den Deutschen zur Last gelegt und erst im April 1995 als Tat des NKWD eingestanden wurde.[23] Insbesondere ist es aber Äthiopien in den Jahren 1946 und 1947 verwehrt worden, in adäquater Weise auf der Ebene der UN War Crimes Commission eine Verfolgung italienischer Kriegsverbrechen zwischen 1935 und 1941 durchzusetzen.[24] Allerdings ist unmittelbar nach dem Ende des Zweiten Weltkrieges eine Anzahl weiterer kriegsvölkerrechtlicher Konventionen entstanden, darunter das III. Genfer Abkommen über die Behandlung von Kriegsgefangenen vom 12. August 1949[25] und das IV. Genfer Abkommen zum Schutze von Zivilpersonen in Kriegszeiten, ebenfalls vom 12. August 1949[26] samt Zusatzprotokollen.

c) USA und Kriegsverbrechen in Vietnam und danach

Auch bei der Ahndung von Kriegsverbrechen im nationalen Justizrahmen – wie z. B. nach dem Massaker von My Lai in Vietnam mit über 100 ermordeten Zivilpersonen – haben die USA zwar den „Uniform Code of Military Justice" angewandt, nicht aber den Tatbestand des völkerrechtlichen Kriegsverbrechens, wie er dem Vorgehen des Internationalen Mili-

20 Ipsen (2004), § 42 Rn. 25.
21 Ipsen, a. a. O., § 42 Rn. 28.
22 „Es ist allerdings ein interessantes Merkmal der in Nürnberg und von angegliederten Gerichten gefällten Urteile, dass sie es sich nicht besonders angelegen sein ließen, die nicht-hierarchischen Verantwortlichkeiten der Soldaten durchzusetzen. Meistens bewegten sie sich am Rande des moralischen Raums, den ich mit jenem Begriff charakterisieren wollte, und verurteilten einzelne Offiziere wegen Geiselerschießungen, Tötens von hilflos im Meer treibenden Seeleuten und Kriegsgefangenen. Aber sie verurteilten niemanden wegen Blockadekriegen oder Terrorbombardements noch wegen irgendeiner anderen Form des unbekümmerten Umgangs mit dem Leben von Zivilisten. Ein Grund dafür war, dass diese Art der Kriegsführung keineswegs nur von den Deutschen betrieben wurde, ein anderer, dass der rechtliche Status dieser Art Kriegsführung bestenfalls unsicher ist." Walzer (2003), S. 59.
23 Overy (2003), S. 447–450.
24 Mattioli (2005), S. 169ff.
25 BGBl. 1954 II, 838.
26 BGBl. 1954 II, 917; Ber. BGBl. 1956 II, 1586.

tärgerichtshofs zu Grunde gelegen hat.[27] Leutnant Callay, der in diesem Zusammenhang wegen der Ermordung von 22 vietnamesischen Zivilisten zu lebenslänglicher Haft und unehrenhafter Entlassung aus der Armee verurteilt worden war, wurde, nachdem seine Verurteilung einen öffentlichen Entrüstungssturm hervorgerufen hatte, im Wiederaufnahmeverfahren freigesprochen.[28] Das Massaker durch amerikanische Militärflugzeuge an den aus Kuwait flüchtenden irakischen Truppen auf der Straße nach Bagdad – „highway of death" – ist nie Gegenstand eines Kriegsverbrecherprozesses gewesen, obwohl einiges für seine Tatbestandlichkeit spricht.[29]

d) Internationaler Strafgerichtshof

Ein gewisser Durchbruch ist mit dem Römischen Statut und der Errichtung des Internationalen Strafgerichtshofs am 11. 03. 2003 gelungen. Nach dem Statut ergänzt die internationale Strafgerichtsbarkeit die einschlägige Gerichtsbarkeit der Mitgliedsstaaten. Diese hat Vorrang, soweit sie zur effektiven Strafverfolgung führt. Ist der Gerichtshof indessen der Auffassung, eine effektive nationale Strafverfolgung sei nicht gegeben, so hat er eine beschränkte, jedoch hinreichende Befugnis, das Verfahren an sich zu ziehen. Allerdings haben ausgerechnet die USA ihre am 31.12.2000 vorgenommene Unterzeichnung am 06.05.2002 förmlich wieder zurückgezogen. Darüber hinaus schließt der American Service Member Protection Act vom 02.04.2002 die Kooperation der USA mit dem Gerichtshof aus und ermächtigt den Präsidenten, die zur Befreiung von US-Bürgern aus dem Gewahrsam des Gerichtshofs notwendigen Maßnahmen zu ergreifen.[30] Die darin sichtbar werdende Haltung der USA wurzelt tief in ihrem Souveränitätsverständnis und schafft ein höchst paradoxes Verhältnis zu einer sich herausbildenden internationalen Rechtsordnung, die auf Menschenrechtsprinzipien basiert. Die Utopie, nach der die Menschenrechtler streben, nämlich eine internationale Rechtsordnung, die Strafen gegen Staaten verhängen kann, passt nicht in die in den USA verbreitete Vorstellung, wonach Rechte ihre Legitimität aus der Ausübung der nationalen, im Willen des Volkes begründeten Souveränität beziehen.[31]

3. UNO-Weltrechtsordnung?

Eine völkerrechtlich neue Situation ist nach dem Zweiten Weltkrieg durch die UN-Charta entstanden. Sie enthält ein umfassendes Gewaltverbot, Regelungen über die Selbstverteidigung, die friedliche Streitbeilegung und die kollektive Sicherheit. Ausgangspunkt ist das Gewaltverbot in Art. 2 Nr. 4 UN-Charta: „Alle Mitglieder unterlassen in ihren internationalen Beziehungen jede gegen die territoriale Unversehrtheit oder die politische Unab-

27 Ipsen (2004), § 42 Rn. 26.
28 Hankel (2003), S. 522.
29 Münkler (2003), S. 95ff., 99.
30 Ipsen (2004), § 42 Rn. 29.
31 Ignatieff (2002), S. 38ff.

hängigkeit eines Staates gerichtete oder sonst mit den Zielen der Vereinten Nationen unvereinbare Androhung oder Anwendung von Gewalt." Ausnahmen von diesem absoluten Gewaltverbot sind nach der UN-Charta nur im Rahmen des Selbstverteidigungsrechts im Falle eines bewaffneten Angriffs nach Art. 51, als kollektive Zwangsmaßnahmen nach Art. 42 und 53 oder bei der Ausübung von Sonderrechten gegenüber ehemaligen Feindstaaten nach Art. 107 und 53 Abs. 1 Satz 2 UN-Charta zulässig.[32]

Der Satz vom „Recht eines souveränen Staates zur Kriegsführung" lässt sich nach dem erreichten völkerrechtlichen Niveau von Konventionen nicht mehr als richtig bezeichnen. „Sinn der Kombination des allgemeinen Gewaltverbots der UN-Charta (Art. 2/4) mit den Vorkehrungen für kollektive Friedenssicherung nach Kapitel VII der Charta [ist es], Partikularinteressen bei der Anwendung von Zwangsgewalt zurückzudrängen und der Willkür der Gewaltanwendung durch eine verfahrensrechtlich geregelte Kollektiventscheidung entgegenzuwirken. ... Das Recht auf Selbstverteidigung ... ist dabei als Residualkategorie der Völkerrechtsordnung zu betrachten, wie sie vor Verabschiedung der UN-Charta bestand; entsprechend eng wird das Recht auf Selbstverteidigung in der Charta formuliert."[33] Zu einer geschlossenen „Weltrechtsordnung" mit vollständigen Regeln über Gewaltanwendung, deren bindende Jurisdiktion und schließlich auch „Vollstreckung" von darauf gerichteten Judikaten durch eine „Weltpolizei" hat dies alles noch nicht geführt. Es gibt keinen Weltgesetzgeber im umfassenden Sinne; Rechtsetzung vollzieht sich auf weltweiter Ebene nach wie vor in aller Regel durch Vertrag.[34] Allerdings hat gerade im Zusammenhang mit Maßnahmen der Terrorismusbekämpfung der Sicherheitsrat internationale Verträge durch Resolution in Kraft gesetzt und damit eine Form der weltweit geltenden Gesetzgebung unternommen. Diese Praxis hat aber gerade erst begonnen und kann noch nicht als gesichert und in ihrer Reichweite als abschätzbar gelten.[35]

IV. Terrorismus und die sog. Neuen Kriege

Komplizierter sind die Verhältnisse dadurch geworden, dass kriegerische Handlungen in den letzten Jahrzehnten zu neuartigen Formen gefunden haben, die sich nicht an Staatlichkeit orientieren, nicht von einer spezifischen Kriegerkaste getragen werden und auch bei der Definition von Kriegsgegnern und Kriegszielen schweigsam und ausdruckslos bleiben. In einer Literatur über „Kriege der Zukunft" oder „Die neuen Kriege", wird von historischer und militärfachlicher Seite versucht, dieses Phänomen zu erklären. Die freiheitlichen und rechtsstaatlichen Gemeinwesen tun sich mit Reaktionsweisen immer noch

32 Ipsen (2004), Rn. 9 u. 10.

33 Brock (im vorliegenden Band, S. 348).

34 Tomuschat (2006), S. 357, 358.

35 Tomuschat (a. a. O., S. 358ff.) geht davon aus, dass diese Praxis des Sicherheitsrates sich durchsetzen werde und hat dies in Bezug auf die International Convention for the Suppression of the Financing of Terrorism vom 09.12.1999 dargestellt, die durch die Resolution 1373 des Sicherheitsrates vom 28.09.2001 in Kraft gesetzt wurde.

schwer, weil große Asymmetrien von terroristischer Schädigung einerseits und Beeinträchtigungen von Freiheitsräumen aus präventiven Gründen andererseits entstanden sind und sich fortsetzen.

1. Militärische Charakterisierung des Terrorismus

Kriegswissenschaftlich ist schwer mit einem einheitlichen Begriff zu definieren, was an Verschiedenartigem in der politischen Umgangssprache als „Terrorismus" bezeichnet wird. Jedenfalls erklärt Clausewitz' formelhafter Kriegsbegriff – „Ein Akt der Gewalt, um den Gegner zur Erfüllung unseres Willens zu zwingen" – nur einen Teil davon. Im Unterschied zu traditionellen Kriegshandlungen ist „Terrorismus als eine Form der Gewaltanwendung" erkannt worden, „die wesentlich über die indirekten Effekte der Gewalt Erfolge erringen will. Terroristische Strategien zielen dem entsprechend nicht auf die unmittelbaren physischen, sondern auf die psychischen Folgen der Gewaltanwendung". Sie setzen auf die Zeichen der Verletzbarkeit eines scheinbar übermächtigen Gegners. Insoweit „ist Terrorismus als eine Kommunikationsstrategie bezeichnet worden, durch die auf eine besonders spektakuläre Art und Weise Botschaften verbreitet werden sollen".[36] Im Sinne der Clausewitzschen Kriegsformel zielen die Akte der Gewalt also nicht auf die Zerstörung der militärischen Mittel des Gegners, sondern unmittelbar auf seinen politischen Willen.[37]

2. Politische Charakterisierung des Terrorismus

Im geschichtlichen Verlauf ist „Terror" für bestimmte gewalthafte staatliche Vorgehensweisen ebenso eingesetzt worden wie für anti-staatliche, für gezielte Maßnahmen gegen einzelne Personen ebenso wie für solche gegen eine Vielzahl, für die Verfolgung konkreter Ziele ebenso wie für die Reklamierung von grundsätzlich beschriebenen Anliegen.[38] Sieht man Terrorismus als Anwendungsfall der sog. neuen Kriege an, fallen politisch folgende Merkmale besonders auf: Internationalisierung, Entstaatlichung, eine Entbindung von jeglicher Gewaltbegrenzung, die Ablösung seiner Kämpfer von der herkömmlichen militärischen Kaste und die Diffusität des Kriegsziels insgesamt, insbesondere aber die Inbesitznahme von gesichertem Territorium als fehlendes Kriegsziel.

Der im Umfeld palästinensischer Gruppen entstandene und durch al-Qa'ida extensivierte Terrorismus ist von Internationalisierung gekennzeichnet. Dies hat ihn von seiner Bedeutung als „taktisches Mittel bei der Vorbereitung eines Partisanenkrieges" aufgewertet „zu einer selbständigen politisch-militärischen Strategie", in der „Terroraktionen selbst den operativen Mittelpunkt des ‚Kriegsplanes'" bilden. Damit treten die zuvor – beim „alten" Terrorismus – aus politischen Gründen unverzichtbaren Gewaltbegrenzungen nicht nur in den Hintergrund, sondern der Erfolg der Aktion bemisst sich im Gegenteil vorrangig „an

36 Münkler (2002), S. 177.
37 Münkler, a. a. O., S. 179.
38 Graulich (2005), S. 68, 71ff.

der Größe des angerichteten Schadens, der Anzahl der Toten und Verletzten, vor allem aber an der Intensität und Dauer der Berichterstattung über den Anschlag".[39]

Die Kriegsziele des religiös motivierten Terrorismus sind besonders diffus. Es geraten ganze Zivilisationen ins Visier, nicht lediglich Positions- und Machteliten. Häufig wird sogar auf Bekennerschreiben verzichtet.[40] Der Verzicht auf die Eroberung eines „befreiten Gebietes" macht die Träger des Terrorismus auch weitgehend unangreifbar. Sie können noch schwerer als die Kämpfer des Volkskrieges von Nicht-Kombattanten unterschieden werden, und es besteht kaum Aussicht auf ihre Befriedung als Folge von „Besitzerwerb" oder Staatenbildung.[41] Das Ziel einer an die Stelle der vielen islamischen modernen Nationalstaaten tretenden islamischen Nation, die Umma, ist eher als Phantasievorstellung einzuordnen, denn als denkbares Ergebnis einer politischen und militärischen Strategie. Tiefenpsychologisch betrachtet sind nicht Politik und Terror, sondern Idealität und Terror miteinander verbunden.[42]

3. *Terrorismus als „Rechtsordnung in Gründung"?*

In der internationalen Politik fungiert die Bezeichnung „Terrorismus" als „Ausschließungsbegriff: Den so apostrophierten Akteuren wird damit bedeutet, dass ihre Anliegen nicht verhandelbar sind – jedenfalls solange nicht, wie sie sich bestimmter Formen der Gewaltanwendung bedienen".[43] Die Ausschließung muss freilich nicht von Dauer sein. Davon zeugen vielfach erfolgreich gewesene sozial-revolutionäre Bewegungen von Russland über China bis Kuba. „Zahlreiche Politiker, die im Verlauf der sechziger Jahre in der Generalversammlung der Vereinten Nationen Platz nahmen, waren kurz zuvor noch als Terroristen gebrandmarkt und verfolgt worden."[44]

Die sich in der Haager Landkriegsordnung und der Genfer Konvention samt ihren Zusatzprotokollen findenden Grundlagen des Kriegsvölkerrechts sind für den Verlauf der neuen Kriege eher unbedeutend, denn „die so genannten regulären Armeen, die offiziell den Staat verteidigen, sind zumeist selbst nichts anderes als marodierende Banden, und die halb staatlichen, halb privaten Akteure werden von den Sanktionsdrohungen des Völkerrechts nicht wirklich erfasst".[45] Umso mehr trifft dies auf den neuen Terrorismus zu, dessen Kämpfer zu keinerlei militärischer Kaste gehören und häufig nicht einmal mit einem herkömmlichen Typ von Waffe kämpfen. Im Übrigen sind Adressaten der kriegsvölkerrechtlichen Regelungen Staaten, und die gibt es im Bereich der Austragung der sog. neuen Kriege oftmals noch nicht oder nicht mehr, oder ihre Gründung wird – wie im Falle undeutlicher Vorstellungen von religiöser Ordnung – gar nicht angestrebt. Bei den gegen-

39 Münkler (2002), S. 187.
40 Münkler, a. a. O., S. 200f.
41 Vgl. Waldmann (im vorliegenden Band, S. 52f.).
42 Vgl. Bohleber (im vorliegenden Band, S. 18 und 27).
43 Münkler (2002), S. 175.
44 Münkler, a. a. O., S. 182.
45 Münkler, a. a. O., S.42.

wärtig beobachtbaren Formen von religiös motiviertem Terrorismus kann von „Rechtsordnungen in Gründung“ nicht ohne weiteres ausgegangen werden; das als Idealziel des religionspolitischen Kampfes mitunter benannte Kalifat als politischer Ausdruck der Umma bildete „eine historisch erprobte, aber nicht für alle Zeiten verbindliche Staatsform“, die in das heutige weltpolitische System kaum einzufügen ist.[46] Dies mag für den Fall anders sein, wenn Staatsgebilde als Fluchtburgen übernommen werden, wie dies im Afghanistan der Taliban-Herrschaft war und möglicherweise in Somalia oder Teilen davon eintreten könnte. Bezogen auf die Utopie einer göttlichen Ordnung läge darin aus der Sicht der Handelnden aber nur eine taktische Zwischenetappe.

V. Verteidigung und Rechtsform

1. Völkerrechtliche Grundlagen

Das Gewaltverbot des Art. 2 Nr. 4 UN-Charta wird durch das Selbstverteidigungsrecht nach Art. 51 UN-Charta ergänzt. Das Selbstverteidigungsrecht kann, wie der Art. 51 ausdrücklich hervorhebt, nur im Falle eines „bewaffneten Angriffs“ eingreifen. Als solche sind in der Aggressionsdefinition beispielhaft die Beschießung oder Bombardierung des Hoheitsgebietes eines Staates durch die Streitkräfte eines anderen Staates, die Blockade der Häfen oder Küsten eines Staates durch die Streitkräfte eines anderen Staates und ein Angriff durch die Streitkräfte eines Staates durch die Land-, See- oder Luftstreitkräfte oder die See- und Luftflotte eines anderen Staates genannt.[47]

Als Teil dieser rechtlichen Vorgaben hat auf unterschiedlichen Ebenen und mit unterschiedlicher Zielsetzung die Entwicklung des Völkerrechts zur Bekämpfung von terroristischen Akten stattgefunden. Dabei war es zunächst Ziel von Verträgen, die Bestrafung der Täter durch Anpassung der nationalen Rechtsordnungen und die Festlegung von Kooperationspflichten bei Aufklärung, Anklage und Aburteilung der Taten unter allen Umständen sicherzustellen, denn die Definition von Terrorismus selbst war wegen der fehlenden Konsensfähigkeit über Fälle zulässiger Gewalt als Verteidigungsmittel lange Zeit nicht möglich. Im Jahr 1994 hat die Generalversammlung der Vereinten Nationen in ihrer Resolution 49/60 vom 9. Dezember immerhin eine Verurteilung von Terrorismus beschlossen, die sich von Verbrämungen und Rechtfertigungen zum Schutz von Befreiungsbewegungen aus der Zeit der Entkolonialisierung deutlich unterschied: „Criminal acts intended or calculated to provoke a state of terror in the general public, a group of persons or particular persons for political purposes are in any circumstance unjustifiable, whatever the considerations of a political, philosophical, ideological, racial, ethnic, religious or any other nature that may be invoked to justify them.“[48] Zu einer annähernden Definition von „Terrorismus“ ist es am 8. Oktober 2004 im Zusammenhang mit der Resolution 1566 des Sicherheitsrates sowie

46 Röhrich (im vorliegenden Band, S. 33).
47 Ipsen (2004), § 59 Rn. 28.
48 Nachweise bei Tomuschat (2006), S. 360.

durch die Aufnahme in den Bericht der 16 „Weisen" vom 2. Dezember 2004 zur UN-Reform und deren Billigung durch den Gipfelbeschluss der Staats- und Regierungschefs vom 16. September 2005 gekommen. Sie lautet: „Any action that is intended to cause death or serious bodily harm to civilians or non-combatants, when the purpose of such act, by its nature or context, is to intimidate a population, or to compel a Government or an international organization to do or to abstain form doing any act".[49]

In den 90er Jahren des zwanzigsten Jahrhunderts sind allgemeinere, den Terrorismus als solchen betreffende Verträge im Rahmen der Vereinten Nationen ausgehandelt worden, die über die typischen Merkmale der Sicherstellung der Täterverfolgung hinausgehen. Die International Convention for the Suppression of Terrorist Bombings vom 15.12.1997 dient der Verfolgung von Bombenterror gegen öffentliche Plätze, Regierungseinrichtungen und Transporteinrichtungen und ermöglicht die Ausübung von universeller Jurisdiktion bei solchen Taten. Die International Convention for the Suppression of the Financing of Terrorism vom 09.12.1999 betritt Neuland, insofern sie die Staaten zur Bestrafung, aber auch Verhinderung der Finanzierung terroristischer Akte verpflichtet. Die Versuche, eine umfassende Terrorismuskonvention zu schaffen, die alle Aspekte terroristischer Gewalttaten abdeckt, haben bisher vor allem wegen der fehlenden Einigung über die Definition des Terrorismus noch nicht zum Erfolg geführt.[50]

Der Sicherheitsrat der Vereinten Nationen hat in seinen Resolutionen 1363 und 1373 aus dem Jahre 2001 auf das Recht zur Selbstverteidigung hingewiesen und damit implizit die Terrorangriffes des 11. September 2001 als Angriff nach Art. 51 UN-Charta angesehen. Die NATO war ebenso wie die OAS in ihren Stellungnahmen deutlicher, indem sie den Bündnisfall nach dem NATO-Vertrag festgestellt hat. Trotz dieser Staatspraxis ist allerdings bisher nicht eindeutig geklärt, welche Zurechenbarkeitskriterien nach dem Recht der Staatenverantwortlichkeit erfüllt sein müssen und welche Beweise für die Rolle eines Unterstützerstaates vorgelegt werden müssen, wenn der angegriffene Staat das Recht der Selbstverteidigung gegen diesen Unterstützerstaat geltend machen will. Im Fall von Afghanistan war die Unterstützung des Taliban-Regimes für die Terrorgruppe al-Qa'ida durch Resolutionen des Sicherheitsrates belegt, und die Weigerung der Taliban, Usama bin Ladin nach dem Terroranschlag an die USA auszuliefern, bildete ein weiteres starkes Indiz dafür.[51] Auf dieser Grundlage ist ein völkerrechtlich zulässiger militärischer Einsatz in Afghanistan gebilligt und unternommen worden.

Völkerrechtliche Probleme unabsehbaren Ausmaßes stehen ins Haus durch den Wechsel von der reaktiven zur präventiven Notwehr. Im Ausgangspunkt besteht das Recht zur Selbstverteidigung eines Staates nicht, bevor ein bewaffneter Angriff tatsächlich statt gefunden hat. Die Zulässigkeit präventiver Selbstverteidigung wird allenfalls in einer Gefahrenlage anerkannt, die „gegenwärtig und überwältigend" ist und „keine Wahl der Mittel und keinen Augenblick zur Überlegung lässt" („instant, overwhelming, leaving no choice of means, and no moment for deliberation"). Im „war against terrorism" haben die USA

49 Nachweise bei Tomuschat, a.a.O., S. 361.

50 Ipsen (2004), § 59 Rn. 13.

51 Ipsen, a.a.O., § 59 Rn. 28.

sich von dieser Formel gelöst und den Irak angegriffen, obwohl niemand behauptet hat, der Irak setze unmittelbar zum Abfeuern einer Rakete auf einen anderen Staat an.[52] Der Verzicht auf das Erfordernis der Unmittelbarkeit der Bedrohung ist menschenrechtlich unvertretbar, weil er das Recht der angegriffenen Person verletzt, ihr Leben behalten zu wollen und untragbare Rechtsunsicherheiten auslöst – man stelle sich eine entsprechende Rechtsansicht unter den Bedingungen des Kalten Krieges oder der sog. Nato-Nachrüstung mit den damals aufgehäuften Atompotentialen vor.

2. *Nationalrechtliche Maßnahmen*

a) Deutschland

In Deutschland sind seit dem Auftreten des Terrorismus der RAF Ende der 70er Jahre des letzten Jahrhunderts die Sicherheitsdienste – allen voran das Bundeskriminalamt – ständig vergrößert und die präventiven und repressiven Eingriffsbefugnisse ständig erweitert worden, deren gesetzliche Regelungen sich insbesondere im StGB, der StPO, dem BKAG rsp. Gesetz über die Bundespolizei und den Landespolizeigesetzen befinden. Es ist aber auch eine Bewegung in Gang gesetzt worden, in deren Folge die Geheimdienste immer mehr Polizei- und Strafverfolgungsaufgaben übernehmen, ohne einer proportionalen gerichtlichen Kontrolle zu unterliegen; auf die Kompetenzen zur Bekämpfung der Drogenkriminalität und zur Aufzeichnung internationalen Telefonverkehrs wird nur beispielhaft verwiesen. Als Folge der Anschläge vom 11. September 2001 sind in Deutschland das Sicherheitspaket I[53] und Sicherheitspaket II[54] verabschiedet worden. Diese „Pakete" betrafen allein auf der normativen Ebene u. a. das Vereinsgesetz, das StGB, VerfSchG, Pass- und PersonauswG, Ausländer- und AsylverfG, BZRG und LuftVG; darin wurden den Nachrichtendiensten Kompetenzen im Bereich der Kriminalitätsbekämpfung zugewiesen. Unter dem 6. Juli 2006 hat das Bundesministerium des Innern nunmehr den „Entwurf eines Gesetzes zur Ergänzung des Terrorismusbekämpfungsgesetzes (Terrorismusbekämpfungsergänzungsgesetz)" vorgelegt, das u. a. eine Verlängerung und Ausweitung der nachrichtendienstlichen Befugnisse bei der Kriminalitätsbekämpfung vorsieht. Dies legt die Forderung nach einer Justiziabilität geheimdienstlicher Vorgehensweise nahe, denn soweit diese wie Polizei und staatsanwaltschaftliche Hilfsorgane agieren, müssen auch die einschlägigen Regelungen des Prozessrechts auf sie anwendbar werden.[55]

52 Sog. Webster-Formel (vgl. Nolte [2003], S. 8).

53 U. a. 34.StRÄndG vom 22. August 2002 (BGBl. I S. 3390); ansonsten vgl. Graulich (2005), S. 68, 80ff.

54 Gesetz zur Bekämpfung des internationalen Terrorismus (Terrorismusbekämpfungsgesetz) vom 9. Januar 2002 (BGBl. I S. 3611).

55 Gusy weist darauf hin, dass die neuen Gesetze erhebliche mittelbare Auswirkungen auf Gerichte und Rechtsschutz haben, und dass terrorismusbezogene Regelungen zwar noch nicht für grundgesetzwidrig erklärt worden, diese aber auch noch nicht sämtlich an den inzwischen klarer erkennbaren Maßstäben überprüft worden seien (im vorliegenden Band, vgl. S. 292).

b) USA[56]

Dabei soll nicht übersehen werden, dass andere Länder – insbesondere die USA – weitaus invasivere Beschränkungen von Freiheitsrechten ihrer eigenen Bürger und noch mehr von Menschen anderer Nationalität unternommen haben. Die Exekutive hat „im Gefolge des 11. September 2001 einen massiven Ausbau von Überwachungsmaßnahmen und Beschränkungen vorangebracht" und betreibt diesen weiter. Diese Maßnahmen erfassen „nicht nur (gewöhnliche) Straftäter und den als Terroristen definierten Personenkreis", sondern ermöglicht es auch, „politischen Dissens in die Grauzone des Terrorismusverdachtes zu treiben".[57] Für diese Entwicklung stehen der USA PATRIOT Act (USAPA), aber mehr noch der Foreign Intelligence Surveillance Act (FISA), auf dessen Grundlage insbesondere Menschen ohne US-amerikanische Staatsbürgerschaft ohne den Hauch von juristischen Verfahren ihrer Freiheit beraubt und unkontrollierten Handlungen unterworfen werden können. Das Gefangenenlager von Guantánamo ist insofern nur die allgemein bekannteste Einrichtung dieses Typs. All dies entspricht auf der nationalrechtlichen Ebene dem Wechsel von einer reaktiven Notwehr zu präventiven Maßnahmen.

Der Paradigmenwechsel im Notwehrverständnis führt zu Rechtsverletzungen größten Ausmaßes, die von amerikanischer Regierungsseite bagatellisiert oder vertuscht werden. Die Gefangenen von Guantánamo sind keineswegs alle bei den Kampfhandlungen in Afghanistan festgenommen worden. Vielmehr wurden dort auch Personen interniert, die in anderen Ländern von US-amerikanischen Diensten aufgegriffen worden sind, beispielsweise in Ägypten oder Kenia. Es war von Anfang an die Absicht der Bush-Regierung, den Betroffenen weder eine richterliche Überprüfung ihrer Haft zuzugestehen noch denjenigen, die wegen irgendwelcher Straftaten verfolgt werden sollten, ein ordentliches Gerichtsverfahren zu gewährleisten, weder nach dem allgemeinen Recht der USA noch nach den Bestimmungen der Militärstrafprozessordnung, die für Kriegsgefangene im Sinne der Genfer Konvention Nr. III – dazu gehören jedenfalls alle Taliban-Kämpfer, also die Angehörigen der afghanischen Streitkräfte des Taliban-Regimes – anwendbar sein müsste.[58]

c) Russland

Was den USA Recht ist, ist Russland billig. Auch dort befleißigt man sich im Kampf gegen tschetschenische Widerstandskämpfer eines präventiven Konzepts mit einer nicht kontrollierbaren Zahl von unschuldigen Opfern. Russische Truppen sind dazu übergegangen, Häuser nicht nur von Terroristen, sondern auch von deren Angehörigen zu zerstören. Dadurch wird ein weiterer Grundsatz der Rechtsstaatlichkeit, nämlich, dass Strafe nur

56 Wegen der vergleichbaren Rechtsentwicklung im Vereinigten Königreich als hauptsächlichem Verbündeten der USA im Irak-Krieg wird auf die Darstellung von Grote im vorliegenden Band, S. 227ff., verwiesen.

57 Arzt (im vorliegenden Band, vgl. S. 269).

58 Tomuschat (2006), S. 357, 363.

aufgrund persönlicher Schuld und nicht allein aus Gründen der Abschreckung erfolgen darf, in Frage gestellt.[59]

3. *Terrorismusbekämpfung und freiheitlicher und demokratischer Rechtsstaat*

„Autoritäre Staaten wenden auf die Bekämpfung des Terrorismus Kriegsrecht an und scheuen sich häufig nicht, Täter auf der Flucht oder während der Tatausführung zu erschießen. Der Rechtsstaat betrachtet die Terrorismusbekämpfung nicht als Krieg, sondern wendet das Recht an, auf dessen Grundlage er auch sonst Gefahren abwehrt, Straftaten aufklärt und die Täter der Bestrafung zuführt. Bei all seinen Aktionen wägt der Rechtsstaat zwischen den verschiedenen beteiligten Interessen ab und ist bestrebt, eine praktische Konkordanz herzustellen."[60] Terrorismusbekämpfung sowie freiheitlicher und demokratischer Rechtsstaat schließen sich nicht aus. Letzterer ist vielmehr Mittel und Weg aus dem Terror[61]. Der als Teil des sog. Kampfes gegen den Terror unternommene Irak-Krieg ist von Anfang an auf Lügen und Täuschungen der Öffentlichkeit gebaut worden; erinnert sei nur an die manipulativen Informationskampagnen der Bush-Regierung zum Thema „Uran-Kauf des Irak in Afrika"[62], „Unterstützung der al-Qa'ida durch Saddam Hussein"[63] und die „Existenz von Massenvernichtungswaffen im Irak"[64] – allesamt medienwirksame Strategien zur Vorbereitung des Angriffs auf den Irak mit unwahren Bedrohungsszenarien. Dieser Krieg ist konsequent auch nach der Absetzung des Diktators Saddam Hussein unter vielfacher Verletzung der rechtlichen Form weitergeführt worden, von Terroristen ohnehin, in erheblichem Maße aber auch von US-amerikanischen und anderen Streitkräften.

Die bekannt gewordenen Menschenrechtsverletzungen im Gefängnis von Abu-Ghraib sind nur ein besonders beleuchtetes Beispiel für die permanente Regelverletzung in einem von Anfang an falschen Krieg, die generell ungeklärte Umgehensweise mit Gefangenen – nicht nur in Guantánamo – ist darüber hinaus ein permanenter Auszug aus der Rechtsordnung. Diese Art von Kriegsführung läuft militärisch auf keinen Erfolg hinaus, sie kann moralisch nicht gewonnen werden, sie diskreditiert aber wichtige Staaten – voran die USA und Großbritannien – auf der internationalen Ebene in einer schwer reparierbaren Weise. Diese Länder fallen zunehmend als glaubwürdige Verfechter von freiheitlichen und rechts-

59 Nolte (2003).

60 Bull (im vorliegenden Band, S. 309).

61 Wie schwierig die Wegfindung im Einzelnen sein kann, zeigt die Entscheidung des BVerfG zum Luftsicherheitsgesetz des Bundes. Eher noch weiter gehend vertritt Merkel im vorliegenden Band die Ansicht: „Es gibt nicht eine einzige Form der legitimen Tötung – sie werde von Staats wegen vorgenommen, veranlasst oder als rechtmäßige Privathandlung *de lege* akzeptiert –, die ihre Rechtfertigung gerade aus ihrer Verhältnismäßigkeit bezöge. Weder stimmt dies für die Notwehr, noch für möglicherweise tötungslegitimierende Formen des Notstands oder der Einwilligung des Getöteten. Allenfalls die Legitimation sog. kollateraler Tötungen im Krieg mag sich *prima facie* als reines Ergebnis einer Verhältnismäßigkeitserwägung darstellen. Aber auch dort täuscht der erste Eindruck." (S. 177).

62 Hersh (2004), S. 231ff.

63 Hersh, a. a. O., S. 235ff.

64 Hersh, a. a. O., S. 254ff.

staatlichen Gesellschaftsformen aus. Dies schwächt auch alle anderen Anhänger dieser Lebensform.[65] „Die Demokratie lebt von dem demokratischen Geist der Bürger, von ihrem Vertrauen auf die eigene Kraft und den eigenen Verstand und von ihrem Vertrauen auf die Klugheit und die Gewissenhaftigkeit der politischen Entscheider. Um dieses Vertrauen zu gewinnen und zu bewahren, ist zu allererst Wahrhaftigkeit geboten."[66]

Als nicht befriedigend gelöst muss der Umgang der deutschen Mehrheitsgesellschaft mit bestimmten Einwanderergruppen angesehen werden. Auf bestimmte religiös aktive Personenvereinigungen ist in Zeiten des Terrorismus und seiner Bekämpfung ein Schatten des Verdachts gefallen, an dessen Aufhellung mit sicherheitsbehördlichen Mitteln gearbeitet wird. Dabei handelt es sich nicht um eine exakte Wissenschaft, sondern das Vorgehen insbesondere der Ämter für Verfassungsschutz ist von letztlich wertenden Prämissen abhängig, zu denen die „Konstruktion des Vorfelds" gehört. „Nach der Logik der Klassifikation sind die legalistischen Gemeinden wie die ‚Islamische Gemeinschaft Milli Görüş' und die ‚Islamische Gemeinde Deutschlands' als Vorfeld zu den radikaleren Stufen zu betrachten"[67]. Die Frage ist, ob dieses Szenario des Verfassungsschutzes trägt.[68] Werner Schiffauer hält im vorliegenden Band die Konstruktion des Verfassungsschutzes für unterkomplex, insofern es Hinweise darauf gebe, dass das dort unterstellte Radikalisierungskontinuum nicht existiert, sondern die Gemeinden des konservativen Islam eher immunisierend auf terroristische Tendenzen wirken. Eine darin etwa liegende Fehleinschätzung ist allerdings nicht nur rechtlich bedenklich, sondern hat auch sicherheitspolitisch negative Konsequenzen.[69]

Im deutschen Rechtskreis ist bislang mit dem Verlassen des rechtsstaatlichen Kontextes zwecks effektiverer Terrorismusbekämpfung eher akademisch experimentiert worden. Am bekanntesten ist die Diskussion um ein sog. Feindstrafrecht in Verbindung mit den Thesen von Günther Jakobs geworden. Der Urheber dieser Vorstellungen steht in einer anderen geistigen Tradition als die Denker des Ausnahmezustandes und ihrer Freund-Feind-Unterscheidungen. Regina Ogorek hat allerdings zu Recht auf den problematischen Ausgangspunkt der ganzen Überlegung hingewiesen, der in einer Übergewichtung der Sicherheit gegenüber der Freiheit liegt: „Unsicherheit im Rechtsstaat ist der (freilich gar nicht garantierten) Sicherheit in einem Staat, in dem es – neben den Normalbürgern – auch Unpersonen, Exkludierte und Fremdverwaltete gibt, deutlich vorzuziehen. Man muss es geradezu als das spezifische Verdienst Jakobs' bezeichnen, durch seine zugespitzten Formulierungen darauf aufmerksam gemacht zu haben, welche Gefahren hinter einer konsequenten Kriminalitäts- und Terrorismusprävention lauern. Die Segnungen der rechtsstaatlichen Behandlung sind aber nicht nur für Freunde, sondern auch für Feinde gedacht, und der Verzicht auf ein an den verfassungsmäßigen Prinzipien ausgerichtetes strafrechtspolitisches Gesamtkonzept wäre die Kapitulation des Rechts vor der Schlechtigkeit der Welt. Der Rechtsstaat

65 Vgl. zur Bedeutung moralischer Qualität im völkerrechtlichen Verkehr Preuss (2006), S. 10.
66 Bull (im vorliegenden Band, S. 314).
67 Schiffauer (im vorliegenden Band, S. 363).
68 Schiffauer, a. a. O., vgl. S. 364.
69 Schiffauer, a. a. O., vgl. S. 370ff.

würde sich in diesem Fall nicht als wehrhaft, sondern als dysfunktional erweisen, und wäre es letztlich nicht wert, mit allen Kräften verteidigt zu werden."[70]

VI. Sicherheit und Recht und Freiheit

1. Recht als Staatsräson?

Die Kategorie der Staatsräson hat sich im Kontext des freiheitlichen und demokratischen Rechtsstaates als besonders schwer handhabbar erwiesen. „Der Rekurs auf die ‚Staatsräson' stellt im politischen Diskurs einer Demokratie eine ganz besondere Herausforderung dar, weil die Räson (‚Vernunft') der rechtsstaatlichen Demokratie eigentlich ganz wesentlich das Recht selbst ist. Genau dessen Übertretung oder doch zumindest weitgehender Auslegung zur Erweiterung exekutiver Handlungsspielräume dient jedoch das ‚letzte' Argument, aus Gründen der Staatsräson müsse der Primat des Erhalts dieses Rechtsstaates in einer existenzbedrohenden Notstandssituation, auf die das Recht (noch) keine Antwort bereitstellt, eben auch unter Bruch rechtsstaatlicher Normen – als dem kleineren Übel – durchgesetzt werden können."[71] Die nähere Untersuchung zeigt allerdings, „dass es sich beim Verweis auf die Staatsräson um eine Herrschaftstechnik handelt und dass Staatsräson und nationales Interesse immer soziale Konstruktionen sind, [die] jedenfalls im demokratischen Rechtsstaat nicht mehr als Begründung für eine Grundrechtsschranke taugen".[72] Staatsräson kann somit auch nicht als selbst tragende Begründung für Eingriffe in Rechte mit der Behauptung von deren Verteidigung dienen. Die freiheitliche Demokratie kann sich nicht der gleichen Mittel bedienen wie ihre Feinde.[73]

2. Sicherheitsversprechen des Staates und Freiheitsrechte

„Ein weitgehend uneingeschränktes Sicherheitsversprechen kann der Staat nicht geben. Die Garantie von Sicherheit war schon vor der Ära des internationalen Terrorismus utopisch, realistisch war und ist lediglich eine Reduktion von Unsicherheit."[74] Menschliche und gesellschaftliche Fehlentwicklungen beginnen im Bewusstsein. Eine der langfristigen deutschen Fehlentwicklungen war das Denken von Rechtsordnungen unter dem Primat des Ausnahmezustandes.[75] Sie hat generationenlang Demokratie und Freiheit verhindert und justizfreie staatliche Übergriffe legitimiert. Die aktuelle Debatte spricht von der „Diktatur der Angst in der Gesellschaft"[76]. Eine sich seit geraumer Zeit breit machende verwandte

70 Ogorek (im vorliegenden Band, S. 217f.).
71 Wolf (im vorliegenden Band, S. 379).
72 Wolf, a. a. O., S. 385.
73 Wolf, a. a. O., vgl. S. 385.
74 So unter Hinweis auf Bull bei Uhrlau (im vorliegenden Band, S. 299).
75 „Souverän ist, wer über den Ausnahmezustand entscheidet.", vgl. Schmitt (1934), S. 11.
76 So Werthebach (im vorliegenden Band, vgl. S. 124) unter Hinweis auf Sofsky.

Fehlentwicklung ist die geradezu vermessene Erwartung an polizeiliche und militärische Sicherheitsgarantien des Staates, die genährt werden durch sog. Sicherheitsversprechen von Seiten der angeblichen Sicherheitssachverständigen. Allerdings ist diese Entwicklung nicht auf Deutschland beschränkt. Sie betrifft viele westliche Länder, aber auch Russland. Sozialwissenschaftlich betrachtet entsteht Unsicherheit als Folge eines Auseinanderfallens von Denken und Handeln: „‚Im Zeitalter globaler Information wachsen Unsicherheiten, weil Handlungsräume und Handlungsmöglichkeiten nicht mehr mit Informationsräumen und Informationsmöglichkeiten übereinstimmen' (Eckart Conze). Dem kann aber durch die bloße Erweiterung des Sicherheitsbegriffs nicht begegnet werden; die Erweiterung des Sicherheitsbegriffs kann vielmehr selbst zur Quelle subjektiver Unsicherheiten werden, die dann wieder denen zugute kommt, die dem Krieg gegen den Terror mehr zutrauen als den Bemühungen um zivile Formen der Konfliktbearbeitung."[77]

Der internationale Terrorismus der letzten fünfzehn Jahre hat in solchen Ländern die Bereitschaft vergrößert, zur angeblichen Einlösung dieses Sicherheitsversprechens, verstärkt in die Sphäre des Privaten, aber auch in diejenige anderer Staaten zu intervenieren, wenn dort der vorher definierte Feind vermutet wird. Religiös motivierter internationaler Terrorismus, die Auseinandersetzung mit Taliban-Kämpfern und Warlords in Afghanistan, der Terrorkrieg zwischen Russland und oppositionellen Kräften in Tschetschenien, der 3. Golfkrieg und die Nachkriegszeit im Irak, der jahrzehntelange Bürgerkrieg in Somalia oder auch nur die Telekommunikations-Verbindungsdaten von Internet-Benutzern und die Art und Weise der Benutzung der Rasterfahndung gehören in denselben Entstehungszusammenhang. All diese Beispiele stehen für den Abbau oder die Zerstörung von Freiheitsrechten aufgrund von sicherheitspolitischen Maßnahmen. Der Terrorismus setzt sich an die Stelle von Recht, die zu beobachtenden Reaktionsweisen aber münden in denselben Pfad. „Mit den Sicherheits- und Bedrohungsszenarien geht eine Aufspaltung der Zivilgesellschaft in Gefährdete und potentielle Gefährliche, in Eigene und Fremde oder auch in Freund und Feind einher. Diese Aufspaltung wird durch die Wechselwirkung zwischen diffuser und gesellschaftlicher Angst und ihrer Repräsentation in der Sicherheitspolitik befördert. Staatliche und gesellschaftliche Kategorien des Gefährlichen bedingen sich gegenseitig."[78] Der freiheitliche Rechtsstaat darf bei der Terrorismusbekämpfung nicht in die Gefangenschaft einer antithetischen Fixierung auf die Methoden des Terrorismus selbst gelangen. In Rechtsstaatlichkeit ist die Pflicht, den Einzelnen vor Schädigungen Dritter zu schützen, ebenso enthalten wie das Gebot, bei Erfüllung dieser Pflicht rechtliche Grenzen zu respektieren.[79] Unter Bezugnahme auf Christoph Gusy hat im vorliegenden Band Dirk

77 Vgl. Brock (im vorliegenden Band, S. 357), der auch auf Eckart Conze verweist.

78 Eckert (im vorliegenden Band, S. 335).

79 Es unterwandert die Grundannahme der freiheitlichen Demokratie, einen „neuen Gesellschaftsvertrag" zu verlangen, in welchem die Gesellschaft zu ihrer eigenen Sicherheit auf Freiheitsrechte verzichten soll (siehe Rühle [2006]). Wer sollen die Vertragspartner sein? Diesem Denken liegt ein neuartiger Konstitutionalismus zu Grunde, in dem Teile der Sicherheitsverwaltung sich als kontraktfähig mit dem Volk begreifen. Diese Vorstellung bewegt sich außerhalb der geltenden Verfassung.

Lammer den Zusammenhang auf die Formel gebracht: „Sicherheit ist Verfassungsvoraussetzung, Freiheit ist Verfassungsinhalt."[80]

Ziel der Sicherheitsbehörden ist es, durch vorbeugende und vorsorgende Maßnahmen „möglichst rechtzeitig die Planung von Gewalttaten aufzudecken. Denn die geplanten Anschläge gefährden ungezählte Menschenleben und das staatliche Gemeinwesen."[81] „Selbstverständlich ist ein Rechtsstaat auch ein Präventivstaat." Aber der Präventionsstaat darf den Rechtsstaat nicht aushebeln. Denn „ein Präventivstaat ist nicht notwendigerweise ein Rechtsstaat", weil er sich grundlegender Prinzipien wie dem der Unschuldsvermutung und dem Recht auf Privatheit entledigt: „Er braucht keinen Anfangsverdacht."[82] Wir müssen institutionelle Rechte wie das Trennungsgebot von Polizei und Geheimdiensten und subjektive Rechte wie die Unverletzlichkeit der Wohnung auch für prinzipiell unverletzlich erklären.[83] Gleiches gilt für ein angebliches Grundrecht auf Sicherheit, wenn es denn überhaupt mehr sein sollte als eine individualrechtlich verkleidete und pathetisch überhöhte Erinnerung an die staatliche Kernaufgabe des Rechtsgüterschutzes.[84] Seit seiner Republikanisierung und Demokratisierung hat sich der Staat von der Sicherheit erzeugenden, aber Freiheit verschlingenden Biestigkeit des Leviathian weg und zu zivilisierteren Vorgehensweise hin gewandelt.[85] Er darf nicht aufgrund eines ohnehin illusionären und überzogenen Sicherheitsversprechens wieder zurückverwandelt werden. Zumindest muss, wer Freiheitsrechte einschränkt, im – justiziellen – Verfahren für rechtlichen Ausgleich sorgen.[86]

3. *Die heroische Gelassenheit der freiheitlichen Gesellschaft*

Ein Zitat von Herfried Münkler umreißt von einem politikwissenschaftlichen Standpunkt aus, wo wir Menschen des sog. postheroischen Zeitalters heute stehen: „Terrorismus in seiner jüngeren Form lässt sich ... weder mit rein militärischen Mitteln noch mit politisch-kulturellem Einwirken auf seinen Nährboden wirksam bekämpfen. Aber auch die Erfolgsaussichten eines allein polizeilichen und geheimdienstlichen Gegenhandelns, auf die sich die erfolgreiche Bekämpfung des klassischen Terrorismus gestützt hatte, sind begrenzt ... Was bei der Terrorbekämpfung häufig übersehen oder nicht hinreichend gewichtet wird, ist die Reaktion der von Terrorattacken betroffenen Bevölkerung ... Präventiv wird es deswegen darauf ankommen genau hier die Defensivkraft westlicher Gesellschaften zu erhöhen. Da dies – im Unterschied zu autoritären Gesellschaftsordnungen – nicht durch zentrale politische und mediale Steuerung möglich ist, was überdies mit den Prinzipien des demokratischen Rechtsstaates unvereinbar wäre, wird es entscheidend auf die mentale Gelassenheit der Bevölkerung ankommen, mit der diese auf Anschläge reagiert. Vermutlich wird die

80 Lammer (im vorliegenden Band, S. 317).
81 Klingst (im vorliegenden Band, S. 325).
82 Klingst, a.a.O., vgl. S. 330f.
83 Klingst, a.a.O., vgl. S. 331.
84 Baldus (2005), S. 364, 369.
85 Hassemer (2004), S. 4.
86 Klingst, a.a.O., vgl. S. 331.

wichtigste Widerstandslinie gegen die jüngere Form des Terrorismus nicht von staatlichen Institutionen und Organisationen gebildet, sondern liegt in der ‚heroischen' Gelassenheit einer Bevölkerung, an der sich die Terroristen buchstäblich die Zähne ausbeißen. Denn wo die panischen Wellen des Schreckens ausbleiben, scheitert die asymmetrische Konversion von Schwäche in Stärke."[87]

VII. Vorgeschlagene Konsequenzen für den Umgang mit der geheimdienstlichen Tätigkeit in Deutschland

Die Organisation von Sicherheit im demokratischen Rechtsstaat ist rein technisch betrachtet sicher komplizierter als in einem autoritären System ohne parlamentarische und justizielle Verantwortlichkeit. In Deutschland kommen noch die besonderen Bedingungen von Föderalismus und Trennungsgebot polizeilicher und geheimdienstlicher Behörden hinzu.[88] Die Diskreditierung von Ländern und Gesellschaften, die sich aus vermeintlichem Effizienzgewinn bei ihren sicherheitspolitischen Vorgehensweisen von nationalem und internationalem Recht lösen, ist allerdings weit größer als das, was sie im Kampf gewinnen können.[89] Dies belegt nicht zuletzt der katastrophale Verlauf des im Irak begonnenen Krieges für die USA und Großbritannien.

Deutschland ist bislang in einem weitaus geringeren Maße mit virulenten Formen von Terrorismus konfrontiert worden. Und dennoch können anhand von tatsächlichen Geschehnissen Fragen nach einer Verbesserungsbedürftigkeit unseres Systems von Kontrolle und Pflichtigkeit von Sicherheitsdiensten gestellt werden. „Klar ist, dass angesichts der Größe der Bedrohung der Staat nicht allein repressiv vorgehen kann; er muss auch präventiv handeln. [Die] Grenzen zwischen dem zu ziehen, was den Verantwortlichen an Prävention geboten erscheint, und dem, was an grundlegenden Schutzrechten auch denjenigen gewährt werden muss, die in den Verdacht geraten sind, Terroranschläge vorzubereiten, ist schwierig und wird von unterschiedlichen Staaten unterschiedlich" gehandhabt[90]. „Die Terrorismusbekämpfungsgesetze verstärken Befugnisse zur heimlichen Datenerhebung bzw. zur heimlichen Datenverarbeitung. Wie auch sonst im Polizei- und Nachrichtendienstrecht haben die Betroffenen normalerweise keine Kenntnis von dem Umstand, dass sie von eingreifenden staatlichen Maßnahmen betroffen sein können."[91] „Wenig ausgeprägt ist in diesem Kontext nach wie vor die Neigung, stattgefundene Eingriffsmaßnahmen den Betroffenen nachträglich mitzuteilen. ... In solchen Fällen ist auch nachträglicher Gerichtsschutz faktisch ausgeschlossen."[92] Dementsprechend wird vorgeschlagen, die justizi-

87 Münkler (2006), S. 88ff.
88 Vgl. dazu Uhrlau (im vorliegenden Band, S. 300f.).
89 Hirschmann hat dies hier in seinem Beitrag darüber hinaus für die negativen Folgen widersprüchlichen Verhaltens in der Außenpolitik dargestellt (vgl. S. 117f.).
90 Adam (im vorliegenden Band, S. 221).
91 Gusy (im vorliegenden Band, S. 287).
92 Gusy, a. a. O., S. 288.

elle und parlamentarische Kontrolle der Geheimdienste in Deutschland herzustellen bzw. zu verbessern.[93] Dabei ist an zwei Stellen anzusetzen.

Zum einen soll der Rechtswegausschluss betreffend geheimdienstliche Maßnahmen teilweise aufgehoben werden. Stattdessen soll eine subjektivrechtliche justizielle Kontrolle von geheimdienstlichen Maßnahmen bei der Kriminalitätsbekämpfung im Inland ermöglicht werden, so wie dies bei entsprechenden Maßnahmen von Polizei und Staatsanwaltschaft Standard ist; dies würde das Verhältnis von Geheimdiensten als Verwaltungsbehörden zur Justiz – endlich – vom Kopf auf die Füße stellen.[94] Justiz und Nachrichtendienste müssen sich „als Teile einer ganzheitlichen Verfolgungsstrategie begreifen".[95] – „Geheimhaltungsinteressen des Staates dürfen sich im Strafprozess nicht nachteilig für den Angeklagten auswirken. Kann ein Beweis, der potentiell zur Entlastung des Angeklagten hätte beitragen können, aufgrund von Maßnahmen der Exekutive nicht in die Hauptverhandlung eingeführt werden, obwohl seine Erhebung ein Gebot der Aufklärungspflicht gewesen wäre, ist die hierdurch bedingte Verkürzung der Beweisgrundlage und der Verteidigungsmöglichkeiten des Angeklagten zur Sicherung einer fairen Verfahrensgestaltung durch eine besonders vorsichtige Beweiswürdigung und ggfs. die Anwendung des Zweifelssatzes auszugleichen."[96]

Zum anderen soll die parlamentarische Kontrolle durch die Hinzunahme eines justiziellen Instrumentes verbessert und zu einer objektivrechtlichen justiziellen Kontrolle der Geheimdienste auf parlamentarischen Antrag ausgebaut werden. Zu diesem Zweck sollte bei einem obersten Bundesgericht ein Fachsenat für die „in camera"-Überprüfung entsprechender parlamentarischer Anträge eingerichtet werden. Dem Parlament bzw. einem festzulegenden Quorum von Abgeordneten soll ein sog. „altruistisches Parlamentsklagerecht" eingeräumt werden, um bestimmte geheimdienstliche Maßnahmen einer objektivrechtlichen Kontrolle zuführen zu können.[97]

93 Vgl. Graulich (im vorliegenden Band, S. 156ff.

94 Der Blickwinkel von Eisvogel: „Auch im Zusammenhang mit der Erstellung von Anklageschriften ist das BfV rechtzeitig zu beteiligen, um von der Polizei ermittelte Belegsachverhalte mit den Informationen der Verfassungsschutzbehörden abzugleichen" (im vorliegenden Band, S. 64) – kann dazu partiell beitragen, trägt den Aufklärungsbelangen in gerichtlichen Verfahren aber nicht genügend Rechnung.

95 Griesbaum (im vorliegenden Band, S. 171).

96 BGH, in: JZ 2004, S. 922, 923, zitiert bei Gusy im vorliegenden Band, S. 289.

97 Vgl. Graulich (im vorliegenden Band, S. 162).

Literatur

Baldus, Manfred (2005), Freiheit und Sicherheit nach dem 11. September 2001 – Versuch einer Zwischenbilanz. In: KritV, S. 364ff.

Graulich, Kurt (2005), Weltweiter Terrorismus – Neue Bedrohungsszenarien. In: Frankfurter Streitschrift, Heft 2, Januar, S. 68–89.

Hankel, Gerd (2003), Die Leipziger Prozesse. Hamburg.

Hassemer, Winfried (2004), Der Staat ist nicht mehr der Leviathan. Interview in der Frankfurter Allgemeinen Zeitung vom 23. 04. 2004, S. 4.

Hersh, Seymour M. (2004), Die Befehlskette vom 11. September bis Abu Ghraib". Hamburg.

Ignatieff, Michael (2002), Die Politik der Menschenrechte. Hamburg.

Ipsen, Knut (2004), Völkerrecht. 5. Aufl., München.

Mattioli, Aram (2005), Experimentierfeld der Gewalt. Der Abessinienkrieg und seine internationale Bedeutung 1935–1941. Zürich.

Mommsen, Wolfgang J. (2004), Der Erste Weltkrieg. Anfang vom Ende des bürgerlichen Zeitalters. Frankfurt a. M.

Münkler, Herfried (2002), Die neuen Kriege. Reinbek bei Hamburg.

Münkler, Herfried (2003), Der neue Golfkrieg. Reinbek bei Hamburg.

Münkler, Herfried (2006), Vom Krieg zum Terror. Zürich.

Nolte, Georg (2003), Weg in eine andere Rechtsordnung. In: Frankfurter Allgemeine Zeitung vom 10. Januar 2003, S. 8.

Overy, Richard (2003), Russlands Krieg 1941–1945. Reinbek bei Hamburg.

Preuß, Ulrich K. (2006), Demokratischer Hegemon und Pariastaaten. In: Frankfurter Allgemeine Zeitung vom 9. Mai 2006, S. 10.

Rühle, Michael (2006), Sicherheit in Zeiten des Terrors. In: Frankfurter Allgemeine Zeitung vom 1. Februar 2006, S. 6.

Schmitt, Carl (1934), Politische Theologie. Vier Kapitel zur Lehre von der Souveränität. 2. Aufl., München/Leipzig.

Schmitt, Carl (1994), Das internationalrechtliche Verbrechen des Angriffskrieges. Berlin.

Schmitt, Carl (2000), Antworten in Nürnberg, hrsg. von Helmut Quaritsch. Berlin.

Tomuschat, Christian (2006), Internationale Terrorismusbekämpfung als Herausforderung für das Völkerrecht. In: DÖV, S. 357–369.

Walzer, Michael (2003), Die Ethik der Kriegsführung I. In: Erklärte Kriege – Kriegserklärungen. Hamburg, S. 52–61.

Anhang

Hinweise zu den Autoren

Dr. RUDOLF ADAM, geb. 1948, Präsident der Bundesakademie für Sicherheitspolitik, Berlin

Prof. Dr. CLEMENS ARZT, geb. 1958, Professor an der Fachhochschule für Verwaltung und Rechtspflege, Berlin

Dr. phil. WERNER BOHLEBER, geb. 1942, Psychoanalytiker, Frankfurt am Main

Prof. Dr. LOTHAR BROCK, geb. 1939, Forschungsprofessor an der Hessischen Stiftung Friedens- und Konfliktforschung, Frankfurt am Main

Prof. Dr. iur. HANS PETER BULL, geb. 1936, Professor emeritus für Öffentliches Recht, Universität Hamburg

Prof. Dr. phil. CHRISTOPHER DAASE, geb. 1962, Ordinarius am Geschwister-Scholl-Institut für Politische Wissenschaft der Ludwig-Maximilians-Universität München, Lehrstuhl Internationale Politik

Dr. JULIA ECKERT, geb. 1967, Forschungsgruppenleiterin/Associate Professor am Max-Planck-Institut für ethnologische Forschung, Halle a. d. Saale

Dr. ALEXANDER EISVOGEL, geb. 1965, Direktor des Landesamtes für Verfassungsschutz Hessen

Dr. KURT GRAULICH, geb. 1949, Richter am Bundesverwaltungsgericht, Leipzig

RAINER GRIESBAUM, geb. 1948, Bundesanwalt als Abteilungsleiter beim Bundesgerichtshof, Karlsruhe

PD Dr. RAINER GROTE, LL.M., geb. 1961, Wissenschaftlicher Referent am Max-Planck-Institut für ausländisches öffentliches Recht und Völkerrecht, Heidelberg

Univ.-Prof. Dr. CHRISTOPH GUSY, geb. 1955, Professor für Öffentliches Recht, Staatslehre und Verfassungsgeschichte an der Universität Bielefeld

Dr. KAI HIRSCHMANN, geb. 1965, Stv. Direktor des Instituts für Terrorismusforschung und Sicherheitspolitik (IFTUS), Essen, und Lehrbeauftragter am Institut für Politische Wissenschaft und Soziologie, Universität Bonn

MARTIN KLINGST, geb. 1955, Ressortleiter Politik bei der ZEIT, Hamburg

Dr. iur. DIRK LAMMER, geb. 1962, Rechtsanwalt, Berlin

Prof. Dr. REINHARD MERKEL, geb. 1950, Universitätsprofessor an der Fakultät für Rechtswissenschaft, Universität Hamburg

Prof. Dr. Herfried Münkler, geb. 1951, Professor für Theorie der Politik, Humboldt-Universität zu Berlin

Prof. Dr. Friedhelm Neidhardt, geb. 1934, Professor emeritus für Soziologie, Freie Universität Berlin

Prof. Dr. Regina Ogorek, geb. 1944, Ordentliche Professorin an der Johann Wolfgang Goethe-Universität Frankfurt am Main (Fachbereich Rechtswissenschaft)

Prof. Dr. Wilfried Röhrich, geb. 1936, Professor emeritus für Politikwissenschaft, Christian-Albrechts-Universität Kiel

Prof. Dr. Sebastian Scheerer, geb. 1950, Universitätsprofessor für Kriminologie an der Fakultät für Wirtschafts- und Sozialwissenschaften, Universität Hamburg

Prof. Dr. Werner Schiffauer, geb. 1951, Lehrstuhl für Vergleichende Kultur- und Sozialanthropologie, Europa-Universität Viadrina, Frankfurt (Oder)

Prof. Dr. Dieter Simon, geb. 1935, Berlin-Brandenburgische Akademie der Wissenschaften (Präsident von 1995 bis 2005)

Ernst Uhrlau, geb. 1946, Präsident des Bundesnachrichtendienstes, Berlin

Prof. Dr. Peter Waldmann, geb. 1937, Professor emeritus für Soziologie, Universität Augsburg

Dr. Eckart Werthebach, geb. 1940, Präsident a. D. des Bundesamtes für Verfassungsschutz, Innensenator a. D. des Landes Berlin

Prof. Dr. Klaus Dieter Wolf, geb. 1953, Lehrstuhl für Internationale Politik, Technische Universität Darmstadt, und Forschungsgruppenleiter an der Hessischen Stiftung Friedens- und Konfliktforschung, Frankfurt am Main

An der Expertenbefragung (siehe Kurt Graulich, Einleitung zu Kapitel I) beteiligten sich darüber hinaus:

Prof. Dr. Hasso Hofmann, geb. 1934, Professor emeritus für Öffentliches Recht, Rechts- und Staatsphilosophie, Humboldt-Universität zu Berlin

Prof. Dr. Gudrun Krämer, geb. 1953, Universitätsprofessorin für Islamwissenschaft, Freie Universität Berlin

Dr. Gunter Mulack, geb. 1943, Botschafter der Bundesrepublik Deutschland in Islamabad, Pakistan

Prof. Dr. Christian Tomuschat, geb. 1936, Professor emeritus für Öffentliches Recht, insbesondere Völker- und Europarecht, Humboldt-Universität zu Berlin

Abkürzungen

BDSG	Bundesdatenschutzgesetz
BfV	Bundesamt für Verfassungsschutz
BGBl.	Bundesgesetzblatt
BKA	Bundeskriminalamt
BKAG	Bundeskriminalamtgesetz
BNAtSchG	Bundesnaturschutzgesetz
BND	Bundesnachrichtendienst
BNDG	Gesetz über den Bundesnachrichtendienst
BT-Drs.	Deutscher Bundestag. Drucksache
BVerfG	Bundesverfassungsgericht
BVerfGE	Entscheidungen des Bundesverfassungsgerichts
BWVGH	Baden-Württembergischer Verwaltungsgerichtshof
BZRG	Bundeszentralregistergesetz
DVBl.	Deutsches Verwaltungsblatt
DÖV	Die öffentliche Verwaltung (Zeitschrift)
EGGVG	Einführungsgesetz zum Gerichtsverfassungsgesetz
EGMR	Europäischer Gerichtshof für Menschenrechte
EMRK	Europäische Menschenrechtskonvention
EuGRZ	Europäische Grundrechte Zeitschrift
EUROPOL	Europäisches Polizeiamt
FARC	Fuerzas Armadas Revolucionarias de Colombia
FISA	Foreign Intelligence Surveillance Act
FISC	Foreign Intelligence and Surveillance Court
FISCR	Foreign Intelligence Surveillance Court of Review
GG	Grundgesetz
GTAZ	Gemeinsames Terrorismusabwehrzentrum
HRRS	Höchstrichterliche Rechtsprechung Strafrecht
HSFK	Hessische Stiftung Friedens- und Konfliktforschung
IGD	Islamische Gemeinde Deutschlands
IGMG	Islamische Gemeinschaft Milli Görüş
IMSI-Catcher	elektronisches Gerät zum Orten von Mobiltelefonen

JZ	Juristenzeitung
KritV	Kritische Vierteljahresschrift für Gesetzgebung und Rechtswissenschaft
LuftSiG	Luftsicherheitsgesetz
LuftVG	Luftverkehrsgesetz
MAD	Militärischer Abschirmdienst
MVVfGH	Landesverfassungsgericht Mecklenburg-Vorpommern
NADIS	Nachrichtendienstliches Informationssystem
NGO	Non-Governmental Organizations
NIAS	Nachrichtendienstliche Informations- und Analysestelle
NJW	Neue Juristische Wochenschrift
NSA	National Security Agency
NVwZ	Neue Zeitschrift für Verwaltungsrecht
OBG	Ordnungsbehördengesetz
OK	Organisierte Kriminalität
OLG	Oberlandesgericht
PIAS	Polizeiliche Informations- und Analysestelle
PMCs	Private Military Companies
SIAC	Special Immigration Appeals Commission
SOG	Gesetz über die öffentliche Sicherheit und Ordnung
StGB	Strafgesetzbuch
StPO	Strafprozessordnung
StraFo	Strafverteidigerforum
StÄndG	Strafänderungsgesetz
UN-ECOSOC	UN-Economic & Social Council
USAPA	USA PATRIOT Act
VerfSchG	Verfassungsschutzgesetz
VfGH	Verfassungsgerichtshof
VVDStRL	Veröffentlichungen der Vereinigung der Deutschen Staatsrechtlehrer
VwGO	Verwaltungsgerichtsordnung
ZRP	Zeitschrift für Rechtspolitik

Register

Bei Fragen zur Produktsicherheit wenden Sie sich bitte an:
If you have any questions regarding product safety,
please contact:

Walter de Gruyter GmbH
Genthiner Straße 13
10785 Berlin
productsafety@degruyterbrill.com